Dietrich Fischer-Dieskau

Wenn Musik
der Liebe Nahrung ist

Dietrich Fischer-Dieskau

Wenn Musik
der Liebe Nahrung ist

Künstlerschicksale im 19. Jahrhundert

Deutsche Verlags-Anstalt · Stuttgart

CIP-Titelaufnahme der Deutschen Bibliothek

Fischer-Dieskau, Dietrich:

Wenn Musik der Liebe Nahrung ist:
Künstlerschicksale im 19. Jahrhundert /
Dietrich Fischer-Dieskau. –
Stuttgart: Deutsche Verlags-Anstalt, 1990
ISBN 3–421–06571–3

© 1990 Deutsche Verlags-Anstalt GmbH, Stuttgart
Alle Rechte vorbehalten
Lektorat: Ulla Küster
Typographische Gestaltung: Brigitte Müller
Gesamtherstellung: Friedrich Pustet, Regensburg
Printed in Germany

Inhalt

Vorausgeschickt

Herr Brand wohnte in einem Haus ohne Fahrstuhl. Mühsam war es, die vielen Treppen zu seiner kleinen Wohnung unter dem Dach hinaufzusteigen. Er wollte mir Raritäten aus seinem Besitz zeigen, Erinnerungsstücke, Photos und Briefe, die er aus seinen Biedermeier-Schubladen und Regalen hervorholte. Vieles lag schon auf dem großen, runden Tisch ausgebreitet, als ich kam. Ich war fasziniert.

Da schaute eine alte Dame auf einer bräunlichen Photographie auf den Betrachter. Die graziöse Gestalt warb – etwas geziert – um sympathisierende Aufmerksamkeit. Aus den Schriftzügen, die quer über das Hofphotographen-Signet liefen, entzifferte ich: Pauline Viardot-Garcia.

Ja, erinnerte ich mich, die große Altistin des 19. Jahrhunderts, die Erzieherin vieler Sängerinnen, die Erneuerin der Bühnengestaltung. Daneben lag ein größeres photographisches Kunstwerk, darauf das Datum 1905. Ein großes Festessen mit unzähligen Gästen, vor finsteren Prunksaalwänden. Ganz hinten, kaum zu erkennen, eine schmale, greise Figur, die freundlich und scheu dem Photographen zulächelt.

»Das ist Manuel Garcia, der Bruder«, erläuterte Herr Brand. »Er war die größte Kapazität, zu der man damals als Sänger pilgern konnte. Kaum ein bekannter Sänger, der nicht bei ihm studiert hätte. In ganz jungen Jahren half er auch seiner jüngeren Schwester, der berühmten Malibran. Und irgendwo muß auch seine Meisterschülerin Edyth Walker sitzen, bei der ich selber später Gesangunterricht hatte. Ich habe Garcia nicht mehr gekannt. Aber was mir die Walker über ihn sagte, war begeisternd.«

Dann gingen wir zu anderen Bildern über. Aber immer wieder wanderte der Blick fasziniert zu dem Photo vom Festessen zurück. Ich lieh mir das Bild aus und nahm es mit, um es oft und in Ruhe zu betrachten.

Allmählich begannen die Gestalten sich zu regen. Aus einem wunderlichen Gemisch von Wahrem und Halbgewußtem formte sich in mir das Bild einer Familie, die prägenden Einfluß auf die musikalische Entwicklung eines ganzen Jahrhunderts übte. Nach tieferem Eindringen in Fakten kam allmählich Profil und Glanz ins Spiel. Da war auch Angst, Grauen, Selbstentfremdung der abgebildeten Personen und der durch Lektüre hinzugekommenen Charaktere. Erkundung innerer Wüstenei, Geschichten und Schicksale formten sich, rührende, leidenschaftliche, bewegende. Es öffneten sich Fenster in eine versunkene Welt. Unerwartet bekam durch das Hinzutreten des Dichters Iwan Turgenjew in diese Welt die Literatur ein immer größeres Gewicht. In den Gesichtern der einstmals Berühmten, Gefeierten, Geliebten, erkannte ich rührende Unschuld, aber auch Abweisendes und Einsamkeit.

In mir erwachte der Wunsch, der Lebensgeschichte dieser Menschen nachzuspüren. Vor allem einem musikalischen Fixstern ihrer Zeit: Pauline Viardot-Garcia. Läßt sich aber die Existenz von Bühnenkünstlern und Sängern darstellen, das Transitorische ihrer Kunst, eine Faszination, die sich aus dem Leben des Augenblicks speist?

Deren Erkundung kann nur wenig mehr sein als vorsichtiges Tasten, gewagtes Interpretieren, Auffüllen von Kenntnislücken mithilfe von Dokumenten und Selbstzeugnissen. Lebensläufe werden deutlich, die unzählige Bezüge zum Geist des 19. Jahrhunderts aufweisen.

Das Bankett

Ausnahmezustand ist ein ungenügendes Wort für das Durcheinander an jenem 17. März 1905, gleicht doch das Londoner Civic Hotel schon an gewöhnlichen Tagen einem Taubenschlag.

Unsere Aufmerksamkeit gilt einer zierlichen alten Dame, die in diesem Palast logiert. Sie sitzt in einer Mietkutsche zwischen zwei jungen Menschen, die sie begleiten. Doch die Rückfahrt von der Akademie der Wissenschaften ins Hotel fällt ihr schwer. Noch eine dritte Feierlichkeit steht ihr an diesem Festtag bevor.

Sie haben ihren »großen Bruder« Manuel Garcia zu seinem hundertsten Geburtstag geehrt. Es ist ihr erst im Laufe der Veranstaltung klargeworden, daß es nicht nur ein außergewöhnliches Wiegenfest, sondern auch ein kulturgeschichtliches Ereignis zu bedenken gibt.

Nun ist der 17. März leider auch noch St. Patrick's Day, an dem sich viel Volk auf den Straßen tummelt. Die Belustigungen werden durch ein aufziehendes Gewitter – viel zu früh im Jahr – anscheinend nicht gestört. Wie immer, wenn elektrische Spannung in der Atmosphäre liegt, belastet es die Dreiundachtzigjährige. Über das regennasse Pflaster fegen Wasserstürze, und der Donner überhallt das Getrappel der Pferdehufe. In der langen Reihe vorfahrender Kutschen muß Madame mit ihrer Reisebegleitung einige Zeit warten, bis das Eingangsportal des Civic Hotel erreicht ist. Dort treffen sich die von nah und fern angereisten Gäste zum letzten Abschnitt der heutigen Festivitäten für den Hundertjährigen: dem Bankett.

Es blitzt. Geblendet schließt die Dame die Augen. Sie spürt Regentropfen auf ihrer Wange, als ein Page die Wagentür von außen aufreißt und das Einsteigtreppchen hinunterzieht. Wie gut, daß sie auf feierlich ausgeschnittene Schuhe verzichtet und die alltäglichen, Halt bietenden Lackstiefeletten angezogen hat! Der junge Stockhausen – Gott, seinen Vornamen wird sie sich wohl nie merken! – springt aus dem Wagen und stützt sie beim Aussteigen. Dennoch gerät sie ins Schwanken, als sie ihren linken Fuß auf die obere Stufe zu setzen versucht. Die hübsche Julia Stockhausen ergreift Madames Hand von der anderen Seite, und so trippelt sie unter einem vom Türsteher gehaltenen Parapluie in das Hotel.

Durch das Menschengewühl im Foyer schieben sie sich vorbei an hastenden Kellnern und Pagen bis an die große Treppe, umschwirrt von internationalem Stimmengewirr. Dann beginnt ein für Madame beschwerliches Stufensteigen, denn der Lift ist heute steckengeblieben.

Sie logiert im zweiten Stock und erreicht, nach Atem ringend, ihre Zimmertür. »In einer halben Stunde also«, ruft ihr Julia zu, und schon sind die beiden jungen Leute verschwunden. Sie hätte sie recht gut für manchen Handgriff brauchen können. Erschöpft sinkt sie auf einen Sessel. So anstrengend hatte sie sich die ganze Unternehmung nicht vorgestellt, die Eisenbahnreise, die stürmische Überfahrt aus Frankreich und den heutigen festlichen Tag. Einzig die Liebe zu ihrem Bruder hat sie dazu bewogen, das alles auf sich zu nehmen. Sie erhebt sich, setzt sich vor den Spiegel, steckt die Haare zurecht, sprüht Lavendel aus dem Flacon, wechselt die Halskette, tastet nach dem Lorgnon, damit sie die Vortragsfolge und die Speisen auf der Karte entziffern kann. Sie greift nach dem Fächer, sie wird ihn in der sicher drückenden Luft im Saal brauchen können. Auch wird er ihr, der Spanierin, einen Anflug von Exotik geben, wie sie ihn immer geliebt hat.

Es klopft. Ist die halbe Stunde schon vorüber? Die beiden fröhlichen Kinder ihres Freundes, des einst berühmten Sängers Julius Stockhausen, kommen, um sie abzuholen. Der Ballsaal ist für heute durch die geöffneten, großen Türen mit dem Speisesaal verbunden, um den vielen Gästen Platz zu bieten. Madame wirft nur einen Blick in den Saal und läßt sich dann, noch im Vorraum, auf einen Hocker sinken, während die jungen Leute suchen, wo unter den Hunderten Geladenen sie ihren Platz finden werden. Auf deutsch ruft ihnen Madame nach: »Vergeßt nicht, ihr müßt nach meinem vollen Namen fragen: Pauline Viardot-Garcia.«

Viele der sich vorbeischiebenden Menschen erkennen sie und grüßen. Madames Züge erstarren in einem Lächeln, als könnten sie nie wieder normalen Gesichtsausdruck annehmen. Und doch empfindet sie Freude darüber, daß sie, die berühmte Sängerin, unvergessen ist.

Irgendwo hat jemand ein Fenster geöffnet. Es zieht, und wie in alten Zeiten befällt sie Angst, sie könnte sich erkälten, ihre Stimme würde leiden, sie müsse eine Vorstellung absagen. Aber natürlich: Solche Sorgen braucht sie sich nicht mehr zu machen.

*

Noch immer strömen Gäste durch die Eingangstüre herein; Fachleute, Mediziner, Gesangspädagogen, Sänger aus der ganzen Welt. Sie alle wollen Manuel Garcia, den Erfinder des Kehlkopfspiegels, den Sänger und hochberühmten Lehrer, an seinem hundertsten Geburtstag feiern.

Eigentlich hätte Julius Stockhausen, der Vater der beiden jungen Leute, dabei sein müssen. War er doch einst Garcias Lieblingsschüler, ein berühmter Liedersänger, Dirigent und Pädagoge. Julias und Emanuels Vater (jetzt fällt ihr der Name des Sohnes wieder bei) hatte Pauline auf der Fahrt von Frankfurt in Paris abholen und begleiten wollen. Aber sie ist doch recht froh, ihn hier nun nicht zu sehen. Etwas wie Eifersucht durchfährt sie immer, wenn sie an Stockhausens Serien-Erfolge als Gesanglehrer, an seine Publikationen, an die stattliche Zahl von berühmt gewordenen Schülern denkt.

Aber warum? Gab es in der Menge ihrer eigenen Eleven nicht auch viele Prominente? Und muß sie sich nicht eingestehen: auch auf ihren Bruder ist sie immer ein wenig eifersüchtig gewesen. Sie verzeiht ihm nicht, daß er so viel stimmphysiologische »Wissenschaft« in seinen Unterricht einfließen ließ und seinen Finger immer gern auf Phänomene des Anatomischen legte. Pauline ist davon überzeugt, daß die Anatomie – wenn überhaupt – von der Stimmerziehung getrennt gelehrt werden soll.

*

Die Kinder Stockhausen kommen zurück und geleiten sie durch die Menschenmenge an ihren Platz. Endlich kann sich Pauline niederlassen; leider auf einem harten, unbequemen Stuhl. Erst nach einigem Durchatmen öffnet sie ihre Handtasche, um rasch ein wenig Puder auf die Wangen zu tun. Dann läßt sie sachkundig ihre Blicke umherschweifen und ist entsetzt darüber, wie wenig Bedienung zu sehen ist. Das wird ja Wartezeiten setzen!

Julia und Emanuel schwatzen munter mit ihren jeweiligen Nachbarn. Sie sitzen an einem Tisch hinter ihr und scheinen zu rekapitulieren, was heute festlich an ihren Augen vorüberzog. Dankbar denkt Pauline daran, welch liebe Begleiter ihr Emanuel und Julia auf dieser Reise sind, einer Reise, zu der sie sich wahrlich nicht leicht hatte entschließen können. Vater Julius war mit seinem Rheumatismus zu Hause in Frankfurt geblieben, und seine Frau wollte er nicht mitreisen lassen. Der achtzehnjährigen Julia, die zu Paulines Begleitung erkoren war, hatte er einen entschuldigenden Brief in die Hand gedrückt. Der Sohn Emanuel, am Hamburger Schauspielhaus als Charakterdarsteller tätig, schien sich zunächst nicht loseisen zu können. Er hätte wenigstens eine vom Vater aufgesetzte Eloge verlesen wollen. Wie freute sich Pauline, als er in Hamburg dann doch auf dem Perron stand, um gutgelaunt zu den beiden Damen ins Abteil zu steigen. Lachend hatte er erzählt: »Nicht nur haben sie mir freigegeben, ich habe mir auch noch eine eigene kurze englische Ansprache zusammengebastelt.«

Und so war aus der »fatale impossibilité«, die Vater Stockhausen in seinem Brief beklagte, noch eine Art hübscher, wenn auch anstrengender Familienreise geworden. Denn Pauline darf sich von Jugendtagen her zur Familie Stockhausen rechnen. Sie hat schon früh unvergeßliche Stunden in Julias Elternhaus im elsässischen Gebweiler verlebt. Bedauernd denkt Pauline bei sich: Wie traurig, daß keines meiner eigenen vier Kinder heute dabei ist, um den Onkel zu ehren.

Ihre Blicke gleiten über die golddurchwirkten, von Marmorpilastern unterbrochenen Tapeten des Ballsaales. An seiner Längsseite schwebt ein thronartiger Baldachin, der den Platz des Jubilars gebührend heraushebt. Mit Bedauern stellt Pauline fest, wie weit entfernt davon sie placiert wurde. Gerade so weit, um die Stimmen der Redner aus den Wissenschafts- und Schülerkreisen, deren Namen sämtlich auf der Speisenkarte verzeichnet sind, noch zu vernehmen.

*

Auf den Seitentischen setzen Kellner riesige Tabletts mit Sektgläsern nieder, auch wenn noch lange nicht alle Gäste ihren Platz gefunden, geschweige denn sich gesetzt haben. Pauline bestaunt einen Befrackten, der die ersten Flaschen öffnet und den Sekt mit schwungvoller Geste in die Kelche verteilt. Bald schwanken die Tabletts in alle Richtungen, auch Pauline nimmt sich ein Glas, obwohl sie nicht weiß, wie ihr nervöser Magen nach langem Nichtessen mit Alkohol und Kohlensäure fertig werden soll. Kurz darauf lösen sich aus einer noch stehenden Gruppe zwei Herren, um – wie unangenehm! – auf Pauline zuzusteuern. In dem einen erkennt sie den Witwer der Sängerin Jenny Lind, Dr. Otto Goldschmidt. Der andere gehört wahrscheinlich zu den vielen Gesangspädagogen, die sie in Gedanken »Stimmverderber« nennt. »Gnädige Frau, Sie entschuldigen unsere Aufdringlichkeit . . . wir wollten nicht versäumen, mit Ihnen auf das Wohl Ihres Herrn Bruders anzustoßen«, erklingt es in etwas schnarrendem Deutsch. Pauline denkt sich, daß es bei Goldschmidt gewiß Grund genug dafür gibt. Jenny hätte sicher gute zehn Jahre ihrer Laufbahn nicht erlebt, wäre Manuel Garcia nicht gewesen. Er gab ihr in unermüdlichem »Vonganzvorne« das Gefühl für die Stimme wieder.

Pauline nimmt jetzt erst wahr, daß sich inzwischen neben ihr und gegenüber Menschen am Tisch niedergelassen haben. Gesichter, die sie nicht zum Sprechen animieren. Von draußen glänzen – wie erlöst nach dem lauten Unwetter – letzte Sonnenstrahlen herein. Wo mag nur Manuel stecken? Den ganzen Festtag über hatte Pauline kaum ein Wort mit ihrem Bruder gewechselt. Auch seine viel jüngere Frau hatte sie nicht sprechen können. Pauline hofft, daß sie Noël, wie sie den Bruder als Kinder genannt hatten, am Schluß der Veranstaltung wenigstens noch einmal umarmen kann.

Aber immer noch hat sich im Saal kein aufmerkendes Murmeln, kein Händeklatschen gerührt. Hinter Pauline tauschen Gäste ihre Meinung zur Feier in der Akademie aus. Am Morgen dieses 17. März 1905 hatte König Edward VII. Noël im Buckingham Palace empfangen und ihm aus Anlaß seines hundertsten Geburtstags und als Anerkennung dessen, was er für die Musik und die Wissenschaft geleistet, das Kommandeurkreuz seines Hausordens verliehen.

Aber da endlich erhebt sich Murmeln und Beifall! Der Gefeierte erscheint. Pauline bewundert, wie sein rosiges Gesicht so gar nichts von der Anstrengung des Tages verrät. Er geht langsam, gelegentlich von einem überaus beflissenen Herrn neben sich sanft und mit sichtlichem Stolz unter den Arm gefaßt. Es ist Sir Felix Senon, die Seele dieser ganzen Veranstaltung, Herausgeber des Zentralblattes der Laryngologischen Gesellschaft und ihr Chairman.

Hochrufe und Händeklatschen erreichen ihren Höhepunkt, als sich der Greis endlich niedergesetzt hat. Gleich hangelt er sich wieder empor und winkt wie ein Monarch seinen Dank mit der Hand in die Runde. Auch die letzten Besucher haben ihre Plätze eingenommen.

Der Chairman erhebt sich umständlich, verbeugt sich knapp nach allen Seiten. Pauline nimmt nur ganz ungefähr auf, was er sagt. Sie erholt sich erst allmählich von dem neidvollen Schrecken, der sie durchfuhr, als ihr Bruder erschien und verbindlich lächelnd grüßte. Sie ruft sich ihren eigenen, im Augenblick etwas unstabilen Zustand ins Bewußtsein und dazu, daß sie sechzehn Jahre jünger ist als dieser Gefeierte. Es ist von einem »Avant la lettre«, also von einer Höflichkeitsgabe die Rede, die Sir Felix dem König überreicht habe, als er den Jubilar in den Buckingham Palace begleitete. Von der Güte Seiner Majestät spricht Sir Felix, mit der König Edward die Photogravüre eines Porträts von Manuel Garcia, das der berühmte amerikanische Maler John Singer Sargent von dem Sänger angefertigt hatte, entgegengenommen habe.

Diesen Maler und sein Können verehrt Pauline. Immer hat sie Malerei interessiert, und sie hat selbst diverse Anläufe genommen, ihr Zeichentalent auszubilden. Aber ihrem Ehemann, dem Kunstkritiker Louis Viardot, hätte Sargents impressionistische Malweise nicht gelegen. Er hätte ihn sicherlich verrissen.

Als der Chairman seine Rede geschlossen und Platz genommen hat, tippt Emanuel Stockhausen der »Tante Pauline« zart auf die Schulter. Er erkundigt sich nach ihrem Ergehen, wohl weil sie einen etwas abwesenden Eindruck macht. »Oh, es geht mir gut.« »Julia und ich waren ja heute morgen nicht geladen«, entschuldigt sich Emanuel für seine Neugier, »waren da auch so viele Menschen? Und was fand denn nach der Ordensverleihung statt?«

Erzähllust überkommt die alte Dame: »Von Buckingham Palace ging es ohne Pause in die Royal Medical Society zum Hanover Square. Die Schwüle war für März ungewöhnlich. Das Publikum schwitzte und quälte sich. Neben Familienangehörigen war ein Vertreter des deutschen Kaisers erschienen, befangen und deshalb übertrieben selbstsicher auftretend. Auch der König von Spanien hatte jemanden entsandt. John Singer Sargent war zu sehen, Deputationen der Royal Society und der Universität Manchester. Und ein paar ältere Schüler meines Bruders waren da, ihr findet sie hier im Saal wieder. Ebenso einige der besten Ärzte, so Broadwent, Powell, Holmes ... Punkt zwölf war Manuel zur Stelle, unter brausendem Beifall, erstaunt über die hohe, blumen- und palmengeschmückte Estrade. Wieder und wieder mußte er sich verneigen, so sehr wurde getrampelt und geklatscht. Du wirst es nicht glauben, aber der spanische Geschäftsträger, der als erster sprach, Marquis de Villalobar, ist auch schon über hundert Jahre alt. Er brachte Glückwünsche des spanischen Königs und übergab dem Jubilar den Großorden Alfonsos XII.«

Der Bericht wird von Kellnern unterbrochen, die umständlich Lachs servieren. Obgleich sie sich nicht viel daraus macht, ißt Pauline heißhungrig. Sie wechselt einige unverbindliche Sätze mit dem Herrn zu ihrer Linken. Er bemerkt auf englisch: »Da war doch heute früh so ein eingebildeter Wissenschaftler aus Berlin, ein Abgesandter des Kaisers. Vor lauter Würde konnte er kaum sprechen. Er hängt Mr. Garcia die Große Goldene Medaille für Kunst und Wissenschaft um. Es war doch seltsam, daß er die Sentenz anbrachte, Garcia vollende ›das erste Jahrhun-

dert seiner Unsterblichkeit‹. Nun sehen Sie sich doch nur einmal die lange Liste der Redner für heute abend an. Gott schütze uns!«
Während der monotonen Worte des ersten Vortragenden steigen Pauline Bilder auf, die nichts mit dem zu tun haben, was geredet wird.

*

Pauline hört erst wieder hin, als Klavierklänge zu vernehmen sind. Zunächst kann sie kaum ausmachen, aus welcher Saalecke sie kommen. Das irritiert sie, denn ihr Gehör stand einst in dem Ruf absoluter Unfehlbarkeit. Dann entdeckt sie den gewaltigen Oberkörper der Primadonna Marchesi über der Menge; auf ihrem hochgesteckten Haar blitzt ein Diadem. Sie sucht sich durch vernehmliches Räuspern bemerkbar zu machen.
– Nicht einmal ein eigenes Podium hat man den Musikanten gegönnt, denkt Pauline, und das Pianino ist auch verstimmt. Immerhin singt die Dame – das sei ihr zugestanden – recht akzeptabel. Was sie auch muß, denn sie tritt hier als einzige Schülerin Noëls für den Ruf des Pädagogen ein. Pauline hat diese Arie aus »Il re pastore« früher einmal von Jenny Lind in gänzlich anderer Auffassung gehört. Damals war die »schwedische Nachtigall« noch im Vollbesitz ihrer stimmlichen Kräfte. Später, mit nur vierundzwanzig Jahren, kam sie zu Noël – und hatte die Stimme verloren. Eine falsche, vorzeitige Bühnenaufgabe wahrscheinlich, die Donna Anna im »Don Giovanni«, hatte ihr Schmelz und Resonanz besonders der oberen Töne genommen. Manuel Garcia behandelte sie damals mit Engelsgeduld. Nach Jahren absoluten Singverbots kehrte, durch einfache und immer wieder betonte Hinweise, der alte Stimmglanz zurück. Erst dann kam Jenny Linds große Zeit . . .

*

Pauline spürt, daß ihre Gedanken unbewußt von einem der Wissenschaftler abgelenkt werden, der zum Pult getreten ist. Angestrengt lauschend vernimmt sie: »Der Luftstrom, mit dem die Stimmbänder angeblasen werden, versetzt sie, wenn sie in die geeignete Stellung und Spannung gebracht worden sind, in Schwingungen und erzeugt so einen Klang . . .« Etwas schläfrig muß sie denken: Was hat das mit dieser abendlichen Feier zu tun? Wen interessiert das jetzt? Aber es geht weiter: »Zur Hervorbringung selbst der schwächsten Töne ist eine gewisse Stärke des Anblasens nötig. Die Luft im Windrohr muß Spannung haben, die wir ihr durch eine aktive Expirationsbewegung geben.« Nach unterdrücktem Gähnen denkt Pauline daran, daß es schon lange nichts mehr zu essen gegeben hat. Der Referent fährt fort: »Bei großer Kraftlosigkeit der Atmungsmuskeln oder bei einer Öffnung in der Luftröhre geht daher die Stimme verloren. Menschen mit gut entwickeltem Brustkorb haben eine kräftige Stimme. Der Brustkorb wird durch sie in Schwingungen versetzt, die eine auf den Brustkorb aufgelegte Hand wahrnehmen kann.« – Und hier nickt Pauline ein.

Sie kommt erst wieder zu sich, als die Teller gewechselt werden und der Kellner ihren Arm berührt. »Consommé Princesse mit Crème Raphael.« Kaum ist die Suppe verzehrt, setzt Sir Felix Senon zu einer biographischen Betrachtung des Jubilars an und spricht mit großer Geste in die Runde. Zunächst hört Pauline noch zu, denn es ist vom deutschen Kaiser Wilhelm II. die Rede. Dieser hat den von Noël erfundenen Kehlkopfspiegel in den letzten Monaten gebraucht, um ein Halsleiden zu bekämpfen. Sir Felix erwähnt, der Kaiser habe, um den Jubilar besonders zu ehren, die Große Wissenschaftsmedaille in Gold von dem besten deutschen Laryngologen, Professor Fraenkel, überbringen lassen. Diese Auszeichnung sei zuvor nur an die preußischen Koryphäen Mommsen, Virchow, Koch und Ehrlich verliehen worden.

Pauline amüsiert sich, daß Sir Felix offensichtlich einen Zettel sucht, den er nicht sogleich findet und von dem er dann keineswegs fließend abzulesen versteht. Es folgen Dinge, die Pauline längst vertraut sind. Wenn auch gelegentlich mit kleinen Irrtümern versetzt, die sie bei sich korrigiert.

*

Hin und wieder wandert Paulines Blick hinüber zu dem Gefeierten, der den Test seiner außerordentlichen Vitalität mit Bravour durchzustehen scheint. Aufmerksam hängen seine immer noch schönen, lebhaften Augen an den Lippen des Vortragenden. Es fällt Pauline schwer, sich vorzustellen, daß Noël auf die Welt kam, als Haydn noch lebte. Zu jener Zeit, 1805, war Weber ein junger Mann von etwa zwanzig, Schubert gar ein Kind von acht Jahren. Eine Reihe ihr liebgewordener Freunde lebten damals noch gar nicht: Felix Mendelssohn Bartholdy, der sie in Berlin und Leipzig so beeindruckte und der – wie seine Schwester Fanny – ein Verehrer ihrer Schwester Maria, der Malibran, war. Auch Frédéric Chopin, der geliebte, wenn auch oft geneckte, war noch nicht auf der Welt; als Komponist mit seiner originellen, kühn neuartigen Musik vielleicht das bestechendste Phänomen, das ihr begegnet ist. Und dann der schweigsame Robert Schumann, der im Gewandhaus dabei war, als

Pauline ihr deutsches Debüt gab, und der nicht zögerte, ihr seinen damals gerade entstandenen Heine-Zyklus op. 24 zu widmen. Mit seiner Verlobten Clara spann sich damals eine Freundschaft an. Sie denkt an Franz Liszt, der ihr Klavierlehrer und Mentor wurde, und an seine Freundin Marie d'Agoult, die die freie Ehe propagierte. Oder der gütige, etwas bäurische Giuseppe Verdi kommt ihr in den Sinn, dessen frühe Kompositionen sie heute weniger schätzt als die späteren. Und der Neu-Wiener Johannes Brahms, dem sie einige seiner Werke »probeweise« vorsingen durfte. Sie denkt an den »verrückten« Sachsen Richard Wagner, dessen Musik sie immer mit einer mißtrauischen Zuneigung anhörte. Und natürlich an Hector Berlioz, den sie von allen diesen wohl am besten kannte, zumal er ihr kurze Zeit den Hof machte.

Sie ertappt sich dabei, daß sie sich in ihren Gedanken ausschließlich mit Musikern beschäftigt, und doch machte gerade die Bekanntschaft mit so vielen Schriftstellern und Malern und anderen Berühmtheiten, die ihr Louis Viardot und Iwan Turgenjew vermittelten, einst ihren besonderen Stolz aus. Aber am meisten hatte es sie eben doch befriedigt, wenn sich Komponisten zustimmend über ihre Arbeit äußerten ... Mit Ausnahme von Verdi sind alle diese nun dahingegangen, haben sich aus Paulines Zeit verabschiedet.

*

Sie hört, daß ihr Nachbar mit der Dame zu seiner Linken einige Worte wechselt. Seine Stimme wirkt nicht mehr so unangenehm wie zuvor. Als er spürt, daß sie auf Konversation wartet, wendet er sich ihr zu und stellt sich endlich vor.

»Dr. Speyer mein Name – ich komme von der Universität Heidelberg. Bin sehr gespannt, was uns die weiteren Redner noch zu sagen haben werden, nachdem schon so vieles gesagt worden ist.« Ein leises Lächeln steht dem sonst etwas strengen Gesicht gut. »Da habe ich ja großes Glück, neben einer so hervorragenden Frau placiert worden zu sein! Darf ich Sie etwas fragen: Neulich las ich in der Musikgeschichte, die Ihr Herr Sohn – heißt er nicht Paul? – vor zwei Jahren veröffentlichte. Ein großartiges Kompendium. Spielt er noch so fabelhaft Geige?« All dies sprudelt in kernigem Deutsch an Paulines Ohr, und sie hat Mühe, den Sinn der Worte rasch aufzunehmen. Dann erwidert sie: »Dazu kommt er kaum noch. Sie wissen, er hat Dirigierverpflichtungen. Ein leidiges Kapitel, diese Doppelbegabungen, die sich manchmal gegenseitig behindern. Er hätte ein ganz großer Geiger werden können. Charles de Bériot hat ihm den ersten Unterricht gegeben. Und das Geigenspiel half ihm sicherlich entscheidend dabei, ein guter Dirigent zu werden. Dennoch ... Sie werden verstehen, was ich sagen will.«

Mit Befriedigung über sein gutes Gedächtnis stellt Herr Dr. Speyer fest: »Und Ihre älteste Frau Tochter heißt Louise Héritte. Zufällig war ich in Weimar bei einer Tagung, als ihre komische Oper – –.« Daß ihm der Titel nicht einfällt, ist Herrn Dr. Speyer mehr als notwendig peinlich. »Sie meinen ›Lindoro‹«, hilft Pauline. »Als ›Lindoro‹ mit gutem Erfolg aufgeführt wurde. Hat sie diese Begabung immer schon gepflegt, professionell ausgebildet?« »Ach, wissen Sie, da gibt es in unserer Familie starke erbliche Belastung.«

Jetzt macht es ihr Freude, daß der Tischnachbar wissen will: »Und Ihre eigenen Kompositionen, gnädige Frau?« Darauf kann sie antworten: »Erst im vergangenen Jahr habe ich eine komische Oper in drei Bildern fertiggemacht, ›Cendrillon‹, auch selbst – ausnahmsweise – den Text dazu geschrieben. Denken Sie sich: Der Plan dazu geht noch auf das Jahr 1850 zurück. In seiner Art mag das ganz neu gewesen sein – sozusagen meine Erfindung: eine Salon-Operette.«

*

Emanuel Stockhausen ist an der Reihe zu reden und macht Miene, sich zu seiner kleinen Ansprache zu erheben. Zunächst aber bückt er sich, um in seinem Aktentäschchen zu graben, das an einem Bein seines Stuhles lehnt. Bevor er sich aufrichtet, wendet er sich – zu Paulines Erschrecken – noch einmal zu ihr, um ihr ein kleines Poesiealbum zu übergeben: »Das hat Vater meiner Schwester in die Hand gedrückt, als sie abreiste. Er meinte, es hätte vielleicht für dich, Tante Pauline, mehr Bedeutung als für ihn. Ich habe vorhin ganz vergessen, es dir zu geben.«

Emanuel steht, das Manuskript in der Hand, mit dem Gesicht zum Jubilar. In reinem, fließendem Englisch improvisiert er einige Worte zur Einleitung. Seine Stimme klingt voll und schön, er artikuliert so deutlich wie noch kein Redner bisher (wenn Pauline auch findet, er schärfe seine Konsonanten allzu »professionell«). Dann begründet er, weshalb es sich bei der glückwünschenden Botschaft seines Vaters einzig um Manuel Garcia, den Lehrer, handeln kann. Dann liest Emanuel auf deutsch den Brief seines Vaters:

»Verehrte Versammlung, zunächst möchte ich erzählen, wie ich zu meinem Lehrer gekommen bin. Als ich fast zwanzig Jahre alt war, beschlossen meine Eltern, mich nach Paris zu schicken, um an der Académie Royale de Musique Klavier und Harmonie zu studieren, neben dem Gesang, wozu ich schon als Kind – nach Aussage der Mutter – besonders veranlagt war. Ich sang ihr ein damals sehr beliebtes Lied ›Le lac‹ nach Lamartine, komponiert von Niedermeyer; der Vater begleitete mich mit der Harfe; meine Mutter war zufrieden und sagte: ›Jules deviendra un chanteur‹. Dieses liebe Zeugnis gab mir Mut, und ich habe mich immer bemüht, das Urteil der Mutter nicht Lügen zu strafen.

Den berühmten Lehrer Manuel Garcia lernte ich erst 1848 kennen. Das Jahr fing unruhig an; die Revolution war am 24. Februar ausgebrochen; ich mußte für einen abwesenden Freund, Alexandre Legentil, dessen Eltern mich in ihrem Hause aufgenommen hatten, in die Nationalgarde als ›Ersatzmann‹ eintreten. Als solcher stellte ich mich – mit Sack und Pack – dem Meister vor. Er empfing mich erstaunt, aber sehr freundlich.

Was mir bei der ersten Begegnung mit dem Meister auffiel, war sein fester Blick, die Gelenkigkeit seiner Glieder, der Rhythmus seines Ganges. Er war damals 43 Jahre alt, von mittlerer Größe, sein Wesen zuvorkommend, sein Organ von freundlich einnehmendem Klang. Als ich fragte, wie sein Unterricht honoriert werde, sagte er: ›Combien voulez-vous me donner? Je n'ai plus d'élèves, ils ont tous fui la révolution . . .‹

Meine Lage als Nationalgardist und Sohn einer Künstlerfamilie schien ihn zu interessieren; er verlangte nur 10 Francs für die Stunde. Das Studium fing nach wenigen Tagen an, in Uniform. Aber das Biwakieren in Winternächten schadete meiner Stimme so sehr, daß ich wenige Wochen danach bereits pausieren mußte. Sechs Wochen lang kämpfte ich gegen Katarrh und Heiserkeit. Anfang Mai aber kam die glückliche Wendung. Ich erhielt zum 26. desselben Monats eine Einladung nach Basel, um den ›Elias‹ von Mendelssohn zu singen. Mein Lehrer war mit der schönen Aufgabe einverstanden, ging die schwere Partie mit mir durch und zeigte mir, wie ich, ohne die Stimme anzustrengen, in kurzer Zeit die Hauptrolle lernen könne.

Nach meiner Rückkehr fingen die Tonbildungsstudien an. Ich fand Gelegenheit, den Unterschied zwischen der italienischen und der französischen Gesangsmethode, die ich bisher geübt hatte, kennenzulernen. Der Lehrer am Conservatoire, Monsieur Ponchard, hatte die Studienzeit, etwa achtzehn Monate in den vergangenen zwei Jahren, mit Vokalisen und Arietten von Bordogni angenehm ausgefüllt, aber meine Stimme war nicht größer geworden. Garcia lehrte mich zunächst die Kunst zu atmen und die Vokalisation auf den sieben italienischen Selbstlauten: A, offenes und geschlossenes E, I, offenes und geschlossenes O und U. ›Wer einen schönen Ton haben will‹, sagte er, ›muß die Atemwerkzeuge ausbilden‹ – das war des Lehrers größte Sorge! Vor dem vollen Atem aber kam der halbe – mezzo respiro – zur Sprache. Er lehrte zunächst mit geschlossenem Mund in kurzen Stößen durch die Nase zu atmen. War der Schüler nicht ruhig genug, so ließ er ihn durch einen kleinen Spalt zwischen den Lippen atmen, und so auch wieder tonlos die Luft langsam ausblasen, indem die Kante einer Visitenkarte an den Mund gehalten wurde. So füllte und leerte sich die Lunge bedeutend langsamer als beim Einatmen durch die Nase. Und doch kräftigten sich die Brustmuskeln mehr und mehr, ohne die Stimmbänder in Mitleidenschaft zu ziehen. So gelangte ich mühelos zu dem halben Atem, der in schnellen Tempi so unentbehrlich ist. Es gibt Fälle, in denen man singend, während der Bildung eines Lippenlautes, also mit geschlossenem Munde, atmen muß, um mit der Luft auszukommen. Das Fundamentalprinzip des Meisters war, dem Schüler einen schönen, freien Ton beizubringen, ohne die Stimme durch falsche Zungen- und Schlundbewegungen anzustrengen.«

Pauline ertappt sich dabei, daß sie – ganz im Gegensatz zu den früher hier gemachten technischen Exkursionen – fasziniert zuhört. Das mag an der freien und wohlklingenden Vortragsweise des geübten Sprechers liegen, aber ebenso an Theorien, die mit den ihren weitgehend übereinstimmen und ihre Arbeit bestätigen.

»Manuel Garcia lehrte, die Kunst des Atmens in allen Varianten zu erkennen und anzuwenden, indem er den Ton bald frei durch die Stimmritze ziehen ließ, bald ihm den Weg versperrte, wie etwa bei dem viel besprochenen, oft geschmähten Glottisschlag (coup de glotte), der, wie das Portamento, das Martellato oder Markieren des Tones, wie das Staccato mit leichtem Glottisschlag auf jeder Note oder wie die angehauchte Vokalisation auf einer Note, schöne Ausdrucksmittel im Kunstgesang bedeuten. Wie streng ist über diesen Garciaschen Glottisschlag geurteilt worden!«

Pauline beobachtet, wie der Jubilar mit leicht gerötetem Gesicht, die Hand am linken Ohr, die Stirne runzelnd nickt. Er kann also auf die Entfernung von zehn Metern noch alles verstehen!

»Hat nicht der Meister selbst in einer späteren Ausgabe seines Werkes ›L'art du chant‹ sich dahin ausgesprochen, daß die Kraft des Stimmeinsatzes sich dem Ausdruck des Textes anpassen müsse? Man braucht oft einen festen Einsatz des Stimmtones als dramatisches Ausdrucksmittel, so in Beethovens ›Fidelio‹ bei dem Rezitativ: ›Abscheulicher, wo eilst du hin?‹

oder in Webers ›Freischütz‹ an der Stelle aus der Agathen-Arie ›All' meine Pulse schlagen‹ – da ist der coup de glotte gut angebracht; auch bei dem Einsatz des Tones für rasche Skalen, Läufe und Verzierungen muß derselbe sehr deutlich, musikalisch sicher sein, lehrte Garcia, auch um das Suchen des Tones (cercar la nota) zu vermeiden. Viele Schüler übertrieben dieses Studium des festen Toneinsatzes, wodurch sie ihre jungen Stimmen ermüdeten; sie klangen hart, kreischend . . . Man lasse lieber die Natur walten, denn dem stärkeren Luftstrom stellt sich naturgemäß mit dem Anwachsen des Tones größere Stimmbandbreite entgegen. So geht es auch mit den Stimmlippen im Kehlkopf zu, wenn vom schwächeren zum stärkeren Register übergegangen wird. Hoch lebe Garcia, denn er lehrt: Die Stimme wird einzig und allein durch Zusammenpressen und Ausdehnen zum Tönen gebracht, die die Luft durchmacht, wenn die Stimmritze sie abwechselnd anhält oder durchziehen läßt. Mit anderen Worten: Der Stimmklang ist das Ergebnis regelmäßig aufeinander folgender Schwingungen der Luft – welcher Art auch ihre Kraft oder Klangfarbe sei.«

Hier erhebt sich aus verschiedenen Ecken des Saales Beifall, an dem sich gleichwohl längst nicht alle Anwesenden beteiligen.

»Nach dieser Erklärung wären alle Kommentare über Glottisschlag und Register überflüssig. Die Natur hat dafür gesorgt, daß bei gesunden Stimmen die drei Register wie *eines* klingen. Aber es ist letztlich das Ohr, das über die Reinheit der Tonbildung *und* des Tones entscheidet. Nicht jedem, der eine gute Stimme hat, ist auch ein gutes Gehör gegeben. Ist es nicht vorhanden, so muß es herangebildet werden!

Zuletzt lehrte Garcia den Schwellton, den er durch die Anwendung des dunklen Klanggepräges zur schönsten Entfaltung brachte. ›Refoulez, refoulez donc!‹ – Stellen Sie den Kehlkopf tiefer‹, mahnte der Lehrer, wenn die Stimme durch zu hohe Lage des Schildknorpels im Schwellton nicht genügend anwuchs oder wenn in einer ernsten Arie mein Ton zu hell und jugendlich klang. Er konnte recht böse werden, wenn verfehlt wurde, den Kehlkopf richtig zu halten, verließ zuweilen auch das Klavier und trommelte ungeduldig ans Fenster, bis es besser wurde. Lange aber dauerte sein Unmut selten. ›Gehen wir spazieren‹, sagte er plötzlich. ›Da Sie so gern hell singen, wo es dunkel klingen soll, müssen Sie den Triller eigentlich sehr schön ausführen können. Darüber wollen wir uns unterhalten.‹ ›Oh, den kann ich noch gar nicht‹, antwortete ich verlegen. – ›Nun, ich will Ihnen zeigen, wie man eine Triller lernt.‹ Garcia stand an der nächsten Straßenecke still, öffnete den Mund und machte, ohne einen

Laut von sich zu geben, die Bewegungen des Kehlkopfes bei der Ausübung des Trillers. Der Mund blieb offen, der Kehlkopf ging auf und
nieder, der Atem hielt lange an. ›So‹, sagte er, ›wenn Sie diese Gymnastik
üben, werden Sie bald einen schönen Triller haben; hüten Sie sich aber,
bei den ersten Versuchen Terzen- oder Quartentriller zu singen, die wird
man schwer wieder los. Studieren Sie lieber den alten Triller des Giulio
Cassini, nämlich die angehauchten Noten auf einer Stufe; zuerst aber
meinen stummen Triller, Sie schonen dabei Ihre Stimme.« Er hatte recht!
Ich lernte bald den musikalischen Triller in großen und kleinen Sekund-
schritten auszuführen.

Was nun die Hauptsache betrifft, den Vortrag der Musikstücke und
Rollen, konnte man sich keinen anregenderen, geistvolleren Lehrer
wünschen als Manuel Garcia.

Mit seinen Schülerinnen studierte er gern die schwere Arie der Donna
Anna ›Non mi dir‹. Mozart läßt beim Schlußsatz ›Allegretto moderato‹
die Tochter des ermordeten Komturs ihren Schmerz zuerst in synkopier-
ten Akzenten ausdrücken und schreibt als Steigerung auf den hohen
Noten b und a die angehauchte, dem Schluchzen ähnliche Vokalisation
vor. Punkte, die ein staccato bedeuten könnten, stehen weder auf dem b
noch auf dem a. So hat Garcia seiner Schwester Pauline Viardot-Garcia
und Jenny Lind-Goldschmidt die herrliche Arie einstudiert; so *muß* sie
auch gesungen werden, wenn sie nicht zur Karikatur werden soll. So sang
sie auch meine Mutter, ein Eindruck, den ich nie vergessen werde. Ich
danke heute noch meinem lieben Lehrer dafür, daß er den göttlichen
Mozart, wie er ihn gewöhnlich nannte, so zur Sprache kommen ließ,
nämlich mit Tränen in der Stimme, wenn es verlangt wird.

Der achtundsiebzigjährige Schüler könnte vom hundertjährigen Leh-
rer noch Interessantes erzählen – aber es fehlen hierzu Zeit und Raum.
Heute gilt es zu danken für die künstlerischen und wissenschaftlichen
Anregungen, die ich vor mehr als fünfzig Jahren empfangen und die für
mein ganzes Leben befruchtend waren. Möge der Meister das zweite
Jahrhundert in Gesundheit antreten!«

Ein freundliches Winken vom Platz des Jubilars begleitet die letzten
Worte. Pauline versucht, Emanuel zuzuflüstern: »Keine Rede ohne Irrtum! Mit mir hat er die Anna-Arie nicht studiert. Aber von meinem Vater
habe ich sie interpretieren gehört, wenn ich in seinen Stunden Klavier
spielte. «

*

Während er einen Salzstreuer zu erreichen versucht, fragt Dr. Speyer unvermittelt: »Ist Ihnen ein Carl von Banier bekannt?« Pauline fährt zusammen. Zum einen schreckt sie die Emphase des fragenden Tonfalls, der klingt, als sei ein bestimmter Bezug auf sie selbst darin; zum andern weckt der Name Erinnerungen, die sie unerklärlich verstören. Vor allem aber heftet sich an die Gestalt des Erwähnten, an seinen leicht dösenden Blick und seine langweilige Sprechweise dunkler Verdacht.

»Es fiel mir gerade ein«, unterbricht der Tischnachbar Paulines Gedanken, »daß ich Sie zu grüßen beauftragt bin, wenn ich Ihnen heute begegne.«

Sie sagt: »Er lebt also immer noch; sechsundachtzig ist er, wenn ich richtig rechne?« »Nun ja, ich kenne ihn nicht näher«, erwidert Dr. Speyer, »aber man erzählt sich, er habe nichts im Leben gründlich getan.«

Sie muß denken: Eigentlich nicht verwunderlich. Er schien nie etwas wirklich zu empfinden, außer vielleicht jene aufdringlichen Zuneigungen, die er zu ihr selbst an den Tag gelegt hatte und die zu erwidern sie nie imstande war. Nicht, weil er so unscheinbar aussah und einen etwas faden, an Kellerluft erinnernden Geruch verströmte. Nein, auch seine Stimme in ihrer intervallfreien Monotonie hat Paulines berühmt empfindliches Ohr von Anfang an abgestoßen. Aber so harmlos, so nichtssagend, wie seine Stimme klang, konnte es um sein Wesen gar nicht bestellt sein.

»Eines habe ich immer beneidet: seine Französischkenntnisse«, ließ sich Herr Dr. Speyer vernehmen, ohne zu bedenken, daß seine Nachbarin diese Sprache viel fließender und einwandfreier beherrschte. »Französisch war ihm von klein auf lieb und durch Übung zur zweiten Muttersprache geworden.«

»Nicht nur durch Übung – seine Mutter war Elsässerin.«

Es tut Pauline nicht wohl, nun an diesen Undurchsichtigen denken zu müssen, der ihr einst in Berlin über den Weg lief. Der Unscheinbare blieb für sie ein versiegeltes Buch, das sich auch durch seine Tätigkeit als Musiker, Sekretär, Zwischenträger und Klatschmaul im Lauf der Zeit kaum öffnete, obgleich sich nach 1863 der blasse, dünnbärtige Mensch immer mehr in ihre Sphäre zu mogeln suchte, aus welchem Verehrungsgrund auch immer. Aber an die eine unheimliche Begebenheit, die zwischen Pauline und Banier steht, will sie auch heute nicht erinnert werden.

*

23

Heimlich zieht Pauline unter der Tischkante eine kleine Uhr aus dem Handtäschchen. Erstaunlich genug: Es sind kaum 45 Minuten seit dem Hinsetzen verstrichen. Wie unbeherrscht und eilig doch die Gedanken ihr Spiel treiben können, wenn man wenig redet! Sie wirft einen Blick auf ihr Gegenüber und den Nachbarn. Beide überlassen sie aber wieder ganz sich selbst, was ihr nur recht ist.

Das dünn klingende Pianino ist wieder zu vernehmen, während sie noch ihr »Aspic de Foie Gras en Belle Vue« verzehrt. Pauline, die sonst jedes Musikstück beim ersten Detail augenblicklich erkennt, muß sich eine Weile besinnen, um die Pièce zu rekognoszieren. Plötzlich geht ihr auf, daß es des Vaters »Kontrabandisten«-Thema ist; es wird in der Form des »Rondeau phantastique« gespielt, zu der es Liszt verarbeitet hat. Damit soll wohl Noël und der ganzen Familie gehuldigt werden. Das erste Mal hat Pauline dieses Werk in den frühen dreißiger Jahren des vergangenen Jahrhunderts gehört, natürlich sehr viel spritziger und eleganter von Liszt selbst gespielt. Damals saß sie fiebernd und hingerissen in einem Pariser Saal neben ihrer Mutter, die ebenso erregt wie sie selbst war.

Der schon damals »große« Liszt, ein Ungar, der nie richtig ungarisch zu sprechen lernte, hatte seit 1827 beträchtlichen Erfolg in Paris. Damals war er sechzehn. Sein Vater starb, und nun mußte Liszt sich und die Mutter ernähren. Der Wechsel in den Lebensumständen zwang ihn zu unterrichten, was er dann bis ins hohe Alter beibehielt. Die besten Familien rissen sich um die Dienste des bezaubernden Jünglings, und auch Pauline kam unter seine Fittiche.

Ihr ist seltsam zumute, wenn sie bedenkt, wie ernst die kindliche Pianistin Pauline Garcia damals genommen wurde. Das Aufschreiben musikalischer Gedanken lag ihr im Grunde ebenso. Es machte ihr ja auch später Freude, musikalische Notizbüchlein mit Kadenzen und Verzierungen aller Art für den eigenen Gebrauch oder den der Schüler zu füllen.

Es kommt Pauline so vor, als sei das Klavierstück dem braven Pianisten, den sie für heute engagiert haben, viel zu schwierig. Liszt machte das um Klassen besser. Pauline hat die Komposition freilich schon damals beim ersten Hören nicht allzu interessant gefunden. Anders Berlioz, der in seiner Besprechung damals schwärmte: »Eine unermeßliche Poesie, ein bizarres und herrliches Werk, das eine ganze Welt von Sensationen und Visionen auf den brennenden Tasten des Klaviers vorüberziehen läßt.« Paulines eher nüchterne Mutter merkte damals lakonisch an: »So setzt man sich ins rechte Licht!« – Heute, nach dem trivial »krönenden«

Schluß, verspürt Pauline zunächst keine Lust, mit den anderen zu applaudieren. Dann tut sie es doch, mit für sie selbst erstaunlicher Emphase.

Der folgende Redner, ein Dr. Lermoyez, verbreitet sich noch einmal über Garcia-père. Da steht es Pauline vor Augen, wie sich die Familie auf dem Friedhof Père Lachaise bei der Beerdigung des Vaters zusammendrängte, verschüchtert und verloren. Der Vater war unerwartet 1832 an einem Darmleiden gestorben. Die Kinder fühlten sich einem Schicksal überlassen, das es ihnen kaum gönnen würde, den vielen Lorbeeren des Vaters weitere hinzuzufügen.

Der Redner setzt sich, und es sieht so aus, als ob die Antwort des Jubilars auf all die Elogen und Toastausbringungen noch eine Weile auf sich warten lassen wird. Dies gibt Pauline eine Chance, auf ihr Zimmer zu gehen. Auch vielen anderen muß das eingefallen sein; denn es setzt eine kleine Völkerwanderung ein. Sie schaut sich nach Emanuel Stockhausen um, der gelassen ein Glas Wein trinkt. An ihrem Gesichtsausdruck merkt er, daß sie ihn braucht, und drängt sich zu ihrem Stuhl. »Kannst du mich zum Fahrstuhl bringen?« »Ist dir nicht gut?« Er faßt sie unter den Arm. Alles tut ihr vom langen und während der Unterhaltung verkrampften Sitzen weh. Aber rascher als erwartet findet sie ihr Gleichgewicht und die Kraft zum Gehen wieder.

Siehe da, der Fahrstuhl öffnet sich klirrend, als die beiden die Eingangshalle betreten. Höflich läßt Emanuel sie auch jetzt nicht allein, sondern fährt mit ihr die zwei Etagen nach oben. Als es Pauline mit seiner Hilfe endlich fertiggebracht hat, den Schlüssel in das Schloß zu stecken und hotelüblich verkehrt herumzudrehen, betritt sie aufatmend ihr Gemach.

*

Kaum ist ihr Emanuel Stockhausen auf dem Gang wieder lächelnd entgegengekommen, wird sie eine Frage los: »Betätigst du dich auf der Bühne nicht auch hauptsächlich zur eigenen Freude, und um deine Anschauung zu befestigen oder zu erweitern? Denkst du nicht auch so wenig wie möglich an das Publikum?« »Das möchte ich behaupten. Gäbe ich mich ständig mit der Wirkung auf die Leute ab, käme dabei etwas sehr Unwahres heraus, natürlich auch keine wirklich konzentrierte Leistung. Andererseits wollen wir nicht an den wechselnden Ansprüchen des Moloch Publikum vorbeiagieren, sondern wir suchen einen Dialog mit ihm. Da gibt es Pausen im Sprechen – seien sie auch noch so genau durchgearbeitet –, die können wir nicht beliebig ausdehnen, auch wenn, sagen wir, im Theater ein Hustenkonzert einsetzt, wie oft an leisen

Stellen, müssen wir auf den kommenden Moment neugierig bleiben, nichts Einstudiertes ›aufsagen‹, sondern der Sprache ihr Recht auf inneres Leben lassen.«

»Wie wohl du mir tust, mein Junge! Mit der Musik mag es sich ein wenig anders verhalten, im Grunde gelten aber die gleichen Voraussetzungen. Da denke ich an die sogenannten ›frischen‹, jungen Stimmen, die sich – aus welchem Mangel an Interesse immer – nicht mit dem Werk und dem zu gestaltenden Charakter identifizieren. Sie büßen durch das Fehlen genauer Erziehung und Durchbildung ihre Frische früh ein. Und das heißt für das Publikum: Verdorbenes statt Frische.«

Im Aufzug setzt Pauline noch einmal an, obwohl sie von Fremden umdrängt sind: »Die Stimme durchzubilden kann allein nicht genügen. Wer nur mit der Stimme singt, dürfte schnell am Ende sein. Wer aber das Feuer der Poesie besitzt, wem jedes Gedicht unwillkürlich als von einer Gestalt gesprochen erscheint, die sich die Phantasie erschafft, mit genauen Umrissen und einem Raum um sie, der kann zwar Virtuosität anwenden, aber er wird sie dazu nutzen, Idee, Charakter, Gedanken eines Werks, einer Rolle auszudrücken.«

Emanuel kann nicht leugnen, daß ihm dieser Begeisterungsausbruch der alten Dame im Augenblick, unter all den Unbeteiligten, peinlich ist. Aber er bewundert, wie lebhaft ihr Geist arbeitet, wie freudig sie sich mitteilt und wie gut sie die Anstrengungen durchsteht. Und leichteren Herzens führt er sie an ihren Platz, wenngleich er bedauert, die Unterhaltung nun nicht fortsetzen zu können.

Schon bald hört Pauline Herrn Dr. Speyer sagen: »Wissen Sie übrigens, gnädige Frau, daß ich Ihren verewigten Gatten persönlich gekannt, ja, ihn sehr verehrt habe?« »Wie das?« »Zum einen interessierte mich die spanische Kunstgeschichte, und darin war er ja ein großer Kenner! – Zum andern freilich ließ mich eine andere Leidenschaft seinen Weg kreuzen: Ich wollte selbst einmal Sänger werden.«

– Aha, denkt Pauline, wie so viele der nicht zum Zug Gekommenen in diesem Saal ...

Für einen Augenblick geht es Pauline nicht gut. Sie hat Zeiträume durchlebt, an die sie mit ungewissen Empfindungen zurückdenkt. Ohnehin ist für sie an diesem Abend nichts so recht geordnet, klar oder logisch. Vieles scheint sich zu verwirren. Sie hat alles Gefühl für Zeit verloren.

*

Sie schrickt auf, als nahe an ihrem Tisch eine Stimme kräht: »Bitte sitzen Sie für einige Minuten still, meine Herrschaften! Es soll eine photographische Aufnahme gemacht werden.« Während der Vorarbeiten, die sich umständlich und langwierig gestalten – besonders mit dem Magnesiumpulver auf der Lichtschaufel will es nicht gleich funktionieren –, halten alle Gedanken an. Es überkommt so manchen hier Müdigkeit. »Bitte hierherschauen«, ruft es. Nach zwei angespannten Minuten mit verdrehtem Hals tut allen alles weh. Dann muß das Ganze wiederholt werden; neue Erschöpfung und Durst. Wieder wird Sekt und Wein eingeschenkt. Die Unterhaltung brandet laut auf, bis man das Pianino hört.

Während der Musik fängt Pauline an, einem monotonen Geräusch nachzulauschen, das sie einzuschläfern droht. Zwar ist es ihr vertraut, aber sie kann es nicht gleich einordnen. Der Pianist hört auf zu spielen.

Das Bankett der Londoner
Laryngologischen Gesellschaft im Civic Hotel
(im Hintergrund Manuel Garcia-fils)

Jetzt wird ihr klar, daß Regen gegen die Scheiben der fernen Saalfenster schlägt.

Was hat ihr Turgenjew doch einmal erzählt? Als er noch klein war, wurde in Spaskoje das Wasser für die Wäsche in einer Tonne gesammelt. Denn Turgenjews Mutter schwor darauf: Regenwasser ist weicher für empfindliche Stoffe. Dieses Geräusch, wenn das Wasser durch die Dachrinne in die Tonne strömte, fand er wunderbar.

Pauline streckt sich aufrecht gegen die Stuhllehne, legt die Hände über ihrer Handtasche zusammen und überläßt sich der Vergangenheit ...

Der Vater und Maria

Als Paulines Bruder vor hundert Jahren geboren wurde, am 17. März 1805, arbeitete sein Vater, der Tenor Manuel Garcia-père, an einem seiner größten kompositorischen Erfolge, einem Monodrama, einem Stück also für einen einzigen Sänger mit Orchesterbegleitung; der Titel: »El poeta calculista«. Darin steht ein Lied, das in ganz Spanien ähnlich populär wurde wie später das »La donna è mobile« aus Verdis »Rigoletto« in Italien. Der Text lautete: »Yo che soy contrabandista.« Gassenjungen sangen das Lied ebenso wie vornehme Damen. Es findet sich in »Bug-Jargal« von Victor Hugo zitiert, und George Sand machte es zum Zentrum ihres Romans »Le contrebandier«. Pauline empfahl in späteren Jahren ihren Schülern gelegentlich Robert Schumanns Vertonung der Verse des Vaters in der deutschen Übersetzung durch Emanuel Geibel zum Studium.

Manuel Garcia-père wurde am 21. Januar 1775 in Sevilla geboren. Er behauptete (oder ließ behaupten), der Sohn eines Ratsherren zu sein. Aber eines Tages im Jahre 1859 schrieb Pauline Viardot-Garcia in einem Brief an ihren Leipziger Musikerfreund Julius Rietz: »Ich weiß es sicher von meinem Vater, denn – bekommen Sie keinen Schrecken – er wurde in jenem Teil von Sevilla geboren, wo die Zigeuner leben – jetzt wissen Sie das große Geheimnis. Mein Vater hat seine Mutter gekannt, aber nichts über seinen Vater gewußt.«

Wenn Garcia-père, der gefeierte Sänger, seine Lieder zum besten gab, begleitete er sich gewöhnlich auf der Gitarre, und sein Feuer, seine Verve rissen das Publikum so mit, daß es sich die Kehlen heiser schrie. Zu den enthusiastischen Hörern gehörten auch der alte König Karl IV., sein Sohn und Manuel Godoy, der sogenannte »Prinz des Friedens«, von dem jeder wußte, daß er blutschänderische Beziehungen zur Königin unterhielt, unzweifelhaft einer der Mächtigsten im spanischen Königreich.

Unruhig waren die Zeiten. Napoleon empfand es als störend für seine europäischen Pläne, daß Portugal und Schweden ihren Bündnispflichten England gegenüber nachkamen. Die Seemacht bedenkend, die das Inselreich zur Schlacht von Trafalgar aufgeboten hatte, beschloß er, die Kraft dieser Allianz zu brechen. So unterzeichnete er 1807 den Vertrag von

Fontainebleau, in dem Frankreich und Spanien übereinkamen, mit Hilfe der vereinigten Armeen Portugal zu annektieren. Solchem geheimen Abkommen folgend, das für alle Beteiligten außer Napoleon undurchsichtig war, durchquerte eine französische Armee im Oktober 1807 unter dem Befehl General Junots eilig die spanische Halbinsel. Als die Nachricht eintraf, daß sich die Invasoren bereits Lissabon näherten, segelte Portugals Prinzregent mit seiner Mutter, der wahnsinnigen Königin Maria I., unter englischem Schutz nach Brasilien. Kaum war er entflohen, als Junot in Lissabon einzog und sich von den Portugiesen günstig aufgenommen fand, denn sie verdachten dem Prinzregenten seine Flucht. Sie ahnten aber auch nichts von dem Plan Napoleons, der das Königtum aufteilen und ihm praktisch ein Ende setzen sollte.

Als sich so die franco-spanischen Pläne zu verwirklichen begannen, entschied Garcia-père, die Zeit sei gekommen, jenen weiter ausgreifenden Erfolg zu suchen, den er sich in den Kopf gesetzt hatte. Sein Name als Sänger und Komponist bedeutete in Spanien schon viel. Als höchstes Ziel aber schwebte ihm nun Paris vor.

Hätte sich wohl eine bessere Gelegenheit bieten können als jener Augenblick, in dem die Franzosen darauf eingestimmt waren, jeden spanischen Besucher als einen Verbündeten willkommen zu heißen? So verabschiedete sich Garcia-père von dem provinziellen Madrid mit einem Konzert, und Ende 1807 saß er in der Kutsche. Mit ihm reisten seine beiden Frauen; der kleine, 1805 geborene Manuel blieb bei seinen Großeltern, in einem Land voller Krieg und Blutvergießen.

Vater Garcias öffentliche Laufbahn ist bekannter geworden als sein Privatleben. Dafür haben Kinder und Enkel gesorgt. Mit zweiundzwanzig hatte er Manuela de Moralès geheiratet, eine zweitklassige Sängerin und Schauspielerin. Die aufreizende Bolero-Tänzerin war bereits bekannter als ihr unerfahrener Mann. Aber Garcia blieb nicht lange bei untergeordneten Rollen. Bald stand er in großen Partien neben einer jungen Sängerin namens Joaquina Briones, verwitwete Sitchez. Über Garcias Liebesaffäre mit der jungen Frau klatschten die bösen Zungen in Madrid. Aber die vom Personal vorgebrachten Beschwerden über den Mann, der manchmal mit beiden Frauen, der Gattin und der Geliebten, auf der Bühne stand, hielten sich in Grenzen, da Handgreiflichkeiten des jähzornigen Tenors zu befürchten waren.

Des kleinen Manuel Taufeintragung beschrieb ihn als den rechtmäßigen Sohn des Manuel Rodriguez und der Joaquina Sitchez. Aber er war illegitim, in bigamer Ehe gezeugt. Zwar waren die Eltern durch eine

30

Manuel Garcia del Popolo Vicente Rodriguez
als »Otello«

Hochzeitszeremonie gegangen, aber der Sänger hatte es verstanden, die Autoritäten über seine Verbindung mit Manuela im Unklaren zu lassen. In Spanien gab es keine Scheidung, und Joaquina opferte jahrelang ihren guten Namen. Sie ließ sich als Mätresse bezeichnen, um die Bigamie ihres Mannes zu vertuschen. Garcias Kinder kannten die Wahrheit über ihre Eltern, wußten, wie sehr ihre Mutter darunter litt. So ist ihre Sorge um den eigenen »guten« Namen in späteren Jahren verständlich. Garcia selbst war sein zweifelhafter Ruf völlig gleichgültig, da er »weder an Gott noch an den Teufel« glaubte, wie seine jüngste Tochter Pauline Jahrzehnte später an Julius Rietz schrieb (1. Jan. 1859).

In Paris angekommen, ergab sich bald die Gelegenheit zu einem vielversprechenden Debüt. Denn schon nach zwei Monaten konnte Manuel del Popolo Vicente Rodriguez in Ferdinando Paërs Oper »Griselda« auftreten, allerdings nicht mit seinem langen Namen, sondern einfach als Manuel Garcia. Dieses Debüt war ein Wagnis. Manuel Garcia hatte niemals systematisch singen gelernt und sang auch zum ersten Mal italienisch.

Nun, der Applaus von Napoleon kam nicht weniger enthusiastisch als der von den Spaniern. Garcia reüssierte so nachhaltig, daß er mit dem Posten eines »Directeur du Chant« betraut wurde. Schon weniger als drei Wochen danach trat er sein Engagement als führender Tenor am Théatre Italien an.

Um diese Zeit kam seine Tochter Maria Felicia (am 24. März 1808) in Paris zur Welt, die später als »die Malibran« gefeiert werden sollte. Fast genauso wichtig aber war für den ehrgeizigen Garcia, daß sein Monodram »El poeta calculista« 1809 in Paris aufgeführt wurde. Die Vorstellungen wurden immer wieder unterbrochen, weil nach Beifallstürmen fast alle Nummern wiederholt werden mußten.

Diese erste Pariser Spielzeit war in jeder Hinsicht geeignet, Manuel Garcia internationalen Ruhm zu verheißen. So folgten denn er und Joaquina einem Ruf nach Neapel. Manuel Patricio ließen sie weiterhin in Madrid. Von der kleinen Maria wollte sich die Mutter aber nicht trennen. Diese Italienreise Garcias ließ ihn den Weg jenes Musikers kreuzen, dessen ständig wiederholte, leichte Erfolge auch den seinigen zugute kommen sollten: Gioachino Rossini.

*

Wie sah die spanische Hauptstadt zu jener Zeit aus? Verkommene, winzige Häuschen lehnten sich unvermittelt an die Paläste eines Granden und schmiegten ihr buntgeschecktes, moosbewachsenes Dach gegen Marmor und schmückende Skulpturen. Lehmhütten mit verfallenen Dächern boten eine ideale Brutstätte für Krankheit und Seuche. Luxus und Elend, Komfort und Bedürftigkeit stießen unvermittelt aufeinander. Aber in diesen Diskrepanzen lag auch ein Grund für die kapriziöse Geschwindigkeit, mit der die Madrid seiner Rolle als Hauptstadt entgegenwuchs.

Vielfältig mischten sich die Menschentypen. Sie alle hätten für Einwohner aus Regionen stehen können, die viele tausend Meilen voneinander entfernt lagen, so sehr stachen sie in Sprache und Kleidung voneinander ab.

Dem Fremden mußten die vielen Klöster auffallen, in feinsten Bezirken gelegen, sozusagen umgehend für den Abschied von der Welt bereit. In der Straße, wo die Garcias gewohnt hatten, gab es drei davon, mitten im Hauptverkehr von und zum Prado. Manuel, oder Noël, wie ihn die

Schwestern nannten, schwärmte seinen Schülern später oft von den Schönheiten Madrids, wenn die Stadt in gloriosem Sonnenuntergang funkelte. Oft sprach er aber auch davon, wie Not und Schrecken jene Tage beherrschten. Zwar war Spaniens Allianz mit Frankreich etabliert, aber Napoleon entschied ohne Skrupel, seinen »Freund« Karl IV. zu entthronen. Gelegenheit, sich in die innerspanischen Dinge einzumischen, boten die schwelenden Hofintrigen. Der Thronerbe Ferdinand haßte den Liebhaber seiner Mutter, Godoy. Als er an einem Komplott gegen diesen mächtigen Favoriten teilnahm, entlarvten ihn die Königstreuen und warfen ihn ins Gefängnis. Was konnte der Häftling anderes tun als Napoleon um Hilfe zu bitten?

Aber Karl IV. hatte das gleiche getan. Und schon ließ der Kaiser seine Truppen über die Pyrenäen einrücken; eine Armee näherte sich Madrid. Die Bevölkerung bemächtigte sich Godoys und mißhandelte ihn. Karl IV. wurde zur Abdankung gezwungen und gab die Krone an seinen »Freund und Verbündeten« Napoleon weiter. Dieser warf sie seinem Bruder Joseph zu, dem König von Neapel.

Freilich war es eines, Joseph zum König der Spanier zu erklären, und ein anderes, ihm zu wirklicher Macht zu verhelfen. Die Spanier fühlten sich in ihrer Vaterlandsliebe zutiefst verletzt. Sie lehnten einen fremden Monarchen ab, der sich nur unter dem Schutz französischer Truppen halten konnte. Immer wieder tauchten »juntos« in der Stadt auf. Noël vergaß später aber nicht zu erwähnen, daß es auch bei den Invasoren Grund genug zur Bitterkeit gab. Denn wenn täglich morgens zum Appell die Namen der Soldaten von der Papierrolle verlesen wurden, fehlten regelmäßig einige der Aufgerufenen. Sie waren im Schlaf von den Einwohnern des Hauses, in dem sie einquartiert lagen, umgebracht worden.

Ihrerseits nahmen die Franzosen grausame Rache. Die jungen Spanier mußten Spießruten laufen, bevor man sie exekutierte. »Erschießen Sie jeden, der eine Pistole halten kann!«, lautete der drakonische Befehl an die Soldaten. Die Unruhe eskalierte derart, daß am 2. Mai 1809 ein regelrechtes Massaker unter den Franzosen angerichtet wurde. Zum ersten Mal sah sich Napoleon einer ganzen Nation in Waffen gegenüber. Joseph flüchtete aus Madrid, kaum drei Wochen nach seinem königlichen Einzug.

Der kleine Noël, von Freunden zu seinen Eltern nach Neapel mitgenommen, damit die Familie endlich zusammenleben konnte, erzählte schauerliche Erlebnisse. Zwei Jahre waren schon vergangen, seit sie Paris

– auch der antispanischen Stimmung wegen – verlassen hatten. Manuela war nach Madrid zurückgereist und sang eine Spielzeit im Coliseo de la Cruz, um dann für immer aus der Theatergeschichte und unserem Gesichtskreis zu verschwinden. Noël sah den Vater, an den er sich kaum mehr erinnern konnte, zum ersten Mal mit Bewußtsein. Seine Schwester Maria betrachtete er hingerissen. Er fand sie engelhaft.

In Neapel bekam Garcia-père die Position eines führenden Tenors beim königlichen Kapellchor, die ihm gleich nach seiner Übersiedlung angeboten worden war. Seither hatte er sich einem gründlichen Gesangsstudium unterzogen, das ihm sein Freund Ansani vermittelte, Tenorist und lebendiger Zeuge jener Vokaltradition italienischer Belcantomanier, die von Altmeister Nicola Porpora ausgegangen war. Es handelt sich um den italienisch orientierten Gesangsstil, der klangsinnliche Schönheit in Tongebung und Stimmführung anstrebt. Sein Aufkommen war mit dem Hervortreten der Einzelstimme in der italienischen Monodie seit etwa 1600 verbunden. Im frühen 18. Jahrhundert, als Verzierungen, Koloraturen, Improvisationen voll ausgebildet waren, hatte es einen deutlichen Abstieg dieser Kunst gegeben. Garcias Kindern war es vorbehalten, sie wieder zu beleben. Sie halfen Bellini, Donizetti und Rossini theoretisch (lehrend) und praktisch (interpretierend) auf ihrem steilen Erfolgsweg.

*

Sehr bald nahm Garcia-père seinen Sohn mit zu Ansani, der den Jungen nicht bloß singen hörte, sondern ihm auch einige noch informelle Anweisungen gab. Da standen sich nun Winter und Frühling gegenüber: ein Knabe von noch nicht zehn folgte dem Rat eines fast Siebzigjährigen. Ansani wiederum war erst gerade zwanzig, als Porpora 82jährig gestorben war. Gern spann Noël den Gedanken aus, Ansani hätte selbst noch einige Lektionen von Porpora bekommen – eine hübsche Spekulation. Die bei dem altgewordenen Noël studierten, durften also damit prahlen, sie seien Schüler eines Mannes, dessen Lehrer noch vor 1786 bei Porpora gelernt hatte.

Der Vater nahm Noël in die Zucht und lehrte ihn singen. Damals übte ein Anfänger bedächtiger und geduldiger als heute; mitunter verstrichen Jahre, bis die ersten Solfeggien-Übungen, also Tonreihen ohne Worte, Übungen im Rhythmischen und in der Intonationsgenauigkeit, zur Zufriedenheit gelangen. Die Monotonie der Anfänge mußte einen jungen Menschen hart ankommen. Eines Tages revoltierte Noël zaghaft und mit Ehrfurcht. Nach endlosen, hundertmal abgewandelten, aufsteigenden Skalen, die ihn fast hatten vergessen lassen, daß es auch so etwas wie absteigende Läufe gibt, brach es weinerlich aus seinem Mund: »Darf ich nicht auch einmal wieder andersherum singen?« Immerhin brachten es die harten Zwänge zuwege, daß der Singende seine Stimme besser als andere erkannte und beherrschte, so daß ihm das Handwerkliche fast unbewußt zur Verfügung stand.

Noël schien sich nicht besonders zur Opernbühne hingezogen zu fühlen, und selbst in so frühem Stadium konzentrierte sich sein ganzes Interesse bereits darauf, den Stimmapparat zu erforschen. Seine Knabenstimme ließ einen wunderschönen Sopran hören, und es konnte nicht ausbleiben, daß er einen Platz in der Nähe seines Vaters beim königlichen Kapellchor einnahm. So dankbar er für die hingebende Mühe war, mit der er bis zum zwanzigsten Geburtstag vom Vater unterwiesen wurde, es war doch immer ein Ton des Vorwurfs herauszuhören, wenn Noël von der ununterbrochenen Beanspruchung des Kehlkopfs auch während der Pubertät sprach. Dies nämlich machte er für seinen stimmlichen Zusammenbruch in viel zu jungen Jahren verantwortlich.

Das Besondere an Garcias Ausbildung war, daß er sich nicht nur um das rein Stimmliche kümmerte, sondern für eine vielseitige musikalische Ausbildung seiner Kinder sorgte. Hilfestellung dabei leistete der komponierende Sänger Nicola Zingarelli, der immer dann in die Bresche sprang, wenn Garcia zu beschäftigt war. Das ließ Noël eine fruchtbare Mischung aus spanischen und italienischen Elementen aufnehmen, geeignet, romanischer Musik auf belkantistische Weise gerecht zu werden. Später wandte Noëls Schüler Julius Stockhausen dies auch auf die Behandlung der deutschen Sprache im Kunstlied an.

*

Über vierzig Opern komponierte Vater Garcia im Laufe seines Lebens. Einige davon gelangten bereits in Neapel mit unterschiedlichem Erfolg auf die Bühne. Auf spanisch, italienisch oder französisch schrieb er sich oft auch die Texte dazu, mit einer Schaffensfreude, die er an seine Töchter weitergab.

Wenn Noël an die mimischen Talente seines Vaters dachte, steigerte er sich manchmal in Ausrufe hinein wie »J'aimais la fureure andalouse de cet homme!« Und kam die Rede auf das Improvisationstalent des Vaters, dann erinnerte er gewöhnlich an Rossini, der Garcia-père die Partie des Norfolk in »Elisabetta« hauptsächlich deshalb zudachte, weil er sich die schönsten Erfindungen aus der Kehle des Sängers erhoffte. So beglückt war der »Schwan von Pesaro« über das Resultat, daß er, als er sich an die nächste Oper »Il Barbiere di Siviglia« setzte, den Part des Conte Almaviva auf die Virtuosität des Spaniers zuschnitt.

*

Cholera bedrohte die Menschen. Die Epidemie griff im Mittelmeerraum um sich. Im November 1815 gab es in Neapel den ersten Toten. Den Winter über beherrschte die Garcias die Furcht vor der Seuche. Als mit dem Frühling 1816 noch immer nichts auf ein Nachlassen der Gefahr deutete, beschloß Garcia-père, zu Schiff nach Paris zu reisen, das er vor vier Jahren verlassen hatte. Wie zum Zeichen, daß er richtig plante, brannte zu diesem Zeitpunkt das Theater in Neapel, in dem er vier Jahre lang Triumphe feierte, vollständig ab.

*

Im Dezember 1815 hatte sich Rossini dazu verpflichtet, bereits anderthalb Monate nach seiner »Elisabetta« eine neue Oper parat zu haben. Zunächst scheute er sich davor, ein Libretto zu übernehmen, das schon von Paisiello, und zwar überwältigend erfolgreich, vertont worden war. Aber nachdem jener Meister ihm den persönlichen Segen zur Komposition erteilt hatte, vollendete Rossini seine Partitur des »Barbiere« – in vierzehn Tagen.

Allerdings nicht ganz ohne Hilfe. Garcia-père blieb in Rossinis Nähe, um gegebenen Falles sängerischen Rat zu erteilen. Eines Tages hörte er den fieberhaft arbeitenden Maestro in komischer Verzweiflung seufzen: »Wirklich, Freund, ich habe nicht die mindeste Idee, noch nicht einmal die leiseste Ahnung, was ich für dich im ersten Akt einfügen könnte. Komponiere dir doch selber etwas! Das machst du besser, als wenn ich mir jetzt etwas zurechtquäle.« Sehr bald zauberte Garcia die charmante, von Einwürfen Rosinas unterbrochene Serenade aufs Papier. Rossinis Meinung von der Musikalität seines Freundes war hoch. Nur schien ihm sein Umgang mit Menschen nicht weltmännisch, nicht geschickt genug. »Ohne Zweifel wäre er sonst der erste Musiker der Epoche«, soll der Italiener gesagt haben.

Um jede mögliche Rivalität mit Paisiello zu meiden, bekam das Werk zunächst den Titel »Almaviva oder die nutzlose Vorsichtsmaßregel«. Und unter diesem Namen ging es am 8. Februar 1816 im Teatro Argentina zu Rom über die Bühne.

Garcias waren mit Rossini nach Rom übersiedelt. Bei der Premiere dort glänzte am Ende der Besetzungsliste der Name Manuel Garcia als Almaviva. Seine beiden Töchter sollten später wichtige Interpretinnen der Rosina werden.

Die Oper in Rom war mit Anhängern Paisiellos gefüllt, und wie so oft glich das Musentempelchen einem Austragungsort öffentlicher Disputfreudigkeit. Die eingefleischt Gestrigen sahen Rossinis Bemühung als unleidliche Einmischung in ihre geschmacklichen Rechte. Sie brachten es fertig, die Premiere niederzuzischen. Marias Mutter hatte es ihrer Tochter nicht erlaubt, bei der Premiere dabei zu sein. Aber am Morgen nach dem Fiasko drängte Maria mit dem Vater zu Rossini, um den Komponisten zu trösten. Edmond Michotte berichtet, Rossini habe die Szene selbst so ausgemalt: Als Maria das Zimmer betrat, rannte sie auf Rossini zu, brach in Tränen aus, schlang ihre Arme um seinen Hals und sagte: »Ach, wenn Mama mich gestern doch ins Theater gelassen hätte!« »Und was hättest du getan?« »Während sie Ihre wunderschöne Musik auspfiffen, hätte ich mit aller Kraft gerufen: Ihr seid alle Schlangen; geht zurück in die Wildnis und versteht die Musik von Bären, die einzige, die ihr verdient.« Rossini habe hinzugefügt, daß sie dessen tatsächlich fähig gewesen wäre, denn sie hatte einen Dämon in sich. Dann habe die Kleine noch gesagt: »Seien Sie nicht traurig. Hören Sie: Wenn ich groß bin, werde ich ›Il barbiere‹ überall singen, nur in Rom nicht (dabei stampfte sie mit dem Fuß auf), selbst wenn mich der Papst auf den Knien darum bäte.«

Aber das Teatro Argentina ließ unbeirrt den »Barbiere« auf dem Spielplan, und siehe da: Schon bald setzte sich die Wirkung durch, und das Werk erwies sich als eine der besten komischen Opern aller Zeiten.

*

»Elisabetta« und »Barbiere« blieben nicht die einzigen Novitäten für Garcia-père. Immer wieder vertrauten sich Komponisten seiner leichten Tongebung und fließenden Koloratur an, dem flexiblen Ausdruck, der seiner Stimme zur Verfügung stand. Was er zur vollen Blüte brachte, entsprach auch noch in Paulines Glanzzeit dem musikalischen Geschmack: die Kunst, Arien mit immer neuen Extempora auszuschmükken. Für die frühen Opernschöpfer galt es als selbstverständlich, nur die Umrisse des vokalen Parts anzudeuten, wenn sich der Einleitungsteil einer Arie am Schluß wiederholte. Hier erwarteten Komponist wie Publikum, auch noch von Pauline, die einfache Melodie kunstvoll ausgearbeitet wiederzuhören, mit Ornamenten aller Art versehen, je nach individuellem Geschmack und technischem Vermögen des Sängers.

Noël erzählte, daß ein älterer Komponist dem Vater einmal bei einer Probe Noten mit der Bitte überreichte, sie vom Blatt zu singen. Jeder Ton erklang, wie er aufgeschrieben war. »Vielen Dank, Signore, sehr hübsch, aber so wollte ich das nun wirklich nicht haben!« Bestürzt erkundigte sich Garcia nach dem Warum und wurde darüber aufgeklärt. Und bei der Wiederholung zeigte er dann, was in ihm steckte: Änderungen, Hinzugefügtes, Läufe, Triller, Rouladen, Kadenzen . . . Dem Meister verschlug es den Atem. »Bravo! Großartig! Das war meine Musik! So wollte ich sie hören!«

*

Als sich die kleine Maria unversehens der Familientradition einfügte, gab es Aufregung. Über ihr erstes »Auftreten« in Gano wurde das folgende erzählt: Maria war sechs Jahre alt, als im Teatro ein seither verschollenes Werk, »Agnese« von Ferdinando Paër, über die Bühne ging, in dem ein streitendes Ehepaar durch sein Töchterchen versöhnt wird. Garcia wurde aufgefordert, seine Tochter in der Kinderrolle mitwirken zu lassen, und er willigte sorglos ein. Die Kleine nahm an den Proben teil, und nichts Außergewöhnliches fiel bis zum Premierenabend vor.

Hier aber trat das Kind, angeregt durch Licht und Applaus, plötzlich an die Rampe und fing gleichzeitig mit seiner Bühnenmutter an, eine Arie zu singen, die eigentlich zu deren Partie gehörte. Die temperamentvollen Neapolitaner begriffen die kleine Sensation blitzschnell: Sie zwangen die Erwachsenere der beiden Künstlerinnen durch lauten Zuruf zum Schweigen. (Das Publikum hatte damals eine wesentlich »mitspielendere« Rolle als heute.) Das Kind, die Arie von den Proben vollständig im Ohr, sang vor atemlosen Hörern fehlerlos zu Ende. Stürmischer Beifall. An mehreren Abenden mußte das Spektakel wiederholt werden.

Die Zeit liebte schauspielerische und musikalische Wunderkinder. Die Kleine hatte es aber bald satt, weigerte sich plötzlich weiter zu singen und lief von der Bühne. »Ich habe wie ein Hund gesungen und will jetzt nicht mehr!«

Die winzige Musikerin fing bereits zwei Jahre später in Paris mit Solfeggien bei dem Komponisten und Dirigenten Panseron an; Louis Hérold gab ihr Klavierstunden.

Maria Felicia (und nicht Felicitas, wie oft geschrieben) war stolz auf ihren zweiten Vornamen »die Glückliche«, der ihr wenig Glück bringen sollte. Dreizehn Lebensjahre trennten die Schwestern, aber beide wußten es nicht anders, als daß sie singen sollten und wollten. Beide hatten schwere, dunkle Stimmen, die durch den väterlichen Lehrmeister so geschmeidig gemacht wurden, daß sie jede, wirklich jede Seelenregung ausdrücken konnten.

*

Vor vier Jahren war Napoleon noch allmächtig gewesen. Nun, als Garcia wieder in Paris eintraf, saß Louis XVIII. auf dem Thron – und Bonaparte in hoffnungslosem Exil auf St. Helena. Sobald sich die Garcias häuslich eingerichtet hatten, konzentrierte sich das Hauptinteresse auf die Ausbildung des Sohnes, für dessen musikalische Allgemeinerziehung unter anderen Anton Reicha und Jules Berbereau sorgten. Garcia selbst gehörte dem Théatre Italien an, einer Opernbühne, die – damals ganz unerhört – unter der Leitung einer Frau, der Sängerin Catalani, stand.

Sie engagierte Garcia-père an ihr Haus. Sechs Jahre lang wechselte er nun zwischen Paris und London, von 1816 bis 1823. Als die Familie nach dem erfolgreichen zweiten Gastspiel aus London abreiste, blieb die kleine Maria dort, um zwei Jahre lang in der Klosterschule von Hammersmith erzogen zu werden. Dort lernte sie die Sprache perfekt, was ihrer späteren Arbeit an englischem Repertoire zugute kam.

*

In Paris kamen Garcia-pères Opern immer wieder auf die Spielpläne, »Der Kalif von Bagdad« ebenso wie »Die Prinzessin aus Gelegenheit«. Der primo tenore trat als Paolino in Cimarosas »Heimlicher Ehe« auf und sang natürlich auch Rollen, die ganz anderen Charakter hatten als das, was heute auf den Opernbühnen zu hören ist: Erstarrtes aus falsch verstandener Tradition und läppische Bagatellen. Unvermeidlich drohte Streit des jähzornigen Tenors mit der launenhaften Direktorin Catalani, und er ließ nicht lange auf sich warten. Deshalb sah England Garcia-père bereits 1817 wieder. Vor kurzem war hier Mozarts »Don Giovanni« zum ersten Mal erklungen, und Garcia machte sich die Rolle des Ottavio zu eigen, um sie dann immer wieder begeistert zu singen.

Nachdem die Catalani 1819 nach London auch in Paris gescheitert war, kehrte Vater Garcia umgehend dorthin zurück und erlebte mit Rossinis »Barbiere« in der Salle Louvois Ähnliches wie vor dreieinhalb Jahren bei der Premiere in Rom. Wieder einmal riefen die Kritiker nach Paisiellos Werk, das dann aber, als es im Théatre Italien angesetzt wurde, durchfiel. Nicht nur bei dieser Gelegenheit triumphierte Rossini auch in der französischen Metropole.

In den freien Stunden komponierte Garcia-père bienenhaft fleißig. Die Opéra brachte »La mort du Tasse« und »Florestan« heraus, das Théatre Italien spielte »Fazzoletto«, und das Gymnase gab »La Meunière«. Allzusehr kümmerte sich Garcia nicht um die Details dieser Aufführungen, denn er konzentrierte sich auf das Unterrichten, über dessen Methodik er bereits 1819 ein Buch veröffentlichte. Im Grunde handelte es sich dabei um eine Neuauflage der Lehre von Porpora. Noël hingegen mußte seine theoretischen Kenntnisse erweitern; er ging als Harmonielehreschüler zu François-Joseph Fétis, der für Kontrapunkt und Fuge am Conservatoire zuständig war.

1821 mußte Joaquina Garcia auf ihre kleinen Partien im Théatre Italien verzichten. Sie gebar am 18. Juli des Jahres das dritte Kind Garcias. Das Töchterchen erhielt die Namen Michelle Ferdinande Pauline – und zwar nach ihren Taufpaten Ferdinando Paër und der Prinzessin Pauline Galitzin, wichtigen Mentoren im Leben des Vaters.

Von klein auf hatte das Kind anstrengendes Reisen durchzustehen. Was Wunder, daß sie es immer haßte! Beschwerlich und oft stürmisch fiel die Fahrt über den Kanal auf kleinen Schonern aus.

Es galt, den »Otello« Rossinis und dessen neue Semi-Seria »Riccardo e Zoraide« in London zu singen. Dies hinderte den wendigen Garcia nicht daran, vier Wochen darauf auch noch in Rossinis neuestem Produkt, »Mathilde di Chabran e Corrodino«, einzuspringen. Das bedeutete eine Gedächtnisbelastung, die der Sohn in unguter Erinnerung hatte. Denn es war zu solchen Zeiten noch schwieriger als gewöhnlich, mit dem Vater ein vernünftiges Wort zu wechseln.

Als die Familie Garcia 1823 wieder einmal nach Paris heimkehrte, nachdem die Londoner »Season« abgeschlossen war, verschaffte Garcia-père seinem Sohn die amüsante Möglichkeit, alle musikalischen Größen der Seine-Stadt beieinander zu sehen. Komponisten und Theaterleute versammelten sich im großen Saal des Monsieur Martin an der Place du Châtelet zu einem festlichen Diner.

Als das Dessert serviert wurde, erhob sich der feuermähnige Jean-Francois Lesueur und gab den Toast zum besten: »Auf Rossini! dessen brennender Genius der musikalischen Kunst neue Wege erschloß und eine Epoche einleitete.« Breit lächelte der Angesprochene und erwiderte: »Auf die französische Schule, und auf das Wohl des Conservatoire!« Ihn fast unterbrechend, konterte Lesueur: »Glück!« (in der putzigen französischen Aussprache des Namens.) Garcia-père ließ sich nicht lumpen: »Auf Grétry! den sensibelsten und melodienfreudigsten unter den französischen Musikern!« Rossini fuhr ihm in die Parade: »Auf Méhul!« Darauf Boiëldieu: »Auf Mozart! Dazu wird Rossini applaudieren.« Schon war Hérold zur Stelle: »Auf Paisiello! Ein Musiker mit Einfällen und Leidenschaft; er hat die italienische Schule überall in Europa populär gemacht ...« Auber war nicht der letzte Toastausbringer, als er rief: »Auf Cimarosa!« In der Erinnerung Noëls setzte sich das peinliche Spielchen solange fort, bis keiner der vom Wein Erhitzten mehr deutlich artikulierte.

*

Maria bekam am 11. Juni 1825 vom Vater die Erlaubnis zu ihrem ersten wirklichen Opernauftritt; sie verdankte ihn – fast symptomatisch für ein Geniekind von siebzehn Jahren – einer Kette günstiger Umstände. Das King's Theatre in London sah sich in Not, da sein Star, Madame Giuditta Pasta, Hals über Kopf einem Liebhaber in Paris nachgereist war, die Ronzi eben ihre Stimme verloren, die Vestris sich von der Bühne zurückgezogen hatte und die exzellente »seconda donna« Caradori weder einsatzbereit noch willens war. Maria füllte die Lücke, und mehr als das.

Auf dem Programm stand Rossinis »Barbiere« mit Garcia als Almaviva. Der Vater hatte wochenlang mit ihr gepaukt, sie immer wieder gezüchtigt. Aber da sie ihren Vater vergötterte, überstand sie die harte Prüfung.

In einigen privaten und öffentlichen Konzerten war sie bereits vor das Publikum getreten. Noël hob immer hervor, wie entzückend schön die Stimme der Pasta gewesen sei, daß er aber den Gesang seiner Schwester Maria – natürlich ganz objektiv – vorgezogen habe. Der Meister befand, nie wieder habe er eine so natürliche und kostbare Begabung angetroffen wie die von Maria.

Für diese folgte, bald nach der Rosina im »Barbiere«, noch in der gleichen Spielzeit die erste Aufführung eines Werks von Giacomo Meyerbeer in England, »Il crociato in Egitto«, die große Oper eines Berliners aus hochangesehener jüdischer Familie, dessen Name dort noch gänzlich unbekannt war. Maria machte, vorteilhaft als Jüngling gewandet, sängerisch und schauspielerisch Furore. An ihrer Seite einer der letzten Kastraten auf der Opernbühne, Velluti. Er sagte Maria eine blendende Laufbahn voraus, warnte aber davor, zuviel öffentlich zu singen, bevor die Stimme sich völlig gefestigt hätte.

Zwischen Proben und Aufführungen fuhr der Vater mit Frau, Sohn und Tochter in englisches Provinzland, um – bewundert und beneidet – Konzerte mit ihnen zu geben. Keine Anstrengung war ihm zu groß. Den

Kindern hämmerte er den Grundsatz ein: Schwierigkeiten fordern zu ihrer Bewältigung auf. Noch als er längst rauschende Erfolge mit Maria feierte, ließ er nicht von solchen Maximen ab.

*

Das Gehör der kleinen Pauline, ständig die Fortschritte der Schwester verfolgend, erreichte mit der Zeit unglaubliche Feinheit der Wahrnehmung; mit seiner Hilfe konnte sie genaue Charakterforschung betreiben und manche Auskünfte bekommen, die gewöhnlichen Menschen mit weniger empfindlichen Gehörnerven nicht zur Verfügung stehen. Es fing damit an, daß sie der Schwester beim Üben zuhörte und die stimmlichen Valeurs zu schätzen wußte, die diese beharrlich anstrebte. Wollte einmal etwas nicht auf Anhieb gelingen, so kommandierte Maria ihrer Stimme: »Je te forcerai bien à m'obéir!« Immer wieder lauschte Pauline der Älteren ab, wie sie ausdrücken konnte, was in Noten oder Textworten nicht festzulegen war.

Eines Abends im Theater erschrak Pauline, als sie aus der Loge beobachtete, wie der Schwester beim Singen Tränen über die Wangen rannen. »Wie kannst du nur so wunderbar im Weinen singen? Das schnürt einem doch die Kehle zu!« fragte sie nach der Vorstellung. »Dafür habe ich nicht umsonst gelitten. Als ich so alt war wie du, weinte ich oft während der Gesangsstunden. Aber weil ich einfach nicht wollte, daß Papa es sah, stellte ich mich hinter ihn und gewöhnte mich daran, meine Stimme auch dann zu beherrschen.«

Die musikalische Erziehung seiner Töchter besorgte Garcia-père gründlicher als die psychische. Unbeugsam und schnell vor Wut kochend, stellte er die Mädchen hart auf die Probe, so sehr, daß sie oft nur mühsam begriffen, was er sagen wollte. Schüchtern oder ängstlich durften sie nicht sein. Einem »Ich kann nicht« setzte er Verachtung entgegen. Besonders sarkastisch wirkten seine Bemerkungen, wenn er daneben auf dem Klavierpult seine Musik komponierte.

Marias Stimme, erinnert sich Pauline, klang anfänglich schwach und substanzlos, die tieferen Töne dumpf und unentwickelt, die hohen hart und dünn, die Mittellage eher belegt. Mitunter ließ fehlerhafte Intonation an ihrem guten Gehör zweifeln. Aber das waren Anfangserscheinungen, denen Pauline gerade bei ausnehmend prächtigen Stimmen als Lehrerin später immer wieder begegnen sollte. Manchmal setzte die noch halbwüchsige Maria zu Beginn der Stunde so falsch ein, daß der Vater ärgerlich und verzweifelt zu spielen aufhörte und in entfernte Zimmer

42

rannte. Bittend und weinend folgte ihm Maria, klammerte sich an seine Jacke und beschwor ihn, nicht aufzugeben. »Hörst du denn, wie falsch du singst?« »Ja, Vater, ja.« »Nun, dann laß es uns noch einmal versuchen.«

Der Blick des Vaters konnte eine solche Gewalt auf ihre Psyche üben, daß er – wie sie selbst immer wieder behauptete – ihr hätte befehlen können, vom fünften Stock auf die Straße zu springen. Sie hätte es getan.

»Ja, ich weiß, man tadelt mich«, sagte Garcia-père wohl, wenn man ihn vorwurfsvoll fragte. »Aber es muß so sein. Nur um diesen Preis kann Maria eine große Künstlerin werden. Sie hat einen unbändigen Charakter, der mit eiserner Faust gebändigt sein will. Sehen Sie sich die Jüngere an, die behandele ich ganz anders. Sie wird kaum je gescholten und wird dennoch ihren Weg machen, schon deshalb, weil ich sie am Seidenfädchen führen kann.«

Amerika

Die frühesten Opernaufführungen in dem Pionierland Amerika kamen nicht aus Italien, wie man annehmen könnte, sondern aus England. Dort hatte in der Mitte des achtzehnten Jahrhunderts »The Beggar's Opera« von Gay und Pepusch den ersten Erfolg gehabt und danach eine neue Heimat an vielen Orten gefunden. Die Stilmischung der »ballad opera« erfreute sich großer Beliebtheit, obwohl so ein Werk meist von verschiedenen Komponisten stammte. Solche recht lauen Machwerke gab man immer noch, als Garcia-père anreiste.

Häufig assistierten englische Regimentskapellen in den Orchestern, wenn Not am Mann war. Und mancher, der vor der französischen Revolution geflohen war, suchte sein spärliches Auskommen in solcher Tätigkeit. In der Zeit, als die Garcias hinüberfuhren (die kleine Pauline, vier Jahre alt, als unvermeidliches Anhängsel), kamen Reisegruppen in Mode, die die größeren Städte rund um New York mit Opernunterhaltung versorgten. Aber Boston war dabei zu meiden, denn es erklärte sich zu einem Platz, an dem allein die Kirchenmusik herrschen sollte.

Als erste wirklich wichtige Oper war – wiederum über England – Webers »Freischütz« nach Amerika exportiert worden. Wie nicht anders zu erwarten, erregte das Pyrotechnische der Wolfsschlucht heftigstes Publikumsinteresse, mehr als die Musik.

Die wirkliche, um der Musik willen geliebte Oper faßte erst Fuß – in mancherlei Sinn für ganz Amerika –, als Vater Garcia im Herbst 1825 mit seiner wohlausgerüsteten Truppe dort eintraf. Er hatte seinen Londoner Vertrag gekündigt, um den lange vorbereiteten Plan dieser Reise zu verwirklichen. Immer erinnerte er stolz daran, daß ihn damals die Menschen den »musikalischen Kolumbus« nannten.

Maria bestritt alle Mezzo- und Altpartien, der Vater stellte den primo tenore, assistiert vom jüngeren Crevelli als secondo; die soprani stellten Mutter Joaquina Sitchez und eine Signora Barbieri. Noël war für die New Yorker »Season« der Bariton, neben ihm sang d'Angrisani den basso cantante. Für den Chor galt es – nach mühsamer Suche – Sänger zu finden, die auch als Handwerker oder Mechaniker einzusetzen waren und dennoch Noten lesen konnten.

Es war niemand anderer als Lorenzo da Ponte, der Garcia-père zu dem riskanten Unternehmen einer Amerikareise geraten hatte, Mozarts naher Freund und Librettist eben jenes »Don Giovanni«, der als erstes Werk auf dem amerikanischen Programm stand. Natürlich kam die Einladung nicht von dem alten Herrn. Stephen Price, Direktor des Park Royal Theatre, dem Schauplatz des Gastspiels, hatte sich interessiert gezeigt.

Kaum war die Familie im Hotel abgestiegen, schaute da Pontes Kopf mit der markanten Adlernase zur Zimmertür herein. Er rief nach dem Vater Garcia, der aufsprang und – während er den Gast umarmte – »Dalla sua pace« sang, da Pontes Text zu Ottavios Arie. Noch oft saß nun der Alte bei den Garcias und erzählte von seiner Lebensodyssee, die er gerade aufzuschreiben anfing. Er war nach Amerika ausgewichen, um seinen Gläubigern zu entgehen. 1825 hatte ihn das Columbia College zum Professor des Italienischen gemacht. Nicht nur durch seine Hilfe bei Garcias Gastspiel trug er viel dazu bei, Interesse an italienischer Oper in Amerika zu wecken.

Um sich über Wasser zu halten und solange noch keine Einnahmen flossen, gab die Familie einige Konzerte, Gelegenheit für Garcia-père, um – ein wenig eitel – die Vollkommenheit seiner Gesangsmethode zu demonstrieren. So spielte er zunächst einen Akkord auf dem Klavier, um darauf mit Frau, Tochter und Sohn irgendein schwieriges Opernensemble ohne Begleitung durchzusingen. Am Ende schlug er den besagten Akkord noch einmal an und zeigte damit, daß sich die vier nicht um Haaresbreite von der Tonhöhe wegbewegt hatten. Solcherlei Zirzensik kam beim Publikum blendend an.

Als dann die Vorstellungen, vom 29. November 1823 ab, ihren Lauf nahmen, freute sich Garcia jeden Morgen über neue Schreibfehler der Reporter, die sich mit der italienischen Sprache nicht auskannten. Es amüsierte ihn zu lesen: Il barbiera di Seviglia, und gleich daneben eine Entschuldigung, daß zur ersten Aufführung leider kein »wissenschaftlicher« Kritiker zur Hand gewesen sei. Der Referent hielt sich an Eleganz und modische Kleidung, der man in solcher Häufung in einem amerikanischen Theater noch nie begegnet sei. Das höchste Kompliment für die Kompagnie war, sie sei imstande gewesen, einen ganzen, langen Abend die ungeteilte Aufmerksamkeit des Publikums wachzuhalten.

In New York durfte Noël also sein Operndebüt feiern. Kräftig konnte man seine Stimme nicht nennen, wie sich auf der Bühne herausstellte. Mit dem Stimmbruch hatte sich sein Organ zu einem hohen Bariton (und nicht einem Tenor, wie auch behauptet wurde) entwickelt. Allerdings sprang er häufig in Tenorrollen ein, wenn sich sein Vater nicht wohl-fühlte, wobei er die zu hoch liegenden Stellen um eine Oktave tiefer legte. Aber das hinderte nicht, daß die Gesamtlage die Stimme überforderte. Ein solches Glück, im Notfall von Nahestehenden ersetzt zu werden, hat Pauline in ihrer ganzen Bühnenlaufbahn nicht genossen. Eher war sie es, die für andere einsprang.

Wenn er das »Largo al factotum« aus dem »Barbiere« sang, diese Bravournummer für jeden Bariton, machte Noël einiges Aufsehen. Dennoch war es für jeden, der etwas von der Sache verstand, deutlich, daß seine wirkliche Force nicht im Opernsingen lag.

Ganz unerwartet wurde Rossinis »Tancredi« auf den Spielplan gesetzt, für den keine Kulissen mitgebracht worden waren. So malte ein Mitglied der Truppe in großer Eile Seitensofitten und Hintergrundprospekte, deren Entstehen Pauline begeistert verfolgte. Eindrucksvolle Ruinen, vorgetäuschte Gemälde an den Zimmerwänden und vieles andere ent-zückte die nicht verwöhnten Augen der New Yorker. Im »Otello« von Rossini, der zum Amüsement Garcia-pères als »Otella« angekündigt wurde, konnte sich das Publikum nicht genug verwundern, welche Ausdruckskraft der Señor Garcia in den Rezitativen zeigte. So etwas hatte man hier noch nie gehört. Kein Wunder, daß Rossinis tragische Oper zum größten Erfolg des Gastspiels wurde. Der Zufall wollte, daß zur gleichen Zeit der britische Mime Edmund Kean als Shakespeares Othello in New York auftrat. Beim Vergleich der beiden Aufführungen kam die Oper wesentlich besser weg, obwohl ihre Handlung nicht mehr viel mit Shakespeare zu tun hat. Aber was richtet nicht die stimmungsfördernde Macht der Musik bei der Gesamtwirkung auf der Bühne aus!

Kean, der durch Trunksucht Schwerkranke, kam auf die Bühne und dankte Maria, nicht weniger ihrem Vater. Dieser hatte den Mohren gesungen und ihr wie immer Angst und Schrecken eingejagt, wenn er sie auf der Bühne »tötete«.

Da im bald folgenden »Don Giovanni« der Leporello fehlte, sang ihn Noël, während sein Vater in für ihn sicher zu tief liegende Regionen hinabstieg, um die Titelpartie zu bewältigen. Noël schnitt als »Sapo-rello«, wie die Zeitungen fehlmeldeten, weit besser ab als der Senior, was einige Erfolgseifersucht zwischen Vater und Sohn aufkommen ließ. Maria aber stahl allen die Show, sie war die verführerische Zerlina.

Der Chef hatte eigens für seine Tochter dem Repertoire zwei Glanz-stücke hinzugeschrieben: »L'amante astuto« und »La figlia dell'area«.

Diese kleinen Opern richteten sich an ein Publikum, das das Genre Oper noch als Kuriosität ansah. Sie fanden wenig Widerhall. In einer »Otello«-Aufführung rief jemand mitten in die Vorstellung hinein, Maria möge doch »Home, sweet home« singen. Sie hatte das populäre Lied im Konzert hören lassen; was blieb ihr übrig, als dem Volkswillen nachzugeben?

Von Perfektion war in diesen Pionier-Vorstellungen wenig zu spüren. So herrschte an einem »Don-Giovanni«-Abend unter den Ausführenden ein solches Durcheinander, daß das erste Finale völlig danebenging. Vergeblich verstärkte Garcia-père seine Anstrengungen, um Takt und Intonation zu retten. Plötzlich wandte er sich, den Degen in der Hand, von der Bühne an den Kapellmeister und schrie: »Anhalten! So kann man ein Meisterwerk nicht verschandeln! Noch einmal!« Und in guter Ordnung wurde das Finale wiederholt.

Mit neunundsiebzig Vorstellungen verflogen die zehn Monate in New York nur zu rasch. Insgesamt flossen mehr als 56 000 Dollar in die Kasse, und es kamen Einladungen nach New Orleans und Mexiko.

*

New York brachte den Eltern Garcia ein Erlebnis, an das sie sich nicht gerne erinnerten. Als die Truppe auf die beschwerliche Reise quer durch den ganzen Kontinent gen Mexiko ging, wo der Patron eine weitere »Season« arrangiert hatte, begleiteten ihn alle. Der Zugpunkt Nummer eins, Maria, war nicht dabei.

Ist die unglückliche Maria in Amerika eine fatale Ehe eingegangen, weil sie das Regiment des Vaters nur schwer ertrug? Sie hatte sogar angefangen, das Theaterleben zu hassen, denn sie wollte der mütterlichen Überwachung und der väterlichen Kritik entkommen. Lebenshungrig und eigenwillig ertrug sie den Zwang nicht länger, so sehr sie den Vater auch liebte und ihn als Künstler bewunderte. Leidenschaftlich, sprühend, auffahrend, wie sie war, bedeutete ihr Schicklichkeit weniger als anderen Leuten. Sie hatte einen untrüglichen Instinkt für das Echte, Aufrichtige, nicht nur in einer Interpretation. Sie war gern wohltätig, einfach und prunklos, unnachahmlich selbstverständlich. Von Gelddingen verstand sie nichts.

Sie hatte im März 1827 dem Monsieur François-Eugène Malibran ihre Hand gereicht, einem französisch geborenen, dem Rufe nach wohlhabenden Finanzier. Sie war achtzehn, ihr Mann fünfundvierzig. Liebe, so heißt es in vielen Berichten, war von Marias Seite nicht im Spiel.

Am Eröffnungsabend der New Yorker »Season« hatte der Lyriker Fitz-Greene Halleck neben seinem Freund Fenimore Cooper gesessen, dessen später weltbekanntes Buch »Der Letzte der Mohikaner« sich damals gerade in der Endkorrektur befand. Halleck war von Maria derart hingerissen, daß er sie in seinen Versen besang und es bald zuwege brachte, ihr vorgestellt zu werden. Die beiden waren sich zugetan, und es spricht manches dafür, daß die Siebzehnjährige sich gern mit dem amerikanischen Poeten verbunden hätte. Als aber Vater Garcia von der Sache Wind bekam, brauste er auf. Diesem unsicheren »Dichterling« gönnte er seine Tochter nicht, die er abgöttisch und egoistisch liebte, die er beherrschte. Eigentümlich genug: Es ging dem geplagten Prinzipal weniger um die gesangliche und menschliche Zukunft seines Kindes als um den Verlust seiner Primadonna.

Zu allem Unheil betrat François-Eugène Malibran den Schauplatz (Pauline graulte sich vor seinem Monokel). Wie letztlich Maria sich davon überzeugen ließ, dem Herren zu folgen, bleibt dem Leser der zeitgenössischen Berichte unklar.

Der Vater wollte zunächst auch nichts davon wissen, so stürmisch Monsieur Malibran Maria auch begehrte, mit Bouquets und zärtlichsten Billetts. Auch die ruhige Mamita konnte des Vaters Zornausbrüche nicht besänftigen. Als ihm dann aber von allen Seiten eingeflüstert wurde, der Mann sei eine glänzend gestellte Person mit allerhöchsten Beziehungen, ein mächtiger Bankmann mit viel Vermögen, gab Garcia sein betrübtes Placet. Am Vorabend von Marias achtzehntem Geburtstag gingen sie alle zuerst ins französische Konsulat, dann in die Kirche. Pauline sträubte sich innerlich derart gegen diese Verbindung, daß ihr nichts von diesem Tag im Gedächtnis blieb. Den amtlichen Akt der Trauung vollzog der französische Konsul in New York, am 23. März 1827.

Als die Hochzeit vorüber war und die anderen sich längst auf der Reise nach Mexiko befanden, entdeckte die verschreckte Maria, wie es um die Geschäfte ihres Mannes wirklich stand, daß er sich ganz darauf verließ, sie werde durch ihre Gesangsauftritte Geld ins Haus bringen. Malibrans Finanzen stürzten derartig radikal talwärts, daß er schließlich ins Gefängnis mußte. Zum Nutzen der Gläubiger verzichtete die selbstlose Gattin auf den Anteil, der ihr im Heiratsvertrag zugestanden worden war. Ihre Haltung machte Maria zum Objekt schwärmerischer Zeitungsberichte und rief im amerikanischen Publikum laute Sympathiekundgebungen hervor.

Maria hat später mit ihrer Schwester über diese Zeit gesprochen und weinend bekannt: »Viel zu jung war ich, schmerzlich erstaunt über das, was ich getan hatte. Wie willensschwach war ich eigentlich, einen Mann zu nehmen, den ich kaum kannte und dessen Erscheinung so wenig zu der meinen paßte, daß es auch den Fernerstehenden unvermeidlich auffiel?« So das Bild der Vorgänge um die Malibran, wie es in zahllosen zeitgenössischen und posthumen Berichten gezeichnet wurde.

Es lohnt sich, jene Seite der Medaille anzusehen, die die englische Schriftstellerin April Fitzlyon 1987 aufdeckte und erstmals deutlich beschrieb. Maria machte 1826 dem Herrn Malibran unmißverständliche Avancen, die nicht sogleich Erfolg hatten. Der vom Vater her französische und von der Mutter spanische Geschäftsmann war nach der Niederlage Spaniens 1818 amerikanischer Bürger geworden. Schon drei Monate nach der Ankunft der Garcias in Amerika ging es in der Familie um eine eventuelle Heirat von Maria und Malibran hoch her. Vernünftig mit Garcia-père zu reden, war im Bezug auf seine Tochter völlig unmöglich. Und was sollte ohne den Zugpunkt Maria aus der Truppe werden?

Malibran bedachte die Probleme wohl, die diese Verbindung mit sich bringen mußte. Aber Marias Verführungskünste waren am Ende siegreich. Sie hatte ihm französisch geschrieben und immer wieder gefragt, ob er denn wirklich all ihrer Liebe nichts als Indifferenz entgegenzusetzen habe. Niemand anderer habe es noch fertiggebracht, ihre zärtlichsten Gefühle zu wecken.

Malibran zögerte dennoch. Den Altersunterschied, seine weit überschätzte Vermögenslage, mögliche Rückschläge, den Widerstand der Eltern und anderes mehr hielt er ihr vor, nachdem er sich über seine Lage klarzuwerden versucht hatte. Maria war auf ihre Unabhängigkeit bedacht und ließ nicht von diesem Mann ab. Er verliebte sich endlich und willigte in die Ehe.

Malibran und Marias Eltern einigten sich darauf, daß Garcia 50 000 $ (oder 100 000 frs) für den Verlust seiner Primadonna bekam und daß Garcia eine Mitgift von 25 000 $ anbot, die er nicht besaß und auch nicht zahlte. Dafür mußte Maria bis zum Ende des Gastspiels in New York auftreten, und zwar unter ihrem Mädchennamen.

*

Garcia-père wollte vermeiden, daß seine einflußreichen Freunde in Europa erfuhren, wie seine noch sehr junge Tochter ihren Willen durchgesetzt habe. Er machte folglich die Miene des weisen Verzichtenden und schrieb aus Mexiko an seine Freundin, die Pasta: »Ihr Mann möchte nicht, daß sie ihre Karriere weiter verfolgt; und, um die Wahrheit zu sagen, das ist recht schade, da sie eine exzellente kleine Primadonna abgegeben hätte. Da er jedoch reich ist, tut er gut daran, sie aus diesem Labyrinth heraus zu nehmen.«

Maria führte ein schönes, freieres Leben in 36, Liberty Street und freute sich der Tatsache, daß ihr Mann ein »perfect gentleman« war. Im Theater tötete sie ihr Vater in Gestalt des Otello – anders als bei Shakespeare – weiter mit dem Dolch, machte ihr vollkommen ehrlich im »Barbiere« den Hof und versuchte, sie als Zerlina im »Don Giovanni« zu verführen. Sie hielt ihr Wort und ihren Vertrag ein.

Sie blieb allen anderen in der Familie so zugetan wie immer, ein Verhältnis, das sich auch nie ändern sollte. Aber die Anstrengungen waren groß, und immer öfter sank das schmächtige, blasse Wesen in Ohnmacht, wozu sie schon früh geneigt hatte. In der »Cenerentola« von Rossini konnte sie deshalb einmal nicht weitersingen. Ihr Bruder ließ die Aufführung nicht zu Ende spielen. Wenn auch der »Don Giovanni« zeitweilig den Erfolg der Truppe wieder belebte, so brach doch Garcia-père nach einer kurzen Sommerpause, kaum daß die geplante nächste Saison begonnen hatte, den Aufenthalt endgültig ab. Gerüchte, er wolle nach Philadelphia gehen oder daß ein Fond zur dauernden Einrichtung einer Oper in New York eingerichtet werden würde, bewahrheiteten sich nicht. Lieber versuchte er sein Glück in Mexiko, wo er spanisch sprechen konnte.

*

Das Leben der jung Verheirateten war nur wenige Monate sorglos. Malibrans Befürchtungen der schlechten Zuckergeschäfte mit Cuba wegen bewahrheiteten sich. Und ohne eine Operntruppe konnte Maria ihre dramatischen Talente nicht gut ausnutzen. Sie blieb aber tätig und sammelte eine neue Truppe, um ihrem Mann zu helfen, wenigstens die ungeduldigsten Gläubiger zu beschwichtigen. Freilich hielt es sie nur noch ein paar Monate in New York. Sie sang an Sonntagen in der Kirche, ließ sich auch dazu herab, mit englischen ballad operas wie »The Devil's Bride« oder »Love in the Village« das Bowery Theatre zu beglücken, die größte New Yorker Bühne damals. Mit 600 $ pro Abend verdiente sie mehr als ein so berühmter Darsteller wie Kean. Die Einnahmen von zehn Abenden reichten jedoch bei weitem nicht hin, um die Schulden ihres Mannes zu begleichen.

Im Juni 1827 ging sie – ohne ihn – nach Philadelphia, um Konzerte zu singen. Zweimal am Tag schrieb sie nach Hause, lang, verspielt und voller Zuneigung, in einem Gemisch aus Spanisch, Italienisch, Englisch und Französisch. Tiefe Depressionen suchten sie heim und die Furcht, der Vater könne inzwischen wieder nach New York gekommen sein. Als sie zurückkehrte, einigte sie sich mit ihrem Mann, daß es am besten für sie sei, nach Europa zurück zu reisen. Malibran sollte nachkommen.

Noch sechs weitere Vorstellungen sang sie im Bowery Theatre. Zum Abschied vom New Yorker Publikum gab sie ein Benefiz-Konzert, dessen Programm extrem lang dauerte und dessen erste Hälfte nicht gelang. Auszüge aus Boïeldieus »Jean de Paris«, »Una voce poco fa« aus dem »Barbiere« und eine der Agathen-Arien aus dem »Freischütz« standen neben spanischen und französischen Liedern.

Was die Kritik als »äußerst krank« bezeichnete, war der niedergeschlagenen und abschiedsbelasteten Stimmung Marias zuzuschreiben. In diesen Emotionen folgte ihr das Publikum besser als die Rezensionen. Am Ende der Vorstellung trat Maria an die Rampe, setzte sich an die Harfe und begleitete sich zum Schein (während im Orchester ein Klavier spielte) zu einem Abschiedslied eigener Komposition. Es endet: »Und meine Stimme haucht traurig die Laute des Lebewohl! Lebewohl!« Die Wirkung auf das Publikum war überwältigend. Da sang nicht nur eine gute Sängerin, sondern ein von den übrigen abgesonderter Mensch, dem vielleicht ein tragisches Schicksal beschieden war.

Wenige Tage später ging ihr Schiff nach Europa ab.

*

Als Maria das kleine, unscheinbare Fahrzeug sah, das sie in die Heimat tragen sollte, überkam sie Angst. Und eine so attraktive Frau auf so gefährlicher Seereise, ohne jede Begleitung! Ihr Mann brachte sie an den Pier; Maria sagte kein Wort. So vieles hätte sie sagen wollen, aber ehe ein tränenreiches Lebewohl stattfand, schwieg sie lieber, um ihn nicht unglücklich zu machen.

Niemand auf der schaukelnden Nußschale kam in den kommenden Wochen auf die Idee, ihr lästig zu fallen. Jeder hatte genug mit sich selbst zu tun. Noch auf dem Schiff schrieb sie mehrere Briefe an Malibran. »Ich brauche Dich und möchte Dich sehen . . .« Kurz danach bricht das Schreiben ab, wohl wegen ihrer Seekrankheit. Das Meer schlug mit eiskalter Kraft zu, schlimmer als in jeder Schreckensszene der Oper donnerten Wind und Wellen. Woher kam das wenige Essen? Woher die spärlichen Hilfeleistungen? Maria hatte nicht die Kraft, dem nachzufor-

Maria Malibran als Desdemona

schen. Am 28. November 1827 erreichte das Schiff Frankreich, nach vier langen Wochen. Groß war ihr Glück, als sie – nach Ewigkeiten wieder in Paris – in die Arme des Bruders sank.

*

Noël als der schützende, ältere Bruder drängte auf neue Arbeit und ließ Maria sich nicht lange ausruhen. Von der romantischen Bewegung, die Paris kurz vor der Julirevolution 1830 durchpulste, hatte sie sicherlich keine Ahnung. Menschen ihrer eigenen Generation kannte sie so gut wie gar nicht. Und sie kam aus New York, einer damals noch provinziellen Stadt. Wenn sie von den Theorien, Moden und Allüren nichts wußte, die die Bewegung in Frankreich begleiteten, so sollte sich das in kürzester Zeit ändern. Nicht die französische Romantik beeinflußte sie, sondern sie selbst brachte das romantische Ideal zum Leben.

Sie fand eine Förderin in einer einstigen Schülerin ihres Vaters, Comtesse Mercedes Merlin. Sie spielte eine nicht unbedeutende Rolle unter den salonhaltenden Damen der Pariser Gesellschaft, ein Ausgleich für ihre verpaßte Gesangskarriere. Als die mütterlich Besorgte herausfand, daß sich Marias Talent trotz aller Erlebnisse weiterentwickelt hatte, ja geniale Begabung zeigte, nahm sie sich ihrer ohne Vorbehalt an und baute ihr gesellschaftliche Brücken zur Karriere. Sie versammelte eine große Gesellschaft in ihrem Salon, und Maria sang vor einer Art Kunstjury, in der sich durchaus auch Zweifler befanden, die bei den Erzählungen über Marias amerikanische Erfolge ungläubig den Kopf geschüttelt hatten. Aller Augen und Ohren waren sogleich bezaubert. Ganz Paris sprach von einem Wundertalent.

*

Nach der Ankunft in Mexiko wußte Garcia-père sehr genau, daß zu den Verantwortlichkeiten als Impresario, Bühnenmaler, Komponist, Dirigent, Chorleiter, Maschinist und Psychologe im Dienste aller noch einiges hinzukommen würde. Da gab es schon gleich, als sie erschöpft angekommen waren, eine Kalamität, die jeden anderen das Gastspiel hätte beenden lassen, bevor es überhaupt begonnen hatte.

Die Vorbereitungsarbeiten hatten ohne Zögern eingesetzt: Proben, Inventur, Restaurieren, Instrumente reparieren, Kostüme schneidern und verändern, neue Szenenbilder entwerfen, Requisiten ausbessern, Notenpulte beschaffen, Schminksachen erneuern und wer weiß was nicht noch alles.

53

Dann wurde nach den Partituren und Orchesterstimmen gesucht. Mit Schrecken mußte man feststellen, daß fast alle Noten fehlten, unterwegs vergessen oder zurückgeblieben, jedenfalls nicht vorhanden waren. Was sollten sie tun? Die Frauen weinten, die Männer fluchten. Die wenigen fest engagierten Instrumentalisten wollten den Dienst quittieren: Dazu haben wir nun diese Reise hinter uns gebracht? Überall war das Gastspiel angekündigt, an Plakatwänden und in der Presse. Es sollte in wenigen Tagen beginnen. Aber ohne Noten war das unmöglich. Heute könnte man in Mexikos Bibliotheken suchen oder im Archiv des inzwischen erbauten großen Opernhauses. Aber damals . . .

In der allgemeinen Kopflosigkeit behielt Garcia-père als einziger die Fassung. »Ihr könnt ohne Noten nicht spielen?« fragte er mit verzweifelter Ruhe. »Nun gut, ich werde euch neue schreiben, so gut es eben geht. Was ist für den ersten Abend angekündigt? Don Giovanni? Damit werde ich anfangen.« In wenigen Augenblicken saß er an der Arbeit und ließ sich durch nichts mehr stören. Garcia-père rekonstruierte den ganzen Mozartschen Kosmos aus dem Gedächtnis. Die jeweils fertigen Nummern flogen sogleich in die Hände der Kopisten, die die Stimmen ausschrieben. Der Mann, dessen Stirn sich nun immer mehr glättete, fuhr mit unbeirrbarem Willen fort, schrieb Rossinis »Otello« nach und fügte das wichtigste Erfolgstück der Tournée gleich an, den »Barbiere di Siviglia«.

Daß er diese selbstauferlegte Fron großartig bewältigte, beweist der Umstand, daß niemand im, zugegeben recht ungebildeten, Publikum hätte sagen können, ob es sich um die Original-Partitur handele oder nicht. Und schlich sich hie und da ein Detail eigener Komposition, ein Fehler in der Instrumentation ein, wen störte das? Da Garcia-père nun einmal so schön im Notenschreiben war, komponierte er während des nachfolgenden Gastspiels weitere acht Opern für sein Ensemble, um sie alsbald singen und spielen zu lassen. Als er herausfand, daß die italienischen Worte von vielen nicht verstanden wurden, übersetzte er rasch ein jedes aufzuführende Werk in sein heimatliches Spanisch.

Nun war es damals ohnehin üblich, Sängern nicht mehr als neun Tage zuzugestehen, um etwa eine zweiaktige Oper auswendig zu beherrschen. Es gab ja zwei Souffleure, auf die Verlaß war, einen für den Text und einen für die musikalischen Einsätze. Bei drei Akten konnte sich die Lernfrist auf zwölf Tage erhöhen, bei vier auf sechzehn.

Wenn es darum ging, sich in phänomenaler Schnelligkeit eine neue Rolle einzuverleiben, tat sich Noël besonders hervor. So kurz die zugestandenen Studienzeiten auch ausfielen, ihm waren sie immer noch viel zu lang. Er rammte sich eine Partie während zweier oder dreier Tage ins Gedächtnis, und nach weiteren zehn hatte er gewöhnlich die anderen Partien auch noch im Kopf, so daß er sie nötigenfalls während der letzten Proben – selbst agierend – soufflieren konnte. Dieses Erinnerungsvermögen nutzte sein Vater brutal aus und sagte, wenn er sich indisponiert fühlte: »Du übernimmst heute abend meine Partie.« Und der Sohn tat, wie ihm befohlen. Er stand die Vorstellungen erfolgreich durch. Solche Überforderung blieb aber für ihn nicht ohne Folgen: nach wenigen Monaten begann Noël zu spüren, daß er seiner Stimme mit ständigem Probieren und Singen von Tenor- und Bariton-Partien schadete. Als Gesangsmeister gestand er später, daß zuletzt ein Punkt erreicht war, an dem er keine Vorstellung mehr ohne größte Angstgefühle durchstand. Immer drohten die Töne plötzlich wegzubleiben. Aber es galt, die abenteuerliche Tournée zu Ende zu bringen.

*

Nach achtzehn Monaten harter Arbeit und gutem finanziellem Erfolg sah sich Garcia-père gezwungen, seine mexikanische Spielzeit – ähnlich wie in New York – überstürzt abzubrechen. Wieder einmal war es die Politik, die zu seinem theatralischen Abenteuer nicht stimmen wollte. Zwei Generäle kandidierten für die Präsidentschaft. Als einer gewählt war, ließ die Opposition zu den Waffen greifen und versetzte die Bevölkerung in Schrecken, indem sie blutige Zusammenstöße provozierte. Die Regierung stürzte und floh außer Landes, wie nicht lange danach alle Spanier.

Nach unendlichen Schwierigkeiten, dem Anknüpfen und Erhalten von Beziehungen, nach Antichambrieren, Abgewiesenwerden und neuem Warten hielt Garcia-père, ein Exilant in der Fremde, endlich Pässe in der Hand und machte sich mit seiner Frau, der jüngsten Tochter und einigen Angehörigen der Truppe auf den Weg nach Vera Cruz.

Eine Eskorte von Soldaten sollte die Wagen gegen Überfälle sichern. Sie erwies sich jedoch als zu schwach und unzuverlässig, um Vater Garcias Hab und Gut zu schützen. Bei Tepeguaje, im Tal von Rio Frio, überfielen Räuber den Treck. Sie mußten die »Beschützer« nicht erst lange dazu auffordern, mit ihnen gemeinsame Sache zu machen. An die sechzig bewaffnete und maskierte Gestalten warfen sich auf den Zug, Gewehrschüsse mischten sich mit fürchterlichen Flüchen, tausend Unzen Gold wurden aus dem Gepäck entwendet; auch alles andere von Wert ging mit. Nie verlor Pauline die entsetzlichen Laute aus ihrem empfindlichen Ohr: das Klagen und Stöhnen der Frauen, die kratzenden Messer beim Öffnen der Koffer, das Grölen der Banditen, das Wiehern der sich bäumenden Pferde und das Heulen des Windes, der durch das Tal zwischen hohen Bergen blies. Malte der Vater dies alles später erzählend aus, dann machte es Pauline bei jedem Erinnern wieder die Zähne klappern.

Sie überstand den Überfall, lag mit allen anderen flach auf dem Boden, Sand im Gesicht und zwischen den Zähnen. Zwei Stunden dauerte die tödliche Gefahr, und Pauline trug nicht gerade dazu bei, die Stimmung zu heben, wenn sie alle Augenblicke die Mutter fragte: »Ist es jetzt so weit, daß wir getötet werden?« Joaquina Sitchez, die Wortkarge, Tapfere, stand das Ganze wohl am stoischsten durch.

Was blieb dem Vater? Eine geringe Geldsumme, die er im Gürtel um den Leib trug. Sie reichte gerade aus, um sich und die Seinen in Vera Cruz einzuschiffen. Mehr blieb ihnen aus der ganzen Amerika-Anstrengung nicht. Das kümmerte Vater Garcia weniger als die anderen. Seine Verachtung des Geldes und seine Liebe zur Arbeit waren unter Freunden sprichwörtlich. Während der langen Überfahrt brachte Garcia-père seiner zweiten Tochter alte spanische Volkslieder bei.

Ruhm und frühes Ende

Als die Familie viele Wochen danach wieder in Paris installiert war, hatte des Vaters Stimme nicht mehr den alten Glanz. Zwar empfingen ihn seine Bewunderer mit rasendem Applaus auf der heimatlichen Szene. Aber ein jeder spürte, wie das erlittene Unglück und die Strapazen an seinen Kräften gezehrt hatten. Das mag ihm beim Londoner Gastspiel 1829 besonders klargeworden sein, als er gemeinsam mit Maria in »Otello« auftrat. Die Zuschauer erlebten belustigt und gerührt, daß Vater und Tochter, die eben noch mit dem Tode kämpfend auf dem Boden gelegen hatten, beim Wiederaufgehen des Vorhangs einander innig umarmt hielten. Desdemonas Wangen waren schwarz gefleckt von den Küssen des abfärbenden Mohren. Damals wurde die junge Maria auch in den Augen des Vaters zur »großen« Sängerin.

Ihm selbst entging der Unterschied zu seinem früheren Singen am wenigsten, und kurzerhand sagte er der Bühne Lebewohl. Der Fünfundfünfzigjährige widmete bald alle Kraft und alles Interesse seinen Schülern; er ging ab 1830 im Unterrichten auf.

Meist begleitete Pauline, wenn er lehrte. War sie doch schon als Zehnjährige daran gewöhnt, dem Vater am Klavier zu assistieren. Gerührt erinnerte sie sich daran, daß sie mit Nourrit die ersten Schubertlieder ihres Lebens durchging, die damals in Paris nur in Abschriften von Hand zu Hand gereicht wurden. Schubert sollte einmal einen etwa 60 Lieder umfassenden Teil ihres Repertoires ausmachen.

Als sich der unter Depressionen leidende Tenor Nourrit nach einem Benefiz-Konzert in Neapel aus dem Fenster gestürzt hatte, widmete ihm Maria eine ihrer letzten Liedkompositionen.

*

Jeder bewunderte Vater Garcias Elastizität und Phantasie, seine Verve, seine nie nachlassende Neugierde. So hart er mit seinen beiden älteren Kindern im Unterricht verfahren war, für Pauline hatte er mehr Geduld. Vielleicht lag es daran, daß ihr in der Musik das meiste ohne große Anstrengung zufiel. Dennoch irrte sie sich eines Tages, als der Vater sie aufforderte, eine Seite, die er gerade zu Papier gebracht hatte, zu entziffern und abzuschreiben. »Paß doch auf!« Pauline fing noch einmal an und machte im gleichen Takt denselben Fehler. »Du bist nicht bei der Sache.« Beim nächsten Versuch geschah das gleiche Malheur. »Willst du wohl – verflucht – aufpassen?« Der Fluch tat seine Wirkung, und die Kleine nahm die Hürde. Kaum war sie fertig, traf sie überraschend eine heftige Ohrfeige, so daß sie zu Boden fiel. »Warum hast du nicht gleich beim ersten Mal aufgepaßt? Du hättest uns beiden Kummer erspart, dir den physischen und mir den moralischen ...«

Auch im Zeichnen und Aquarellieren zeigte Pauline beachtliches Talent. Der große Maler und Lehrer Eugène Delacroix, ein Freund des Vaters, staunte über die Sicherheit ihres Strichs und wie ähnlich sie zu porträtieren verstand. Einmal trug er ihr gar auf, in Rouën Vorstudien für sein Gemälde »Die heilige Johanna« anzufertigen. Auch Sprachen fielen dem Kind leicht; französisch, spanisch, italienisch und englisch beherrschte Pauline schon in jungen Jahren. Mit dem Deutschen hatte sie zunächst Schwierigkeiten. Just in Frankreich bemängelten Kritiker später ihre deutsche Aussprache, während die Deutschen mit ihr völlig einverstanden waren.

*

Noël ließ es sich nicht nehmen, Marias Debüt mitzuerleben. Es fand später statt, als sie es sich hätte träumen lassen. Sie brannte darauf, sich auch an der Seine zu bewähren, in der Stadt, die sie sich zur Heimat erkoren hatte. Die Vorbereitung dauerte länger, weil Gioachino Rossini zum Herrscher, zur bestimmenden Gewalt der beiden großen Opernhäuser aufgestiegen war. Von den restlichen, kleineren Instituten in Paris sprach ohnehin niemand in der Garcia-Familie, wenn Marias Auftreten zur Debatte stand.

Nun, der Meister war eng mit den Geschwistern befreundet und oft bei ihnen zu Gast. Er hatte die vielversprechende Koloratur-Altistin Maria diverse Male privat gehört, sie auch selbst am Klavier begleitet; aber aus irgendeinem Grund streckte er keine offiziellen Fühler aus, um sie zu engagieren, so überzeugt er auch von den Qualitäten der spanischen Schönheit war.

Aber von anderer Seite sollte sich etwas in Bewegung setzen. Der elegante Bassist Filippo Galli ließ sich dazu herab, Maria seine Aufwartung zu machen. Er bat sie, in einer seiner Benefiz-Vorstellungen mitzuwirken. Für den Fall, daß sie akzeptiere, würde ihm dafür ein Ausschnitt aus Rossinis »Semiramide« angenehm sein.

Maria versuchte erst gar nicht, den Grund dafür zu erfahren, weshalb

Rossini nicht selbst bei ihr angefragt hatte. Sie erbat sich Bedenkzeit, beriet sich einige Tage auf das temperamentvollste mit Noël, ließ sich allmählich vom Vorteil einer Zusage überzeugen – und nahm das Angebot an.

Der Bruder hatte allen Grund, sich über den warmen Applaus zu freuen, mit dem Maria schon beim ersten Auftritt bedacht wurde, obwohl er eigentlich sicher gewesen war, ihre zarte Figur und die regelmäßigen Züge würden das Publikum ohnehin sogleich für sie einnehmen. Edel und würdevoll kam die erste Phrase »Fra tanti regi e popoli« und bestätigte hochgespannte Erwartungen. Dann allerdings, bei der exponiert liegenden Stelle »Frema il empio«, spürte Maria Nervosität aufkommen, ein Lampenfieber, das ihr zeit ihrer kurzen Laufbahn zu schaffen machte, jene schleichende Bedrohung, vor der alle Singenden zittern müssen, denn nichts spiegelt Unsicherheit so augenblicklich wider wie die Stimme.

Zum Entsetzen Noëls nahm Maria die Hürde nicht, sondern ließ die Stimme einen Moment lang aussetzen. Beim Ritornell des ersten Arien-Teils versuchte sie erst gar nicht, mit der Schwierigkeit fertig zu werden. Sie dämpfte zwar ihre Wut, aber auch ihre Stimme und brachte deshalb das Stück ohne sonderlichen Effekt zu Ende. Es war bei ihrem Abgang von der Szene deutlich zu spüren, wie unbefriedigt das Publikum blieb. Und als dann, während der folgenden Musik, das ebenso junge Talent der Benedetta Pisaroni quälende Vergleichsmöglichkeiten bot, die, deren Häßlichkeit zum Trotz, nicht zugunsten Marias ausfielen, erhielt die Debütantin beim nächsten Auftritt einen kühlen Empfang. Das forderte ihren Willen, ihr Temperament und ihren brennenden Ehrgeiz heraus, und sie gewann sich das Zutrauen der Hörer zurück, um das es ging. Im Andante der Arie »Bel raggio« warf Maria machtvolle Töne in das Auditorium und zeigte, wie voll und wohltönend ihre Stimme klingen konnte, so daß sich schon während des Gesangs Applaus regte. Ermutigt nahm sie die fallenreichsten Tücken mit Bravour und schien selbst so inspiriert vom Gelingen, daß sie ihre Kräfte nicht bloß couragiert, sondern tollkühn einsetzte. Die Pariser erklärten sie von jenem Abend an zu ihrem Idol.

Noël versäumte dennoch nicht, ihr die Leviten zu lesen. Er schärfte ihr ein, sich weder zu schonen noch leichtsinnig zu übertreiben. Aber nichts schätzen die Pariser so sehr, wie gut unterhalten zu werden, und das hatte in der Spannung jener Vorstellung zur Genüge stattgefunden. Das Publikum jedenfalls empfand die darauffolgenden Darbietungen englischer

Schauspieler, zwei Akte aus Shakespeares »Romeo und Julia« (mit Harriet Smithson, der späteren Frau von Berlioz) als eher unnötig.

Am Morgen nach dem Debüt meldete sich ein Page bei Noël, der einen Brief von Rossinis Hand übergab. Darin bat der Allgewaltige um einen sofortigen Besuch in seinem Appartement, das in der Nähe lag. Dort fand Noël Rossini ganz aufgeregt und unversehens bereit, Maria einen vierjährigen Exklusivvertrag bei einer Gage von mehr als hunderttausend Francs im Jahr anzubieten. Freilich sollte sie sich dazu verpflichten, während dieser Zeit ausschließlich an der Großen Oper, also nur in französischer Sprache, zu singen. Noël blieb so kühl, wie es ihm möglich war.

Beim Nachhausekommen zeigte er Maria, was er sich im Gespräch notiert hatte. Sie dachte lange nach, schluckte ihren Ärger darüber hinunter, daß wieder einmal für sie verhandelt worden war, und lehnte schließlich ab. Sie befand es für unklug, auf derart lange Zeit nicht italienisch zu singen. Auch zweifelte sie heimlich nicht daran, daß sie es bald fertigbringen würde, Rossini durch einige Gastspiele im Théâtre Italien mit italienischem Repertoire zu überzeugen. So geschah es, und für enorme Gagen und mit größerem Erfolg als bisher trat sie im europäischen Mekka für Sänger, der italienischen Oper, auf.

Als Rossini wieder bei den Garcias zu Gast war, stand die lächelnde Schönheit vor dem leicht verlegenen Maestro am Kamin und fragte: »Sie haben mich schon seit so langem gehört; weshalb wollten Sie mich nicht schon längst engagieren?«

Um seine Verlegenheit zu verbergen, machte Rossini eine süffisante Miene und wippte auf und nieder, indem er sich in den Zehen wiegte: »Es ist wahr, daß ich Sie von den Auftritten in Privathäusern als brillant in Erinnerung hatte. Aber nie erlebte ich Sie in großem Hause, vor breiterem Publikum, in Verbindung mit der Darstellung und im Kostüm. Also meinte ich, Ihnen ein definitives Angebot nicht machen zu können, das Ihrem wahren Wert irgend gerecht werden konnte. Entweder hätte ich Ihnen zu wenig geboten und Ihnen damit Unrecht getan. Oder ich hätte zuviel angeboten und damit mir selber Schaden zugefügt. Jetzt, da ich Sie vor großem Publikum vernahm, die Wirkung erlebte, die Sie und ihre Hörer aufeinander üben, jetzt kann ich mit der größtmöglichen Summe zu Ihnen kommen. ... Genügt Ihnen diese Erklärung?« Der Maestro verbeugte sich lächelnd, aber mit leicht zuckenden Mundwinkeln. – Immer dieses Intendanten-, Direktoren- oder Hofopernkapellmeistergeschwätz! dachte Maria.

Bald trat sie in »Semiramide«, »Otello«, »Barbiere di Siviglia«, »La

Cenerentola« und »Romeo e Giulietta« auf, in Rollen also, die Pauline sich später auch erkämpfte. Der fast gleichen Stimmlage wegen ging das häufig nicht ab, ohne daß sie gegen die Erinnerung an ihre Schwester ansingen mußte.

*

Pauline hatte mit ihrer Opernkarriere erheblich weniger spontanes Glück als ihre Schwester. Aber nach dem frühen Tod Marias machte sie sich oft Gedanken darüber, weshalb die Malibran nur in Frankreich, Italien oder England Widerhall fand. Vielleicht stand den Deutschen der französische Name im Weg und auch vieles, das sich seit Napoleons Tagen an »Erzfeindschaft« zwischen den Völkern angestaut hatte.

Maria scheint nur dem angelsächsischen und romanischen Teil Europas wirklich angehört zu haben. Damals mußte ein Sänger zwischen London, Paris und Neapel zu Hause sein. Denn Paris sammelte die Talente, beurteilte sie und machte sie für den Operngroßbetrieb in London bereit. Italien gewöhnte sich daran, mit Namen wie Rossini, Bellini, Donizetti und später Verdi zu glänzen. Gewöhnlich bedeutete es für den Sänger den Trompetenstoß des Eintritts in die Unsterblichkeit, wenn er sich nach Paris und London noch in Mailand Ruhm zu sichern verstand. Deutschland dagegen lebte, was die Stimmen anging, eher von den Abfällen des Ruhms.

Als »die Malibran« achtzehnjährig ins Ausland reiste, blieb sie für die Deutschen ein Name, der weniger Klang hatte als der anderer, geringerer Primadonnen. Den Romanen freilich war sie kostbarer Besitz, über die Stimme hinaus auch als Tragödin von Rang. Die sehr neuartige Leidenschaftlichkeit ihres Spiels konnte so mancher nicht richtig einschätzen. So empfand Felix Mendelssohn, der die junge, schöne, schlanke Frau in London hörte, ihr Spiel als übertrieben und der rein musikalischen Wiedergabe abträglich. Vierzig Jahre nach ihrem Tod berichtete Giuseppe Verdi, der sie als junger Mann gehört hatte, dem Grafen Arrivabene ganz Ähnliches.

Romanisch mutet auch Marias Sorge an, sie könne einen Bruchteil ihres Lebens vergeuden und ihre so vielfältigen Begabungen nicht gebührend ausschöpfen. So wurde ihr der Gedanke an den fernen Gatten, von dem sie wenig gemeinsames Interesse erhoffen konnte und nach allen Erfahrungen noch weniger die Befriedigung ihrer sexuellen Wünsche, zur Belastung. Sie blieb sich weder als Mensch noch als Künstlerin gleich, hatte Einfälle, brachte Improvisationen aller Art ins darstellerische, musikalische und menschliche Spiel. Aber ihre Verwundbarkeit, das

Fragile, das dem frühen Tod anscheinend immer Nahe, unterschied sie etwa von einem Niccolò Paganini, der um jene Zeit gerade damit anfing, sich von Europa bewundern zu lassen.

*

Erst als Noël eine Weile gewartet hatte, um die Schwester auf sicherem Weg zu wissen, reiste er für einige Monate nach Italien, um einen letzten Versuch zu machen, selbst als Opernsänger erfolgreich zu werden. Zwar überzeugten ihn die zuredenden Briefe der Eltern nicht, aber er war willens, ihnen den Gefallen zu tun. Anfang 1829 wagte er sich auf die Bühne des San Carlo in Neapel, wo er durch den Namen seines Vaters zu reüssieren hoffte. Aber er erfüllte seine Aufgabe nicht, und am nächsten Morgen erschienen vernichtende Zeitungsberichte, die sich darin einig waren, er solle sein Glück nie wieder auf einer Opernbühne versuchen. Noël muß seine Stimme völlig verloren gegeben haben. Denn er packte alle Presseermutigungen in einen großen Briefumschlag und schrieb dazu an seinen Vater: »Ich kann nicht Künstler sein, wie Du aus diesen Kritiken entnehmen wirst. Von jetzt an werde ich mich dem widmen, wozu ich mich geboren glaube, und was ich wirklich gerne tue.« Und er verließ endgültig die Bühne.

Immerhin brachten die neapolitanischen Tage Noël eine Bekanntschaft, die auch seinen beiden Schwestern zugute kam. Er begegnete Luigi Lablache, dem Menschen mit der umwerfend gewaltigen Baßstimme, dem intelligent in die Bühnendarstellung einbezogenen gewaltigen Körper und der nie zu stillenden musikalischen Neugierde. Nachdem Lablache sich anfänglich als Kontrabaßspieler betätigt hatte, war er bei der tiefen Lage geblieben und durch einen Zufall zum ersten Bühnenauftritt als Sänger gekommen. Irgendein berühmter Vokalist mußte absagen, und Lablache durfte einspringen.

Das geschah in Dresden, wo die italienische Oper – sehr zum Verdruß des musikalischen Chefs Carl Maria von Weber – eine Zeit lang dominierte, wie es dem Geschmack des sächsischen Königs entsprach. Aber Lablache sang auch deutsches Repertoire, er brachte Schuberts Lieder nach Frankreich und trug sie als erster dort vor. Weber trat in Dresden (übrigens erstmals mit dem Rücken zum Publikum!) an sein Dirigierpult, und zeigte sich von den sonoren Baßtönen Lablaches beeindruckt: »Mein Gott, er ist immer noch ein Kontrabaß!«

*

»Die Sontag-Polka«. Karikatur mit
Henriette Sontag und Luigi Lablache in »Elisir d'Amore«

Als Noël nach Paris heimkehrte, hielten sich seine Eltern nicht lange beim Erzählen auf. Des Vaters Unterricht nahm sogleich seinen Fortgang. Pauline hatte damit begonnen, ihre Stimme sanft zu probieren und profitierte nun von einer Gewohnheit des Vaters, die sie selbst später als Lehrerin im Unterricht praktizieren sollte: Garcia-père, gewohnt, mehrgleisig zu denken, komponierte während der Stunden kleine Arien und Lieder. Seiner geliebten Pauline bastelte er graziöse Studien, deren eine zu den Anfangsworten der berühmten, auch von Mozart vertonten Arie Metastasios »Aspri rimorsi atroci« stimmte. Der Vater ließ sie auf diesen Worten – – trillern. Um den Satz zu singen, mußte sie sich vollständig in das Gefühl der Worte werfen, ohne den Blick auf die stimmliche Bewältigung zu verlieren. Da gab es viel Stöhnen und Anfeuerungsrufe, so daß Ferdinando Paër, als er einmal an den Parterrefenstern des Garcia-Hauses vorbeiging, die Concierge fragte: »Was geht denn da drinnen vor sich?« Da brummte die Gestalt in der Loge: »Nichts, Monsieur Garcia läßt seine Demoisellen singen.«

Natürlich gab es unter den Schülern und unter neidvollen Kollegen bald Redereien über inzestuöse Liebe des Vaters zu Maria, Gewalt, Tyrannenstrenge und – viel zu wenig Lobsprüche. Deshalb betonten beide Schwestern später, wie notwendig des Vaters Unnachgiebigkeit für ihr Gedeihen gewesen sei.

*

Von Neapel nach einer teilweise zu Schiff bewältigten Reise eingetroffen, begeisterte Noël zunächst der Gedanke, das Leben eines Seefahrers zu führen, fern von aller Gesangsproblematik. Wie unter Zwang beschloß er, Offizier der französischen Handelsmarine zu werden. Astronomie und Navigation machten ihm so wenig Mühe, daß der prüfende Beamte staunte und ihm den gewünschten Posten auf einem Frachter überließ. Schon war der angehende Seemann drauf und dran, an Bord zu gehen, als ihn Eltern und Schwestern weinend zu bleiben baten. Gerührt gab er nach.

Daß Noël noch immer bei den Eltern ausharrte, erwies sich als ungünstig, so hilfreich er dem Vater beim Unterricht auch sein konnte. Es fiel dem Sohn schwer, mit dessen überwältigender, selbstherrlicher Art auszukommen. Schon nach einigen Monaten erkannte Noël, daß es besser sei, Paris für eine Weile zu verlassen.

Was in jenem Jahr 1830 in Algier geschah, begünstigte sein Vorhaben. Dort hatte sich Streit erhoben über die Zahlung von sieben Millionen Francs, eine Schuld, mit der sich Frankreich durch seine ägyptischen

Unternehmungen belastet hatte. Die französische Regierung schickte eine Schwadron Soldaten nach Algier. Als Noël, seiner beruflichen Zukunft keineswegs sicher, davon hörte, bat er Maria, bei ihrem Verehrer, dem Oberkommandierenden der Streitkräfte, vorstellig zu werden. Er bekam eine Unterredung im Armee-Kommissariat. In Toulon schiffte er sich als Legionär ein und nahm eine Zeitlang an schweren Kämpfen teil, die erst endeten, als Algier beschossen und an die Franzosen übergeben war.

Noël ging von jetzt an unabgelenkt seiner Vorliebe für die theoretische Seite des Singens nach, studierte Anatomie und alles, was den menschlichen Körper betraf, um sich als Lehrer stimmlichen Problemen nicht einseitig zu nähern.

*

Inzwischen empfand es Maria längst als lästig, die Überwachung durch das Ehepaar Chastelain zu ertragen, bei dem sie, auf der Flucht vor dem Elternhaus, untergekommen war. Gleichwohl fürchtete sie sich vor der Schutzlosigkeit, wenn sie sich – jung wie sie war – selbständig machte. Freunde wiesen sie darauf hin, wie unwürdig es sei, daß Monsieur Malibran, fern davon, seine Gläubiger zu befriedigen, zu denen auch Garcia-père gehörte, sich ein schönes Leben auf ihre Kosten machte. Sie aber wußte allen Versuchungen und Anträgen zu widerstehen, denen sie durch ihren Beruf zweifellos ausgesetzt war.

Sie nahm Quartier bei einer alten Freundin ihrer Eltern, einer Mme. Naldi, und stolperte, um unbescholten zu bleiben, vom Regen in die Traufe. Denn sie unterwarf sich der neuerlichen Aufsicht einer still lebenden, strengen Matrone. Treulich zeigte sie Mme. Naldi alle Briefe, die kamen und die sie abschickte, und Mme. Naldi besorgte die Finanzen derart sorgfältig, daß Maria nur das absolut Notwendige für Ausgaben zugewiesen wurde. Einige Jahre darauf, als ihr Vermögen beträchtlich gewachsen war, zeigte Maria mit feinem Lächeln auf einen Kashmir-Shawl: »Dieser ist mir besonders lieb, denn ich werde nie vergessen, wie zögernd die gute Naldi nachgab, bis ich ihn endlich kaufen durfte.«

*

Als Noël 1830 aus Afrika heimkam, sehr zur Erleichterung Marias, die einer Nachricht geglaubt hatte, er sei tödlich getroffen worden, fand er die Hauptstadt in Aufruhr. Mancherlei Maßnahmen bedrängten die Freiheit, vor allem die der Presse. Die eben erst aufgelöste Deputiertenkammer wurde wiederhergestellt. Schneller als erwartet setzten sich wieder einmal die Furien der Revolution frei. Mit der Errichtung von Barrikaden begannen die Feindseligkeiten; Armee und Polizei gingen aufeinander los, diese bald von der Nationalgarde unterstützt. Am letzten Tag des Juli 1830 zog sich Charles X. nach Rambouillet zurück, und der Ministerrat löste sich auf. Am 2. August erfolgte die Abdankung, und fünf Tage später nahm der Herzog von Orléans die Krone als Louis Philippe I. an.

Noël fand während der Unruhen Aufnahme als Sanitäter in einem Pariser Militärhospital, nicht dem einzigen Studienplatz dieser Art in seinem Leben. Hatte er sich doch in den Kopf gesetzt, so viele Kenntnisse über die »wissenschaftliche« Seite des Singens zu erwerben wie irgend möglich. Erst dann wollte er sich dem Lehren zuwenden. Die Bedeutung des Physiologischen stand ihm deshalb so dringlich vor Augen, weil er sah, wie dessen Kenntnis der rationalen Stimmentwicklung dienlich sein konnte. Seine Arbeit führte zum Erfolg und trug zur exakten Anatomie des Stimmapparates bei. So stellte er fest, daß die Luftröhre die unter Druck stehende Ausatmungsluft als Windrohr gegen die Stimmbänder leitet, zwischen deren freien Rändern nur ein schmaler Spalt offenbleibt: die Stimmritze (Glottis).

Die seltsamsten Dinge trug Noël in der Jackentasche, wenn er von der »Jagd« heimkam. Was brachte er mit? Die Kehlköpfe von Hühnern, Kühen oder Schafen zum Beispiel. Die hätten seine kleine Schwester Pauline eigentlich anekeln müssen. Aber dazu ließ er ihr keine Zeit. Er drückte ihr einen Blasebalg in die Hand, dessen Schlauch sie in die jeweilige Luftröhrenöffnung zu pressen hatte, und dann mußte sie kräftig blasen. Was für Geräusche hörten Paulines empfindliche Ohren da! Es gluckte wie von Hühnern, vielleicht ein wenig hoch, Schafe blökten im Sopran, Ochsen röhrten in Tenorlage, fast als ob sie lebten. Später wies Noël schriftlich nach, daß sich am ausgeschnittenen Kehlkopf eines Tieres durch Anblasen von der Luftröhre her Töne erzeugen lassen. –

Pauline reihte diese Höreindrücke ihrem reichen akustischen Gedächtnis ein und fand sie später bestätigt. Alle bisher erworbenen Kenntnisse konnte Noël mit größtem Vorteil einbringen, seit er 1833 »Professeur du Chant« in sein Türschild prägen ließ. Wacher Intellekt, Intuition, außerordentliche Geduld und Wissen ließen ihn im Unterricht zielstrebig vorgehen. Er etablierte sich als Meister mit einem Echo in allen europäischen Ländern, das keiner seiner Zeitgenossen auch nur annähernd erreichte.

*

Eugène Malibran glaubte den Versicherungen der Treue nicht, die ihm seine Frau immer wieder schrieb. Am 13. Dezember. 1827 heißt es: »Noch einmal, mein kleiner Gatte, bring es in Deinen Kopf, daß ich nur das will, was anständig ist.« Und tatsächlich achtete Maria darauf, daß niemand sie in diesem Punkt zu kritisieren hatte. Zu jener Zeit kam es für Schauspielerinnen und Sängerinnen darauf an, für unantastbar zu gelten, wollten sie in der Gesellschaft toleriert werden. Denn diese fing gerade erst an, ihnen gegenüber duldsam und flexibel zu sein.

Nach dem Triumph bei Galli werden Marias Briefe kürzer als zuvor. Und es stehen Ermahnungen darin, die er noch nicht zu lesen bekommen hatte. »Wenn Du in dies Land kommst, mußt Du Dich gut benehmen. Erinnere Dich, daß ich durch Deine Unvorsichtigkeit krank war. Ich habe nicht viel Vertrauen in Dich, und obwohl Du recht viel Erfahrung hast, machst Du Fehler, sehr große Fehler. Meine Gesundheit ist viel besser als in New York.« (15. 1. 1828) Die zwei Monate der Trennung hatten den Gedanken an seine Qualitäten abgeschwächt. Als sich der Tag seiner Ankunft in Frankreich näherte, standen ihr die unbefriedigenden Seiten der Verbindung lebhaft vor Augen. Und einige davon müssen höchst verwirrend gewesen sein. Der Bruch in den Beziehungen der beiden wurde nicht durch Liebesaffären befördert. Vielmehr hatte Maria Zeit zum Nachdenken gehabt, ihre Ehe mit der anderer verglichen. In Paris wurde es ihr klar, daß sie haben konnte, was immer ihr behagte. Es gab viele ansehnliche, intelligente, künstlerisch interessierte, meist junge Männer, die sie umschwärmten. Wenn es sie auch nach keinem von ihnen verlangte, so war Malibran doch gewiß nicht mehr das Ziel ihrer Wünsche. Ihren Arbeitsfrieden in der Wohnung der Mme. Naldi zu verteidigen, war sie fest entschlossen.

Sie schickte Malibran einen offen gelassenen Brief an eine amerikanische Freundin zur Weitergabe. Denn sie war sicher, er würde neugierig folgenden Ausbruch von Roheit lesen: »Ich bin glücklich und fett und will nichts als meine lieben Freunde. Sie sagen mir, mein Mann wird dick. Gott segne ihn und lasse es ihn lange sein – und behalte ihn dort – hier will ich ihn nicht.« (An Mrs. Wainright, zit. nach Fitzlyon.)

Ein Sensiblerer als Malibran hätte gespürt, daß er nicht willkommen war. Aber er wollte ihre »Winke« nicht wahrhaben und blieb bei dem Plan, wieder mit ihr zusammenzutreffen.

*

Bei keiner Gelegenheit ließ es Maria aus, auf ihre kleine Schwester hinzuweisen, denn Pauline sang mit wachsender Begeisterung. Nourrit war eigentlich die falsche, weil längst unterrichtete Adresse, als Maria ihm versicherte: »Sie werden sehen, meine kleine Schwester ist viel mehr Musikerin als ich. Das Kind wird uns alle aus dem Felde schlagen.« Nicht nur künstlerisch sollte sie das erreichen. Eine respektable Heirat wird Pauline schon am Beginn ihrer Laufbahn gesellschaftliches Außenseitertum ersparen.

Maria wußte recht gut, daß sie als Bühnenkünstlerin zu einer Herrscherin geworden war. Aber ihre gesellschaftliche Stellung, und das vergaß sie selten, befand sich in prekärem Umfeld. Als Frau in jener Zeit fehlte ihr jeglicher Einfluß, denn sie war »actrice«. Vorurteile besonders gegen Schauspielerinnen reichen so weit ins Altertum zurück, daß ihre Ursprünge kaum zu ermitteln sind. Zusätzlich rümpfte die gute Gesellschaft in ganz Europa die Nase über Musiker, und speziell solche, die mit der Bühne zu tun hatten. Ein Vorurteil gegen eine andere Klasse.

Dabei war es undenkbar, sich bei den Salonkonzerten in adligem Kreis einen lebhafteren Wettbewerb von Talenten vorzustellen. Schönheit, Bravour und künstlerische Kraft stimulierten sich gegenseitig. Pauline meinte allerdings immer, Maria beeindrucke mit ihrem erfüllten Pathos die Menschen am allermeisten, gerade weil ihre Schönheit mitunter nur widerstrebend akzeptiert wurde.

Häusliche Konzerte und ihre ganz besondere, der Konzentration förderliche Atmosphäre spielen in Paulines Erinnerungen eine große Rolle. Ihre Vorliebe dafür geht auf Rossinis Tätigkeit zurück. Als die Salons aufkamen und sich die Türen der Adligen für gewöhnliche Sterbliche ein wenig öffneten, waren Hauskonzerte das geeignete Vehikel. Besonderer Beliebtheit erfreuten sich italienische und französische Opern aus der Schlußphase des achtzehnten Jahrhunderts. Also mußte Rossini der richtige Mann sein, um derlei Vergnügungen in die Wege zu leiten. Der Mann nämlich, der an den beiden größten Pariser Opernbühnen herrschte, der »Schwan von Pesaro«, wie ihn die Publikationen nannten, war gern bei Hofe gesehen und Bezieher einer stattlichen Pension, da er zu Ehren des Herzogs von Berry eine Kantate und zur Krönung von Charles X. die Oper »Die Reise nach Reims« komponiert hatte.

Erstklassige Solisten konnte er für die Salon-Konzerte mobilisieren: die Pasta, die Pisaroni, die Malibran, die Sontag, Rubini, Lablache oder Tamburini – in den ersten Pariser Jahren natürlich auch Garcia-père.

*

Marie d'Agoult hat es immer wieder in ihren Briefen an Franz Liszt beschrieben, und zwar mit herablassendem Unterton einer adelig Geborenen, daß Komponisten wie Sänger eigentlich nicht salonfähig und deshalb gesellschaftlich abgesondert seien. Wollte sich ein aristokratischer Schöngeist künstlerisches Ansehen geben, so wandte er sich wegen eines Konzertes an Rossini, der sich gegen eine vereinbarte, ziemlich geringe Summe um Programm und Ausführung kümmerte. Damit enthob er die Gastgeber der Auswahl und auch der Verdrießlichkeit, Probenzeiten für alle Beteiligten zu arrangieren. Maestro Rossini saß meist den ganzen Abend über am Klavier, begleitete die Sänger, sang wohl auch selbst bei einer Pièce mit oder musizierte mit einem hinzugezogenen Instrumentalisten. So erschien auch einmal Franz Liszt zum Vierhändig-Spielen. Da allerdings stürmten selbst die vornehmen Damen zum Klavier und entführten den Götterliebling in ihre standesgemäße Mitte.

Liszt hatte oft eine eitle Gestik an sich. Er saß dem Maler Ary Scheffer damals Modell für ein Porträt, und zweifellos genierte es ihn schrecklich, als Scheffer plötzlich im Malen innehielt und schimpfte: »Nun sitzen Sie doch nicht immer so steif posierend da!« Für einen Moment zogen sich Liszts Mundwinkel beleidigt nach unten, dann aber kam die lächelnde Replik: »Werden Sie einmal schon als Elfjähriger von allen Damen angehimmelt und posieren Sie dann nicht!«

Eben dieser Franz Liszt, kaum zehn Jahre älter als sie selbst, wurde Paulines Lehrer für das Klavierspiel. »Er war so schön, so inspiriert, so verführerisch!«, erinnerte sich noch die über Achtzigjährige. An den Tagen der Klavierstunden bemächtigte sich ihrer eine solche Aufregung, ja Zittern des ganzen Wesens, daß sie große Mühe hatte, ihre Schuhe zuzubinden.

Das waren auch die ersten Tage von Paulines Bekanntschaft mit Ary Scheffer. Das Kind reagierte verwirrt und fasziniert zugleich auf Scheffers sexuell betonte Annäherung. Dann aber kam es auf seiner Seite zu erschreckenden Szenen wütender Gewalttätigkeit, denen sie panisch entfloh. Was hatte es nur mit diesem sanften, religiösen, vielseitig interessierten Mann auf sich, daß er sich plötzlich derart vergaß? Sie konnte sich das damals noch nicht zusammenreimen.

Von solchen Szenen erholte sie sich beim Anhören von Musik, am liebsten in privatem Kreise. Freilich war es ihr nur selten erlaubt, anders als hinter der Tür den Privatkonzerten vor erlauchten Hörern zu lauschen. Die zu den Soiréen engagierten Künstler kamen zur vorher bestimmten Stunde durch eine kleine Seitentüre in den Saal und nahmen brav neben dem Piano Platz. Nach ihrer Darbietung verschwanden sie wieder, nachdem sie sich die Komplimente des Hausherrn und einiger Musikliebhaber unter den Gästen angehört hatten. Folgenden Tages schickte der Hausherr das Honorar an Maestro Rossini und war damit ihm gegenüber quitt. Selten und nur in Häusern, wo Musik aus Neigung und nicht lediglich repräsentativ gepflegt wurde, ging man mit den Künstlern etwas herzlicher um. Maria, wenn sie etwa Desdemonas Lied von der Weide und dann eine Cavatine aus der »Diebischen Elster« gesungen hatte, bezauberte jeden durch Anmut und Geist, denn sie blieb gerne ein wenig länger als ihre Kollegen und wußte anregend zu plaudern. Ihre Natürlichkeit zog die steifen Zuhörer als exotisch an. Sie gab sich anspruchslos und war es auch.

*

In den neun Jahren, die ihr nur noch zu leben vergönnt waren, drängte sich unglaublich vieles. Maria interessierte sich brennend für die ersten zaghaften Regungen, Frauen neue Rechte zu verschaffen. Eine der führenden Gestalten solcher Bestrebungen war die Dichterin Aurore Dudevant, die sich bald George Sand nennen sollte. Sie liebte – wie viele Intellektuelle – das Théatre Italien ganz besonders. Kein Wunder, denn sie genoß Musik leidenschaftlich und hatte zudem von ihrer Großmutter eine gründliche musikalische Vorbildung mitbekommen. Die menschliche Stimme bedeutete ihr ein Faszinosum, wie es häufige Anspielungen in ihren Werken bezeugen.

In den ersten, eher unreifen Erzählungen sind die Hauptthemen Musik und Musiker noch ungeschickt behandelt. Vollendeten Ausdruck finden sie erst im Roman »Consuelo« von 1842/43, der sich als direkt von Marias Schwester Pauline inspiriert offenbart. Die Erscheinung »der Malibran« findet sich detailhaft in vielen frühen Werken, wiewohl es dort auch Mißverständnisse und Fehlinterpretationen ihrer wahren Lage und ihrer Persönlichkeit gibt. Vor allem wird sie von der Dichterin romantisiert, in der Manier der Zeit und ohne den wahren Sachverhalten gerecht zu werden. Erst als George Sand die Bekanntschaft von Liszt, Nourrit, Chopin, Pauline Viardot und vieler anderer Musiker gemacht hatte, gestalteten sich ihre Musikerporträts differenzierter und authentischer.

Ein weiteres Werk der George Sand wurde durch Maria inspiriert, die »Histoire lyrique« »Le Contrebandier«, in der Schweiz 1836 geschrieben und von Liszts Bearbeitung des Garciaschen Liedes angeregt. Maria sang den »Contrabandista« ihres Vaters häufig und regte damit Liszt wie George Sand an. Wie alles, was mit ihrem Vater zu tun hatte, bewegte sie das Lied jedesmal tief, und mindestens bei einer Gelegenheit fiel sie, nachdem sie es gesungen hatte, in Ohnmacht. Als Georges Erzählung 1837 erschien, wirkte dies bereits wie ein Abgesang auf die soeben Verstorbene.

*

Zunächst verstand Aurore Dudevant das Problem des Künstlers in der Gesellschaft nicht. Sie konnte sich in der Unabhängigkeit einer Frau aus gehobener Familie (wenn auch mit peinlich verschwiegenen Herkunftsproblemen) gefallen, die von sozialen Konventionen ungehindert das Leben einer Künstlerin führte. George wie die Gräfin d'Agoult leisteten sich ein Leben als »bohèmiennes«, weil sie in die Gesellschaft hineingeboren waren. Maria dagegen war als Theaterkind außerhalb der Gesellschaft aufgewachsen und erzogen.

*

Maria hatte keine Liebhaber und wählte ihre männlichen Freunde unter Herren mittleren Alters, wie Alphonse Lamartine einer war. Jüngere Verehrer wie den eifrig für sie agitierenden Kritiker Ludovic Vitet wies sie zurück. Ihre Tugend schien manchem, der über ihre Künstlerschaft schrieb, derart betont, daß es sogar Gerüchte gab, ihr Körper habe nichts Weibliches an sich, zumal ihre knabenhafte Figur und Vorliebe für Männerkleider zu dem Eindruck beitrug, sie sei anders als gewöhnliche Sterbliche.

Sich von den Anstrengungen der Bühnenauftritte zu erholen, reiste Maria häufig auf Einladung aristokratischer Gönner in die schönsten Parklandschaften Frankreichs, um die Krone der Semiramis und die Harfe Desdemonas zu vergessen und sich dem Mutwillen zu überlassen. (In England geschah das seltener, da der Adel sie nicht in seine Sphäre ließ.) Die Frauenkleider verschwanden, an ihrer Stelle zog sie ein leichtes Hemd, Pantalons und ein Studentenkäppchen an. Aquarellkasten und Skizzenbuch wurden mitgenommen. Schon früh am Morgen ritt sie mit Gewehr und Feldausrüstung auf die Jagd, was damals als Inbegriff von Freiheit und Unabhängigkeit galt. Gern sprengte sie über Wiesen und Felder, Stock und Stein. Begleitete sie jemand, so machte es ihr diebisches Vergnügen, auf dem Rücken des Pferdes Flüsse zu durchschwimmen und die Menschen damit zu verschrecken.

Daneben gab sie sich ihrer Leidenschaft hin und verschlang Bücher von

71

der Staël, von Byron, Dante, Goethe, Hugo, Lamartine oder Dumas. Am Kamin wußte sie ihre Mitmenschen gleichermaßen in Atem zu halten. So hatte sie das Vergnügen, auch in den arbeitsfreien Zeiten bewundert zu werden, bevor im Herbst das Théâtre Italien wieder ihren Einsatz forderte. Sie war für 800 Francs pro Abend und eine Benefiz-Vorstellung engagiert.

*

Danach schiffte sich die Unermüdliche in Begleitung der Mme. Naldi nach London ein, wo sie mit dem Direktor Laporte einen nicht minder günstigen Vertrag für das King's Theatre abgeschlossen hatte. Außer Desdemona, Semiramis, Romeo, Tancredi, Ninetta und Zerlina gab es an der Themse natürlich auch die Rivalität zu anderen Sängerinnen zu bewältigen. Im Blick auf Henriette Sontag soll sich Maria die Worte abgerungen haben: »Mein Gott, warum singt sie nur so wunderschön!« Henriette Sontag hatte bei jener Benefiz-Vorstellung für Filippo Galli mitgewirkt und Maria als Arsace in »Semiramide« gegenübergestanden. Da war nun also der hohe europäische Gesangsstandard! Die Sontag entpuppte sich als einzige ernstzunehmende Rivalin, denn die Pasta war um zehn Jahre älter und gehörte bereits zu einer anderen Generation. Vor allem im Publikum erwachten bald heftige Emotionen, die die Anhänger Marias und Henriettes gegeneinander hetzten. Aber wie segensreich war es für Maria, daß sie durch einen solchen Ansporn zu immer größeren Leistungen kam.

1806 in Koblenz geboren, war Henriette Sontag zwei Jahre älter als Maria. Auch sie entstammte einer Theaterfamilie, hatte mit sechs Jahren zuerst auf der Bühne gestanden und mußte mit fünfzehn eine indisponierte Dame im Prager Theater ersetzen, dessen Direktor damals Carl Maria von Weber hieß. Später zog sie nach Wien, um in deutschen und italienischen Opern zu singen. Sie besaß einen hohen Sopran und makellose Technik. Weniger begabt war sie als Darstellerin. Weber erkor sie zu seiner ersten »Euryanthe« (1823). Sie nahm an der Uraufführung von Beethovens Neunter Symphonie teil und war eine berühmte Agathe in Webers »Freischütz«. Nach einem ersten Pariser Erfolg 1826 reiste sie 1828 wieder nach London, als Maria Malibran dort eben angekommen war.

Das halb göttliche Ansehen, das die Spanierin in Frankreich genoß, bedeutete den Briten wenig. Aber es war den Londoner Kritikern erst von ihrem Auftreten im »Otello« am 21. April 1829 an klar, daß sie enorme Fortschritte gemacht hatte.

Erschien Maria in London bar jeder Göttlichkeit, so wurde sie auch schonungslos kritisiert. Die mannigfachen Bemerkungen über ihre drastische Darstellung bäuerlicher Typen, ihre übertreibende Leidenschaftlichkeit, Beanstandungen, die sie immer wieder in den Journalen lesen mußte, ließen ihr das englische Publikum kalt erscheinen. Dennoch fühlte sie sich aufgenommen und gewürdigt, so daß sie in jedem Jahr gerne wiederkam.

*

Die beiden Primadonnen Malibran und Sontag mußten sich beim Londoner Publikum in den Erfolg teilen, was eine solche Kälte zwischen ihnen aufkommen ließ, daß es allen diplomatischen Geschicks der nachgereisten Comtesse Merlin bedurfte, um zu erreichen, daß beide Damen im gastlichen Salon ein Duett zum besten gaben. Der Vorschlag entschlüpfte der Gastgeberin wie improvisiert; die Betroffenen sahen sich betreten an, zögerten – und traten unter erwartungsvollem Beifall ans Piano. Als das Duett zu Ende war, streckte eine der anderen die Hände entgegen, bis sie sich rauschenden Kleides umarmten und ein herzlicher, allem Anschein nach ehrlicher Kuß eine Art Freundschaft besiegelte. Fortan traten sie nicht selten in einer Oper gemeinsam auf und machten solche Vorstellungen zu unvergleichlich spannendem Wettkampf. Eine Art des sportlichen Sichmessens übrigens, die Pauline nie sehr lag.

Die Damen erschienen dann wieder nebeneinander in einer Pariser Aufführung der »Heimlichen Ehe« von Cimarosa, die dem Benefiz der Sängerin Damoureau-Cinti diente. Einige Tage später maßen sich die Löwinnen im »Tancredi«. Selten war die Sontag so großartig wie in dieser ihrer Abschiedsvorstellung, wonach sie sich ins Privatleben zurückzuziehen gedachte. Mit charmanter Geste, wie um sich für den ihr bereiteten Triumph zu entschuldigen, überreichte sie der Kollegin die Blumen, die man ihr auf die Bühne geworfen hatte.

*

Pauline pflegte abwesend zu lächeln, wenn sie an die traumhafte Sicherheit Marias dachte, Wirkungen auf der Bühne zu erzielen und das Publikum zu zähmen. Etwa fünfzehn muß sie gewesen sein, als sie neben der Schwester vor dem Maestro Meyerbeer stand, der Maria nach einer Vorstellung ungewohnt direkt mit seinem betrübten Gesichtsausdruck fragte: »Weshalb bleiben Sie – bei dem Jubel allerorten – oft in Ihrer ersten Szene so kühl?« Marias Wangen röteten sich, als sie anwortete: »Das Publikum kommt mir oft wie ein Korb voller ausgelöschter Kerzen vor.

Fährt man gleich mit heftigem Brand darüber, so schmelzen sie. Zündet man sie aber vorsichtig an, so gibt das eine prächtige Beleuchtung. Nun, ich zünde eben mein Publikum vorsichtig an.«

*

Die Heirat der Sontag mit dem Grafen Rossi überließ Maria das Feld des Erfolgs, obwohl sie unter den Fach-Kolleginnen des Rossinischen Typs (eines Koloratur-Alts) schon lange keine echte Rivalin mehr hatte. Das war ihr auch in England bestätigt worden. So von Julius Stockhausens Vater, der damals Maria gebeten hatte, Duette mit seiner singenden Frau und ihm an der Harfe vorzutragen, auf einer Reise ins Innere Englands zu den großen Musikfestspielen in Norwich, Halifax, Liverpool und Manchester.

Als Pauline später einmal im Heim der Stockhausens im elsässischen Gebweiler zu Besuch war, erzählte Vater Stockhausen davon: »Maria war viel bei uns. Die beiden kostbaren Stimmen paßten so fabelhaft zusammen . . . (Das versah Pauline heimlich mit einem Fragezeichen, denn wie oft wird so etwas von zwei Stimmen behauptet.) Mme. Malibran schloß meine Frau täglich mehr ins Herz, kam übrigens auch für drei Tage zu uns aufs Land. Die Strecke von Liverpool bis Manchester legten wir im Railroad zurück und machten vierunddreißig englische Meilen, das sind ungefähr zwölf französische, in der Zeit von einer Stunde fünfunddreißig. Das habe ich mir damals genau notiert, und es kam mir unglaublich vor, daß eine einzige Dampfmaschine sieben bis acht Wagen zog, die bis zu einhundert Personen trugen. Schon bei der zweiten Fahrt verlor meine liebe Frau den Mut, sich uns anzuschließen, und nahm vorsichtshalber die Kutsche von Mme. Malibran. Zuletzt reiste sie gar mit deren Kammerfrau und dem Dienstmädchen im Postwagen.«

*

Maria schrieb ihrem Mann, wie abgeneigt sie sei, etwa wieder mit der Familie leben zu sollen, und wie sehr sie sich vor dem Vater fürchtete. Sie bot Garcia-père Geld an, der aber nur beleidigt reagierte.

Auch bei einer anderen Gelegenheit verging Maria das Lachen. In Paris wurde sie nach einer Vorstellung entführt. Sie hatte als Desdemona auf der Bühne gestanden und hielt vor dem Umkleiden einen Moment Rast in der Garderobe. Es tat ihr wohl, allein zu sein. Da klopfte es, und ein livrierter Diener trat herein, um zu melden, ihre Mutter sei plötzlich schwer erkrankt. »Wenn Sie sie noch lebend sehen wollen, müssen Sie sich beeilen.« Ohne in ihrem Schrecken daran zu denken, daß sie ja den Diener gar nicht kannte, warf Maria den Mantel über ihr Kostüm und folgte dem Mann. Dieser hob sie in einen Wagen, der unverzüglich davonfuhr.

Alsbald wird ihr klar: Der Weg führt nicht zu ihrer Wohnung. Sie bestürmt den Diener mit Fragen, aber es ist kein Wort aus ihm herauszubringen. Maria ruft um Hilfe. Die Türen des Wagens sind verschlossen, die Fenster festgenietet, nicht zu öffnen.

Endlich hält das Gefährt, es wird geöffnet, sie steigt aus. Im selben Augenblick wirft ihr jemand einen Shawl über den Kopf. Man schiebt sie in ein Haus, über eine Treppe, durch mehrere Zimmer, und schließlich glaubt sie sich allein. Sie schleudert den Shawl fort und findet sich in einem eleganten Boudoir. Eine Harfe steht da, ein Taburett zwischen weich gepolsterten Möbeln, als ob alles für sie vorbereitet sei. Es kommen ihr die schrecklichsten Vorstellungen von Bedrohung und Vergewaltigung. Aber auf dem Notenpult liegt ein Brief mit ihrem Namen. Sie liest: »Madame! Die Person, welche Ihre Entführung veranlaßte, bittet Sie um Verzeihung. Sie möchte sie einmal fern von aller übrigen Welt singen hören. Singen Sie die Saul-Romanze aus dem ›Otello‹ und Sie sind frei!« Wütend schreit Maria: »Ich bin keine Marionette, ich werde nicht singen!«

Aber das Boudoir ist verschlossen, die Fensterläden sind zugesperrt. Es gibt keine Antwort oder Fluchtmöglichkeit. Müde sinkt Maria auf den Schemel neben der Harfe und läßt die Finger über die Saiten gleiten. Mit leisem Klingen scheint das Instrument um ihren Gesang zu bitten; also singt sie selbstvergessen die Romanze, steigert sich in Begeisterung. Kaum ist sie zum Ende gekommen, hört sie eine Stimme, woher, weiß sie nicht: »Bravo, bravo, vielen Dank!« Schon öffnet sich die Tapetentür, der Diener erscheint und erbietet sich, sie nach Hause zu fahren. Bald darauf betritt Maria wohlbehalten ihre Wohnung und muß an Mme. Naldi vorbei, die mit tellergroßen Augen im Wege steht. Maria ist nicht nach langen Erklärungen zumute. Auf ihrem Toilettentisch entdeckt sie ein Etui, das in der Zwischenzeit hier abgegeben wurde. Es enthüllt ein Paar Diamant-Ohrringe und einen Zettel, auf dem nur das Wort Merci steht.

Ob die Geschichte wahr oder erfunden ist – die Malibran hat sie der Presse so erzählt und hinzugefügt, daß sie niemals erfuhr, wer sich den Wunsch nach ihrem privaten Gesang in so seltsamer Weise erfüllte.

*

Maria stand über aller Verführung, die sie umgab. Aber eine Tugendheldin wollte sie nicht sein. »Auch mich wird der zündende Funke eines Tages treffen; dann werde ich nicht die kokette Spröde spielen. Ich will dem Mann meiner Wahl sagen: Ich liebe dich, und dann sei es für das ganze Leben beschlossen.«

Sie hielt Wort. Der schon zu europäischem Ruhm gekommene junge Geiger Charles de Bériot, Belgier von Geburt, hatte einen Winter in Paris zugebracht. Dieser Mann schien von der Natur verwöhnt. Schön und distinguiert aussehend, mit großen künstlerischen Möglichkeiten, bewundert ob seines virtuosen Spiels, bemerkenswert als Komponist, Schriftsteller, Zeichner und in anderen, scheinbar abseits von seinem Wege liegenden Gebieten, kurz, ein Muster jener Vielseitigkeit, die das 19. Jahrhundert kennzeichnet. Als er Maria begegnete, hatte eben eine gewisse Mademoiselle Sontag sein Herz ziemlich grausam gefoltert, die Frau, die er liebte, die sich zunächst den Anschein gab, ihn gewähren zu lassen, und die ihn eines anderen wegen verließ. 1829 war es klar, daß Bériot sie nicht mehr gewinnen konnte. Sie lebte bereits mit dem Grafen Rossi, von dem sie ein Kind hatte.

Maria fand Gelegenheit, Bériot häufig in Konzerten zu erleben; sie bewunderte seine Kunstfertigkeit, und es wuchs wohl auch deshalb eine Zuneigung zu diesem Mann in ihr, weil ihr seine unglückliche Liebe zu Ohren gekommen war. Anfangs verhielt sich Bériot recht kühl gegen sie oder zeigte doch eine Schüchternheit, die ihn fast unhöflich machte.

Sein schmales Gesicht, die blassen Züge verrieten jedem, daß Maria ihm an Temperament und Lebenslust um vieles überlegen war. Um ihm von ihrer Liebe zu sagen, kümmerte sie sich nicht um Konventionen. Comtesse Mercedes Merlin erzählt mit einiger Glaubwürdigkeit: Nach einem Konzert trat sie mit Tränen in den Augen zu ihm, faßte zitternd seine Hand und hauchte: »Ihr Erfolg macht mich außerordentlich glücklich.« Dankend murmelte Bériot: »Ihre gütige Anerkennung schmeichelt mir.« Da hielt Maria nicht mehr an sich und rief: »Nein, nein, das ist es nicht! Sehen Sie denn nicht, daß ich Sie liebe?«

Bériot überzeugte sich davon, Marias Zuneigung sei kein verstiegener Kunstenthusiasmus, sondern wirkliche Liebe. Die beiden waren aneinander verloren. Natürlich fiel die Aufsicht durch Mme. Naldi lästig; Briefe mußten verheimlicht werden; eifersüchtig hatte die gestrenge Freundin die Liebe aufgespürt und meinte, sie mit Nachdruck bekämpfen zu sollen. So gelassen Maria die besorgten Lehren von Madame anhörte, so

Maria Malibran-Garcia

tief fühlte sie sich durch sie verletzt, so daß sie beschloß, die lästige Vormundschaft loszuwerden. Sie bezog Quartier in einem kleinen Pariser Hotel. Aber das Glück der ungestörten Zärtlichkeit trübte sich rasch.

*

Mme. Naldi hatte nicht versäumt, den Eltern Garcia von Bériot zu erzählen. Eine unschöne Mißstimmung zwischen Vater und Tochter belastete ein letztes Gastspiel Garcias am Théâtre Italien, wo er den Don Giovanni gab. Maria war seine Zerlina und konnte ihre Unsicherheit nicht verbergen. Prompt las man im »Journal des Débats«: »Im Theater, besonders wenn es um das Singen geht, kann jemand Erregung nicht gut darstellen, der selbst erregt ist.« (6. IX. 1829)

Im Frühling 1830 waren die Liebenden häufig getrennt. Bériot machte seine Konzertreisen allein, und Maria ging nach London, um den Sommer über dort zu singen. Ihre Beziehung war bald auf einem Tiefpunkt, und Bériots Schwester, die Maria bereits in Belgien kennengelernt hatte, mußte die Vermittlerin zwischen zwei Streitenden spielen.

Sie hatte die bestimmendste weibliche Rolle im Leben des Geigers inne. Constance Bériot wurde Marias Freundin und half ihr bei dem immer häufiger auftretenden, »nervösen Unwohlsein«.

Denn Maria war schwanger. Sie konnte aber Bériot nicht ehelichen, da sie Malibran kirchlich angetraut war. Der Sommer ging hin mit dem Planen einer heimlichen Hochzeit, zu der der Familienrat der Bériots seine Zustimmung gegeben hatte. Eine Geschichte, über die nicht viel bekannt ist und die augenscheinlich dem damals sehr populären Roman »Die Verlobten« von Manzoni entlehnt ist, dem Motto der Romantik folgend: Lebt so, wie es euch in der Literatur gezeigt wird!

Das Kind überlebte die Geburt nicht lange. Zwar erholte sich Maria rasch und war früher als erwartet wieder die erfolggewohnte Primadonna. Aber die Scheidung von Malibran stand noch aus.

Zu allem Unglück wurde dieser in Paris gesehen. Bei seiner Verheiratung hatte er Maria eine unabhängige Existenz zugesagt. Seit er fallierte, hing ihr Fortkommen gänzlich von ihrer eigenen Arbeit ab; und doch teilte sie ihre Ersparnisse großmütig mit ihm. Von der Anwesenheit des Mannes fürchtete sie alles und war entschlossen, sich nicht mehr unter das Joch unberechtigter Verpflichtungen zu beugen. Louis Viardot, immer zurückhaltend und diskret, schaltete sich in die Verhandlungen zwischen den Eheleuten ein. Freunde wußten es zu verhindern, daß Malibran ihre Räume betrat, und hielten ihn durch neue Geldzuwendungen fern. Ein Scheidungsprozeß wurde eingeleitet, aber erst nach zwei Jahren konnte die Ehe gerichtlich aufgehoben werden.

Es bedurfte nämlich der persönlichen Intervention eines einflußreichen Freundes, des Generals Lafayette, um eine Strategie zu verfolgen, die ihr die Unabhängigkeit wiedergab. Da die Heirat vor dem französischen Konsul in New York geschlossen worden war, also nach französischem Recht und nicht dem der Vereinigten Staaten, erklärten sich schließlich die französischen Gerichte für zuständig. Das Urteil basierte auf folgender Überlegung: Monsieur Malibran war lange in Amerika niedergelassen und dort naturalisiert. Fräulein Garcia dagegen war Spanierin geblieben, obwohl in Frankreich geboren. Sie stammte von spanischen Eltern ab, die ihre Nationalität nicht aufgegeben hatten. Deshalb konnte die

Verbindung für nichtig erklärt werden. Der Konsul von Frankreich hatte damals nicht die Zuständigkeit, zwischen zwei Ausländern eine Ehe zu schließen.

*

Noël, der bislang nur als Privatlehrer fungiert hatte, fand sich offiziell gewürdigt. Der »Professeur du Chant« durchschritt nun fast täglich die Tore des Conservatoire. Sowohl mit den professionellen als auch den amateurhaften Anwärtern auf seinen Segen erreichte er derartige Erfolge, daß ihn das Institut innerhalb kurzer Frist berief, was den entscheidenden Schritt seines Lebens ausmachte.

Einen etwas spleenigen Brauch führte er ein, der zwar einiges Aufsehen machte, aber die wachsende Klientel nicht daran hinderte, seinen Beistand zu suchen. Jeder neue Schüler mußte außer der stimmlichen auch eine medizinische Untersuchung über sich ergehen lassen. Schien der Kehlkopf es zu erfordern, mußte er sich spezieller Behandlung anheimgeben. Eine Methode, die Pauline immer übertrieben fand und für einen Gesangspädagogen fehl am Platze.

*

In der Welt der Oper hatten drei kluge Männer unabhängig voneinander erahnt, was nach der Revolution in Paris Erfolg haben könnte. Dr. Véron, der Direktor der Opéra, sah Vielversprechendes in Eugène Scribes Libretto »Robert le Diable«. Giacomo Meyerbeer tat es auch und schrieb eine Partitur dazu. Véron mußte nicht lange davon überzeugt werden, diese Oper herauszubringen. Langsam, sorgfältig und ohne mit den Ausgaben zu geizen, erfolgte die Vorbereitung. Die drei Männer paßten großartig zueinander. Véron als Finanzier und Organisator, Scribe als virtuoser, anpassungsfähiger Textbearbeiter und Meyerbeer, der seine deutsche Professionalität in Italien hatte abmildern können. Die drei garantierten einen Riesenerfolg.

Die Pariser sprachen im Sommer und Herbst 1831 von nichts anderem als von der bevorstehenden Premiere. In dieser Wartezeit erweckte etwas anderes kaum noch Interesse. Anfang November 1831 kehrte Maria nach Paris zurück. Die Direktoren des Théatre Italien hofften, sie würde das Publikum in ihr Etablissement zurücklocken, wie sie es gewohnt waren.

In Rossinis »La gazza ladra« trat sie zuerst auf, und ihre Bewunderer bereiteten ihr einen stürmischen Empfang. Aber die Dinge liefen nicht wie geplant. Marias Gesundheit war labil, und einige Vorstellungen

79

mußten abgesagt werden. Ihre Stimme schien gelitten zu haben. Schlecht placiert wurde ihre Benefiz-Vorstellung am 20. November, auf den Abend vor der lang erwarteten Premiere von »Robert le Diable« in der Opéra. Und so blieb das Théatre Italien halb leer.

In Meyerbeers Opus sangen ausschließlich hochbeliebte Stars wie Mlle. Dorus-Gras, Mme. Damoureau-Cinti, Nourrit, Levasseur, und die Tänzerin Maria Taglioni trat in der wichtigen Ballettszene auf. Die prachtvolle Ausstattung wirkte sensationell, und die Aufführung bildete monatelang das vorherrschende Gesprächsthema. Véron machte großes Geld.

Das halbleere Théatre Italien, das Wissen darum, daß sie nicht länger die Hauptattraktion in der Stadt war, auch die indifferenten oder gar feindlichen Besprechungen schockierten Maria. So etwas war ihr in ihrer ganzen Laufbahn nicht begegnet.

Ein viel schlimmeres Problem stellte es zusätzlich dar, daß sie wieder schwanger war, was diesmal jeder wußte und was zum Stadtgespräch wurde. Etwa so wie es Henriette Sontag 1828 ergangen war, als Maria in einem Brief an Malibran nicht gerade sanft mit ihrer Rivalin umsprang und spöttelte, deren Reputation sei »wie ein soufflé« zusammengesunken. Garcia-père schien vergessen zu haben, daß seine eigenen Kinder illegitim geboren waren. Nichts konnte seine Wut besänftigen, und er sagte:»Mariquita erwartet ein Kind, und es ist doch jedermann bekannt, daß sie seit Jahren von ihrem Mann getrennt lebt!« Und die Scheidung stand immer noch aus. Er weigerte sich, seine Tochter zu sehen, und nur Mutter Joaquina hielt die Verbindung aufrecht. Viele Häuser, in denen sich Maria noch jüngst mit offenen Armen aufgenommen sah, verschlossen sich jetzt vor ihr. Als ihr Zustand mehr und mehr sichtbar wurde, glaubte sie, jeder gebe seinen Kommentar dazu ab. Mercedes Merlin erzählt, daß an einem Abend während einer Vorstellung sich Maria unwohl fühlte, plötzlich die Bühne verließ und ihre Garderobe aufsuchte, um sich einzuschließen. Durch die geschlossene Tür rief sie, sie sei zu krank, um weiterzusingen. Der Theaterdirektor versuchte sie vergeblich davon zu überzeugen, sie müsse auf die Bühne zurück. Das Publikum harrte ungeduldig, feindselig murmelnd, stampfte mit den Füßen. Verzweiflungsvoll rief der Direktor den Marquis de Marmiers, einen Freund Marias, aus dem Publikum und bat ihn, seinen Einfluß geltend zu machen.

Marmiers klopfte an die Garderobentür und gab sich zu erkennen. Er wurde eingelassen und fand Maria fast vollständig entkleidet auf dem

Sofa liegen. Mit einem Blick erkannte er die Ursache ihrer Indisposition. Maria rief in Tränen: »Ich bin verloren. Schon Sie verachten mich, wieviel mehr das Publikum!« Der mitleidige, zugleich peinlich berührte Marquis suchte sie zu trösten und brachte die Fortsetzung der Vorstellung tatsächlich zustande. Aber das Publikum rächte sich für die lange Wartezeit mit ausbleibendem Beifall.

Ohne Zweifel wollte Maria das Kind nicht. Sie hatte schon einige Abtreibungen hinter sich, die sie jedesmal dem Tod nahebrachten. Zu ihren künstlerischen kamen finanzielle Sorgen. Sie besaßen zu jener Zeit nichts als das, was Charles verdiente, was nicht allzu viel war. Paganinis Ankunft in Frankreich bedrängte Bériots solistisches Renommée. Für Maria fiel in jenem Jahr die Londoner Season aus. Dennoch trat sie in unregelmäßigen Abständen auf.

Am 3. Januar 1832 gab sie die »L'italiana in Algeria« und »La proba d'un'opera seria« mit Luigi Lablache. Am 8. Januar erschien sie – sichtlich unwohl – in einem Konzert mit Charles de Bériot. Die Menschen im Saal schwankten zwischen Mitleid und Bewunderung für die Art, wie sie sich über ihr Ungemach hinwegsetzte. Ihre Benefiz-Vorstellung am 20. Januar 1832 scheint ihr als Desdemona wieder etwas von der alten Kraft zurückgegeben zu haben, zumal es sich um die Lieblingsoper der Pariser handelte. Aber sie konnte die Saison nicht beenden und mußte ihren Kontrakt brechen, was lange juristische Auseinandersetzungen nach sich zog.

Ungeachtet aller Probleme spricht viel dafür, daß es sich für Maria um eine glückliche Zeit gehandelt haben muß. Sie konnte ihrer Schwägerin Constance nie genug versichern, welch ein liebevoller Engel ihr Mann war. Das Kind starb schon bald. Das Ereignis wurde verschwiegen. Am 25. März waren Maria und Bériot bereits in Brüssel und konzertierten wieder zusammen.

*

Sie hatten Paris zur rechten Zeit verlassen. Die Stimmung war längst nicht mehr zukunftsfreudig, sondern von bösen Vorahnungen belastet. Repressive Maßnahmen wie die Schließung der Saint-Simonistischen Quartiere durch die Polizei ließen nichts Gutes vermuten. Die Theater machten zu; selbst »Robert der Teufel« konnte seinen Erfolg nicht länger fortsetzen. Véron faßte seinen Kummer in die Worte: »Jedermann versucht, seine eigene Haut zu retten.« Von Maria hieß es, sie wolle nie wieder in Paris singen. Tatsächlich mied sie diese Stadt von nun an. Bériot und Viardot mühten sich mit vereinten Kräften, aber vergeblich, einen weiteren Kontrakt mit dem Théatre Italien zustandezubringen. Maria hatte sich nicht länger als »göttlich«, vielmehr als nur zu menschlich gezeigt. Sie hatte sich gegen die Gesetze der Gesellschaft vergangen. Das Verhältnis des Künstlers zu seinem Publikum ist ein schwieriges, schwer auszubalancierendes. Ob der Künstler auf längere Zeit dominant wirken kann oder nicht, hängt davon ab, wie er sich das Publikum immer wieder »erobert«. Und die Trennungslinie zwischen Zuneigung und Abwehr in dieser Verbindung verläuft extrem dünn.

*

Ohne jede Vorwarnung erreichte Maria bei Proben in Venedig die Nachricht vom Tod ihres Vaters. Sie wurde ohnmächtig. Sobald sie sich etwas erholt hatte, erkundigte sie sich bei Louis Viardot nach den Umständen. Am 21. 6. 1832 schrieb sie ihm: »Welch furchtbaren Kummer ich durchmache! Der Gram zerstückelt mein Herz jeden Augenblick tausend Male.« Der wichtigste Mann in ihrem Leben war nicht mehr. Er hatte sie, ob nun geliebt, ob gehaßt, zur größten Sängerin ihrer Zeit gemacht.

Ihr erster Impuls war, zur Mutter nach Paris zu reisen. Aber die Arbeit zog sie mächtiger an als ein Begräbnis, vor dem sie höllische Angst hatte. Den Vater begleiteten die Familie und seine Kollegen 1832 zur letzten Ruhe. Ein altes Darmleiden hatte seinem Leben ein schmerzhaftes, aber gnädig kurzes Ende gesetzt. Von dem plötzlichen Tod wurde, so schien es der Familie, viel zu wenig Notiz genommen, da die Cholera in Paris wütete. Einzig »Le National« brachte die lakonische Meldung: »M. Garcia, Künstler des Théatre Italien, ist gestorben. Beisetzung morgen Dienstag. Der Trauerzug beginnt beim Sterbehaus, Rue des Trois-Frères, Nr. 9, mittags.«

Allen Besuchern des Leichenbegängnisses, die eben noch seine Mitwirkung in privaten Konzerten erlebt hatten, lag die abgedroschene Wendung »Nie wieder!« im Sinn. Denn soviel Temperament, vereint mit Musikalität und Intelligenz, würde wohl so bald kaum wieder zu erleben sein. Die Witwe vergaß alle Brutalität und Demütigung der Vergangenheit. Die Kinder sollten sich vor allem daran erinnern, was sie bei Garcia-père gelernt hatten.

Pauline war elf Jahre alt, als der Vater starb. Sie hatte noch nicht damit begonnen, ihre Stimme regelmäßig zu üben, soviel sie von Musik und den Erfordernissen des Musikerberufs auch bereits gelernt hatte. Joaquina konzentrierte ihre nicht unbeträchtliche Begabung fortan darauf,

Pauline zur erstklassigen Sängerin zu machen. Maria und Bériot halfen ihr dabei. Die Mutter zog mit Pauline nach Belgien, um den Bériots nahe zu sein; aber diese hielten sich dort kaum je auf.

*

Die ihr noch verbleibende Lebenszeit teilte Maria zwischen Italien und England. Der Vertrag, den sie für 1833 unterzeichnet hatte, mußte storniert werden, ein Abkommen immerhin für 40 Vorstellungen. Denn Marias Sohn Charles Wilfrid kam am 13. Februar 1833 zur Welt, das einzige ihrer Kinder, das am Leben blieb. Obwohl sie noch immer nicht mit Bériot verheiratet war, gab sie ihm den Namen seines Vaters. Die Geburt des Kleinen veränderte ihr Leben nicht wesentlich. Das rasche Tempo ihrer Lebensführung wurde auch weiterhin aufrecht erhalten. Marias Besuche in Belgien, wo sich ihre Schwägerin des Kindes annahm, fielen spärlich und unregelmäßig aus.

Bériots Kräfte als Violinvirtuose schwanden, auch weil er nicht genug übte. Nicht überall waren seine Talente noch gefragt, und der Erfolg des Geigers Ole Bull legte ihm nicht nur in Neapel Steine in den Weg. In den Jahren, die sie nun zusammen erlebten, ging es Bériot auf, wie anstrengend sein Verhältnis zu Maria im Grunde war. Er litt unter verwundeter Selbstachtung. Und Maria war sicherlich keine bequeme Partnerin. Unausgeglichen, leicht hysterisch, übermäßig aktiv, neigte sie zu heftig wechselnden Stimmungen, die bis zur schwärzesten Depression gehen konnten. Englische Freunde zeigten sich verblüfft darüber, wie unsensibel Maria mit ihrem Kind umging. Es war zu spüren, daß die Zuneigung zu Charles erheblich abkühlte.

Immer wieder kokettierte sie mit anderen Männern. Als der spätere Komponist der Oper »Die lustigen Weiber von Windsor«, Otto Nicolai, Maria in Rom kennenlernte, war er gerade vierundzwanzig Jahre alt und von ihrem Charme, ihrem »Genie« überwältigt. In seinem Tagebuch hielt er unter dem 9. November 1834 fest, daß er bei einem festlichen Abendessen Maria im Scherz fragte, ob sie ihn heiraten würde. Das machte einen tiefen Eindruck auf sie. »Zumindest«, so fügte er hinzu, »wandte sie ihr Gesicht ab und erhob sich für einen Augenblick von der Tafel.«

*

Das friedliche, häusliche Leben, von dem Maria so oft geträumt hatte, ertrug sie nicht lange. Schon nach kurzer Zeit trieb sie ihr unstetes Naturell wieder hinaus. Ihr Mann hatte sich soeben wieder auf eine eigene

Tournée begeben, als Besuch in Belgien eintraf: Luigi Lablache, der Bassist mit der königlichen Stimme, befand sich auf der Reise von London nach Neapel und wollte die geliebte junge Kollegin sehen. Abends um acht betrat er das Haus. Nachdem sie sich, seines Umfangs wegen, etwas mühsam, wiewohl herzlich begrüßt hatten, fragte Maria, wohin denn die Reise gehe. Als sie »nach Italien« hörte, überkam sie unbezwingliche Lust, mit dem Freund zu fahren. »Da müßten Sie freilich nachkommen, denn ich reise schon bei Tagesanbruch.« »Oh, das hat nichts zu sagen, ich bin schnell fertig.« Lablache hielt das natürlich für einen Scherz und verabschiedete sich wie auf lange Zeit.

Morgens, noch im Hotelbett, staunte er nicht schlecht, als er eine Postchaise auf der Straße halten und Marias süßeste Stimme ihm zurufen hörte: »Ich bin reisefertig.« Sie hatte in den wenigen verbleibenden Nachtstunden ihr Haus bestellt und sich bereitgemacht. Denn wenn es darum ging, sich einen Wunsch zu erfüllen, kannte Maria keine Hemmnisse. Eben diese Freiheit der Entscheidung hat sich Pauline nie errungen.

Was Maria damals bei ihrem hektischen Aufbruch vergaß und was ihr erst vor der italienischen Grenze auffiel, war, daß ihr Reisepaß fehlte. Mehrere Tage lang mußte sie in einem Dorf warten, bis Lablache in Mailand die Erlaubnis für sie eingeholt hatte, in die Lombardei einzureisen.

Widerwillig und traurig ob der längeren Entfernung von seiner anscheinend unentbehrlichen Schwester Constance stieß Bériot zu der Reisegesellschaft. Die Gastspiele der kleinen, eigens für diese Tournée mit Lablache zusammengestellten Theatertruppe in Rom, Neapel und Bologna kamen einem Siegeszug gleich. Italien tat Maria noch immer wohl, und sie beschloß, im kommenden Jahr mit ihrem Mann zur Messe nach Sinigallia zu reisen, wohin sie eingeladen worden war.

*

Hoch auf dem Bock saß sie, wie so oft, und lenkte die Pferde, als sie bei 29 Grad Hitze vor den ersten Häusern von Sinigallia eintrafen. Kaum abgestiegen, lief Maria dem Meer zu und machte Anstalten, sich der Kleider zu entledigen und in die Wellen zu springen. Die verschreckten Zurufe des »zahmen« Charles aus der Kutsche blieben ungehört. »Denk an die Leute!« rief der Ängstliche, aber sie schwamm bereits in den Fluten. Versuchte sie noch, ihm eine Antwort zuzuschreien? Am nächsten Morgen war Maria heiser und konnte ihr Engagement einige Tage lang nicht erfüllen. Aber bald kehrte die Stimme zurück – ein Vorgang des Regenerierens, der jeden Sänger immer wieder demütig macht. Die Nachtwandlerin, die Norma und Romeo konnten wie sonst glänzen.

Als Maria und Bériot den Wagen zur Abreise besteigen wollten, erkannten die Menschen sie auf dem Marktplatz. In Sekunden war aus wenigen Neugierigen eine wogende Menschenmenge geworden, die die Kutsche umringte und danach verlangte, was der gewöhnliche Sterbliche für selbstverständlich hält, was dem Sänger aber eher unangenehm sein muß: aus dem Stegreif und unter freiem Himmel zu singen. Selbst Maria fühlte sich an jenem Morgen nicht danach und versuchte, die Menschen von ihrem Wunsch abzubringen. Natürlich vergebens. Auch als sie schließlich gereizt ablehnte, half es ihr nichts. Sie schickte sich in das Unvermeidliche und fing an, stehend im offenen Wagen zu singen. Bériot öffnete seelenruhig seinen Geigenkasten, nachdem er ihn unter dem sonnenschützenden Sitz hervorgeholt hatte, und begleitete improvisiert. Endlich konnten die beiden durch die jubelnde Menschenmenge davonfahren.

*

Immer fand sich Maria in aufsehenerregende Geschehnisse hineingezogen. Sie sympathisierte mit den italienischen Liberalen, engagierte sich für die »carbonari«, was in Neapel die Gemüter bereits erhitzte, bevor sie dort eintraf.

Es gehörte in Neapel zu jedem Gastspiel, daß Debütanten sich zum König begaben und ihn baten, Majestät möge geruhen, ihr erstes Auftreten mit seiner Anwesenheit zu beehren. Zwar fuhr Maria ins königliche Palais, durchschritt die einschüchternden Hallen, ließ sich immer wieder den Weg zeigen, bis endlich Teppiche unter den Füßen signalisierten, sie sei ihrem Ziel nah. Was sie dann aber vorbrachte, nachdem ihr gnädig die Erlaubnis zu sprechen erteilt worden war, spottet jeder Beschreibung. Ihre Majestät möchte doch bitte am nächsten Abend – nicht in die Vorstellung kommen.

Klar und metallisch klang Marias Stimme in der hallenden Akustik des Raumes: »Die Etikette verlangt, in Gegenwart Eurer Majestät nicht zu applaudieren, solange das Zeichen dazu nicht von Eurer Majestät gegeben wurde. Ich bin nun aber gewohnt, schon beim ersten Auftritt mit Beifall empfangen zu werden, so daß mir sicherlich, sollte der Applaus fehlen, kein Ton aus der Kehle käme.«

Es blieb dem König nur, sie zu beruhigen und ihr zu versprechen, er werde selbst und rechtzeitig das Zeichen geben, wie es dann auch geschah.

Dies ereignete sich bei Gelegenheit von Marias »kolossalem« Erfolg als Bellinis »Norma« in Neapel 1834. Nicht länger war sie eine Rossini-Heroine, sondern zur Interpretin des Vincenzo Bellini avanciert.

*

Noël erlebte Marias ersten Auftritt in Mailand mit. Hier bevorzugte das Publikum die Pasta, deren wirkungsvollste Partie die »Norma« in Bellinis Meisterwerk war, – so wirkungvoll, daß die Menschen von Giuditta Pasta einfach als »der Norma« sprachen, ohne sie bei ihrem Namen zu nennen. Als Maria das Büro des Operndirektors betrat, kam sehr bald die Frage: »In welcher Partie gedenken Sie aufzutreten?« Maria erwiderte ohne Zögern: »Als Norma, Signore.« »Aber Madame, Sie vergessen die Pasta!« »Eh bien, ich habe keine Angst vor der Pasta. Ich werde als Norma leben oder sterben.« Gehorsam kündigte die Scala »Norma« an.

Am Nachmittag des entscheidenden Abends rief eine Menschenmenge vor den Türen der Scala nach Einlaß. Jeder Hinzukommende wurde sogleich von der Massenhysterie angesteckt. Als die Türen endlich um 3 Uhr 15 nachmittags geöffnet wurden, stürmten die Menschen das Theater in nie erlebtem Aufruhr. Fast fünf Stunden des Wartens steigerten Aufregung und Langeweile in dem nur dämmrig erleuchteten Auditorium zu völlig abnormaler Spannung. Dann aber erstrahlte das Theater, und der Vizekönig, die Königin, der ganze Hof und eine Abordnung lieblicher Damen zogen ein. Bald drehten sich die Köpfe in die andere Richtung, denn Mme. Pasta nahm in ihrer Loge Platz. Bis das Orchester saß und sich der Vorhang hob, dauerte es noch recht lange.

Als Maria Malibran endlich auftrat, zitterte sie so, daß es alle sehen konnten. Unvorsichtig war ihr in der Garderobe erzählt worden, es gäbe eine Gegenpartei im Publikum, die versuchen würde, sie zu Fall zu bringen. Sie hatte geweint und sich geweigert aufzutreten. Dem Drängen der sie Umringenden hatte sie nachgegeben, aber die ohnehin bei jeder Premiere vorhandene Nervosität war natürlich nicht gewichen.

Kein ermutigender Beifall rührte sich. Die erste Arie erntete absichtsvolles Schweigen. Im folgenden Terzett nach einer Passage, die der Norma gehört, vergaß sich jemand und rief »Bravo!« Sofort machte ein anderer »Schscht«. Nach dem Stück erhob sich ein allgemeiner, für die Scala heute noch typischer Disput unter den Hörern: »Sie ist großartig.« »Sie ist nichts dergleichen.« »Sie ist besser als die Pasta.« »Das kann nur ein Wahnsinniger behaupten ...«

Das wenige, wozu Maria die Kräfte an jenem Abend noch blieben, scheint dennoch genügt zu haben, denn am nächsten Tag sprach niemand von etwas anderem als von ihr. In der folgenden Vorstellung erschien die Pasta nicht mehr, und das Publikum fühlte sich zu endlosem Applaus ermutigt. Auf dem Nachhauseweg spannten die Menschen Marias Pferde aus und zogen den Wagen zum Hotel. So schloß Mailand sie ins Herz.

Zwar hat Noël immer die Kunstfertigkeit der Pasta gerühmt, vor allem in ihren Spitzentönen. Er konnte aber nicht behaupten, daß sie die Glut und Verve Marias auch nur annähernd erreichte. Außerdem waren ihm Stimmen zuwider, die sich ganz auf die Wirkung der »acuti« verlassen und mit der Dummheit jener Leute rechnen, die vorschnell Beifall schreien, wenn ein Spitzenton gelungen ist, war auch das ganze übrige Stück mittelmäßig gesungen. Maria und Pauline haben es den Menschen nicht ganz so leicht gemacht.

Entgegen den Gerüchten über boshafte Feindseligkeit der Pasta muß gesagt werden, daß der ältere Star von Herzen applaudiert hatte, ja, mit der freundlichsten Anerkennung in Marias Garderobe gewesen war. Etwas später gab die Pasta selbst erfolgreiche Vorstellungen und konnte demonstrieren, daß sie ihre Rechte auf diesem Territorium nicht gänzlich aufgegeben hatte.

*

Bei Gelegenheit des Mailänder Gastspiels beteiligte sich Maria an etwas, dem ihr Herz gehörte: der Reform von Szenerie und Kostüm. Ihre Träume zu verwirklichen, unterstützte sie ein starker Arm: der Herzog Visconti, der neben seiner Verbindung zum Opernhaus auch noch im Vorstand der Kunstakademie saß. Maria wollte im Theater nicht nur künstlerische, sondern auch historische Wahrheit verwirklichen. Dies Ziel vor Augen, ließ sie eine Anzahl von Kostümen aus den Archiven Venedigs kopieren. Auch Miniaturen aus alten Schriften dienten als Vorbild. Aus den Skizzen fertigten die Werkstätten in Mailand Kleider für so manche Oper an, zunächst einmal für Rossinis »Otello«.

Wurde dieser Gegenstand berührt, strahlte sie vor Begeisterung und innerer Anteilnahme. Es existieren noch immer viele Entwürfe, die sie anfertigen ließ, auch Skizzen, die sie selbst zeichnete.

Inmitten solcher Arbeiten, zu schweigen von zahllosen Empfängen, deren Hauptattraktion sie war, trat Maria immer wieder als Sängerin auf. In jenem Jahr wurden auch die Marken gedruckt, die ihr Porträt zeigten und die zum Schließen von Briefumschlägen dienten. Nicht viele davon sind auf unsere Zeit gekommen, so daß sie großen Seltenheitswert haben.

Nach der letzten Mailänder Vorstellung, dem »Otello« am 24. Mai, lud der Herzog Carlo Visconti di Modrone, damals Schirmherr der Scala, bei dem Maria auch für die letzten Wochen Quartier genommen hatte, zu einem glänzenden Abendessen im Garten seines Palastes ein. Das Scala-Orchester bedachte Maria mit mehreren Ständchen; ein Gedicht auf Maria von dem Librettisten Felice Romani wurde unter die Gäste verteilt. Die Malibran unterzeichnete an jenem Abend, so erzählt es Comtesse Merlin, einen glänzenden Vertrag für die zukünftigen Gastspiele, der sie zur höchstbezahlten Sängerin ihrer Tage machte.

Vor der Abreise überreichte das Bühnenpersonal Maria eine fein geprägte Goldmünze, auf der sie im Kostüm der Norma zu sehen war. Der Gouverneur persönlich äußerte in wohlgesetzten Worten die Hoffnung, sie bald wiederzusehen. Ein längerer Aufenthalt in Rom führte das Paar in das Haus des Malers Horace Vernet, des damaligen Präsidenten der Villa Medici, wo die Rom-Preisträger wohnten. Es wurde Freundschaft geschlossen, und Vernet malte später Marias Porträt.

*

War sie auch nicht in Paris, so machte ihr Name dort immer wieder die Runde. Jean-Baptiste Legouvé, der Schriftsteller und Dramatiker, erhob eines der Garcia-Kinder zum Gegenstand einer Dichtung. 1832 war er in Rom häufig in den Vorstellungen mit Maria als Star gewesen. 1833 erschien der Roman »Max« in Paris, in dem sich viele italienische Reminiszenzen finden. Die beiden jungen Helden Max und Williams werden in ihrer Beziehung zu einer Primadonna Giuditta Darini gezeigt, deren Figur zwar den Vornamen der Pasta trägt und eine blonde Italienerin ist, aber offensichtlich von Maria inspiriert wurde. Interessant die möglicherweise wahre Natur von Marias Verhältnis zum Vater Garcia. Die Andeutung inzestuöser Liebe mag ein Vertrauensbruch Legouvés gewesen sein, der Maria immerhin nahe kannte. Als allerdings der Roman in Paris erschien, war Maria bereits endgültig davongereist.

*

Wie sah die Existenz Paulines in den Jahren nach des Vaters Tod wohl aus? Sicher brachte das Hinscheiden ihres Mannes Joaquina dazu, sich intensiver ihrer Tochter zu widmen. Es war der lebhafte, jugendliche Enthusiasmus Paulines, der die Mutter dazu bewog, ihr Kind völlig neu zu orientieren. Pauline hat Léon Séché im Alter folgendes erzählt: Sie sei an ihrem fünfzehnten Geburtstag von Joaquina aufgefordert worden: »Geh zum Klavier und sing das!« Nach der Arie von Rossini rief die

Mutter: »Ich habe mich entschieden! Schließ dein Klavier, von jetzt ab wirst du singen.« Das junge Mädchen, dem seine Mutter auf diese abrupte Weise die Gesangslaufbahn erschloß, verzog ein wenig den Mund, sagte aber kein Wort. Und doch war es für sie wie ein Stich ins Herz, nun auf das Klavier verzichten zu sollen, wohin sie sich doch unwiderstehlich gezogen fühlte.

Laut Séché wirkte Pauline in einem der letzten Konzerte ihrer Schwester Maria bereits mit, am 14. August 1836. Das Singen war ihr immer eine ganz natürliche Gegebenheit. Und im folgenden Jahr, 1837, gab es dann ihr wirkliches Debüt.

*

Es mag Marias für damalige Begriffe etwas »dreiste« Schönheit gewesen sein, die ihren Geist zu überdecken drohte und die allen Männern über die Maßen gefiel. Ihre Schwester hätte das geräuschvolle Leben nicht um die Welt mit ihrer geliebten Stille vertauschen wollen. Alles an Maria hatte auf sie eine fortissimo-Wirkung, aber das mag an ihrem Alter gelegen haben. An diesem Eindruck änderte sich auch dann nicht viel, als Maria ihren Sohn hatte, der später lange als geachteter, wenn auch nicht überragender Pianist und Komponist in Paris wirkte.

Maria war die ängstliche Sorge um die Gesundheit nicht wie bei anderen Sängern vom Gesicht abzulesen, die ihr Organ vor jedem Lufthauch schützen zu müssen glauben. Leidenschaftlich stürzte sie sich in gesellschaftliche Vergnügungen und dachte nicht daran, mit ihren Kräften haushälterisch umzugehen. Sie ließ ihre Stimme verströmen, ob es sich um Verpflichtungen oder um private Laune handelte. Natürlich gab es Situationen, in denen ihre Kräfte nicht mithalten konnten. Aber just dann stachelte sie der Ehrgeiz dazu an, Wunder zu beschwören.

Einmal hatte sie die Nacht auf einem Ball zugebracht, war darauf mittags aufgestanden, um auszureiten. Erst abends kehrte sie zurück. Es blieb kaum Zeit, etwas zu essen. Schon mußte sie wieder in die Oper, um in der Hosenrolle des Arsace in der »Semiramide« aufzutreten. Hastig kleidete sie sich an. Aber nach ebenso eilig heruntergeschlungenem Essen fiel Arsace, schon in Helm und zierlichen Ringellocken, ohnmächtig zu Boden, als er die Bühne betrat. Die Verantwortlichen bangten in Todesangst um die Vorstellung, Dutzende von Flakons sollten die Lebensgeister wieder wecken. Leider befand sich ein Fläschchen darunter, in dem Maria flüchtiges Alkali zum äußeren Einreiben bei Halsschmerzen aufbewahrte. Ein Übereifriger goß ihr den Inhalt in den Mund, und sogleich

89

bildeten sich auf den Lippen ungeheure Blasen. Mußte die Oper abgesetzt, eine andere gegeben werden? Dazu war es viel zu spät. Indessen kam Maria zu sich und rief, undeutlich artikulierend: »Noch ist Hoffnung, laßt mich machen. Eine Schere her!« Schon saß sie vor dem Spiegel und schnitt sich die Blasen auf, vor Schmerz wimmernd. Dann rannte sie auf die Bühne und sang zum Entzücken aller.

*

Kaum hatte die nächste Spielzeit begonnen, als Maria in London die erste englischsprachige »Sonnambula« war, nicht ohne dafür eine höhere Gage als sonst zu fordern. Als ihre »Rouladen« alle Ohren gekitzelt hatten und ihr Anblick jedermann entzückt, jubelten Publikum und Presse dieser Aminta zu.

Der Komponist Vincenzo Bellini war zu den Proben nach London gekommen, einige Tage vor der Premiere und wahrscheinlich entsetzt von all dem Mittelmaß, das Maria umgab. Sie sang aber mit solcher Leidenschaft, daß der Italiener alle Zurückhaltung vergaß, die er sonst übte, und laut »Bravo« rief. Er hatte mit Maria Malibran eine für ihn völlig neue Art des Singschauspiels auf der Bühne erlebt. Nachdem sein Sorgenkind »Norma«, abgesehen von der Leistung der Pasta, in Mailand vor einigen Jahren fast ein Fiasko erlebt hätte, war er hauptsächlich nach London gekommen, um hier zu retten, was zu retten war. In der Vorfreude auf Kommendes rief er ihr nun hinter der Bühne zu: »Mein Gefühl bei Ihrem Gesang ist unbeschreiblich. Ich glaube mich im Paradies. Mehr kann ich nicht sagen.«

Wer den dunkelblonden, großäugigen Bellini sah, war von ihm beeindruckt. Natürlich lag ihm, wie das Drury Lane, auch Her Majesty's Theatre (inzwischen nach der jungen Königin umgetauft) zu Füßen. Er war verpflichtet worden, zwei seiner Opern in beiden Häusern zu dirigieren. Der damalige erste Kapellmeister Costa hatte so vorgearbeitet, daß sich alle angereisten Italiener erst an den letzten Proben beteiligen mußten. Die »Norma« fand im königlichen Theater ein solches Echo, daß sich die Protagonisten nicht nur auf der Bühne freuen konnten, wie sehr man sie feierte. Auch privat kamen die Menschen ihnen gastfreundlich entgegen.

Bellini war bereits in ganz Europa als einer der originellsten und begabtesten Komponisten seiner Generation geschätzt. Seine einfachen, lang ausgesponnenen Melodiebögen, seine zarte Musik voller Melancholie kontrastierten zu Rossinis aufgeregteren, sich schneller vorwärtsbewegenden musikalischen Aktionen und zu dessen Humor. Sie drückten im Grunde Geist und Stimmung der dreißiger Jahre jenes Jahrhunderts deutlicher aus als die des Älteren. Als Bellini zu diesem ersten und einzigen Besuch 1833 nach England kam, hatte er außer einer, nämlich den »Puritani«, bereits alle seine Opern geschrieben.

*

Es ist gesagt worden, Vincenzo Bellini sei ein Liebling der Götter gewesen. Manches in seinem Leben spricht dagegen. So war er wie viele Sizilianer extrem abergläubisch, voller nur zu berechtigter Vorahnungen, er werde wie Pergolesi jung sterben, jener Komponist also, den er am meisten bewunderte. Irrational und mißtrauisch verhielt er sich anderen Komponisten gegenüber, Donizetti etwa oder eine Zeitlang Rossini, der ihm doch in Paris nichts als Freundlichkeit entgegenbrachte.

In einigen von Bellinis Opern hatte Maria bereits gewirkt: »I Capuleti e i Montecchi«, 1832 in Bologna, als die Oper zwei Jahre alt war. Sie sang seinen »Romeo«, wie sie es bereits in zwei Opern nach dem gleichen Sujet getan hatte: in Zingarellis »Giulietta e Romeo« von 1796 und in Vacccais »Giulietta e Romeo« von 1825. Und als sie in Bologna in Bellinis Oper auftrat, ersetzte sie den letzten Akt kurzerhand durch den aus Vaccais Oper, eine Geschmacklosigkeit, die Bellini ebenso in Wut versetzte wie seinen Librettisten Felice Romani, der einen protestierenden Artikel veröffentlichte. Aus diesem Vorgehen Marias entwickelte sich eine Mode, die noch lange nach ihrem Tod nicht ausstarb.

Bei der Premiere von 1833 schien dies alles vergessen. Maria war ausnahmsweise nicht am King's Theatre engagiert, wo sonst alle führenden Sänger des Tages gastierten. Höheres Honorar lockte sie zu der bescheideneren Opernkompagnie, die im Drury Lane Theatre englisch produzierte. Der damalige Intendant des Covent Garden hatte das Drury Lane zusätzlich übernommen. Seine erfolgreiche Season hatte etwas von einem Glücksspiel an sich. »La Sonnambula« auf englisch schien überhaupt nur möglich, weil Maria der Sprache mächtig war. Gleichzeitig wurde Wilhelmine Schröder-Devrient engagiert, um auch »Fidelio« und den »Freischütz« so darzubieten. (Die Londoner Version der »Sonnambula« mit einigen »Embellissements« von Marias Hand wurde übrigens in San Francisco im Herbst 1984 wieder aufgeführt, wobei Frederica von Stade die Titelpartie sang.)

Bellini sah zum ersten Mal eine große, nichtitalienische Metropole und gefiel sich in ihrem Treiben. Er pries London als die erste Stadt der Welt, staunte über die sich drängenden Fuhrwerke, bewunderte die saubereren Häuserfronten und stand nachdenklich vor Bauten aus vielen Jahrhunderten.

Bevor er sich am Ende der Saison von Maria verabschiedete, versprach Bellini eine Oper für sie zu schreiben. Maria gab ihm zwei selbstgemalte Miniaturen, deren eine, zur goldenen Krawattennadel verarbeitet, ihr Bildnis trug und fortan oft in den Silberschleifen zu sehen war, die der Komponist bevorzugte. Die andere zeigte Bellinis Porträt.

»I Puritani« stellte den ersten Auftrag eines Theaters außerhalb Italiens für ihn dar. In Paris versprachen sich die Musiker nicht allzu viel von dem Besuch des Cataniers. Sie rechneten sich aus, daß ihm besonders drei Hindernisse im Wege stehen würden: die voraussichtliche Feindschaft mit Rossini, das Fehlen eines Librettisten, denn Bellini hatte sich mit seinem Freund und Textlieferanten Romani zerstritten, schließlich Zweifel, ob Bellini den französischen Geschmack treffen würde. Aber man täuschte sich gründlich.

Gerade der Umgang mit Rossini hatte launige, ja innige Züge. Der »Schwan von Pesaro« empfand für Bellini herzliche Zuneigung, widmete ihm viel von seiner freien Zeit und freute sich wie ein Kind, wenn er irgendwie behilflich sein konnte. Freilich hatte Rossini das Komponieren für eine Zeit aufgesteckt und agierte nun nur als Beirat der beiden Direktoren des Théâtre Italien. Er sah gewöhnlich das Eingereichte durch, Stapel von minderwertigen Opern, kümmerte sich darum, daß nicht allzu grobe Fehler bei Besetzungen gemacht wurden, und ging auf die Suche nach neuen Talenten.

So hatte er vor nicht langem dem Tenor Giovan Battista Rubini, der Sopranistin Giulia Grisi und auch Maria den Weg geebnet. Da der neugewonnene Freund Bellini das Theater liebte, war er besonders willkommen. Und ein Könner war er auch. Neugierige sahen den schlanken Vincenzo und den behäbigen Gioachino Arm in Arm aus dem Theater kommen, wo Rossini aus Bequemlichkeit auch wohnte. Verehrer folgten den beiden, wenn sie über die Boulevards schlenderten. Jeder, der es hören wollte, erfuhr von Rossini, er liebe seinen neuen Schützling »assaisissimo«.

Bellini suchte nach einem Librettisten für die Oper, in der Maria brillieren sollte. Zwar hatte er Conte Carlo Pepoli für das Buch gewonnen. Aber dieser brachte nicht viele Voraussetzungen für eine Zusammenarbeit mit, außer daß er Italiener war und aus Bologna stammte. Weil

Bellini die Verskünsteleien Pepolis nicht leiden konnte, formulierte er das Paradoxon: Ein gutes Libretto sei ein solches, das keinen Sinn habe. Nun, die schottische Geschichte von den »Puritani«, in der Walter-Scott-Mode jener Tage, ist nur der Rahmen für ein Liebesdrama, das auf das musikalische Rührstück des 18. Jahrhunderts zurückgeht. Bei dieser Arbeit an »I Puritani di Scozia« kamen Bellini allzu oft die Erinnerungen an den in seiner Art unschlagbaren Romani, der ihm fehlte, weil er den Stil seines Melos kannte und auf jeden Komponistenwunsch einging.

Vor allem hatte Bellini – nach seinem Eindruck von der Gesangskunst Marias – die Absicht, möglichst viel von der Rezitativ-Prosa fallen zu lassen und sich ganz an auskomponierte Gesangsmusik zu halten.

Um schnell und ungestört zu arbeiten, war es Bellini recht, daß ihn die befreundete Familie Lewis nach Puteaux nahe bei Paris einlud, in einen kleinen, stillen Vorort, der damals noch in zwanzig Minuten mit der Kutsche vom Opernhaus zu erreichen war. In dem von Rosenhecken umsäumten Park, der sich bis zur Seine hinunter erstreckte, entstand nun ein Werk, dem es gelang, sich neben Auber, Boïeldieu, Hérold und Halévy zu behaupten. Es stellte selbst Donizetti in den Schatten, der damals ebenfalls für Paris in der gleichen Spielzeit eine Oper schrieb. Das Solistenquartett, mit dem »I Puritani« einen Riesenerfolg zeitigte, konnte Donizettis »Marino Faliero« nicht durchsetzen, auch nicht in Wien mit einem neuen Titel »Antonio Grimaldi«.

Als ein schlimmes Handicap ergab es sich während der Proben, daß Bellini allzu optimistisch mit der Höhenlage der Sopranpartie umgegangen war. Er hatte ganz vergessen, daß es sich bei Marias orgelhaftem Organ um einen Mezzosopran handelte, den man nicht dauernd in die höchste Spannungslage führen konnte. So mußte schon bald die Grisi zu den Proben kommen, um dann auch die Premiere höchst erfolgreich zu singen, während die Umarbeitung für Maria auf Neapel warten mußte. Maria hat aber keine der Fassungen je gesungen.

Im übrigen wußte Bellini aus den in Paris gehörten Opernvorstellungen zu lernen, daß er vor den dortigen Hörern wesentlich mehr Sorgfalt auf raffinierte, farbenreiche Orchestrierung zu legen hatte. Alle herausragenden Nummern mußten wiederholt werden, die Damen im Publikum winkten mit ihren Tüchern (in die Hände klatschen durften sie noch nicht), die Herren schwenkten ihre Hüte und jubelten: Vive le génie italien! Die eigens für Maria konzipierte Arie »Son vergin vezzosa« machte starken Effekt, wenn auch ohne die Malibran.

So etwas hatte Bellini noch nicht erlebt. Nicht einmal der ehrsüchtige

Spontini durfte sich in Paris über ähnlichen Widerhall freuen. Bellinis schönste Freude nach der Premiere: Romani kam, um die Hand zur Versöhnung zu reichen.

*

Als »I Puritani« in Neapel mit der für Tenor umgeschriebenen Bariton-Partie und dem für Mezzosopran umgesetzten Sopran erklang, stellte sich heraus, daß die Maria zugedachte Rolle so angelegt war, daß die Grisi in der Partie beherrschend wirkte. Die kritischen Belcanto-Anhänger im Publikum stritten sich, ob Maria als vermeintliche Nicht-Belcantistin dieser Aufgabe überhaupt gewachsen gewesen wäre. Pauline hat das damals und später nicht für so wesentlich gehalten, eher verneint. Marias Stimme hatte ja Biegsamkeit und Umfang erst nach hartnäckigem Training erreicht, und sie dankte es der Ausdauer des Vaters, daß sie überhaupt Triller singen konnte. Soweit Pauline sich erinnern kann, ist Maria nie zum vollständigen, also unhörbaren Ausgleich der Register gelangt, einer Voraussetzung des reinen Belcanto in schlackenloser Tongebung. Aber ihr Drang nach Vervollkommnung kannte kein Nachlassen, ihr Temperament setzte immer wieder dazu an, die reine Stimmschönheit zu überholen, ins Charakteristische umzuwandeln. Ihre Wärme wirkte so zwingend zurück auf die Stimme, daß ihr Ohr sich den Weg unfehlbar vom Gefühl vorschreiben lassen konnte.

Wie sich Sinnlichkeit und Empfindung in ihrem Gesang durchdrangen, war nicht von ihrem Erscheinungsbild zu trennen. Nicht groß und für ihre Zeit sehr schlank, mit sehr blasser Haut, riß sie durch den Ausdruck der dunklen Augen und mit vehementer, natürlicher Geste alle Dämme der Konvention nieder. So sehr sich Maria damals auch Mühe gab, »klassisch« und abgezirkelt zu wirken, etwa wie die Pasta, die sich zwar in beharrlicher Arbeit vervollkommnete, aber alle Leidenschaft in Bewußtheit wandelte und auf diese Weise nie wirklich überraschte – es konnte ihr nicht gelingen, da sie keinen Wert darauf legte, durch eine Maske der Seriosität hindurch zu singen. Eine solche Konvention hätte ihrem Naturell widersprochen.

Die Gestalt der Pasta, die nach antikem Geist suchte und doch in ihre Zeit gehörte, stand für Stendhal oder Delacroix über allen anderen Sängerinnen. Aber während Norditalien die Pasta feierte, nahm Süditalien sie nicht an. Pauline empfand diese Künstlerin immer als den stärksten Gegensatz zu Maria. Wenn man sie fragte, wie denn Marias Spiel wirklich gewesen sei, so meinte sie: Marias Geheimnis lag darin, daß sie jeder Situation eine neue, unerwartete Wendung gab.

Bellinis Arbeit an der revidierten Version der »Puritani« verhinderte, daß die Partitur Neapel zur verabredeten Zeit erreichte. Die dortige Operngesellschaft stornierte den Vertrag mit dem Komponisten, auch für zwei weitere, noch nicht geschriebene Opern. Die Strenge eines solchen Verfahrens leuchtet nicht ganz ein. Die Malibran tat alles, um die Entscheidung rückgängig zu machen. Denn sie wollte ja Bellini dienlich sein. Aber all ihr Prestige in jenem Theater half nichts.

*

Immer war Maria auf der Suche nach neuen Werken. Das Publikum, besonders das in Neapel, beschwerte sich über oft wiederholte Repertoirestücke. Dennoch sang Maria wieder in »Otello«. Alfred de Musset sah sie darin und bewunderte, daß sie »die Desdemona als Venezianerin und als Heroine spielte. Liebe, Wut, Schrecken, alles um sie war wie ein Ausbruch. Selbst ihre Melancholie wirkte emphatisch. Und das ›Lied von der Weide‹ kam aus ihrem Munde wie ein lang gedehnter Seufzer.« Als Musset bei Paulines Debüt deren Darstellung mit der von Maria verglich, erschien jene dem Dichter dagegen überwältigend zart und resignativ. Musset glaubte, daß Pauline die Desdemona nicht als eine schöne Amazone, sondern als ein Mädchen spielte, das ganz naiv liebt. »Sie wünscht sich, die Menschen sollten ihr ihre Liebe verzeihen. Sie schluchzt in den Armen des Vaters, während er sich anschickt, sie zu verfluchen. Nur im Augenblick des Todes beweist sie Mut.« (»Sur les débuts de Mlles. Rachel et Pauline Garcia«, »Revue des Deux Mondes«, 1. Januar 1839.)

Neuere Opern wie Pacinis »Irene« und Coccias »La figlia dell' arciere«, beide speziell für Maria geschrieben, verschwanden rasch zugunsten von Rossinis Werken. Aber das Publikum wünschte die Malibran nur noch in Bellinis Opern zu hören. Sie hatte selbst eine Oper in Auftrag bei einem Komponisten namens Rossi gegeben: »Amelia«. Die Neapolitaner jedoch hielten das Teatro San Carlo für zu groß, um eine solche Kammeroper darin zu geben, ja sie reagierten bösartig. Bériot fand Szenerie und Kostüme schrecklich. Duprez schilderte die Musik als zu französisch für den Geschmack der Neapolitaner. Hinzu kam, daß Maria am Premierenabend den unglücklichen Vorsatz gefaßt hatte, eine Mazurka an der Seite eines Tänzers im zweiten Akt darzubieten. Das war nicht ihre Stärke, und das Publikum fühlte sich unangenehm desillusioniert. Bei den folgenden Vorstellungen tanzte Maria nicht mehr.

Neapels Publikum erwies sich als besonders unberechenbar, und Maria fühlte sich nie völlig sicher. Auch Bériot nicht. »Ich warte auf den Tag, an dem ich Neapel für immer verlassen werde.« Claquen konnten bestellt werden. Einmal kam es nicht zur Aufführung des letzten »Otello«-Aktes, des einzigen dramatisch effektvollen im Stück, da er als schlechtes Omen an einem Festtag nicht dargeboten werden durfte. Daß Maria in der »Heimlichen Ehe« eine alte Frau mimte und sich dementsprechend zurechtmachte, faßte man als Beleidigung auf. Kurz: Anders als in Mailand schien es in Neapel unmöglich, dem so kapriziösen Publikum zu gefallen.

*

In Venedig ging es 1834 seltsam zu. Der Gouverneur fürchtete sich vor liberalen Regungen im Volk und opponierte deshalb gegen das Gastspiel Marias im Teatro Fenice. Erst als der Kaiser in Wien ein Machtwort gesprochen hatte, änderte sich die Situation. Da es ihr absolut notwendig schien, die Farben Schwarz und Weiß zu meiden, führte sie eine Neuigkeit ein, von der sie Pauline sofort brieflich Nachricht gab. Ein Gesetz aus dem 16. Jahrhundert, nach dem alle Gondeln schwarz bemalt sein mußten, war nie außer Kraft gekommen. »Es wird eine Epoche in meiner Laufbahn markieren, daß ich die Außenseite meiner Gondola grau anstreichen ließ, mit goldenen Verzierungen darauf. Die Gondolierie tragen knallrote Jacken, blaßgelbe Hüte, deren Ränder schwarzsamten umschlagen sind, blaue Tuchhosen, Ärmel und Kragen aus schwarzem Samt. Der Baldachin über den Sitzen prangt in Scharlachrot und hat blaue Vorhänge.« Als sie so zum ersten Mal ausfuhr, unterbrach die Polizei natürlich sofort die Fahrt. Maria weigerte sich auszusteigen und drohte, Venedig zu verlassen.

Ihre Popularität war von der Art, daß der Gouverneur öffentliches Aufsehen fürchten mußte, übrigens auch Überwachung durch die österreichischen Behörden, von denen er genau wußte, daß sie jederzeit eine schützende Hand vor Maria halten würden. Was tat er also? Er ersparte sich eine Lösung des Problems, indem er einfach die Augen zumachte. Aber Maria bekam dennoch ihren Triumph, als er sie eines Tages ahnungslos und galant zu ihrer Gondel begleitete. Es blieb ihm nichts übrig, als neben ihr Platz zu nehmen und endlose Kanäle zu durchfahren. Die Malibran nahm die ironischen Hochrufe der Zuschauenden triumphierend entgegen.

Maria empfing den Besuch von Giovanni Gallo, dem Direktor des kleinen Theaters San Giacomo Jean Chrysostomo. Der Impresario befand sich an der Schwelle des Bankrotts und flehte den Tränen nahe um

Hilfe. Zwar lehnte Maria ab, aber sie bot ihm an, für dreitausend Franken in seinem Theater zu singen. Die Truppe und das Orchester, schon halb aufgelöst, sammelten sich daraufhin wieder, und Charles de Bériot leitete höchstpersönlich die Proben für »La Sonnambula«. Die Ankündigung einer solchen Aufführung erregte die Bevölkerung. Die Preise stiegen, und am Abend schien das Haus aus den Nähten zu platzen. Ein Tenor des lokalen Ensembles regte sich derart auf, daß er mitten im Stück pausieren mußte, weil kein Ton mehr aus seiner Kehle kam. Maria sprang, heldenmütig wie gewohnt, in die Bresche. Unerschrocken fing sie an, die Musik des Tenors zu singen, mit so viel energischem Akzent, daß die Menschen staunten. Was noch wichtiger war: Der Tenor erholte sich zusehends, weil er Eifersucht fühlte. Der Bericht von Marias generöser, wenn auch nicht ganz frei von Sensationslust unternommener Aktion machte in Italien die Runde.

Wenn sie ausging, rissen sich die Menschen um ihren Shawl, ihre Handschuhe, ihr Taschentuch. Alle Gondeln bildeten eine Ehrengarde vor dem Palazzo Barbarigo, wo sie residierte. Unter den von der Menge skandierten »Maria«-Rufen überreichte ihr der Syndikus der Gondolieri feierlich einen goldenen Becher mit Wein und bat darum, ihn mit den Lippen zu berühren. Vom Balkon aus beobachtete sie dann, wie der Becher mit dem imaginären Kuß die Runde unter den zahllosen Gondolieri machte, die alle recht vorsichtig nippten, um auch den restlichen Männern die Wonne der Berührung zu gönnen. Als der Becher dem Syndikus zurückgereicht wurde, fand ihn dieser noch halb voll und schüttete den Rest mit großer Geste in den Canale Grande.

Natürlich genügten die Einnahmen der Vorstellung bei weitem nicht, um Gallo vor dem Ruin zu bewahren. Die rasch entschlossene Maria verzichtete auf ihre Gage – ja, sie gab ihm alles Geld, das er noch nötig hatte. Zur Erinnerung an dieses Ereignis entschied sich die Stadt Venedig dafür, das Chrysostomo-Theater künftig »Teatro Malibran« zu benennen. Ein Versuch, den Namen Garcia zu verwenden, scheiterte. Sie war eben »die Malibran«.

*

In Venedig hatte sie die Nachricht erreicht, ihre Ehe mit Malibran sei geschieden. Wieder einmal verlor Maria das Bewußtsein. Nun war sie von neuem Mlle. Garcia. Aber die Trauung mit Bériot konnte erst nach einer vorgeschriebenen Wartezeit vollzogen werden.

Dann aber war es soweit: In Paris, mit wenigen Angehörigen, ganz verschwiegen und etwas verhuscht, schien dieses Ereignis nicht gar zu wichtig, wurde gleichsam nebenher erledigt. Und doch hatte Maria seit zwei Jahren auf nichts hingelebt als auf diesen Augenblick. Das Paar beeilte sich, schnell nach Brüssel weiterzureisen, wo ein Konzert zum Besten geflüchteter Polen ausgerichtet werden sollte. Immerhin waren an diesem 29. März 1836 Rossini und Legouvé mit von der Partie. Zwischen dem Pianisten Sigismund Thalberg, einem nahen Freund von Bériot und ihm in vielem ähnlich, und Maria gab es ein musikalisches Duell mit improvisiertem Skalenwerk.

*

In jener Zeit war es durchaus ungewöhnlich, daß Tragisches und Komisches von ein und derselben Darstellerin gespielt wurde. So sang Maria in Italien an einem Abend Desdemona oder Romeo, am anderen Rosina oder Fidalma, die alte Tante in der »Heimlichen Ehe«. Es kam auch vor, daß sie mehrere Partien an einem Abend sang, worin Pauline sie nachahmen sollte.

Quicherat erzählt, daß bei einer Soirée auf zwei Akte der Susanne im »Figaro« die Schlußszenen von »Otello« und »Giulietta e Romeo« folgten. Für das Publikum war es, den verschiedenen Erscheinungsbildern zum Trotz, unmöglich, sich nicht jedesmal mit Maria zu identifizieren. Was sie fühlte, konnte sie überzeugend ausdrücken.

Die gestrenge Zensur hatte es damals in der Hand, Sätze oder Passagen, die Unruhe im Publikum hätten hervorrufen können, einfach zu streichen. Dagegen wehrte sich Maria mit Energie und erklärte, nur der Komponist selber könne Striche von solcher Tragweite anordnen. Worauf – wie es ihr mehrere Male geschah – die Oper vom Spielplan verschwand. Aber das erhöhte Marias Popularität eher noch, und in vielen politischen Kundgebungen, zu denen sich das Opernpublikum hinreißen ließ, erscholl das berühmt gewordene »Evviva Malibran«.

Über jene, die sie der Improvisation und Schluderei beschuldigten, lachte sie nur. Gern zeigte sie näheren Freunden ihre »Baule«, ein Heft, in dem Fioritüren, Variationen, auch der Gesichtsausdruck oder andere Einzelheiten der Darstellung verzeichnet waren. Ihre Auftritte bereitete sie so sorgfältig vor, wie sie es beim Vater und unter der Obhut Noëls gelernt hatte.

Aber diese Genauigkeit behinderte ihre Spontaneität nicht, und selbstverständlich konnten in einer Epoche ohne Regisseure Improvisationen statthaben. Im Tagebuch von Eugène Delacroix können wir lesen, daß er lange nach Marias Tod mit ihrem Bruder Noël diskutierte, wobei die beiden Diderots »Paradoxe sur le comédien« streiften. Delacroix unterstützte dessen These, daß der Schauspieler vollständig kontrolliert bleiben müsse. Manuel verteidigte die Notwendigkeit echter Leidenschaft. Delacroix räumte ein, daß Diderot der Phantasie zu wenig Raum ließe, da er vom Darsteller forderte, er dürfe kein Gefühl zeigen. Die Unterhaltung kam auf die Malibran.

Noël behauptete, seine Schwester habe nie gewußt, wie eine Partie darzustellen sei, weil sie sie jedesmal anders formte. Delacroix war kein Bewunderer von Marias Darstellungsstil, den er »übertrieben und fehl am Platze« fand.

Vielleicht würden wir solchem Urteil heute zustimmen. Wie schrieb doch Musset 1839? »Sie schritt unruhig, sie lief, sie lachte, sie weinte, sie schlug sich auf die Stirn, sie löste ihr Haar auf ...« Aber dann fügte er hinzu: »Zumindest war sie in ihrer Unordnung echt. Diese Tränen, dies Gelächter, das ihr Haar zu lösen schien, und daß sie sich im ›Otello‹ auf den Boden warf, sollte diese oder jene Schauspielerin nicht imitieren.«

*

Auch der Hof in Lucca empfing Maria, natürlich in Begleitung von Charles de Bériot. Sie versäumte nicht, allen Verwandten zu schildern, wie wunderbar diese beiden Tage mit dem liebenswürdigen Herzog waren. Pauline durfte auf dieser Reise dabei sein. Ihr Entsetzen war groß, als bei Tisch der Herzog, in der Mitte präsidierend, mit der Fliegenklatsche ein Insekt nach dem anderen erlegte und sein Ziel nie verfehlte. Nach dem Essen setzte er sich ans Piano, um ein Buffo-Duett aus der »Heimlichen Ehe« anzustimmen, als zwei Fledermäuse zum Fenster hereinflogen und um die Köpfe der Gäste flatterten. Die Damen kreischten und flohen ins Nebenzimmer; die Herren ruhten nicht, bis sie die Tiere entfernt hatten, der Herzog immer mitten unter ihnen.

*

Der Tod trat in Lucca nahe in Erscheinung. 1835 herrschte dort eine Cholera-Epidemie. Überall starben Menschen. Im Grunde war niemandes Sinn bei der Oper. Da konnte auch eine »Göttin« wenig ausrichten. Maria war von der allgemeinen Furcht angesteckt. »Ich bin in sehr trauriger Stimmung«, schrieb sie einem Freund. »Jedermann spricht nur von Tod, Krankheit, Hölle und Begräbnis, worin ich bis zum Hals stecke.«

Sie verließen Lucca, mußten ihre Reise nach Mailand fortsetzen. Aber die sich ausbreitende Cholera versperrte ihnen den Weg. In Carrara entschied sich Maria, den Apennin in einem Maultiertreck zu überqueren, wobei die Gefährlichkeit des Unterfangens sie wahrscheinlich reizte. Sie heuerte 25 Männer und zwei Wagen an. Singend ritt sie voraus, während Bériot, jener Art von Transport gänzlich abhold, im Wagen folgte. Räuber mußten abgewehrt werden. Nahrung war schwer zu erlangen, denn die Menschen fürchteten überall, mit Cholera infiziert zu werden, und verweigerten jeglichen Kontakt.

*

Als sich Maria in Mailand gerade darauf vorbereitete, als Desdemona auf der Bühne zu sterben, endete das Leben Bellinis. Der Leichnam lag einige Tage lang unentdeckt in jenem leeren Haus zu Puteaux nahe bei Paris, wo der Meister die »Puritaner« komponiert hatte. Es dauerte lange, bevor ihn jemand fand. Bellini war noch nicht 34 Jahre alt. Erst neun Tage später erfuhren die Bériots von seinem Sterben.

Maria brach zusammen. Als sie zu sich kam flüsterte sie: »Ich fühle, daß ich bald folgen werde.« Am Abend dieses Tages trat Maria mit großem Erfolg zum ersten Mal in Donizettis »Liebestrank« auf. Sicher hätte das Bellini nicht gefallen, der sich Donizetti immer feindselig und vorurteilsvoll genähert hatte. Maria weigerte sich drei Monate lang nach Bellinis Tod, seine Musik zu singen. Die »Norma« rührte sie nie wieder an. Sie zog komische Opern vor, in denen es den Tod nicht gab.

Bellini war unter bizarren Umständen gestorben, wenn auch nicht durch die Cholera oder gar unnatürlichen Todes, sondern nach einem Leberabszess. Donizetti, der von Bellinis ungerechten Verdächtigungen und Haßgefühlen nichts wußte, komponierte eine »Missa da Requiem« und ein »Lamento per la morte di Vincenzo Bellini«, das er der Malibran widmete.

*

Maria blieb, obwohl verheiratete de Bériot, »die Malibran«. Zwar machte sie einige Versuche, zu ihrem Mädchennamen zurückzukehren, ohne Erfolg. Das Publikum wollte sie für sich erhalten, wie es sie kannte.

Sie fürchtete mehr als alles andere, ihren Status zu verlieren, den Nimbus der Allerbesten. Als Ehefrau dürfte ihr das bereits schwergefallen sein. Sie fand kaum Ruhe, über ihr Verhältnis zu Charles nachzudenken. Sie ängstigte sich vor dem Tod. Unter diesen Sorgen war die um die Karriere übermächtig. Nur indem sie die höchste Stufe für sich behauptete, glaubte sie, sich Charles erhalten zu können. Aber nach fünf

Jahren des Zusammenlebens war es auch für Außenstehende offensichtlich, daß sich Charles' Neigung abgekühlt hatte.

Viele der Zeichnungen von Marias Hand enthalten Anspielungen auf den Tod. Schwarz und Weiß litt sie nicht um sich, immer kam sie sich – ob in der Gondel oder im Zimmer – lebendig begraben vor, wenn nicht frische Farben sie umgaben.

*

1835 im Dezember begannen in Mailand die Proben zu Gaetano Donizettis »Maria Stuarda«. Beim letzten London-Besuch hatte Maria in Westminster Abbey die historischen Gräber skizziert und alte Bilder studiert, um alles historisch so akkurat wiederzugeben wie möglich. Der Komponist wartete bereits in Mailand, um die Proben zu überwachen. Die Sängerin der Elisabeth hatte ihre Partie empört, aber ohne nähere Begründung abgegeben. Auch die anderen Sänger befanden sich in miserabler Laune, denn Donizetti war in Gedanken abwesend, konnte sich

Maria Malibran: Konstümskizzen
zu Donizettis Oper »Maria Stuarda«
(Conservatoire royale de Bruxelles)

kaum konzentrieren. Sein Vater war gestorben. Der Proben wegen konnte der Komponist nicht in sein Elternhaus nach Bergamo fahren, wollte sich sicherlich auch nicht dazu überwinden, denn er litt unter ebensoviel Todesscheu wie Maria. Schon das Wort »Begräbnis« kam ihm nur schaudernd von den Lippen.

Morbid war also die Atmosphäre, ehe die Proben zu einer Oper nach Schiller begannen, in der der Tod eine gewichtige Rolle spielt. Maria erkältete sich auch noch, und in der ersten Vorstellung am 30. Dezember 1835 sang sie mit wenig Stimme. Sie schwankte zwischen stolzer Bezwingung des Augenblicks und der Angst vor völliger Heiserkeit. Donizetti verdächtigte sie, nur mitgesungen zu haben, weil sie auf ihre Gage nicht verzichten wollte.

Es hatte Marias Stimmung auch nicht gehoben, daß die Zensur ihr nicht erlauben wollte, der Königin Elisabeth das berühmte »Vile bastard« an den Kopf zu werfen. Der Ausbruch in der zentralen Konfrontation gehörte zu den Glanzpunkten späterer Vorstellungen, wie es auch noch in dem Bericht Noëls zu lesen ist, der sich in Eugène Delacroix' Tagebuch findet.

Wenn seine Oper keinen Erfolg hatte, so konnte das für den Komponisten nur heißen: Es war der Malibran zuzuschreiben. So behaupteten es seine Bewunderer seither mit schöner Regelmäßigkeit. Liest man aber die Rezensionen der Zeit, so wird Marias Darstellung besonders gepriesen, während die Oper ungünstige Aufnahme findet. 1836 gab es eine Vorstellung des »Otello« von Rossini, Marias letzte Darbietung der Desdemona, mit der die Literatur, die Nachwelt sie identifizierte. An jenem Tage starb ihr Freund und Geldgeber Herzog Carlo Visconti di Modrone – ein böses Omen, denn auch Bellini war an einem Vorstellungstag des »Otello« von dieser Welt geschieden. Die Neapolitaner mit ihrem Aberglauben hatten am Ende recht! Mit »I Capuleti« und dem letzten Akt der »Sonnambula« verabschiedete sich Maria von den Mailändern am 20. März 1836.

*

Dann folgte ein letztes Mal London; die Eröffnung der »Season« in Covent Garden hatte den gewohnten Glanz. Neben der »Sonnambula« versuchte sich Maria zum ersten Mal an Beethovens »Fidelio«, einer anderen Art von Musik und Gesang als alles, was sie bisher interpretiert hatte. Die Partie der Leonore paßte nicht recht zu ihrer Stimme. Unvermeidlich verglich man sie, nicht immer günstig, mit der Schröder-Devrient, die erst vor kurzem mit dieser Partie in London sehr beeindruckt hatte. Freilich: Als sie – unähnlich der Mme. Schröder – schlank und jünglingshaft, mit unbeschreiblichem Blick tiefsten Leids, auftrat, rührte sie schon vor dem ersten Gesangston viele im Publikum zu Tränen.

Jeder Ausgleich diesen Anforderungen gegenüber half wenig: Jeden Morgen, eine Stunde vor Sonnenaufgang, waren Maria und Charles bereits zu Pferde. Charles hatte sie schon oft beim Reiten begleitet und fühlte sich immer »weniger notwendig für die Menschenart«, wenn er die ewige Rücksicht auf seine kostbaren Hände fahren lassen durfte. War Maria abgestiegen, so schwang er sich behende vom Pferd, legte die Arme in die Zügel beider Tiere und ging rasch den Pfad voran, auf dem Maria vorsichtiger folgte.

Der Zelter Marias, den sie sich gewöhnlich an alle möglichen englischen Auftrittsorte im Vieh-Coupé nachfahren ließ, hatte schlechte Gewohnheiten: Er ließ sich nur schwer besteigen, trat nach vorn und wich zurück, steckte voller Unarten. Aber gerade das schien ihr zu gefallen. Solche Schwierigkeiten bewältigte sie mit dem gleichen Starrsinn, den der Vater ihr für die Bezwingung musikalischer Hürden beigebracht hatte.

*

Seit längerem war der Komponist Michael William Balfe mit Maria befreundet. Sein Plan, eine Oper nach Shakespeares »Hamlet« zu schreiben, hatte sich zerschlagen. Aber Maria empfahl ihn dem Intendanten Alfred Bunn von Covent Garden, was die Komposition der Oper »The Siege of Rochelles« nach sich zog und dem Komponisten viel Erfolg eintrug. Es konnte gar nicht anders kommen: Balfe bekam von Bunn den Auftrag, eine Oper speziell für Maria zu komponieren, die letzte neue Oper, für die sie eintreten konnte. Zwar war die Musik zu »The Maid of Artois« handwerklich gediegen und hübsch anzuhören. Aber sie reichte nicht entfernt an die Qualität der großen Italiener heran, die sie doch zu imitieren suchte. Immerhin stehen in dieser Partitur einige der besten Koloraturstücke für Sopran, die der romantische englische Opernexponent jener Tage fabriziert hat. Lange Jahre zog Marias Erfolg in dieser Partie noch Kreise, die erst an der Schwelle des neuen Jahrhunderts verschwanden. Es war völlig dem Stil der Malibran angepaßt, was hier an italisierender Vokalkantilene mit gelegentlichen leidenschaftlichen Ausbrüchen zu hören ist. Es gibt nur wenig musikalische Charakterisierung. Das liegt wohl auch an dem miserablen Textbuch, von Bunn zurechtgezimmert, der sich für einen Dichter hielt. Maria konnte hier

Maria Malibran
in der letzten Szene der Oper
»The Maid of Artois«
von Michael William Balfe

nicht weniger lautstarken Jubel auf sich konzentrieren als in der »Sonnambula« oder dem »Fidelio«.

Der Erfolg verhinderte Depressionen nicht. Zu Freunden sprach sie
von einem »Galeerensklaven-Dasein«, das sie führe. Sie war auch wieder
schwanger, und das beunruhigte sie als neuerliche Behinderung der
Laufbahn wohl am meisten. Ihr allgemeines Befinden ließ zu wünschen
übrig, sie hatte viel an Gewicht verloren. Waren Schwangerschaften in
der Vergangenheit eine Belastung, so konnte diese zur Katastrophe
werden.

*

Etwas mehr als zwei Wochen nach der Balfe-Premiere gab der Pianist
Ignaz Moscheles vor großem Publikum ein Konzert in seinem Salon, bei
dem auch Maria singen sollte. Ihr Aussehen wirkte erschreckend auf die
wartende Gesellschaft. Als sie zu singen begann, erkannte niemand ihre
Stimme wieder, die zu versagen drohte. Nur nebenbei erfuhren neugierige Frager, sie sei vom Pferd geworfen worden, als sie im Regent's Park

ausritt. Obwohl sie äußerlich kaum Verletzungen erlitten zu haben
schien, spürte jeder, daß sie einen Schock hinter sich hatte. Aber sie ließ
sich von den irritierten Gesichtern nicht aufhalten und sang zwei Arien
aus dem »Freischütz«, ein englisches Duett, drei spanische und italienische Kanzonen und schließlich das Duo mit Bériot »Le songe de Tartini«,
mit dem kurze Zeit darauf Pauline, die kleine Schwester, ihr Debüt
bestreiten und den Erfolg auf Tournéen auskosten sollte. Der lange
Abend sah Charles de Bériot um drei Uhr morgens noch immer schwat-
zend unter den Gästen, als Maria längst gegen ihre Gewohnheit fortge-
fahren und ins Bett gesunken war.

Natürlich hatte der Fall vom Pferd weit ernsthaftere Folgen, als sich
Moscheles im Augenblick vorstellen konnte. Oder irgendwer sonst –
außer Maria selbst. Bei einigen, die die Bériots näher kannten, kam der
Verdacht auf, sie habe auf dem Ritt bestanden, weil sie sich eine Fehlgeburt erhoffte. Für eine solche Spekulation, die sich hartnäckig hielt, gibt
es nur ein Indiz: Maria klammerte sich an den Gedanken, Leben und
Laufbahn auf diese Weise ungestört erhalten zu können.

Sie war mit Lord Lennox, einem guten Bekannten, und dem Ehepaar
Clayton in den Park geritten. Mitten im Gespräch über tiefsinnige, von
seiten Marias auch melancholische Themen, spornte sie lachend ihr Pferd
und rief: »Lassen Sie uns ein rascheres Tempo anschlagen.« Ganz gegen
seinen sonst an den Tag gelegten Gleichmut hatte Bériot, Marias Zustand
wegen, von dem Ritt abgeraten. Aber Maria bestand darauf und ließ
ihren Mann zu Hause. Nun ritt sie, so konnte Lord Lennox beobachten,
da er nur wenige Pferdelängen hinter ihr blieb, rasant schnell auf eine der
Heckenbarrieren zu, die malerisch den ganzen Park durchzogen. Ein
Polizist, der beobachtete, wie Maria die Herrschaft über ihr Pferd zu
verlieren begann, versuchte, ihr in die Zügel zu greifen. Aber das Pferd
erschrak und stürmte um so eiliger vorwärts. Niemand war mehr in der
Nähe, um helfend zu folgen. Schon rannte das Tier gegen ein halb
offenstehendes Holztor an. Maria versuchte noch, dessen Querleiste zu
fassen und das Pferd unter sich davonrennen zu lassen. Als sie sich aber
hochreckte, drehte sich der Steigbügel, in dem ihr Bein eingeklemmt
blieb. Rücklings fiel sie über den Rist des Tieres. Heftig fühlte sie ihren
Oberkörper auf den unter ihr hingleitenden Boden aufschlagen. Sie zog
ihren Kopf krampfhaft ein, um ihn nicht zu verletzen. Aber sie hing im
Bügel fest und wurde noch eine Strecke mitgerissen. Endlich blieb sie am
Wege liegen, schmutzig, blutend, mit dumpfem Schmerz im Kopf. Es
dauerte eine Weile, bis Herbeieilende die Bewußtlose näher betrachte-

ten und erschraken. Ein Gentleman in einem offenen Wagen bot seine Hilfe an, und die Verletzte wurde in ihre Wohnung in Maddox Street gebracht. Dort kam sie bald wieder zu sich und hielt sich wimmernd den Kopf.

Anscheinend unsinnig lallte sie: »Sagt Bériot nichts davon . . .« Maria war nicht davon abzuhalten, sich vor einen Spiegel zu schleppen, wo sie mit gespenstischer Ruhe ihr Gesicht, ihren Kopf prüfte: eine Gesichtshälfte blaufarben, Augenlid und Stirne geschwollen; aus mehreren Stellen blutete es ins Haar.

Doktor Belluomini, ihr Leibarzt, dessen homöopathischer Methode sie blindlings vertraute, wurde gerufen und fand heraus, daß neben den möglichen inneren Verletzungen ihr linker Arm an der Schulter gebrochen war. Seine Säftchen und das strikte Verbot, am Abend wie vorgesehen im Drury Lane Theatre aufzutreten, fruchteten wenig. Sie nahm kaum Notiz davon. Sie erklärte Lord Lennox: »Vor allem soll mein Mann nichts über den Vorfall erfahren. Er war gegen den Ritt; die Wahrheit würde ihn töten.« »Aber er wird Sie sehen und sofort alles wissen.« »Überlassen Sie das mir. Ich muß heute abend unbedingt auf der Bühne sein. « »Das können Sie nicht wirklich wollen!« »Sie werden es sehen.« Es schien Maria neu zu beleben, daß sie überlegte, wie die Flecken und Risse im Gesicht mit Schminke zu überdecken seien: Sie ließ Umschläge machen, die Wunden sorgsam mit Pflastern abdecken, den kläglich zugerichteten Körper mit Salben behandeln.

Was sie ihrem Mann gegenüber vorgeschützt hat, erfuhr niemand. Wahrscheinlich einen Fall auf der Treppe, der aber nicht so schwer gewesen sei, als daß sie die Opernvorstellung hätte absagen müssen. Dort gab es das gewohnte Jubelecho. Nur die Nächsten wußten, wie unerträglich Marias Schmerzen waren. Natürlich waren die Verletzungen schwerer als ursprünglich angenommen. Die Folgen ließen nicht auf sich warten. Bériot blieb ahnungslos, da keiner den Mut hatte, ihm das Vorgefallene zu verraten.

Lennox verstand es, mißliche Neuigkeiten aus der Presse herauszuhalten. Noch eine ganze Serie aufeinanderfolgender Vorstellungen stand Maria durch, wohl aus dem Wunsch, sich auch jetzt zu bewähren und ihren Erfolg nicht preiszugeben. »Sonnambula«, »Fidelio«, »The Maid of Artois«. Das Publikum verhielt sich so enthusiasmiert wie immer. Am 16. Juli gab sie die Abschiedsvorstellung und belohnte den Jubel im Hause mit der englischen Nationalhymne.

Bevor die Bériots nach Belgien reisten, verabschiedete sich Moscheles von ihnen. Er fand Maria am Klavier, neben ihr den Dirigenten Costa. Sie sang ein komisches Lied, das sie eben komponiert hatte. Ein kranker, lebensmüder Mann ruft den Tod herbei. Aber als der, im Doktorgewand, an seine Tür klopft, wird er zornig abgewiesen. Maria hatte das Couplet so hübsch geformt und sang so lustig, daß die Zuhörenden immer wieder in schallendes Gelächter ausbrachen. Lablache hatte ihr das Gedicht »La mort« von Benelli gegeben.

*

Die Familie sah in Brüssel sofort, daß Maria verändert war. Man schrieb es ihrer Schwangerschaft zu. Sie selbst wußte es besser. Ihrer jüngeren Schwester sagte sie – und bat um strengstes Stillschweigen –, sie sei todkrank und hätte nicht mehr lange zu leben (wie Pauline in einem Interview 1898 erzählte). Aber Rast gab es keine. Ihr Verleger Troupenas hatte sie aufgefordert, ein Liedalbum mit eigenen Kompositionen zu veröffentlichen. Makabre Texte trug sie zusammen; sie sollten haarsträubend sein, dann seien sie gerade recht. Dieses musikalische Testament trug dann den Titel: »Les dernières pensées de M. F. Malibran-de Bériot. Recueil de dix romances, ballades francaises et deux ariettes italiennes avec accompagnement de piano et de guitarre.« Die Lieder widmete sie unter anderem dem Marquis de Louvois, Rossini, Auber, Nourrit und Lablache. Natürlich war »La mort« dabei.

Es ging ihr nicht gut. Sie litt unter Schüttelfrost und Kopfweh. Schlaf gab es kaum. Schaute sie in den Spiegel, erschrak sie jedesmal vor der blauschwarz angeschwollenen Stirn, die nur mühsam zu überpudern war. Man trug ihr zu, was nicht der Wahrheit entsprach: Rossini schreibe eine neue Oper für sie. Aber dessen letzte Oper »Guglielmo Tell« war 1829 herausgekommen, und eine weitere folgte nicht.

Bevor Maria in Aachen zum allerletzten Mal auf der Bühne in zwei Vorstellungen der »Sonnambula« stand, italienisch gesungen, fand jenes Konzert in Liège statt, in dem die Schwestern zum ersten und einzigen Mal gemeinsam auftraten.

Immer wollte sie viele Menschen um sich haben. Ihr Zustand schien sich sogar zu bessern. Die Kopfschmerzen plagten sie nicht mehr unterbrochen. So hielt sie es wohl für angemessen, ein früher eingegangenes Engagement beim Festspiel in Manchester sowie in Norwich und Dublin zu erfüllen.

Aber zunächst hieß es einmal, dorthin zu gelangen. Die Stimmung der Reisenden schwankte heftig zwischen Verzweiflung und Hoffnung. Als es so weit war und das erste Konzert im Dom von Manchester begann, quälte der Orgelklang Marias Kopf derart, daß sie es kaum ertrug. Von den drei vorgesehenen Auftritten brachte sie es nur einmal über sich, eine Arie aus Cimarosas »Abraham« zu singen. Dennoch mußte Bériot Maria davon abzuhalten versuchen, am Abend vierzehn Nummern für ihre Freunde in der Hotelhalle zu singen.

Bald darauf verschlechterte sich ihr Befinden drastisch. Haydns »Schöpfung« sagte sie ab. Aber vor den nächsten Konzerten konnte sie niemand davon abhalten, zum Theater zu fahren. Noch bevor sie ankam, war Maria mehrmals bewußtlos gewesen. Sie zwang sich aufzutreten. Sicher war bei diesen Überwindungen mehr im Spiel als Abenteuerlust und Bewährungssucht.

Niemand, der an diesem Abend Marias Töne vernahm, konnte ahnen, daß er die Schlußszene eines Künstlerdaseins miterlebte. Über die Schmerzen hinweg dachte Maria dankbar an die Kollegin Mme. Caradori neben ihr, ohne die solche letzte Anstrengung wohl nicht möglich gewesen wäre. Die Sopranistin sang mit ihr im Duett aus »Andronico« von Mercadante. Der darauf losbrechende Beifall wirkte wie ein elektrischer Schlag. Es wurde ungestüm nach einer Wiederholung gerufen, und sie mußte auch dies noch leisten. Schwankend, fast besinnungslos verließ sie die Bühne, erlitt konvulsivische Zuckungen, lachte und schrie hysterisch. Man ließ sie zur Ader, freilich ohne Erfolg.

Bériot mühte sich indessen, Konzentration für ein Geigensolo auf der Bühne zu finden. Nachdem Maria ins Hotel gebracht worden war, verließ sie das Bett nicht mehr. Lablache, der sie gemeinsam mit der Hausbesitzerin versorgte, wußte um Marias Schwangerschaft und daß sie nur an die Heilkraft der Homöopathie glaubte. Weil diese gegen das Zur-Ader-Lassen war, bat er die Ärzte, davon abzusehen. Die aber hielten sich nicht daran. Mit ihrem Blut schien Marias Leben dahinzuschwinden. Lablache liebte sie wie ein Vater und war außer sich vor Verzweiflung. Wie ein Lauffeuer sprach sich die Nachricht herum, es ginge mit ihr zu Ende. Bulletins über ihren Zustand erschienen. Immer wieder rief sie Bériots Namen. Das Ende kam sanft. Kein Schmerz entstellte Marias Züge. Die das Lager umstanden, hörten abgerissene Melodien aus ihrem Munde, bevor sie gänzlich verstummte.

Am Freitag, dem 23. September, 25 Minuten vor Mitternacht, starb Maria Malibran, genau ein Jahr nach Bellini. Nicht ganz drei Wochen später starb auch ihr Mann, Eugène Malibran, in Paris.

*

Die fünfzehnjährige Pauline war im Dom zu Manchester keiner Träne fähig, so finster bedrohlich wirkten Ort und Zeremonie auf sie. Bériots überstürzte Abreise zog ein makabres Intermezzo nach sich: Die Stadt Manchester hielt den Leichnam der Malibran zurück, ohne auf die Reklamationen Bériots zu reagieren, indem sie beleidigende Zweifel an der Gültigkeit der zweiten Ehe Marias anführte. Darauf faßte sich die wenig gebildete, aber gescheit resolute Joaquina ein Herz, schiffte sich nach Antwerpen ein, überstand einen schrecklichen Sturm und verlangte schließlich mit aller Energie die Übergabe der sterblichen Hülle ihrer Tochter. Sie zeigte sich den Anforderungen gewachsen und konnte Marias Gebeine – nach einer gewissen Zeit – zum Friedhof von Laeken in Belgien bringen. Dort wurden sie in einem Mausoleum beigesetzt, das ihr Bériot hatte errichten lassen.

Ein Tempel stand da, ziemlich einschüchternd für Pauline, die ihre Schwester nicht mit einem solchen Ort zusammendenken konnte. In der Mitte ragte eine kolossale Frauengestalt: die Malibran als Norma in Marmor gehauen. »Schönheit, Genie, Liebe war ihr weiblicher Name, eingeschrieben in ihrem Blick, ihrem Herzen, ihrer Stimme.« So beginnen die Verse Lamartines, die in den Sockel der Statue eingemeißelt waren.

Jemand, der Moritz Gottlieb Saphir hieß und Kritiker war, hatte einen Nachruf verfaßt, der bizarr zu seinem Namen stimmte. Was da zu hören war, brachte die meisten ein wenig aus der bedrückten Stimmung: »Der Tod brach das rote Siegel ihres jugendlichen Lebensbriefes; und die Geister werden nun seine harmonischen Zauberzüge entziffern . . . Habt Ihr gesehen, diese Lippen, die sich wie eine Rosenknospe im Schwellen spalten? Sie werden nimmer im sonnigen Spiele der Rede sich wiegen.« Noch lange danach fand die Flut von Trauergedichten auf Maria kein Ende.

Achtundzwanzig Jahre lebte sie. Wie sagte doch Lablache einmal zu Pauline: »Son esprit est trop fort pour son petit corps.« Er hat seine Liebe zu Maria auf Pauline übertragen und ihr in den Anfängen getreulich beigestanden.

Pauline

Pauline war sechzehn Jahre alt, als ihr Carl von Banier zuerst begegnete. Er spielte 1838 bei einem ihrer ersten Berlin-Auftritte die Geige zu zwei Konzertarien, die Pauline sang. Es war ihr gleich aufgefallen, wie leicht der junge Mann mit ihr französisch parlierte. Sein Vater, ein Berliner Cellist, war mit einer Elsässerin verheiratet, die es ihrem Mann nie ganz verzieh, daß er sie in die Preußenhauptstadt entführt hatte.

Banier erzählte oft von seiner musikbesessenen Mutter, die nicht bis zur professionellen Ausübung ihrer Fähigkeiten gekommen war. Obwohl ihre Gedanken unzufrieden in die westliche Heimat schweiften, trug gerade die deutsche Musik unter ihrer Anleitung viel zu Baniers Entwicklung bei – im Grunde mehr als die Geigenstunden bei einem biederen Herrn Hauck, der Konzertmeister im Königstädtischen Theater war und ein Freund des Vaters Banier. Dieser kratzte ziemlich regelmäßig dort im Orchestergraben gegen ein geringes Entgelt seinen Cellopart.

Mutter Banier hatte in Paris mit dem berühmten Ferdinando Paër Kompositionsübungen getrieben. Sie sang auch angenehm, wozu sie sich selbst akkompagnierte. Pauline versäumte nicht, sich zu eigenem Gebrauch einiges davon abzulauschen. Frau von Banier hatte auch bei ihrem einzigen Kind Anlagen zum Klavierspiel konstatiert. Unverzüglich ließ sie Carl ausbilden. Ihre Musikbegriffe waren an der Wiener Klassik ausgerichtet, anders als Carl sie später in der Seine-Metropole kennenlernen sollte.

Als der berühmte Pianist Johann Nepomuk Hummel einmal nach Berlin kam und bei Vater Banier logierte, ließ sie Carl bei ihm Stunden nehmen. Der Kapellmeister des Großherzogs von Sachsen-Weimar, einer der besten Pianisten im Lande, ermutigte den Jungen beinahe zu emphatisch; der behäbige Mann lächelte unaufhörlich und floß von Wohlwollen über. Vor allem riet er Carl, sich ernsthaft mit Komposition zu befassen. Carl ließ – träge wie er war – alles liegen. Unschwer hatte er Melodien gefunden, instinktiv zu den passend kühnen Modulationen gegriffen, die damals die Musik interessant zu machen versuchten. Aber nur abschätzig sprach Carl von seinen »sehr deutschen Walzern«, von seiner »Loreley« Heines und »ähnlichem Gestammel«. Zwanzig Jahre später bereute er es, das Klavierspiel vernachlässigt zu haben, das er als Dirigent und Liedbegleiter hätte brauchen können.

Empfindlichen Schaden nahm er durch seine Neigung, ohne echte Konzentration sich auf viel zu hochgegriffene Ziele zu richten; auf diese Weise übte er nichts wirklich aus, obwohl er offensichtlich Komponist hätte werden können. Einmal erklärte ihm Pauline, er hätte, was ihm angeboren war, nutzen und die schöpferische Fähigkeit nicht völlig aus seinem Leben streichen sollen. Da plötzlich fühlte sich der sonst so Gleichgültige getroffen und machte wütende Augen.

Der Geigenlehrer ermunterte den meist Gelangweilten liebevoll, schon mit siebzehn eine Stellung anzustreben, seines süßen Geigentones und der annehmbaren Fähigkeit wegen, vom Blatt zu lesen. Daraufhin spielte Carl dem gestrengen Gasparo Spontini, dem Generalmusikdirektor der Hofkapelle, für die Mitwirkung im Opernorchester vor.

Die Sonne fiel durch die hohen Fenster auf die hellen, friderizianischen Möbel im Arbeitszimmer des Chefdirigenten. Die schönen Silhouetten von Hedwigskirche und Kronprinzenpalais setzten sich gegen den gleißenden Himmel ab. Der schmächtige Junge mit den merkwürdig verschatteten Augen unter dem nicht allzu vollen, dunklen Haar setzte seine Geige ab und harrte der Beurteilung. Der diese abgeben sollte, saß vor ihm auf weißem Sessel am Ende eines langen Konversationstisches, sehr aufrecht, steif darum bemüht, seine Frackbrust neben dem ordenbehangenen Revers nicht ungebührlich in Falten zu werfen. Er maß den Jüngling mit stechendem Blick aus südländischen, etwas bäurisch wirkenden Augen. Abseits saß Carls Mutter auf der Vorderkante ihres Stuhls, wesentlich erregter und gespannter als ihr Sohn. Es schoß ihr durch den Kopf, was der befreundete Giacomo Meyerbeer immer anfügte, wenn er in Gesellschaft den Namen Spontini hörte: »Hundsfott.« Sie wiederholte sich das Wort, als Carl eine finstere Miene des allmächtigen, eitlen Herren mit den kunstvoll gedrehten Löckchen erntete: »Ich werde Sie dem Chor der Tutti-Geiger im Königstädtischen Theater zuweisen müssen. Sie werden das, gnädige Frau, bei dem Leistungsniveau verstehen, das wir nei ultimi anni in dieser Stadt erreicht haben.« Sprach's, erhob sich abrupt und ging einige Schritte in Richtung der Türe voraus, um den Abgang der Baniers unvermeidlich zu machen.

Im Theater mit seiner Mischung aus leichter Unterhaltung und zu hoch gesteckten Opernzielen hielt es Carl nicht lange aus, obwohl es ihm beim Ausfall beider Kapellmeister einmal gelang, dort den Dirigentenstab zu schwingen. Denn niemand sonst erklärte sich zum Einspringen bereit. Aber der Widerhall hielt sich in bescheidenen Grenzen.

Nun wollte er sein Glück in Paris versuchen, eingedenk der Tatsache, daß ihm die Sprache leicht zur Verfügung stand. Aber in Paris konnte ein Étranger nicht ohne weiteres eine lohnende Stellung erhaschen. Alle Orchester hätten höchstens wieder eine Tutti-Beschäftigung für Carl gehabt. Vom Konzertmeisterposten oder einem solospielenden Kammermusiker, wie er damals an den Bühnen noch gebraucht wurde, konnte keine Rede sein. Und so tat er, was einem Sohn begüterter Eltern nur zu leicht fällt: Er verließ sich auf die väterlichen Geldanweisungen.

Aber die Langeweile drohte ihn aufzufressen; er wollte etwas tun, und handelte es sich um eine noch so untergeordnete Stellung. Immer wieder stach ihm auf den Plakaten der Opéra der Name Giacomo Meyerbeer in die Augen, dessen »Hugenotten« in jenen Tagen Triumphe feierten. Da der Vater ja mit Meyerbeer aus vergangenen Berliner Tagen bekannt war, schrieb Carl ein Billett. Und siehe da, die Fama, der Meister sei die Güte selbst, bestätigte sich. Der ewig besorgte, ängstlich wirkende Meyerbeer zeigte sich entgegenkommend. Er ging in seiner Güte so weit, dem jungen Bittsteller für eine Übergangszeit die Rolle eines »Mädchens für alles«, eines Briefeschreibers, Einkäufers und Botengängers, eines Gehilfen also für den täglichen Bedarf, zu überlassen.

Noch nicht lange versah Carl dies Amt zur schwachen Zufriedenheit seines Dienstherrn, als Louis Viardot, der derzeitige Co-Direktor des Théâtre Italien, mahnte, den Packen Bücher zurückzuschicken, den er dem Maestro neulich überlassen: »Sie gehören mir nicht, und ich muß die Libretti dem Monsieur Scribe zurückgeben, von dem ich sie entliehen habe.«

Meyerbeer kam einer solchen Aufforderung schleunigst nach, denn der allgewaltige Librettist und Dramatiker Eugène Scribe, in dessen Etage nahe der Opéra ganze Regimenter von Hilfsschreibern schwitzten, konnte sehr zornig werden. Carl kannte sich in den Verhältnissen von Scribes Büro flüchtig aus, da er sich auch dort schon – wiewohl vergeblich – um eine Anstellung beworben hatte.

Er packte die Bücher in einen Tragekorb und eilte schleppend und die Götter verfluchend in Richtung Oper. Einer der Schreiber im Direktionsbüro zeigte auf eine sich öffnende Tür und sagte: »Da kommt M. Viardot gerade!« Und Carl faßte für einen kurzen Moment jenen Herrn ins Auge, dem er später noch oft und mit wenig Sympathie – Pauline irrte nicht: ihretwegen! – begegnen sollte. Der elegant angezo-

Carl von Banier

gene Herr mit markantem Profil rief: »Da sind ja die Opernscharteken! Zwar altes, aus der Mode gekommenes Zeug, aber für ihn wohl doch noch von Wert. Er ist ja ein Meister des Auswertens. Und manchmal sind die alten Ideen ja wirklich die besten.« Carl war sich klar darüber, daß all dies mehr zu sich selbst gesprochen war, und schwieg. Aber er dachte sich, daß die Leute wohl mit Recht von Monsieur Viardot als dem »schönen Luigi« sprachen.

*

Das war etwa zu der Zeit, da Pauline ihre ersten Schritte auf das Podium tat – aber nicht als Sängerin, sondern als Pianistin. Sie war erst fünfzehn.

Noch in Mexico hatte ihr der Vater – über die Gewohnheitspflicht für die höhere Tochter deutlich hinauszielend – erste Klavierstunden von einem Einheimischen geben lassen. In Paris hatte er sie dann gleich an die bestmögliche Adresse geschickt, nämlich zu Franz Liszt.

Damals stand der achtzehn Jahre junge Beau mitten im Virtuosendasein, war also häufig auf Reisen, und Pauline mußte sich mit den Anweisungen eines Assistenten begnügen. Unbedingt wollte Liszt aus ihr eine Pianistin machen. Mit acht Jahren konnte sie immerhin die

Gesangspiècen im Unterricht des Vaters begleiten. Auf diese Weise machte sie das Blattlesen zu ihrer speziellen Force.

In jenen frühen Konzerten spielte sie die Phantasie über Rossinis »Moses« von Sigismund Thalberg. Pauline war die erste, sie außerhalb Frankreichs hören zu lassen, wo zuvor der Komponist damit brilliert hatte. Ihr wurde leichter Anschlag und klare Abrundung der (hier im Übermaß vorhandenen) Passagen nachgesagt. Als sie in Deutschland Ignaz Moscheles, einen der Klaviersterne jener Tage, traf, sagte er ohne ironischen Beiklang: »Hochgeschätzte Kollegin«, und das immer wieder, was sie etwas verwirrte. Denkt Pauline daran zurück, bekommt sie immer einen mädchenhaften Ausdruck. Liszt hatte sich über sie wie über keine seiner anderen Elevinnen oder sonst eine Virtuosin geäußert. Nicht einmal Clara Schumann lobte er so ungeteilt und enthusiastisch. Daß sie dann mit sechzehn auf das Geheiß ihrer Mutter vom Klavier zum Gesang überwechselte, verdroß ihn nicht. Er hörte auch nicht auf, ihr ritterlich zu huldigen, so in einem Artikel, den er veröffentlichte, als sie mit achtunddreißig Jahren in Weimar als Sängerin gastierte.

Inzwischen war Liszt dort musikalischer Hausherr des Nationaltheaters geworden und hatte es schwer, sich in der kleinstädtischen Enge zurechtzufinden, Uraufführungen von eigenen und Werken der Freunde durchzusetzen. Er kündigte Pauline 1859 höchstpersönlich im Lokalblättchen an. Viel zu schmeichelhaft, fand sie, denn solche Elogen flößten ihr immer Angst ein und die Sorge, ob sie sie wohl in der Realität einlösen könne. Was alles hat er nicht zu Paulines Lob gesagt! Da wurde sie als »Kunstdichterin« tituliert. Sie huldigte seiner Meinung nach nicht dem Zeitgeschmack, repräsentierte ihn auch nicht. »Mit Eifer und sich stetig weiterentwickelnd macht sie den Gesang zum dauernden Ereignis.« Die Sängerin, nicht minder die Frau überschüttete er mit Komplimenten und verstieg sich dabei zu der Behauptung, Pauline sei »gesangswissenschaftlich« auf der Höhe. Ihre literarische Bildung, ihre Kenntnis einiger lebendiger und toter Sprachen . . . das dauernde Interesse einer Reihe von europäischen Zelebritäten . . . Er nannte George Sand, Ary Scheffer, de Musset, Rossini, Meyerbeer e tutti quanti, lauter Namen, die in seinem Freundeskreis glänzten. Zum Glück, so empfand es Pauline damals, fing er nicht an, von einer Botschaft aus anderer Welt zu schwärmen, von einer Sendung des Künstlers gar, die Menschen zu verwandeln, zu bessern. Von solcher Illusion hat Pauline nie etwas wissen wollen.

Liszts überschwengliche Laudatio erschien dann in der »Neuen Zeitschrift für Musik«, später – von Lina Ramann bearbeitet – in des

Komponisten »Gesammelten Schriften«. Zwei Bemerkungen darin verdienen noch Aufmerksamkeit. In der einen erfahren wir von der Kalamität, daß Sängerstimmen in unangenehmer Weise vom Klima abhängig sind: »Angesichts einer Sängerin von so hoher geistiger Bedeutung müssen wir gestehen, daß wir eine augenblickliche, mehr oder weniger vorteilhafte Disposition der Stimme unmöglich hoch in Anschlag bringen können. Ihr Organ ist dem Einfluß des Klimas unterworfen, hat seine Launen und hat sie von jeher gehabt. Wir kennen sie seit ihrer Kindheit und bemerkten schon damals, daß ihre Stimme veränderlich war wie ihre Gesichtszüge – eine nervöse Indisposition, die sich bei vielen lebhaften weiblichen Naturen, sowie nur ein scharfer Wind weht, bei jeder inneren Bewegung geltend macht.«

Die andere Stelle bezieht sich auf Paulines Komponieren, »das diese geniale und zugleich gelehrte Künstlerin in eine nahe Verwandtschaft mit Chopin bringt«. Von all den spanischen Liedern, die Chopin rühmte und liebte, läßt sich aber ein kompositorischer Zusammenhang mit ihm nicht herstellen. Liszt nennt Lieder und Liedsammlungen, die damals weithin berühmt waren, auch das Meyerbeer gewidmete Album »Cagna espagnola« und die Berlioz zugedachte Sammlung »En mer«. Liszt sagt: »Mehr als ein bekannter Komponist könnte sie um Feinheiten beneiden, die uns neben dem Bedauern, daß sie noch zu wenig geschrieben, zu der Hoffnung berechtigen, daß sie auch diesem Talente . . . seine Entwicklung angedeihen lassen werde.«

*

Carl von Banier kam oft als Bote Meyerbeers in das Haus Garcia, und wenn er auf Momente mit Pauline allein war, machte er ihr zu offensichtlich schöne Augen. Obwohl sie nicht viele Worte an ihn verschwendete, nützte er ihr, indem er sie mit der Schriftstellerin George Sand bekannt machte, in deren Salon er sich hineingeschmeichelt hatte. Seltsam genug, diese so besondere Frau war eine der letzten Personen im musikalisch interessierten und mondänen Paris, der Pauline weder menschlich noch künstlerisch ein Begriff war, so sehr die Dichterin ihre Schwester Maria auch verehrt hatte.

Nach Marias Tod hatten Mutter und Tochter zurückgezogen gelebt. Pauline arbeitete mit Bériot. Als dieser es nach der Trauerzeit für angezeigt hielt, wieder zu konzertieren, befand die Familie es für richtig, Pauline debütieren zu lassen, und zwar in Brüssel. Ende Dezember 1837 fand das Konzert zugunsten der Armen statt. Um den Erfolg zu garantieren, war an alles gedacht worden: König und Königin, diplomatisches Korps, der Prinz von Ligne, alles, was Brüssel zu den hervorragenden Persönlichkeiten zählte, drängte sich im großen Saal des Rathauses. Die Brüsseler waren begierig, den eleganten Geiger wiederzusehen, dessen europäischer Ruhm ihrem Nationalstolz schmeichelte. Nicht weniger fieberten die Hörer dem ersten Auftreten des jungen Mädchens entgegen. Würde sie vor der Erinnerung an ihre Schwester versagen?

Der Erfolg entsprach den Erwartungen. Besonders die vielversprechende Qualität der Stimme, die genau der berühmten Methode ihres Vaters entsprach, aber auch Analogien zu derjenigen ihrer Schwester aufwies. Vom ersten Ton an frappierte ihre Ausdruckskraft, ganz unabhängig von all den Künstlichkeiten, die ihr das Programm vorschrieb. Dreieinhalb Oktaven, so schwärmte ein Kritiker, von Begeisterung davongetragen, stünden ihr zur Verfügung. Zwei Jahre später urteilte Hector Berlioz im »Journal des Débats« so: »Gleichmäßig in allen Registern, richtig geführt, vibrierend und lebhaft.«

Einige Monate nach dem Brüsseler Konzert führte Bériot seine junge Schwägerin durch deutsche Städte, auf daß sie an seiner Seite singe. Am 20. Mai 1838 berichtete die »Gazette musicale« die Ankunft der Künstler in Berlin, »wo sie zu konzertieren beabsichtigen«. Fünfzehn Tage später schickte Ludwig Rellstab, Webers Freund, Spontinis Feind und König der Musikkritiker, einen Bericht an die Pariser Zeitung. Er zeigt sich von Pauline erobert, beschreibt aber ihre Stimme etwas seltsam: »Eine Mischung aus Sopran und Tenor, deren tiefere Lage sich dem Celloklang annähert, während die höhere dem Klavier ähnelt.« So etwas habe er noch nie zuvor vernommen.

Mutter und Tochter fanden sich im Frühherbst 1838 zurück in Paris. Es war damals wieder dieser Banier, der mit feucht-kaltem Händedruck eine Einladung von George Sand überbrachte, einen freien Monat auf deren Landsitz Nohant zu verbringen. Banier gehörte dort schon fast zur Familie. Pauline nahm nur deshalb an, weil die übrige Gesellschaft höchst interessant zu werden versprach: Liszt und die d'Agoult, der Schauspieler Bocage, der Maler Delacroix, natürlich auch Georges Kinder Solange und Maurice sollten dabei sein.

»Meister Meyerbeer hat ein saures Gesicht gemacht, als er mich für so lange hergeben sollte«, fügte der Bote selbstgefällig an, »aber dem Geheiß der allmächtigen Löwin mußte sogar er sich fügen.« Pauline dachte bei sich, hier sei solches Etikett einmal wirklich am Platz.

Liszt hatte dem Konzertleben den Rücken gekehrt, nach zehn unver-

Pauline Viardot-Garcia als Debütantin

gleichlich erfolgreichen Jahren. Dies geschah, wie später deutlich wurde, nur vorläufig und nicht zum einzigen Mal. Reizbar und leidend war er, litt unter Angst vor Gedächtnislücken auf dem Podium. Also war der Vielverlangte nirgends mehr zu hören als in privatem Kreise. Er gab einige Stunden, um seine alte Mutter zu unterstützen. Vor allem Frauen wunderten sich über den plötzlichen Sinneswandel. Manche Klatschmäuler zerrissen sich über einen angeblichen Liebeskummer den Mund, einige behaupteten, er wolle Priester werden. Hatte man ihn doch oft mit dem Weltgeistlichen Lamartine in den Straßen von Paris gesehen!

Hochgewachsen und überschlank, so sah Pauline ihn in Nohant wieder, das bleiche Antlitz mit den meergrünen Augen, in denen es noch gefährlicher als ehedem blitzen konnte, die Züge leidend und doch gebieterisch, der Gang unsicher und mehr dahingleitend als gehend, wie es jemandem geschehen kann, der seine langen Beine zu oft und ausgiebig unter die Flügeltastatur beugen muß. Dazu unruhige Gesten, die an ein Phantom denken ließen, das jeden Augenblick in die Finsternis abberufen werden konnte.

Er sah ihr zutraulich, fast zu innig in die Augen. Immer wieder setzte er sich neben sie und begann, über den Musikerstand, auch über dessen Mißstände mit ihr zu reden, als hätten sie nie etwas anderes besprochen. Sie bewunderte den ungeahnt einfachen und sich natürlich gebenden Menschen.

*

Schloß Nohant erwies sich als ein für den Gedankenaustausch idealer Ort. Die wunderlichen Elemente der kleinen Gesellschaft wirkten nicht übel aufeinander. Teils bändigte jeden eigene Lebensart, teils sänftigte die ruhige, weiche Natur der – zumeist schreibenden – Hausherrin, die von dem, was um sie herum vorging, nicht berührt schien. Immer gab sie sich ihren eigenen Vorstellungen hin. Und wenn sie sie freundlich und verständnisheischend äußerte, wich alles Scharfe, das durchaus gelegentlich hervortreten mochte, zurück, und das Unebene schien ausgeglichen. Wer Denkweise und Gesinnung der George Sand nicht kannte – obgleich sie durch unzählige Werke vielen ein Begriff war –, der mochte vielleicht eher häusliches Unbehagen befürchten. Aber nichts davon. Pauline sah in ihr die wunderbarste Frau und wußte sie keiner anderen zu vergleichen.

Es wurde auch über Politik gesprochen. Liszt verabscheute hierin wie in der religiösen Haltung jedes Laue. Vor aller Ohren konnte er verachtungsvoll über das Bürgertum herziehen, das Königtum des »juste milieu«, der unentschiedenen Mitte. Geradezu inbrünstig rief Liszt nach neuer Gerechtigkeit und meinte damit die Republik. Ähnlich aufbrausend verbreitete er sich über die Neuerungen, von denen die alten Lehren in Kunst und Wissenschaft bedroht seien, vergessend, welche neuen Wege er selbst beschritt. Berief er sich doch auf die verzweifelten Helden aus der romantischen Dichtung: Childe Harold, Manfred, Werther, Obermann. Sie galten ihm als Beispiel stolzer Verachtung der Konvention. Wie sie haßte er jene Aristokratie, deren Quellen weder Genie noch Tugend waren. Sich zu unterwerfen, sich zu ergeben war für ihn undenkbar.

Eines Morgens, als man sich im Salon traf, sprach George von den verschiedenen Geräuschen des Nordens und des Südens, von den Lauten im Sommer und im Winter. Das brachte Pauline auf die kecke Idee, eigene Beobachtungen der wohlgeschulten Ohren beizusteuern: Der Sommerwind, wenn er in den Blättern stirbt, kann jenes scharfe Pfeifen nicht hören lassen, das er verursacht, wenn er sich an verdorrten Stämmen bricht. Wasser, das durch belaubten Wald und dicke Wiesen sickert, läßt jenes Murmeln nicht hören, das zwischen kahlen Ufern zu vernehmen ist. George warf ein: »Das wäre zu erweitern und zu verallgemeinern. Höchstwahrscheinlich sind in der Natur erste Vorbedingungen für Musik zu entdecken. Nur ein Träumer, nur ein in die Natur verliebter Dichter kann so lange sinnen und lauschen, bis er zu einem Ergebnis kommt. Und dazu müßte er noch Musiker sein!«

Pauline wußte natürlich nicht, was an so zufällig hingeworfenen Gedanken Zutreffendes sein konnte; sie wußte auch nicht, ob der Mensch meditativ so in Geheimnisse der Schöpfung eindringen und das Gesetz der Düfte oder Töne entdecken kann. Ihr langes Leben und die Schulung ihres Gehörs haben nie ausgereicht, um so etwas schlüssig zu belegen.

Dann kam man in der Runde auf die Bühnendarstellung, und Liszt behauptete, indem er sich zu dem Mimen Bocage wandte: »Die Gewohnheit, Komödie zu spielen, beeinflußt die Aufrichtigkeit in lästigster Weise. Eine Schauspielerin vermag unter Umständen nicht mehr Drama und Wirklichkeit voneinander zu trennen.« Der arme Bocage rückte verlegen im Sessel hin und her, bevor er etwas erwiderte. Es fiel ihm genau so schwer wie anderen Schauspielern, über den vorgeschriebenen Text hinaus etwas zu definieren: »Die X. hat, seit sie als Schauspielerin bedeutender geworden ist, auch an moralischem Gewicht gewonnen. Die Gewohnheit, Gemütserregungen aus der Feder eines Dichters wiederzugeben, hat auch ihr Leben geläutert.« Liszt lächelte nur boshaft: »Daraus kann geschlossen werden, daß aus einer Dirne nunmehr eine

Kokotte geworden ist. Sie nimmt vom Lichtschneuzer bis zum dramatischen Schauspieler alle Existenzen, alle Laster und Eigenheiten der Theaterwelt in sich auf. «

Bei einem derart direkten Wortwechsel errötete Georges Tochter Solange, ein schönes, wunderbar ebenmäßig gewachsenes Mädchen von sechzehn Jahren. Für Augenblicke verlor sie ihre Munterkeit. Der Maler Eugène Delacroix, zartgliedrig, etwas gedrungen, saß in einer Ecke, sprach wenig und zeichnete Solange immer wieder. Sicher ist es ihm schwergefallen, sich nicht in sie zu verlieben. Wenn der Wind zum Fenster hereinstrich und in ihren Haaren spielte, wenn ihre Locken über die Schultern fielen, wenn für Momente die Sonne ihr Gesicht beschien, das weiß und in leuchtendem Inkarnat strahlte, dann glich sie der Göttin Artemis, ihren Wäldern entflohen.

Pauline lernte in ihr ein liebefähiges Herz, einen leidenschaftlichen, unbezähmbaren Charakter kennen, mit einem starken Willen, der das Mädchen durchaus irreleiten konnte. Solange war für das Absolute im

Eugène Delacroix: Mädchenkopf (Solange?)

Guten wie im Bösen bestimmt. Ihr Leben mußte zum Kampf werden; sie konnte sich unter keine Vorschrift beugen, schon gar nicht unter die der Mutter. Wie ein Kontrapunkt dazu wirkte ihr Bruder Maurice, ein Mann von gesundem Verstand, von Grundsätzen und ruhiger Kraft. Er hat denn auch sein Leben viel leichter gemeistert. Damals hielt Pauline ihn für einen hochbegabten Maler, dessen Weg sie mit großem Interesse verfolgte. Leider erfüllte er diese Erwartungen nur zum Teil.

Banier trug nicht viel zur Unterhaltung bei. Er lag mehr, als er saß, in seinem Sessel, die Augen verhangen und dösend. Manchmal sprang er unvermittelt auf, um mit gestreckten Beinen den Raum zu durchqueren, mitten durch die Debattanten, die sich dann erstaunt anschauten. Bei den Mahlzeiten allerdings sah Pauline eine an ihm fremde Heiterkeit. Dann schien es, als sei er aus übertriebenem Mißtrauen gegenüber anderen Menschen allmählich zu einer gerechteren Einschätzung gelangt. Banier führte Pauline beides vor Augen: Es ist gefährlich, eine zu hohe Meinung von sich zu haben, aber ebenso schädlich, sie zu niedrig zu halten.

Jedem in Nohant war es eine Wohltat, neben der großen Künstlerin George das Kind George zu sehen. Diese bis in ihre Verwegenheit frauliche Frau, wandelbar in Gefühlen und Ansichten, ließ sich vom Zufall, selten von Erfahrung lenken. Sah Pauline Liszt und George beisammen, dann wurde ihr klar, daß für Augenblicke Marie d'Agoult, damals Liszts Lebensgefährtin und die Mutter seiner Kinder, nur wie ein unglückliches Hindernis zwischen zwei Schicksalen stand, die dazu bestimmt waren, ineinander aufzugehen und sich zu ergänzen. Das empfand Pauline bei Chopin und George nie. So sehr sie ihn als schöpferischen Musiker bewunderte und seine Musik liebte, so wenig konnte sich Chopins Intellekt mit dem von George Sand messen.

*

Es ging nun darum, Pauline auf höherem künstlerischen Niveau in einem großen Konzert den Parisern vorzustellen. Dies fand am 15. September im Théatre de la Renaissance statt, einem schönen Neubau, der auch Salle Ventadour nach der Straße hieß, in der das Theater stand. Aber das Programm in dem von Gold, Kristall und Blumen leuchtenden Raum zeigte keine glücklichere Wahl als die vorhergegangenen. Die drei Stücke, die Pauline neben Bériots Solonummern sang, sahen eine koloraturenreiche Arie vor, die der Dirigent Costa schon in London für Maria geschrieben hatte, eine Arie von Amédée de Beauplan und – natürlich – »Tartinis Traum«. Das Zeugnis des Kritikers Legouvé, eines alten Freundes von Maria, gipfelt in der Feststellung: »Was das Publikum nicht weiß: daß diese Sängerin eine geniale Musikern ist, daß sie in ausgezeichneter Weise komponiert, daß bei der Probe, die wir am Vorabend hörten, sie das ganze Orchester beriet und führte.«

*

Am 10. März 1839 kündigte die Presse an: »Die entzückende Schwester von Mme. Malibran, Mlle. Pauline Garcia, wurde soeben von M. Laporte, dem Direktor der Italienischen Oper in London, engagiert. Sie soll sechsmal während der Saison singen und die Summe von 40 000 Francs erhalten. Mlle. Garcia wird ohne Zweifel einen enormen Erfolg in London haben. Hoffen wir, daß sie im nächsten Jahr uns gehören wird.«

Rossinis Desdemona zu singen, war nach Marias Triumphen in dieser Rolle tollkühn. Aber auch in London vergessen die Menschen schnell, und der Enthusiasmus steigerte sich zu Ausmaßen, an die Pauline sich bei ihrer Schwester nicht erinnerte. Noch gab es die Lackwalzen und -platten nicht, von denen am Jahrhundertende so viel hergemacht werden sollte und von denen Pauline annimmt, daß sie gerade Sängern einmal zu längerem Nachruhm verhelfen werden. Noël versäumte nicht, sie immer wieder daran zu erinnern, daß ihre Stimme absolut nichts Außergewöhnliches sei. Zwar hat sie ihn dafür gehaßt, aber wahrscheinlich wäre Pauline ohne ihre darstellerischen Möglichkeiten hoffnungslos in der zweiten Reihe verblieben. Wie war Turgenjews schöne, vergleichende Anekdote? Ein Maler wird von einem, der ihm saß, gefragt: »Womit mischen Sie Ihre Farben, um so fabelhafte Effekte zu erzielen?« Und der antwortet dann: »Mit meinem Gehirn.« Und so habe Pauline wohl immer gesungen.

Am 9. Mai 1839 war Pauline Garcia zum ersten Mal die Desdemona vor den Zuschauern im Queen's Theatre zu London. Im ersten Akt gehorchte sie einer schändlichen Tradition, indem sie mit einer dem Stück völlig fremden Arie begann, nämlich jener erwähnten von Costa, der auch am Pult saß. Die Freiheit und pathetische Kraft Paulines steigerte sich bis zum letzten Akt, als sie in der Romanze vom Weidenbaum Töne so schneidender Verzweiflung fand, daß der Kritiker des »Athenaeum« erklärte, das berühmte Stück nie so bewegend gehört zu haben.

Der gleiche Kritiker befand, Pauline gäbe in der bald folgenden »La Cenerentola« von Rossini ein wenig zu viel französische malice, wenn sie ganz zu Beginn die Ballade »Una volta c'era un re« sang. Aber er mußte dann doch seine Bewunderung für die leichte Art äußern, mit der Pauline die Bühne beherrschte. Mit einer letzten Vorstellung der »Cenerentola« verabschiedete sich Pauline zwei Wochen später.

*

Um drei Tage versäumten Chopin und George Sand Paulines Pariser Bühnendebüt, so wie sie im Dezember des vergangenen Jahres ihr Konzert verpaßt hatten. Natürlich erlebten sie sie auch nicht in London. Aber nun wurde die junge Dame – für ein kurzes halbes Jahr – der Anziehungspunkt des Théâtre Italien und schwamm, wie es Liszts Freundin Marie d'Agoult ausdrückte, »auf der höchsten Modewelle«.

Die Sand war wenig in Paris, und wenn sie flüchtig auftauchte, so war es ihrer beginnenden Liebe zu Frédéric Chopin wegen. Viele nahmen in jenem Frühling von ferne an Aufregungen und Zögernissen des Paares Anteil. Da wirkte der Salon der Sand wie ein Schaufenster. 1839 dann, als es ein Fiasko des Zusammenlebens auf den Balearen und einige einsame Monate auf Schloß Nohant gegeben hatte, nahm die faszinierende, unermüdliche Gastgeberin wieder Kontakt mit dem Pariserischen Leben auf und begeisterte sich an der Aufgabe, Chopin die künstlerische und gesellschaftliche Atmosphäre zu schaffen, von der sie meinte, er brauche sie wie die Luft zum Atmen. Als Pauline die beiden näher kennengelernt hatte, kam sie zu anderen Schlüssen.

Noch waren Salons, wie George Sand ihn in Paris hielt, möglich und beliebt, da die Juli-Revolution von 1830 Louis-Philippe an die Macht gebracht hatte, den sogenannten Bürgerkönig. Der regierte liberal. Jedem Monarchengebaren abhold, war er ein Mann des Ausgleichs und versuchte, indem er Zugeständnisse und konservative Starrköpfigkeit im gerade noch möglichen Gleichgewicht hielt, ein gewisses Maß an Ruhe im Inneren und Äußeren zu sichern. Dabei vergaß er allerdings den einst erstrebten Fortschritt. Das sollte sich 1848 rächen.

Eine derartig liberale Atmosphäre begünstigte alle kulturellen Institutionen, zu denen zweifellos der Salon gehörte. Und hier geschah es, daß Alfred de Musset, Dichter, Élégant und vor kurzem noch mit George Sand verbunden, sich Pauline vorstellen ließ. Er diskutierte mit ihr wie sonst nur mit Männern; er behandelte sie zugleich wie einen Künstler und eine Prinzessin: »Ja, das Genie ist eine charmante Sache.«

Im Zirkel der Madame Jaubert zettelte er ein Komplott an unter den Dilettanten, dem Fürsten Belgiojoso, Berrier und wie sie alle hießen: Sie wollten Pauline einen solchen Erfolg in Paris verschaffen, daß sie nie irgendwo anders mehr als dort sänge. Mit oder ohne diese Freunde stellten sich unüberhörbare Erfolge für Pauline ein. Musset bezeichnete sie als Revolution, denn für ihn war mit Paulines Erscheinen, ähnlich wie mit dem Debüt der Schauspielerin Rachel zu fast gleicher Zeit, das Ende romantischer Übertreibung, ermüdender Parodie und fortgesetzter Wiederholung alter Tradition gekommen. »Wir sind bei der reinen Wahrheit angelangt«, so lautete der Tenor des brillanten Artikels, den Musset für die »Revue des Deux Mondes« schrieb. Je öfter er Pauline sah, desto mehr interessierte sie ihn. Ihr Herz war versucht, dieser originellen, reichen Natur anhänglich zu sein, da es doch mit allen Kräften sich festzulegen strebte. Kein Mittel ließ er aus, sich ihr zu nähern. Und schließlich bat er sie, ihn zu heiraten.

War sie völlig indifferent? Irgendwie widerstrebte ihr Mussets arrogante Art, und sie konnte auch seine überroten Wangen nicht leiden. Außerdem wußte sie, daß er auf diverse Liebesaffären zurückschaute. Und war er damals nicht in Rachel verliebt, die mit ihr gleichaltrige Schauspielerin? Und feierte er nicht beide Damen in begeisterten Stanzen? Er war so sehr Künstler, sagte Paulines Instinkt, daß seine Wahl höchst unzuverlässigem künstlerischem Gesetz folgte.

Prophetisch schrieb Musset damals: »Höher kann sie nicht steigen. Aber was wird sie dann tun? Seien wir vorsichtig. Wird sie ihren Ruhm woanders suchen? Oder werden wir ihn ihr gönnen? Wird sie Frankreich verlassen?«

Ein solcher Gedanke kam zunächst nicht auf, denn Presse und Publikum gefielen sich darin, der jungen Primadonna zu applaudieren. Das italienische Theater – oder »Les Bouffes«, wie die italienischen Sänger damals genannt wurden, machte seine Sache in diesem Winter gut. Es gab ihr vom 8. Oktober 1839 an Gelegenheit, vielfältige Facetten vorzuführen: eine tragische Desdemona im »Otello« zu sein, als Cenerentola fröhlich und zärtlich zu agieren (und natürlich mit Koloraturen zu glänzen), den »Barbiere« am 9. November 1839 geistreicher als andere zu gestalten und im »Tancredi« am 5. Februar 1840 lyrisch zu sein.

*

Pauline mochte es wie ihre Schwester nicht, wenn Teile einer Vorstellung, der italienischen Regel folgend, wiederholt werden mußten. Als Pauline debütierte, schreckte sie den Dirigenten von Rossinis »Otello«, weil sie nach »Che smania« einfach weitersang und keine Miene machte, die übliche Dacapo-Zeremonie auszukosten. Auch im dritten Akt riefen die Menschen vergeblich nach »Bis« und Wiederholung. Wie hätte das auch geschehen können? Pauline argumentierte damals schlagend, aber unzeitgemäß: Der Wind hätte das Fenster während der Romanze zum zweiten Mal aufstoßen müssen!

Sie bestürzte, überraschte und überwältigte in Rossinis vier Meisterwerken, denn sie bot dem Publikum etwas völlig Ungewohntes. Die Erinnerung an Garcia-père und an Maria schwand dabei nicht, sondern schwang im Nachhall mit. Pauline leistete mehr als die ersten Bühnensänger des Jahrhunderts. Und daß sie exquisiten Geschmack in der Wahl ihrer Kostüme an den Tag legte, war eine wohltuende Zutat.

Tenöre wie Rubini oder Tamburini standen ganz verblüfft neben ihr. Sie dachten nicht daran, sich von ihren gewohnten Plüschkostümen zu trennen. Es gab so viele Mitsänger, die jeden Inszenierungsansatz mißachteten, die für das szenische Gebaren eines Darstellers überhaupt kein Organ entwickelt hatten. Die grotesken Kostüme und die elenden Dekorationen halfen nicht.

*

Es war nicht das Stammhaus der Italiener, die Salle Favart, in dem Pauline debütierte, sondern ein Ausweichquartier: das Odéon. Denn in der Nacht vom 14. zum 15. Januar 1838 war das Opernhaus der Italiener abgebrannt. Dabei war einer der Direktoren, Severini, ums Leben gekommen. Schon zwei Wochen später fand sich ein neuer zweiter Direktor: Louis Viardot. Dessen Beschäftigung mußte es nun während der kommenden zwei Spielzeiten sein, ein Bühnenquartier für seine Sänger zu finden. Indem er sich von sehr realistischen Gedanken leiten ließ, erklärte er es für notwendig, »um jeden Preis Pauline Garcia zu verpflichten.« Wegen Gage und Repertoire verhandelte er mit Pauline selbst und regelte das Problem, mit dem neuen Engagement nicht in die Bereiche der Sängerinnen Grisi und Persiani einzudringen. Der Tenor Rubini und der Baß Lablache wurden befragt und gaben ihre Einwilligung. Mehr noch, der berühmte Bassist führte in all seiner imposanten Körperfülle die schlanke Debütantin bei ihrem ersten Auftritt persönlich auf die Bühne, was ihr donnernden Begrüßungsbeifall eintrug.

Beschäftigte sie das Théatre Italien während der darauffolgenden Saison nicht oder zu wenig, dann ließ sie einen wahren Regen von Konzertmusik auf die Pariser niedergehen. Da hieß es dann, ein völlig anderes Repertoire zu beherrschen, große, einfache Musik von Palestrina etwa oder einen Psalm von Marcello mit Chor und Orchester, intime Lieder von Schubert beim Herzog von Orléans, aber auch leidenschaftlich Dramatisches von Gluck. Töne, die drei Vierteln der Hörer von damals unerhört vorkamen.

Als Pauline zuerst mit dem Tenor Duprez zusammenkam, sangen sie ein Duett aus »Orfeo« von Gluck. Der Kritiker Hector Berlioz beklagte, sie hätte die sublime Einfachheit der Musik verfehlt. Vielleicht meinte er, Pauline sollte ähnlich gleichmäßig schöne Töne heruntersingen, wie es Kollegen von ihr zumeist taten. Vielleicht hatte er aber das Stück nicht mehr recht im Gedächtnis, denn seine eigene Wiederbelebungsarbeit an diesem Werk erfolgte erst in ferner Zukunft. Wurde Pauline aber – selten genug – von den Kritikern gelobt, mußte das den Rivalinnen unangenehm sein. So befand sich die Grisi auf der Höhe ihrer Kräfte und war schön, ein Typ »der reinsten griechischen Harmonie«, wie George Sand dithyrambisch schrieb. Und sie versetzte Pauline damit einen Stich.

*

Als das Théatre Italien abgebrannt war, eröffnete Viardot bereits weniger als zwei Wochen danach wieder – zwar in wechselnden Häusern, aber mit kontinuierlichen Vorstellungen. Zu all seinen Qualitäten kam, daß er seit geraumer Zeit mit George Sand befreundet war. Diese achtete in ihm einen Mann, der sich, so schrieb sie in der »Geschichte meines Lebens«, »als wissend, bescheiden, gütig und als Mann von Geschmack bewies«. Und Pauline erfuhr etwas, was ihr bisher entgangen war: Viardots Freundschaft zur Familie Garcia bestand bereits seit zehn Jahren. Die Malibran hatte ihm seit 1830 über den Kummer berichtet, den ihr die schwierige Scheidung damals brachte. Und wie einem Freund hatte sie ihm 1832 aus Gram über den Tod ihres Vaters geschrieben.

Viardot hatte sich gar nicht leicht den Verlockungen Marias in ihren Pagenkleidern entzogen. Als diese sich ratlos verwunderte, bekam sie zu hören: »Ich achte Sie zu sehr, als daß ich Ihnen durch Schmeicheleien gefallen will. Eben weil ich Sie achte, sage ich die völlige Wahrheit: Ich liebe Sie nicht.«

Von diesem Tage an war Louis zu Marias Vertrautem und Berater aufgestiegen. Er verlobte sich bald mit einem Mädchen von großer Schönheit, der Tochter eines Adligen aus der Normandie. Die Hochzeitsankündigung hing schon aus, der Vertrag war unterschrieben, die Mitgift bereit – aber am Morgen der Trauung sagte Louis ab. Denn er hatte herausgefunden: Das Mädchen hing wie ihre Familie dem Königtum von Gottes Gnaden an, und das kam für einen Republikaner vom Schlage Viardots nicht in Betracht.

Weshalb hatte Maria gerade diese Beziehung vor Pauline verheimlicht? Sicher war es der Schwester viel ernster damit als gewöhnlich. Als sich Louis und Pauline nun wiedersahen, wahrte er direktoriale Würde. Aber ihr Charme, die Leichtigkeit, mit der sie sich ihm näherte, lächelnd und plaudernd, riß alle Schranken nieder. Sie liebte ihn, und so geschah es: Der Star des Théâtre Italien, Pauline Garcia, heiratete am 16. April 1840 in der Bürgermeisterei des Zweiten Arrondissements den Direktor Louis Viardot. Sie war neunzehn Jahre alt.

Pauline schrieb an George Sand im Mai 1848: »Ihnen verdanke ich mein Glück.« Und glücklich waren Louis und Pauline, gegen den Anschein einer Serie von Zeichnungen, die Alfred de Musset angefertigt hatte und überall herumzeigte, schließlich sogar in der »Revue des Deux Mondes« veröffentlichte. Auf ihnen ist Paulines viel zu lang gezeichnete Nase auszumachen, die sich zwischen den Alternativen Hoffnung und Verzicht hin und her bewegt und sich nicht entscheiden kann. Die Braut wird flankiert von »Mutter Komödie«, wenig begeistert über die Ehekandidatin, und von George Sand, deren drängende Intervention jeden Widerstand beiseite schiebt.

*

Sie reisten nach Italien, über Mailand, Bologna, Florenz und Neapel nach Venedig. Ein Aufenthalt in Bologna schloß einen Besuch bei Rossini ein, der sicher mit großer Freude eine Interpretin begrüßte, die seine Werke mit solcher Verve und so großem Erfolg sang. Er gab einen Empfehlungsbrief an den Herzog von Casarano mit, einen der einflußreichsten Männer Neapels, er möchte das Paar durch die Sehenswürdigkeiten der Stadt führen.

In Rom rechnete es sich die »Académie de France« zur Ehre an, den berühmten Kunstwissenschaftler einzuladen, wobei ihr Direktor, der Maler Ingres, seine fanatische Musikliebe verriet. Er machte sich ein Fest daraus, die junge Schwester der Malibran anzuhören.

Diese sang in der Villa Medici »La fiancée du brigand«, und dann – bei der Agathen-Arie aus dem »Freischütz« – begleitete jemand, der, da keine Noten zur Hand, das Stück im Kopf haben mußte: Charles Gounod. Aber den Namen des Unbekannten erfuhr Pauline erst viel später.

*

George Sand fürchtete die Wirkung der exzentrischen, romantischen Geste nicht. Das fiel Pauline erst später so recht auf, als die Freundin aus allen Bindungen herausstrebte. George zog Sainte-Beuve, Liszt oder

Eugène Delacroix: George Sand

Eugène Sue zu den Soiréen nur hinzu, weil sie sich eines guten Rufes als Familienmutter sicher war. Ihren großen und kleinen Pflichten kam sie nach und konnte zugleich einen »Hof« von Anbetern zulassen. Vielleicht brachte sie deshalb die Fiktion der platonischen Liebe ins Gespräch und in Mode; verband dies doch angenehm die Freuden der Koketterie mit dem Anschein der Tugend. Die vielen Menschen, die zu ihr kamen, waren lebhaft, wißbegierig, talentiert, vom Gewohnten abweichend, belesen; sie trugen dazu bei, Ton und Allüre des Salons immer wieder zu verändern. Die Sand mußte fortwährend wachsam Fäden anknüpfen, die von auseinanderstrebenden Eitelkeiten ausgingen, und sie an sich ziehen. Wer freilich für seinen Salon keinen einflußreichen Mann als Mittelpunkt herzeigen konnte, der hatte einen schweren Stand.

Mit Chopin, den alle Chip-Chip nannten, hatte George nicht unbedingt das Richtige getroffen. Sie wußte, welch ursprüngliches, reiches und einzigartiges Genie an ihrer Seite lebte. Aber er war jünger als sie und offensichtlich hypersensibel, um nicht zu sagen hysterisch. Sie mußte Zeit auf ihn verwenden, um ihm auch beruflich zu helfen, da er völlig weltfremd war. Dafür setzte sie eine mitunter sichtbare Willensspannung ein, genaues Menschenstudium und geistige Geschmeidigkeit, deren nur wenige Menschen in Paulines Blickfeld in solchem Maß fähig waren.

Mit Georges Mann, dem Monsieur Dudevant, kam es unausgesetzt zu Reibereien. Schließlich sicherten sich die Getrennten durch einen Vertrag ab, nach dem Casimir Dudevant ein entfernteres Besitztum in Guillery verwalten sollte und George sich Nohant vorbehielt, nicht ohne eine recht hohe Rente dafür zu zahlen. Kaum hatten sie aber den Vertrag unterzeichnet, wünschte Casimir in Nohant zu bleiben. Nun half der namhafte Anwalt de Bourges aus, ein leidenschaftlicher Republikaner und der geistige Anführer der Opposition gegen Louis-Philippe. Casimir mußte fernbleiben.

*

Die meisten Freunde Georges dachten republikanisch, und sie wählte ihre Freunde sorgfältig aus. Leidenschaftlich bekämpfte sie Korruption und Machtmißbrauch. Das taten übrigens auch Louis und Pauline, die dem König vorwarfen, daß er sowohl seinen Finanziers als auch den Ministern und sich selbst in die Tasche wirtschaftete. Nicht minder erzürnte die Gemüter, daß die Regierenden die fortgesetzten Unruhen der dreißiger Jahre mit immer fühlbareren Beschneidungen der Versammlungs- und Pressefreiheit beantworteten. Dabei handelte es sich freilich um ein europäisches Phänomen.

*

Wer bei George zu Gast war, bekam die Hausherrin nicht oft zu Gesicht. Denn, wie sie es einmal selbst formulierte, arbeitete sie »wie ein alter Esel oder ein armer Neger«. Um ungestört zu sein, schrieb sie meistens nachts.

Was eine Revolte gegen die Gesellschaft heißen will, lernte Pauline, als George Sand aus ihrem Roman »Lelia« vorlas. Waren »Indiana« und »Valentine« Hymnen auf die Leidenschaft gewesen, so zog »Lelia« gegen die festgefahrenen Begriffe Eigentum, Familie oder Gott zu Felde. Die Freunde staunten über den Skandal, den das Buch hervorrief, wobei sich Viardot nicht mit der Art befreunden konnte, wie freimütig die Heldin ihre Schwierigkeit preisgibt, Liebe sinnlich zu erleben. Das aber beschrieb genau Georges Verbindung mit Chopin. Und das Mißverhältnis

129

zwischen Begehren und fehlender Erfüllung zehrte an George. Nach einer der Lesungen sagte Liszt still vor sich hin, aber doch so laut, daß es George hören konnte: »Sie sind schwerer zu trösten, Sie haben nie ein liebendes Herz gefunden, das weiblich genug wäre, um zärtlich mit Ihnen zu sein.«

George Sand erreichte finanziell bewundernswerte Selbständigkeit. Grundlage war die Erbschaft des Gutes ihrer Großmutter, aber unabhängig konnte sie nur durch harte Arbeit sein. Sie war die einzige Frau unter den bestbezahlten Schriftstellern jener Zeit. Und niemand hätte es an Fleiß mit ihr aufnehmen können. Täglich bis zu acht Stunden schrieb sie – bis ins Alter. Dem Verleger Buloz geschmackliche Zugeständnisse zu machen, weigerte sie sich; lieber verzichtete sie auf den Druck, der zunächst meist als Serie in der Zeitschrift »Revue des Deux Mondes« erfolgte. Vierteljährlich hatte George dem Verleger gegen 4000 Francs 32 Seiten abzugeben, eine Leidenschaft mit therapeutischem Effekt. George Sand war Paulines Vorbild, ja, sie wollte es in der unabhängigen, freien Entscheidung noch weiter bringen als die Dichterin.

*

Am 12. Juli 1840 schrieb Pauline aus Rom an George: »In Paris nennen wir Sie unseren guten Engel, nicht wahr? Nun, es vergeht kein Tag, an dem wir nicht ein Dankgebet an Sie richten. Wenn unser Glück groß, ja vollkommen ist, so haben Sie es zustande gebracht, und Ihre Voraussagen sind Wirklichkeit geworden. Verzeihen Sie, guter Engel, daß ich Sie so ausgiebig mit meinem Glück unterhalte, aber da es zu einem großen Teil Ihr Werk ist, hoffe ich, daß Sie ihm gegenüber nicht ganz indifferent sein werden. Seien Sie tausendmal gesegnet.«

Da die Arbeit gut und heilsam für sie selbst war, versuchte George, ihre Kinder in gleichem Sinn zu erziehen. So redete sie ihrer Tochter zu: »Du brauchst Arbeit. Vielleicht solltest du dazu gezwungen werden. Arbeit ist ein rauher, aber zuverlässiger Freund. Erst von dem Tag an, als ich für meinen Unterhalt selbst zu sorgen hatte, fing ich an zu leben. Das wird mit dem Alter immer schöner.«

Dieses Arbeitsfeuer hatte auch schon dazu Anlaß gegeben, daß sie sich mit Musset entzweite. 1833 hatte sie ihn bei einem Festessen kennengelernt. Der um sechs Jahre Jüngere war zweiundzwanzig Jahre alt und schon berühmt. Victor Hugo hatte ihn in den »Cenacle« eingeführt, dem die führenden Schriftsteller der Epoche angehörten. Musset, der Dichter des Weltschmerzes, der Abgott der Jugend, war ein Frauenliebling, elegant und hübsch, zuzeiten leidenschaftlich und ausschweifend, ein Mann, der Champagner, Freudenmädchen und Opium genoß, aber auch das Zutrauen seiner literarischen Freunde.

Da machte Frédéric Chopin es George viel schwerer. Denn seine zweifellose und mühelos angewandte Genialität stieg ihm leicht zu Kopf, machte ihn mitunter bockig und schwankend. Seine bizarren Launen, empfand George als Alpdruck. Wollte und sollte Chopin, selten genug, ein Konzert geben und war an den Kassen längst kein Billett mehr zu erhalten, so zauderte er plötzlich. Er wünschte keinen Anschlag, keinen Programmzettel; er wollte nicht einmal, daß irgend jemand im voraus darüber sprach. Am besten hätten ihm ein leerer Saal und ein stummes Klavier auf dem Podium gefallen. Seine Bedrängnisse konnte Pauline natürlich freundschaftlich nachfühlen, aber den Mangel an Disziplin hat sie bei einem so untadeligen, geistreichen Komponisten wie Interpreten nie verstanden.

Chopin mochte Pauline leiden, nutzte ihren Namen und ihre Mitwirkung auch diverse Male dazu, einen Anlaß zum Auftreten zu haben. Stand doch dann ihr Name größer gedruckt auf dem Zettel als der seine, und er hatte außer den zu begleitenden Stücken nur weniges allein zu spielen! Auch ging er – was er sonst fast nie tat – als Zuhörer in ihre Konzerte und konnte sich sehr über die Dirigenten aufregen: »Das Orchester hat Sie unflexibel begleitet und war viel zu laut.« Da Pauline auf eine Pariser Opernbühne im Augenblick verzichten mußte, sang sie auch Opernfragmente auf dem Konzertpodium. Da hatte er zu tadeln: »In der Arie der Dorabella aus ›Così fan tutte‹ habe ich die Worte überhaupt nicht verstanden.« Im gleichen Konzert saß auch Hector Berlioz als Rezensent und murrte in seinem Artikel: »Die beiden Andantes von Händel, die sie sang, konnten die Schläfrigkeit des Publikums nicht bezwingen. Da ich weder die Situation noch die Worte kannte, war es mir unmöglich, den – vielleicht sehr wahrhaftigen – Ausdruck der Sängerin zu würdigen. Im Mozart dann entfaltete sie ihr großes Talent. Nicht denkbar, die Stimme besser zu führen, die Phrasen besser zu artikulieren, überhaupt edler zu singen.« Pauline hat sich deshalb immer eine eigene Meinung darüber gebildet, ob sie gut oder schlecht war.

Als sie einmal wieder in Nohant beisammen saßen, nach der mitunter beschwerlichen, häufig vom guten Willen der Postkutscher abhängigen Anreise aus Paris, später von der Pünktlichkeit der Eisenbahn, fing George an zu beteuern, als sei sie Pauline Rechenschaft schuldig: »Ich lebe für die Erziehung der Kinder und ihre Arbeit. Für die Liebe bin ich zu alt ...« (Sie war dreiunddreißig.) Dahin hatte es nun die Enthaltsamkeit zwischen den beiden »platonisch« Liebenden gebracht.

Bei seinem Besuch in Nohant widmete und spielte Liszt der Hausherrin ein »Phantastisches Rondo«. Zu Paulines Entzücken spielte er häufig, während sie in ihrem Zimmer komponierte. Sein schöner Flügel von Érard stand in Marie d'Agoults Raum, am Fenster, vor das die Linden draußen einen grünen Vorhang breiteten. Er produzierte Klänge, wie Pauline sie von keinem Pianisten kannte, alle farblichen Möglichkeiten ausnutzend, die das so oft als Klopfinstrument verrufene Klavier hergab. Sie stellte sich vor, wie gerne die ganze Welt wohl vernähme, was hier nur die Nachtigallen eifersüchtig machen konnte. Wie er spielte, stimmte zu dem, was George über ihn sagte: »Er ist sublim in den großen und souverän in den kleinen Dingen.« Selten hellte sich sein Gesicht einmal auf. Er sah aus, als quälte ihn eine geheime Wunde.

Wenn George seine Gefährtin Marie d'Agoult »schön, edelmütig, intelligent und – keusch« nannte, so sagte sie sich das gewiß vor, um die

Eugène Delacroix: Frédéric Chopin

eigene, momentane Eifersucht auf den Mann zu nähren, der sich ihr nicht zu Füßen warf. Und sah sie Liszt besonders innig mit Marie sprechen, dann seufzte sie: »Ach, würde ich einmal so geliebt ...«

*

Hatte sich Pauline den Wiederbeginn an der Oper im Herbst 1840 leicht vorgestellt, da sie ja nun den Direktor des Théâtre Italien zum Mann hatte, so sah sie sich getäuscht. Der Ärger der Sopranistin Giulia Grisi, die sich – vielleicht mit Grund – über die um 10 Jahre jüngere Kollegin aufregte, weil sie es wagte, das Fach zu überschreiten und gelegentlich in das ihre vorzudringen, wäre sicher zu verwinden gewesen.

Aber es geschah das Unerwartete, und keine Diskussion konnte etwas daran ändern: Louis reichte seine Demission ein. Er wollte Paulines »Impresario« sein, was er nie wurde, der Beschützer dieser vielseitigen Künstlerin. Sicher wollte er auch den entnervenden Machtkämpfen innerhalb des Theaters entkommen, die seiner ruhigen Natur aufs äußerste widersprachen. Vor allem aber wollte er ungehindert die Flitterwochen mit Pauline genießen. Für alle Eingeweihten stand es außer Zweifel: Paulines Platz war jetzt an der Opéra. Natürlich tat Viardot, nachdem sie von der Hochzeitsreise heimgekehrt waren, alles, um Giacomo Meyerbeer, dessen Einfluß in Paris gewaltig war, wissen zu lassen, daß Pauline ihr musikalisches Domizil am liebsten sofort vom Théâtre Italien zur Opéra verlegt hätte.

Freilich hoffte sie damals musikalisch in die falsche Richtung. Denn nach dem Weggang der Sängerin Veyron erlebte die Opéra ein merkwürdiges Arrangement durch die Direktion. Zwar konnte zeitweilig die Qualität des Tenors Duprez aushelfen, da zweimal Reprisen der erfolgreichen »Hugenotten« mit ihm angesetzt wurden. Aber Duprez sah man bereits seit 1839 nach Atem ringen, das Tempo verschleppen, Müdigkeit an den Tag legen. Unter den Sopranistinnen hatte noch keine die ehedem bewundernswerte Falcon ersetzt. Die es versuchten, machten zweitklassige Figur. Pauline war sich darüber im klaren, daß sie selbst nur für einen Bruchteil des Sopranrepertoires in Frage kam. Musset schrieb desungeachtet einen propagandistischen Artikel, in dem es hieß: »Da gibt es nicht weit von Paris eine junge, poetische Frau, die einen großen Namen trägt, der allen Künstlern teuer ist, deren Seele rein ist, die glühend arbeitet, deren Stimme nicht bloß ein Instrument, sondern Organ ihrer Gefühle und Gedanken ist ...«

Aber die Lage besserte sich nicht im Sinne der Viardots. Leon Pillet

133

übernahm die Direktion, und Mme. Stoltz, die bereits ihren Abschied zelebriert hatte, kehrte mit fliegenden Fahnen auf die Bühne zurück, nur um den neuen Chef unter ihre Fittiche zu nehmen und eine totale Regentschaft auszuüben, die über sieben weitere Jahre anhielt. War die Stoltz auch nicht genial, so hatte sie doch eine vulgäre Schönheit und eine starke, wenngleich unebene Stimme. Stil fehlte ihr vollständig, die Gestik war unbeherrscht, und sie hatte Wesen und Temperament einer ausschließlich auf sich bezogenen Person. Ohne ihre Zustimmung fällte der neue Direktor keine Entscheidung. Carl von Banier hörte den gütigen Maître Meyerbeer sagen: »Der Mann ist dazu gemacht, die Geschicke der Opéra zu leiten. Denn weil er sich dem erstbesten Herzen anvertraute, das um ihn warb, dreht sich die Musikwelt fortan um Mme. Stoltz. Hat er mir doch neulich in gutem Glauben gesagt, die Stoltz sei eine Malibran ohne Fehler!« Vergeblich intervenierte Meyerbeer für Pauline, indem er der Opéra für den Fall ihres Engagements seine Oper »Der Prophet« offerierte. Pillet brauchte solch ein Zugstück dringend und forderte es auch immer wieder an. Meyerbeer blieb bei seiner Bedingung. Aber Mme. Stoltz ließ ohnehin nichts ansetzen, was ihre gesanglichen Möglichkeiten überstiegen hätte.

Derweil wich Pauline in Konzerte aus. Noch als die Pariser Opernauftritte bereits drei Jahre zurücklagen, durfte sie allenfalls für eine Probe zu Mozarts »Requiem« die Bühne der Opéra betreten. Dagegen luden zahlreiche Salons sie ein zu singen. Érard legte ihr einmal ein Terzett aus Meyerbeers »Il Crociato in Egitto« vor, und sie sang es gerne, mit dem einzigen Bedauern, daß er noch nichts eigens für ihre Stimme komponiert habe. Sie ahnte nicht, daß die Partie der Fides im »Propheten« längst fertig bei ihm in der Lade ruhte.

Die Viardots reisten nach London, und – das Ereignis der Season hieß nicht Rubini, Lablache oder Grisi. Es war Pauline Viardot, für die es dort schon fast vergessene Ovationen von jener Intensität gab, wie sie die Sontag oder die Malibran geerntet hatten. Als erstes Werk wählte sie »Gli Orazi e i Curiazi«, eine Oper von Domenico Cimarosa aus dem Jahre 1794, die seit zehn Jahren nicht mehr in London zu hören gewesen war. Kurz darauf folgte »Tancredi«, eine kleine Entschädigung für den nicht überwältigenden Erfolg der »Orazi«. Die Kritik begeisterte sich an der ausdrucksstarken Mimik Paulines, die einem schweren, sie behindernden Kostüm trotzte. Nach einem Auftritt in der schon für Maria ungünstigen Rolle als Fidalma im »Matrimonio segreto« Cimarosas folgte »Semiramide«, ein Werk Rossinis, das viele als das Nonplusultra moderner

Opernkunst ansahen. Die Kritik bedauerte, Pauline habe unter dem schweren Panzer nicht ihre ganze darstellerische Energie entfalten können. Dafür gab es eine einfache Erklärung: Als sie sich mit »La Cenerentola« am 6. Juli 1841 von den Londonern verabschiedete, war sie seit vier Monaten in anderen Umständen.

Die so notwendigen Ferien fielen recht kurz aus und wurden zumeist in Nohant zugebracht. Die Hausherrin, nachts arbeitend, widmete ihre Tage ruhigen Spaziergängen oder Billardpartien mit Pauline, während Viardot wilderte, da die Jagd noch nicht eröffnet war. Chopin hielt sich im Hause auf, und Pauline las und spielte mit ihm viel Mozart am Klavier, als ein wohltuendes Gegengewicht zu all dem Italienischen, das ihr der Beruf abforderte. George wunderte sich übrigens, wie wenig die Schwangere unter ihrer Körperfülle litt.

*

Schon am 12. August verließ das Ehepaar Viardot Nohant. George schrieb an Solange, die noch keine Erlaubnis hatte, ihr Pariser Internat zu verlassen: »Du wirst Pauline hier nicht mehr antreffen. Aber im Herbst wird sie wiederkommen. Alle, die sie auch nur einen Augenblick sahen, waren sofort von ihr bezaubert, nicht nur von Talent und Intelligenz, sondern vor allem durch ihre Güte, ihre Einfachheit und ihre Hinwendung zu anderen. Wenn Du ihr eines Tages ähneln könntest, wäre ich die glücklichste Mutter.«

*

In diesem Jahr 1841 schickte Rossini endlich, was er lange versprochen hatte, die Noten zu seinem »Stabat mater«, um sie von Musikern, Journalisten und einem ausgewählten Publikum begutachten zu lassen. Eine Vorsichtsmaßnahme, zu der er guten Grund hatte. Denn er beendete eine Schaffenspause von fünf Jahren – und es handelte sich bei dieser Kirchenmusik um eine Werkgattung, die sich von seinem bisherigen Betätigungsfeld unterschied. Pauline verkündete jedem, der es hören wollte, sie würde die Mezzo-Partie singen. Tatsächlich führte man dann nur sechs Stücke auf, mit der üblichen Begleitung für das Zimmer, also nicht mit Orchester, sondern mit Harmonium, einem Instrument, dem Rossinis nostalgische Liebe galt ... Panseron dirigierte ein solistisches Doppelquartett anstelle der Chöre. Als 1842 die öffentliche Premiere erfolgte, war Pauline aus der Solistenbesetzung verschwunden und durch die Grisi ersetzt, sie hatte gerade ihre Tochter Louise zur Welt gebracht.

*

In Frankreich hatte Pauline durch Geburt, Heirat, Wißbegier und Zufall verschiedene Welten in schneller Folge kennengelernt. Sicher war sie eine der ersten Frauen in ihrem Metier, die ihren, bis dahin auf Musiker beschränkten Umgang anderen Berufen und Ideen öffnete. Dazu sollte natürlich erst Turgenjew den wesentlichsten Anstoß geben.

Freilich entschied sich Pauline, in ihren neugegründeten Salon nicht einzulassen, was sich unter den jüngeren Frauen, auf die »Schicklichkeit« des Faubourg St. Germain reagierend, herausbildete: jene Damen, die weiblichen Anstand verachteten, die nach geräuschvoller Exaltation gierten, die Heldinnen aus Georges Romanen nachahmten, mit knallender Peitsche, gestiefelt, das Gewehr geschultert, die Zigarre im Mund, das Glas meist griffbereit, nur aus Lärm und Impertinenz bestehend, erste Anläufe zu »Clubs« nehmend, den Sport anvisierend einen neuen Typus schufen, den der »Löwin«. Pauline dachte sich: In diese Welt hätte meine Schwester besser gepaßt, Reiterin und Jägerin, die sie war.

Wie stand Louis Viardot dazu? Ihm war es angenehm, daß Paulines organisatorische Aufgaben für ihren Salon ihm Zeit für eigene schriftstellerische Arbeit ließen. Sah er sie, so bezauberte ihn ihre intelligente und frische Ausstrahlung. Es machte ihm nicht das geringste aus, wenn sich jemand über ihre Häßlichkeit mokierte. Das hatte beispielsweise Heinrich Heine schnöde getan, als er in einem Artikel einen kaum verhüllenden Schleier von Poesie über die Beschreibung ihrer ausdrucksvollen Unschöne breitete: »Sie ist von einer Häßlichkeit, die edel, fast möchte ich sagen schön wirkt und die immer wieder den großen Maler von Löwen, unseren Delacroix, in Extase versetzte. In der Tat verkörpert Mlle. Garcia kaum die zivilisierte Schönheit und gezähmte Grazie unserer europäischen Heimat, sondern eher den düsteren Glanz einer exotischen Landschaft in der Wüste. Dies noch mehr im Augenblick leidenschaftlichen Spiels, vor allem, wenn sie ihren Mund mehr als groß mit den weißen, auffallenden Zähnen öffnet und wenn sie mit einem ebenso schrecklichen wie graziösen Knirschen lächelt. Dann glaubt man, im selben Moment müßten neben ihr alle Lebewesen Hindustans oder Afrikas auftauchen, man müßte gigantische Palmen sehen, die von tausendblütigen Lianen umschlungen sind. Und man würde sich nicht wundern, wenn plötzlich ein Leopard, eine Giraffe oder gar eine Gruppe junger Elefanten auf der Szene erschienen, um sich Liebesspielen hinzugeben. Was für ein Getrampel! Welche Trompetenstöße! Was für ein grandioses Talent!«

*

Das Haus Stockhausen im elsässischen Gebweiler hatte Pauline durch den musikhungrigen Carl von Banier kennengelernt. Ein willkommener Ort für jeden Liebhaber exquisiter Musikausübung. Das Haus am Ende eines Tales, etwas erhöht über dem Fluß gelegen, sah stromabwärts. Die Zimmer waren hoch und geräumig, die Wände galerieartig mit zahlreichen Bildern behangen. Jedes Fenster, nach welcher Seite immer, bildete den Rahmen zu einem köstlichen Ausblick, der bei mildem Sonnenschein besonders lebhaft hervortrat. Pauline glaubte, nie so heitere Morgende und so berauschende Abende gesehen zu haben.

Julius Stockhausen, der Vater von Emanuel und Julia und später Meisterschüler von Noël, war 1840, als ihn die neunzehnjährige Pauline kennenlernte, vierzehn Jahre alt. Julius' Eltern waren im Begriff abzureisen. Der Junge regte sich so über sein Alleinbleiben auf, daß er krank wurde. Anscheinend hatten die Eltern gerade jetzt besonders intensiv mit ihm gearbeitet, und er war mit dem Klavierspiel ein ermutigendes Stück vorangekommen. Beim Abschied trugen ihm die Eltern auf, »wie ein Arbeiter zu schuften«. Pauline tröstete ihn und half beim Üben. Fast in jedem Brief an seine Eltern beteuerte Julius, er wolle ihren Anforderungen später einmal genügen. In fünf Tagen übte er, mit Paulines Ermunterung, siebzehn Stunden Klavier und vernachlässigte doch die Pflichten der Schule nicht.

Pauline sah Julius erst nach zwei Jahren wieder, als der Vater mit seinem sechzehnjährigen Sohn in die Welt fuhr, was damals, und besonders im Elsaß, gleichbedeutend mit einer Reise nach Paris war. Banier hatte sich inzwischen, von Meyerbeer fortstrebend, nach dem dritten Anlauf dem Théatre Italien als –, nun, wieder als Tuttigeiger verdingt. Er freute sich nicht weniger als Pauline über das Wiedersehen mit Julius Stockhausen, den der Vater alten Bekannten zuführte.

Zum Genießen war Julius nicht nach Paris gekommen. Als er eines Vormittags in die kleine Wohnung der Viardots trat, die sie innehatten, bevor sie in die Rue de Douai zogen, erfuhren die Gastgeber, er habe bereits um sechs Uhr gefrühstückt, dann Klavier geübt, Harmonielehre gearbeitet und einen Antrittsbesuch bei Paulines Bruder Manuel hinter sich gebracht. Aber zu regelmäßigem Gesangsunterricht sollte es erst kommen, als 1848 alle Stimmbruchprobleme überwunden waren.

*

Glück, so hat es George Sand einmal postuliert, ist in einer Gesellschaft, die die Frau als Dienerin ihres Mannes, als Sklavin ihres Herrn und

Meisters sieht, abwesend. Louis und Pauline erwischten nach der Euphorie des Anfangs wenigstens für einige Zeit einen Teil des Glücks.

Durch die Ehe ließ Viardot seine politischen Aktivitäten nicht einengen. Pauline zahlte dafür. Im Grunde blieb er ihrem Beruf gegenüber zunächst untätig. Vielleicht war daran ein anderer Einfluß schuld: der von Louis' Schwestern nämlich, drei älteren, tyrannischen Damen, der »nicht zu schönen belles-sœurs«, wie Pauline sie nannte. Sie machte darüber Bemerkungen zu George, die – etwas erschrocken über Louis' Nachlässigkeit – nicht wenig für den Fortgang von Paulines Karriere fürchtete. Louis schien »ausschließlich mit der eigenen Tüchtigkeit beschäftigt«, wie Banier es boshaft ausdrückte.

Oberflächlich gesehen, führten die Viardots eine glückliche Ehe. Er betete sie an, und seine Zärtlichkeit sollte mit den Jahren eher noch zunehmen. Paulines viele neuen Freundschaften riefen keine Eifersucht auf den Plan. So konnte George Sand ihrem Tagebuch anvertrauen: »Dieses Kind kann mich nicht sehr lieben, sie kann in diesem Moment überhaupt niemand anderen als ihren Mann lieben. Und diesen wiederum liebt sie mit einer zarten, großzügigen Hinneigung, sozusagen weise, ohne Sturm, ohne Rausch, ohne Leiden, mit einem Wort: ohne Passion.« Und das war nicht falsch gesehen.

Pauline nahm Tanzstunden bei einem Herrn Abraham. Nichts wollte sie unterlassen, um zu einer vollkommenen Darstellerin auf der Bühne zu werden. Der Herr Tanzlehrer, ein Original, ging mit Ernst an den Unterricht, erfüllt von den erhabenen Errinnerungen an sein Wirken bei Hofe vor der Revolution. Stolz darauf, auch die schöne Marie-Antoinette unterrichtet zu haben, berichtete er gern, sie sei bei den ersten Lektionen recht plump gewesen. Noch mehr erhob es ihn, gegenwärtig als einziger die nationale Tradition des Menuetts mit richtiger Auffassung und Abstufung der Reverenz zu beherrschen und weiterzugeben.

Zu seinen Schülern aus vornehmen Kreisen, also nicht den Bühnenaspiranten, kam er nicht anders als in Gala, natürlich in der eigenen Prachtkutsche. Was immer er tat, geschah mit Feierlichkeit, ob er sich setzte oder aufstand, sprach, schimpfte, hustete oder sich die Nase putzte. Die Finger, die er auf den Bogen seiner kleinen Taschenvioline legte, waren mit rosig schimmernden Brillantringen bedeckt, deren jeder von einer Königin oder Prinzessin stammte. Alles an ihm strebte nach Majestät: die leicht gepuderte Prücke, die vergoldete Schnalle seiner Lackschuhe, das Jabot aus feinen Spitzen, die straff über die Wadenpolster gezogenen Strümpfe. Abraham trug die Last seiner Jahre über geschmeidigen Kniekehlen, die sich noch immer rhythmisch hoben und senkten. Wenn er seine Pas vor Eltern oder Bühnenleuten ausführte, so zeigte er vollendete Präzision. Selbst seine Atmung verriet das Alter des Mannes nicht, auch sie schien dem Gebot der Schicklichkeit zu gehorchen.

Fechtstunden bedeuteten für Pauline nichts Außergewöhnliches. Sie gehörten zum Erziehungsplan einer jungen Dame mit dem Drang, sich auf der Bühne zu vervollkommnen, sie ergänzten die Tanzstunde. Eine Frau unterrichtete in dieser männlichen Kunst, Mlle. Donnadieu. Der Kondition der Damen entsprachen die kleinen, federleichten Floretts.

*

Die Sand schrieb einen Roman, »Consuelo«, für dessen Hauptperson Pauline als Vorbild diente. Wenn George sie darin verherrlichte, so stand das Paulines etwas chaotischer Karriere in Frankreich eigentlich diametral gegenüber. Aber durch Georges Roman blieb sie mit jenem Ideal identifizierbar, wie es das Frankreich der Romantik von dem Mythos einer Sängerin zeichnete. Und sei es nur, daß sie George zu einer haftenden literarischen Figur inspirierte, eben dieser Consuelo, in zurückliegender Zeit und an fernen Orten, einem Kind aus Böhmen, einer Zingarella, in Venedig geboren, in Porporas musikalischer Tradition aufgewachsen. Der Lehrer macht aus ihr, die an allen Bühnen Europas gefeiert wird, ein gesangliches Wunder. Ihr Repertoire reicht bis zu einer Tradition, die auf die Kastraten am Ende des achtzehnten Jahrhunderts zurückgeht. Und Pauline hat diese Tradition tatsächlich auf dem Weg über Berlioz, Meyerbeer und Saint-Saëns bis zu Fauré später noch einmal durchlebt und an ihre Schüler weitergegeben.

Die Figur der Consuelo hat nichts Exaltiertes an sich, stellt sich nicht zur Schau. »Sie war so ruhig wie das Wasser in den Lagunen und zugleich so tätig wie die leichten Gondeln. Wenn sie singt, bemächtigt sie sich der Zuhörenden, nicht durch verzerrte Züge oder Haltung, sondern durch etwas Schweres, Mysteriöses und Tiefes, das Respekt und Aufmerksamkeit erheischt.« Pauline hatte Grund, am 29. Juli 1842 an George zu schreiben: »Ich bin sehr stolz darauf, eines jener Fragmente gewesen zu sein, aus denen Sie diese bewunderungswürdige Figur erschaffen haben. Es wird zweifellos das Beste sein, das ich in dieser Welt zustande brachte.«

*

Bald nach der Geburt ihrer Tochter Louise (1841) setzten Reisen ein, während derer das Kind in der Obhut einer Amme blieb. Mit ihnen

139

wurden Pauline künstlerische Erkenntnisse vor das Auge geführt, die entweder alles Bisherige auslöschten oder in das Überkommene schwer einzuordnen waren. Ein erprobtes Mittel, den Geist für die neuen, rasch aufeinander folgenden Aufgaben wachzuhalten und zu lebhafter Konzeption des vorzutragenden Stückes zu zwingen, bestand darin, sich die Person, die singt, lebendig vorzustellen. Ihren Schülern hat Pauline später oft gesagt: Lassen Sie das Phantom agieren und singen, aber kritisieren Sie es streng. Sind Sie mit dem Resultat zufrieden, dürfen Sie es genau imitieren. Indem Impressionen, von der Phantasiefigur hervorgerufen, wiedergegeben werden, erzielen Sie stärkere Effekte, als wenn das Stück mit zu geringer Durchdringung vorbeirollt.

Pauline kamen bei solchen Anweisungen jedesmal Figuren aus dem Théatre Funambules in den Sinn, das sie mit George, mit Delacroix und anderen Freunden 1840 zum ersten Mal besucht hatte. Hier bekam sie entscheidende Eindrücke von den Möglichkeiten der Bühnendarstellung. Das winzige Theater am Boulevard du Temple hatte nach der Gründung 1815 zunächst nur Marionetten auf seiner Bühne gesehen. Auf Drängen des Mimen Deboureau erhielt das kleine Etablissement das Recht, seinem Repertoire Pantomime und Vaudevilles anzufügen. Deboureau galt als größter Comédien seiner Zeit: Hier entdeckte ihn George und schwärmte für sein Genie, wenn er auch zumeist den Bajazzo machte. Beim Licht von vier Kerzen, in stickiger Atmosphäre, gleich neben einer Menagerie, in der Tiere grunzten und schrien, während die Akteure sangen, fern also vom hochgepflegten Theater, hier fühlten sich die Freunde wohl. Und zeigte sich einmal der Dichter Théophile Gautier unter den Zuschauern, dann äußerte er sich etwa so: »Dieses Ideal der Distinktion wird zweimal am Tag den Straßenjungen und Vorortbewohnern geschenkt. Niemals habe ich einen ernsthafteren, gläubiger an seine Kunst verlorenen Künstler gesehen als Deboureau.« George berichtete: »Er liebt seine Arbeit mehr als alles andere und spricht von ihr als von einer schwerwiegenden Sache, von sich selbst mit äußerster Bescheidenheit.«

Diesem Bajazzo war es gleich wichtig, die Feinheiten seiner Mimik und kompositorischer Details von Künstlern wie von naiven Zuschauern gewürdigt zu wissen. Er arbeitete immer daran, seine Phantasie zu erproben und in die Tat umzusetzen. Pauline wurde klar, daß seine spontan wirkende Vielfalt sorgfältig studiert war. Dabei posierte er nie. Die junge Frau sah in ihm einen Meister, trotz der Buffonerie des Dargebotenen.

Bei dem Besuch war den Freunden allerdings zu raten, der Gerüche wegen ein Parfümfläschchen mitzunehmen. Viele geputzte Köpfe drängten sich entlang der eisernen Balustraden, staunend, mit offenem Mund. Von der Bühne kamen tausend unvergeßliche Improvisationen, darauf donnerndes Hurra, dann wieder Tierschreie von nebenan, ein unglaubliches Gemisch aus Lärm und Spektakel – und mittendrin ein Künstler, der Pauline tief beeindruckte.

*

Chopin war es, der dringend bei Pauline anfragen ließ, ob George und er der Generalprobe zu einem bombastischen Konzert beiwohnen könnten. In die Aufführung selbst wollte er wie gewöhnlich lieber nicht gehen. Diese sollte im Invalidendom stattfinden, wohin die Gebeine Napoleons überführt wurden. Auf dem Programm: das Requiem von Mozart. Selten fand Chopin anerkennende Worte für andere Komponisten. Für Mozart schwärmte er. Neben dem »Don Giovanni« liebte er die Partitur des Requiems am meisten.

Die Probe mußte in der Opéra stattfinden. Noch nie waren derartige Massen für ein solches Werk aufgeboten worden wie bei diesem Ereignis am 15. Dezember 1840. Banier war ebenso entsetzt wie Chopin über die Menge Menschen, die sich auf der Bühne drängte und sich gegenseitig überschrie. 150 Instrumentalisten, 150 Sänger, so etwas entsprach der Gigantomanie, die Hector Berlioz, als der Epoche gefällig, inauguriert hatte. Auch das Solistenquartett durfte sich nicht solistisch zeigen. Jede Stimme erscholl vervierfacht: Die Soprane Grisi, Damoureau, Persiani und Dorus-Gras, die Altstimmen Pauline Viardot-Garcia, Eugénie Garcia (Noëls erste Frau), die Albertazzi und die Stoltz, die Tenöre Duprez, Rubini, Dupont und Pouchard, die Bässe Lablache, Tamburini, Levasseur und Barroilhet. Die groteske Quadrupel-Besetzung fanden Chopin und die Sand abgeschmackt.

*

1842 fuhren die Viardots erstmalig in die Heimat der Garcias, nach Spanien. Der Zeitpunkt erscheint im Blick zurück nicht gerade günstig. Das Land mit seiner damals erst zwölfjährigen Königin Isabella II. war von langem Bürgerkrieg geschüttelt. Unter dem diktatorischen Regenten Espartero hatte es gerade eine trügerische, vorübergehende Ruhe gefunden. Viardot, dessen geistige Heimat Spanien war, erfreute sich dort schon vieler Sympathien; alle seine Schriften seit 1823 betrafen das Land, das er damals für sich entdeckte. In Paris hatte er sich mit den

141

wichtigsten Köpfen der spanischen Emigration zusammengetan. Im Augenblick störte ihn ein in seinen Augen banaler Unfall. Auf einem ersten Jagdausflug außerhalb von Madrid verstauchte er sich ein Knie, was ihm, wie er in den »Erinnerungen eines Jägers« berichtet, noch zwei Monate später zu schaffen machte.

Pauline fand für nichts Zeit als für Proben. Der Probesaal lag gleich neben einer Galerie, die alljährlich Gemälde von Mitgliedern der Lyzeumsgesellschaft Madrid ausstellte. Eines Morgens kam Königin Isabella II. mit ihrer Schwester und Gefolge zur Besichtigung. Von ferne hörten die beiden königlichen Mädchen die Klaviertöne der Probe und wünschten, dort hingeführt zu werden.

Pauline saß am Pianino und mußte nun Stückchen nach Stückchen zum besten geben, darunter auch das Lied vom Vater »Il Bajelito«. Die kleine Monarchin machte ein artiges Kompliment, dann wandte sich ein jeder wieder der Arbeit zu. Wenige Tage darauf ging der »Barbiere« in Szene. Pauline triumphierte wie gewohnt, machte aber die seltsame Erfahrung, die Rosina auf französisch zu singen und in der Szene der Musikstunde italienische wie spanische Stückchen Musik einzufügen.

Am Vorabend der Vorstellung gab es einen pompösen Empfang für die Viardots durch die Mitglieder des Teatro Liceo in Madrid. Was mit Literatur oder Musik zu tun hatte, war zusammengetrommelt worden. Pauline mußte ihre erste kleine Ansprache halten, eine Aufgabe, die sie auch später immer wieder in Schrecken versetzte. »Meine Damen und Herren, bewegten Herzens, aber auch mit Stolz danke ich Ihnen für die Gunst und Ehre, die Sie mir zuteil werden lassen. Weniger als je könnte ich heute vergessen, daß ich Spanierin bin . . .«, so begann sie. Dann war sie froh, eine beifallumrauschte Rede gehalten zu haben.

Die Rosina lag Pauline ganz besonders, weil sie hier, im Unterschied zur Donna Anna oder der Norma, den originalen Mezzoklang bewahren konnte, der reizvoll zum Weibchenhaft-Koketten der Figur kontrastierte. Jene Einlagen, die den königlichen Kindern so gefallen hatten, machten besonderes Furore. Pauline schämte sich später immer, solcherlei Fremdkörper im zweiten Akt der Oper gesungen zu haben, aber sie ernteten den stürmischsten Beifall. Dazu begleitete sie sich selbst an dem in diesem Bild benötigten Klavier. Häufig wurden ihr Blumensträuße ins Gesicht geworfen, und sie hatte Mühe, beim Weitersingen noch etwas zu sehen.

In der Pause gab es dann die obligate, die Konzentration unterbrechende Aufwartung in der Königsloge. Charmant überreichte die kleine

Monarchin eine diamantbesetzte Tasche, die – ganz in alter Manier – als Bezahlung diente. Auch dem Regenten, einem bejahrten Haudegen und Anführer der Militärdiktatur, mußte Pauline bei nächster Gelegenheit etwas singen. Zwar zeigte er sich der Musik geneigt, versuchte aber, wie er es gewohnt war, den jungen Damen schlüpfrige Geschichten zu erzählen. Pauline wand sich aus der Situation, indem sie ihren Abgang vorverlegte.

In Granada sang Pauline die Rosina im »Barbiere« und zweimal Bellinis »Norma«. Höhepunkt des Aufenthalts war ein Konzert in der Alhambra, wovon Louis Viardot schon lange geträumt hatte. Nach der Darbietung eines Duetts aus »Elisir d'amore« und dem Terzett aus dem »Barbiere« drängte sich das Publikum, um die Sängerin zu beglückwünschen, auch viel aus der Umgegend gekommene Landbevölkerung. Singend und mit glühenden Wangen zog diese in die heimatlichen Dörfer zurück. Am 12. August 1842 waren die Viardots wieder auf der Reise nach Paris, wo das Debüt der Saison für September angekündigt war.

*

George Sand schrieb, der Roman »Consuelo« mache Fortschritte. »Hoffentlich beweist Ihnen dies, wie sehr ich in Gedanken mit Ihnen verbunden bin.« Damit die Freunde bald wieder in Nohant beisammen sitzen konnten, ruhte Pauline nicht, bis Paris zur »Zwischenstation« erklärt war und Louis seine noch in der Stadt zu absolvierenden Geschäfte rasch erledigt hatte. Als die Freunde wieder beisammen saßen, meinte George: »Pauline, Sie sollten in Paris nur noch in Konzerten des Conservatoire singen. Vielleicht sollte auch Ihr Mitauftreten in Konzerten unseres Frédéric etwas eingeschränkt werden ...« Chopin krauste seine Nase und meinte: »Ich mache mir ohnehin Vorwürfe, daß Ihrer Güte wegen alle möglichen vielschreibenden Komponisten sich dazu ermutigt fühlen, Sie um Ihre Mitwirkung zu bitten.« »Ich würde noch weitergehen«, sagte George mit erhobener Stimme, »und wenn mich Louis dafür erschlägt: Da sind die lieben Schwägerinnen, sonst reizende Personen. Sie haben von Paulines Bedeutung keine Ahnung!« Louis' Schwestern mißverstanden allerdings das Leben der Viardots zu zweit, mehr noch Paulines Karriere. Am liebsten hätten sie gesehen, daß Pauline sich ausschließlich mit Haushaltsdingen befaßte. Sie quälten Louis mit Klagen über unordentliche Bettbezüge oder Servietten. Als George das hörte, war sie außer sich. Ihre »Fifille« sollte Küchenrechnungen aufstellen, so als sei ihr Künstler-Beruf mit der linken Hand zu erledigen.

Sie fügte hinzu: »Wenn wir endlich ein Landhaus für euch finden, dann kann Fifille sich von aller Unruhe erholen, neue Kräfte für das Théatre Italien in Paris, für London und auch für die Mailänder Scala finden.« »Sie mögen mich für sprunghaft halten, liebste Pauline«, ließ sich Chopin vernehmen, »erst seit Sie wieder zurück sind, fühle ich mich wieder als Mensch. Schon weil ich die fast verloren geglaubte musikalische Kraft wiedergefunden habe.«

Nun, ganz so verloren kamen Pauline Chopins Sommermonate nicht vor. Er hatte ihr schon einige neue Arbeiten gezeigt: Ballade in f-Moll, Scherzo in h-Moll, für sie erschreckend großartige Stücke.

Als sich die Freunde in die weit auseinandergelegenen Schlafgemächer entfernten, verabredeten sie für den kommenden Abend ein Tanzvergnügen, da die schöne Solange siebzehn Jahre alt wurde.

*

Die Grisi und die Persiani hatten es mit immer größerem Unwillen beobachtet, daß Pauline in ihr Sopran-Fach vordrang. Vielleicht hatte das einige sehr reservierte, ja boshafte Äußerungen über Pauline in der Pariser Presse der Jahre 1841/42 hervorgerufen.

Ein Artikel in der »Revue des Deux Mondes« löste jenen Sturm aus, der Pauline von da an beständig ins Gesicht fegte. Die Vorrechte der wichtigsten Sänger unter den Italienern seien durch die Eindringende beschnitten. Und wie behandelte diese junge Dame das geheiligte Terrain der italienischen Oper? Mit höchst persönlichen, sich um die Tradition nicht kümmernden Interpretationen. Sie solle sich mehr an den Rat ihrer älteren Kollegen halten, anstatt sich die Psychologie ihrer Rollen aus zeitgenössischen Romanen herauszuklauben!

Viardot antwortete im »Siècle« (Dezember 1842) mit einem scharfen Artikel, der in der Feststellung kulminierte: »Mlle. Pauline Garcia ist Mme. Viardot geworden, und M. Viardot ist einer der Begründer der ›Revue Indépendante.‹ (Und dieses Blatt war der stärkste Rivale einer überalterten Zeitschrift wie der »Revue des Deux Mondes«.) »Es gibt Menschen, die schlagen auf eine Frau ein, um einen Mann zu treffen.«

*

Viele Sänger suchten mittlerweile Manuel Garcias Unterweisung. Im Jahre 1840 tat er einen wichtigen Schritt nach vorn. Seine Forschungsergebnisse überzeugten ihn jetzt davon, daß sie von allgemeinem Interesse sein könnten. Er hielt das Resultat seiner Studien in dem klassisch gewordenen Papier fest, das er der französischen Akademie der Wissenschaften unter dem Titel »Mémoire sur la voix humaine« vorlegte. Der seltsam klingende Untertitel »Description des produits du phonateur humain« wurde einer Broschüre mitgegeben, in der seine bisherigen Entdeckungen rund um die Larynx enthalten waren.

Die wichtigsten Punkte, auf die Noël damals aufmerksam machte, waren: 1. Die Kopfstimme beginnt nicht notwendig dort, wo die Bruststimme aufhört. Eine gewisse Anzahl von Noten kann mit beiden Registern hervorgebracht werden. 2. Die Brust- und Kopfstimme entsteht durch eine besondere und spontane Veränderung der Stimmorgane. Der Verbrauch von Luft, die sich in der Brust befindet, ist im Verhältnis von drei zu vier schneller bei der Kopf- als bei der Bruststimme. 3. Die Stimme kann die gleichen Klänge in zwei verschiedenen Timbres erzeugen – dem hellen, offenen oder dem dunklen, geschlossenen.

Das Merkblatt über die menschliche Stimme wurde von Magendie, Savart und Dutrochat am 12. April 1841 bei einer öffentlichen Sitzung mitgeteilt und als Ergebnis folgender Entschluß verabschiedet: »Der Dank der Akademie geht an Professor Garcia für den sorgfältigen Gebrauch, den er von seinen Möglichkeiten als Lehrer gemacht hat, um zu einer befriedigenden physikalischen Theorie über die menschliche Stimme zu kommen. « Es folgte die Veröffentlichung der »Methode des Gesangsunterrichts«, in der Garcia die Verwirrung aufklärte, die bis dahin zwischen »Timbre« und »Register« angerichtet worden war.

Pauline beneidete den ohne Reisen und in Frieden forschenden Bruder. Sie selbst mußte in eine ihr zwar immer nützliche Fremdheit der Umgebung, aber auch fort von ihrem Kind und dem sich eben erst ordnenden Hausstand.

*

Im Frühherbst 1843 kommt sie endlich wieder nach Berlin, das sie in bester Erinnerung hat. Es wird ihr nahegelegt, sich in einem »Staatskonzert«, also einer formellen Veranstaltung bei Hofe, hören zu lassen. Die Darbietung soll in einem etwas finsteren, kleineren Saal des alten Berliner Schlosses vor sich gehen. Hier bietet sich willkommene Möglichkeit, die Wirkung von Fluidum und Stimmklang zu erproben. Den Erfordernissen des Raums entsprechend zügelt sie ihre Stimmkraft zu einem lieblichen mezza voce und reduziert so auch den sonst störenden Nachhall auf ein Minimum. Sie sieht – mit eigenen Augen und nicht im Urteil anderer – die zuvorderst Sitzenden vom Reiz des Stimmklangs gefangen. Wen der Klang erreicht – das Herz springt ihr vor Freude –, den verwandelt

145

er auch sichtbar: Die Menschen wechseln ihren Gesichtsausdruck. Wer den Gesang zunächst nur halb hinhörend über sich hat ergehen lassen, betrachtet die Sängerin nun mit interessierteren, verständnisinnigeren Augen. Wer zurückgelehnt in seinem Stuhl abgewartet hatte, beugt sich jetzt nach vorn und bekommt kindliche, gelöste Züge. Selbst in den Gesichtern der Vorsichtigen, Mißtrauischen, der schwer zu Erobernden, die Paulines als häßlich angekündigtes Gesicht nur mit Skepsis anschauen wollen, regt sich Freundlichkeit, ja Sympathie, sobald sie Paulines ausdrucksgesättigter Ton erreicht. Nichts ist Pauline süßer als solche Entdeckung der eigenen Überzeugungsmöglichkeit.

Dann geht es zunächst nach Leipzig, wo sich Pauline an einem Abendkonzert des Gewandhauses beteiligen soll. Mit ihren zweiundzwanzig Jahren kennt sie Lampenfieber kaum. Im Programm stehen die Bravourarie aus Persianis »Ines de Castro«, das Finalrondo aus Rossinis »La Cenerentola« und eine unveröffentlichte Arie von Bériot, die größere der Alt-Arien aus Händels »Rinaldo« und schließlich eine Gruppe von französischen, spanischen und deutschen Liedern.

Sie gibt sich Mühe, der jeweiligen nationalen Färbung so viel Charakteristik zu geben, daß ein Kritiker von drei Stimmen schwärmt, mit denen sie gesungen hätte. Das empfindet sie nicht uneingeschränkt als Lob. Im Gegenteil: Die Bemühung zählt für sie viel, den persönlichen Stimmklang in allen möglichen Schattierungen beizubehalten.

Für die Lieder am Schluß des Programms setzt sich Pauline selbst an den Flügel, wie sie es in ihrem Leben noch oft tun wird. Robert Schumanns Frau Clara, seit einigen Jahren mit Pauline befreundet, wirkt im gleichen Programm mit und kann sich nicht genug darüber wundern, daß die Sängerin so gut Klavier spielt. Sie wird auch noch oft darauf zurückkommen und die Freundin an ihren Konzerten und privaten Soiréen pianistisch teilhaben lassen. Übrigens debütiert an jenem Leipziger Konzertabend ein zwölfjähriger, phänomenaler Geiger: Joseph Joachim.

Zurück in Berlin macht Pauline Kollegen und Zuhörer staunen. In einer Vorstellung von Meyerbeers »Robert der Teufel« muß die Darstellerin der Isabella plötzlich absagen. Außer ihrer eigenen Partie der Alice, die sie zum ersten Mal in deutscher Sprache singt, übernimmt sie in letzter Minute auch den Part der Isabella. Die beiden Gestalten erscheinen nie gleichzeitig auf der Bühne. Außerdem hat sie wie gewohnt längst alle übrigen Partien in ihrem phänomenalen Gedächtnis. In den dankbaren Beifallssturm hinein denkt sie: Wenn die wüßten, wieviel Spaß mir dieses cher sportliche Abenteuer gemacht hat! Daß sich Louis so besonders an diesem Kunststückchen von ihr begeistert, tut ihr allerdings fast etwas weh.

Beim gleichen Gastspiel singt sie auch die Titelrolle in »Die Jüdin« von Jacques Fromental Halévy. Nach der Vorstellung applaudiert das Orchester, indem es eine Serenade aus der Oper spielt. Banier, der auf eigene Faust nachgereist ist, erinnert sich nicht, je eine solche Sympathiekundgebung in Berlin erlebt zu haben.

*

Zurück in Paris bekam der junge Mann 1843 die Chance, von seinem Tutti-Stühlchen auf das Dirigentenpodest des Théâtre Italien zu klettern. Ganz plötzlich sagte der Abenddirigent ab. Niemand fand den Mut, für ihn einzuspringen. Da meldete sich der schnell zu Großem Bereite und machte geltend, er habe durch die häufige Wiederholung von Paulines neuester Opern-Eroberung, »La gazza ladra« von Rossini, die Musik so gut im Kopf, daß ihm ein Klavierauszug fürs erste genüge, um den Taktstock zu schwingen. So stand er denn mit jagendem Puls seine erste Opernvorstellung am Pult durch. Als er in der Pause keuchend die Bühne suchte, um Paulines Meinung zu erfahren, fand er sie wohlgelaunt, und ihre Gestalt schien an diesem Abend zu leuchten. Sollte sein stummes Werben um Sympathie erfolgreich gewesen sein?

Sie ermunterte den Ausgelaugten, indem sie ihm zurief: »Sie machen Ihre Sache ausgezeichnet! Nur so weiter!« Als alles vorüber war und Bravosalven durch das Haus schallten, hatte der frischgebackene Dirigent kein gar so unsicheres Gefühl mehr. Die Primadonna umarmte und küßte ihn, als hätte es früher nie Aversionen gegeben. Vielmehr jubelte sie unverhältnismäßig laut: »Sie sind meine Rettung, meine Freude! Seien Sie nur noch für mich da. Kommen Sie mit nach Wien.« Das ließ sich Carl von Banier nicht zweimal sagen.

*

Nach der Ankunft des Paares Viardot in Wien geht es hoch her. Rosina wird sechsmal vor den heruntergelassenen Bühnen-Teppich gerufen; Arie, Duett und Terzett müssen wiederholt werden. Bei privaten Einladungen spürt das Ehepaar Viardot Verehrung, nicht weniger unverhohlene Neugierde. Es gibt Teezusammenkünfte, Promenaden und Gesellschaftsabende, bunter als anderswo. Ein wenig mehr »canaille« statt so vieler hochgestellter Personen hätte Pauline besser gefallen. »Da aber

147

nicht alles auf einmal zu haben ist, bin ich mit dem Augenblick zufrieden.« So sagt sie zu Banier, der wieder einmal vergeblich auf einen gemeinsamen Abend mit den Viardots hofft. Aber er wird nicht dazu aufgefordert.

Zur Kaiserin freilich darf er Pauline als Begleiter folgen, um das Piano zu traktieren. Dort sehen sie den unglücklichen Menschen, den das Volk »Kaiser« nennt. Der alte Mann muß wie ein Kind behandelt werden. Die Menschen haben ob seines guten Herzens Mitleid mit ihm. Ist Ferdinand auch Epileptiker und schwachen Geistes, so weiß man doch um seine Güte. Vor elf Jahren, als ein Attentat auf ihn verübt wurde, hatte er nichts anderes im Sinn, als seinen Angreifer vor den Drohungen der Menge zu schützen.

Wohl zehnmal versichert er jetzt Pauline unter Kopfnicken, daß ihn der »Barbiere« sehr habe lachen lassen, und in seinem Mund bedeutet Lachen sublimes Glück. Dann fragt er, ob Pauline denn einen guten Mantel mitgenommen habe und gleich darauf, wer denn wohl jene Sängerin gewesen sei, die die Rosine so zauberhaft verkörpert hat. »Das war ich«, antwortet Pauline schnippisch. Er lächelt sie an, betrachtet sie genau und fragt angelegentlich zum zweiten Mal, ob sie auch einen guten Mantel mitgebracht habe. Die etwas peinliche Situation wird durch die junge, schöne Kaiserin Marie-Anna Caroline gerettet. Sie nimmt das alte Kind bei der Hand und führt es davon.

In der folgenden Woche muß Pauline eine wirkliche Mutprobe bestehen, denn Carl, auf den sie sich als Dirigent nun verlassen kann, darf bei den Aufführungen der »Sonnambula« nicht am Pult stehen. Für diese Oper ist die Wiener italienische Truppe zuständig. Pauline als einzige Nicht-Italienerin hat Baniers Warnung in den Wind geschlagen, dieses Werk überhaupt zu wählen. Das Pult einem Deutschen freizugeben kommt nicht in Frage. Die Sänger sträuben sich zunächst hartnäckig, ohne ihren Abgott, Mme. Tadolini, aufzutreten. Diese Dame aus Paris, diese Viardot-Garcia, hat die Partie unerlaubt an sich gerissen!

Zur Ordnung rufend, mischen sich schließlich die Autoritäten der Hofoper ein, und das Stück geht tatsächlich mit Pauline in Szene. Aber das Publikum teilt sich – wie stets bei solchen Gelegenheiten – in feindliche Lager. Pauline hat die Deutschen zwar hinter sich, aber die Italiener im Saal sind bereit, für ihre Diva Tadolini zu demonstrieren.

Vor Beginn der Vorstellung schüttelt Pauline Lampenfieber. Dennoch singt sie ihre erste Arie in einem Stil, der die Feinde schweigen läßt und die Freunde begeistert.

Aber die Italiener rächen sich. Der Bassist Derivis, ein Schüler Nourrits mit schöner Stimme und einziger Nicht-Italiener unter den Herren, singt die Partie des Grafen, einen unbedeutenden Part. An ihm entzünden sich, beschämend für das Publikum, Ablehnung und Beifall ganze zehn Minuten lang, die die Vorstellung unterbrochen bleibt.

Natürlich verfehlt der Sänger im zweiten Akt aus Nervosität seine sonst so sichere Höhe. Zischen, Rufen, Lachen. Pauline drückt es das Herz ab, wie grausam ein Partner auf der Bühne der Lächerlichkeit preisgegeben wird. Die Folge ist, daß ihr der Rest des Stückes nicht so gelingt wie sonst. Nur einmal wird sie vor den Vorhang gerufen.

*

Zu solchen Aufregungen kommt, daß die junge Mutter ihr Kind in fremder, in Georges Obhut lassen muß. Zwar schreibt die Dichterin regelmäßig, wie fein und gesittet sich die noch sehr junge Dame beträgt und daß sie »lustig wie ein Hündchen, frisch wie eine Rose und sanft wie ein Lämmchen« sei. Aber es ist Pauline oft weh ums Herz, dies »gute und intelligente Kätzchen« nicht selbst liebkosen zu können. Louis verspricht, er wolle den Brief Georges' aufheben, um Louise später stolz zu zeigen, wen sie zur zeitweiligen Maman hatte. Chopin, einmal mit der Aufsicht betraut, berichtet entzückt, daß das kleine Wesen so frei war, sich die Hände von ihm küssen zu lassen.

Aus Nohant erkundigt sich George auch, wie es denn in Deutschland sei. Nicht nur soll der Roman »Consuelo« endlich zu Ende kommen. Aber wie die meisten Franzosen kennt George Sand Deutschland nur aus den Meinungen anderer Schriftsteller, der von Philosophen oder Musikern. Oft hat sie ihre Begeisterung für Beethoven oder Weber geäußert, auch den Einfluß E. T. A. Hoffmanns auf ihre Arbeit betont. Was Goethe angeht, so ließ sie sich von französischen Artikeln beeinflussen, die ihr wohl nicht über jene interessante, aber irreführende Sicht hinweghalfen, die Madame de Staël in »De l'Allemagne« auf den deutschen Dichter offenbarte.

Pauline schließt ihren Österreich-Besuch mit einem Benefizkonzert im Theater an der Wien und singt zugunsten eines armen Schauspielers, der ihr nach dem Riesenerfolg weinend die Hände küßt.

*

Man reist nach Prag, wo Banier den »Barbiere« wieder begleiten durfte, an drei Tagen nacheinander. Er fand das Publikum intelligent und en-

Giacomo Meyerbeer

thusiastisch. Pauline kaufte einen kleinen bronzenen St. Nepomuk und brachte ihn mit nach Nohant; denn von dem Heiligen war im letzten, fertigen Abschnitt von »Consuelo« die Rede gewesen, den sie unterwegs gelesen hatte.

Danach sieht Banier drei Wochen lang seine Heimatstadt Berlin wieder und seine einsame Mutter, deren melancholischer Mann inzwischen gestorben ist. Auch an der Spree warten Hindernisse auf Pauline, wenn auch das Echo auf ihr neuerliches Gastspiel in der Hofoper am Ende beispiellos ausfällt.

Wie gut, daß der zuverlässige, geschickte Freund Giacomo Meyerbeer gerade in Berlin seine Mutter besucht! Nur er ist in der Lage, mit den Intrigen einheimischer Musiker fertig zu werden, die auch mit den Querelen um Gasparo Spontini zu tun haben.

Der gütige Meister betritt das Opernhaus, um die einzige Probe mit Pauline anzuhören. Völlig überrascht sieht er einen ihm unbekannten Dirigenten am Pult. Erst allmählich dämmert es ihm, daß da eine gewisse Ähnlichkeit mit seinem ehemaligen Laufburschen besteht. Mit langgezogenem »Nein!« stürzt er nach vorne und schüttelt Banier die Hände.

Meyerbeer bringt es auch zuwege, ein Konzert in Potsdam beim Prinzen August durchzusetzen, dem Neffen Friedrichs des Großen. Und schließlich ventiliert er einen Plan mit Pauline: eine Oper nach dem Roman »Consuelo« zu schreiben, von dem er natürlich längst gehört hat. Er flüstert Pauline unentwegt den Kosenamen »Consuelo« ins Ohr, träumt von einer Oper, die im Riesengebirge spielt und deren Libretto unbedingt George Sand schreiben soll. So etwas wie die Ankunft des Grafen von Rudolstadt, mit Aufmarsch und Gepränge, das sei doch für ihn, Giacomo Meyerbeer, ein »gefundenes Fressen«. Jeder bekommt zu hören, Pauline sei die größte Sängerin »des Universums«. Meyerbeer wolle in der Pariser Opéra kein Werk mehr herausbringen, bevor Pauline nicht dort engagiert sein würde.

Wie verdutzt muß Banier gewesen sein, als ihm nicht lange danach Franz Liszt erzählte, auch er trüge sich mit dem Plan, ein fünfaktiges Libretto nach »Consuelo« zu vertonen. Kaum zu glauben, daß hier Pauline übergangen werden sollte. Mme. Stoltz war – neben Levasseur und Duprez – die Hauptrolle zugedacht. Aber – vielleicht zum Glück – fand Liszt keine Gelegenheit, sich deshalb mit George Sand ins Benehmen zu setzen. Er befand sich neuerlich – und seinem Vorsatz untreu – für zwei Jahre auf Konzertreisen.

Turgenjew

Unser Augenmerk mag für kurze Zeit zum Bankett von 1905 hinüber-
wechseln. Halb ist Pauline wieder wach geworden und fühlt sich wunderbar gestärkt, als sie plötzlich die Gestalt Iwan Turgenjews im Geiste
vor sich sieht. Ganz so wie damals, als sie ihn zum ersten Mal sah.

Im Jahr 1843, nach einer Vorstellung des »Barbiere« im Petersburger
Opernhaus, stand Iwan Turgenjew in Paulines Garderobe. Neben ihm
eine ganz unmögliche Figur in Majorsuniform, mit viel zu großem,
lächerlich in die Breite zeigenden Schnurrbart. Der Dichter, hingerissen
von dem Erlebnis Pauline, sagt gar nichts, läßt den anderen reden. Der
spricht immer nur von dem rasenden Beifall, besonders nach einer
Einlage im zweiten Akt. Pauline hat eine kurze, in Rußland sehr populäre
Arie auf russisch gesungen und das Haus damit zum Toben gebracht.
Sogar den Zaren sah sie heftig applaudieren. Er ließ sie in die kaiserliche
Loge bitten, um Komplimente zu machen. Am nächsten Morgen wird er
ihr ein Paar mächtige Ohrringe übersenden.

Erst nachträglich erfuhr Pauline, daß ihr Mann und Turgenjew vor
wenigen Tagen bereits gemeinsam auf die Jagd gegangen waren, eine
Leidenschaft, die ihr immer unbegreiflich blieb. Es gibt eine Karikatur,
die Turgenjew als Jäger zeigt. Alles entspricht dem angestrebten Image:
Flinte, Jagdtasche, Stiefel sind da. Nur der Mann, der dies trägt, stimmt
nicht zur üblichen Vorstellung: Ein guter, kindlicher Mensch befindet
sich auf der Jagd nach Licht und Schönheit, ein Dichter eben.

Pauline zögert, den ersten Eindruck wieder zu beschwören, den Turgenjew auf sie machte. Deutlicher kommt er vor ihr inneres Auge, wenn
sie sich ihn im Hause Dimidow vorstellt: Sie unterhalten sich begeistert
und verliebt über George Sand, und er erzählt ihr von dem Kult, der in
Rußland mit dem Werk der Französin getrieben wird. Die Größten
beteiligen sich daran, so auch Michail Bakunin oder Fjodor Dostojewski.
Die Romane George Sands seien – kaum erschienen – genau ins Russische
übersetzt worden, alle Welt lese sie von vorn bis hinten; die Männer
beteten die Französin an und die Frauen idolisierten sie. Eigentlich
herrsche sie über das kultivierte Rußland souveräner als der Zar, fügt er
lächelnd hinzu.

Iwan Turgenjew: Ich mit 20. Ich mit 45

Pauline sicht in dem 25jährigen Turgenjew zuerst einen Schmeichler und »Erzromantiker«. Zu solchem Eindruck trägt sein Aussehen bei: Das Gesicht, das von starken Backenknochen, einer breiten Stirn und der mächtigen Nase dominiert wird, ist sehr russisch. Volles, braunes Haar, gescheitelt, etwas lang getragen, fällt nach links. Starke Brauen beschatten grünlich-braune, große Augen von schwermütigem Ausdruck unter breiten Lidern. Ein Schnurrbart zieht sich bis über die Mundwinkel, entlang einer etwas aufgeworfenen Oberlippe. Das glattrasierte Kinn ist markant geformt. Ein Kopf, den man nicht so schnell wieder vergißt.

Turgenjew spricht deutsch mit Pauline, rein und fließend, mit erstaunlichem Vokabular, mit leichtem Akzent, anmutig und einschmeichelnd.

Die hochgewachsene Gestalt gehört einem Menschen von fast weiblicher Zartheit und Sensibilität des Gemüts.

So wird er ihr bald erörtern, wie sehr er Unrecht haßt und sich gegen jede Form von Unmenschlichkeit auflehnt. In der Geschichte seiner eigenen Familie hat er sie beobachtet und überall im ganzen Vaterland unter der Regierung des Zaren Nikolaus und seiner unbeschränkten, grausamen Herrschaft. Sehr bald und sichtlich engagiert erzählt Turgenjew, was Leibeigenschaft heißen will. Er hat sie auf seinen elterlichen Besitzungen und in der Nachbarschaft an der Quelle studiert: brutale Knechtschaft, gewaltsame Erstickung freien Denkens einer ganzen, großen Nation, in den glänzenden Hauptstädten ebenso wie in den Hütten des kleinsten Dorfes. Was Pauline an Versöhnlichem in Turgenjews Wesen entdecken kann, ist ihm einzig durch eine tiefe Naturliebe erwachsen. Immer aber erscheint er, selbst wenn er heiter ist, wie von einer undefinierbaren Schwermut überschattet.

Turgenjew erzählt ihr auch von seiner Jugend. Er war am 28. Oktober 1818 in Orel geboren, wo das Regiment stand, in dem sein Vater diente. Die Stadt lag mitten in jener fruchtbaren Landschaft Mittelrußlands, die auch die Heimat von Tolstoi, Feth, Lesskow und Bakunin ist. Das Gut Spaskoje der Familie Lutinow war an die unverheiratete Warwara Petrowna Lutinowa, seine Mutter, gekommen, die mit achtundzwanzig Jahren Herrin über Tausende von Leibeigenen und Zehntausende von Morgen Land wurde.

Sie regierte ihr Reich mit der gleichen Härte wie der Zar das seine. Als der junge Remonte-Offizier Sergej Nikolajewitsch Turgenjew zum Ankauf von Pferden nach Spaskoje kam, hatte sich die damals Dreißigjährige in ihn verliebt, den unbemittelten, aber stattlichen, eleganten und forschen Sprößling aus altem Adel. Sie wurde 1816 seine Frau, keine glückliche Ehepartnerin, denn sie erkannte bald, daß sie einzig des Geldes wegen geheiratet worden war.

Von seiner Mutter mag Turgenjew kaum sprechen; sie ist eine harte, enttäuschte Frau. Auch sieht er sie nur krank vor sich, hört in Gedanken immer ihre Hustenanfälle. Die Turgenjews lebten damals, Iwan Sergejewitsch als zweiter Sohn, in einem Gutshaus mit vierzig Zimmern, Orangerie, großem Park, Ziergärten und einem Troß eigener Diener. Das Milieu, in dem er aufwuchs, war durch Gegensätze gekennzeichnet, die Turgenjew geprägt haben. Da gab es die Schönheit und Größe der Natur, die der brutalen Wirklichkeit des Leibeigenen-Regimes zu widersprechen schien; da schlugen immer wieder Knuten auf die Rücken der

Bauern. Was das Schlagen angeht, so wurde Iwan selbst keineswegs verschont. Er hat es in seiner Erzählung »Das Kontor« ausführlich geschildert, wie er sich in Spaskoje ein Plätzchen im Park erwählte, zu dem er flüchten konnte und das er »Schweiz« nannte. Die Mutter liebte es, die Kinder eigenhändig zu strafen. Einmal hörte sie nicht auf, den kleinen Iwan zu schlagen, weil er nicht sagen konnte, weshalb er bestraft werden sollte. Solange er das nicht benannte, sollte sich die Prügelei täglich fortsetzen. Ein selbstherrliches Narrentum herrschte, wie es sich sonst nur Despoten leisten.

Als Iwan vier Jahre alt war, reiste die Familie nach Deutschland, in die Schweiz und nach Frankreich. Das bereitete auf die sogenannte Erziehung vor. Ein sächsischer Sattlergeselle unterrichtete Iwan daheim im Deutschen; mit ihm lernte der Junge schwer und unter Tränen Gedichte von Schiller auswendig. Im Elternhaus sprachen sie ausschließlich französisch. Russisch konnte er nur heimlich den Kammerdienern, Mägden oder Spielkameraden ablauschen.

1827 übersiedelte die Familie nach Moskau, hauptsächlich der Kinder wegen. Mit dem Bruder besuchte Iwan eine Privatschule, deren wichtigster Unterricht in Englisch bestand. Mit fünfzehn bereits ging er auf die Universität in St. Petersburg, weil der Bruder dort zur kaiserlichen Garde einrückte. Die ganze Familie folgte ihm deshalb nach.

Zwei Jahre nach dem Tod des Vaters 1834 beendete Iwan die Studien in St. Petersburg, um nach Berlin zu gehen, wo er Varnhagen von Ense, Bettina von Arnim und die Brüder Wilhelm und Alexander von Humboldt kennenlernte. Hegels philosophische Vorlesungen beeindruckten ihn, hatten aber kaum bleibende Wirkung. Ihm schwebte eine Identität von Wissen und Sein vor, wie er es, als er begann, Erzählungen zu schreiben, immer wieder andeutete.

Zeitweiliger Studiengefährte war der Revolutionär Michail Bakunin, in dessen Schwester Iwan schon in Spaskoje verliebt war. Bakunins radikale Losung »Zerstören ist eine schöpferische Lust« konnte Turgenjew nicht nachvollziehen. Später porträtierte er den Jugendfreund nicht ohne Boshaftigkeit in dem Roman »Rudin«.

Im Jahr ihres Kennenlernens erhielt der Dichter Turgenjew erste öffentliche Zustimmung. Begeistert hatte der Kritiker Wissarion Belinski, den man den »russischen Lessing« nannte, sein Lob in der heimatlichen Presse gesungen. Es waren nicht so sehr die bisher veröffentlichten Verse im Stil von Lermontow oder Lord Byron, die Belinski gefielen. Viel mehr enthusiasmierte die Erzählung »Khor und Kalynitsch« den

Kritiker; sie wurde später in die »Aufzeichnungen eines Jägers« einge-
fügt.

Turgenjew nutzte diese Novellensammlung zu seiner größten Tat,
zum Kampf gegen die Leibeigenschaft in Rußland. Ihre Abschaffung ist
auch auf sein Buch zurückzuführen. Das hat ihm bleibende Dankbarkeit
seiner Landsleute eingetragen: die der Betroffenen und die der Menschen
mit schlechtem Gewissen. Leo Tolstoi las das Buch, ohne Turgenjew zu
kennen. Zu seiner Verwunderung entdeckte er, daß der »Muschik« in
dieser Schilderung nicht mehr, wie vor kurzem noch von ihm selbst, nur
als ein Element der Landschaft angesehen wird, sondern als Lehrer des
Lebens; daß der Autor von diesem bescheidenen Helden mit Liebe,
Respekt, sogar mit Ergriffenheit spricht. Das Buch fesselte Tolstoi durch
die Idee der Gleichheit aller Menschen; und er stellte bald darauf fest, daß
es Turgenjews Werk (und vielleicht noch »Onkel Toms Hütte«) gewesen
sei, das am meisten zur Aufhebung einer nationalen Schande beigetragen
habe.

*

Das Wort Petersburg ist in Paulines Erinnerung von Glanz umflossen.
Denn die Begegnung mit Turgenjew veränderte ihr Leben. In den
wenigen freien Momenten, die ihr in Petersburg blieben, zeichnete sie
sein Porträt aus dem Gedächtnis. Sie kopierte die Zeichnung mehrmals,
was ihm gar nicht gefiel. Denn als sie ihm sein Exemplar überreichte,
hatte sie schon einige an Unbekannte verteilt. Iwan war nicht ihr einziges
»Gedächtnisprotokoll«, sie fertigte aus der Erinnerung auch Konturen-
zeichnungen von Chopin und »Bouli« an, wie Georges Sohn Maurice
genannt wurde. Aber sie kamen ihr fast alle durch »Kunstliebhaber«
abhanden, so daß sie schließlich nur Boulis Konterfei an George schicken
konnte. Diese fühlte sich in jener Zeit derart von Chopins fortschreitender Krankheit absorbiert, daß sie wahrscheinlich kaum auf die kleinen
Kunstwerke achtete. Pauline erfuhr durch sie von Chopins Hustenanfäl-
len, Schwindelerscheinungen, Schweißausbrüchen ...

Turgenjew hatte den Verdacht, daß Pauline ihn damals wenig wahrnahm, ihn, der doch erfüllt war von ihrem Künstlertum und ihrer
kostbaren Person. Abends strich er um ihr Petersburger Hotel, was sie
bemerkte und als kompromittierend empfand. Er verbrachte die Tage
mit Gedanken an sie, ja, er hörte nicht mehr auf, das zu tun, seit diese
unmöglich scheinende und von ihm selber immer wieder angefeindete
Liebe in ihm lebte. Er schrieb ihr Billetts und ließ es erst, als keine
Antworten kamen.

Manchmal vergleicht ihn Pauline mit Viardot, der nicht gar so schlecht abschneidet neben Turgenjews Scheu. Turgenjew wiederum sah sie in verherrlichendem Licht und traute ihr eine Geistigkeit zu, die sie erst gemeinsam mit ihm erfahren und in sich entwickeln würde.

*

Pauline hat sich nie für die Jagd begeistern können, so gern sie auch ritt. Daß ihr einmal auf einer solchen Jagd, bei der sie eigentlich nur Gast am Rande war, die größte Beunruhigung ihres Lebens begegnen sollte, die sie bis heute betäubt, sobald sie daran denkt, das kann sie immer noch nicht begreifen.

Mit jeder neuen Vorstellung in Petersburg scheint Pauline über sich hinauszuwachsen. Die Stimme kräftigt sich täglich, ihr Spiel gewinnt an Sicherheit und Natürlichkeit. Wenn Carl – wie meist – zum Dirigieren aufgefordert ist, wundert er sich darüber, wie kurzweilig ihm ein jeder Auftritt der Verehrten vorkommt, daß es ihn vor Neugier zerreißt, wie und in welchem Tempo sie fortfahren, mit welchen Fiorituren sie ihre Kadenzen schmücken werde. Als sie in Rußland mit dem Gastspiel begonnen hatten, schwärmte eine Zeitung, daß die Grazie der Sontag, die Kunstfertigkeit der Catalani und die Farbenfülle der Pasta, aber auch die einzigartige Technik Maria Malibrans sich in Pauline vereinigten. Paulines Auftritte (fast immer gemeinsam mit dem »König der Tenöre« Rubini) sind damals Tagesgespräch. Petersburgs Große Oper ist wohl das glanzvollste Opernhaus in Europa. Das Personal trägt die reiche Livrée des Hofes. Die horrenden Eintrittspreise reservieren die Vorstellungen einem gebildeten Publikum, das Talente zu würdigen weiß.

Das musikalische Leben in Petersburg ist nicht weniger lebhaft als in anderen europäischen Hauptstädten. Aber was sich in Paris, London oder Wien ereignete, nahm die gesamte Welt sofort zur Kenntnis, während die russischen Blätter kaum über die Landesgrenzen hinauskamen. Folglich gab es nach Paulines Gastspiel in Rußland (mit »Il Pirata«, »Il Barbiere«, »Otello«, »Sonnambula«) nicht den gewünschten Widerhall in der außerrussischen Welt. Großzügig überließen die drei »Stars« Pauline, Rubini und Tamburini einen Teil ihrer Einnahmen bedürftigen russischen Künstlern.

Auf einem prächtigen Ball in Petersburg belegt Turgenjew die meisten Tänze auf der Tanzkarte mit Pauline. Er kümmert sich nicht im geringsten darum, daß es vielleicht ein eigenartiges Bild abgibt, wenn er in seiner Länge mit der zierlichen Pauline tanzt. Dann sagen die beiden sich

Lebewohl, ohne übertriebene Zärtlichkeit oder Trauer. Es war ein hübsches Intermezzo, so kommt es Pauline vor, und sie denkt sich sein Empfinden ähnlich.

*

London erschien ihr nach all dem Trubel in Rußland traurig und verschlafen. Alles hoffte auf die Zeit nach Ostern, wenn wieder Leben in die öde Großstadt einkehren würde. George seufzte in Briefen aus Nohant – wie es scheint, mit Recht –, daß Pauline Zeit und Kraft verschwende. Die Viardots wohnten in Stadtnähe und durchfuhren in einer Karosse mit vier Pferden die komfortablen Besitzungen ihres Gastgebers, eines Mitglieds des Oberhauses.

Der Hausherr hatte die Insel nie verlassen und seine Zeit zwischen Jagd, Ausflügen, Verwaltergesprächen und am Sonntag ein wenig Bibel aufgeteilt. »Die Hausherrin, lang, mager, mit etwas krähender Stimme, weit über die Unterlippe hinausragenden Zähnen, aber mit weichen Wangen und sanften Manieren«, so schildert es Pauline in einem Brief an George, »hatte noch zwei noble Gäste eingeladen, einen Lord aus der Nachbarschaft und ein Mitglied des Parlaments. Die Tageseinteilung scheint unumstößlich: um 10 Uhr morgens Generalversammlung um den Teekocher, gefolgt von einer mehrstündigen Sitzung im Salon, die Herren und Damen wie in einer Moschee sittsam getrennt, neben sich die Journale, selten Worte verlierend, höflich, aber mit Abstand. Zur bestimmten Stunde erfolgt die Promenade, in bestimmten Alleen des Parks, in bestimmtem Tempo und in fester Ordnung. Die Gäste kommen sich wie Gefangene auf dem Gefängnishof vor. Danach sucht ein jeder sein Zimmer auf.«

Viardots hatten das schönste, zur Hälfte von einem Bett à la Duchesse verstellt, das sich mit seinen vier Säulen bis zur Decke erhob. »Wer darin liegt, fühlt sich wie ein Toter auf dem Katafalk. Nachdem die Hände in die Silberschüsseln mit Wasser getaucht sind, ruft die Glocke um fünf Uhr zu Tisch. Hier erschienen die Damen, der Kälte zum Trotz, im Abendkleid, die Hausfrau im weißen Musselin mit nackten Armen. Ich glaubte schon, man stürze sich mir zu Ehren in solches Ungemach. Aber die Tochter des Hauses klärte mich stolz auf: ›Ich würde mich genauso kleiden, wäre ich mit den Eltern allein.‹«

Erst in Paris waren die Viardots wieder glücklich. Daß allerdings in Georges Wohnung in der Rue Pigalle niemand anzutreffen war, irritierte Pauline. Sie beschwor Viardot, seine Angelegenheiten so rasch wie möglich zu erledigen, und drängte ihn zur Weiterfahrt nach Nohant. Die

158

so leicht eifersüchtige und schwierige Solange, der Georges ungeteilte, wiewohl leicht gequälte Liebe galt, würde sich sicher noch im Internat befinden, mithin eine verhältnismäßig friedliche Atmosphäre herrschen.

Damals war die Strecke für die Eisenbahn nicht erschlossen, und es mußte mit der normalen Reisepost kutschiert werden, die alle Augenblick haltmachte und pro Stunde nicht mehr als anderthalb Meilen hinter sich brachte. Louis hatte zu dem ganzen Unternehmen wenig Lust, zumal ihm statt eines fox hunting mit wenigstens fünfzig Hunden nur eine armselige kleine Schnepfenjagd avisiert worden war.

Aber Pauline genoß ihr Leben mit dem Kind auf dem Lande, machte weite Wanderungen mit George oder spielte mit ihr Billard um Geld, was die Dichterin leidenschaftlich gern tat. Mit Chopin musizierte Pauline Klavierauszüge vierhändig und sang zu seiner Begleitung ganze Liedalben vom Blatt. Dem Unersättlichen genügte das nicht. Er klagte, man habe in den zwei Wochen ihres Besuchs mehr Zeit verschwendet als Musik gemacht.

Eugène Delacroix, der auch dieses Mal in den entfernteren Gemächern ein mönchisches, zurückgezogenes Gastleben führte, wofür er dem Sohn des Hauses gelegentlich eine Mallektion zukommen ließ, sagte spitzzüngig zu Louis: »Ein wenig Malerei, Billard und Promenade, das ist mehr als genug, um hier seine Tage zu füllen.« Es gelang Pauline nicht, auch nur einen Blick auf die Arbeit des Malers zu werfen.

*

Auf die Realisation einer waghalsigen Idee war Pauline stolz: Sie hatte La Fontaines »Le chêne et le roseau« in Musik gesetzt. Chopin war sehr angetan von ihrem Werk, von seiner hymnischen, großen Gesangslinie, und nahm es in sein neues Konzertprogramm auf. An den Schluß der Vortragsfolge gesetzt, mußte es sogar wiederholt werden. Aber die Presse ging nicht sanft mit der Komponistin um. So meinte Maurice Bourges, die Malibran hätte auch komponiert, aber um vieles besser. Verdächtiger Nachahmungstrieb sei bei Pauline im Spiel; allerdings könne sie der Schwester nicht das Wasser reichen.

Pauline ging bei der eigenen Musik auf, daß erst die Melodie zur höchsten Stufe des Gesangs führt. Im Glücksfall gibt sie einen selbständigen musikalischen Ausdruck des im Text poetisch formulierten Inhalts. Zwar darf der Gesang korrekter Deklamation nicht schaden. Er sollte aber auch nicht aus ihr entwickelt werden. Denn die Bedeutsamkeit melodischen Ausdrucks ist viel ursprünglicher als die Symbole der Worte, die sich auch in den verschiedenen Sprachen voneinander unterscheiden.

*

Während Paulines nächstem Besuch in Nohant nach der Rückkehr von einem London-Gastspiel stand ein Gesprächsthema im Mittelpunkt des Interesses: Es wurde vereinbart, unter der Dreier-Direktion von George Sand, Louis Viardot und Pierre Leroux die »Revue Indépendante« zu gründen, ein Blatt sozialistisch-republikanischer Richtung. Es wurde zur neuen Heimat für Georges Arbeit, da Buloz sich bereits gesträubt hatte, das Manuskript »Horace« anzunehmen, eines Romans der Sand, der ihm zu subversiv und umstürzlerisch vorkam. Das neue Blatt wurde von Sainte-Beuve mokant als eine Kopfgeburt, als kommunistisch beschimpft, er gebe ihm nicht mehr als sechs Monate. Aber gerade der süffisante Ton sicherte der »Revue« einen sofortigen, durchschlagenden Erfolg, und sie blieb bis zum Februar 1848 am Leben.

*

Es hatte sich fast ein Wunder begeben: Louis hatte in Rozay-en-Brie endlich das ersehnte Asyl gekauft, ein Schlößchen, das den momentanen Bedürfnissen der Viardots ideal entsprach: Courtavenel. Freilich war viel zu tun. Deshalb bot George Sand ihr Haus immer wieder als Übergangsquartier an, damit die Viardots in Ruhe ihr Mobiliar kaufen und sich allen etwaigen Belastungen durch Handwerker entziehen könnten. Sogar mehrere neue Kutschen und Pferde wurden in Nohant angeschafft, damit möglichst viele Gäste eine bequeme Anfahrt von der Poststation hätten.

Der »Landsitz« Courtavenel war zur Zeit von François I. (1494–1547) erbaut worden. Zwei Türme rahmten die Vorderfront; es gab eine Zugbrücke über den Schloßgraben, der das ganze Bauwerk umzog. Im Inneren war der Prachtbau allerdings zu modernisieren und den Bedürfnissen der Familie Viardot anzupassen. Am wichtigsten und aufregendsten war es, den großen Wachensaal in ein Theaterchen umzubauen, mit Bühne, Vorhang, Rampenlicht und Garderoben. Es gab sogar einen Souffleurkasten, der freilich nie besetzt war, denn jedem, der hier auftrat, war es Ehrensache, seine Rolle genau im Kopf zu haben. Die Möbel des Salons, vor allem die Penduluhr, die wie das Standbild einer Wache aussah, stammten aus dem vorviktorianischen England, dazu Hängelampen aus Bergkristall, Krüge und Vasen aus Sèvres. Alabasterstatuetten mit zumeist sehr unchristlichen Idyllen vervollständigten das Bild. Im übrigen Haus stimmte nicht alles so gut zusammen. Da standen maurische Lederhocker neben Schaukelstühlen aus Wien. Den ursprünglich für Galadiners vorgesehenen Raum neben dem Eßzimmer ernannte Pauline zum Konzertsaal, in dem sich oft berühmte Interpreten hören ließen. Sie war nicht mehr die vom Vater verwöhnte und zugleich tyrannisierte Tochter, sie war nun Herrin über ein eigenes Reich.

*

Turgenjew ist schon zweimal in Paris gewesen. Eines Tages während seiner dritten Anwesenheit beobachtet er, wie Pauline sich mit erstaunlicher Leichtigkeit durch die Menge auf einem der Einkaufsboulevards bewegt. Sie läßt sich durch das Straßengetümmel treiben, ohne anzustoßen. Es handelt sich bei ihr immer nur um kleine Einkäufe, da ihr Mann alles, was im Haus gebraucht wird, persönlich besorgt, nicht nur Möbel und Nahrungsmittel, sondern sogar die Wäsche der Frauen. So ist solch ein Ausgang sichtlich ein erregendes Abenteuer, wie sie es schon in ihren Kleinmädchenträumen durchlebt hat. Es scheint Turgenjew, als gebe es für sie kein festes Ziel. Sie läßt sich Zeit bei einem langen Rundgang, um sich mit Muße an den Dingen zu erfreuen.

Turgenjew spricht sie nicht an, aus Scheu, ihren Genuß zu unterbrechen, und verlegen, weil er selbst sich bei Einkäufen nicht gerade geschickt benimmt. Durch ein Schaufenster hindurch sieht er, wie sie sich in bedruckte Seide hüllt, er sieht sie lachen, als sie sich mit einem Kamm und blumenbemaltem Fächer als Spanierin im Spiegel betrachtet. Während sie Seife und Benzolwasser in einer Drogerie einkauft, tupft man ihr ein wenig Modeparfüm hinter das Ohr und gibt ihr ein Bonbon gegen den Zigarettengeruch, den sie zumeist nicht verleugnen kann. (Dem Laster des Rauchens hing sie bis ins Alter ohne gesundheitliche Komplikationen an.) Sie kauft ein, überlegt nicht lang und wählt so bestimmt, daß niemand auf den Gedanken gekommen wäre, daß sie es nur selten tut. Handelt sie doch in dem Bewußtsein, nicht nur für sich, sondern für die Ihren einzukaufen. Sie weiß, wie man um den Preis feilscht, argumentiert mit Charme und Würde solange, bis sie das Beste bekommt.

Turgenjew spioniert ihr verzückt nach, folgt ihr atemlos. Einmal geht sie so nah an ihm vorbei, daß ihn ihr Duft streift. Sie hat ihn jedoch nicht gesehen, wahrscheinlich weil sie so hoheitsvoll einherschreitet, wie sie es immer tut, wenn sie sich – besonders auf der Bühne – beobachtet glaubt.

Er wagt nicht, sich ihr zu nähern, aus Furcht, den Zauber zu zerstören. Als er sie im Menschengewühl verliert, wird ihm bewußt, daß er dabei ist, ein Wiedersehen zu verscherzen, das er doch schon lange herbeisehnt.

*

Mit sechsundzwanzig Jahren war Turgenjew der begehrteste Junggeselle, auch in der heimatlichen Umgebung von Spaskoje. Als er von längerem Aufenthalt in Paris zurückgekehrt war, wo er weiterführende Studien absolviert, aber Pauline nicht wieder gesprochen hatte, lieferte er Beweise dafür, daß seine Zeit dennoch gut genutzt worden war. Keiner seiner Jahrgangskameraden wirkte so ernsthaft und kenntnisreich wie er; auch gab es keinen, der besser tanzte oder rezitierte. Von seinem Familienvermögen angelockt, losten die Mädchen untereinander aus, wem er zufallen sollte.

Turgenjew trat zunächst mit Paulines Mutter in brieflichen Kontakt, die er bei Viardots kennengelernt hatte und die abwechselnd in Paris und in Courtavenel mit der Familie lebte, fast immer in der Nähe zu ihrem Bruder Paolo Sitchez und dessen Frau. Mamita beaufsichtigte Maurer und Zimmerleute, während ihr Bruder mehr als hundert Zigaretten am Tag rauchte und krank war. Er hatte nach dreißig Jahren in Frankreich noch immer kaum ein Wort Französisch gelernt und regte sich darüber auf, wenn er eine »costilla« verlangte und man ihm nicht das gewünschte Kotelett brachte.

Die schöne Gartenanlage in Courtavenel betreute Pauline mit Hilfe eines Gärtners. Rundherum wuchsen bald eine Rosenhecke, Dahlien, ein Teppich von Reseden, Geranien und Vergißmeinnicht. Massige Bäume einer breiten Allee empfingen die einfahrenden Wagen. Das »Schloß« zeigte einen Zug ins Bourgeoise, vielleicht etwas seiner ursprünglichen »Ambition« Fremdes, war aber für Pauline ein Schatz. Dachte man sich die Türme fort, so erinnerte die Fassade an Nohant.

Die Viardots lebten, verglichen mit den zahlreichen Bedienten, die in Nohant das Leben ermöglichten, einfach. Sie kamen mit Köchin und Gärtner aus, tranken die Milch der eigenen Kuh, aßen die Eier eigener Hennen und Gemüse aus eigenem Garten. Vorläufig traf man sich zum Essen meist mit bäuerlichen Nachbarn oder dem Herrn Bürgermeister. Zahl und Ansehen der Gäste sollten sich freilich bald erhöhen.

Die Feldarbeiter der Gegend wußten längst, mit wem sie es bei Pauline zu tun hatten. Wünschten sie sich ein Lied, so ließ sich die Gefragte nicht lange bitten. Niemand nannte die Viardots »stolz«. Stellten sich im jetzt vernachlässigten Verhältnis zu George Sand einmal Schuldgefühle ein, so schrieb Louis ritterlich lange Erklärbriefe, weshalb ihren Bitten im Augenblick nicht nachzukommen sei. Dennoch wünschte sich George, der Teufel solle das »Schloß der Armida« holen, das Paulette fernhielt. Wie zwangsläufig sich das ergab, da Pauline fast bis zum letzten Sou hatte opfern müssen, was sie bisher verdient hatte, das wollte George nicht einsehen.

Meist litt Pauline unter Zeitnot und mußte sich eingestehen, daß es Menschen im Rampenlicht oft schwerfällt, Muße zum Umgang mit andern zu finden. Das versuchte sie George zu erklären. Und erfuhr zu ihrer Verwunderung, daß auch die Dichterin nicht mit jedem, der unter ihrem Dach lebte, auskam. So hatte George einen Horror vor mondänen Besuchern, wie etwa Théophile Gautier. Der entsetzte sich während seiner Tage in Nohant derart über die Schweigsamkeit seiner Gastgeberin, daß er schließlich entrüstet das Weite suchte. Mit Menschen, die mehr als sie selbst Geist und Weltgewandtheit an den Tag legten, konnte George nur schwer zurechtkommen; bei ihnen wurde sie zu Eis.

*

Noch während eingerichtet wurde, fieberte Pauline ihrer zweiten Reise nach Rußland entgegen. Sie sollte dort erstmalig die »Norma« singen. Die Pasta war zuletzt 1841 in Petersburg in dieser Rolle aufgetreten, hatte allerdings den Eindruck einer stimmlichen Ruine hinterlassen. Dennoch rieten alle Freunde Pauline davon ab, sich einem solchen Vergleich auszusetzen. Es war eben vielen noch unbekannt, daß sie sich ganz leicht auch den höhergelegenen, dramatischen Partien zuwenden konnte, um dann ebenso leicht zum dunklen Alt zurückzukehren.

Turgenjew hatte ihr damals in Briefen Ratschläge gegeben, ihr die Figur der Norma geschildert, ohne Pauline noch in einer ähnlichen Rolle gesehen zu haben . . . Er schrieb ihr später einmal: »Ich hätte Sie wiedererkannt in dieser Frau mit dem hochherzigen Gemüt, so naiv, so gerecht, so wahrhaftig, im Kampf mit ihrer Liebe und ihrem Schicksal, mit den großen und einfachen Regungen der Leidenschaft in einer einfachen Seele, dieser grausamen und süßen Mischung aus allem, was uns im Leben teuer ist – und im Tod, dieser verzückten Explosion am Ende; diese so starke und stolze Intelligenz, die sich, im Augenblick des Sterbens, völlig an die lebhafteste Zärtlichkeit hingibt, an den Enthusiasmus des Opferns – sprechen wir nicht weiter davon, denn ich neige dazu, die Figur nach der Idee zu rekonstruieren, die ich von Ihnen habe. «

Allen Warnungen zum Trotz hörte Pauline eine Stimme in sich, die ihr diktierte: Tue es! Und sie tat gut daran, diesem Ruf zu folgen. Denn mit der Norma hatte sie den bis dahin größten Erfolg in Rußland. Turgenjew war nicht im Publikum; er hatte in Paris zu tun, zu schreiben und zu verhandeln . . .

In der kleinen Ruhepause, die auf die Petersburger »Norma« folgte, arbeitete Pauline an Donizettis entzückender neuer Oper »Don Pasquale«, die der Komponist vor einem Jahr in nur acht Tagen niedergeschrieben hatte. Beim Studium taten ihr die Augen vom Notenlesen weh – und es gab doch so viele Briefe zu schreiben –, an Turgenjew, an George. Aber da sie nicht wie jene einen freundlichen Sekretär engagiert hatte, mußte es eigenhändig geschehen.

Oft stand Pauline neben Rubini auf der Bühne, und George beneidete sie in ihren Briefen darum, die »himmlische Tenorstimme« so oft hören zu können. Als die Viardots nach fürchterlicher Reise heimkamen,

Jenny Lind mit ihrem Mann Otto Goldschmidt

berichtete die Presse ausschließlich darüber, daß Pauline in Rußland kostbare Geschenke empfangen habe, und übertrieb deren Wert maßlos, nur um Madame als Materialistin abstempeln zu können.

Die kleine Louise hatten die Eltern in eine Pension gegeben, wo sich aber niemand mit ihr beschäftigte. Auch blieb sie lieber im Hause, wenn die anderen Mädchen jubilierend ins Freie liefen. Nur die »pas trop belles sœurs« von Louis, die in Paris wohnten und Klavierstunden gaben, nahmen das Kind alle drei oder vier Wochen einmal zu sich. Da war dann übertriebene Tierliebe der ältesten Tante durchzustehen: Ein Taubenpaar hauste in der Wohnung und hinterließ überall Spuren. Bei der anderen Schwester stieß die schlecht riechende Perücke das Kind ab. Und doch freute es sich, wenn sich jemand interessiert nach seinem Ergehen erkundigte.

*

Im Sommer 1845 konnte Pauline endlich einmal an etwas Ruhe denken – ganze zwei Wochen, die sie an der See verbrachte. Aber noch dort erreichte sie ein Brief von Banier, der im Auftrage Maestro Meyerbeers bei ihr anfragte, ob sie an den soeben gegründeten Festspielen teilnehmen wolle, die in einigen Burgen am Rhein durchgeführt werden sollten. Der König von Preußen habe Meyerbeer damit beauftragt, anläßlich des Deutschland-Aufenthalts von Königin Victoria und Prinz Albert Konzerte zu geben. Neben Pauline waren Liszt, Tichatschek, Jenny Lind, der Geiger Vieuxtemps und viele andere eingeladen worden. Ein Teil der Einnahmen sollte zur Errichtung und Einweihung des Beethoven-Denkmals in Bonn verwendet werden.

So mischt sich denn die noch keineswegs erholte Pauline unter den preußischen und britischen Adel und hört die unterschiedlichsten Stimmen, sympathische wie abstoßende. Besonders unangenehm berührt es sie, als Hector Berlioz im Schloß Brühl aus seinen Schriften liest. Die Stimme widerspricht allen Vorstellungen von Charakter oder Musikalität dieses Mannes, die sich in ihr geformt haben. Auch was Louis Spohr und Fétis salbadern, weihrauchgeschwängerte Worte zugunsten eines Denkmals, langweilt sie. Maestro Meyerbeer hat speziell zu dieser Gelegenheit eine Kantate zusammengestellt, die nun aufgeführt wird. Auch eine Arie aus dem Spiel um Friedrich den Großen, von Meyerbeer recht aufwendig und erfolgreich unter dem Titel »Ein Feldlager in Schlesien« auf die Bühne der Berliner Hofoper gebracht, wird zum besten gegeben – ziemlich geistlos von Jenny Lind gesungen, wie Pauline findet.

Viel Sympathie hat sie für die Tochter des Nordens nie aufgebracht.

Zwölf Jahre später heißt es in einem Brief an die Mutter: »Manuel hat mit seiner Lind und mit seinem ewigen Vergleich zu meiner Karriere gut reden. Er bildet sich ein, ich könne in England tun, was sie macht. Und ich meine, er täuscht sich da ganz gewaltig. Dazu hätte sich mein Erfolg auf Schwindel stützen müssen, und nichts sieht ihm weniger ähnlich. Ich ließ mich nie von einem Elefantenführer in den Sattel heben. Ich habe niemals jemanden zu bekehren versucht, ich habe zu allererst einmal geheiratet, ich wollte nie als Heilige gelten, ich habe auch nie jemanden an der Nase herumgeführt. . . . Zum Teufel! Jedem sein Handwerk! . . . Wie Jenny Lind ihren Beruf außerhalb der Kunst ausübt, ist weder in den Mitteln noch im Stil nach jedermanns Geschmack.«

Nach dem Finale aus Webers »Euryanthe« kommt bei diesem nun endlich Pauline an die Reihe. Nicht mehr ganz frisch bei Stimme und von den in ihrem oder im Nachbarzimmer stetig sich einsingenden Kollegen schon ganz wirr im Kopf, singt sie ihre Glanzstücke, wie das bei solchen Gelegenheiten üblich ist: Orfeo-Arie und einen Auszug aus Händels »Rinaldo«, beides nicht in der gewohnten Vollendung. Aber es folgt zwei Tage darauf eine Rezension, in der von »großem und durchdringendem Stil« die Rede ist und davon, daß es »direkt zu Herzen gegangen« sei. Den Beschluß machen Deutschlands berühmteste Bässe Staudigl und Pischek mit Duetten, die laut akklamiert werden.

Auch Liszt wirkt mit, als Teil eines Programms, das gänzlich von Meyerbeer entworfen wurde. Dieser begleitet die Sänger höchstpersönlich am Klavier, und Pauline findet, er bestätige seinen Ruf als exquisiter Pianist durchaus. Sie bewundert, wie ernst der preußische Generalmusikdirektor – so darf er sich seit Spontinis Weggang aus Berlin nennen – auch solche organisatorischen Aufgaben nimmt, welche gründlichen arrangierenden und probierenden Vorbereitungen er trifft. Bis zu seinem Tod leitet er die repräsentativen Hofkonzerte in Berlin, auch als er administrativ längst nichts mehr mit der Hofoper zu tun hatte.

*

Pauline fühlte sich damals beunruhigt. George Sand hatte sich auf eine kurze Reise begeben, und eine Briefpause war entstanden. George mußte den dringenden Wunsch ihres Verlegers erfüllen, ein lange liegengebliebenes Manuskript fertigzumachen. Es war verwunderlich, daß Pauline, als sie mit ihrem Mann nach Courtavenel zurückkehrte, ein müdes Gesicht zur Schau trug. Sie brauchte dringend Ruhe, denn sie wollte – »ernsthaft arbeiten«, einmal nicht neue Stücke studieren, sondern etwas tun, um die nervlichen Kräfte auszubalancieren. Sie hatte sich geschworen, nicht mehr nur zu »funktionieren«.

Neuerdings las sie viel. Louis hatte ihr – womöglich mit ganz bestimmten Hintergedanken – Molières Essay »Über die Sitten« empfohlen. Sie übersetzte aus dem Englischen und Italienischen. Ihre »Opfer«, wie sie es nannte, waren Dante und Byron. Turgenjew war weit, und damals befand sie sich nicht in der Gemütsverfassung, ihn sich nahe zu wünschen. Zuviel Lernarbeit, zuviel Familie, zuviel andere Interessen nahmen die junge Frau in Anspruch. Auch zum Komponieren trieb es sie wieder. Sie nahm sich vor, Chopin ihre neuen Lieder vorzusingen, wenn sie sich auch nicht ganz sicher dabei fühlte. Dennoch fand sie den Mut, einige davon einem Verleger zu überlassen.

Es machte ihr jedesmal viel Mühe, unregelmäßige Verse in Musik zu setzen. Aber sie tröstete sich damit, daß in der Kunst alle Plage gute Arbeit bedeutet und manche Arbeit einen gewissen Fortschritt.

George schwieg. Was hatte Pauline getan? War ihr die »mère« nicht mehr gewogen? – Eines Morgens hörte sie die große Eingangstür von Courtavenel einrasten und wußte sofort: Jetzt war sie endlich allein. Denn Louis hatte schon vor einigen Tagen nach Paris fahren müssen, und nun waren auch der Onkel, seine Frau und deren Tochter Antonia fort. Niemand würde Pauline glauben, wie wohl sie sich in dieser Abgeschiedenheit fühlte. Die kleine Louise dachte sie sich in der Obhut einer neu engagierten Hausdame gut aufgehoben. Diese Stille hätte eine Ewigkeit andauern dürfen! Nicht, daß sie gern auf ihre Familie verzichtet hätte, aber sie spürte, wie rasch sie sich jetzt wiederfand und daß sie selbst sich die beste Gesellschaft sein konnte, wenn auch nur vorübergehend.

War das Egoismus? Natürlich nicht. Sie fühlte klarer und atmete leichter. Ihr Mann wurde ihr, sie gestand es sich zögernd ein, mit all seiner Fürsorge, Lebenssorgfalt und Beredsamkeit manchmal fade. Sie mußte lachen, als sie ihn Turgenjew einmal wagemutig so beschrieb: »Traurig wie eine Nachthaube, die das Gesicht nicht bedecken darf.«

Pauline erinnert sich, daß sie dem Dirigenten Rietz – etwa zehn Jahre später – verraten hat: »Meine Liebe zu Louis war tief und lebhaft, aber (und das hat sie dem Freund ins Ohr geflüstert) die Reisen, die ich allein machen mußte, bedeuteten für mich immer heilsame Ferien«. (1858)

Weshalb kam Turgenjew so selten, fast nie auf ihren Reisen mit? Der Klatschmäuler und bösen Zungen wegen? Noch war sein Werben, waren seine Sympathiebekundungen für Pauline nicht viel mehr als hübsche Lebens-Zugaben. Sie war noch nicht bereit für ein starkes Gefühl, wie sie es bei ihm längst hätte wahrnehmen können. Oder wollte Turgenjew nicht »Anhängsel« sein?

Als er wieder nach Paris kam, wurde er Hausgast bei den Viardots, denn Louis hatte ihn, obwohl er des Freundes Neigung zu Pauline kannte, zu Aufenthalt und Jagd aufgefordert. Zweifellos rief Turgenjew Louises Unwillen und später auch den von Paulines Sohn Paul hervor. Denn Turgenjew ließ es sich auf echt russische Art bei den Viardots wohl sein, ohne für sein Leben aufzukommen. Louis nahm es Pauline immer etwas übel, wenn sie ihn daran hindern wollte, Turgenjew an monatelange Schulden zu erinnern. Zwar suchte der Dichter mit kleinen Verrichtungen in Wirtschaft und Garten sein Dasein zu rechtfertigen. Aber daß Pauline, wenn man auf Reisen war, brieflich von kleinen Schäden im Haus oder den ewigen Unterlassungssünden des alten Gärtners erfuhr, konnten ihre Kinder nicht wirklich als Entschädigung ansehen.

Daß Louise, ein Kind, seine Sünden aufrechnete, empfand Turgenjew natürlich als peinlich und bedrückend, was er auch Paulines Mutter offenbarte. Joaquina hörte sich gütig die Klagen an. Sie wußte, daß Turgenjew sich in Courtavenel geborgen fühlte. Auch half sie Pauline, Briefe zwischen ihr und Turgenjew hin und her gehen zu lassen, indem sie sie an sich adressieren ließ.

*

Statt nach Petersburg, dessen Klima Louis nicht bekam (das Fieber, von dem er heimgesucht wurde, qualifizierte er selbst als »gastronervös«, aber Pauline fühlte sich dort ebensowenig auf dem Posten), ging die Reise im Herbst 1846 nach Berlin und Frankfurt am Main. Es standen erstmals Glucks »Iphigenie in Aulis«, Meyerbeers »Hugenotten« und »Das Feldlager in Schlesien« auf dem Lern- und Bewährungsprogramm. Weitere Partien waren in »Iphigenie auf Tauris« von Gluck, »Don Giovanni« von Mozart, »Die Jüdin« von Halévy und »Robert der Teufel« von Meyerbeer zu bewältigen. »Le journal français de Berlin« schrieb: »Die große Sängerin übertraf sich selbst. ... Wie das beschreiben: Dies musikalische Gefühl, dieser treffende Schmerz, diese Liebesschreie und diese wahrhaftige Verzweiflung und vor allem diese Grazie voller Noblesse und Würde, die sie der schönen und schwierigen Rolle der Valentine zu geben verstand? Sie war Mlle. Jenny Lind weit überlegen, die in diesem dramatischen Genre immer viel zu wünschen übrig ließ.«

Am schwersten zu bezwingen war für Pauline aber – wie schon für ihre

Schwester – die Partie der Leonore in Beethovens »Fidelio«, auf die sie sich lange vorbereitet hatte. Ging diese Aufgabe auch bis an die Grenzen ihrer stimmlichen Möglichkeiten, so sehnte sie sich zugleich danach, die wunderbare Musik und die großartige Figur zu durchdringen und sich zueigen zu machen. An Zerline und Donna Anna im »Don Giovanni« mußte sie seit langem viel weniger nervliche Kräfte wenden und sang beide zusätzlich immer abwechselnd in Berlin.

Natürlich lag ihr bei vielen dieser Aufgaben Marias Stimmgebung im Ohr. Das mag ihr geholfen haben, deren Fehler – unausgeglichene Registerlagen und unfreiwilliger Luftdurchgang bei der Tongebung – nicht zu wiederholen. Ja, sie bildete allmählich ein eigenes, inneres Hören aus. Was aber nur eine façon de parler sein kann, denn unsere Sprache taugt nicht, das Hörbare angemessen zu beschreiben.

Ähnlich hatte sich auch schon 1839 der noch reserviert zuhörende Berlioz über Paulines Wiedergabe des Duetts aus dem dritten Akt des »Orphée« von Gluck beschwert, als sie es in einem Konzert mit Duprez sang. »Mademoiselle Garcia hat mir sehr mißfallen, nicht so sehr, weil ihr anspruchsvolles Organ so viel Geräusch machte, sondern weil sie eine mißglückte Diva ist. Ich verabscheue diese Kreaturen, sie sind die Plagegeister der echten Musik und der wahren Musiker. Wie hat sie diese herrliche Musik entstellt!« – Im August 1845 dagegen, beim Bonner Fest zu Ehren Beethovens, bewunderte derselbe Berlioz »ihre exquisite Methode und ihren poetischen Ausdruck« in der gleichen Szene.

Pauline und Louis waren mit dem Ergebnis der Reise zufrieden. Wieder daheim, kam sie endlich dazu, Chopin eines ihrer spanischen Lieder vorzusingen. Er schrieb sofort und begeistert darüber nach Polen an seine Familie: »Ich liebe diese Lieder sehr und kann mir nicht vorstellen, daß es in diesem Genre etwas Schöneres gibt. Ich habe mir ihren Gesang wieder und wieder mit Entzücken angehört.«

*

Es kam Turgenjew fast so vor, als schickte er ihr einen Vorboten seiner Liebe, als er – vielleicht übermütig – einen glühenden Verehrer von Paulines Kunst nach Paris fahren sah: den russischen Grundbesitzer und Hauptmann im berühmten Garderegiment zu Pferde, Michail Fedorowitsch Petrowo-Salowowo.

Viardots nannten ihn einfach »Saloi«, und er überbrachte Pauline einige von Turgenjews Essays zur russischen Literatur, die sie damals noch nicht recht schätzen konnte. Turgenjew wollte nicht immer nur als der Nehmende dastehen. Natürlich war er insgeheim eifersüchtig auf die Ritte, die Pauline mit dem jungen Mann unternahm. Louis hatte ihr gerade ein eigenes Pferd gekauft.

*

Währenddessen fuhr Turgenjew in die absolute Einsamkeit, mitten in die Steppe hinter Orel, die er sehr liebte. Einige gute Bücher hatte er bei sich, und mit Erinnerungen, Projekten, Arbeit und Jagd verbrachte er seine Zeit. Immer vermißte er Paulines Anblick. »Saloi« schrieb aus Courtavenel viel zu entzückte Schilderungen. Pauline fügte keine Zeile an, und das tat besonders weh. Dagegen zählte er ihr leichtsinnig auf, was sich im Winter auf der Bühne der Petersburger Theater tat. Dabei ließ er auch das Lob solcher Opern nicht aus, in denen Pauline dort aufgetreten war.

Andererseits regte sich etwas in ihm gegen ihre Koketterie, die zugleich herausfordernd und vorsichtig war. Komplimente gefielen ihr, seiner Ansicht nach, viel zu sehr. Umworben zu sein, schmeichelte ihr. Aber wenn sie einen ganzen Abend lang den Weihrauch der Huldigung gespürt hatte, dann stellte sich Turgenjew vor, wie gut sie schlief und daß sie sich wohlfühlte wie jemand, der seine Stellung in der Gesellschaft gefunden hat.

Wie stand es mit ihm selbst? Er hatte mit Frauen flüchtige Affären, die er seinem Ruf verdankte, seinem unterhaltsamen Geist, seiner Athletengestalt, seiner mitunter energischen Ausstrahlung. Ihn trieb sein Ruhmbedürfnis in Gesellschaften, nicht sein Herz. Er fühlte sich dort aus Eitelkeit wohl, er nahm Glückwünsche und Aufträge entgegen, paradierte vor den Damen. Es schmeichelte ihm, wenn jemand überrascht sagte: »Er ist bewundernswert wohlerzogen.« Und zugleich verletzte es ihn, denn es deutete seine Grenzen an.

Übrigens hatte er selbst bereitwillig zugegeben, daß er noch kein entschlossener und seiner selbst sicherer Künstler war, als er Pauline kennenlernte, eher ein Unruhiger, dessen Äußerungen ständig zwischen vielen Möglichkeiten schwankten. Obwohl reich, berühmt, vielfach geehrt, war er auch am Ende seines Lebens immer noch ein Mensch, der nicht genau wußte, welchem Ideal er nachgegangen war. Turgenjew war auch deshalb unsicher, weil er Geheimnisse mit sich herumtrug, die er nicht gern mit jemandem teilte, auch nicht mit dem liebsten Menschen. Die Gesellschaft des 19. Jahrhunderts warf den Schatten der Schande auf uneheliche Kinder.

*

Wie war es wohl, als die beiden sich in Paris nach zweieinhalb Jahren wiedersahen? Zunächst stand er stumm, als Viardot ihn hereingeführt hatte. Er gefiel ihr besonders des Neuen wegen, das ihm anhaftete. Er sah glänzend aus und war berühmt geworden. Keine Frau bleibt gegen Schönheit und Ruhm ganz gleichgültig. Sie fühlte sich geschmeichelt, weil sie – unhübsche Person – diesem Kenner aufgefallen war. Sie entdeckte in ihm einen beweglichen, kultivierten Geist, Geschmack, Phantasie, eine bezaubernde Intelligenz und eine farbige, fließend französische Sprechweise, die wirklich erhellte, was sie ausdrückte.

Die Vertrautheit, die sich rasch wieder zwischen den beiden einstellte, tat Turgenjew unendlich wohl. Schon am zweiten Tag fühlten sie sich bedeutend behaglicher, und er fing an, Einzelheiten aus seinem Leben zu erzählen. Und zu diesen Einzelheiten gehörte das Geständnis, daß er eine Beziehung zu der Wäscherin seiner Mutter gehabt hatte, aus der eine Tochter stammte. Er wollte verhindern, daß die Kleine ihre Mutter in Rußland sah, weil er von der prüden russischen Gesellschaft Schlimmes befürchtete und das Mädchen außerdem etwas »Besseres« werden sollte. Als sie acht Jahre alt war, bat Turgenjew die Viardots darum, ihm die Sorge um ihre Erziehung abzunehmen. Pauline rechnete es Louis hoch an, daß er sich nicht lange bitten ließ und die Kleine nach Paris kommen durfte.

Viardots behandelten Paulinette (so und nicht anders nannten sie das Mädchen, das eigentlich Pelageja hieß!) wie ihr eigenes Kind, und Turgenjew kam für Unterricht und Kost auf. Sein seltsamer Hang, einem Kind andere Eltern als die eigenen zu geben, spiegelt sich in seiner Erzählung »Drei Porträts«, die von seinen Urgroßeltern mütterlicherseits handelt. Wer zwischen den Zeilen liest, sieht, daß sich der »entfernte Verwandte« in der Novelle mit dem »besten Freund« des Urgroßvaters identifizieren läßt. Das unmotivierte Eintreffen eines Pflegekindes im Hause der Grundbesitzer wirkt seltsam ...

Erst 1880 sollte Turgenjew Pauline eine Wahrheit bestätigen, die sie schon immer durchschaut hatte. Er sprach von seinem Großonkel Alexis Lutowinow als einem ruchlosen Don Juan, der die eigene Schwester verführt und mit ihr eine Tochter hatte, an die Turgenjew sich noch gut erinnerte. Ein ähnlicher Fall kehrte in seiner engsten Familie wieder: Seine Mutter hatte, nach einer Affäre mit ihrem Arzt, der viel jünger als sie war, eine Tochter Warwara. Der Arzt hieß Andrej Estafjewitsch Bers (er war übrigens der Vater von Tolstois Frau). Turgenjews Mutter zog Warwara auf, und sie wurde von allen als ihr besonderer Liebling gesehen, mehr als die Buben. Diese Halbschwester stellte er Pauline als eine junge Demoiselle vor, die seine Mutter »adoptiert« habe.

War Pauline denn nicht selbst diese Art von Geheimnissen gewohnt, die durch die Forderungen der Gesellschaft entstanden? In ihrer eigenen Familie hat es sich ähnlich zugetragen: Bevor er Joaquina Sitchez kennenlernte, hatte Garcia-père ein Kind mit einer anderen Frau und gab diese Tochter immer als seine Nichte aus. Sie hieß Josefa und hatte Gesangstunden – was wohl sonst? – bei ihrem Vater. Unter dem Namen Ruiz-Garcia debütierte sie 1827 im Théatre Italien. Josefa hatte einen Rafael Ruiz geehelicht, dem sie einen Sohn, Joaquin, schenkte, 1822 in Malaga geboren. Dieser Joaquin, in Wahrheit Paulines Stiefneffe, wurde im Hause seiner Tante »Cousin« genannt, wo er als Hagestolz sein Leben verbrachte. . . .

Turgenjew verschwieg Blutsbande gern. So ist vielleicht zu verstehen, weshalb er sich mit einer fremden Familie umgab (es existierten eigentlich zwei für ihn, denn in Rußland soll es eine parallele Verbindung zu einem Freundespaar gegeben haben) . . . Er schwieg dazu, er tat es immer. Seine nicht leicht nachzuvollziehende Haltung begünstigte das Aufkommen von Gerüchten über das Leben in der Nähe der Viardots.

*

Paulines Mann erschien Turgenjew bei seinem Besuch in Paris kleiner, als er ihn in Erinnerung hatte. Er trug keinen Schnurrbart mehr und hatte hohle Wangen. Seine nach hinten gekämmten Haare, seine höflich devoten Manieren und die tiefen Falten, die von den Wangen zum Kinn liefen, ließen ihn einem Priester oder Schauspieler ähnlich sehen.

Turgenjew war bereit, ihm einige seiner Schriften ins Russische zu übertragen, und Viardot dankte ihm mit Phrasen, die den Redner verrieten. Längst hätte er Turgenjew darum gebeten, hätte er nicht eine Ablehnung befürchtet. »Ich weiß sehr wohl, wie Sie von Bitten ähnlicher Art gequält werden.« Da hatte er recht, denn Turgenjews zahlreiche französischen Literatenfreunde hatten nichts Dringlicheres im Sinn, als in Rußland, dem Land der Dichter und Lesefreunde, verlegt zu werden.

Pauline freute sich, wenn er froh war; und er war es bei dem Auftrag von Louis. Äußerte er seine Gedanken, wurde er freilich manchmal recht tiefsinnig. Sie mußte sich anstrengen, ihm zu folgen.

*

Kharlamov: Louis Viardot

George Sands Tochter Solange war 1846 seit einiger Zeit wieder zu Hause und von einem Monsieur Clésinger umworben, Bildhauer von Beruf und derben Wesens. Wer brachte diese neuesten Beunruhigungen frisch aus der Gerüchteküche zu Pauline? Banier, dem die Welt als abgelaufenes Uhrwerk vorkam, der alle Möglichkeiten der Kunst als erschöpft ansah, der es für zwecklos hielt zu handeln, da ja alles doch ins Bodenlose führen müsse, der mit seinen bevorzugten Dichtern Byron, Baudelaire, Büchner oder Lenau das Gefühl der Sinnlosigkeit teilte, ohne dabei dem Wahnsinn nahezukommen wie jene. Denn er glaubte andererseits an einen vagen Fortschritt, an das Kommen einer besseren Welt.

Er erzählte, daß M. Clésinger darauf spekuliere, durch eine Heirat mit Solange das Vermögen von George Sand an sich zu bringen. Die aber blieb beharrlich bei einem Nein, und so beeilte sich der junge Mann, die absurdesten Lügen über ihr Vermögen, über ihre Dienerschaft, ihren Umgang auszustreuen. Und Solange hatte ihn dazu angestiftet. Er behauptete, alle Freunde seien längst von Georges Heimtücke überzeugt. Dabei nannte er Viardot an erster Stelle, und George erkundigte sich bekümmert, ob derartige Verleumdungen etwa Erfolg gehabt hätten. – Zwar wußte Turgenjew nichts von alledem, aber gelegentlich gab er

Pauline hingeworfene Gedankenanstöße, wie sie mit einem Satz alle Bedenken der Freundin zerstreuen konnte. George zeigte große Haltung, verzieh und vertraute darauf, daß sich Freundschaften ausruhen und erneuern müssen. Für eine Weile schloß sie sich von aller Welt ab, um nur noch in dem Kreis Vertrauter zu leben, dem Pauline zugehörte.

Die Dichterin tröstete sich damit, daß wenigstens ihr Sohn sie kenne und ihr blindlings die Sorge um seinen rechten Weg anvertrauen würde. Immer wieder richtete sich Pauline an den Worten auf, die George ihr in jenen Tagen schrieb: »Ich habe nie etwas anderes getan, als Sie zu schätzen und zu bewundern, was für mich ganz natürliche Regung war, unwiderstehlicher Drang, und daß Sie dazu gemacht sind, jeden, der es verstehen kann, zum Schönen und Guten anzuregen. Ich finde bei Ihnen mehr Gefühl und spontane Zärtlichkeit als bei denen, die mir ihr Leben danken. Ich werde es Ihnen nicht vergessen.«

*

Als Viardots 1847 wieder nach Berlin und Frankfurt reisten, saß Turgenjew jeden Abend in Paris mit Paulines Mutter, ihrem Onkel und dessen Frau zusammen. Er war dabei, Spanisch zu lernen. Und so sprachen sie – spanisch miteinander. Damals wohnte er in einem hübsch ausgestatteten Appartement in Paris, ganz in der Nähe der Viardotschen Wohnung natürlich. Besonders freute er sich an einer ausdrucksvoll bedruckten Tapete, was ihm seltsamerweise half, sich zu konzentrieren. Der Blick durfte sich beim Schreiben nicht ins Leere verirren. Ging Turgenjew gelegentlich in die Oper, so verfluchte er die Pariser Bühnen, die Pauline nicht engagiert hatten, so daß sie ihr Heil in Berlin, Dresden oder Frankfurt suchen mußte.

*

Louise hatten die Eltern diesmal auf die Reise mitgenommen. Pauline sang in Berlin – wie schon oft – mit dem berühmten Wagnertenor Josef Tichatschek, der Rienzi, Holländer und Tannhäuser aus der Taufe hob. Seine Garderobe beherbergte einen Schrank voller Utensilien, die das ganze Glück des Kindes waren. Jeden Vorstellungabend durfte es dort hinein und einen Fes, einen Pagenkopf oder Turban aufsetzen. So geschmückt, kam Louise stolz in Paulines Garderobe oder lief auch hinter der Szene in die Kulisse. Einmal hörte man die Kleine schreien, ein anderes Mal vernehmlich stöhnen, wenn nämlich auf der Bühne mit ihrer Mutter unsanft verfahren wurde. Sei es, daß sie als »Jüdin« lebend in Öl gekocht oder in den »Hugenotten« erschossen wurde. Sie mußte der rührend liebevollen Kinderfrau aus Berlin auftragen, die Kleine immer schon vor dem Ende der Vorstellung zum Hotel zu bringen. Hatte Pauline doch in fast sämtlichen Opern einen tragischen Tod zu erleiden.

Viardots waren bei der Prinzessin von Preußen, der späteren Kaiserin Augusta, eingeladen. Louise wurde auf einen der gebrechlichen Abstelltische postiert, um mit Pauline spanische Duette zu singen, einige von ihr komponiert. Aber auch für Soli war die Kleine gut, wie das »Ah non giunge« aus der »Sonnambula« ... Sekunden danach spielte sie bereits Verstecken mit dem um sechs Jahre älteren Prinzen Friedrich, dem späteren »Hundert-Tage-Kaiser«. Dem machte es besonderen Spaß, wenn er sie aus ihrem Lieblingsversteck unter dem Kanapee an den Beinen herauszog, wozu zwei farbenfrohe Papageien an den Seiten der Ehrentreppe, die zu den Privatgemächern führte, auf ihren Sitzstangen zeterten.

Im Laufe dieses Berlin-Besuchs bestätigte Meyerbeer seinen dringenden Wunsch, Pauline für die Opéra in Paris zu verpflichten. Die endlosen Vorgespräche näherten sich einem Ergebnis, und der Premiere des »Prophet« schien nichts mehr im Wege zu stehen. Wahrscheinlich gab Paulines Erfolg in »Robert der Teufel«, bei dem sie die beiden weiblichen Partien an einem Abend gesungen hatte, den Ausschlag für die Entscheidung des Komponisten.

*

Auch Turgenjew hatte zur selben Zeit eine Freude: Ein Freund zeigte ihm unter dem Siegel der Verschwiegenheit, bevor er ihn nach Courtavenel abschickte, einen Brief, den Nikolai Gogol an Pauline geschrieben hatte. Der Dichter, gerne verächtlich über andere herziehend, als »schwierig« verrufen, fand darin lobende Worte über Turgenjews letzte Arbeiten. Seltsam, daß Pauline ihm diese Briefstelle nie gezeigt hatte – ihm, der Gogol so verehrte und auf sein Urteil alles gab!

Vielleicht hat sie es einfach vergessen. Turgenjew war zu jener Zeit in London und übersetzte in freien Minuten ein Goethe-Gedicht, das »Finnische Lied«, das Pauline vor ihrer Abreise vertont hatte und dessen Melodie nun mit russischen Silben vermählt werden sollte. Es wurde – freilich erst viel später – in Petersburg gedruckt.

*

1847 – das Jahr der Uraufführung von Verdis »I Masnadieri« in London! Turgenjew war ohne Pauline dabei, und wie immer antwortete er ihr auf neugierige Fragen: »Die Herren Räuber erlebten ein ganz schönes Fiasko, was mich aber nicht im mindesten bekümmerte. Bei Verdis Erscheinen wurde geklatscht; er verbeugte sich – und ich sah sein Gesicht, das auf mich ausdrucksvoll und unbedeutend zugleich wirkte. ›I Masnadieri‹, das waren Schillers ›Räuber‹, verstümmelt und beschnitten. Was ist das aber auch für eine Idee, ein Sujet als Libretto zu verarbeiten, das ohnehin nicht fest gezimmert ist, ein Drama, das durch seine dichterischen Vorahnungen interessiert, aber nur vage formuliert, was die Revolution dann verwirklichte! . . . Die ›Räuber‹ also, untermischt mit einigen modernen Floskeln. Lablache gab den Vater; nie habe ich eine großartigere Greisengestalt auf der Opernbühne gesehen; Cardoni war der gute Moor, Coletti der böse Franz. Mlle. Lind sang die Amalia. In der Musik gab es all das, was bei Verdi gewöhnlich und abgedroschen wirken kann, viel Krach, Spektakel (mit den genugsam bekannten Chören), eine Cabaletta im Genre der ›Lombardi‹ (aber weniger gut), übrigens das einzige Stück, das wiederholt werden mußte. Unisono-Duette, allegri im accelerando, Chöre aus Walzer-Fragmenten, eben Verdi, aber der von der schlechtesten Sorte. Die italienischen Verdisten riefen laut, aber ihre Anstrengungen brachen sich an der eiskalten und gelangweilten Haltung des Publikums. Mlle. Lind war heiser, sie sang schlecht; auch ist diese Musik gar nicht für sie gemacht, denn es bedarf, um sie richtig zu schmettern, schon einer Giuli. Verdi wurde zweimal gerufen, und das ›con muy mala gana‹. Aber die ›Masnadieri‹ waren wirklich scheußlich. Es finden sich nicht einmal jene vulgären Effekte, die, wenn sie auch nicht richtig zuschlagen, doch immerhin schlagend sind.« (Juli 1847)

*

In der Pariser Oper hörte Turgenjew Mme. Alboni und schilderte ihren Erfolg als Semiramis. Ihre Stimme habe sich von der Brutalität bei ihrem Auftreten in St. Petersburg nun zu übertriebener Weichheit verändert. Läufe führe sie bewundernswert aus. Sie lasse aber Energie und das notwendige Prickeln vermissen. Für Turgenjew war es das wichtigste, daß Mme. Grisi, eine Pauline durch Schönheit und Stimmpracht einengende Rivalin, ausgeschaltet worden war.

Wenn Pauline aus Hamburg und dann aus London berichtete, immer auf dem Weg über die Mamita, so deutete Turgenjew zart an, daß sie im Spanischen orthographische Fehler mache. Er fügte eilig hinzu: »Aber das ist nur ein Reiz mehr.« Zwischen unzähligen Ideenskizzen las er ihre Briefe und ging kaum aus dem Haus. Denn ihm fielen dutzendweise Pläne ein, darunter erstmalig auch auf komischem Gebiet. Er las bald darauf seine Komödie »Der Junggeselle« zwei russischen Freunden vor und wunderte sich darüber, daß seine Hörer sich vor Lachen bogen.

Als es dann endlich einmal schönes Wetter in Paris gab, machte er große Spaziergänge, bevor er bei den Tuilerien aß. Er bewunderte die spielenden Kinder, alle so entzückend wie Amouretten und niedlich gekleidet. Ihr ganz kindliches Liebkosen, ihre von der ersten Winterkälte geröteten Wangen, die schöne, rote Sonne durch die großen Kastanienbäume, die schlafenden Wasser, die majestätisch dunkelgraue Farbe der Tuilerien, all das gefiel ihm unaussprechlich, beruhigte und erfrischte ihn nach einem Morgen der Arbeit. »Ich träumte davon, was ich schreiben würde ... Ich versäumte niemals, die Löwen von Barye zu besuchen, die sich am Eingang zu den Tuilerien nahe dem Fluß befinden – meine Lieblingsgruppe. Am Abend ging ich zu der lieben Mama. Dort verbrachte ich auch verrückte Stunden mit Manuel, und wir stellten tausend Dummheiten an. Das wiederum machte mich an Courtavenel denken, und ich nehme an, daß ich nicht der einzige bin, der das tut. Erinnern Sie sich des Tages, an dem wir den Himmel betrachteten, so rein durch die Zitterpappeln mit den vergoldeten Blättern? Aber wenn ich mit diesem Kapitel anfange, werde ich – ach – nie mehr aufhören ... Wie ist der Herbst schön, wenn der Himmel transparent wird und ganz friedvoll! Wie der alte Louis XIV. an einem Herbsttag. Machen Sie sich über meinen Vergleich nur lustig! Um so besser!« (14. Dezember 1847)

*

In Hamburg holte sich Pauline währenddessen einen Rachenkatarrh. Aber das war sie schon gewohnt in dieser Stadt mit den scharfen Winden vom Meere her. Immer kann der Mensch ja den Mund nicht geschlossen halten, wenn er auf die Straße geht. Turgenjew glaubte nicht, daß sich Pauline an Hamburg freuen könne: »Man sieht nichs als Kaufleute, die immer von Eisenbahnen, Aktien, Unternehmen und sehr produktiven und ebenso stupiden Dingen reden. Ich war sicher, Sie verabscheuen es im Grunde Ihres Herzens, die Leute nur zu unterhalten. Aber dort bleibt Ihnen nichts anderes übrig. Man erwartet nichts sonst, wenn sie zu Ihren Auftritten kommen.« (19. Dezember 1847 an Pauline)

Da übertrieb Turgenjew nun wirklich. Pauline freute sich immer, wenn in Hamburg viele junge Menschen in die Vorstellungen und Konzerte drängten. Auch lief die Wirkung überall bei vielen auf Amüsement hinaus. Damit mußte sich auch der Ambitionierteste abfinden. Die Berliner, die ihr zuerst kalt und fast abweisend vorgekommen waren, nur weil die Lautstärke des Beifalls nicht mit der des südländischen wetteifern konnte, verstand sie bald besser. Dort hörte sie übrigens die Oper »Joseph in Ägypten« von Méhul und war von der Anmut dieser Musik eingenommen, ganz anders als Turgenjew in Paris, der bei dieser schwachen Mozart-Imitation nur lachte. –

Turgenjew warf sich mit ganzer Seele in die Vergangenheit, las mit Begeisterung die »Geschichte der Französischen Revolution« von Louis Blanc und fand in dem Buch mehr Herz und Verstand als sonst in literarischen Produkten. Pauline riet er, Calderon zu lesen, ihren großen Landsmann. Er selbst hatte in ihm – ganz stolz – auf spanisch gelesen und fand, er sei der größte katholische dramatische Dichter, der je gelebt hatte. Wie Shakespeare der menschlichste und antichristlichste war. »Devocion de la Cruz« offenbarte sich ihm als Meisterwerk. »Dieser unwandelbare, triumphierende Glaube, ohne den Schatten eines Zweifels oder der Reflektion, diese Gleichgültigkeit für alles, was wir Tugend oder Laster nennen, dem Grausamen und Abstoßenden der Doktrin zum Trotz. Diese Leugnung all dessen, was die Würde des göttlichen Willens anzweifeln könnte, mit der die Gnade sich auf den Auserwählten ergießt! Das ist ein Triumph des menschlichen Geistes. Denn das Wesen, das mit so viel Kühnheit sein eigenes Leugnen proklamiert, erhebt sich auf die Höhe jener phantastischen Gottheit, als deren Spielzeug es sich erkennt. Und diese Gottheit – ist doch das Werk seiner Hände. Freilich zog ich selbst Prometheus oder Satan vor, den Typ des Aufbegehrens und der Individualität. So sehr ich auch Atom bin, so bin ich doch sein Meister. Ich will die Wahrheit und nicht die Ehrerbietung. Und ich erwarte sie aus meiner Intelligenz, nicht aus der Gnade.« (August 1847)

*

Pauline befand sich im Sommer 1847 in Frankfurt am Main. Turgenjew ließ sich in einer Nachschrift von Louis bestätigen, was er schon immer vermutet hatte: Man muß selbst ein Künstler sein, um voll zu würdigen, was an Großartigem in Paulines Intentionen lag. Sie war seit damals in Petersburg gewachsen, war für mehr Menschen verständlich geworden, ohne daß sie etwa aufgehört hätte, vieles nur für Erwählte, für Eingeweihte zu reservieren.

Ein Satz, den Viardot an George Sand schrieb, irritierte eher: »Pauline kann jetzt mit Sicherheit Partien aus allen Fächern und in allen Sprachen singen.« Solche Art von Eklektizismus war geeignet, Angst einzuflößen oder leichtsinnig zu machen. War es wirklich richtig, daß Pauline die

Norma, Donna Anna und den Fidelio, aber auch die Azucena oder die Lady Macbeth sang? Hat sie damit nicht tatsächlich ihrer Stimme frühzeitigen Verschleiß zugemutet?

*

Es machten ihr 1847 auch manche Kümmernisse zu schaffen. Sie zerrten an ihren Nerven und waren der Stimme sicher abträglich: Neun Jahre hatte die Liebe Georges zu Chopin bestanden, Jahre einer Beziehung, die einer Ehe nur ähnelte. Chopin wollte nichts von Respekt und Dankbarkeit wissen für die Jahre, die George als luxuriöse Krankenschwester zugebracht hatte. Er verdrängte noch viel energischer den Kult, den George mit ihrer altruistischen Liebe getrieben hatte. Immer argumentierte er mit Solanges Worten, die genau wußte, was seine Übersensibilität reizen konnte. Fragte Pauline besorgt nach den Vorkommnissen, so wollte sich George nicht an die kleinlichen Szenen erinnern, die ihr Clésinger und Solange machten, daß sie sich genüßlich über die »Freuden von Nohant« ausließen, immer wieder von Georges »Brautzimmer« sprachen, was Chopin besonders erbitterte. Solange ließ gar ihre Klavierlehrerin und die Pensionsleiterin in Paris ohne Grund über »Unsittlichkeit« in Nohant klagen. In manchen Chopin-Biographien haben sich solche Lügen bis heute erhalten.

Als es zum Bruch kam, war es nicht George, die die Initiative ergriff, sondern Chopin, aufgehetzt von ihrer Tochter. Pauline entschuldigte ihn bei sich damit, daß seine Lungenkrankheit schon weit fortgeschritten war. Es kam nicht selten zu heftigen, ja handgreiflichen Auseinandersetzungen zwischen George und ihren Kindern. Meist ergriff die Mutter die Partei von Maurice, und Chopin hielt sich an Solange. Faszinierte ihn doch das Mädchen sehr. Um so mehr schockierte ihn dann ihre unerwartete Ehe mit dem etwas ordinären und skrupellosen Bildhauer Baptiste Clésinger, der sich gern und lautstark politisch äußerte, ohne doch die leiseste Ahnung von den realen Vorgängen zu haben.

Solange hatte sich schon oft als Intrigantin erwiesen, so als sie dem kindlich naiven, genialen Landschaftsmaler Théodore Rousseau, für dessen Bilder Pauline schwärmte, die Ehe mit einer ihrer Freundinnen ausredete. Sie liebte es, frei Erfundenes zu ›kolportieren‹.

Ebenso lustvoll erdichtete Solange nun für den willig auf sie eingehenden Chopin Unwahrheiten über die Mutter. Das half lächerlichen Vorwürfen gegen George laut zu werden: Sie habe Chopin in den Tod getrieben, durch ihre zuchtlosen Begierden seinen Gesundheitszustand untergraben, so daß er zwangsläufig ein Opfer seiner Schwindsucht

179

wurde. Wahr ist, daß sie, was ihr gewiß nicht leicht fiel, an der Seite Chopins jahrelang in sexueller Enthaltsamkeit lebte. Betrübend kam hinzu, daß auch das Verhältnis Liszts zu Gräfin d'Agoult sich zu lösen begann, was Pauline weh tat und George in höchste Unruhe versetzte. Auf Marie war sie nie gut zu sprechen gewesen, hatte sie mit bitterbösen Worten charakterisiert: »Schmal und gerade wie eine Kerze, trocken wie ihre Knochen, unausgeglichen wie ihr Teint, spitz wie ihre Stimme – das Muster einer eitlen, willenlosen und aus Ruhmsucht koketten Natur, eine Frau ohne Herz und ohne Kopf, die nur auf bösen Pfaden kühn sein kann.« Und damit sprach sie in Liszts Sinne, der bereits gespottet hatte: »Dante – Beatrice; die Dante sind es, die die Beatricen machen, und die wirklichen Beatricen sterben mit achtzehn.«

*

Wo war Turgenjew in diesen vorrevolutionären Zeiten? Er mied »Künstler«-Affären. Auch hielt er sich für längere Zeit in Berlin auf. Dort traf er einen Mann, dem er soviel Vertrauen entgegenbrachte, daß er ihn nicht nur Übersetzungen seiner Romane korrigieren ließ. Er bat ihn auch, in der Berliner Presse für ihn zu werben. Es war der Maler Ludwig Pietsch, dem Turgenjew 1847 in Berlin zum ersten Mal begegnete.

Sie hatten vorher schon miteinander korrespondiert. Damals war Pietsch unbemittelter Student im Atelier des Porträtmalers Martin Paul Otto. Neben seinen maltechnischen Studien las Pietsch viel, mit Vorliebe Goethe, Shakespeare und Jean Paul; er gab sich den Kunstgenüssen begeistert hin, die Preußens Hauptstadt in jeder Form bot. Er lauschte, von billigem Galerieplatz aus, einer gewissen Pauline Viardot-Garcia, als diese acht Monate lang an der Königlichen Hofoper auftrat, und wurde für immer ihr bedingungsloser Verehrer.

Turgenjew war Pauline damals nach Berlin gefolgt, wo sich Erregendes abspielte: politische Hoffnungen, Erwartungen, Bestrebungen, angeregt und genährt durch Lyrik und Satire, leidenschaftliche, pathetische oder beißende Verse, die überall Eingang fanden, den Verboten zum Trotz. Dabei halfen besonders die Leipziger Zeitungen, die deutsch-katholische Bewegung und die radikale philosophische Kritik der Jung-Hegelianer, die sich gegen jedes politische und religiöse Dogma, gegen die Autorität richtete. Natürlich hatten Oper, Ballette, Schauspiel und viele Bühnensterne ihren, wenn auch kleineren, Anteil am Geistesgeschehen. Die tendenzlosen bildnerischen Werke, über die Pietsch in der Hauptsache berichtete, waren da bedeutungslos.

Turgenjew schaute dem zwanzig Jahre alten Ludwig Pietsch in die Augen, als er in die sogenannte »Lesehalle« eintrat. Hier versammelten sich Schriftsteller und Journalisten. Turgenjew war häufig dort, weil »frischer Wind« zu spüren war. Während der erregten Tage vor und nach dem Zusammentritt des ersten vereinigten Landtags in Berlin, April 1847, wurden hier Reden der prominentesten Parlamentarier Preußens, meist gleich nach dem Bekanntwerden, von einem erhöhten Stuhl oder Tisch herab den Versammelten laut vorgelesen. Es wurde unterbrochen, diskutiert oder stürmisch akklamiert. Getränke brauchte man nicht, um die Stimmung anzuheizen.

Dieser »Vereinigte Landtag« war der Anlaß, daß der junge Maler die augenscheinlich ersehnte Bekanntschaft mit Turgenjew machte.

Die Pariser Zeitschrift »L'Illustration« beauftragte Pietsch, Porträts der meistgenannten preußischen Parlamentarier zu beschaffen, vor allem natürlich von solchen, die durch freizügige politische Äußerungen auf sich aufmerksam gemacht hatten. Hermann Müller-Strübing, Anbeter George Sands seit langem, hatte Pietsch diesen Auftrag vermittelt, und so führte dessen Kontakt mit Viardot zur ersten Begegnung mit Turgenjew. Müller-Strübing, ein aus Deutschland emigrierter blonder Hüne, überzeugter Republikaner, führte Turgenjew, den »Kollegienassessor«, seinem Freundeskreis zu. Und hier konnte sich auch das Verhältnis zu Pietsch freundschaftlicher gestalten.

Was die beiden verband, verriet der Malstudent Pietsch Pauline bald selbst. Turgenjew zeigte starke Affinität zur Literatur und Poesie anderer Völker. Zudem war er mit der deutschen Sprache gründlich vertraut und von einer imponierenden »Goethe-Festigkeit«. Was er sagte, zog an und fesselte durch Gehalt und Form. Es hatte nicht nur den Reiz des Neuen, sondern unterschied sich von der Gesprächs- und Darstellungsmanier, die unter vormärzlichen Idealisten im Schwange war: durch sinnliche Gegenständlichkeit nämlich, durch eine Fülle von genauen Beobachtungen.

Dabei war er äußerst bescheiden, erwähnte von seinen Dichtungen nichts, so daß viele nicht ahnten, was alles er in Rußland (und wie anerkannt!) bereits veröffentlicht hatte. Pietsch meinte noch 1866, als er den Freund zum vierten Mal in Baden-Baden besuchte, Turgenjews Schwermut sei »unbefriedigtem Dichtertum« entsprossen. In Wahrheit schrieb Turgenjew zum Zeitpunkt des Kennenlernens gerade »Jermolaj und die Müllerin« und »Mein Nachbar Radilow« nieder.

*

181

Das »ehrliche und friedliebende« Deutschland, wie Pauline es damals nannte, gewöhnte sie derart an ein ruhiges, intrigenfreies Leben, daß sie sich nicht vorstellen konnte, je wieder den Kampf in der französischen Kapitale aufzunehmen. Louise wuchs an Körper und Verstand. Sie zeigte für ihr Alter erstaunliche Intelligenz. Ihr Charakter entsprach in vielem dem von Maria. Die Mutter freute sich daran, fand aber, sie sei schwer zu erziehen, was sie durchaus ihrer eigenen Ungeschicklichkeit zuschrieb. Sie war der Ansicht, reich veranlagte Naturen trügen den Samen des Guten wie des Bösen in sich.

Maestro Meyerbeer nannte das furchtlose und eigensinnige Kind »Napolon-Louise« und sah damit in die Zukunft! Es stellte sich heraus, daß Louise bei aller Intelligenz und Musikalität weder sensibel noch charmant war. Ihr Drang, andere zu beherrschen, erwies sich als unerträglich.

*

Zu den Berliner Erfolgen Paulines vom Vorjahr gesellten sich in dieser Spielzeit zwei neue: »Norma« und »I Capuletti e i Montecchi« von Vincenzo Bellini, wiederum »Erbstücke« von Maria. Turgenjew erkundigte sich sorgenvoll nach Paulines Appartement in der Nähe des Brandenburger Tores, ob es auch nicht durch die Fenster ziehe. Sie hatte sich immer darüber lustig gemacht, wenn solche Details in seinen Briefen zur Sprache kamen ... Aber so etwas nahm nun einmal sein Denken in Anspruch. Dann sah er sie lächeln und die rechte Schulter heben, während sie den Kopf zur Seite neigte. Eine Geste, die er ihr

Ary Scheffer:
Illustration zu Goethes »Faust«

riet nie abzulegen, weil sie so hübsch war, besonders, wenn sie diese Haltung mit einem kleinen Summen begleitete. »Denken Sie nur an den dicken, roten Bart von Herrn Müller in Berlin, der 26 Jahre an seiner unvollendeten Tragödie dichtete . . . Wenn der Sie so sah, bestand seine parallele Regung darin, daß sich seine Bartspitzen dehnten . . .« (Januar 1847 aus Courtavenel)

Turgenjew dachte auch immer mit einem Schuß Unbehagen an Louis' Stiefbruder Léon Viardot, einen Schüler »dieses Malers« Ary Scheffer, dem Pauline nach ihrer Rückkehr von Berlin damals saß und dem sie fortan recht innige Blicke zuwarf.

Sie ließ sich bewundern, in dem frohen Gefühl, anziehend zu wirken.

Ary Scheffer:
Pauline Viardot

Ary Scheffer sah um jene Zeit wohl »Helenen in jedem Weibe«, denn er brachte in eine Faust-Illustration fast ein Spiegelbild von Paulines Porträt, wo sie als blondes und leicht geschöntes Gretchen zu sehen ist. Turgenjew, der anders als Scheffer seine Verliebtheit selten zu zeigen gewagt hatte, war eifersüchtig. Sogar der gleichmütige Viardot muß etwas von des Malers Seelenwerbung wahrgenommen haben.

Das will um so mehr bedeuten, als er über dreißig Jahre lang die Augen vor Paulines Herzensfreundschaft mit Turgenjew schloß. Zu schweigen von dem zarten, ja zärtlichen Verhältnis, das Viardot zu Turgenjews Tochter Paulinette beibehielt . . .

Pauline gestand sich ein, daß es bei Turgenjew immer wieder eine doppelte Passion gab, eine Liebe zu Joaquina und

Pauline, Mutter und Tochter. Den Mythos der »doppelten Frau« hatte er
– wie es scheint – in sich verankert. Machte er sich bei Paulines Mutter
lieb Kind, schmeichelte ihr, umgarnte sie und besuchte sie ungezählte
Male, um Pauline zu erobern, die damals noch ganz in ihrer Familie
aufging? Weshalb wurde nie einer der vielen Briefe gefunden, die er der
Mutter schrieb? Fragen, die Turgenjew selbst nicht hätte beantworten
können.

*

Die Revolution von 1848 in Paris fing an, ihre Wirkungen auf das
Gesellschaftsleben auszuüben, und keineswegs vorteilhaft. Als dann die
demokratische Republik deklariert wurde (die keine war), nahmen die
Salons des »Juste milieu« die gleiche Haltung ein wie die Salons des
Faubourg Saint Germain nach der Proklamation des Bürgertums. Man
schmollte, man hatte Angst, hielt mit Erlaubnissen zurück. Die neue
Regierung hatte es zu eilig und wünschte keine Salons, diese Quellen
neuer Ideen.

Maurice Dudevant und Turgenjew suchten sich mit Atelierbesuchen
bei Ary Scheffer zu trösten, wo alle Welt ein und aus ging. Aber die
Menschen redeten doppelzüngig aneinander vorbei, und jeder war nur
darauf erpicht, Neulinge« auf seine Seite zu ziehen.

Viele ließ die Revolution gleichgültig. Aber seit langem hatte die
Unzufriedenheit in Frankreich geschwelt, sowohl im Großbürgertum,
das keinen Freiraum zum Handeln mehr sah, als auch bei den kleinen
Leuten, die sich rechtens über Staatsdefizit und Korruption erregten. Die
breite Schicht der Industriearbeiter hatte am meisten Anlaß, sich zu
empören, denn sie schwoll durch den Zustrom der Landbevölkerung
bedrohlich an und fiel der Verelendung anheim. Das Verbot eines
Wahlbanketts im Februar 1848 brachte das Faß zum Überlaufen. Ganz
Paris war in Aufruhr, Bürgertum und Arbeiterschaft vertrieben Louis-
Philippe gemeinsam, der abdankte und mit seiner Flucht der Zweiten
Republik den Weg ebnete.

*

Die Viardots waren in England und durch ganz andere, wiewohl unwich-
tigere Dinge abgelenkt. Es ärgerte sie, wenn die Menschen, der »Season«
gehorchend, aufs Land gingen und es an Publikum fehlte. Auch die
großen Gastkünstler machten sich rar. Pauline quälte sich im März damit
ab, »Gli Orazi ed i Curiazi« von Cimarosa zu studieren, um sie zur
Operneröffnung zu singen, einen alten Schinken.

In London erhielt sie einen Brief Carl von Baniers: »Nichts von den

184

Kämpfen sahen wir aus der Nähe. Aber der Anblick von Paris ist zum Verzweifeln. Auf den Tumult des Aufstandes, auf das Getöse der Kavallerie-Attacken, auf das Trommelrasseln, den Kanonendonner und das Läuten der Sturmglocken folgte plötzliches Schweigen. Straßen mit aufgebrochenem Pflaster, zerbrochene Laternen, geschlossene Geschäfte, abendliche Lagerfeuer der kleinen Leute, nachdem sie mit Lampions durch die Straßen geirrt waren – und vor allem die Ungewißheit, die über uns lag, stimmte uns melancholisch.« (Juli 1848) Carls Mutter war nach Paris gezogen und lebte für eine Weile zusammen mit ihrem Sohn. Sie teilten sich das Erdgeschoß eines schönen Hauses mit drei Höfen, sehr hohen Stockwerken, mit Aussicht auf den Pont Royal und den Tuilerien-Palast. Der Schatten alter Kastanienbäume verbreitete Kühle in den großen Räumen. Gußeiserne Öfen, gerade aus Rußland importiert, vertrieben im Winter die Feuchtigkeit.

*

Um jene Revolutionszeit war Emanuel Stockhausens Vater Julius Student und auf dem Weg zu Noël nach Paris. Er hatte sich schöne Kenntnisse in Musik und Literatur erworben und sich in der Menschengeschichte – anders als viele seiner Kollegen – nach allen Zeiten und Gegenden umgesehen. Es war ihm gegeben, treffend und scharf zu urteilen, was ihn später zum idealen Lehrer machte. Leicht fügte er sich überall ein, als angenehmer Gesellschafter für die, denen er sich nicht durch beißende Bemerkungen unangenehm gemacht hatte. Hager und hochaufgeschossen, charakterisierte ihn eine lange, wiewohl ebenmäßige Nase. Helle, graugrüne Augen gaben seinem Blick, der immer aufmerksam umherschweifte, etwas Raubtierhaftes. In seinem Charakter schien ein wunderlicher Dualismus zu liegen: Von Natur ein feiner, zuverlässiger Mensch, hatte ihn vieles in der Welt verbittert. Dies ließ er in sich wirken, so daß er eine unüberwindliche Neigung verspürte, vorsätzlich ein Schalk zu sein. In einem Augenblick verständig, ruhig, gut, konnte es ihm im nächsten einfallen, irgend jemanden zu verletzen, was ihm natürlich meist selber schadete. Aber wie man sorglos mit etwas Gefährlichem umgeht, wenn man selbst davor sicher zu sein glaubt, so lebte sein alter Freund Banier gern in seiner Nähe und genoß Julius' gute Eigenschaften.

Noch eine andere Unruhe nährte Julius sorgfältig: seinen kompositorischen Ehrgeiz, dem er sich um so mehr hingab, als er sich leicht in Musikeinfällen ausdrückte und wagen durfte, unter den musikalischen

Geistern jener Zeit eine Rolle zu spielen. Banier müßte nach Paulines Erinnerung noch Lieder von seiner Hand besitzen. Schon lang hat sie sich vorgenommen, bei Emanuel nachzufragen, ob er nicht auch den Vater um einige bitten würde. Denn immerhin gefielen diese Stücke einem Johannes Brahms, weil sie sich durch Originalität auszeichneten. Seinen eigentlichen Ruhm hat Julius freilich durch seinen wundervollen Liedgesang und seine Dirigententätigkeit gewonnen, wobei ihm sein leichter Hang zum Intrigieren und Ironisieren wesentlich half.

*

Pauline konnte auf so etwas verzichten. Aber über ihrer »heimatlichen« französischen Karriere lastete ein Geheimnis. In ihren Anfängen hätte kein Publikum eine Sängerin emphatischer feiern können. Die Presse schwärmte zunächst, um sie dann sehr ungerecht zu behandeln.

Unter den namhaften Schülerinnen, die Pauline im späteren Lebensstadium unterwies, fand sich eine, die mit besonderem Eifer Paulines Künstlertum zu ergründen suchte: Aglaja von Görger, die sich den Künstlernamen Orgeni zulegte. Ihr mußte Pauline oft sagen, daß es sich beim Reifeprozeß eines Künstlers nicht um Augenblickserfolg, nicht um Nachhelfen durch gemachte Bekanntschaften, nicht um Machenschaften von seiten etwa höfischer Kreise handeln kann. Wie oft stellt sich bei rasch aufnehmenden und urteilenden Menschen eine gewisse Ermüdung ein, die sie das Anspruchsvolle falsch einschätzen läßt, ein Unwille, es dauerhaft mit Zustimmung zu stützen! Pauline schärfte Aglaja ein: Solltest du je von Lobpreisungen bei Anfangserfolgen erfüllt sein, bleibe wach! Sie dauern nicht, und ihr Ausbleiben hat auch nichts mit dem Nachlassen deiner stimmlichen Fähigkeiten oder deiner künstlerischen Kraft zu tun.

Das Echo der unglaublichen Erfolge Paulines von London, Madrid, Berlin, Wien, St. Petersburg und Moskau drang zwar nach Paris. Danach aber folgte Unentschiedenheit. Weil Giacomo Meyerbeer es wünschte, gab es später einige Monate für Pauline in der Opéra. Sie durfte die Rolle der Fides kreieren, als »Der Prophet« uraufgeführt wurde. Aber auch das wiedererwachte Entzücken in der Presse wich bald neuen Anfeindungen.

*

Turgenjew und auch George Sand litten, weil Pauline 1848, mehr als bisher von Paris abwesend, sich zu Konzerten in der englischen Provinz aufhielt. Während George sich Paulines umjubelte Präsenz in der Oper wünschte, entbehrte Turgenjew das Gegenüber intimer Gespräche.

George schrieb an Viardot: »Ich möchte Pauline noch einmal sehen, sei es auch nur für zwei Tage, und nicht sterben, ohne sie noch einmal ›Lascia ch'io piango‹ für mich singen zu hören. Nun werde ich wohl vorher weinend enden. Bei meinem Unglück, der Trennung im vergangenen Jahr, habe ich nicht eine Träne vergossen, wenn es mir auch noch wie ein Marmorblock auf der Seele lastet. Er ist schwer und erstickt mich. Paulines Stimme, ihr göttlicher Ausdruck würden die Last schmelzen lassen, und statt in Wut zu geraten, wie der finstere Saul beim Klang von Davids Harfe, würde ich wieder gesunden.« (Januar 1848)

Am 11. Februar 1848 sagte Pauline definitiv zu, die Fides in der Opéra zu singen. Und am nächsten Tag lag die telegraphische Freudenbotschaft in Georges Hand. Darin wurde betont, sie sei alle möglichen Kompromisse eingegangen, nur um nicht als geldgierig dazustehen, eine Anschuldigung, die Pauline immer zutiefst bedrückte.

Aber einem Kontrakt von langer Dauer widersetzte sie sich. »Man muß erst ausprobieren, ob ich in Paris ankomme.« Für März kündigte Pauline die Rückkehr an. »Sind Sie gegen Ende März nicht in Paris?« schrieb sie. »Damit ich Sie sehen, liebhaben und öffentlich preisen kann während dieser kurzen Haltezeit?«

*

Die Revolution brauchte ihr Haupt nur wenig zu heben, schon war auch George in Paris zur Stelle. In ihren Augen benahmen sich die Franzosen zunächst großartig. Sie sah die Menschen am Fenster des Ministers Guizot, der wegen seiner erfolglosen Außenpolitik verhaßt war, vorbeidefilieren, sah sie mit Lamartine diskutieren. Vierhunderttausend drängten sich zwischen der Madeleine und der Juli-Säule. »Wir sind verrückt, trunken. Es freut uns, im Abfall zu schlafen und im Himmel aufzuwachen.« So verlautete es nach London. Auch in die Provinz eilte George und agitierte leidenschaftlich.

Turgenjew dagegen nahm vor allem einmal die Lehre ernst, die er aus der Lektüre von Jules Vernes »Eine Reise um die Welt in achtzig Tagen« gezogen hatte. Alle sprachen von dem Buch, das ihm wieder vor Augen führte: In der Imitation revolutionären Gehabes sind jene Geistvollen am schlimmsten, die sich selbst Glauben schenken. In einer sklavischen Kopie ahmte hier ein geistreicher Mann prätentiös und angestrengt nach, nur um originell zu erscheinen. Ein Gedanke, der sich im eigenen Netze fing, ein trauriges Schauspiel! Solche Nachahmer Sternes, deren es eine ganze Menge gab, waren Turgenjew ein besonderer Greuel. Egoisten voller Empfindsamkeit, die sich schmeichelten, reckten und gefielen, alles, um sich den Anschein der Einfachheit und zugleich des Fortschrittlichen zu geben.

Turgenjew erwähnte Pauline gegenüber den Dichter Georg Herwegh, der ein militanter deutscher Revolutionär war. Der ließ sich von den Februar-Unruhen in Paris anregen. Er drang an der Spitze bewaffneter Arbeiter in Stuttgart ein, wo ihn württembergische Truppen verhafteten. Turgenjew wußte nicht genau, wie sich Herwegh hatte befreien können. Aber er war mit seiner Frau nach Straßburg entkommen.

Und Turgenjew selbst? Eines Mittags war er ausgegangen. Die Boulevards boten nichts Außerordentliches. Auf der Place de la Madeleine hingegen formierten sich schon zwei- bis dreihundert Arbeiter mit ihren Fahnen und Transparenten. Die Stimmung heizte sich auf. In den Gruppen gab es lebhafte Diskussionen. Bald sah Turgenjew einen Mann, vielleicht fünfundsechzig Jahre alt, auf einen Stuhl steigen und eine flammende Rede für die vertriebenen Polen halten. Einige Augenblicke später sah er den General Coutois auf der Place de la Concorde eintreffen, hoch auf weißem Roß, à la Lafayette. Indem er die Menge grüßte, bewegte er sich an ihr entlang. Hin und wieder redete er unvermutet vehement und mit starken Gesten. Was er sagte, war nicht zu verstehen. Schließlich kehrte Turgenjew dorthin zurück, woher er gekommen war.

Bald erschien ein langer Zug, sechzehn Männer breit, eine Fahne voraus. Etwa dreißig Offiziere der Nationalgarde begleiteten die Abordnung. Ein Herr mit langem Bart (von dem später bekannt wurde, daß er Huber hieß) fuhr daneben im Cabriolet. Turgenjew hielt sich in den Gängen der Madeleine auf und ließ die Prozession langsam vorbeiziehen.

Die Spitze der Kolonne blieb einen Augenblick vor dem Pont de la Concorde stehen. Von Zeit zu Zeit erhob sich der Ruf: »Vive la Pologne!« Dagegen erscholl: »Vive la Republique!« Einige Emissionäre wurden in die Nationalversammlung eingelassen. Erst wenige Tage vorher hatte Turgenjew von dem Dekret gehört, daß man keine Unterhändler zulassen wolle. Er notierte für sich: »Zwar fand ich die Schwäche und Unentschlossenheit der neuen Legislateure erbaulich, aber auch etwas merkwürdig.«

Er stieg von seinem Beobachtungsposten herunter und ging neben dem Zug her, der vor dem Gitter der Kammer haltmachte. Jetzt war die ganze Place de la Concorde voll von Menschen. Turgenjew hörte in seiner Nähe sagen, die Nationalversammlung empfinge die Delegierten, und der ganze Zug werde vorbeidefilieren. Von der Hitze bedrängt, ging er kurz zu den Champs-Élysées, dann zurück nach Hause, wo er Georg Herwegh abholen wollte, der inzwischen in Paris angelangt war. Als er ihn nicht vorfand, begab er sich um drei Uhr wieder zurück. Noch immer tobte die Menge wie von Sinnen auf dem Platz. Aber der Zug hatte sich aufgelöst. Jemand stand auf einer Kiste und rief mit verzweifeltem Gesichtsausdruck: »Meine Freunde, meine Freunde, die Assemblée wurde überfallen. Kommen Sie uns zu Hilfe. Ich bin ein Repräsentant des Volkes.«

So schnell er konnte, rannte Turgenjew zur Brücke. Er fand sie von einer Abteilung mobiler Garden gesperrt. Unglaubliche Konfusion bemächtigte sich der Menge. Die einen behaupteten, die Assemblée sei aufgelöst, andere bestritten es. Schließlich ein unvorstellbares Durcheinanderschreien. Währenddessen bot das Äußere der Nationalversammlung, nichts Außergewöhnliches. Die Wachen standen davor, als sei nichts geschehen. Einen Augenblick lang hörte man zur Ordnung blasen, dann blieb alles still. Turgenjew nahm an, der Präsident selbst habe das Ordnungssignal abbrechen lassen, aus Vorsicht, vielleicht aber auch aus Versehen.

»So gingen die großen Stunden vorbei!« schrieb er an Pauline. »Niemand wußte Genaues, aber der Aufstand war wohl geglückt. Ich erwischte eine Lücke zwischen den Gardisten und stellte mich an das Geländer. Vor mir wogte eine Menschenmasse unentschieden hin und her. Jemand neben mir rief: ›Sie gehen zum Rathaus!‹ Aber in diesem Augenblick ließ sich ein langer Trommelwirbel vernehmen, und seitlich der Madeleine marschierte ein Bataillon mobiler Garden auf, die Menschen in Schach zu halten. Angesichts eines emotionalisierten Menschenhaufens aber, einige mit Pistolen bewaffnet, stellten sich die Rebellen unbehelligt an der Brücke auf, nachdem sinnvoll Posten verteilt worden waren. Die Garden schienen unentschlossen. Man hörte: ›Es ist zu Ende!‹, vom einen glücklich, vom andern unzufrieden intoniert, je nach der Denkungsart. Der Kommandant des Polizeibataillons, ein Mann mit sehr französischem, jovialem und zugleich entschlossenem Gesicht, wandte sich zu seinen Leuten: ›Die Assemblée ist stärker als je. Franzosen sind immer Franzosen!‹

Was mich wunderte, war dies: Die äußere Ordnung rund um die Kammer, die sich nicht stören ließ, dann diese Pappsoldaten, die den Aufstand so sorgfältig bewachten wie möglich. War er vorüber, zogen sie ab. In meinen Augen blieb die Assemblée weit hinter dem zurück, was von ihr erwartet wurde. So hörte sie sich eine halbe Stunde lang an, was Blanqui sagte, ohne zu protestieren. Der Präsident brauchte sich nicht zu schützen. Zwei Stunden lang blieben die Abgeordneten auf ihren Sitzen kleben, als müsse man sie scheuchen, um sie zum Aufstehen zu bringen. Mich verblüffte auch die Art, in der die Lakritzen- und Zigarrenverkäufer sich zwischen den Menschenhaufen bewegten. Indifferent und zufrieden, glichen sie Fischern bei einem lohnenden Fang. Und drittens wunderte ich mich sehr darüber, wie unmöglich es mir war, die Gefühle des Volks in einem solchen Moment nachzuempfinden.

Ich konnte nicht ausmachen, was sie sich nun eigentlich wünschten und was sie anzweifelten, ob sie Revolutionäre oder Reaktionäre waren oder einfach ordnungswillig. Sie sahen aus, als warteten sie das Ende des Sturms ab. Und wenn ich mich an die Arbeiter im Hemd wandte, Näheres zu erfahren, warteten sie – sie warteten! Was ist das eigentlich: Geschichte? Vorherbestimmung, Zufall, Ironie – oder Verhängnis?« (Februar 1848 an Pauline)

*

Die republikanisch gesinnten Viardots trafen aus London am 7. März wieder in Paris ein. Sie sahen viele furchtsame, verängstigte Menschen, richtungslos Verirrte. Warum zog sich George Sand zurück? fragte sich Pauline. Sie hätte diese Leute erwärmen, animieren sollen mit ihrem Wort, mit ihrer Begeisterung, sie, die so viel wußte.

Nun, am 21. März aber war sie zur Stelle, Herz und Kopf übervoll. Gefahren und Hindernisse hatten ihren Enthusiasmus nicht besiegt. »Wenn wir auch sterben müssen, so sind wir doch Republikaner! Hier verwirklicht sich der Traum meines ganzen Lebens.« Um die Lauwarmen anzuheizen, die Überzeugten zu bestärken, gab sie in mehreren Zeitungen die »Bulletins de la République« heraus, druckte Briefe »an das Volk« ab.

Mit Pauline gemeinsam wollte sie jene Revolution auch in der Kunst bewirken, zu der das Volk in der Politik ansetzte. Sie überredete ihre Freundin, eine neue Hymne für die Gratis-Eröffnung des »Theaters der Republik« zu schreiben. Die provisorische Regierung würde anwesend sein. Alle Details arrangierte George. Nach bekannten Schauspielern, die den Prolog und hymnische Töne sprachen, sang Pauline an der Spitze der Chöre des Conservatoire. Die neue Marseillaise stand der alten gegenüber, die die Schauspielerin Rachel vortrug, die erfolgreichste unter den jungen Tragödinnen. Sie hatte im selben Jahr mit Pauline debütiert.

Viele ähnliche Abende folgten einander. Paulines Stimme wurde »wie Holz«. Aber sie sang mit einer Präsenz, einem Nachdruck, den alle bewunderten. George richtete die ihrer heiseren Stimme wegen untröstliche Pauline auf und bewirkte, daß sie ihren Part nicht etwa einer anderen Sängerin überließ. Immer wiederholte George: »Ich will, daß *Sie* gesehen werden von den Leuten, die *Sie* bewundern und lieben. Sie sollen von dieser Republik an nun endlich in Frankreich Fuß fassen. Es handelt sich nicht darum, Sie für die Bürger auszunutzen. Sondern das Volk und seine Macht müssen erobert werden.«

Es ging George Sand auch darum, Pauline oder ihrem Bruder Manuel die Direktion der Opéra zu verschaffen. Sie hätte Pauline gerne als Königin gesehen, »weil ich weiß, daß nur Sie keine schlechte Königin abgegeben hätten«. In grandioser Manier, in utopischen Qualitätsmaßstäben sollte die Oper rekonstruiert werden. Auf eigene Rechnung intrigierte schon Meyerbeer für den Posten des Direktors, aber er brachte es nicht dahin. Immer noch suchte man nach einem Mann an der Spitze dieses Hauses. Da jede Minute der Platz vergeben sein konnte, erhielt Pauline einen Brandbrief Georges, den sie rasch vernichten sollte. »Lassen Sie sich in der Oper sehen! Die Leute müssen von Ihrer Bereitschaft wissen . . .«

*

Migräne befiel Pauline; eine künstlerische? Sie weigerte sich, weiter die selbstkomponierte Kantate »Die junge Republik« täglich zu singen, die von einem der gefürchtetsten Kritiker, Roger, gelobt worden war. »La Cause du peuple«, eine der Zeitschriften, die ihre Existenz Georges Initiative verdankten, sprach am 8. April 1848 von dem »bewundernswerten patriotischen Gesang der Mme. Pauline Viardot-Garcia«. Wahrscheinlich wahrte Théophile Gautier etwas mehr Objektivität, wenn er gestand, nur von den fünfzig jungen Mädchen des Chores begeistert gewesen zu sein. Weißer Musselin kleidete sie ebenso reizend wie die Farben der Trikolore auf dem Gürtel. Die übrige Kritik ließ das Werk schweigend passieren.

Die großen Projekte der George Sand für ihre Diva stürzten wie die Republik. Auch später immer wieder kamen Briefe aus Nohant, die dazu aufforderten, doch »wieder nach Paris zu kommen, um die Musik auferstehen zu lassen, wenn die Menschen würdig sein werden, sich zu ihr zu erheben«.

In dieser ganzen Zeit wirkte George auf Pauline so, als sei sie in einer großen unglücklichen Liebe befangen. Sie fragte alle ihre Bekannten, ob sie vom heiligen Wahnsinn dieser Tage etwa schon geheilt seien. Nur aufgeschreckte Hühner konnten dazu »Utopie« sagen. Aber inmitten all des Glücks, das über die Gleichgesinnten gekommen war, gab es Sorgen.

George war nach Nohant geeilt, um Freunden zu helfen, soweit die Kräfte reichten, und um den Bezirk Berry zu revolutionieren. Ihr Sohn Maurice, dessen Bilder Pauline vergeblich in der Pariser Großen Ausstellung suchte, arbeitete an der Umformung der Kommune mit und wurde Nohants Bürgermeister auf Zeit. Kam George – mitunter für nur einen Tag – nach Paris, so wurde ihre Aktivität sogleich fühlbar. Artikel, Rundschreiben, Pamphlete, sogar ein Theaterstück, zwischen März und Juni geschrieben, zeugen von ihrer rastlosen Energie. Sehr zu Paulines Erstaunen schrieb Louis an die in vollem Einsatz Tätige, er stünde als Kandidat für die Nationalversammlung zur Verfügung, falls es an guten Leuten fehle. George antwortete: »Ich sehe keine Chance. Die Männer des Landes machen sich gegenseitig die Ehre oder den Heiligenschein streitig, uns zu repräsentieren. Man wird untereinander wählen, ohne daß es ein Mittel gäbe, einen Außenseiter auch nur zu erwähnen.«

Den Schwierigkeiten zum Trotz, die sie zu überwinden gehofft hatte und die durch die Hasenfüße, die »wahren Feinde des Volkes« heraufbeschworen wurden, war George glücklich.

Aber was geschah in Le Châtre und Berry? Die Menschen stellten sich offen gegen die Republik, der Chef der republikanischen Partei wurde bedroht. Ganze Rotten von Arbeitern marschierten vor Nohant auf und schrien: »Nieder mit Mme. Dudevant! Nieder Maurice Dudevant! Nieder mit den Kommunisten!« Maurice, der sich bei Pauline für sein Fehlen in der Ausstellung rechtfertigte, schaute nur mit Maleraugen: »Das Volk ist teuflisch schön, man pflanzt Blumen der Freiheit, die Schultern von fünfzig Arbeitern tragen riesige Pinien. Vorne der Tambour und die Fahne, dann die Scharen von schönen Landarbeitern, stark, schwer, mit Laub bekränzt, Sichel, Harke oder Spaten über der Schulter. Mutter rief immer: ›Das ist schön, viel schöner als alle ›Robert der Teufel‹ der Welt sein könnten!‹«

Maurice war nunmehr ganz von seinen Funktionen als von der Regierung delegierter Bürgermeister absorbiert. Die Gemeinde von Nohant selbst bot ihm zwar Vertrauen. Aber es galt, den Geist von elfhundert Menschen aufzuklären, die allesamt »Es lebe die Republik, nieder mit der Steuer!« riefen. George nahm die Pflichten ihres Sohnes ernst. Sie zählte darauf, daß er seine Bürger »demokratisiere« und die Steuererhöhung begreifen lehre. Sie beglückwünschte ihn zu seinen Initiativen.

Pauline schrieb derweil ihre Kantate für Tenor um, denn andauerndes Kopfweh machte ihr unmöglich, auch nur einen Ton herauszubringen. Daß ihr Werk ohne Beachtung blieb, hatte wohl auch damit zu tun, daß die patriotischen Gesänge ohne Pause vorgeführt wurden. Denn es hatte ein Wettbewerb stattgefunden, dessen Preise in Bronzemedaillen und der Ehre bestanden, sich bei der Feier aufgeführt zu hören. Die »Junge Republik« wurde gedruckt und »zum Besten der Kasse für patriotische Gaben« verkauft. Dreiunddreißig Hymnen erhielten einen Preis! Bei den Malern waren es ebenso viele Zeichnungen, die die Republik – manchmal unfreiwillig komisch – versinnbildlichen sollten. Courbet und Daumier beteiligten sich.

*

Kaum waren die Viardots wieder auf der Fahrt nach London, lasen sie von Aufregung um George, die nach Nohant zurückgekehrt war. Im »L'Observateur Français« wurde ein Brief veröffentlicht, in dem George Sand von der Reaktion berichtete, von Denkgespinsten, mit denen die Hirne der Bauern vernebelt würden, von Feinden, die sich einer Verschwörung anschlössen, angezettelt von dem »abscheulichen Alten, dem Kommunismus«. In dessen Namen sollten am liebsten alle Kinder unter drei Jahren und die Alten über sechzig getötet werden, hieß es in dem Brief. Der Herzog Rollin öffne diesen Machenschaften Tür und Tor seines Bezirks. Die Gemüter erhitzten sich derart, daß Mme. Dudevant als Gutsherrin Verhaftungen vornehmen ließ, als man einen Pächter lebendig eingraben wollte.

Pauline empörte sich, daß selbst dort, wo ihre »Ninounne« geliebt, ja angebetet worden war, sie nun mit solchen Problemen fertig werden mußte. Sie lud sie kurzerhand nach Courtavenel ein, damit sie den Sorgen entkäme.

George aber hatte den Eindruck, als respektierten die Leute vom Lande Ordnung, Moralität und Eigentum dann doch rascher. Es mußte nur noch ein wenig abgewartet werden. An das Warten würde sie sich gewöhnen, es konnte sie nicht zur Flucht bewegen. »Sie sind nicht alle Bösewichter, nach und nach wird sich ihre Grobheit und Bösartigkeit verflüchtigen.« Der Bürgermeister von Le Châtre hatte den kommunistischen Demonstranten erklärt: »Der Kommunismus will euch alle Habe und euren Boden wegnehmen. Dafür bekommt ihr dann pro Tag sechs bis acht Sous.«

Freunde rieten George, sich nach Italien aufzumachen. Aber sie zog den Kerker namens Frankreich der Freiheit woanders vor. »Ich sehe die

193

Republik am Vorabend wichtiger Ereignisse, deren Ausgang noch völlig ungewiß ist. Die Reaktion handelt unüberlegt. Jede reaktionäre Partei konspiriert mit der anderen. Nur das Volk tut nicht mit – dafür wird es zugleich gesegnet, gedemütigt und beleidigt. Alle, die nicht mit der Haltung der Nationalversammlung übereinstimmen, möchte man am liebsten wie entlassene Zuchthäusler behandeln. ... Es fehlt an Einheit, Disziplin und Organisation, und niemand kann voraussehen, was das Volk mit seinem Sieg anfangen wird.« (März 1848 an Pauline)

Pauline kam sich dagegen mit ihren Londoner Nöten klein und unwichtig vor. Dort richtete sich eine ganze lega italiana gegen sie. Sie sollte in der »Sonnambula« debütieren, die wieder einmal zum Stein des Anstoßes wurde.

Am Morgen der Vorstellung sagte der Tenor Mario eines Rheumas wegen ab. Ein anderer namens Salvi fühlte sich nicht wohl genug, um seinen Kollegen zu ersetzen. Ein weiterer, Flavio, war erst am gleichen Tag eingetroffen und ließ sich dennoch dazu überreden, mit ihr zu singen. Lieber sang sie ohne Probe mit diesem Mittelmäßigen, als weitere vier Tage auf ihr Debüt zu warten. Die Entscheidung war insofern leichtsinnig, als sich wenige Tage zuvor die in London vergötterte Jenny Lind in der gleichen »Sonnambula« hatte hören lassen. Eine typische, kopflos oder lediglich finanziell orientierte Planung? Zwar wurde Pauline mit donnerndem Applaus empfangen, zitterte aber am ganzen Leib, als sie auftrat. Die ersten Töne waren kaum zu hören.

Im zweiten Akt dann hatte sie sich in der Gewalt, und in Besprechungen war zu lesen, sie hätte »unmöglich mit mehr Virtuosität, Wissen und Inspiration« singen können. War es zuviel geargwöhnt, wenn Pauline sich einbildete, die Direktion ließe das Personal so oft und zahlreich erkranken, wie sie es für richtig hielt? Als »I Capuleti e i Montecchi« von Bellini angesetzt war, gaben immer wieder Kollegen ihre Partien mit dem Vorwand ab, sie beherrschten sie noch nicht auswendig.

Pauline selbst hatte mehr Erfolg als die Partitur Bellinis. Ein Londoner Korrespondent schrieb: »Der Erfolg der Saison gehörte Mme. Viardot. Ihr Debüt war nicht allzuglücklich aus Gründen, die außerkünstlerisch sind. Aber nachdem sie Donna Anna und den Romeo gesungen hatte, ist ihre Wertschätzung hier enorm gestiegen. In den »Hugenotten« riß sie das Publikum vollends hin und zeigte sich als sublime Musikerin und Darstellerin.«

*

An zwei Abenden im Dezember 1848 las Pauline noch einmal alle Briefe, die sie, seit sie sich kannten, von George erhalten hatte. Über den vielen Zeichen der Zuneigung kamen ihr die Tränen. Sie selbst freilich, so gestand sie sich, hatte der »mère Ninounne« allzu Unbedeutendes dagegen geboten, wenn schon kein Tag vergangen war, an dem sie der Weggefährtin nicht dankbar gedacht hätte.

Aber wenn sie sich im Alter an die Heimkehr aus London 1848 erinnerte, an all das Auf und Ab, das Unerfreuliche und Erfreuliche, an die gerade noch überwundenen Intrigen, an die wertvollen Bekanntschaften, eben an jenes schöne, abwechslungsreiche Leben, das so nur reisende Künstler kennenlernen, so muß sie sich bewußt machen, wie wenig Zeit zum Vergnügen geblieben war und wieviel Zeit damit vertan wurde, Geld zu verdienen.

Pauline wurde als ›Eigentümerin‹ beschimpft, weil sie ein Schloß besaß und Louis ein Haus in der Rue de Douai gekauft hatte. Da von ihr erwartet wurde, daß sie ein Nest baue, hatte sie sich unfreiwillig den zerbrechlichsten Ast ausgesucht, den Revolutionssturm. Als der Freiraum des Behagens geschaffen war – sie hatte schon nicht mehr davon zu träumen gewagt –, stellte sie fest, daß Besitz ihr im Grunde weniger bedeutete als Louis. P.-J. Proudhon, der frühe Sozialist des neunzehnten Jahrhunderts, hätte mit ihr zufrieden sein müssen. Hatte er doch angeblich postuliert, daß Eigentum Diebstahl sei. Aber sie dachte auch an die Zeit, in der ihre Einkünfte schwinden würden und das »Eigentum« so schnell wie gewonnen zerrinnen könnte.

Es ging gleich damit an, daß sie lange ohne Opernauftritte auskommen mußte. Unmöglich, mit dem Tenoristen Roger in den »Hugenotten« zu singen, dem einzigen Stück in französischer Sprache, das auf der Bühne des großen Hauses in Frage kam. Auch der Tenor Duprez war für sie als Partner eigentlich schon nicht mehr zumutbar. Seine früher so schöne Stimme war schwach geworden. Selbst sein Freund Fétis, der große Musikologe, hatte über ihn geschrieben: »Eine gedämpfte Stimme, die rasch ermüdet . . .« So beschloß sie, ihr Debüt in der Opéra bis zum »Propheten« hinauszuschieben.

*

Noël entschied sich im gleichen Winter 1848/49, für eine Weile nach London zu gehen. Er wollte seine Forschungen über die menschliche Stimme dort fortsetzen und – natürlich – auch unterrichten. Turgenjew war skeptisch. Noëls lebhafte und freie Natur würde, wie er meinte, mit

Pauline Viardot: Manuel Garcia-fils

dem kühlen Wesen der Engländer nicht fertig werden. Auch bedauerte Turgenjew, daß Noël nun, da sie beide sich erst wirklich kennen und schätzen gelernt hatten, Paris verließ. Beide Männer strebten zu neuen Bezirken und hatten die gleiche Leidenschaft: arbeiten. Noël als Pädagoge mit der ungewohnten, noch als modisch verschrienen Rückbesinnung auf barocke Gepflogenheiten des Gesangs, und Turgenjew als Schriftsteller eines neuartigen poetischen Realismus.

Als Manuel Garcia 1848 nach London reiste, war er von seiner schönen und begabten Frau geschieden, der Sängerin Eugenia Garcia, vollkommen auf sich gestellt. Und wenn Pauline auch wußte, daß er England nicht besonders mochte, ist er dann doch dort hängen geblieben. Später, mit 70 Jahren, hat er sogar eine Engländerin geheiratet und mehrere Kinder bekommen. Nur selten noch ist er nach Frankreich zurückgekehrt.

Bei einem dieser Besuche gab er Turgenjew ein Exemplar seiner

»Méthode du chant« zur Begutachtung. Es sollte, prächtig gebunden, mit einer Widmung an die Königin Christine nach Spanien abgehen, damit sie ihrer Tochter die Kunst beibringe, mit »Fiorituren und Transpositionen« zu glänzen. Turgenjew konnte mit der trockenen Unterrichtssprache wenig anfangen. Aber er war in der Lage, die aufgestellten Thesen als richtig zu würdigen und fand die Unterrichtsbeispiele aus den verschiedenen Opern gut gewählt.

*

Alles staunt, daß die Viardots nunmehr ein Haus in einer Gegend von Paris besitzen, die kein Mensch kennt. Im Winkel der Place Vintimille liegt es, im sogenannten »neuen Paris«.

Charles Dickens, der zu Besuch kommt, nachdem Pauline in London seine Bekanntschaft gemacht hat, lästert, die Viardots wohnten, »als hätten sie sich in der letzten Woche eingerichtet, um in der nächsten wieder auszuziehen ...« Auch George findet, daß es an Komfort fehle. Nun, diesem Mangel weiß man mit der Zeit abzuhelfen.

Einige Sammlerstücke kommen ins Haus und – schließlich sogar eine Orgel. Dieser Hauskauf, meinen die Leute, sei ein gutes Geschäft gewesen, zur Hälfte des Preises, den man vor der Revolution hätte zahlen müssen. Selbst die Sozialistin George rät, alles noch verfügbare Geld in Grundstücken anzulegen.

Die Rue de Douai liegt im 9. Arrondissement von Paris und verläuft etwa sechshundert Meter vom Boulevard de Clichy im Westen zur Rue Pigalle im Osten. Sie gehört zu dem Straßenkomplex, der in der Mitte des 19. Jahrhunderts auf dem ehemaligen Tivoli-Gelände entstand, zu jener Zeit aber praktisch noch auf dem Lande lag.

Paris weitete sich unter Louis-Philippe aus, kaum aufgehalten durch die kurzlebige Zweite Republik, und wuchs noch rascher, als Louis-Napoléon zur Macht kam.

Nun war, was »Eigentum« anging, eine gewisse Unsicherheit entstanden. So erlaubte sich gerade George, eine bestimmte Form von Eigentum als legitim anzusehen. Es gäbe, erklärte sie, zwei Formen von Besitz, »den Privatbesitz, denn der Mensch wird es immer nötig haben, Dinge zum persönlichen Gebrauch sein eigen zu nennen, angefangen von der Maurerkelle, der Kuh, der Wiese, den Wohnmöbeln bis zu Dingen, die dem Künstler unentbehrlich sind«. Dagegen setzte sie »den allgemeinen, öffentlichen Besitz, wie Straßen, Eisenbahnen, Kanäle oder Bergwerke, die dem Mißbrauch durch eine privilegierte Klasse vorzuenthalten«

seien. Ebenso abwegig sei es, in der absoluten Gemeinschaft die Gleichheit zu suchen, wie es die Sozialisten forderten. Die soziale Wissenschaft diene dazu, hier die richtige Unterscheidung zu treffen. Andererseits galt es, die öffentliche Domäne auszubreiten, gerade eben bis zu jenem Punkt, an dem das Persönliche ihr Grenzen setzt. »Die sogenannten ›Freunde der Armen‹ wünschen sich nichts, als etwas vom legitimen Besitz an sich zu raffen. Selbst Proudhon, dieser Theoretiker des aufkommenden Sozialismus hat keine der verschrobenen Ansichten geäußert, die ihm heute in den Mund gelegt werden.« So schrieb George im Oktober 1848 an Pauline. Und sie fügte hinzu: »Freilich hat er andere Ideen, die man zwar nicht fürchten muß, die aber auch nicht hoffen lassen, weil sie, wie ich glaube, nicht realisierbar sind.«

Aber Pauline beschäftigt sich nicht mit Besitztheorien. Sie freut sich erst einmal an dem Charme ihres kleinen Hauses. Die Zimmer sind ganz in englischer Manier eingerichtet. Ein chinesisch gehaltenes Eßzimmer gehört dazu, wohin sich Turgenjew gerne selbst zum Essen einlädt. Louise kommentiert das zornig: »Es gehört doch nur uns!« Sie und ihre Erzieherin aber sind im Dachgeschoß untergebracht, gleich neben dem Gästezimmer. Das Personal hält sich im Souterrain auf. In den Garten hinein führt eine Glasveranda und erweitert das Haus auf anmutige Weise um einen Raum.

*

George erkundigte sich bei Pauline sorgenvoll nach Chopin, der nach London gezogen war: Wie es wohl mit seiner Gesundheit stünde? Sie fühlte sich außerstande, den Haß des bereits Schwerkranken mit Gleichem heimzuzahlen. Banier bekam in einem Brief Chopins bittere Worte zu lesen: »Mme. Sand hat, wie ich weiß, fürsorglich bei Mme. Viardot nach meinem Ergehen gefragt. Was für eine selbstgerechte Mutterrolle sie da unten in Nohant doch spielt!« Er bespöttelte alles, was George anging: ihr politisches Leben, aber auch, daß sie ihre Kusine Augustine Brault adoptierte und sie Solange gleichstellte. George hoffte sehr, in ihr eine Frau für Maurice zu finden. Aber dieser hatte sich zu jener Zeit in Pauline verliebt und dachte an kein anderes weibliches Wesen. Groß war Georges Freude aber, als sich ein Freund mit Augustine verlobte, den Solange immer wieder abgewiesen hatte: der Erneuerer französischer Landschaftsmalerei Théodore Rousseau.

Es stand nicht gut um Georges Finanzen. Sie hatte es mit einem Verleger zu tun, der ihr bereits 40 000 Francs schuldete und sich Zeit ließ, bis die Gemüter der Menschen sich beruhigt haben würden. Dann würde

George ihre Memoiren, die »Histoire de ma vie«, veröffentlichen. Bis dahin hatte sie zwar viele Manuskripte fertig, aber keinen Sou in der Tasche. Mit ihrem kleinen Einkommen aus dem Gut Nohant lebte sie von der Hand in den Mund und erlaubte sich nicht einmal, von Vergnügen zu träumen. Vor allem machte sie sich Vorwürfe, weder für Solange noch für Augustine Brault finanziell sorgen zu können. Anderer Kummer kam hinzu: Solange hatte ihr Kind verloren, es lebte nur eine Woche. Sie war krank, blieb aber für George nach dem Streit mit Chopin und den Kindern zunächst unerreichbar. Sie schien in ihrer Ehe nicht glücklich, obgleich sie sich den gegenteiligen Anschein gab.

An Chopin dachte George – nach Paulines Meinung mit Recht – wie an ein krankes Kind, das verbittert und irregeleitet nicht weiterwußte. Pauline hatte ihn in London oft gesehen, jedesmal erschrocken über sein Aussehen. Sie hoffte immer noch, George würde sich mit Frédéric versöhnen. Aber dafür war es wohl zu spät. Als Chopin wieder in Paris war, schrieb er an Solange: »Ich bin von Neuralgie geplagt, atme und schlafe nicht und habe mein Zimmer seit dem ersten November nicht verlassen.«

Turgenjew sah ihn im Atelier von Ary Scheffer und wußte sofort, daß er einem Sterbenden gegenüber stand. Chopin sprach von seinen englischen Plänen, deren Verwirklichung in den Sternen stehe.

*

George Sand nahm – wie auch Pauline und Turgenjew – damals in Paris Latein- und Griechisch-Unterricht. Als Lehrer wurde von den Viardots im Sommer 1849 jener Flüchtling Hermann Müller-Strübing engagiert, der, nachdem er an Bakunins revolutionären Umtrieben teilgenommen hatte und sieben Jahre Festungshaft in Frankfurt abgebüßt hatte, nach Frankreich geflohen war. Er gab in Paris Unterricht in Deutsch und Alten Sprachen. Der kräftige und kluge, aber durch das erlittene Unrecht seelisch geschwächte Mann war dem Alkohol verfallen. Daran sollte er auch, später nach London ausgewandert, zugrunde gehen.

Damals aber brachte er seinen Schülern nicht nur die Ilias und die Odyssee nahe, aus der sie, Louisette eingeschlossen, ganze Episoden auswendig lernten. Er erreichte, daß Pauline Homer als den wichtigsten Dichter in der Welt empfand. Gelegentlich brachte der Lehrer zum Unterricht auch den Aufrührer Michail Bakunin mit, den berüchtigten russischen Revolutionär, der genau wußte, wohin sein politischer Weg führen würde. Bakunin, den George Sand schon seit fünf Jahren kannte, war in Paulines Augen kein Held, vielmehr ein schwieriger, mit seiner Homosexualität hadernder Vielredner, moralisch wie finanziell unterstützungsbedürftig. In George sah er eine Prophetin.

*

Obwohl reges Leben in Nohant herrschte, sobald die Herrin anwesend war, machte George damals einen deprimierten Eindruck. Ihre Leistungsfähigkeit war derart herabgemindert, daß das Leben für ganze Tage auszusetzen schien. Von Solange hörte die Mutter nichts, Maurice hielt sich fast ständig in Paris auf. Es blieb ihr einzig die Hoffnung, Pauline im »Propheten« zu hören, wenngleich ungewiß war, ob ihre Kräfte einen Opernbesuch überhaupt zulassen würden.

Sie sehnte sich nach Musik. Am 5. März 1849 schrieb sie an Pauline, die mit Proben an Paris gebunden war: »Es ist nicht lustig, wenn man unfähig ist, mit der Kehle oder den Fingern das wiederzugeben, was in den Noten steht. Dennoch habe ich eine Methode entwickelt, die mir ein wenig Freude macht. Ich öffne die Noten auf einem kleinen, alten Pianino, das ich vor Jahren für 400 Frcs. gekauft habe und das keinen vernünftigen Ton von sich gibt. Es geht auch für mich kaum darum, die Musik mit den Ohren zu vernehmen, sondern mit dem Gehirn. Ich lese meine Klavierauszüge und stelle mir vor, wie sie klingen könnten. Bin ich mir über einen harmonischen Effekt nicht im klaren, so gebe ich ihn auf dem Klavier an und wiederhole ihn mir so oft, bis ich mich seiner vollständig erinnern kann. So kenne ich schon die ganze ›Heimliche Ehe‹ und den ›Don Giovanni‹ und viele andere Sachen . . . Wir Ignoranten in dieser göttlichen Kunst sind von der Melodie abgelenkt, durch den Gesang mit Worten; wir erfassen nicht auf Anhieb alle Elemente einer musikalischen Schöpfung. . . . Ihr Kinder des Himmels schwimmt im offenen Meer, ihr habt Wellen wie Wassertropfen beim leisesten Anruf der Erinnerung zur Verfügung. Euer Hirn füllt sich mit dem ganzen Klangbild eines Meisterwerks.«

Angesichts solcher Pionierarbeit für das eigene Musikempfinden kam sich Pauline ziemlich lächerlich vor. Denn sie wurde im Augenblick mit Proben gequält, die oft bis nach Mitternacht andauerten. Meyerbeer war unerbittlich, wenn es um die Sache ging. Wie immer vor einer neuen Rolle wünschte sich Pauline die erste Vorstellung sehnlichst herbei. Aber wieder wurde die Premiere verschoben. Pauline ließ ein kleines Zimmer herrichten und lud ihre Freundin zu sich ein, um die Premiere zu erleben, wenn sie denn je einmal stattfinden sollte.

George nahm die Einladung zunächst nicht an, weil sie sich fürchtete, Menschen zu treffen, mit denen womöglich politische Auseinandersetzungen zu bestehen waren. Ihr mißfiel, was in der Tagespolitik geschah. Sie würde sich im Pariser Durcheinander nicht zurechtfinden, resignieren und den Glauben an die neuen Ideen völlig verlieren. Um sie aufzuheitern, bestellte Pauline bei Érard ein Klavier und überwachte selbst den Transport.

In den letzten Tagen vor der Premiere verging Pauline fast vor Angst. Zu lange hatte sich die Vorbereitung hingezogen, obwohl ja auch sie nur das Ende einer bis heute nicht ganz geklärten Vorgeschichte darstellte.

*

Nach dem Erfolg der »Hugenotten« hatten Giacomo Meyerbeer nämlich die verschiedensten Opernpläne beschäftigt. Banier wurde mit einem Textentwurf der Frau Birch-Pfeiffer zu Eugène Scribe geschickt. Meyerbeer faszinierte der phantastische Stoff: Er stellte das Leben auf dem Meere und einer indianischen Insel dar. Daraus fertigte Scribe die fünf Akte der »Afrikanerin«, noch ohne den historischen Hintergrund, der in der Letztfassung hinzukam. Als Meyerbeer das Skript vor sich hatte, fing er sofort zu komponieren an. Bald jedoch gelangte er an einen toten Punkt. Mensch und Natur ohne den gewohnten glänzenden Rahmen, wie er zur großen Oper seines Stils gehörte, das regte ihn nicht genug an. Scribe begann, die Handlung umzugestalten.

Inzwischen verhandelte Meyerbeer mit der Oper über ein anderes Buch. Zwar sollten Scribe und Dumas daran gemeinsam arbeiten, aber der Librettist zeigte bald keine Lust mehr, mit Dumas zusammenzuwirken. Er erklärte sich »großzügig« bereit, mit einem Viertel Anteil am Honorar, an den Autorenrechten und am Verkauf der Partitur aus dem Projekt auszuscheiden.

Für Meyerbeer war es der wichtigste Teil des Vertrages, die Besetzung der Rollen zu bestimmen und drei Monate Probezeit ausschließlich für sein neues Werk zur Verfügung zu haben. Es ging ihm um baldigen Arbeitsbeginn, da seine Frau unaufschiebbar zu einer Kur nach Pisa fahren mußte. Noch vor der Abreise sollte das Libretto fertig sein.

Duponchel, der Intendant, zeigte sich über alle Maßen entrüstet, als Scribe von seiner Aufgabe zurücktrat. Er bestand darauf, daß nun auch Dumas aus dem Plan ausscheide und Scribe, bis zur Rückkehr Meyerbeers aus Italien, den Text in gewohnter Routine allein verfasse. Scribe entwarf also »Die Wiedertäufer«, später in »Der Prophet« umbenannt.

Nach dem Teufel und dem Religionskampf stieg nun die Politik auf die Opernbühne, der revolutionäre Sozialismus als Theaterrequisit. Aber es kam anders als erwartet. Mme. Meyerbeer wurde ernsthaft krank und mußte in Baden-Baden bleiben. Der Meister wurde, von einer Augenentzündung gequält, wochenlang in ein abgedunkeltes Zimmer verbannt. Nach der Genesung hielten ihn Reisen und die Arbeit an verschiedenen Inszenierungen der »Hugenotten« in Atem, ihn, der am liebsten selbst für die Qualität einer jeden Neuinszenierung seiner Werke verantwortlich zeichnete. So blieb die Oper liegen, und ihre Entstehung erfolgte zögerlich, auch weil so »schwierige« Sänger wie Pauline immer wieder Kritik anbrachten.

Aber noch anderes wirkte erschwerend. Die Kunstverhältnisse in Berlin hatten sich nach dem Tod König Friedrich Wilhelms III. entscheidend geändert. Spontini, jener eitle und intrigante Orchesterchef, sah sich der Unterstützung des Hofes beraubt. Der Thronfolger hatte sich ihm schon als Kronprinz nicht gewogen gezeigt. Er schätzte Felix Mendelssohn weit mehr und suchte diesen gleich nach seinem Regierungsantritt für Berlin zu gewinnen. Aber da gab es den Grafen Redern, den Opernintendanten, der seinerseits Meyerbeer als Spontinis Nachfolger favorisierte. Sein Wort gab den Ausschlag. »Den Italiener« hoffte Redern auf gütliche Weise loszuwerden. Es erleichterte die Entscheidung, daß der Pultstar sich in seiner Eitelkeit verletzt fühlte. Spontini war so mutig und zugleich so unklug, öffentlich gegen eine Beschränkung seiner Amtsbefugnisse zu protestieren. Das trug ihm eine Klage wegen Majestätsbeleidigung ein. Als er, trotz strikten Dirigierverbots, unbedingt eine Vorstellung des »Don Giovanni« dirigieren wollte, kam es zum öffentlichen Skandal. Er durfte nicht bleiben. Seine Strafe wurde ihm großzügig erlassen, sogar eine Pension gewährt.

Spontini kehrte nichtsdestoweniger wutschnaubend, Racheschwüre und Injurien gegen den Hof von sich gebend, nach Paris zurück. Graf Redern überzeugte König Friedrich Wilhelm IV., daß es zweckmäßig sei, dem »Weltstar« Meyerbeer den Weg freizumachen, daß Paris der Streitigkeiten mit Scribe wegen, Meyerbeer verleidet war und der Berliner Hof sich schmeichelhaft inoffiziell bei ihm erkundigte, ob er sich nicht für seine Vaterstadt verpflichten lassen wolle – und da er sich schließlich gar mit dem Orden »Pour le mérite« geehrt sah, als Anerkennung seiner Verdienste um die Berliner »Hugenotten«-Aufführung, gab es für den unangefochtenen Herrscher unter den Opernkomponisten seiner Zeit Grund, sich vorübergehend an Berlin zu binden. Mit ihm kam

Banier auf diese Weise von seiner Fiedlerstelle in Paris los und sah seine Heimatstadt wieder.

Vor allem hatte die Weigerung Scribes, die »Afrikanerin« umzuarbeiten, Meyerbeer aus Paris vertrieben. Als Druckmittel gegen die Opéra hielt er die fertige Partitur des »Propheten« zurück und die immer wieder angekündigte Premiere, allen Bitten oder Drohungen zum Trotz, in der Schwebe. Andererseits ließ es seine neue Stellung nicht ratsam erscheinen, ausgerechnet jetzt mit einem »sozialrevolutionären« Sujet in Berlin hervorzutreten.

Die Pariser verübelten Meyerbeer seine neue Verpflichtung. Ihr Liebling, »notre Meyerbeer«, im Dienste des preußischen Königs! Auch daß der Komponist es wagte, sie beständig mit seinem »Propheten« an der Nase herumzuführen, war angesichts der seit Jahr und Tag in der Presse erfolgten Ankündigungen ein Affront. In seinem »Bericht aus Paris« mahnte Heinrich Heine 1843: »Der Prophet wird noch immer erwartet. Und zwar mit einer Ungeduld, die aufs Unleidlichste gesteigert, am Ende in fatalen Unmut umschlagen dürfte. Es bildet sich hier ohnehin eine verdächtige Reaktion gegen Meyerbeer, dem man in Paris die Huld nicht verzeiht, die ihm in Berlin gnädigst zuteil wird.«

Daraus suchte der nach Paris ausgewichene Spontini Vorteil zu ziehen und schürte nach Kräften die Mißstimmung gegen seinen vermeintlichen Nebenbuhler, den er an all seinem Unglück schuldig glaubte. Die Premiere, schon für den Juli 1843 angesetzt, scheiterte an des Direktors Pillet Weigerung, die vom Komponisten geforderten Sänger zu akzeptieren. Meyerbeer zeigte sich entschlossen, das Werk nicht aufführen zu lassen, sollte die Primadonna des Hauses und Geliebte Pillets, Rosine Stoltz, die Hauptpartie für sich beanspruchen. Die Opéra ächzte unter Meyerbeers Hartnäckigkeit, denn der »Ersatzmann« Donizetti war zwar »fruchtbar wie ein Kaninchen«, reihte aber Mißerfolg an Mißerfolg. Als die abgesungene Mme. Stoltz bei einer Premiere ausgepfiffen wurde, war das Schicksal Direktor Pillets besiegelt. 1847 nahmen Roqueplan und Duponchel das Ruder in die Hand, nicht ohne einen Vertrag für den »Propheten« zu unterzeichnen, der den Tenoristen Roger für den Part des Jean de Paris und Pauline für die Fides vorsah.

Aber dann brach am 22. Februar 1848 die Revolution aus und verzögerte die Vorstellung ein weiteres Mal. Freilich wurde der Boden für die Handlung des Werkes nun günstig umgegraben. Es stellte sich unfreiwillige »Aktualität« her.

Meyerbeer leitete wie immer die Vorbereitungen selbst. Er ließ, um allen eventuellen Unliebsamkeiten zu begegnen, den Zauber seiner Persönlichkeit spielen, spannte aber auch alle verfügbaren Menschen und Mittel ein. Kein Orchestermusiker, den er nicht mit »Monsieur le Professeur« angeredet, kein Sänger, dessen Gesang er nicht als »himmlisch« bezeichnet hätte, um gleich darauf durchgreifendste Änderungen im Vortrag anzuordnen.

Es galt, den gefürchteten Kritiker der »Débats« und schon häufig enttäuschten Komponisten Hector Berlioz günstig zu stimmen, denn dessen Meinung wurde – so unbeliebt er war – überall für maßgeblich gehalten. Leider war der Dirigent der Premiere, André Girard, mit Berlioz verfeindet. Dieser hatte sich einmal selbst Hoffnung auf den Posten des Chefdirigenten gemacht.

Meyerbeer wußte wie immer Rat: Er überredete seinen Kapellmeister, in einem Konzert des Conservatoire Bruchstücke aus der kürzlich in Paris mit Pauken und Trompeten durchgefallenen »Damnation de Faust« erklingen zu lassen, um den verbitterten Berlioz zu trösten. Auch pries sich der Berliner des Einfalls wegen glücklich, das notwendige Gold zu einer Plakette zu stiften, die Berlioz zur Erinnerung an diese Aufführung von Freunden überreicht wurde. Meyerbeer selbst führte die Deputation auf das Podium. Um nichts zu unterlassen, lud er den zwölf Jahre jüngeren Berlioz ein, bei den letzten »Prophet«-Proben dabei zu sein und unterzeichnete: »Votre tremblant Meyerbeer.«

*

In der Zeit der letzten Proben ereignet sich eine Art Epilog zu der einseitigen Liebesgeschichte, die es einst zwischen Pauline und Alfred de Musset gegeben hat. Auf einem der Boulevards promenierend, um sich ein wenig Abwechslung zu verschaffen, begegnen die Viardots Musset, der sich ihnen mit Anzeichen der Dringlichkeit nähert. »Ich habe mir schon seit einiger Zeit vorgenommen, Sie zu sehen, gnädige Frau, denn ich habe eine große Bitte an Sie.«

»Und worum handelt es sich, lieber Herr de Musset? Wenn ich Ihnen irgendwie helfen kann, will ich es gern tun.« »Ich möchte Ihnen eine Rolle anvertrauen.« »Keine gesprochene, nehme ich an!« »Nicht ganz, eine Rolle, halb gesprochen, halb gesungen. Seit einiger Zeit träume ich von einer ›Heiligen Caecilie‹, und ich kann mir niemanden außer Ihnen vorstellen, der sie verkörpern könnte. Allerdings müßten Sie das Cellospielen erlernen.« »Mein lieber Dichter, ich fühle mich sehr geschmeichelt, aber im Augenblick bin ich zu beschäftigt, um Ihnen Genüge zu tun. Über später möchte ich nichts sagen; wir werden uns noch einmal darüber unterhalten, wenn Sie es wünschen.«

Es hat symptomatischen Charakter, daß Musset zur gleichen Zeit an einem Projekt für die Schauspielerin Rachel arbeitet, das sich »Dienerin des Königs« nannte. Es liegt nicht in Mussets Geschick, seines mit dem einer großen Künstlerin zu verbinden, und so ist der Sänger der Liebe selten in der Liebe glücklich.

*

Der entscheidende Abend in der Opéra, die Premiere des Propheten! . . .

Meyerbeer galt für seine musikalisch unkritischeren Zeitgenossen nun als der größte lebende Komponist, um so mehr, als Gerüchte nicht verstummen wollten, Rossini sei wahnsinnig geworden, nachdem ihn wütende Patrioten in Italien verprügelt hatten. In der Tat konnte von dem nun in der Hauptsache als Küchengenie Wirkenden nicht viel Neues mehr erwartet werden.

Die Qualität der »Prophet«-Darstellung steigerte sich, die Sänger wurden sicherer und der Eindruck immer geschlossener. Für George gab es nun keine Ausrede mehr, sie mußte nach Paris kommen. Und sie kam.

Für einen Augenblick dürfen wir vielleicht zu dem Bankett von 1905 zurückkehren, denn Pauline gegenüber erheben sich, beim – sie glaubt es kaum – wohl erst fünften Gang die Stimmen eines hageren und gesund aussehenden deutschen Paares. Bald ist selbst für Paulines der deutschen Sprache entwöhnte Ohren deutlich, daß sich das Gespräch um die Oper in Frankfurt dreht. Der Herr vertritt eine Meinung, die in Abständen über jedes Opernhaus laut wird, daß es sich nämlich steten Niedergang, künstlerisches Versagen und maßlose Verschwendung von Steuergeldern habe zuschulden kommen lassen. Dagegen erklärt die Dame, das Haus bewähre sich doch großartig.

Ganz gegen ihre Gewohnheit mischt sich Pauline in die Auseinandersetzung. Sie fragt, ob die beiden denn die Frankfurter Aufführung des »Propheten« gehört hätten, die sie selbst vor einigen Jahren dort miterlebt habe. Zur Überraschung der beiden Kombattanten äußert sie: »Wissen Sie, ich habe vor fünfzig Jahren in der Uraufführung gesungen und bei der erwähnten Gelegenheit neulich in Frankfurt festgestellt, wie anders ich inzwischen zu Komponist und Werk eingestellt bin. Schon das Libretto, damals für mich grandios, finde ich heute unhaltbar – mit seinem betrogenen Betrüger als Helden, mit der unmöglichen Liebesgeschichte, mit der brutalen, unwahrhaftigen Muttertragödie, die mich vor Zeiten so viel Mühe und Tränen gekostet hat.«

205

Nachdem der Herr sein Staunen über die Verve verarbeitet hat, mit der die Südländerin, ihrem Alter spottend, redet, erwidert er: »Ich bin ganz sicher, daß der Erfolg dieser Aufführung, genau wie der kürzlich in Frankfurt, auf Äußerlichkeiten beruhte. Der berühmte Sonnenaufgang, eine ja schon damals nicht ganz neue Wirkung, dann das Schlittschuhballett, die pompöse Kirchenszene, der Effekt am Schluß, wenn das Schloß einstürzt ...« »Aber ja, gerade dieser Schluß«, fällt Pauline emphatisch ein, »wie wenig macht die Musik aus dieser Möglichkeit, sich zu entfalten! Ohne Rücksicht auf eine, wenn auch noch so vorgespiegelte Tragik geht es im Dreivierteltakt ganz lustig zu Ende.« Der fremde Herr fragt: »Ist der Text nicht von Scribe? Der springt mit den historischen Ereignissen noch willkürlicher um als in den ›Hugenotten‹. Und der historische Jan van Leyden, da wollen wir gar nicht erst mit Vergleichen anfangen ...«

»Die ganze Szenerie baute sich bei der Premiere um mich, die ich die Fides sang.« Strahlendes Verstehen auf den Gesichtern der beiden. »Trotzdem hatte ich«, fährt Pauline fort, »während der ersten Hälfte des Stücks lange in der Garderobe zu warten. Weil ich nicht auf der Bühne war und mich auch immer sehr aufregte, kannte ich bis zu jenem Frankfurter Abend die Musik nicht vollständig. Ich war entsetzt, was sich musikalisch und szenisch sonst abspielte. Immer geht es um plattes Theater, um plakative Wirkungen. Die Gestalt der Berthe ist völlig überflüssig. Denkt man sie weg, so bleibt ein dramatisch mißlungener Konflikt übrig, der sich um die Figur der Fides gruppiert.«

»Immerhin«, so mischt sich nun die Gattin ein, »gehört Meyerbeers ganze Sorgfalt der Gestaltung der Mutterliebe. Da hält sich das lärmende Orchester in Grenzen.« »Aber«, so meint Pauline, »die Erfindung kommt dem Plan nicht gleich. Die erste große Dank-Arie der Fides, eine Zwiesprache zwischen leise klagenden Orchesterlauten und menschlicher Stimme, ist ja achtbar entworfen. Auch die Bettel-Arie – so süßlich sentimental sie insgesamt ist – bleibt erträglich. Aber in der großen Kirchenszene fehlt jegliche dramatische Kraft, wie sie die Situation doch verlangt hätte. Nach der eindrucksvollen Gefängnisszene kommt es mit der Kavatine zu einem Gassenhauer, der befürchten läßt, Mama Fides werde sogleich Cancan zu tanzen anfangen.«

»Sie gehen sicher zu streng mit dem Werk um, an dem Sie doch mitgeschaffen haben.« »Ja, aber ich bin auch mitschuldig an den Sünden ...« Und Pauline fügt bei sich selbst hinzu: Meine Verliebtheit in Italianismen war damals so groß, daß ich mich nicht darum kümmerte, ob dramatischer Geschmack anderes erfordert hätte. Den habe ich erst mit Hector Berlioz kennen und anzuwenden gelernt. –

Pauline schweigt nun wieder und überläßt die beiden gegenüber ihrer Unterhaltung. Sie mag sich nicht weiter über das Stimmengewirr hinweg verständlich machen.

*

Ihres Pariser Erfolgs schien sich Pauline mit Meyerbeers jüngstem Opus so sicher, daß sie es als überhaupt nicht kompromittierend empfand, schon bald darauf bei dem Komponisten und Operndirektor Roqueplan eine dreiaktige Oper zu bestellen. Es kann ihr nicht verborgen geblieben sein, wie drittklassig dieser Tonschöpfer war.

Es kümmerte sie wenig, was manche Journale auszusetzen hatten, denn ihr künstlerisches Gewissen registrierte keine Versäumnisse. »Um eine Rolle gut zu interpretieren, muß ich alles andere vergessen können, muß sie oft und oft durchexerziert haben, so daß sie mir in Fleisch und Blut übergeht. Und das war im Fall der Fides mehr als sonst möglich.« So vertraute sie es Léon Séché im Alter an.

Hector Berlioz rühmte, gleichsam sich berichtigend, in seiner Rezension: »Madame Viardot hat in Frankreich ein dramatisches Talent entwickelt, wie es nicht zu vermuten war. Haltung, Geste, Mienenspiel, selbst ihre Kostüme spiegeln hohe Kunst. Die extreme Geschicklichkeit ihrer Stimmführung und ihre Musikalität sind bekannt und werden von der ganzen Welt gewürdigt. Man muß nur ihre erste Arie »O mon fils« hören – das ist reine, vollendete Kunst.«

Auch George konzentrierte ihr Lob auf Pauline. Das Werk beurteilte sie eher reserviert. Seither tönt er Pauline immer noch in den Ohren, der schöne Satz: »Sie sind ebenso süß und liebenswert wie groß und bewunderungswürdig.« Sie wird diese Worte nicht vergessen. Hinzugefügt hatte die Freundin, sie liebe Louis nun zweifach, einmal als den Mann, den sie schon gekannt hatte, zum andern als den, der Pauline ein ihr gemäßes, sie förderndes Leben einzurichten wußte, das sie zu einem freien und sich wohlfühlenden Menschen machte.

Dreizehn Vorstellungen des »Prophet« führten wieder einmal zu einem Dauererfolg des Komponisten Meyerbeer. Aber Pauline, ungeduldig trotz ihrer gerade gesicherten Position, bestürmte ihn, doch die »Hugenotten« mit ihr wiederaufzunehmen. Vergebens. Als ein raffinierter Kalkulierer befürchtete er, der Ruhm der neueren Oper könne darunter leiden.

*

Ungeachtet dieses Sieges stellten sich der Karriere Paulines in Frankreich, gefördert durch entsprechende Zeitungsartikel, immer wieder massive Hindernisse in den Weg. Es entstanden beim Publikum wie bei der Presse Vorurteile, die 1849 ihr Auftreten in Paris sogar unmöglich machten – so schmerzlich dies für alle Freunde, für George Sand, vor allem aber für Turgenjew war. Die einzige Sängerin, die zugleich lyrische Tragödie, »große Oper« und italienische Oper bewältigte, wurde eben ihrer Wirkung wegen falsch beurteilt und dazu verdammt, in anderen Hauptstädten Europas, in Berlin und Warschau, in London und Dublin aufzutreten.

*

Bei gelegentlichen, seltenen Besuchen in Nohant stellt sich heraus, daß auch Turgenjew von George Sand hingerissen ist. Der Dichter empfindet sie als »rätselhaft«, was mit dem einmaligen Flair dieser vornehmen Französin zu tun hat, dieser direkten Nachfahrin Augusts des Starken von Sachsen (ihre Großmutter war die natürliche Tochter des Grafen Moritz von Sachsen, ihre Mutter eine Pariser Grisette), die aber dennoch und immer neu leidenschaftlich sozialistische Positionen vertritt.

Sie führt auch wieder ihren Salon. Alles trifft sich bei ihr, von linken Anwälten und frischgebackenen marxistischen Theoretikern bis hin zu berühmten Ärzten oder verrückten Schauspielern. Pauline und Turgenjew fühlen sich aber wohler, wenn sie unter sich bleiben; beide sind in Gesellschaft vieler Prominenter nicht gelöst. Das belastete später auch Paulines Baden-Badener Unternehmungen, so sehr sie sich inzwischen an die rege Geselligkeit im eigenen Hause gewöhnte. Turgenjew bedrückt es bisweilen, daß von ihm, dem berühmten Dichter, erwartet wird, er soll mit klugen Bemerkungen oder ausgefallenen Geschichten glänzen.

An einem solchen Abend in Nohant bleiben sie zu dritt allein im leeren Salon, George, Pauline und Turgenjew. Sie sitzen vor dem Kamin mit seinem Stuck, vor den silbernen Erinnerungsstücken auf dem Rosenholztischchen, dem Bild einer jüngeren George auf dem Piano, die vornehm ins Leere blickt. Da ist auf einmal alles anders. George sitzt nachdenklich auf dem Sofa, nippt an ihrem Glas. Selten war sie so selbstvergessen. Sie läßt ihrer sonst so spitzen Zunge nicht mehr freien Lauf, schaut den beiden Freunden fragend und traurig in die Augen; ihr Lachen schweigt; ihr sonst unverstellt offenes Urteil hält sie zurück. Sie spricht von sich, sieht sich als poetische, aber ahnungslose Person, der eine übergroße Autorität aufgezwungen worden ist, die sie in Wirklichkeit gar nicht besitzt. Aufgezwungen von schwachen Männern, manchmal auch von hohlköpfigen, verspielten Frauen, deren mangelnder Mut George dazu treibt, die Initiative zu ergreifen und das Schiff aus dem Meer der Torheit hinauszulotsen. Und ist sie weich und weiblich gestimmt wie an diesem Abend, so kann sie auch über den Versuch lachen, sich selbst zu entfliehen, einem Ich, das schließlich doch dazu bestimmt ist, eine beispielhafte und dominierende Rolle zu spielen.

Auch Turgenjew gibt sich gelöst und unkonventionell. Er gesteht, daß die Tage der Unruhe seinen Nerven nicht gut getan haben. Vielleicht war es die Ruchlosigkeit, deren Paris fähiger war als andere Städte. Er war nach Versailles ausgewichen – und langweilte sich dort zu Tode!

Das hätte ihm Pauline vorher sagen können, die um seine Vorliebe für unvorhergesehene, überraschende Ereignisse weiß. In Versailles gibt es nur die ewige Wiederkehr des Gleichen. Aber immerhin fand er dort Schweigen, Größe und Einsamkeit, weiße Statuen, kahle Bäume, vereiste Brunnen, große Erinnerungen, lange, verlassene Avenuen – in jenem Winter 1848/49.

Turgenjew erzählt von seiner Bekanntschaft mit zwei Hunden und erregt Georges ganzes Entzücken, weil er die Tiere personifiziert. »Der eine erschien mir fröhlich, kommunikativ, leichtsinnig, wenig oder keine Bildung, mit jedermann gut Freund und, um die Wahrheit zu sagen, ohne wahre Würde. Der andere sanft träumerisch, ein Faulenzer und Feinschmecker, mit Weisheit von Lamartine genährt. Sie frequentierten dasselbe Café wie ich. Der eine ähnelte (wenn Hunde ähneln können) einem kleinen, mageren Militärarzt, häßlich und unfreundlich. Der zweite war sehr darum bemüht, gut mit mir zu sein. Ihn lud ich ein, mich zu besuchen. Aber er gab vor, sein Herr würde ihn schlagen. Ich konnte dem nichts entgegensetzen und gab ihm ein Stück Zucker, das er zermalmte, während er höflich und lebhaft mit dem Schwanz wedelte.«

Pauline rief sich diese Episode manchmal ins Gedächtnis zurück, weil Turgenjew sie an diesem Abend mit einem ungewöhnlichen, natürlich nicht ganz ernst gemeinten Wunsch bekannt machte: Er wollte komponieren.

Er schickte Pauline neue Worte *und* Musik. Die Vertonung hatte ihn viel Mühe gekostet, Angstschweiß, mentale Agonie. Er versuchte es ihr zu beschreiben. »Ich habe die Melodie ganz schnell gefunden. Sie verstehen, die Inspiration! Aber sie danach auf dem Klavier zu finden – und dann niederzuschreiben . . . Vier Entwürfe habe ich zerrissen. Und noch bin ich nicht sicher, ob ich nicht etwas Unmögliches geschrieben habe. Mit Kopfweh habe ich Sie nach der Tonart gefragt. Vielleicht haben Sie

zwei Minuten darüber gelacht, und das war die Sache schon wert ...
Hätte mich Ihr Bruder Manuel am Werk gesehen – er hätte an den Vers
denken müssen, den er auf der Brücke von Courtavenel entwarf und dazu
seine Arme graziös kreisen ließ. Sapperlotte! Ist es so schwer, Musik zu
komponieren? Meyerbeer muß also doch ein großer Mann sein!« (Juni
1849 an Pauline) Pauline hatte in der Tat nicht viel mehr als ein Schmun-
zeln für diesen Versuch übrig.

*

Wie kam Turgenjew dazu? Er war krank geworden, wohnte auf Zeit bei
Viardots Freund Alexander Herzen, dem großen russischen Freidenker,
der im Pariser Exil lebte. In der Stadt war die Cholera ausgebrochen, und
Turgenjew hatte elende Angst, sich angesteckt zu haben. Das stellte sich
zum Glück als unbegründet heraus. Aber er behielt für sein Leben diese
besessene Furcht vor der Krankheit. Es war Juni und schrecklich heiß.
Sehnsuchtsvoll dachte er an Courtavenel, wie kühl es doch unter dem
geliebten Kastanienbaum jetzt sein mußte! »Wenn man bedenkt, wie
viele schlechte und unnütze Dinge es in der Welt gibt: Cholera, Hagel,
Könige, Soldaten etc. etc. Gott muß ein Misanthrop sein! Was die
Cholera angeht, so verfolge ich meine Unruhe mit Wut. An einem Tage
bevorzuge ich Hitze, am nächsten Kälte. Woher kann ich mir nur die
Erkältung geholt haben, der ich so selten aus dem Zimmer gehe?« (Juni
1849)

In der Rue Lafitte wachte er jede Nacht immer wieder auf und dachte
an Pauline, die auf der Fahrt nach England war. In den Zeitungen las er
von ihrem Erfolg als Fides. Der »Courrier français« lud sie – anders als
zuvor – ein, so bald wie möglich zurückzukommen, um das »Szepter der
Kunst wieder in die Hand zu nehmen«. Janin, der Pariser Korrespondent
der »Times«, bemerkte: »Stellen Sie sich vor, die Viardot zwischen zwei
provinziellen Tenören!«

Sobald Turgenjew aufstehen konnte, zog er nach Courtavenel. Pauline
erhielt von dort einen Brief mit einer für den Tierliebhaber sehr typischen
Geschichte: »Es gab Aufregung. Eine dicke Ratte hatte sich in der Küche
heimisch gemacht. Die Köchin Veronique, deren Hausschuhe sie ange-
nagt hatte, war so geschickt, vor das Loch, das dem Tier als Eingang
diente, zwei dicke Steine zu legen. V. läuft herbei und erzählt uns die
große Neuigkeit. Wir erheben uns alle, bewaffnen uns und treten in die
Küche. Die Unglückliche hatte sich unter dem Eßschrank verkrochen.
Wir jagen sie. Veronique kann einen weit ausholenden Schlag nicht auf
ihr landen. Sie verschwindet unter einem anderen Schrank. Suche in allen

Ecken. Wir ergeben uns vergeblich dem Teufel! Schließlich öffnet Veronique eine Schublade. Ein großer, grauer Schwanz bewegt sich rasch. Wie der Blitz saust die Ratte heraus; ein Versuch, sie zu treffen; sie verschwindet von neuem. Dabei gab es so wenige Möbel in dieser Küche! Kriegsmüde ziehen wir uns zum Whist zurück. Da tritt Veronique herein, mit der Leiche in einer Zange. Wo hatte sich die Übeltäterin versteckt? Auf einem der Küchentische stand ein Stuhl und auf dem Stuhl lag ein Schürzenkleid – Sie war in einen der Ärmel geglitten. Vier- oder fünfmal hatte ich das Kleid hochgehoben! Muß man nicht die Geistesgegenwart, den schnellen Blick, die Charakterenergie des kleinen Biests bewundern? Ein Mensch in der gleichen Lage hätte hundertmal den Kopf verloren. Als Veronique hinausging, fiel ein Stückchen Fleisch aus dem Ärmel, das sich das Tier dort aufbewahrt hatte.« (Juni 1849 an Pauline)

Die boshafte Louise berichtete den Eltern, Turgenjew mache sich »nützlich«, außer daß er sie im Deutschen unterrichtete. Paulines Beziehung zu dem begabten Mädchen war kompliziert. Die Kleine bekämpfte zunächst instinktiv, dann bewußt Paulines Verhalten und nahm ihr jede Regung zu Turgenjew hin übel.

Der neue Gärtner zeigte sich arbeitsscheu. Die Rosen ließ er fast eingehen; Turgenjew sagte nichts, goß die Blumen selbst und entfernte Vertrocknetes. Dieser stumme, aber eloquente Appell verfehlte seine Wirkung nicht, ein paar Tage später war die Ordnung wieder hergestellt.

Hat er Pauline das alles geschrieben, um sie mit ländlicher Idylle zu unterhalten? Da ist so viel Ausflucht in seinen Worten, Ablenkung. Und sie half ihm überhaupt nicht. Ihr Sinn war ganz beim »Propheten«, bei ihrer Laufbahn, bei ihrem Egoismus. Es tröstete sie der Gedanke, er hätte immerhin ganze Tage in der Ruhe des Schlosses arbeiten können.

*

Was Paulines Arbeit angeht, so hat sich keiner ihrer Kritiker die Mühe gemacht, Proben anzuschauen oder anzuhören, bevor er nach der Premiere oder Wiederaufnahme etwas darüber schrieb. Berlioz war dabei immer auszunehmen! Er ließ eine Beziehung zum Theater erkennen, die unter den Presseleuten weitgehend verloren war.

In Pauline stritt der Ehrgeiz mit dem Wunsch, dem »großen Ruhm«, der »Bekanntheit« zu entfliehen. Sie sehnte sich danach, absolute Unbekanntheit zu genießen! Ruhm schien ihr die Kehrseite der Einsamkeit. Aber während Pauline Nichtstun als Zeitverschwendung ablehnte, pflegte Turgenjew Gewohnheiten, die eher zu russischer Arbeitsunlust tendierten. Dennoch rechtfertigte er seinen Ruf als Mann von Kraft und Gewandtheit, als Florettfechter und Reiter, Eigenschaften, die ihm vor allem bei Frauen große Beliebtheit eintrugen. Er gehörte jetzt zu den Weltgewandten, denen man im Bois de Boulogne begegnete, über die in den Salons gesprochen wurde. Das Institut de France buhlte um seine Mitgliedschaft, allerdings ohne Erfolg. Ein solches Glück, das ihm natürlich dauernde Zufriedenheit nicht bringen konnte, verfolgte ihn durch sein ganzes weiteres Leben.

*

Entscheidungslos ließen zwei Liebende die Zeit verstreichen. Man hätte es für Absicht halten können, daß sich Pauline und Turgenjew fast immer an getrennten Orten aufhielten. Die Viardots waren wieder in London und schon bei der Ankunft sicher, ein Opernhaus in Verwirrung vorzufinden. Es befand sich ganz in der Hand der Italiener. Die Direktion stand kurz vor der Auflösung, und im Repertoire befanden sich kaum noch Stücke von Belang. Louis schrieb an George: »Es kann sein, daß wir schon nach acht Tagen wiederkommen.«

Aber dann die Fides! Der Erfolg von Paris wiederholte sich. Diesmal waren viele Maler hinter dem »Propheten« und der Fides her. Sie skizzierten überall, wann immer sich Gelegenheit bot. Pauline mußte für Entwürfe, Gemälde, Gravüren, Statuetten posieren, und immer veränderten sie das unmodisch Unattraktive ihres Gesichts zur Larve. Manchmal machten ihr solche Einladungen Vergnügen, weil sie ihr schmeichelten. Meistens aber fürchtete sie, keine Zeit zum Leben übrig zu haben. Und das hieß für sie nun einmal Komponieren, Lesen, Zeichnen.

Der Widerhall übertraf noch den von Paris, wo doch in jener Zeit jeder denkende Mensch mit einem damals landesüblichen Ausdruck »andere Katzen zu kämmen« hatte und auf Theateremotionen verzichten konnte. Am Ende der Kriege gegen Frankreich war Großbritannien stärker als je zuvor. Es beherrschte die Meere und damit alle flottenschwachen Länder. Andererseits hatte der Krieg das soziale Gefüge erschüttert. Es gab tiefe Spuren der Erschöpfung und Not in allen Lebensbereichen. Sie wurden überstanden dank der industriellen Reform. Die Erfindung der Dampfmaschine und die Entdeckung von Bodenschätzen führten dazu, daß das Fabrikwesen wuchs und der Masseneinsatz notwendig wurde. Neue Städte entstanden, deren Lebensbedingungen mangels systematischer Planung ungesund waren. Dazu kam das Irlandproblem. Die Iren fühlten sich getäuscht, da sie die nominelle Unabhängigkeit ihres Parlaments ohne Gegenleistung aufgegeben hatten und nur Protestanten, also Engländer und Schotten, wählen durften. Die sozialen und politischen Spannungen wuchsen bedrohlich.

Pauline sah Manuel im Kreis seiner Freunde in London wieder. Immer noch war er voller Antipathie gegen die Briten. Er litt freiwillig, um vielleicht einmal ein besseres Leben zu gewinnen und – fern von Eugénie in Paris zu sein. Erschrocken stellte Pauline fest, daß ihn neuerdings jegliche Art von Musik störte, ja schreckte. Unangenehmes Geräusch wurde sie für seine überreizten Nerven. Pauline dagegen wuchsen neue Kräfte, je mehr sie mit Musik arbeitete, war sie auch nie mit sich zufrieden. Aber sie wußte, daß nur so ein Weitergehen möglich war.

Turgenjew sah mit Neid, daß die Briten Pauline finanziell verwöhnten. Er selbst brachte es nie zu jenem Vertrag auf Lebenszeit mit einem Verleger, den er anstrebte. Daß er ihn gar nicht nötig hatte, stand auf einem anderen Blatt.

*

Ist Pauline auf Reisen, bleibt Turgenjew ganze Tage allein mit der alten Köchin Veronique. Hin und wieder geruht der Diener Jean, dazuzukommen. Zunächst kann Turgenjew überhaupt nicht arbeiten. Es scheint ihm wichtiger, in den Umrissen der alten Bäume Gesichter zu entdecken und ihnen Namen zu geben: Den Kastanienbaum im Hof nennt er Hermann, um ihm dann seine Dorothea zu suchen. Es gibt Blumen, die ihm Gretchen zu ähneln scheinen; eine Eiche wird Homer getauft ... Einsame Tage nach dem Trubel in der Stadt gab es für ihn nur in Courtavenel. Außer dem Hausarzt Doktor Fugeux sah er dort kaum einen Menschen. Der nahm sich nicht ernst, und das tat Turgenjew wohl. »Die sich ernst nehmen, sollten große Politiker werden. Selbst einer, der in seinem Leben immer zwischen Trieb und Tätigkeit vollkommenes Gleichgewicht herzustellen verstand wie Goethe, in dessen Aphorismen es sich so gut leben ließ, daß man darüber die eigenen Versäumnisse vergaß, hatte gesagt: Wer sich selbst nicht zum besten haben kann, gehört gewiß nicht zu den Besten.«

»Wenn ich mir nicht gerade etwas Dummes für irgendein schriftstellerisches Vorhaben notiere, lese ich in Eurer Bibliothek.« So hatte Turgenjew es den Viardots geschrieben, in einem Brief vom Herbst 1849. »Die beiden Bände des geschichtlichen Handbuchs von Ott. Ein demokratischer Katholik; diese Verbindung kann nur unnatürliche Monster erzeugen. Eine Geschichte Rußlands ... Wie zum Teufel kam diese abscheuliche Scharteke zu Ihnen? Trotzdem erfrischte es mich, Daten und Fakten aufzupolieren ... Geschichte des Mittelalters von Rotteck, ekstatischer Stil und platte Auffassung. Diese Leute enden als Mitglieder des rechten Flügels im Frankfurter Parlament ... Die Briefe der Lady Montygue (1717 geschrieben), charmantes, geistvolles und – freizügiges Buch. Man muß die lieben, die es geschrieben hat ... Ein spanisches Buch von Herrn de la Rosa, um mein Spanisch aufzubessern. Aber wenn Eure ganze zeitgenössische Literatur von dieser Qualität ist ... Erinnerungen an Napoleon von Bausset, das Werk hat die Vornehmheit eines Kammerdieners. Interessante Fakten! ... Übersetzung der ›Georgica‹ von Vergil; jemand hatte das Buch in meiner Anwesenheit gelobt. Ich hätte es mir nicht gekauft, es ist zu fade. Die Alexandriner kullern mit zu viel Leichtigkeit, flüssig wie Wasser. Auch das Original ist kein Mirakel. Diese ganze lateinische Literatur kommt mir kalt vor, für Literaten gemacht ... Voltaires Pacelle. Wissen Sie, das ist im ganzen sehr lang-

Pauline Viardot: Iwan Turgenjew

weilig, aber charmante Worte, geistreiche Vergleiche, boshafte Stiche verraten den Meister. Dann habe ich angefangen, den Koran zu lesen. Es gibt in diesem Buch Großes und Gutes. Aber ich sehe voraus, daß der Überfluß an Orientalischem und die Woge von poetischer Sprache mich bald langweilen werden ... Immerhin habe ich meine Zeit nicht verloren, denn ich habe alle diese Bücher in diesem Sommermonat nicht überflogen, sondern wirklich gelesen. Ich hoffe, Sie haben Viardot erzählt, daß ich seine Bibliothek neu ordnete. Derweil schrubbte, wusch, wischte, wichste und putzte Ihr Diener Jean von morgens bis abends. Ach, hätte das der Gärtner auch getan!« (4. Juli 1849)

Turgenjew kramt, wenn er in Courtavenel ist, gern in alten Notenbüchern, erlaubt sich, sie zu öffnen und durchzugehen. Leider gibt seine rechte Hand nicht mehr als einen Schatten der Melodie auf dem Klavier wieder. Pauline gesteht er im nächsten Brief: »Ich habe einige Stücke dechiffriert, die Sie nie gesungen haben, und daraus erkannt, daß Sie viel Geschmack besitzen. Aber was für Texte mußten Sie in Kauf nehmen! – Dann fand ich in zwei Heften nichts außer ein paar russischen Gedichten und dem Beginn einer Grammatik. Da habe ich mich gefragt, ob Sie wohl imstande seien, das auch zu lesen, was Sie da hingeschrieben hatten ...« (4. Juli 1849)

*

Vor dem Diner macht er jeden Tag einen großen Gang, von Sultan begleitet. In diesem Jahr gibt es nicht so viel Wildbret wie sonst. Die großen Regen im Juni haben den Nestern Schaden zugefügt. »Oft fand ich Pärchen ohne ihre Kinder. Wußten Sie, daß die Rebhühner gut Komödie spielen? Sie stellen sich verwundet, als ob sie kaum fliegen könnten, sie schreien, stöhnen, alles, um den Hund von den Jungen wegzuhalten. Ihre Mutterliebe hätte einer Schnepfe fast das Leben gekostet. Sie spielte so gut, daß Sultan nach ihr schnappte. Aber da es sich bei ihm um einen perfect gentleman handelt, feuchtete er sie nur mit etwas Speichel an und riß ihr ein paar Federn aus. Der mutigen Mutter und ein wenig zu guten Schauspielerin gab ich die Freiheit.« (Sommer 1849)

Er muß bei so etwas ans Theater denken. Ein Schauspieler, der Turgenjew rühren kann, muß kurz davor sein, selbst zu weinen. Merkt der Dichter, daß nur gespielt wird, nur vorgetäuscht, dann bleibt er ungerührt. Er will eine Mischung aus Natur und Kunst sehen. Pauline weiß darum. Sie denkt sich: Wahrscheinlich macht man nur das wirklich gut, über das man sich nicht völlig Rechenschaft geben kann.

Zwei Stunden täglich hat Turgenjew Gelegenheit, sich im Rudern zu üben. Fünfmal schifft er die beiden Altchen Sitchez um den Graben. Auch Sultan kommt in den Genuß. Aber er findet keinen besonderen Gefallen an dieser Art Vergnügen.

Veronique kann Sultan nicht sehen, ohne ihn einen Dieb zu nennen; aber er tut so, als verstünde er nicht, was sie sagt. Jeder sieht an seinem Gesicht, an der übermäßig bescheidenen Art, sich zu setzen, den Kopf zur Seite zu drehen und sanft mit dem Schwanz zu wedeln, daß er sehr wohl weiß, um was es sich handelt.

»Sehen Sie, Monsieur«, sagt Veronique und regt sich schrecklich dabei auf, »sehen Sie die nichtsahnende Stirn? Nun, dieser Hund ist ein Dieb, ein schlimmer Dieb. Und wenn er es auch noch so oft hört, er wird nicht einmal erröten. Dieser Hund ist abgebrüht, dieser Hund!« Dann wendet sich Turgenjew zu Sultan, um die Anklage zu wiederholen. Aber der rührt kaum seine Ohren. »Sie verschwenden Ihre Mühe, Monsieur, dieser Hund hat kein Gewissen.«

Um elf Uhr abends geht Turgenjew in den Park. Manchmal gibt es unglaublich viele Sterne. »Die großen zwinkerten mit den Augen«, schreibt er Pauline, »und machten sich gut in den Wipfeln der Pappeln, durch deren schwarze Zweige der Mond scheint.

Ich stellte mir vor, wie Sie im ›Propheten‹ sangen, denn ich nahm an, daß dreimal in der Woche Vorstellung war, wie gewöhnlich.« (Sommer 1849 an Pauline)

*

Pauline, die in London gastierte, schreckte aus ihren Noten auf, als die Nachricht sie erreichte: Am 17. Oktober 1849 war Frédéric Chopin gestorben. Jemand erzählte ihr, er habe gestammelt: »George Sand hat mir doch gesagt, ich würde in ihren Armen sterben . . .« Die Berichte, die man Pauline über seine letzten Tage gab, widersprachen sich so, daß sie eigentlich nichts Sicheres wußte. Solange soll unter den Frauen gewesen sein, die am Bett des Sterbenden die Gräfin Delphine Potocka mit tränenerstickter Stimme singen hörten. Pauline stand bei der Trauerfeier neben Solange.

Sie weinten beide, aber wohl aus verschiedenem Impuls. Pauline beklagte, daß die letzten Leidensjahre Chopins ohne Tröstung verstrichen waren. Wie später die Schweiz, so war damals Großbritannien zu einer »Insel des Friedens« geworden. Denn die englische Arbeiterbewegung sah sich durch wichtige Reformen und die Einführung von Schutzgesetzen bereits wieder in ruhigere Bahnen gelenkt. Ostern 1848 hatte sich auch Chopin auf den Weg nach England gemacht. Aber als Pädagoge und Konzertgeber verdiente er in Schottland und England wenig; und seine Körperkräfte schwanden schnell.

Die Furcht vor dem nahenden Tod hatte ihn nicht mehr losgelassen. Abergläubische Vorstellungen, von polnischem Sagengut genährt, ergriffen von ihm Besitz. In schlaflosen Nächten suchten ihn Halluzinationen heim. Todesboten standen an seinem Bett.

Kränker als er gegangen, kehrte Chopin nach Paris zurück. Auch dieser letzte Fluchtversuch nach England war mißlungen. Was nützte es, daß Freunde alles nach Wunsch besorgten und ihm ein gemütliches Heim vorbereiteten? Es fehlte die Freundin, die zur Stelle war, wenn das Herz hämmerte, die Nerven und der Husten quälten, der Atem schwer ging. Auch für ihn bestand keine Möglichkeit, eine Entscheidung zu widerrufen, die Stolz diktiert hatte. Da war neben vielen Fremden allenfalls Solange, die fern von ihrem Mann ein Kind erwartete und bei ihrem Vater lebte, da sie nichts mehr besaß. Haus und Möbel waren vertan, um Clésingers Schulden zu decken.

Solange erfuhr, wie Chopin George zum letzten Mal begegnet war. Er kam am 4. März 1848 von einem Besuch bei seiner früheren Hausgenossin, der Gräfin Marliani, als er im Vorzimmer unerwartet mit Mme. Sand zusammentraf. Er habe George guten Tag gesagt und maliziös gefragt, ob sie sehr lange nichts von Solange gehört habe. Als sie dies bejahte, teilte er ihr mit, sie sei Großmutter, ein Enkeltöchterchen sei angekommen. »Ich freue mich sehr, Ihnen dies als erster mitteilen zu können«, habe er hinzugesetzt. Am Fuß der Treppe angekommen, schickte Chopin, da er selbst die Stufen nicht noch einmal hinaufsteigen konnte, seinen Begleiter zurück, um auszurichten, was er zu sagen vergessen hatte. Mutter und Kind befänden sich wohl. Dann sei George zu dem wartenden Chopin heruntergekommen, um für die Nachricht zu danken. Bewegt habe sie nach Solanges Ergehen gefragt. Dann auch, schüchtern, nach Chopins eigenem Befinden. Es gehe ihm gut, ließ Chopin wissen. Der Portier öffnete die Tür, und die Begegnung war vorüber.

Schon wenige Tage nach der Geburt starb das Kind. Erst als das zweite Enkeltöchterchen, Jeanne, zur Welt kam, söhnten sich Mutter und Tochter aus.

Kurz bevor Chopin starb, sah es noch einmal so aus, als verwirkliche sich ein selbständiger polnischer Staat. Aber ein weiteres Mal unterlagen die nationalen Truppen zaristischen Armeen. Tieftraurig sorgte sich Chopin um seine Familie.

Als George von Chopins Tod erfuhr, legte sie eine Haarlocke, die er ihr einst geschenkt hatte, in einen Umschlag und schrieb lediglich darauf: »Poor Chopin! 17. Oktober 1849.«

Die Welt mußte erst anfangen zu verstehen, was der Pole ihr geschenkt hatte. Leidenschaften, Kämpfe, Hoffnungen, Enttäuschungen, Gesichte und Geheimnis waren in seine Musik eingegangen. Robert Schumann schrieb in einem Nachruf: »Der Geist der Musik ist über die Welt hinweggegangen.« Schumann hatte als erster in Deutschland verheißend auf den jungen Genius hingewiesen.

*

Um Paulines Begeisterung für seine ersten musikalischen Versuche wissend, hatte sich Charles Gounod mit Turgenjew angefreundet. Gounod war damals noch ein ephebenhafter Jüngling, zum Priester erzogen, aber gerade dabei, endgültig Musiker zu werden. Ganz plötzlich starb sein geliebter Bruder Urbain. Es ging Charles, den Turgenjew fast jeden Tag sah, sehr schlecht. Die Freunde befürchteten, daß sich der junge Mann nun noch ausschließlicher an die Mutter, die Pianistin Victoria Gounod, binden würde. Ein ohnehin sehr beherrschender Einfluß.

*

Turgenjew schob seine geplante Abreise nach Rußland auf, bis Charles Gounod wieder etwas festeren Stand im Leben finden würde. Eine Menge Formalitäten waren zu erfüllen, was Turgenjew übernahm. Der Tod eines öffentlich aktiven Mannes hinterließ Lücken, die so schnell wie möglich gefüllt sein wollten. Turgenjew konnte erst dann beruhigt an Abreise denken, als Gounod die gütige Einladung der Viardots annahm, mit seiner Mutter nach Courtavenel zu ziehen. Das geschah. Pauline bot auch auf diskrete Weise Geld an, die beiden nahmen es nicht.

Der Dichter hatte das Gefühl, Pauline jetzt mit seinem Wegfahren besonders weh zu tun, und litt darunter. Es schien ihm, als hätte er zu glücklich und problemfrei gelebt und bekäme nun die Kehrseite der Medaille zu sehen. Er blieb noch mit den Gounods in Courtavenel, fütterte verlegen die Hunde . . .

Er konnte nur staunen, wie eifrig sich Gounod an seine »Sappho« machte, seinen Opernerstling, zu dem Pauline ihn immer wieder ermutigt hatte. Er schrieb die Ode des Alcée, jenes Dichters, der mit Pythéas und Phaon gegen den Tyrannen Pittacus konspiriert. Pauline begeisterte sich: »Jetzt wird er es schwer haben, sich bei der Musik für die Sappho etwas noch Besseres einfallen zu lassen!«

Die Berliner Kritiker himmelten derweil Pauline als Fides an: »Wahre Meisterin in Gesang und Spiel.« Aber die Musik Meyerbeers wurde ausgezischt. Turgenjew wußte nicht, ob er das eine Verirrung nennen sollte. Um so mehr bekümmerte es Pauline, sie konnte kaum vernünftig schreiben. Dennoch nahm sie an, Turgenjew könne den steten roten Faden der Zuneigung aus ihren Zeilen herauslesen.

Sie hatte gehofft, in Berlin ihren Verehrer, den intelligenten Ludwig Pietsch, wiederzusehen. Aber dem Maler ging es miserabel. Elend, hungernd, vergeblich um Anerkennung ringend, schlug er sich als Illustrator mehr schlecht als recht durch. Die Armut machte ihn derart scheu, daß sich der früher so Unbekümmerte und Siegesgewisse die Möglichkeit versagte, Pauline aufzusuchen, alte Beziehungen wieder aufzunehmen und dabei auch etwas über Turgenjew zu erfahren.

Erst Anfang 1853 sollte sich seine Lage etwas bessern, nicht zuletzt durch Beziehungen, die er zu Franz Dunckers liberaler Berliner »Volkszeitung« und zur Leipziger »Illustrierten« anknüpfen konnte. Pietsch lieferte für die »Illustrierte« Zeichnungen von Denkmälern und Statuen, die in verschiedenen Berliner Bildhauer-Ateliers der Vollendung harrten. Dazu schrieb er erläuternde Texte, seine ersten schriftstellerischen Versuche. Durch seine Vermittlung konnte erstmalig ein Porträt Turgenjews in der deutschen Presse abgebildet werden.

Pietsch war von den »Aufzeichnungen eines Jägers« so hingerissen, daß er alle Berliner Bekannten aufforderte, das Buch zwei-, besser dreimal zu lesen.

*

Noch saßen die Gounods mit Turgenjew in Courtavenel, auch am Tag von Paulines Premiere des »Propheten« in Berlin. Sie verfolgten alles in Gedanken: »Jetzt singt sie das kleine Duett«, riefen sie. »Ah, jetzt ist ›Ah mon fils‹ an der Reihe.« Am etwaigen Schluß der Vorstellung klatschten sie und warfen einen Zweig weißen Flieders, als seien sie wirklich dabei. Turgenjew rief: »Hoffentlich sind wir nicht die einzigen!«

Heimlich machte er sich Sorgen um Paulines Gesundheit, wollte nicht, daß sie der Einsatz für Meyerbeer zu viel Kräfte kostete. Meistens spielte Gounod für die beiden Zuhörer auf dem Klavier. Turgenjew machte lange Jagdgänge mit der Hündin Cid, da Sultan allmählich etwas invalid wurde.

Am wohlsten fühlte sich Turgenjew immer vor dem großen Kamin aus grauem Marmor. Dann sah er die Büste Tamburinis an und den »kleinen hinkenden Frischling ohne Ohren neben dem großen, braunen

Pauline Viardot-Garcia

Hund mit dem Trompetenschwanz«. Und er starrte auf Paulines so
wenig ähnliches Porträt von Sentiès, das gegenüber dem ihrer Mutter
hing.

Es kam ein Brief von Turgenjews älterem Bruder Nikolai. Er schickte
angefordertes Geld nicht, war selbst in schlimmer Lage. Mutter Turgenjewa hatte ihn dazu bewogen, seine Stellung in Petersburg aufzugeben,
wo er sein gutes Auskommen gefunden hatte. Dafür versprach sie ihm, in
eine Heirat einzuwilligen und ihn seine Güter leiten zu lassen. Um der
Frau willen nahm er an ... Als dann die Heirat vollzogen wurde, gab ihm
seine Mutter gar nichts. Jetzt saß er ohne Geld auf dem Land, das ihm zur
Administration übergeben war. Er schrieb in entsprechend verzweifeltem Ton.

Die Entscheidung drängte, nach Rußland abzufahren. Aber dann warnte ein naher Schriftstellerfreund: Es sei gerade eine Verfolgungsjagd gegen jeden irgend verdächtigen Freidenker im Gange, und das im ganzen Land. Wenn auch der Zar gelegentlich gut gelaunt wirke, so sei das für niemanden ein Grund, leichtsinnig zu sein.

Diese Kalamität kam Turgenjews heimlichem Wunsch entgegen, Pauline in Courtavenel zu erwarten. Vor lauter Freude umarmte er die Hündin Diane, mit der er die sieben Kilometer von Rozay bis Fontenay schon oft zurückgelegt hatte. Er nahm sich die Freiheit, nach Paris in die Oper zu kutschieren und Mme. Alboni in Paulines Rolle der Fides anzuhören. Er fand, daß eine noch so schöne Stimme in einem so unförmigen Körper niemanden zu rühren vermöchte. Ihr Gesang wirke überhaupt nicht auf das Gemüt der Hörer, obwohl die Dame sich bemühe, jede Bewegung ihrer Vorgängerin nachzuahmen. Und dann ärgerte es ihn, daß der physische Reiz der Stimme die Menschen schließlich doch zu starkem Applaus verführte.

Die Viardots waren entsetzt, als sie von Turgenjews geplanter Abreise in das unwirtliche Rußland erfuhren. Als er seine Sachen, sein Geld und den Hund Diane aus Courtavenel nach Paris verlagerte, war alles klar. Louis wußte, daß Turgenjew nach Ablauf seiner vier »Sperrjahre«, während derer er sich hüten mußte, nach Rußland zu gehen, eilig dorthin wollte, um seine Angelegenheiten zu regeln.

*

Und dann kam das lang erwartete Ereignis: Pauline und Turgenjew sahen sich wieder. Die Rußlandreise wurde aufgeschoben. Die Freude war übermächtig. Erst recht, als sich Turgenjew einem Teil der Reise anschließen konnte, die die Viardots nach England führte. Er erlebte auch die Vorbereitung der »Sappho« von Gounod wenigstens zu einem Teil mit. Vor allem aber genoß er wie ein Kind Paulines Nähe in Courtavenel. Rußland, dieses finstere, riesige Gespenst, sollte ruhig warten. In die Steppe würde er noch früh genug zurückkehren.

Gounod promenierte den ganzen Tag im Wald von Blondureau, um Inspiration zu finden. Die aber, kapriziös und unberechenbar, stellte sich nicht ein. Jeden Tag nahm er sich neue Rache an ihr vor. Meist lag er krank wie ein Kind auf dem Bett. Er war so eigensinnig und furchtsam in seiner Arbeit, daß ihn Turgenjew bewundern mußte. Ein schaffensarmer Tag machte ihn todunglücklich. Humor ging ihm – zu Turgenjews Leidwesen – ganz ab. Turgenjew ließ aber Goethes »Man ist am Ende, was man ist« für ihn gelten.

Und dann, als Pauline erneut auf Reisen war, arbeiteten Turgenjew und Gounod am Text: Iwan half ihn umzugestalten und nahm Charles Gounods Weinerlichkeiten lächelnd auf, weil er wußte, alle diese Wölkchen würden sich beim ersten Windstoß verflüchtigen. Auch war er geschmeichelt, Vertrauter bei den Schöpfungswehen zu sein. Korrespondenz ergab sich zwischen Courtavenel und Paris kaum, selbst als Turgenjew in der Stadt war; Gounod konnte ihn immer bei Freunden treffen. Übrigens schrieb Pauline dem Komponisten lange Briefe, während Turgenjew meist leer ausging. Die Beziehungen zwischen den beiden Freunden wurden merklich kühler, als nach Paulines Heimkehr Gounod immer häufiger an ihrer Seite zu sehen war.

*

»Sappho«, Gounods erste Oper, basierte auf einem Libretto von Emile Augier. Spontan wollte Pauline das Werk des 35jährigen, noch unbekannten Komponisten singen. Auf ihre Vermittlung hin konnte er mit der Opéra darüber verhandeln und die Arbeit beginnen.

Als die Nachricht eintraf, Turgenjews Mutter liege auf dem Sterbebett, durfte der Dichter seine Heimreise nicht mehr hinauszögern. Es kam ihn hart an, sich jetzt mit einem Erbe herumzuschlagen, künftig nicht mehr an Paulines Freuden und kleinen Traurigkeiten teilzuhaben. Gleichwohl galt es jetzt, Adieu zu sagen . . .

Seine Natur verführte ihn dazu, sich mit dem Gedanken zu trösten, weitere Abwesenheit von Rußland könne ihm, zusammen mit ungünstigen Berichten über seine politischen Verbindungen in Frankreich, eine Eintragung unter »Exilanten« einbringen. Dann hätte er nie mehr in Rußland publizieren dürfen.

Am 21. Juni 1850 schrieb er, schon auf der Reise, aus London an Pauline: »Wann werde ich Sie wiedersehen? Wir wollen hoffen, in nicht allzu ferner Zeit. Vor ziemlich langem zeigten Sie mir eine Arie, die Ihre Schwester Maria, noch ganz jung, auf einen Text von Metastasio komponiert hatte: ›Ecco quel fiero istante‹. Ich erinnere mich, daß mich damals ohne Grund ein ungutes Vorgefühl beschlich. Seit ein paar Tagen gehen mir die Worte addio, addio nicht mehr aus dem Kopf. Und sie wecken noch eine andere Erinnerung: Ich war während des Karnevals 1840 in Rom. Eben überquerte ich eine kleine, verlassene Straße, als ich plötzlich unter einem Türrahmen ein schönes Mädchen im Bauernkostüm von Albano bemerkte, das die Hand eines Mannes hielt, der in einen braunen Mantel gehüllt war und tränenerstickt immer ›Addio, addio‹ sagte. Sie erwiderte mit den gleichen Worten, so eindringlich und klar, daß mir der Klang im Ohr blieb und ich ihn noch jetzt zu hören meine. Ich weiß gar nicht, weshalb ich Ihnen das alles erzähle. Addio!«

Gounod schrieb Turgenjew herzliche Abschiedsworte und versprach, sein Lied »Soir« zu schicken, das auf Worte einer Meditation Lamartines gesetzt und Pauline gewidmet war. Die Nacht vor der Bahnreise nach Stettin, von wo es mit dem Schiff weitergehen sollte, verbrachte Turgenjew schlaflos. Kummer und Müdigkeit wollten ihn erdrücken.

Von der Furcht vor einem Unglück ist es oft nicht weit bis zu seinem Eintreffen. Pauline war wie zerbrochen. Ein Wiedersehen schien sich diesmal auf lange Zeit nicht abzuzeichnen. In einem gemeinsamen Brief mit Louis formulierte sie so zurückhaltend wie möglich: »Ihre Freunde lieben Sie mehr, als Ihre Abwesenheit Sie leiden macht. Ich gebe Louis die Feder, der Ihnen auch sagen will, daß er Sie von ganzem Herzen liebt. Sie wissen das zwar, aber das macht nichts: Es ist so schön zu sagen wie gut zu hören. «

Von Stettin lief das Schiff nach Petersburg aus. Turgenjew hörte den Namen Viardot-Garcia von jemandem aussprechen, der den »Propheten« gesehen hatte. Welche Enttäuschung, daß jener Mensch ein Fräulein Gundi in Leipzig als Fides vorzog. Immerhin war der Name Paulines einmal genannt worden . . .

Die kleine Hündin Diane machte die Schiffsreise mit, völlig desorientiert. Sie schaute Turgenjew aus dem Hundekäfig mit Augen an, die zu fragen schienen: »Wohin gehen wir denn? Hätten wir nicht da unten bei dem schönen, dicken Sultan bleiben können?« Ein Lied von Pauline, »Zwischen Himmel und Wasser«, ging ihm pausenlos im Kopf herum und paßte wunderbar zu Umgebung und Stimmung. Manchmal hielt er Diane im Arm und tröstete sie wie ein kleines Kind.

*

Am 28. Juni 1850 sang Pauline mit einigen Kollegen vor Königin Victoria von England: die von George so geliebte Händel-Arie »Lascia ch'io piango«, ein Duett aus Mercadantes Oper »Andronico«, das charmante Terzett aus »Le Comte Ory« von Rossini und ein Quintett, das wiederholt werden mußte. »Mme. Grisi«, schrieb Pauline an Turgenjew, »führte beim Défilée die Gruppe an. Sie hatte sich mit ihrem russischen Schmuck dekoriert und ließ die anderen sie flankieren. Die Krone des Vorteils auf dem Haupt, glänzte sie wie ein Reliquienkästchen. Die Damen ringsum waren buchstäblich mit Blumen aller Farbnuancen

besteckt.« – So freute Pauline sich, ein einfaches, weißes Kleid anzuha-
ben. In den Haaren steckte eine schöne Rose; kein Schmuck sonst, nur
einige glatte Armreifen. Wie schrecklich sich die Engländerinnen heraus-
putzten! »Die Königin kam wie ein Schiff aus Puderzucker daher, ein
blau-silbernes Band straff um ihren Körper gewickelt. Bei alledem
konnte man sie nicht zum Niederknien schön finden. Trat sie zu den
Künstlern, so tat sie es, um jedem das gleiche zu sagen. Zu mir wisperte
sie: »Ich habe Sie gestern im ›Propheten‹ sehr bewundert – das muß
ermüdend gewesen sein . . . Aber die Kirchenszene ist doch sehr schön.«
Dann wandte sie sich dem Tenor Mario zu und sagte ihm wörtlich
dasselbe. Bis dahin hätte man das noch goutieren können, aber dann trat
sie auch auf Mme. Castellan zu, die ihre säuerliche Miene nicht loswerden
konnte, und brachte ihr das gleiche Kompliment dar. Und Mme. Grisi
unterlag der identischen Prozedur, obwohl sie gar nicht mitgesungen
hatte.«

Auf der Bühne machte Pauline Rheuma zu schaffen. Noch waren
weitere fünf Aufführungen des »Propheten« zu singen, die Proben für
die »Jüdin« hatten nicht einmal begonnen. Gounod schrieb, er habe
die Schlußszene der »Sappho« unter Dach, sei aber traurig, seinen lieben Turgenjew nicht bei sich zu haben, um kritisiert *und* gelobt zu
werden.

Wie meist im Leben der Mme. Viardot fand sich ein Ausgleich für
Kummer. Selten hatte Pauline in einem Londoner Hotel eine so hübsche
Ecke bewohnt wie jetzt. Ein großer und ein kleiner Salon nebeneinander,
die Verbindungstür so geräumig, daß ein gemietetes Pianino in ihr stehen
konnte und doch noch Platz genug blieb, um vorbeizugehen. Die Jalousien ließ Pauline fast immer halb herunter, damit die Leute gegenüber und
auf dem Hof nicht hereinsehen konnten. Das wenige Tageslicht genügte
ihr, um zu schreiben oder zu lesen, denn es war sanfter als das graugelbe
Licht unter dem Lampendeckel aus Zinn. Auf dem Kamin stand ein
Strauß frischer Blumen, auf dem Tisch wölbte sich eine große chinesische
Vase, neben den Fenstern lächelten drei chinesische Porträts. Sie fühlte
sich wohl und konnte nachdenken, besser als anderswo. Sie versuchte,
sich die Abwesenheit Turgenjews nicht als lang oder anders als seine
Gegenwart vorzustellen.

Turgenjew schrieb, Pauline solle ihn alles erzählen lassen, was ihm
zustieß oder was ihn interessierte. Der Gedanke, so gleichsam weiter
unter ihren Augen zu leben, würde ihm guttun und Freude bereithalten.
Er bat sie, »nicht zu vergessen, daß ich ernsthaft, sehr ernsthaft auf Ihren

Rat hoffe, ja mir Ihre Anweisungen in allen Lebenslagen wünsche. Nur zu gerne werde ich Ihnen gehorchen. Dieser Wunsch, meine Seele nackt vor Ihrer Seele auszubreiten, soll mich nie mehr verlassen.«

*

Es freute Turgenjew, daß Viardot Erfolg mit seinem literarischen Geisteskind hatte, der »Geschichte der Araber und Mauren in Spanien«. Der Verlag wagte eine Ausgabe von tausend Exemplaren, 10 Francs das Stück, ein für Louis' Begriffe sehr mageres Ergebnis seiner letzten Unterredung mit dem Verleger Pagnerre. Aber er war doch zufrieden, so verhandelt zu haben, wie es sich für ein seriöses Buch gehört. Das Werk brachte Viardot die Ernennung zum Ehrenmitglied der Spanischen Akademie: Man bestätigte ihm, den Schlüssel zur Geschichte des Landes gefunden zu haben. Turgenjew war mit Viardots Gelehrsamkeit vertraut und hatte Blick für enzyklopädische Naturen. Er spürte, dieses Buch würde Licht in die Erforschung der mohammedanischen Zivilisation Spaniens werfen. Er schrieb ihm also nicht nur der Höflichkeit wegen aus Petersburg: »Ich erwarte Ihre ›Araber‹ mit Ungeduld, spreche davon in den beiden Zeitschriften, deren Mitarbeiter ich bin. Vielleicht kann ich eine gekürzte Übersetzung machen. Das Sujet ist so interessant und bei uns wenig bekannt.« (Herbst 1850)

Dieser Plan kam nicht zur Ausführung, denn Viardots Buch wurde in Rußland verboten. Der Autor war wegen der Artikel, die er 1841 mit Leroux und George Sand in der »Revue Indépendante« herausgebracht hatte, als gefährlich eingestuft worden. Yakow Tolstoi, Geheimagent mit Sitz in Paris, berichtete seiner Regierung, die Ansichten Viardots seien »voller ultrarevolutionären Geistes«. Viardot schrieb Turgenjew: »Tragen Sie Wollsachen, jagen Sie Bären, Wölfe und Füchse, machen Sie Komödien oder Jagderinnerungen und fragen Sie abends, um sich einzuschläfern, nach meinen ›Arabern‹ beim Grafen Wielhorsky, sie werden Ihnen ein paar Gramm Opium ersetzen oder die Süße verbotener Früchte.« (Oktober 1850)

Turgenjew verstand die Anspielung: Unter Bären, Wölfen und Füchsen waren die Feinde der Freiheit zu verstehen, die die Alleinherrschaft von Willkür und Dienstfertigkeit in Rußland ermöglichten. Aus Schottland schrieb Viardot weiter: »Leider kann ich hier nur unschuldige Kreaturen jagen und kann dem Land keine bösartigen Tiere ausliefern, unter denen Bär, Wolf und Fuchs, grausam und listig, frappante Analogien in der Welt haben.«

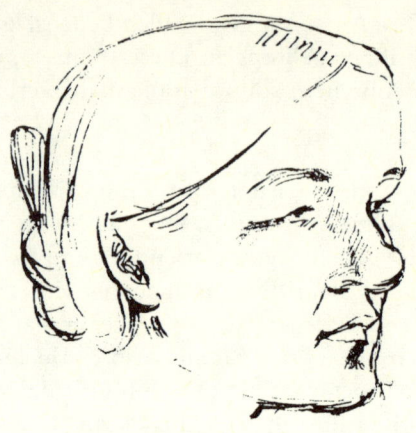

Iwan Turgenjew: Paulinette Turgenjew

Damit spielte er auch auf Napoléon III. und seinen eben erfolgten Staatsstreich an, für Viardot eine einzige Kalamität. Das Mißverhältnis dieses Regimes zu seinen republikanischen Vorstellungen war vorherzusehen. Aus dem Schicksal, das sein Buch in Rußland erlitt, ergab sich für ihn der Ort des Schriftstellers in der Gesellschaft: »Ich bin und bleibe ein Schreiberling, der grausamen Verfolgung zum Trotz, die vielleicht auf lange die gesamte Literatur betreffen wird, seien es nun dicke Bücher oder fliegende Zeitschriften ... Ich bin ganz verzweifelt, daß die in der Mitte Europas geächteten ›Araber‹ es nun auch im Norden sein werden. Wohin sollen Wahrheit und Gerechtigkeit eigentlich noch fliehen?«

Wohin sollte Turgenjew fliehen? Die Nachlaßgeschäfte der todkranken Mutter, der Wunsch, seine Freunde in Courtavenel wiederzusehen, die dringende Aufforderung, zu Verlagsverhandlungen nach Brüssel zu reisen, all das machte ihn nervös und niedergeschlagen. Er las, um sich abzulenken, in Georges Romanen und schrieb darüber nach London, wo sich die Viardots gerade bei Lady Monson einquartiert hatten. Das war eine Freundin von Charles Dickens, die als Modell für die Tante in »David Copperfield« gedient hatte.

»›Jeanne‹«, den neuen Roman von George Sand, »lese ich schon zum zweiten Mal«, schrieb Turgenjew an Pauline, »ein sanftes und schönes Buch, aber mitunter etwas pedantisch. Die Heroinen George Sands verfallen manchmal in diesen Fehler. Auch Consuelo in der ›Herzogin von Rudolstadt«. Dennoch trägt alles, was von ihr kommt, den Stempel der Meisterschaft. In ihrem Stil herrscht eine bewundernswürdige Größe und Ernsthaftigkeit der Anlage. Gibt es für den Naturliebhaber etwas Schöneres als die Szene der Heuernte?«

Als Turgenjew in Moskau eintraf, sah er seine Mutter wieder, diese autoritäre, bizarre Frau. Er hatte sie sich immer nur krank gedacht. Aber sein Verwalter erzählte ihm, sie habe nur zwei Jahre sehr gelitten, und als er Kind war, sei sie mit ihm spazieren gegangen wie andere Mütter auch. Jetzt lag sie im Sterben.

Nie hatte sie gebilligt, daß Turgenjew in Paulines Nähe wohnte. Sie nannte sie »die Zigeunerin«. Turgenjew legte ein Tagebuch an, um sich Rechenschaft zu geben über die verwickelte Beziehung seiner Mutter zu seiner Tochter.

*

Wie froh ist Turgenjew, Paulinette in Paris zu wissen! Pauline hat ihr ein Heim geboten. Sie darf »Maman« zu ihr sagen. In Spaskoje hatten sie der Halbwüchsigen ein Dienerinnen-Zimmer gegeben. Erst vor einiger Zeit, als sie etwa zehn Jahre alt war, hatte Turgenjew es arrangiert, sein Töchterchen zum ersten Mal in Augenschein zu nehmen. Ein Diener ließ die Kleine in Moskau wie von ungefähr seinen Weg kreuzen. Er selbst hat damals nicht einmal mit ihr gesprochen. Seither quälte ihn ein schlechtes Gewissen. Wieviele Pflichten der Kleinen gegenüber hatte er versäumt! »Mein Gott, wie hätte ich ein Kind angebetet, das mich an ein geliebtes Gesicht erinnerte. Warum diese Ähnlichkeit?« seufzt er in seinem Brief an Pauline aus Petersburg. »Der Gedanke, sie in Ihren Händen zu wissen, macht sie mir teuer.« (Herbst 1850) Eines will er nicht: die Mutter der Kleinen wiedersehen. Von 1860 an wird er der inzwischen verheirateten Frau Kalugin eine Pension von hundert Rubeln im Jahr zahlen.

Bezeichnend genug: Turgenjew sah in Moskau ein fünf Jahre altes Mädchen, eine Verwandte, das ihn im Augenblick viel mehr fesselte als seine Tochter. Turgenjew bat Pauline dringend um ihren Rat, wie er sich seiner Mutter gegenüber verhalten sollte. Bestürzt lasen die Viardots, daß sich die Auseinandersetzungen über die Erbschaft hinzogen und Turgenjew schnöde abgefertigt werden sollte.

*

Augier, der Librettist, immer etwas hilflos und abwartend, arbeitete gemeinsam mit Gounod und Pauline an der »Sappho«. Sie stellten um, schmiedeten Verse, kürzten den Text und entfernten sich immer weiter von dem ursprünglich angestrebten, etwas gekünstelt akademischen Odenstil. Immer wieder absentierte sich Gounod, um im Wäldchen von Blandureau seine widerspenstige Intuition zu überreden. Nur noch einen Monat ließ ihm Roqueplan, der Direktor der Opéra, um sein Werk zu vollenden, was ihn unter gewaltigen Druck setzte. Wahrscheinlich würde er die Partitur so einreichen, wie sie war, um dann später so viel daran zu ändern wie nötig.

Nach einigen Wochen der Ruhe hatte Pauline die gewohnte Mühe, sich wieder einzusingen, die Stimme geschmeidig zu machen. Inzwischen gab man in der italienischen Oper sehr erfolgreich die »Favoritin« mit Mlle. Alboni, und Pauline war froh, daß sie nicht gleichzeitig mit ihr auftreten mußte; ein Gastspiel sollte sie nach Spanien entführen. Daniel François Auber, damals schon siebzig, arbeitete währenddessen an »L'enfant prodigue« für Pauline. Freilich ließ Adolphe Adam wissen, vielleicht etwas eifersüchtig, der alte Herr investiere keinen großen Eifer in die Sache.

Noël kam aus London und führte seine besten Schüler auf der Heimbühne in Courtavenel vor. Aber Pauline fand, daß die jungen Leute in ihren tolpatschigen Podiumsgewohnheiten wenig Fortschritte gemacht hatten. Was ist die Schülererziehung doch für eine Geduldsarbeit!, mußte sie immer wieder denken. Sie konnte sich nicht vorstellen, sich einmal mit den gleichen Schwierigkeiten herumzuschlagen. Noël machte ein gequältes Gesicht zu den Darbietungen seiner Schützlinge.

*

Von der kleinen Domäne Turgenjewo, achtzehn Werst von Spaskoje im Gouvernement Tula entfernt, schrieb Turgenjew im Juli 1850 an Pauline: »Da bin ich also in der Steppe – im Sack, liebe, gute, theure Freundin – (bis hierhin auf deutsch, auf französisch fuhr er fort) so weit von Ihnen wie nur denkbar, weit auch von allen Sitten, denn wir haben keine Zeitungen, wie Sie sich denken können. Nehmen Sie einen Atlas, suchen Sie auf der Karte von Rußland den Weg, der von Moskau nach Tula und von Tula nach Orel führt. Nach dem Durchqueren dieser beiden Städte finden Sie einen Flecken namens Tschern ... denken Sie mich zwei französische Meilen davon.«

Das kleine Gut, das Turgenjew hier bewohnte, gehörte einst seinem Vater – im Augenblick alles, was er besaß. Die Hoffnungen auf den Gerechtigkeitssinn der Mutter waren verflogen. Noch am Tag von Turgenjews Abreise aus Moskau hatte sich alles entschieden. »Es genüge

Ihnen zu wissen, daß trotz aller meiner Bemühungen und Opfer – nachdem ich vierzehn Tage lang die letzten Reserven meines Hirns aufgebraucht hatte – ich mich vor der Wahl zwischen dem Verlust meiner Würde und Unabhängigkeit – oder der Armut sah. Ich mußte nicht lange wählen. Ich verließ das Haus meiner kranken Mutter und verzichtete auf ihr Vermögen.«

Leidenschaftliche Diskussionen waren vorausgegangen, obwohl die Mutter nur noch halb verstand, was sie tat. Jetzt lebte Iwan in Turgenjewo. Er klagte niemanden an. Aber in Wahrheit waren die Anwälte der Mutter natürlich zu weit gegangen. Der Wunsch, ihn zu täuschen, war offensichtlich. »Ich fühlte mich in jenen Augenblicken Eurer würdiger, als wenn ich anders gehandelt hätte. Sollte ich einst das Glück, das vage Glück haben, Euch wiederzusehen, so werde ich erzählen.« Aber Turgenjew zog seinen Bruder nicht mit in den Schiffbruch; es ergab sich sogar die Möglichkeit, daß durch Turgenjews Verzicht ein Gewinn für jenen entstand.

*

Turgenjew beruhigte sich bei dem Gedanken, in zwei Monaten wieder in Petersburg zu sein, um zu arbeiten, so hübsch die Lage von Turgenjewo auch war. Hügel, Wälder, ein Flüßchen, das sich angenehm schlängelte, große Bäume – aber ein sehr kleines Haus, ein ungepflegter Garten, eine fast völlige Abwesenheit dessen, was man einen Haushalt hätte nennen können. Turgenjew lernte die Frau seines Bruders näher kennen und fand sie »exzellent«. Sie machte sich resolut an die Arbeit. War sie doch eine Deutsche, hatte als Fräulein Schwartz lange im Dienst der Mutter gestanden, die sich bis zuletzt gegen die Heirat gestemmt hatte. Zwei Tage nach dem Umzug der drei war schon so etwas wie eine Küche da.

Zu den vornehmeren Domänen gehörten oft kleine Fabriken; Destillerien etwa oder, wie bei Turgenjew, eine kleine Papiermühle. Eine solche Kleinfabrik konnte durch die Arbeitsunlust der Leibeigenen sehr schnell zum Stillstand kommen. So war es auch hier, und in dem verlassenen Fabrikgebäude lag Turgenjews Bleibe, die ihm absolute Ruhe verschaffte.

Der Mann, mit dem er manchmal auf die Jagd ging, hieß Affanassij Timofejewitsch Alifanow und gab das Modell für die Hauptfigur der Erzählung »Jermolaj und die Müllerin« ab, die dann in die »Aufzeichnungen eines Jägers« übernommen wurde. Die Hündin Diane bewährte sich großartig, arretierte und apportierte Auerhähne, deren Geruch sie überhaupt nicht kannte und die sie mit bewundernswerter Sicherheit aufspürte. Affanassij hatte zusätzlich einen Hund für Turgenjew dressiert und ihn »Astronom« genannt. Natürlich verging kein Tag ohne Gedanken an Courtavenel und die Jagden in Brie.

Aber es lag in der heimatlichen Luft etwas Undefinierbares, das Turgenjew durchdrang und ans Herz ging. Eine unfreiwillige Zuneigung, eine geheime Verbindung des Körpers zu dem Boden, auf dem er geboren worden war, Erinnerungen an die Kindheit, an die Menschen, die die gleiche Sprache sprachen, auch die Unvollkommenheit der Umgebung, die einem lieb werden konnte wie die Fehler geliebter Menschen. Alles bewegte ihn, ergriff ihn. Und fühlte er sich manchmal auch elend, so war er doch in seinem Element.

Die Bauern von Turgenjewo freuten sich über den Wechsel in der Herrschaft. Die Frau seines Bruders machte sich beliebt, besuchte die Bäuerinnen und kümmerte sich um kranke Kinder. Turgenjewos Einwohner versammelten sich am ersten Sonntag feierlich angezogen vor dem Haus des Bruders. Es gab eine förmliche Vorstellung, die Turgenjew peinlicher als notwendig berührte. Aber er war nun einmal kein »public man«. Dann umarmten sich alle; dreihundert Bärte streiften seine Wangen, es gab Wein und Pastete, und die Vergnügungen nahmen ihren Lauf. Bis zum Abend wurde vor den Fenstern gesungen und getanzt. Turgenjew bedauerte sehr, weder Musiker noch Maler zu sein. Viele der eigenartigen Melodien hätte er gerne festgehalten – oder Pauline Kostümskizzen geschickt. Einige der Frauen tanzten mit Grazie, stellte er sachkundig fest.

Er machte eine kleine Fahrt von dreißig Werst und besuchte eine seiner alten »Flammen«, die beim Fest gewesen war. Sie hatte sich schrecklich verändert und war alt geworden. Sie war verheiratet und Mutter von drei Kindern. Neben ihr hockte ein verdrießlicher Mann, dessen graue Gesichtsfarbe auf seine Frau und die Kinder abgefärbt zu haben schien. Turgenjew fand aber, es sei unverzeihlich, daß sie »unbedeutend, schläfrig und flach geworden war. Sie hatte sich einen falschen Zopf angehängt, aus schwarzem Haar, obwohl die ihren braun, fast blond waren, und ihn so nachlässig befestigt, daß ein blonder und ein brauner Zopf aus dem Knoten links und rechts hervorhingen. Leider versuchte sie auch noch, Klavier zu spielen, das zum Erbarmen verstimmt war. Sie bemerkte es nicht einmal und spielte ohne jedes Talent schrecklich altmodische Stücke. Ach, die alte Flamme hatte keine Wärme mehr, nur ein wenig kalte Asche war zurückgeblieben!«

Während Turgenjew dem Tinkern auf dem Klavier zuhören mußte, dachte er an Paulines Romanze vom »Domino noir«, sah sie über das Laub von Courtavenel gehen, eine Gitarre in der Hand, sah den Himmel und die Bäume vor sich, ihr braunes Kleid und den Hut. Damals hatten sie über das »Schöne« gesprochen und daß trotz aller Einbußen durch die zerstörende Zeit doch der Gedanke daran lebte. »Das Schöne ist unsterblich, solange auch nur die Spur seiner stofflichen Offenbarung bleibt. Das Schöne«, so hatte Turgenjew damals gemeint, »erstreckt sich auf alles, auch auf den Tod. Nirgendwo zeigt es sich überzeugender als in der menschlichen Natur. Es spricht am meisten zur Intelligenz« – Turgenjew zog deshalb für seinen Teil eine große musikalische Kraft, der eine angegriffene Stimme dient, einer frischen Stimme ohne Intelligenz vor, deren Schönheit ausschließlich materiell ist . . .

In Petersburg sah Turgenjew das Haus der Dimidows wieder, wo er vor sieben Jahren das erste wirkliche Gespräch mit Pauline geführt hatte. Es lag am Newski-Prospekt, gegenüber dem Alexandra-Theater. Er mußte sich sagen, daß alles, was in seinem Leben wichtig war, sich seither mit Pauline und ihrer Familie verknüpft hatte. Die glückliche Gleichgültigkeit, in der er gelebt hatte, die Unbeschwertheit eines zufriedenen Mannes war aus seinem Herzen gewichen. Es war die gleichgestimmte Seele, die ihm fehlte. Wenn er sich in seinem Zimmer umblickte, glaubte er, den Schatten einer Frau vorübergleiten zu sehen. Es war nicht die Ungeduld eines Liebhabers, der das Kommen seiner Geliebten erwartet. Der Gedanke rührte ihn, wie oft sie sich ihre Zuneigung gestanden hatten. Er erinnerte sich an Tage, Stunden, Augenblicke, in denen es zarte Liebkosungen zwischen ihnen gegeben hatte, aber nicht mehr. Und er entdeckte, daß er trotz dieser Freundschaft, die sein Dasein erfüllte, ganz allein war, immer allein.

Nach langen Arbeitsstunden, wenn er wie betäubt ins Leben zurückkehrte, sich umschaute, fühlte er sich von Wänden umgeben. Er verbrachte, da keine Frau im Hause war und die, die er liebte, unerreichbar blieb, seine Mußestunden vielfach dort, wo Mittel zum Zeitvertreib gefunden und gekauft werden können, in öffentlichen Häusern. Er ging, wenn er sich in Städten aufhielt, überallhin, um nicht zu Hause bleiben zu müssen, wo er zweifellos mit Freuden geblieben wäre, wenn er dort mit ihr, der geliebten Frau, hätte zusammenleben können. Oft quälte ihn der Gedanke, wie unmöglich es war, sie zu nehmen und bei sich zu behalten. Dann wieder war er bereit, ohne Empörung die Trennung und ihr »Frei«-Sein zu akzeptieren.

Aber dankbar fühlte er eine wahrhaftige, tiefgehende, unveränderliche

Zuneigung in sich, die ihm wohltat und ihn durchdrang, auch dann, wenn es viel zu tun gab. – Neuerdings arbeitete er an einer kleinen Komödie in einem Akt für Nadeschda Wassiljewna Samoilowa. Schon eine Woche nach seiner Ankunft mußte er das Stück mit dem Titel »Eine Kleinstädterin« abliefern, damit es im Salon jener Dame gegeben werden konnte. Turgenjews Komödie hatte Erfolg, sie wurde wiederholt. Da hieß es denn auch für ihn, einmal in eine Vorstellung zu gehen. Danach gab er für zwanzig Freunde ein Essen, an dessen Ende sich alles in animiertester Laune befand. Besonders der Komiker Sadowski hielt die Gäste in Atem und ließ mit improvisierten Szenen und bäurisch gefärbten Dialogen vor Lachen jauchzen. Seine Phantasie gab ihm natürliche Art des Spiels ein, eine wahrhaftige Intonation und Geste, wie sie Turgenjew sonst nie gesehen zu haben glaubte.

Immer fehlte es ihm an Musik. Und so machte er es ganz ähnlich wie George Sand: Er bat Gounod um Noten. Vor allem interessierte ihn das »Sanctus«, eine Jugendkomposition aus der Zeit, als Gounod noch die Absicht hatte, Priester zu werden. Auch bat Turgenjew, Gounod möchte ihm doch in seiner feinen Handschrift die Lieder »Mon habit« und »Le juif errant« kopieren.

Schrieb er an Pauline, so wurde Turgenjew nicht müde, Paulinette per Nachschrift einzuschärfen, sie solle ihre neugewonnene Pflegemutter wie eine Göttin verehren. Für seine Freundin fügte er in deutsch hinzu: »Ich bitte, erlauben Sie meiner Tochter, Ihre Hände recht oft zu küssen. Sind es auch nicht meine Lippen, so sind es doch solche, die mir nahe stehen. Und seien Sie tausendmal gesegnet.«

Es kamen zwei Briefe, die Pauline gemeinsam mit Caroline Ungher geschrieben hatte. Die österreichische Sängerin und Schauspielerin wirkte nach 1825 im Wiener italienischen Theater und war die einzige Sängerin, die ihm – vor Paulines Zeit – einen tiefen Eindruck hinterlassen hatte. Er freute sich unbändig über dieses Zeichen, hatte ihm doch auch Pauline schon oft von dieser Künstlerin erzählt.

*

Die gerade im »Contemporain« erschienenen beiden letzten Beiträge zu den »Aufzeichnungen eines Jägers« erwiesen sich als großer Erfolg. Turgenjew hatte Pauline immer wieder gebeten, ihr dieses Werk widmen zu dürfen. Bis zu ihrem Tod bekümmerte sie der Gedanke, hierauf nicht klar geantwortet zu haben.

Die Grafen Wielhorsky hatten Turgenjew diese Idee eingegeben. Sie unterhielten in Petersburg einen bedeutenden musikalischen Salon. Pauline hatte dort oft gesungen, aber auch vor Zeiten Klavier gespielt und Clara Schumann 1849 in Staunen versetzt, als sie das Thema der Variationen für zwei Klaviere von Schumann aus dem Gedächtnis den versammelten Gästen vortrug. Auch den abwesend wirkenden Robert Schumann hatte sie völlig schweigsam in einer Ecke des Saales sitzen sehen. Alles, was sie ihm gleich darauf Schönes zu sagen versuchte, war an seiner Stummheit und dem verlegenen Hantieren mit der Lorgnette abgeglitten.

*

Unvermutet folgte eine Zeit, in der Pauline Turgenjew verbat, ihr schriftlich die Hände zu küssen, noch dazu in einer deutsch abgefaßten Nachschrift. Warum? Daraufhin erbat sich Turgenjew, ihre Füße küssen zu dürfen! – Als seine Mutter gestorben war, ohne daß er rechtzeitig an ihrem Totenbett hatte sein können, verfolgte ihn ein Wort, das diese einmal in halbem Zorn über die Brüder hatte laut werden lassen: »Ich bedaure, daß ihr beide ›Einmalliebende‹ seid.« Auf Turgenjew traf das wahrscheinlich wirklich zu.

Sein Leben blieb jedenfalls an Pauline gebunden. Folgten seine Augen in diesem September 1850 dem regelmäßig langsamen Flug der Krähen gegen Mittag, dann kamen ihm die Worte aus dem »Faust« in den Sinn, den er nicht lange davor mit Pauline gelesen hatte: »Wenn über Flächen, über Seen / Der Kranich nach der Heimat strebt ...«, und er fand den Gebrauch des Wortes »streben« so glücklich, daß er Pauline scherzhaft aufforderte, das einmal ins Französische zu übersetzen. »Nichts Erhabeneres kenne ich als den Schrei der Kraniche, der aus den Wolken zu fallen scheint, sonor, mächtig und sehr melancholisch. Adieu, ihr menschlichen, kleinen Hündchen, die ihr den Platz nie ändern könnt. Bleibt ihr nur in Schnee und Elend!«, schrieb er ihr im Januar 1851.

*

Im Februar begannen die Proben zur »Sappho«. Dieser junge, unbekannte Gounod erschien Pauline nun vollends als ein Genie. Ihrer Meinung nach mußte er sich zum Mozart seiner Zeit entwickeln. Turgenjew kannte einen wesentlichen Teil der Gounodschen Musik und schwärmte davon. Das bestärkte Pauline in der Ansicht, daß alle, die diese Töne einmal gehört hatten, ganz verrückt danach sein müßten. Wer Gounod kannte, mußte ihn auch lieben. Denn zum Talent gesellte sich ein warmes Herz, und seine Manieren waren einfach und vornehm. Pauline machte ihn zum Kind des Hauses. Alle verehrten ihn. Und ihr Herz schlug unbändig vor der ersten Aufführung der neuen Oper.

All dies störte Turgenjew. Offensichtlich war eine Herzensangelegenheit für Pauline daraus geworden. Sein ohnehin wundes Gemüt sträubte sich. Alle Sinne Paulines gehörten der Vorbereitung zur »Sappho«. Die Oper wurde in der ersten Version, also in drei Akten, gespielt. 1858 arbeitete Gounod sein Werk zu zwei Akten um, und erst 1887 erhielt sie ihre endgültige Gestalt.

Die Premiere? Nun, sie ließ an Erfolg zu wünschen übrig, wenn sich der Widerhall auch mit den Wiederholungen steigerte. Neunundneunzigmal ist Pauline in jenem Jahr als »Sappho« aufgetreten. Sie mußte sich sagen, daß ihr von den Schönheiten des Werks am Ende nur noch wenige bewußt blieben.

Was sie sonderlich wunderte, war, daß das Publikum nichts von ihrer sich abkühlenden Beteiligung wahrnahm. Nichts ist so grausam wie ein Darsteller, der sich selbst kalt gegenübersteht und dafür noch bezahlt wird! Natürlich hat zu Paulines veränderter Haltung beigetragen, daß Gounod – heiratete. Es gab einen vollständigen Bruch mit ihm, nachdem seine recht ordinäre Frau Pauline in ihrem eigenen Haus als »hochmütige Diva« beschimpft hatte. –

Von da an machte es Turgenjew teuflisches Vergnügen, über Gounod herzuziehen, was Pauline nicht etwa angenehm war. Er warf Gounod seine »jesuitische Erziehung« vor und stichelte: »Der Mann mißfiel mir immer mehr. Er umgab sich mit einer für die Wahrheit äußerst undurchdringlichen Atmosphäre, ähnlich der von Königen. Und dann diese erotische Priesterschale, die seine Oberfläche einhüllte! Ich konnte das nicht ausstehen. – Und erst seine Frau ...«

In der Opéra sang Pauline in jenen Tagen häufiger als je zuvor. Neben der Sappho hatte sie seit 1849 hundertmal die Fides gegeben. Sie schrieb Meyerbeer aus diesem Anlaß ein Billett, daß sie für das Vertrauen dankbar sei, sein großes Werk so oft interpretieren zu dürfen. Eine Besprechung der »Sappho« durch Berlioz schickte sie Turgenjew, in der sich Injurien und exaltiertes Lob die Waage hielten. Gounod stieg in der Achtung der Musiker des Landes immer höher.

Pauline aber schien der erste Teil der Oper zu deklamiert, zu dialogisiert, die Stretta am Schluß der abschließenden Arie ungeschickt. Am liebsten hätte sie gleich anfangs durchgesetzt, was ohne ihr Zutun für London geschah. Augier und Gounod hätten sich sofort an eine Umarbeitung machen müssen. Die Monotonie des Spektakels lockerte sich nach der ersten Umarbeitung wenigstens etwas. »Der letzte Akt war mir immer ein Juwel«, schrieb Pauline, »von Anfang bis Ende ein würdiges Pendant zum 4. Akt von Rossinis ›Otello‹.«

*

Dezember 1851 wurde der Monat des Staatsstreichs; er erlaubte Charles Louis Napoléon Bonaparte, die Macht auf sich zu konzentrieren. Der Neffe Napoleons wurde zunächst Präsident der Republik, ein Jahr später ließ er sich zum Kaiser krönen.

Ary Scheffer: Franz Liszt

Die Schar der Gegner des Regimes war unübersehbar. Zu ihnen gehörte der Maler Ary Scheffer. In seinem Atelier in der Rue Chaptal 16, mit übermäßig hoher Decke und schlecht beleuchtet, trafen sich viele der Gesinnungsgenossen. Chopin hatte dort gespielt; nun tat es Franz Liszt. Paulines Kinder bezogen das Areal von kleinen Teppichbrücken und Holzplanken als zeitweiligen Spielgrund.

Er war dabei, auf symbolische Art seine Aversion gegen die Machtübernahme zu malen. Zwar führte er das Bild nie aus, aber Pauline sah die Zeichnung dazu, die Scheffer stechen ließ und unter anderem Namen ausgab: als einen Byron nachempfundenen Stoff. Er selbst half Turgenjew später, das Bild richtig zu dechiffrieren: Uneinigkeit schwingt ihre Fackeln über der Stadt, Schuld und Angst klammern sich an sie, das Elend, von einem Flittermantel bedeckt, verschwistert sich mit der Zerstörung; die Verzweiflung schließt sich an. Gerechtigkeit und Anstand wenden sich ab und dem Himmel zu. Über Paris wird das Zeichen der Revolution sichtbar.

In Pauline regte sich neuerliches Interesse für Scheffer, so wenig geheuer er ihr auch war. Sie kannte das Studio schon, in dem der zierlich gebaute Maler seit 1830 arbeitete, sie hatte ihm dort gesessen. Das 1820 erbaute Haus steht noch heute, wie es Pauline gesehen hat. Hinter dem Tor führt eine baumgesäumte Allee in einen gepflasterten Hof, den drei Gebäude umgeben. Zwei große Ateliers und in der Mitte das Wohnhaus mit seiner Fassade in italienischer Renaissance-Nachahmung. Mehr als dreißig Jahre lang behauptete Scheffer hier sein Malerfürstentum, vor allem als Porträt-Maler der höheren Stände. Jeden Freitagabend empfing er seine Freunde, darunter die berühmtesten Namen. Kein Amateur, der nicht eines seiner Genrebilder in seine Sammlung reihen wollte; kaum eine bürgerliche Familie, die nicht die Gravüre eines seiner Bilder für die Salonwand zu erwerben trachtete. Dutzende von Schriftstellern, Musikern, hohen Staatsfunktionären, aber auch Scharen von schönen Frauen ließen sich von ihm verewigen.

Aber schon kurz nach seinem Tod 1858 erlebten die Freunde, wie Scheffers Werk als zweitklassige Malerei abgewertet wurde. Eines Mannes, den die Zeitgenossen als einen der größten unter den französischen Malern ansahen. Die Kunsthistoriker hörten auf, sich für das zu interessieren, was er produziert hatte. Bei Verkäufen diskutierten die Sammler seine Tafeln nicht mehr. In den Museen verschwanden seine Bilder allmählich von den Wänden, um in anonymen Depots zu verstauben. Sein Jahrhundert machte sich lieber zum Erben der David und Gros, der

Géricault, Corot und Courbet, vor allem aber der dauerhaften Antagonisten schon zu Lebzeiten: Ingres und Delacroix.

Einige Male noch sah Pauline in Deutschland Kopien ihres Porträts, das er gemalt hatte. Oft waren Malerkollegen zu Gast im Hause Scheffer, so auch Wilhelm von Schadow, der damalige Direktor der Düsseldorfer Kunstakademie. Er verdankte es Scheffer, daß sein Bild »Ecce homo« 1846 im Pariser Herbst-Salon ausgestellt wurde.

*

Vorerst machen Straßenkämpfe und polizeiliche Absperrungen jeglichen Atelierbesuch unmöglich. In der Rue de Douai wird wie überall nach sozialistischen Schriften gesucht. Die Repressalien nehmen Formen an, die die Viardots bewegen, nach Schottland auszuweichen. Als sie nach einiger Zeit des Abwartens zurückkehren, bringen sie Charles Dickens mit, dessen Ruhm gerade anfängt, über die Grenzen seines Landes zu dringen.

Als er das Haus Viardot sieht, wundert er sich über den unbewohnten Eindruck; Umbauten sind im Gange. In einer neuen Etage zwischen zweitem Stock und Erdgeschoß befindet sich die elegante, kostbare Bildergalerie, zentralgeheizt à la russe, in der Louis seine Gemälde hängen kann. Am Ende seines Lebens wird der so sparsame Hausherr sich ausrechnen, daß für die Abänderungen im Haus fast so viel ausgegeben wurde wie für den Ankauf des ganzen Besitzes.

Das wichtigste Möbel: Paulines Orgel. Sie bedeutet ihr mehr als eine Marotte. Ohne sie fühlt sie sich musikleer. Das Haus ist ihr ohne die Orgeltöne nicht von den unentbehrlichen Geistern beseelt. Und das Instrument ist noch dazu das köstlichste Spielzeug. Nachholung versäumter Kindheitsspiele. Turgenjew geht manchmal, wenn Pauline fern ist, heimlich an die Manuale. Da steht der Name des gefeierten Orgelbauers Aristide Cavaillé-Coll, der sie 1851 entworfen hat. Obwohl er ein enger Freund der Familie ist, kassierte er von den Viardots die Summe von 10256 Francs dafür. Pauline mußte all ihren Schmuck veräußern, die Geschenke aus den russischen Konzertwintern. Aber das Instrument ist die Anstrengung wert. Vierunddreißig Jahre später, nach ausgiebigem Gebrauch und einer Zeit der Vernachlässigung, wird es immer noch seinen mächtigen und zugleich weichen Klang haben. Ähnlich dem der großen Orgel in St. Sulpice, die Coll restauriert hat und die bis heute als eine von Frankreichs besten spätromantischen Orgeln angesehen wird.

Auf Paulines Instrument spielt Camille Saint-Saëns besonders gerne, kann aber Pauline in der Virtuosität nicht überflügeln. Sie ist auf der Orgel sicherer als auf dem Klavier, aber genauso ausdrucksstark, als stünde sie auf der Bühne.

Das Instrument im Grand Salon ihres Mannes war auch später noch der Presse manchen Kommentar wert. 1855 glänzte es sogar auf der Pariser Weltausstellung. Und 1863 nahmen es die Viardots mit nach Baden-Baden, wo kleinere Reparaturen und Anpassungen vorgenommen werden mußten. Bei der Gelegenheit übrigens wurde auch die Vignette mit dem Bildnis Paulines übermalt, die sich in der Mitte der Orgelpfeifen befand. Scheffer hatte sie geschaffen, und der Anblick quälte Pauline im Zusammenhang mit des Malers undurchsichtigem Tod. Statt dessen schaute von dort bald der Kopf Marias auf die Zuhörerschaft herab. Im Januar 1872 kehrte das Instrument dann wieder in die Rue de Douai zurück und war von neuem Mittelpunkt der allwöchentlichen Soiréen bei Pauline.

*

Turgenjew wollte sämtliche Gelder, über die er verfügte, einem russischen Verwaltungsbeamten zur Anlage übergeben. Er wurde eindringlich davor gewarnt, derart vertrauensselig zu sein. »Man muß klarsichtig handeln, um nicht später bitter zu bereuen, «schrieb Viardot nach Rußland, »trauen Sie dem französischen Sprichwort, man solle nicht alle Eier in eine Pfanne werfen. Wäre es nicht klug, englische und amerikanische Interessen wahrzunehmen? Sollte Sie ein Grundstück locken – da wird bald eine charmante, kleine Domäne nahe bei Courtavenel verkauft, die sich »Petit Paris« nennt und auf der bis jetzt ein alter Cellospieler namens Ferdinand haust . . .« Pauline war es nicht klar, weshalb Turgenjew diese Möglichkeit nicht ergriff. Auf ihre diesbezüglichen Fragen antwortete er nie.

Was Turgenjew so lange in Petersburg hielt? Er mußte zwei habgierigen Dienstfrauen kündigen, die in jedem Augenblick für Disharmonie gesorgt hatten. Für derartige Operationen war er einfach nicht gemacht. Viel Geld und die ganze Garderobe seiner Mutter mußten daran gewendet werden, die Angelegenheit in Frieden zu regeln. So viel kaltes Blut und Entschlußkraft er auch investierte, es zehrte an seinen Nerven, sich von einer Vierzig- und einer Siebzehnjährigen schamlos ausgenutzt zu sehen. Wochenlang war er deshalb unfähig zu arbeiten.

Auch hier in Petersburg nötigt man ihn in eine Vorstellung seiner »Kleinstädterin«. Diesmal findet er die Schauspieler fürchterlich, besonders die junge Hauptdarstellerin, eine Prinzessin Tscherkassky. Das Publikum läßt sich aber zu Turgenjews Erstaunen nicht davon abhalten, heftig zu klatschen. Trotz achtzig Herzschlägen in der Minute ist er ins Theater gegangen. Mit Hochrufen wird er immer wieder gerufen und sucht, wie von allen Teufeln gehetzt, das Weite. Stschepkin muß bekanntgeben, der Dichter sei gar nicht mehr im Theater. Sicher hat man ihn für hochmütig gehalten. Im Augenblick, da sich der Vorhang hob, hatte Turgenjew Paulines Namen auf den Lippen. Das half ihm, die Aufregung zu überstehen.

Nach einer schlechten Nacht ging es ihm besser. »Also danke ich Ihnen für den Erfolg, denn ohne Ihren Namen, wer weiß?« schrieb er an Pauline im Februar 1852.

In jenem Monat traf alle Literaturfreunde Rußlands ein schwerer Verlust: Nikolai Gogol starb in Moskau, nachdem er – schrecklich zu denken – sämtliche noch nicht veröffentlichten Manuskripte verbrannt hatte. Das Ausmaß dieses Verlustes konnte keiner tiefer nachempfinden als Turgenjew. Wieviele Dinge hatten doch unvollendet dort gelegen! Auch der zweite Band der »Toten Seelen« war darunter. Turgenjew konnte sich nicht vorstellen, daß es ein Herz in Rußland gebe, das nicht vor Schrecken stockte. Für die Russen war Nikolai Gogol mehr als ein gewöhnlicher Schriftsteller: Er hatte ihnen ihr eigenes Wesen offenbart und so in mancherlei Betracht das Werk Peters des Großen fortgesetzt. Das mag dem Außenstehenden übertrieben klingen. Denn wer kannte schon in Europa mehr als einen Bruchteil von Gogols Werk? Um ihn recht schätzen zu können, mußte man schon ein Russe sein. Selbst Prosper Mérimée verkannte Gogol und sah in ihm wenig mehr als einen Humoristen der englischen Art.

Als die Todesnachricht eintrifft, liegt Turgenjew mit Grippe im Bett. Der Arzt hat ihm verboten zu sprechen; kaum ein Mensch kommt in seine Nähe. Gogols Begräbnis erfolgt unter großer öffentlicher Anteilnahme. Da der Leichnam eines von der Regierung Verfolgten nicht aufgebahrt werden darf und ein Totenwagen nicht zugelassen wird, trägt die Menge seinen Sarg auf den Schultern zum Friedhof, der etwa sechs Werst von der Kirche entfernt liegt. Die Zensur untersagt bereits Tage danach, seinen Namen zu erwähnen.

Gerade wollte Turgenjew einen Brief an Pauline schließen, als eine Nachricht von ihr eintraf, die an Wichtigkeit alles, was ihn im Augenblick bewegte, in den Schatten stellte: Sie erwartete wieder ein Kind.

Eigenartig: Pauline wird sich einbilden, daß die Genese von Turgenjews späterer Zuneigung zu Claudie schon auf die Monate vor der Entbindung zurückging. Hatte er nicht geschrieben, er liebe das kleine Wesen schon jetzt? »Und es wird einen glücklichen Einzug in diese Welt halten ...«

*

Der Brief ist immer noch nicht zugeklebt, als zwei Polizeibeamte vor seiner Wohnungstür erscheinen und ihn verhaften. Er hat für die »Moskauer Nachrichten« einen kurzen Artikel zum Gedenken an Gogol geschrieben. Das Petersburger Zensur-Komitee entdeckte liberale Tendenzen darin.

Einen Monat hielten sie ihn in Haft, in einer vergleichsweise komfortablen Zelle. Turgenjew fand jemanden, der seine Briefe bis über die Grenze brachte, um sie dort aufzugeben, wo die Neugier der Polizei nicht mehr zu befürchten war. Kein Zweifel, er saß auf Befehl des Zaren in diesem Gewahrsam. Die wenigen Zeilen über Gogol dienten natürlich nur als Vorwand, ihn festzuhalten. Schon lange hatten sie ihn beobachtet. Bei der ersten Gelegenheit griff man zu.

Er wird zuvorkommend behandelt, hat ein eigenes Zimmer, Bücher, darf schreiben, empfängt in den ersten Tagen Gäste. Das wird dann verboten, denn es sind ihrer zu viele. Turgenjew hat all die Zeit im Gefängnis nur einen Wunsch: freizukommen und Rußland zu bereisen, es »von innen« zu sehen. Das braucht er für seine neuen Romanvorhaben. Der Thronfolger, Großfürst Alexander Nikolajewitsch, ist ein gutherziger Mensch, und ihm schreibt Turgenjew mit hoffnungsvoller, aber zunächst vergeblicher Bitte um Gnade.

Sechs Wochen vor der Verhaftung hatte er angefangen, Polnisch zu lernen, das setzt er jetzt fort. Aber der Schock zeigt sich doch: Der Vierunddreißigjährige ist gealtert, sein Haar ergraut. Schon will er Pauline eine Locke mitschicken, unterläßt es dann aber. Obwohl er Land und Leute erst noch studieren will, beschleicht ihn immer wieder das Gefühl, sein Leben sei zu Ende, der Charme dahin.

Dann schicken sie ihn nach Spaskoje, von wo er sich bis auf weiteres nicht fortbewegen darf. Damit ist die Hoffnung, Pauline wiederzusehen, auf unabsehbare Zeit dahin. Gleichwohl gestaltet sich Turgenjews Leben auf dem Lande zunächst idyllisch. Der »gnädige Herr« geht wie immer auf die Jagd. Er liest viel, zum ersten Mal auch ein Werk von Leo Tolstoi: »Kindheit«. Das Buch erscheint ihm weitschweifig, in poetischem Gehalt und der Erinnerungsdichte zugleich naiv und aggressiv. Aber es war eben darin völlig neu, daß hier das Herz über die Intelligenz, die Aufrichtigkeit über das Gekünstelte, unverfälschter Instinkt über die literarische Bildung der »Kenner« siegte.

Nekrassow hatte Turgenjew das Buch empfohlen. Turgenjew antwortet ihm: »Du hast recht. Das ist ganz bestimmt ein Talent. Schreibe ihm, er soll weitermachen, sage ihm, wenn ihn das interessiert, daß ich ihn grüße und beglückwünsche.« Tolstois Schwester war Turgenjews Gutsnachbarin; er bringt ihr in seiner Begeisterung das Buch dieses noch Unbekannten, der sich unter dem Titel bescheiden mit L. T. zeichnet. Groß ist die Überraschung in Maria Tolstois Haus, als sich schließlich alle in den Figuren der Erzählung wiedererkennen.

Turgenjew löst Schachprobleme, hört sich Beethovens »Coriolan«-Ouvertüre an, die ihm Alexandra Petrowna Tutschewa mit ihrer Schwester vierhändig vorspielt. Von Zeit zu Zeit besucht ihn der Landpolizist, um pflichtgemäß nach dem Rechten zu sehen. Aber der »Verbannte« empfängt seinen Aufseher nicht, sondern schickt ihm zehn Rubel ins Vorzimmer. Darauf verneigt sich der Vertreter des mächtigsten Weltreiches tief und zieht sich zurück, nicht ohne dem gnädigen Herrn Fortdauer seines Wohlergehens und Erfolg in allen seinen Unternehmungen zu wünschen.

Das erste Jahr ländlicher Einsamkeit verstrich nicht ohne Nutzen: Turgenjew nahm seine ersten Roman-Versuche in Angriff. Zwar mißglückte der Ansatz zu »Zwei Generationen«, und der Autor dachte nicht daran, ihn weiterzuführen. Nur aus Erzählungen der Freunde wurde etwas über das Fragment bekannt. Auch »Der Verbannte« entsprach nicht Turgenjews Vorstellungen von Romantechnik. Erzählungen und Gespräche darin erschienen dem Autor ohne inneren Zusammenhang und im besten Falle als Vorstufe zu »Rudin« geeignet.

Die Titelgestalt in »Rudin« trug eigene Züge und die Bakunins. Es waren auch Elemene eines russischen Don Quichotte beigegeben: intelligent, etwas kraftlos, zu Untätigkeit wider besseres Wissen neigend, dabei schöngeistig beredsam, auf hohen Ton gestimmt – ein Stück jenes 19. Jahrhunderts, das sich für aufgeklärt hielt.

*

Louis Viardots Briefe geben, außer daß sie Haus-, Familien- oder Finanzfragen berühren, reiche Auskünfte darüber, wie es seinen eigenen Werken erging. Er hatte hiermit beachtlichen Erfolg. So erfuhr Turgenjew im Oktober 1852, daß die vielen Auflagen von Viardots Übersetzung des »Don Quichotte« mit Illustrationen von Tony Johannot inzwischen 27000 Exemplare erreicht hatten. Die deutsche Übersetzung war bereits 1837 in Stuttgart erschienen, mit einer Einleitung von Heinrich Heine und mit Viardots Schilderung von Cervantes' Leben und Werk. Englische, italienische und russische Ausgaben folgten.

Endlich erschienen auch Turgenjews »Aufzeichnungen eines Jägers« in

Moskau, und der Verfasser ließ den Verleger ein Exemplar nach Courtavenel schicken. Obwohl das Buch keine Widmung aufwies, war es doch Pauline zugeeignet, wie seit geraumer Zeit alles, was er dachte und tat.

*

Einsamkeit macht Turgenjew melancholisch. Diane ist krank, bekommt vergeblich Tabletten, und er weiß, sie wird Spaskoje nicht mehr verlassen. Das Wetter spielt verrückt, grauer Himmel, jagende Winde. Der Winter meldet sich 1852 früh. Kann sich ein westlicher Europäer vorstellen, was ein russischer Sturm bedeutet? Innerhalb von zwei Jahren waren allein im Gouvernement Tula neunhundert Menschen im Orkan gestorben. Es scheint, als wolle der Winter den vorausgegangenen scheußlichen Sommer kompensieren und früher hereinbrechen. Das kommt Turgenjew wie die Geschichte eines Mannes vor, »der eine häßliche und arme, aber dumme Frau heiratet!«

Trifft in Monaten ein einziger Brief aus Frankreich ein, so ist Turgenjew glücklich. Durch seinen Bruder, der ihm die »Illustrated News« zukommen läßt, erfährt Turgenjew, daß Pauline in Birmingham und Norwich engagiert ist. Für ihn gibt es keine Musik, keine Freunde, nicht einmal Nachbarn, mit denen er sich gemeinsam hätte langweilen können. Zwar sind der Dichter Tutschew und seine Frau liebe Menschen (sie waren als Verwalterehepaar in Spaskoje tätig), aber auch zur Langeweile nicht geeignet, da sie in völlig anderen Gewässern als Turgenjew segeln. Was ihm bleibt: Arbeit und Erinnerung. Aber er braucht Paulines Briefe, mit dem Widerhall aktiven Lebens, mit Sonnenabglanz und dem Atem ihrer Poesie. Er fühlt sich, als vertropfe sein Leben aus einem nur halb zugedrehten Wasserhahn. Niemand kann von den Resten des Vergangenen leben. »Mein Jäger trat zu mir herein und sagte: ›Mein Herr, es heißt abreisen. Die Erde nimmt ein lauwarmes Bad nach den Stürmen von gestern.‹ Ich ließ zwei Schlitten anspannen, und die Fahrt konnte losgehen. Für einen Vierunddreißigjährigen ein ziemliches Hirngespinst. Aber ich bin doch nach Orel gefahren, fünfundfünfzig Werst von Spaskoje ... Als der Sturm nach der Heimkehr wieder zunahm und das Haus in allen Fugen krachte, beschloß ich, meine Nase nicht wieder vor die Türe zu stecken. Auf Ihren Wunsch fing ich eine kleine Geschichte, ›Spiel des Bauern‹, an, die ich Ihnen schickte.« (Winter 1852 an Pauline)

Zwei Jahre noch wird es dauern, bis Turgenjew aus Rußland herausdarf. Sechs Monate lang hört er keinen Ton Musik und leidet darunter. Alle Mühe der Welt hilft nicht, Mme. Tutschew ans Klavier zu bewegen.

Immer wieder wendet er alle Überredungskunst an, damit sie das Finale aus »Don Giovanni« spiele. Aber sie hat ihre Tochter verloren, liebt ihren Mann nicht mehr, und den interessiert ohnehin in der Musik nur das, was mit Musik nichts zu tun hat. »Ein großer Teil der Literaten sucht in der Musik nur die literarische Impression. Das sind im allgemeinen schlechte Musikhörer und falsche Beurteiler.« Herr Tutschew zieht das Bekannte vor; und niemand kann den musikalischen Hunger nachempfinden, den Turgenjew verspürt. Mme. Tutschewas Schwester, eine bornierte, sentimentale, selbstzufriedene junge Person, geht ihm mit ihren Ekstasen auf die Nerven, wenn sie unweigerlich schon bei den ersten Tönen in Zuckungen gerät. Zwar ist ihre Schwester anders und ernster, aber dafür unsäglich trocken. »Ich hoffte, eines Tages 50 Werst entfernt ein ganzes Orchester zu hören, unter einem deutschen Kapellmeister. Aber sicher würde es ein gekauftes, leibeigenes Orchester sein, und das konnte ich mir nun gar nicht vorstellen . . .«

Pauline dagegen hatte mehr als genug Musik um sich. Sie führte ihre »Sonnabende« ein, an denen nicht etwa nur gesungen wurde. So kam der schon berühmte Pianist Camille Saint-Saëns und spielte auf ihrer Orgel. Der Mann mit den unglaublich flinken Fingern wurde nicht sofort mit dem Instrument warm. Daß er ihr Spiel lobte, beglückte sie.

*

Wenn Turgenjew nicht arbeitet, und das sind lange Strecken seiner Zeit, liest er nichts anderes als russische Chroniken . . . Und kommt im Monat einmal ein Brief von Pauline, holt er sich ein von ihr erwähntes Buch aus der Bibliothek. Etwa Racine, aus dem er sich die Szene der Athalie rezitiert. Gerade hat sie Pauline in ihrem Salon musikalisch geboten. Was hätte er darum gegeben, dabeizusein!

Und dann erlebt er wirklich das große Orchester des »Nachbarn«, der so weit weg wohnt. »Der Dirigent erschien mir ausgezeichnet«, schrieb er, »er hieß Amsberg. Seine Musiker spielten fein – und hatten ein Riesen-Repertoire. Besonders beeindruckte mich die Abgestimmtheit ihres Spiels in Kolorit und Nuance. Eine Phantasie in c-moll von Mozart machte mich vor Wonne verrückt. Eigentlich ist sie für Klavier geschrieben, aber ein Schüler namens Seyfried hat sie sehr schön für Orchester übertragen. Es gab auch das Adagio aus Beethovens Neunter Symphonie, aber da waren wohl die Kräfte ein wenig überfordert. Immer blieben übrigens meine Eindrücke von dieser Symphonie geteilt. . . . Aber dieser Mozart . . . Ich war vollständig überwältigt.« (Herbst 1852 an Pauline)

Fuhr Turgenjew zu dem reichen Gutsbesitzer in der Nachbarschaft, so bekam er zwar immer wieder einmal Beethoven zu hören, mußte aber vor- und nachher Ball, Diner und alle Zwänge der Gesellschaft über sich ergehen lassen.

Tutschew, der lange Jahre als Verwalter bei Turgenjew tätig gewesen war, mußte seiner Arbeit enthoben werden. In den Jahren seiner Anstellung waren 300 000 Rubel ausgegeben worden, während Turgenjew für sich nur 50 benötigt hatte. Einige der Schulden waren zwar abgezahlt, aber mindestens hunderttausend mußten, als zum Fenster hinausgeworfen, abgeschrieben werden. Vertrauensseligkeit bestrafte sich, und sie zu reparieren würde den ganzen Winter beanspruchen. Turgenjew ließ die Tutschews noch für eine Weile auf dem Gut, und dann schieden sie als gute Freunde.

Unsicher und nervös erwartete Turgenjew im Januar 1853 die Ankunft der Viardots für ein Gastspiel in Petersburg. Gleich in ihrer ersten Nachricht von dort ließ Pauline ihn wissen, daß Viardot mit Grippe im Bett läge. Sie signalisierte, sie wolle unter einem Vorwand nach Moskau reisen. Könnten sie sich treffen? Turgenjew entschloß sich sogleich, heimlich seinem Hausarrest zu entfliehen, und setzte sich in den Schlitten nach Moskau.

Er war nervös, fahrig und unruhig. Liebte er sie? Über die Möglichkeit, sie zu besitzen, hatte er kaum nachgedacht. Das Verlangen nach ihr war unter einem mächtigeren Gefühl verborgen, dunkel und kaum befragt. Bisher hatte er geglaubt, die Liebe fange mit Überspanntheiten, poetischen Träumen an. An dem, was ihn erregte, war nichts schmerzhaft. Sein Geist fühlte sich aufgeregt und entzündet. Er fand sie reizvoll, aber eigentlich entsprach sie nicht seinem Idealtyp einer Frau. Warum aber beschäftigte sie ihn unablässig? Wollte er ihr Liebhaber werden? Dann würde alles unendlich kompliziert. Aber das Verlangen sie zu sehen trieb ihn fort.

Als er das Zimmer bei gemeinsamen Freunden betreten hat, spricht er lange, zärtlich, traurig, mit untröstlicher Schicksalsergebenheit mit Pauline. Er fleht sie an, ihm nicht weh zu tun. Sie versteht nicht und versucht nicht zu verstehen. Sie ist wie betäubt davon, daß er leidet. Als sie Tränen in seinen Augen sieht, will sie ihn umarmen, wie man weinende Kinder umarmt. Als sie sich von ihm umschlungen und leidenschaftlich geküßt fühlt, will sie sich wehren, ihn zurückstoßen. Aber es ist um beide geschehen.

Am folgenden Tag sagt sie ihm ohne Umschweife, was sie von ihm verlangt: Niemals darf er mit einem Wort, einer Andeutung das Geschehene zurückrufen. Als »wohlerzogener, billig denkender« Mann soll er auch in Zukunft das bleiben, was er bislang gewesen ist, ein Freund.

*

Zurück in Petersburg bei dem genesenden Viardot betrachtet sie ihren Mann, der sogleich von allen möglichen Banalitäten zu reden anfängt. Er ist ihr Ehemann, und sie hat ihn betrogen. Nichts kann das mehr ändern, nichts mehr auslöschen.

Turgenjew zittern, wenn er ihr schreibt, die Hände. Seine Augen starren, ohne zu sehen. Am liebsten hätte er unaufhörlich geweint. Sie hatten sich kleine Abschiedsgeschenke gemacht, lächerliche Versuche, etwas vom anderen zu behalten. Turgenjew bat Pauline um eine Daguerreotypie, jene noch nicht alte Erfindung, die es fast unnötig machte, sich gegenseitig porträtähnliche Zeichnungen zu schenken. Freilich argwöhnte er, es könne nur eine neue Unähnlichkeit dabei herauskommen. Er erinnerte sich an ihr lachendes Gesicht, das ihm jünger und frischer als vor Jahren erschienen war. Sie wieder aus den Augen zu lassen, sie zu missen, auf unbestimmte Zeit, war eine Tortur.

Kamen Briefe von ihr, so hatten sie etwas Eiliges, erschreckend Lakonisches. Er wünschte sich, wenigstens mehr über Einzelheiten aus ihrem Alltag zu erfahren. Aber diese Künstler hatten ja immer die Ausrede, ständig beschäftigt oder außer Haus zu sein!

Pauline beging eine große Unvorsichtigkeit. Als sie in London gastierte und Alexander Herzen, Turgenjews Freund und gleichgesinnter politischer Schriftsteller, traf, machte sie Andeutungen über jenes Moskauer Erlebnis. Wie gut, daß sie Turgenjews Gesicht nicht sah, als Herzen dem Dichter später indiskret davon berichtete!

Pauline gestand sich ein, daß sie in Turgenjew vor allem den Vertrauten suchte, den Menschen, der mit Lob und Kritik das Bild nachzeichnete, das sie von sich hatte. Sie schämte sich dieser Schwäche, überwand sich aber allmählich dazu, sie sich einzugestehen. Übrigens suchte sie immer Spiegel und Echo in anderen, außer in Turgenjew vor allem in Ary Scheffer und dem deutschen Musiker Julius Rietz.

Aber auch Turgenjew hatte im Lauf der Jahre noch andere Vertraute: Nach 1856 schickte er recht liebevolle Briefe an die Comtesse Lambert. Er blieb auch mit einer dicken Kleinrussin noch lange nach der Rückkehr aus Rußland in Verbindung. Auf die schriftstellerische Beraterin Markowitsch aus der Ukraine war Pauline besonders eifersüchtig. Und wie stand es mit der berühmten Schauspielerin Savina, die er so lange Jahre verehrte? Noch als er – schon krank – 1881 nach Rußland reiste, warnte Pauline ihn vor diesem Raubtier.

Sie wußte genau, was von Turgenjews Brummen über die Frauen zu halten war. Es war ihr lieber, sich an das Jahr 1879 zu erinnern, vier Jahre vor seinem Tod, als er von der Moskauer Universitätsjugend auf Händen getragen wurde und sie befürchten mußte, er würde vielleicht nicht aus Rußland zurückkehren. Da hat er einmal mit einer helleren Tinte seinem Brief »Tausend Zärtlichkeiten« hinzugefügt. Pauline hat ihm nie gesagt, wie sehr sie das gerade damals entzückt hatte, als er nämlich für ihre Tochter Claudie entflammt war. Pauline hatte ihn nötig, und es hing nicht nur mit Claudie zusammen, daß sie sich bis zu seinem Ende naheblieben.

Turgenjew brauchte Pauline in ähnlicher Weise. Bevor er seine Arbeit »in die Werkstatt« brachte, vertraute er ihr jeden Plan an. »S. I. P.« ist in jenen Skizzenbüchern zu lesen, die Paulines strengem Urteil standhielten: Sub Invocatione Paulinae. Für ihn hieß das Leben in der geistigen, musikalischen und literarischen Atmosphäre des Okzidents ohnehin: Familie Viardot. Und der Bruder Manuel gehörte unbedingt dazu, gleichsam als scherzhaftes Encore.

Ob ihm Frauen angst machten? Es würde sein Verhalten erklären. Hätte er seine Freunde nicht zum Lachen gereizt, als er zugab, daß die Frau für ihn, den Jahren und vielen Erfahrungen zum Trotz, ihr Geheimnis, ihren Nimbus bewahrt hatte? Wenn er nach längerer Trennung Pauline wiedersah, mußte er weinen: »Ein alter Mann in weißem Haar, das war, wie wenn es im Winter donnert!«

Viardot reiste nach halber Genesung allein aus Petersburg ab. Turgenjew schickte alles Geld, das für Paulinettes Kost und Logis bestimmt war, an Pauline. Sie wohnte für die Dauer des Gastspiels bei der Prinzessin Meschtscherskaja und freundete sich mit ihr an. Diese war wohl die einzige Person, auf die Turgenjew sich in Rußland verlassen konnte.

*

In Spaskoje hat Tauwetter inzwischen jede Kommunikation mit der Außenwelt unterbrochen. Da helfen auch die spärlichen, meist zu spät eintreffenden Journale nichts. Einen Brief mit Pauline zu wechseln, kostet fast immer einen Monat.

Pauline reist indessen über Warschau nach London, und Turgenjew malt sich aus, daß es wieder einmal nichts als Komparsen rund um ihre

Person geben wird. Sie hat die Wirkung ihrer Kunst in der Tat allein zu vermitteln.

Aber für das kommende Jahr war ein Konzertvertrag in Rußland abgeschlossen worden. Turgenjew weiß, Pauline wird mit Louis in seine Nähe kommen. Also beschreibt er ihr seinen Garten in glühenden Farben, damit die beiden ihm einen Besuch gönnen. Im Mai 1853 erstrahlt alles in leuchtendem Grün. »Eine Jugend, eine Frische, von der sich niemand eine Vorstellung machen kann! Eine große Birkenallee vor meinen Fenstern. Das junge Grün kleidet sie wie ein Festgewand, dessen Stoffalten sich wiegen. Mein ganzer Garten ist voller Nachtigallen, Goldamseln und Drosseln . . . ein Segen!«

Wichtiger ist für den Augenblick, daß Mme. Tutschewa und ihre Schwester ihn besuchen, um ihn mit Musik zu versorgen. Sie stürzen sich in Mozarts Musik. Turgenjew stellt sich hinter den Stühlen der Damen auf, wendet die Seiten um und macht den Kapellmeister. In Augenblikken besonderer Begeisterung kann er sich falsch gebrummter Töne nicht enthalten, die bei allen Anwesenden Schrecken hervorrufen. Vielleicht ist es den musikalischen Freuden zuzuschreiben, daß er sich fleißig dem Roman »Rudin« zuwendet.

*

Als Pauline 1854 endlich wieder für längere Zeit in Courtavenel bleiben durfte, hatte sich Noël auf drei Wochen bei ihr eingefunden, und Bruder und Schwester saßen häufig fachsimpelnd beisammen. So unzufrieden Pauline mit Teilen seiner Unterrichtsmethode war, sie mußte seine Bescheidenheit, seine Güte, seine Abscheu vor jeglichem Lärm um seinen Namen liebhaben. Er hatte wohl nur eine Passion: die Arbeit. Den kleinen, zartgebauten Mann zu beobachten, wie er lebhaft, ohne Unsicherheit, geistsprühend und maliziös intelligent sprach, war ihr Entzükken. Auch in der Rue de Douai hielt sich Noël für eine Weile auf.

Dort fragte Louise den Onkel Manuel einmal um Rat wegen eines elektrischen Versuchs, den die Kinder in der Schule vornehmen sollten. »Darüber muß ich nachdenken«, entschied der Onkel und ließ sich acht Tage lang nicht mehr bei Louise sehen. Als sie ihn endlich ungeduldig aufsuchte, saß er an einem großen Tisch, der mit elektrischen Apparaten übersät war, die sich der Herr Professor selbst gebaut hatte. »Hier ist die Erklärung«, rief er stolz und führte das Resultat seiner Experimente erfolgreich vor.

Paulinette machte ihrer Pflegemutter Kummer, als dieser die Überwachung ihrer Erziehung unmöglich wurde. Pauline bat Turgenjew, das

Mädchen zu einer Mlle. Renard geben zu dürfen. Der Vater sah ein, daß ohne diese Veränderung alles bisher Erreichte womöglich aufs Spiel gesetzt würde. Und Pauline brauchte alle Zeit für die bevorstehenden sängerischen Aufgaben.

Von dem, was sie eigentlich tat, schrieb sie ihm viel zu wenig. Es schien Turgenjew, als hielten sie sich nur an den Fingerspitzen. Vielleicht würden sie sich überhaupt nicht wieder sehen. »Ich nehme mir vor, Ihre Hand in keinem Fall loszulassen, die mir so viel Süßes und Wohltuendes beschert hat.«

*

Vom 8. Juni bis zum 10. August 1854 gastierte Pauline im Londoner Opernhaus. Die lokale Presse beschwerte sich darüber, daß die Direktion kein neues Werk für den Gast auf den Spielplan gesetzt hatte, womit sich ein Wettstreit mit der anderen umjubelten Sängerin jener Spielzeit, Angelina Bosio, erübrigt hätte.

Der Winter 1854/55 brachte eine unerwartete Rolle für Pauline. Am 23. Dezember war Giuseppe Verdis »Il Trovatore« zum ersten Mal im Théatre Italien gespielt worden, nachdem sich ein Triumphzug durch Europa bereits angebahnt hatte. Die Alt-Partie in diesem Werk, die Zigeunerin Azucena, war einer jungen Italienerin vorbehalten, Mme. Adelaide Borghi-Mamo.

Sie hatte die Rolle in Italien gesungen, so erfolgreich wie jetzt in der Salle Ventadour. Aber die Sängerin erwartete ein Kind. Am 12. Februar begannen die Wehen. Heldenhaft stand sie die Vorstellung durch und brachte dann, gegen Morgen, ein Töchterchen zur Welt. Da die Direktion die erfolgreichen Vorstellungen auf keinen Fall abbrechen wollte, wandte man sich an die Spezialistin für Alt-Partien, Mme. Viardot. Mit einem guten Vorgefühl übernahm Pauline die Partie bereits vom 20. Februar an, nachdem sie ganze drei Tage zum Studium und eine einzige Orchesterprobe benötigt hatte. Diesmal wurde ihr der rauschende Erfolg von keinem Kritiker streitig gemacht.

Nachdem die Aufgabe bald wieder an Mme. Borghi-Mamo zurückgegeben war, sang Pauline die Azucena 1855 achtmal in Covent Garden, nun ganz zu Verdi bekehrt. Außerdem folgten fünfmal »Il Barbiere«, einmal »La Prova d'un' opera seria«, eine kleine Buffo-Oper von Gnecco, zweimal »Der Prophet« und einmal »Otello«. So streng die Kritik auch mit Verdis Oper umging, so sehr pries sie Paulines Darstellung als eine der herausragenden der Epoche.

Eine veritable Theater-Tournée mit dem »Trovatore« durch Liverpool, Birmingham, Manchester und Dublin schloß sich an. In London hatte sie das seltsame Erlebnis, im gleichen Duett aus der »Semiramide« von Rossini, wie einst ihre Schwester mit der Sontag, nun mit Jenny Lind in deren Benefizkonzert zu singen.

*

Wieder stand Rußland vor einer Krise. Ein zaristisches Manifest von 1854 proklamierte den Abbruch der Beziehungen zu Frankreich und England. Das Vorspiel zum Krimkrieg hatte begonnen. Turgenjew gab sich der Illusion hin, das ganze Volk, von den höchsten bis zu den niedersten Klassen, sei mit der Regierung einig und spreche mit einer Zunge. Der Wille zu einer solchen Aktionseinheit erschien ihm imposant. Wenn es hart auf hart käme, würden die Russen nicht um Haaresbreite nachgeben. Wie anno 1812 würde das Land sich erheben.

Inzwischen hat sich Turgenjews Situation leicht verändert. Es ist ihm gestattet worden, ab und zu in eine andere Stadt zu fahren. Vergeblich versucht die Prinzessin Meschtscherskaja, seine gänzliche Freilassung zu erreichen. Fast einen Monat hält er sich in Moskau auf und schließt dort neue, wertvolle Bekanntschaften. Auch schwirren viele schriftstellerische Projekte durch seinen Kopf ... Aber die Zeit ist dem Schreiben nicht günstig. Im April 1855 sollen die Milizoffiziere im Gouvernement Tula ausgewählt werden. Falls er darunter ist, so will er tapfer die Feder mit der Flinte vertauschen und seine Pflicht so energisch wie möglich erfüllen.

*

In einem seiner Briefe findet eine junge Dame Erwähnung, die Turgenjew ganz und gar fasziniert. Er stellt Pauline diese Affäre als etwas extrem Vages, als in seinem Innern nicht wirklich Formuliertes hin. Natürlich handelt es sich um mehr. Aber mußte Pauline nicht wissen, worum es ging? In Moskau hatte er ihr rückhaltlos offenbart, wie sehr er sie liebte. Ihre Abwehr, ihr Festhalten an der Bindung zu Louis, ihre offensichtlich andauernde Geborgenheit in der Ruhe dieses Mannes – das alles stürzte Turgenjew in größere Einsamkeit als je zuvor.

Die fragliche Person trägt seinen Familiennamen. Einen Monat lang hat sie ihn in ihren Bann geschlagen. Es macht ihn froh, nach der Trennung von der Turgenjewa wieder in Spaskoje zu sein. »Das Ganze ging wie ein Windstoß vorbei.«

Wie verliebt Turgenjew in Olga Turgenjewa war, ja daß er sie heiraten wollte, verschwieg er Pauline zunächst. Ihr Vater war der General

Alexander Michailowitsch Turgenjew und damals ein Greis von zwei-undachtzig. Das Mädchen war eben neunzehn geworden. Ihre Mutter war ein Waisenkind, das der General, als sie sechzehn war, aus dem Kloster geholt hatte, um sie zur Frau zu nehmen. Bei der Geburt Olgas starb sie. »Das Mädchen hatte Grazie, Güte, viel Feinheit und Anmut des Geistes – aber, wie ich's Ihnen oft gesagt habe: ya se acabó. Es ist alles zu Ende.« (Herbst 1854)

Die Beziehung zu Olga endete bereits nach vier Wochen. Völlig verzweifelt kam er vom letzten Besuch bei ihr nach Hause. Aber Scheitern und rasches Ende waren vielleicht mehr als alle Worte dazu geeignet, Pauline seine stete Liebe zu beweisen. Zu was denn sollte es gut sein, mit ihr überhaupt darüber zu sprechen? Er konnte ihr – und das quälte ihn – seine geheimsten Gedanken nicht verbergen. Und von niemand anderem als von ihm erfuhr sie auch alles über Olga.

Ihr brieflicher Austausch glich damals einem matten Flügelschlagen. Pauline schrieb viel zu kurze und etwas barsche Briefe, erzählte nichts als Unwichtigkeiten. So über die Premiere von Gounods neuestem Werk »Die blutige Nonne«, dessen Titel Turgenjew mit Recht als »reißerisch« empfand. Er erfuhr auch nichts von Louis, nichts von Mme. Garcia, nichts von der kleinen Louise, die inzwischen ein großes Fräulein von dreizehn Jahren war. Das Leben eilte dahin, nur zu bald würde es entschwunden sein.

*

Wichtig war Turgenjew in der russischen Verbannungszeit, daß ihm Tolstoi seine Erzählung »Ein Holzschlag im Walde« widmete. Nichts in seiner bisherigen literarischen Laufbahn schmeichelte ihm mehr. Aber irgendwie war es ihm – seiner anfänglichen Begeisterung entgegen – unangenehm, an Tolstois momentanen Aufenthalt zu denken: den Krim-Krieg. Er schrieb ihm, es sei besser, er würde sich aus den Kriegswirren losreißen. »Sie haben hinreichend bewiesen, daß Sie kein Feigling sind ... Ihre Waffe ist die Feder und nicht der Säbel.« Bald würde Tolstoi tatsächlich seine »Lehrjahre als Zivilist« antreten.

Am Morgen des 19. November 1855 nimmt Tolstoi sich in Petersburg ein Hotelzimmer, zieht seine Ausgehuniform an und eilt zu Turgenjew, der am Fontanka-Kai nahe der Anitschkow-Brücke für kurze Zeit wohnen darf. Tolstoi weiß von dem Älteren nur, er ist ein hochgewachsener Herr, zehn Jahre älter als er und als Schriftsteller bedeutend. Und natürlich, daß die »Aufzeichnungen eines Jägers« die intellektuelle Elite erobert haben und den Besitzern von Leibeigenen Gewissensbisse machen.

Turgenjew hat Pauline immer wieder so eindringlich von seinem Verhältnis zu Tolstoi erzählt, daß sie diese seltsamen Episoden nie mehr aus ihren Gedanken ausklammern konnte. Sie stellte sich vor, wie Tolstoi sein Arbeitszimmer betrat und sich einem Riesen mit weichem, sanften Gesicht, großen, zarten Händen und leicht gebeugten Schultern gegenübersah, einem Athleten mit Frauenaugen ...

Sie umarmen sich herzlich. Es verlangt sie, Freunde zu werden. Turgenjew besteht darauf, daß sein junger Kollege zeitweilig zu ihm zieht. Und Leo Tolstoi willigt begeistert ein. Ihm wird ein Diwan überlassen. Noch am gleichen Abend lernt er dann Nikolai Nekrassow kennen, seinen Kritiker und Förderer. Die drei essen zusammen, es wird Schach gespielt, über Literatur gesprochen.

Nach dem Soldatendasein fühlt sich Tolstoi in dieser Gesellschaft wie berauscht nach langer Abstinenz. Er konstatiert erfreut, welch außergewöhnliches Interesse er bei den Schriftstellern in Petersburg findet. Und da er sich geliebt und bewundert sieht, will auch er bewundern und lieben. Die Arglosigkeit des Neulings rührt seine Kollegen. Als er am folgenden Tag eine ganze Reihe von Literaten kennenlernt, muß er in den ideologischen Streit eingeweiht werden, der die Elite der Hauptstadt spaltet. Auf der einen Seite die Okzidentalisten, die finden, Rußland sei den Ländern des Westens gegenüber rückständig und müsse sich, will es sich erneuern, an ihnen ein Beispiel nehmen. Auf der anderen die Slawophilen, die jede geistige Überlegenheit des Westens leugnen und behaupten, die Russen seien viel zu eigenständig, um ihr Heil in der Nachahmung des Auslands zu suchen. Tolstoi bleibt vom Wetteifer, der Eitelkeit und Eifersucht in dieser kleinen, brodelnden Welt unbeeindruckt. Nach den Schrecken des Krieges verlangt es ihn nur nach einem: sich zu amüsieren.

Ein- oder zweimal begleitet Turgenjew seinen Gast zu seinen Orgien und kommt verstört zurück. Er versteht nicht, daß sich der Autor der »Sewastopoler Skizzen« so erniedrigen kann, sich sinnlos betrinkt, mit Zigeunerinnen singt, in Bordellen verkehrt. Gewiß, nachträglich bereut Tolstoi seine nächtlichen Abenteuer. Aber in den Vorwürfen, die er sich macht, klingt auch immer der Wunsch mit, sie zu wiederholen.

Nachdem er zunächst ganz hingerissen von Turgenjew war, fängt Tolstoi bald zu grollen an. Der Ältere erscheint ihm oberflächlich mit seinen schönen Anzügen, seinem Parfüm, der Art, wie er mit Frauen spricht, dem Wunsch zu gefallen, seinem Glauben an die Zukunft der Wissenschaft, seinen erlesenen Diners. Für tausend Rubel hat sich Turgenjew einen Koch gemietet und preist dessen Künste auch dem, der es nicht hören will.

Um sich von diesen Herren mit schwachen Muskeln und erhabenem Geist zu unterscheiden, kämmt sich Tolstoi das Haar glatt nach hinten und trägt einen hängenden Schnurrbart. Das gibt seinem Mund, so glaubt er wenigstens, einen entschlossen feindlichen Ausdruck. Er schläft bis zwei Uhr nachmittags. Anfangs versucht Turgenjew noch, ihn von seinem tollen Leben zu kurieren, gibt es aber bald auf.

Ein wenig in Tolstois Schwester Maria verliebt, die er ein Jahr zuvor auf dem Lande kennengelernt hat, unterdrückt Turgenjew den Ärger über den zügellosen Gast lange. Aber je mehr er sich beherrscht, desto mehr vergnügt es Tolstoi, ihn aufzubringen. Die zunächst harmlosen Auseinandersetzungen werden bald giftig. Die beiden ertragen sich kaum noch. Und bei Tolstoi wird das Bedürfnis, Turgenjew zu widersprechen, zur zweiten Natur.

Pauline las es bei Grigorowitsch nach, daß Turgenjew in Nekrassows Wohnung Schreie ausstieß, fast erstickte. Der Autor erzählt mit Sarkasmus: »Er murmelte mit dem Blick einer ihr Leben aushauchenden Gazelle: ›Ich kann nicht mehr. Ich habe eine Bronchitis.‹« Weshalb registrierte sie diese Peinlichkeit so genau? –

Nekrassow, dem Dichterfreund, schlägt das Herz bis zum Hals. Er hat ebenso Angst, Turgenjew zu verlieren, wie Tolstoi. Sind doch beide wertvolle Mitarbeiter seines Magazins »Der Zeitgenosse«. Er versucht, den Streit zu schlichten: »Regen Sie sich nicht auf, lieber Tolstoi. Sie wissen, wie sehr Turgenjew Sie liebt und schätzt.« »Er tut alles, um mich zu reizen«, bekommt er zu hören. »Ich lasse mir das nicht gefallen!« Und bei einem Diner in Nekrassows Haus erklärt er, gerade weil er weiß, wie sehr Turgenjew George Sand bewundert: »Hätten die Helden dieser Schreiberin wirklich existiert, so hätte man sie, um ein Exempel zu statuieren, an einen Schandkarren anbinden und durch Petersburg schleifen müssen.« Turgenjew will protestieren, bekommt aber so sarkastische Antworten, daß er sich drei Tage später noch nicht davon erholt. Tolstoi greift auch Alexander Herzen an, dessen Zeitschrift »Die Glocke«, über die Grenze geschmuggelt, in den Westen gelangt. Selbst Shakespeare wird mit Schimpfkanonaden bedacht, auch Homer, den Tolstoi einen Schwätzer nennt. Die Literatenfreunde vom »Zeitgenossen« verzeihen ihm. Aber gerade diese Milde ist dem Angriffslustigen peinlich.

So hart er auch mit Turgenjews Fehlern umging, Tolstoi konnte es nicht ertragen, von ihm getrennt zu sein. Als sich Turgenjew gekränkt zurückzog, lief Tolstoi ihm nach, heftete sich an seine Fersen wie eine verliebte Frau. Welcher Henker stürbe nicht vor Langeweile, wenn er kein Opfer hat? Als sich Turgenjew schließlich wieder auf sein Landgut zurückgezogen hatte, schrieb ein reuiger Tolstoi an seine Tante: »Ich spüre, daß ich ihn sehr zu lieben begonnen habe, obwohl wir uns unaufhörlich stritten. Ohne ihn langweile ich mich entsetzlich.«

*

Pauline hatte erheblichen Anteil an der Gluck-Renaissance, die von Hector Berlioz ausging. Der Komponisten-Freund war schon lange der Meinung, daß in der bisher gespielten Originalfassung von »Orfeo« und dann auch der »Alceste« viele Wirkungen verschenkt seien, die gerade das gegenwärtige Publikum genießen könnte. Man brauchte sich nur der Errungenschaften des Mannes zu bedienen, der in der Nachfolge Glucks die Dramatik auf der Opernbühne neu beschworen hatte: Richard Wagner. Dieser trug dann auch mit seiner Bearbeitung von »Iphigenie in Aulis« zu dem allgemeinen, fast modisch zu nennenden Gluck-Taumel bei.

Die Hauptrolle des unglücklichen Orpheus wurde Pauline angeboten, obwohl Berlioz zunächst mit seinen Bedenken, die ihre Stimme betrafen, nicht zurückhielt. Als dann aber ihre Nachschöpfung schön und machtvoll über die Bühne gegangen war, mit einem Erfolg, der kein Ende finden wollte, öffneten sich ihr die Tore der Opéra weit.

Berlioz kritische Vorbehalte gegenüber Pauline schlugen in schrankenlose Begeisterung um. Er dirigierte seine »Orphée«-Fassung häufig, übrigens auch bald in England, wo Pauline sein Lied »Le Captive« aus der Taufe hob. Der Enthusiasmus galt allerdings mehr der Person und Musikerin als der Sängerin. Berlioz, sichtlich in Pauline verliebt, äußerte sich gelegentlich zurückhaltend über ihre sängerische Leistung. Ihre Stimme war seinem Ohr einfach nicht schön genug. Er empfand sie als ein nicht ganz rein klingendes Instrument. Als ob einer daran hätte mehr arbeiten können als sie!, protestierte Pauline innerlich. Sie hat an ihrer von Natur spröden Stimme so herumexperimentiert wie gewiß kaum eine andere Sängerin.

Pauline wurde eine treue Helferin, auch als Berlioz 1856 mit überraschenden Proben aus seiner geistlichen Trilogie »L'enfance du Christ« nach Baden-Baden kam. Wenige Jahre darauf entschied sie sich, ganz in dem deutschen Weltbad zu wohnen.

Vom Erfolg getragen, gab Pauline leichtsinnig den unverbindlichen

Lockungen nach, die von dem Maler Ary Scheffer ausgingen. Natürlich auch von seiner Umgebung, dem vielfrequentierten Atelier, der gastlichen Stätte für Besucher ohne Zahl. Sie zögerte nie, ihre Kinder ganze Tage bei ihm zubringen zu lassen, ein Umstand, der die Neigung aller ihrer Kinder zur Malerei wesentlich beeinflußte. Während der Meister seine Pinsel schwang – und sie liefen hurtiger über die Leinwand, wenn Stimmen um ihn her schwirrten –, spielten auf dem Flügel in der Ecke des geräumigen Ateliers befreundete Pianisten; Malerkollegen wie Gustave Courbet, Théodore Rousseau oder der junge Edouard Manet kamen. Sie übten sich unter Scheffers Anleitung im Handwerklichen.

Es gab Abendstunden, in denen Pauline die Kinder aus dem Atelier abholte, und die Scheffer nutzte, alte Bindungen flirtend zu erneuern. Er tat es mit viel Charme, mit unvergeßlichen Blicken, aber auch mit einer gleichsam väterlichen Zurückhaltung, die Pauline leichtsinniges Zutrauen einflößten.

Turgenjew erfuhr damals wenig von ihrem Leben, auch nichts über ihre neuerliche Konzertreise nach London, wo das Publikum sie inzwischen vergötterte. Er bereitete unterdessen seine Ausreise vor und schrieb an den Zaren, in der Hoffnung, ihn während seines Sommeraufenthaltes in Petersburg zu sprechen. Aber auf nichts durfte er sicher zählen. Sein Ziel, zum 1. September, also zum Beginn der Jagd, in Courtavenel zu sein, lag noch in weiter Ferne. Vor allem träumte er davon, mit Pauline endlich wieder Musik hören zu dürfen. Eine Gunst, die ihm das Schicksal schon zu lange verweigerte.

In der »Revue des Deux Mondes« las er die französische Übersetzung seiner Tiergeschichte »Mumu«, die ihm jetzt reichlich rührselig erschien. Dennoch war er verärgert, daß der Übersetzer die ohnehin kurze Erzählung noch für zu lang befand und sie etwa auf die Hälfte zusammenstrich. Turgenjew kam fast in jeder Zeile Widersinnigkeiten oder willkürlichen Änderungen auf die Spur. »Übersetzungen sind eine entschieden üble Sache!« seufzte er.

Ein prominenter musikalischer Besucher fand sich in Spaskoje ein, der von Pauline schon lange glühend verehrte Komponist Michail Glinka. Aber der genialische Wirrkopf betrank sich ständig und starrte tatenlos vor sich hin. Turgenjew nahm sich vor, bei seiner Rückkehr nach Frankreich ein Heft mit Romanzen Glinkas mitzubringen.

Ob es in Courtavenel den ausgestopften Pfau im Billardzimmer noch gab? Ob Turgenjews Rosen an den Metallbögen emporgewachsen waren? Ob die graue Weste noch in seinem Schrank hing? Pauline antwortete nicht, ließ ihn zu lange allein mit ihren seltenen, kurzen Briefen ...

Im Juni bekam er die Unterschrift unter seinen neuen Paß. Er plante, mit dem Schiff nach Stettin und von dort über Berlin, Brüssel und Ostende nach – London zu fahren, wo er am 10. August 1856 ankommen wollte. Erst gegen Ende August würde er nach Paris reisen, und von da nach Courtavenel, wo man ihn wie früher erwartete. Er würde sich die graue Weste anziehen, und alles könnte sein wie früher. Unglücklicherweise wäre dies »nicht das einzige graue Detail« an ihm. »Sie schrieben mir von Ihren Londoner Auftritten. Hätte ich Sie doch früher als in zwei

Monaten hören können!« Auf den Briefumschlag schrieb er »Der berühmten Sängerin« und hoffte, sie würde darüber ein wenig lächeln.

Aber das Wiedersehen erwies sich als kühl und ungemütlich. Pauline war enttäuscht, daß er nicht sofort in Richtung Courtavenel aufgebrochen war. Er gab vor, es sei in London Wichtiges zu besprechen und zu erledigen. Später gestand er, er habe ungute Vorgefühle gehabt und deshalb die Anreise verzögert.

Pauline schien ihm ferner zu sein als je zuvor. Offenherzig schrieb er seinen russischen Freunden Wassilij Botkin und Nikolai Nekrassow über seine Empfindungen und beklagte sich bitter über sein Unglück. Pauline machte Ausflüchte. Konnte sie es denn dulden, daß die ohnehin böswillige Öffentlichkeit je etwas von dem Interesse erfuhr, das Turgenjew an ihr und ihren Kindern nahm? Oder die Zuneigung, mit der er später Marianne umgab, die bald sich steigernde Liebe zu der kleinen Claudie?

Turgenjew empfindet zwar Hochachtung für die Familienmutter, die ihr Haus vor Geschwätz abschirmt. Aber während der folgenden vier Jahre antwortet sie, wenn sie getrennt sind, kaum auf seine Briefe. Sie zeigt ihm die kalte Schulter. Um Nachrichten über die Viardots zu bekommen, muß er manchmal an Tolstois Schwester Maria in Rußland schreiben. Und in einem solchen Brief steht denn auch, daß Turgenjew dem entsagen will, was man Glück nennt. – »Oder um es deutlicher zu formulieren: auf den Traum vom Glück, der in einem Gefühl der Befriedigung gipfelt, man habe sein Leben gut eingerichtet.« Er hofft auf ein Gefühl, das näher an der Passion liegt. Mit seinen geschriebenen Worten, auch mit den deutschen Bemerkungen am Rande oder am Briefende, will er Pauline seine Liebe deutlich machen. Insgeheim wartet er auf ihren wahnsinnigen Entschluß, das Leben nun doch mit ihm zu teilen, allem zum Trotz und ohne Furcht vor den Menschen, den Kindern, dem Verlust des Ruhmes oder gar des guten Rufes.

Turgenjew schrieb eine Novelle, die er »Faust« benannte, weil der Held, Paul Alexandrowitsch, einer jungen Frau, die er liebt, aus Goethes Werk vorliest. Die Nachschrift des Werks: »Entbehren sollst du, sollst entbehren.« An einem Punkt der Handlung schreibt Paul: »Die Wirklichkeit ist da. Ich sehe sie klar. Vera ist die Frau eines anderen, und sie liebt ihren Mann. Ich weiß, daß ich von meinem unglücklichen Gefühl nur tiefes Leid und Schwächung meiner Kräfte zu erwarten habe. Ich hoffe nichts, und ich will nichts. Aber diese Resignation macht mir das Herz nicht leichter.«

257

Er fühlt sich als kompletter Narr. Aber es gibt nichts Quälenderes als diese Alltäglichkeit ohne Feuer. Pauline dagegen will die häufigen Anreden »Geliebte« und Unterschriften »mit Inbrunst« in seinen Briefen nicht stehen lassen und löscht sie.

*

Kaum ist Turgenjew wieder nach Frankreich gereist, verspürt Tolstoi Sehnsucht nach ihm. Die Trennung scheint das geheimnisvolle Band zwischen den beiden Männern verstärkt zu haben. Dabei hat Turgenjew mit Tolstoi mehr Mißhelligkeiten als etwa mit Dostojewski, der ihm zeitweilig feindlich fernsteht. »Ich wollte mich nicht auf einfache, freundschaftliche Beziehungen beschränken, wollte weiter und tiefer gehen. Aber ich bin dabei unvorsichtig gewesen ...«, heißt es in einem Brief vom März 1856, der sich auf Dostojewski bezieht.

Um ein Jünger Turgenjews zu werden, steht Tolstoi viel zu fest auf eigenen Beinen. Turgenjew hält ihn nie für böse und argwöhnt nicht, er könne einer literarischen Eifersucht fähig sein. Im August 1856 schreibt er an Tolstoi: »Wenn das, was in Ihnen gärt, sich gesetzt haben wird, dann werden wir, dessen bin ich sicher, uns so ungezwungen und heiter die Hand drücken wie an jenem ersten Tage, da ich Ihnen in St. Petersburg begegnete.«

Er hofft, Leo mit diesen Worten zu rühren, verärgert ihn aber nur. Mit welchem Recht, denkt Tolstoi, liest ihm dieser »Europäer« die Leviten? Und was steht im nächsten Brief Turgenjews? »Vieles an Ihnen schokkiert mich, und ich habe es schließlich für richtiger gefunden, mich von Ihnen fern zu halten ... Meine Werke könnten Ihnen gefallen – und sogar einen gewissen Einfluß auf Sie üben, bis zu dem Augenblick, da Sie Sie selbst geworden sind. Ich bin nur der Schriftsteller einer Übergangsepoche und kann lediglich denen nützen, die sich selber in einem Zustand des Übergangs befinden ... Gott gebe, daß sich Ihr Horizont jeden Tag erweitere. An Systeme binden sich nur jene, denen es nicht gelingt, die ganze Wahrheit zu ergreifen. Und die sie am Schwanz fangen wollen. Die Wahrheit ist wie eine Eidechse. Sie läßt einem den Schwanz in Händen und flüchtet, da sie genau weiß, daß ihr sehr schnell ein neuer wachsen wird.« (15. Januar 1857)

*

Pauline war inzwischen nach Warschau abgereist. Turgenjews »Faust« hatte ihr nicht gefallen, und sie hatte es ihm nicht verschwiegen. »Zu meinem grenzenlosen Bedauern«, schreibt Turgenjew an Tolstoi und fährt fort: »Was für alberne Gerüchte werden bei Ihnen verbreitet! Ihr

Mann (Viardot) befindet sich bei bester Gesundheit, und ich bin ebenso weit entfernt von einer Heirat wie zum Beispiel Sie. Doch ich liebe sie mehr denn je und mehr als irgend jemand auf der Welt. Das stimmt.« (15. Januar 1857)

Turgenjew hielt es allein nicht in der Rue de Douai aus und fuhr für zwei Monate nach Berlin, wo er die alten Beziehungen zu Ludwig Pietsch, dem Maler und Illustrator, wieder anknüpfte. Als die beiden sich voneinander verabschiedeten, hatten sie das Gefühl aufrichtiger Freundschaft. Sie wechselten von da an Briefe, in denen auch Nachrichten über das Geschick der Viardots nicht fehlten.

Louis war mit den Kindern in Paris allein geblieben. Unter einen liegengebliebenen Brief Paulines an Turgenjew setzte er das Postskriptum: »Heute habe ich Ihnen nichts weiter zu sagen, als daß ich tief traurig bin. Denn die Seele des Hauses ist fort. Den Kindern, für die ich Mutter spiele, geht es, Gott sei Dank, gut.«

*

Tolstoi befindet sich auf dem Wege zu Turgenjew nach Paris. Am 29. Januar 1857 hat er die Postkutsche bestiegen und ist völlig zerschlagen am 4. Februar in Warschau angekommen. Alle 24 Stunden hat er 250 Werst, also etwa 265 km zurückgelegt. Er schickt ein Telegramm, seine baldige Ankunft anzukündigen. Er hofft, auch Freund Nekrassow wiederzusehen, auf den er sich besonders freut. Dann setzt er seine Reise mit der Eisenbahn fort, fährt durch Berlin, ohne Station zu machen, und betritt am 9. Februar im Gedränge, Rauch und Lärm des Gare du Nord französischen Boden. Jetzt erst bedauert er, keinen Diener mitgenommen und so wenig Freunde in dieser Stadt zu haben.

Gleich nach seiner Ankunft suchen ihn Turgenjew und Nekrassow auf. Aber beide enttäuschen den Neuankömmling. »Turgenjew«, so schreibt Tolstoi nach Rußland, »ist unglaublich empfindlich und schwach. Nekrassow düster.« Nun, eigentlich kein Wunder; ist Turgenjew doch hinter Paulines neuerliche Versuche gekommen, mit Ary Scheffer zu flirten, die ihn erschrecken und verwunden. Tolstoi berichtet: »Er sieht erbarmenswürdig aus ... Ich hätte nie geglaubt, daß er einer solchen Liebe fähig sei«. Auch daß er zusammen mit seiner Tochter in der Rue de Rivoli wohnt, macht Turgenjew nicht gerade fröhlich.

Dennoch will er das Wiedersehen mit dem ungeselligen »Troglodyten« Tolstoi unterhaltsam gestalten. Da man sich mitten im Karneval befindet, schleppt er den von der Reise noch recht müden Leo zum

Pauline Viardot:
Leo Tolstoi (Sammlung Le Cesne)

Maskenball in die Oper. Der murmelt auf der Fahrt immer wieder das Wort »verrückt« vor sich hin.

Leicht könnte Tolstoi mit seinen guten Französischkenntnissen in Familien der französischen Gesellschaft verkehren. Aber er versucht es nicht einmal. Die russische Kolonie genügt ihm. Das Erscheinen der neuen »Seltsamen Geschichten« von Edgar Allan Poe in der Übersetzung von Baudelaire und die allgemeine Erregung über den Prozeß gegen Gustave Flaubert Anfang 1857, in dem sein Roman »Madame Bovary« und seine »Anstößigkeit« zur Debatte stehen – sie berühren ihn nicht. Er kennt nicht einmal ihre Namen. Turgenjew dagegen liest Flauberts Roman mit größter Anteilnahme und wünscht sich, den Autor kennenzulernen.

In Tolstois Augen scheinen die Pariser Frauen nur dazu da zu sein, um die Männer zur Bestialität zu reizen und daran zu hindern, glücklich zu werden. Das beste Beispiel für das Böse, das die Frau einem Mann zufügen kann, bietet ja Iwan Turgenjew selbst ... Von Pauline verschmäht, ist er zum Schatten seiner selbst geworden. Auch verstärkt ein Blasenleiden, das er geduldig behandelt, in Turgenjew das Gefühl, der glänzenden Diva und ungetreuen Freundin physisch unterlegen zu sein. Tolstois Meinung wechselt täglich; Turgenjew – eitel und kleinlich. Angenehm. Glaubt an nichts. Das ist sein Unglück. Er liebt nicht. Er liebt es zu lieben. Langweilig. Kalt und unnütz. In der Kunst klug. Nicht aggressiv. Schuldbewußt. Keine Sympathie für irgend etwas. Alt. Er glaubt an nichts. Weder an die Intelligenz noch an die Menschen – an nichts.

Alles, war Turgenjew liebt, liebt Tolstoi nicht, und umgekehrt. Keiner fühlt sich in Gegenwart des anderen wohl. Es fehlt Tolstoi an Humor und Heiterkeit, und Turgenjew weiß nicht, wo er ihn packen soll. Aber er ist der erste, der ihm applaudiert, ihn bewundert.

Am 27. März 1857 besucht Tolstoi Turgenjew, um sich zu verabschieden. Wieder einmal kann er vor dem Kollegen Wehmut nicht unterdrükken. Wahrscheinlich liebt er nichts so sehr wie Menschen, die er abfällig beurteilt hat. Er murmelt: »Du hast aus mir einen anderen Menschen gemacht und tust es weiter.«

Schon im Juli sieht Turgenjew ihn in Baden-Baden wieder. Was zuvor bereis mit Dostojewski geschehen ist, wiederholt sich auf fast komische Weise: Tolstoi hat seine gesamte Barschaft verspielt. In den leeren Taschen wütet er mit den Fäusten und flucht, daß er nicht noch einmal sein Glück im Roulette versuchen darf. »Alles verloren!« klagt er. »Von lauter Lumpen umgeben! Und der größte bin ich!« Beseligt umarmt er Turgenjew, der ihm sicher aus der Verlegenheit helfen wird. Mag dieser seinem Troglodyten zunächst die Leviten lesen ... Er borgt ihm dann ja doch, was er braucht. Als Turgenjew bald hört, Tolstoi habe sehr schnell alles wieder verspielt, macht er ein trauriges Gesicht, obwohl er es doch aus der Erfahrung mit Dostojewski hätte besser wissen müssen. Mit bittersüßem Lächeln verneigt sich Tolstoi vor seinem Freund: »Wanitschka, du bist reizend! Ich schäme mich vor dir.«

*

Pauline macht damals Station zu einem Konzert in Baden-Baden. Wassilij Botkin, der nahe, etwas aufdringliche Schriftsteller-Freund Turgenjews und philosophierender Teekaufmann, bittet sie, im Salon seines Hotels etwas für ihn zu singen. Auf diese Weise wird sie in Baden ein einziges Mal Zeuge einer Diskussion zwischen Turgenjew und Tolstoi. Tolstoi scheint ängstlich besorgt um seine Schriftstellerkarriere zu sein. Er sieht schon den Tag kommen, an dem ihn die Bewegung seiner jüngeren Kollegen überholen wird. Unfähig, ihnen in einer sozial engagierten Kunst zu folgen, wird er auf das Schreiben gänzlich verzichten müssen. »Gott sei Dank habe ich nicht auf Sie gehört«, fährt er Turgenjew an, »daß ein Schriftsteller nichts als ein Schriftsteller sein müsse. Man darf Literatur nicht als Krückstock benutzten, wie es Walter Scott einmal gesagt hat ...« Turgenjew antwortet: »Wenn ich mir auch den Kopf zerbreche, was Sie sind, wenn nicht Schriftsteller, so komme ich doch nicht dahinter. Ein Philosoph? Gründer einer neuen Religion? Beamter? Natürlich scherze ich. Aber ich möchte, daß Sie endlich mit vollen Segeln in See stechen ...« Tolstoi darauf: »Finden Sie es nach einem so grausamen Krieg und einer demütigenden Niederlage nicht ganz natürlich, wenn das Publikum in Romanen die Laster der russischen Gesellschaft angeprangert sehen möchte?« Turgenjew konnte nur antworten: »Dennoch nehme ich es Ihnen übel, daß Sie sich vom Geschrei der Leute haben beirren lassen. Die Möglichkeiten der Dichtung, des Kunstwerks überhaupt, leugnen diese Leute nur, weil sie selbst unfähig sind, sie in sich zu spüren.« Tolstoi, so scheint es Pauline, bleibt unentschlossen: Einerseits begeistert er sich für die Freilassung der Leibeigenen. Andererseits glaubt er, der reinen Ästhetik dienen zu müssen, und befürchtet, der neue Roman könne zur Waffe politischer Propaganda werden.

*

Pauline verstand nicht, weshalb Turgenjew zeitweilig nach London auswich, daß Eifersucht und Bindungsangst ihn zugleich verjagten. Etwas unpersönlich berichtete er in seinen Briefen über Neuigkeiten des Tages aus der Themsestadt.

Pauline antwortete auf seine Briefe nicht. Ihr Sohn Paul kam im Juli zur Welt. Turgenjew setzte seine »Tagebuch«-Notizen einfach fort: »Das wichtigste London-Erlebnis war sicher der Besuch bei der Familie Nightingale. Ich fuhr drei Stunden bis zum Embley-Park in der Grafschaft Wiltshire bei Salisbury. Ein großartiger Park mit riesigen Bäumen. Im Schloß fand ich eine vielköpfige Gesellschaft versammelt, leider ohne Miss Florence Nightingale, die sich in London aufhielt. (Er meinte jene aufopfernde junge Frau, die im Krimkrieg als Krankenschwester gedient hatte. Diese Menschenfreundin gründete in Bordeaux eine Schule für Kriegsopfer, die immer noch existiert. 1862 kam ihr Buch »Krankenpflege, was zu tun und was zu vermeiden ist« heraus.) Nach einem langweiligen Essen belebte es sich gegen Abend. Eine Dame sang mit sehr unangenehmer, kleiner Stimme häßliche englische Nichtigkeiten. Die Herren sangen mit Papageienstimme den Refrain dazu. Sonst waren sie aber sehr liebenswürdig und überschütteten mich mit Einladungen; ich bedankte mich, so gut ich konnte, und machte in jedem Satz grammatikalische Fehler. Ich schlief ganz ausgezeichnet in einem Riesenbett. Am nächsten Morgen war Sonntag, und wir machten eine Exkursion in die Kathedrale von Salisbury, eine der schönsten, die ich gesehen habe, von bewundernswert klaren Linien. Der Gottesdienst zog sich hin, die Predigt noch mehr, von einem clergyman ohne Haare in weinerlichem Ton vorgetragen. Wieder im Schloß wurde beim Diner – nicht gesungen, sondern Konversation gemacht. Abends um zehn fanden family prayers im Salon statt, beim Schein einer Kerze. Die Domestiken alle dabei. Während die Hausherrin ein glühendes Gebet sprach, kniete ich mich mit den andern hin und drehte das Gesicht vorsorglich zur Wand. Die Stimme der würdigen, alten Dame verursachte bei mir eine gewisse Rührung. Ich teile das religiöse Gefühl der Angelsachsen keineswegs, aber es war unmöglich, nicht davon angerührt zu werden. . . . Manuel führte mich in seinen Club, wo wir dinierten. Er hat immer noch das impulsive, ungeduldig charmante Wesen. Dort lernte ich auch Charles Hallé kennen, einen fähigen Pianisten aus Deutschland, der für einen Künstler zu temperamentlos ist. . . . Dann war ich zu Gast in einer Unterhaus-Sitzung. Die gänzliche Abwesenheit alles Theatralischen, alles Inszenierten frappierte mich. Als Speaker fungierte Premierminister

Lord Palmerston, das Gesicht halb von seiner Perücke verdeckt. Sein Hut rutschte ihm bis auf die Nase, und er wachte aus seinem Schlummer nur auf, um einige Worte zu antworten, die man nicht verstand, so unfeierlich wurden sie hingesagt. Der Eindruck war dennoch großartig. Es war zu fühlen, daß hier das Herz eines Riesenreiches schlägt und daß es von Dauer ist. Zwar war die Diskussion an diesem Tag nicht gerade interessant, aber ich habe so ziemlich alle ›Löwen‹ gesehen. An einem anderen Tag saß ich im Oberhaus, eingeführt von Mr. Shaw-Lefèvre, fast ganz unten sitzend. Für wenige Augenblicke trat Benjamin Disraeli ein, mit zugleich geistvoller und eitler Miene, mit den Manieren eines führenden Tenors oder Modeschöpfers.« (Juli 1857 an Pauline)

Hatte Turgenjew bei all seiner Postbedürftigkeit vergessen, daß Pauline hochschwanger mit Paul war? Die Nachricht von ihrer Niederkunft belebte ihn. Pauline erinnert sich der Worte, mit denen Turgenjew in seinem Brief die Geburt begrüßte: »Ypa! Lebehoch! Vivat! Evviva! Vive le petit Paul!«

*

Turgenjew folgte Botkins Bitten, ihn nach Italien zu begleiten. Nach nur kurzem Treffen in Courtavenel schloß sich der Dichter seinem russischen Kollegen an und ließ das Jagen Jagen sein.

Es ging ihm nicht allzu gut. Eine Kur in Sinzig am Rhein vor einem halben Jahr hatte nicht angeschlagen. Turgenjew hatte damals allerdings hauptsächlich nach einem Vorwand gesucht, endlich allein zu sein, um die Erzählung »Asja« zuende zu bringen. Der Zustand seiner Unentschlossenheit und der Zauber der rheinischen Landschaft spielen mit in »Asja«, der Geschichte eines jungen, schwärmerischen Idealisten, der nicht mutig genug oder aber zu vernünftig ist, die ihm dargebotene Gunst des jungen Mädchens Asja anzunehmen. Eine Variante des Onegin-Tatjana-Stoffs von Puschkin, hier aber beschwingter, durch das Landschaftserlebnis und Turgenjews eigene unglückliche Liebeserfahrung spezifisch gefärbt.

Fast alle Liebesepisoden in den Erzählungen Turgenjews sind zum Scheitern verurteilt. Die Liebe erweist sich als ein Mißverständnis. Junge Frauen aus niedrigen sozialen Schichten werden durch junge Adlige getäuscht und in ihren Hoffnungen auf eheliches Glück betrogen. Häufiger noch liegt die Ursache für das Scheitern der Beziehungen in den charakterlichen Unzulänglichkeiten des liebenden Helden. Entweder ist er zu schüchtern und unentschlossen, oder er wird sich, wie in »Asja«, seiner Gefühle zu spät bewußt. Besonders oft fühlt er sich im entscheidenden Moment dem Gefühl und Liebesanspruch der Frau nicht gewachsen – und reist ab. Die Liebe stellt sich als Prüfstein moralischer und intellektueller Integrität dar.

*

Turgenjew und Botkin fahren nach Livorno und Civita Vecchia. In Genua sehen sie begeistert schöne Menschen. Turgenjew kann seine Augen nicht von einem jungen, barfüßigen Mädchen lassen, das einen alten Mann über die Straße führt. Es kommt ihm vor, als habe er nie etwas Reizenderes gesehen. – Im Palais Balbi entdeckt er das Original eines Gemäldes von Ribera, dessen Replik Louis Viardot besitzt.

Turgenjew begab sich nach Wien, um einen namhaften Arzt seiner ständigen Anfälligkeit wegen zu konsultieren. Dann fuhr er nach Dresden, um den Schriftstellerfreund Pawel Annenkow zu sehen. Im April 1858 traf er Pauline in Leipzig und hielt sich ein paar Tage lang dort auf, um sie in der Oper zu hören, die wenigen Stunden, während derer er vor dem Frühherbst 1858 in ihrer Nähe war. Konnte er daran zweifeln, daß er seit einigen Monaten einen Rivalen in der Freundschaft zu Pauline hatte? Es handelt sich um Julius Rietz, an den sie vom Jahresbeginn 1858 an interessante Briefe schrieb. Kein Mann von Genie, aber ein tüchtiger Musiker, der – hauptsächlich als Dirigent – eine Kariere ohne Aufsehen zustande brachte. Mendelssohn hatte den 1812 Geborenen als zweiten Orchesterchef nach Düsseldorf gerufen, von wo er 1847 als Gewandhauskapellmeister nach Leipzig gegangen war. Wie konnte dieser Rietz, der weder durch Eleganz noch durch besonders gute Manieren bestach, Pauline so plötzlich und lebhaft anziehen? Aus Weimar schrieb sie an Rietz, als sie sich eben kennengelernt hatten: »Sie wirken auf mich wie ein Adoptivkind meines Herzens, für das ich neben großer Zärtlichkeit fast mütterlich empfinde ... Sie, so gut, Sie, der Sie in sich alle Herzens- und Geistesqualitäten ausgebildet haben ... machen sich mit Beharrlichkeit unglücklich.« Die Korrespondenz zwischen den beiden war von Anfang an etwas einseitig. (Von den hundert Briefen Paulines an Rietz wurden nur wenige, pietätvolle Auszüge 1919 veröffentlicht.)

Nach dem ersten gemeinsamen Konzert im Gewandhaus bekam Louis Viardot die Nachricht von Pauline: »Welch herrliches Orchester, oder vielmehr welch großartiger Dirigent! Rietz ist ein charmanter Mann. Wir wurden gleich gute Freunde. Ich eroberte ihn schon zu Beginn, indem ich ihm sagte, wie wenig ich ein ritardando auf der vorletzten Note einer Melodie schätze.« (Februar 1858)

*

Louis Viardot hatte als Republikaner viel gegen die Herrschenden in Paris einzuwenden. Er scheute jede Verbindung zu den Kreisen um Napoleon III. Denn nichts ließ sich mehr ohne deren Protektion bewerkstelligen. Wer aber darum bettelte, hatte für die Gunst mit dem Verlust der Ehre und inneren Freiheit zu zahlen, Werte, die den Viardots teuer waren und die sie verteidigen würden, solange ihnen Herz und Verstand blieb.

Turgenjew schloß aus der völligen Übereinstimmung der Viardots in diesem Punkt, und sicher nicht ganz zu Unrecht, daß Pauline Louis, den »General«, für sich denken, ihn entscheiden, ihre Geldangelegenheiten erledigen ließ. Sie lebte auf seine Organisation hin. Und gerade sie – so sah es Turgenjew – war doch mit einem nur sich selbst verpflichteten, umsichtigen Geist begabt. Wie kam es, fragte er sich später oft, daß sie erst so spät, nach zugespitzten Ereignissen um den Tod Scheffers, zu sich selbst und in gewissem Sinn auch zu ihm, Turgenjew, fand?

Als die Herren von Courtavenel und ihr häufiger Gast in jenem Spätsommer 1858 nach Argenteuil zu Scheffer eingeladen wurden, um an der Jagd teilzunehmen, erschien es zunächst als eine ganz harmlose Freundschaftsgeste. Jeder erhielt seine Einladungskarte und dachte sich nichts Besonderes dabei.

Ary Scheffer bemühte sich noch immer und seit einiger Zeit intensiver um Pauline, obgleich sie erst vor kurzer Zeit den kleinen Paul zur Welt gebracht hatte. Er war als Werbender erfolgreich, denn Pauline willigte so hastig in den neuerlichen Flirt wie damals. Ebenso schnell floh sie ihn jetzt.

Louis selbst hatte den Anstoß zur neuerlichen Annäherung gegeben, als er mehrere Artikel über Arys Werk schrieb, speziell über Bilder des Malers, die von der romantischen Literatur inspiriert waren. Noch als halbes Kind hatte Pauline in Scheffers Atelier Modell gestanden für eines seiner Gemälde zu Goethes »Faust«. Bei jener Gelegenheit hatte er ein wirklich gutes Porträt von ihr gemalt. Dann ließ Scheffer der »Faust«-Stoff, neben Bildern zu Scott, Schiller oder Shakespeare, nicht mehr los. Immer wieder tauchte Paulines (schmeichelhaft verschöntes) Gesicht und ihre typische, leicht geneigte Kopfhaltung in diesen Bildern auf. Selbst auf anderen, etwa der Musik gewidmeten Gemälden figuriert sie – neben George Sand – wie eine mehrmals wiederkehrende »Schablone«. Während der Malsitzungen konnten sich die Modelle, aber auch die Scheffer immer willkommenen Gäste am Spiel großer Komponisten, früher Chopin und Rossini, später Liszt und Gounod erfreuen, die als alte Freunde regelmäßig erschienen, um Scheffers Arbeit die notwendige

Klangfolie zu geben. Alle vier Komponisten hatte Pauline eingeführt oder empfohlen.

Seit dem Tod seines nahen Freundes, des Herzogs von Orléans, hatte Scheffer aufgehört, sich politisch zu engagieren. Lediglich seinen Posten als Hauptmann der Nationalgarde behielt er bei. Scheffer war es, der 1848 den raschen Aufbruch der königlichen Familie nach England organisierte. Sein Studienkamerad, der Maler Géricault, hatte ihm dabei geholfen. Bald darauf zeichnete er sich auf den Barrikaden der Juni-Tage aus, diesmal freilich auf seiten der neugewählten Nationalversammlung. Es sollte ihm dafür das Kreuz der Ehrenlegion angeheftet werden. Aber der Maler hatte abgelehnt, da es sich nicht um eine Auszeichnung für künstlerische Verdienste handelte. Seitdem war Scheffer, der sich aus dem öffentlichen Leben weitgehend zurückgezogen hatte, ruhelos gereist.

Als der abgesetzte Louis-Philippe 1850 starb, besuchte Ary Scheffer die exilierte Familie und verliebte sich in die Witwe eines nahen Freundes des Ex-Königs, um sie bald darauf zu heiraten. Diese Frau ließ den Pariser Junggesellen-Haushalt zu einem Heim und zum Mittelpunkt des gesellschaftlichen Lebens werden und bescherte dem an Schicksalsschlägen reichen Leben des Malers eine kurze Zeit des Glücks. Diese Frau starb schon 1856, und nicht nur Pauline machte sich sorgenvolle Gedanken um den Mann, der schon immer herzkrank war und überdies zum Trinken neigte.

Viardot war Scheffer verbunden, weil er sein handwerkliches und künstlerisches Können verehrte. Scheffers Talent war umstritten – als Schüler Ingres und Wegbereiter der französischen Abart der »Nazarener« sah er sich vor allem der Kritik Baudelaires ausgesetzt. Dieser hatte über Ary Scheffers Bilder ausgesprochen, was Pauline heimlich selbst empfand: Dem Betrachter sei zumute, als »beobachte er einen Tänzer, der mathematische Figuren ausführt«. Und dann folgte das Bestürzendste: »Eine einfache Methode, den Rang eines Künstlers einzuschätzen, ist es, sein Publikum zu untersuchen. Delacroix hat die Maler und Poeten für sich. M. Ary Scheffer jene aesthetischen Ladies, die sich für den Fluch ihres Geschlechts rächen, indem sie in religiöse Musik eintauchen. « Das spielte auf den geistlichen Inhalt vieler Werke Scheffers an und – auf Pauline, die Baudelaire bei Gesängen von Liszt und Berlioz »ertappt« hatte, Gesänge, die er haßte und öffentlich beschimpft hatte.

Ary Scheffer traf ein Schicksalsschlag nach dem anderen. Kurz vor seiner Frau war sein Bruder Arnold gestorben, auf dessen Rat und Hilfe er stets hatte bauen können. Im gleichen Jahr 1853 war auch der beste Freund Thierry dahingegangen. Daß er nun wieder zu trinken anfing, wurde noch durch den Umstand verschlimmert, daß auch sein enger Verbündeter, der Dichter Béranger, starb. Und im Frühjahr 1858 hatte Scheffers letzter Besuch in England der Beisetzung von Prinzessin Marie-Amélie gegolten, die er abgöttisch verehrte und wundervoll porträtiert hat.

Turgenjews Freundschaft zu Scheffer hatte durchaus einen masochistischen Zug. Die beiden pflegten ein seltsames Freund-Feind-Verhältnis. Dazu gehörte, daß sie grundsätzlich kamen, wenn sie zusammen eingeladen waren. Traf man sich bei Scheffer, womöglich mit Paulines Kindern, so ging es hoch her. Turgenjew sprach dem Alkohol bei solchen Anlässen mehr als gewöhnlich zu. Kam Viardot mit, so bildeten die drei Männer einen recht überschwenglichen Freundschaftsbund, der jeden Außenstehenden zur Verzweiflung brachte. Arys Tochter Cornélie war häufig anwesend. Vor siebzehn Jahren von einer Unbekannten außerehelich geboren, war sie von Arys Mutter sieben Jahre lang geheimgehalten worden. Sie muß Turgenjew wohl an seinen eigenen »Sündenfall« erinnert haben, denn er verstand sich mit dem Mädchen sehr gut.

Aus dem einstigen Muttersöhnchen Ary war mittlerweile ein Enttäuschter, ein Entbehrender geworden. Ruhm und Geld bedeuteten ihm wenig; im »Salon« hatte er seit 1846 nichts mehr ausgestellt. Er suchte um jeden Preis Gesellschaft, konnte nicht allein sein. Zuletzt diente ein Besuch fast nur noch dazu, ihm beim Trinken Gesellschaft zu leisten.

*

Scheffers Einladungskarte also fordert Viardots und Turgenjew – fein vorgedruckt – auf, sie möchten für die Jagd in sein Landschlößchen, den »Pavillon Roquelaure« kommen, das bei Argenteuil liegt und soeben gründlich renoviert worden ist. Den Ort haben die impressionistischen Maler noch nicht »entdeckt«. Turgenjew hat gerade seine Leibeigenen in Spaskoje zu freien Menschen gemacht und ist zurückgekehrt.

»Als wir uns alle für diese Reise versammeln«, so geht es Pauline während einer der zahlreichen Reden beim Bankett von 1905 wieder quälend genau durch den Kopf, »sind wir fröhlicherer Stimmung als beim letzten Treffen. Wir sehen ein Abenteuer darin, nach viel Zimmerluft von freier Natur umgeben zu sein. Es dürfte auch opulent zugehen in

Arys Haus. Seine offiziellen Auftragsarbeiten haben ihm im Lauf der Jahre ein Vermögen eingebracht. Das Landschlößchen hat er erworben, um von dort aus dem Jagen nachgehen zu können. Die Hinfahrt geschieht an einem Sonnentag 1858, der das erste Herbstlaub in zarten Tönen leuchten läßt. Unerwartet ist auch Carl von Banier mit von der Partie; Scheffer hat an ihm Gefallen gefunden, als er beim Wiederaufbau des verfallenen Besitzes in Argenteuil half. Louis scheint besorgt, mich der Begehrlichkeit von gleich drei alleinstehenden Herren auszusetzen. Vielleicht hatte er recht. Aber Turgenjew bekam nun Gelegenheit, bei der Abfahrt vom Bahnhof Argenteuil in einem Pferdewagen zu sticheln: ›Da hat also der General einmal seinen Willen nicht aufdiktieren können!‹ Ich fiel ironisch ein: ›Stimmt es etwa nicht, Luigi, daß Du immer für mich denkst, entscheidest und mein Leben leitest?‹ Sofort spöttelte Turgenjew: ›Und Madame möchte doch gerne ein freier Mensch sein und ihre Selbständigkeit unter Beweis stellen.‹ Und dabei ist ein schmerzlicher Unterton nicht zu überhören. Louis wehrt sich: ›Eben habe ich noch die Kinder betreut, mich von ihnen in Atem halten lassen.‹ Turgenjew heizt an: ›Cher Luigi, das ist Ihr eigener Fehler. Sie klemmen sich hinter irgendeine wissenschaftliche Arbeit, sitzen die meiste Zeit am Schreibtisch und lassen die Kinder im Grunde doch allein. Und wundern sich dann, daß es an Gesellschaft fehlt, wenn Ihnen danach zumute ist . . .‹«

*

Paulines Erinnerung an diese Tage ist ihr immer lebendig geblieben: Der Kutscher hält in einem Dorf und läßt seine Fahrgäste aussteigen. Etwas mürrisch weist er auf einen Hofeingang und raunzt: »Dort hinein, es stehen Pferde für Sie bereit. Der Patron hat gemeint, so können Sie gleich den Tiertransport besorgen.«

Tatsächlich warten drei bildschöne Pferde im Schatten eines vorspringenden Stalldaches. Wir drei schwingen uns – in unterschiedlichem Tempo und Temperament – auf ihre Rücken, Turgenjew weitaus am ungeschicktesten. Da uns der Kutscher hat stehen lassen, eilt ein Stalldiener herbei, um ihm zu helfen.

Als die beiden Herren eben erst Anstalten machen, ihre Pferde in Bewegung zu setzen, bin ich schon weit aus dem Tor. Der Bursche ruft uns nach: »Sie sehen das Haus gleich hinter der Anhöhe. Ihr Gepäck bringe ich nach.« In der Einfahrt von Roquelaure bin ich vom Pferd gesprungen, als ich eine geisterhafte Gestalt hinter der Glasscheibe der Haustür ausmache. Es ist Scheffer, der tatsächlich so mitgenommen

aussieht, wie er mir beschrieben worden ist. Die ehemals schöne Regelmäßigkeit seiner Züge wirkt unordentlich verwischt. Die Augen blicken
müde. Das spitze Kinn trägt ein ungewohntes, schütteres Bärtchen. Der
Mann ist sichtlich von Herzkrankheit, Alkoholismus und Lebensenttäu-
schung gezeichnet. Es rührt mich, wie er sich müht, seine Miene aufzu-
hellen, als er heraustritt, um seine Gäste zu begrüßen. Plötzlich sehe ich
Banier, der aus dem Dunkel hinter Scheffer hervortritt. Scheffer will ihn
vorstellen, als er sieht, daß Banier Turgenjew die Hand als einem längst
Bekannten entgegenstreckt.

Das Gepäck ist verstaut, als es hinter dem wieder weiß und einladend
hergerichteten Haus einen Moment des Verschnaufens gibt. Die leicht
bewegte Oberfläche eines Teichs fächert den Schein der Abendsonne.
Um der Peinlichkeit des Wiederbegegnens auszuweichen, habe ich das
Umziehen ein wenig hinausgezögert. Dann setze ich mich schweigsam
etwas abseis von den Herren.

Scheffer klagt über vieles, vor allem über seine Gesundheit. Noch
gestern sei er beim Arzt gewesen, der ihm einen nicht zu fernen Tod mit
Sicherheit vorausgesagt habe. »Nur, wenn ich mit dem Trinken aufhöre,
gäbe es noch eine kleine Chance, den Schluß etwas hinauszuzögern.« Ich
bin nicht in der Stimmung, mir ein derartiges Lamento anzuhören,
erhebe mich und wandele ein wenig um das Wasser herum, das plötzlich
ganz ruhig liegt. In der Ferne läßt sich ein Gewitter hören.

Unverhüllt richten die vier Herren ihre Blicke auf mich und verlieren
sich in der Betrachtung meiner Schlankheit und meines Ganges. Als sie
merken, wie lächerlich sie alle schweigend in die gleiche Richtung
stieren, löst sich die Gruppe rasch und verlegen auf.

Ich werfe einen flüchtigen Seitenblick hinüber und sehe, wie der erste
Gewitterwind den Herren durch die Haare fährt. Wir ziehen uns ins Haus
zurück. Das Unwetter bricht los. Viel wird nicht mehr gesprochen.
Turgenjew geht umher und betrachtet, seinen Kneifer immer wieder auf-
und absetzend, die Bilder an den Wänden. Wie er später verrät, kontra-
stieren die schlechten Gemälde des Hausherrn zu den viel besseren
befreundeter Maler, darunter auch einigen Studien von Eugène Delacroix.

Auf einem Tableau Scheffers, das offensichtlich als Vorstudie zu einem
späteren, größeren Bild gemeint ist, entdeckt er eine Figur, die George
Sand ähnelt. »Hat sie Ihnen Modell gestanden?« Auf die Frage Turgenjews antwortet Scheffer überdrüssig: »Ich brauche nur an sie zu denken,
dann sehe ich die Umrisse vor mir. Manchmal frage ich mich, weshalb

ich mich nicht nur an Porträts gehalten habe. Das ist so viel einfacher als die ewigen Vorstudien zu den Figurenbildern.«

Ich muß ihm rechtgeben, während ich eine ganze Reihe gleichartiger Zeichnungen für eine diagonal entworfene Komposition betrachte, die mit »Les Femmes souliotes« bezeichnet sind. Eine Gruppe gefangener Frauen fürchtet sich vor dem Herannahen einer gierigen männlichen Meute. Bewegt und farbig ein Aquarell im Stil Delacroix', dann wieder bleich farblos, ähnlich dem »Floß der Medusa« von Géricault, dann wieder genau gezeichnete Porträts einzelner Gesichter . . . eine Kette von Anstrengungen, so schien es mir.

Es hat seit fast zwei Monaten nicht geregnet. Jetzt gießt es sturzbachartig, auch noch am nächsten Tag. An Jagd ist nicht zu denken, aber der Hausherr besteht darauf, vorbereitend mit seinen Gästen einen Blick in die alte Jagdhütte zu werfen. Alle packen wir uns in regenfeste Sachen und stapfen der nicht weit entfernten Örtlichkeit entgegen. Ich soll in zwei Wochen meinen nächsten Konzertauftritt haben und zögere mitzugehen. Aber ausgerechnet der sonst so um meine Gesundheit besorgte Turgenjew hört nicht auf, mich zum Mitkommen zu bereden. In der holzduftenden Hütte angekommen, machen sich die Herren über die mitgebrachten Essenkörbe her, die der Diener getragen hat. Banier empfiehlt sich wenig, wie er da gierig und hastig sein Essen hinunterschlingt. Etwas wie Neid auf solcherlei Eßlust ist in Scheffers Augen zu sehen. Turgenjew facht gerade ein Feuer im Kamin an, als ich den Schirm ausschüttele und die naß gewordenen Kleid- und Mantelränder vor dem Feuer hin und her bewege. Über den ungeschickt Brotkrümel verstreuenden Banier muß ich lachen und begegne dabei Turgenjews sehr zärtlichen Augen. Fast gleichzeitig sagt Louis: »Mein nasses Spätzchen!«

Unbewußt transponiere ich diese Worte in Turgenjews Mund. Der Wind stößt eines der kleinen Fenster auf. Meine und Turgenjews Hände fassen gleichzeitig nach dem Griff. Als ich meine Innenhand leicht gestreichelt fühle, blitzt und donnert es draußen melodramatisch. Ich rufe ganz laut und unsinnig. »Ich glaube, mich tötet noch einmal der Blitz!« Woraufhin sich Banier aufgeregt verabschiedet, seinen Schirm aufspannt und wie ein Geist im Regen verschwindet.

Das Ehepaar in der Souterrain-Küche hat immerhin ein für die bisherige Unbill entschädigendes Festessen vorbereitet. Turgenjew trinkt eindeutig zu viel. Banier schlingt die Bissen hinunter, anscheinend ohne satt werden zu können. Louis freut sich unbändig, daß der Hausherr ein paar Dorfmusikanten bestellt hat, die auf russische Manier schon während des Essens uns zu divertieren beginnen. Da die Musikanten auch etwas Spanisches intonieren, lasse ich mich dazu hinreißen, zur Begleitung der Instrumente zu singen. Dann tanze ich mit Turgenjew, muß aber den bereits etwas Angetrunkenen führen. Scheffer folgt uns mit den Augen, steht dann mühsam auf und tänzelt solo hinter uns her.

Plötzlich sackt er zusammen, wird sofort von Diener und Köchin gehalten, die so etwas schon gewöhnt zu sein scheinen. »Meine Tropfen sind im Schlafzimmer«, röchelt er mir zu. Ich finde das Fläschchen schnell. An jenem Abend fallen wir alle rasch in bleiernen Schlaf.

*

Als ich am andern Morgen feststelle, daß Turgenjew weiter trinkt, entziehe ich mich der Runde und bleibe auf dem Zimmer. Ich höre gerade noch Louis' Stimme, der zu Turgenjew sagt: »Nimm Vernunft an, lieber Moskowiter!« Banier hockt irgendwo im Nebenzimmer.

Die Wolken stürmen nach der Regennacht draußen eilig vorüber. In meinem Zimmer mache ich mir Vorwürfe, mitgekommen zu sein. »Was soll all der Schmerz und Lust?« – Goethes Worte gehen mir immer wieder quälend durch den Kopf. Turgenjew leidet, und das tut mir weh.

Abends ist es bereits wieder so warm, daß die Musikanten auf der Terrasse spielen können. Banier greift wie automatisch nach einer der Geigen, um etwas mitzufiedeln. Scheffer und Turgenjew machen sich ein drittes Mal volltrunken, zu meiner Verzweiflung. Als Turgenjew sich anschickt, nach Geld für die Musikanten in seinen Taschen zu graben, lallt Scheffer beleidigt: »Ich bin müde, ich gehe!«

Am nächsten Morgen sehe ich Turgenjew die Treppe in der Eingangshalle herunterkommen. Etwas erstaunt betrachtet er Banier, der steif und giftigen Blicks auf den untersten Stufen hockt. Als der Dichter vorbeigeht, läuft ihm Scheffers Lieblingshund vor die Füße. Turgenjew fängt an, mit dem Tier zu spielen. Scheffer selbst steht kurze Zeit darauf in der Salontür und starrt mich so lange an, daß ich fliehe.

Ich treffe Turgenjew auf dem Marktplatz des Dörfchens wieder. Als ich eben einem Bettler etwas Geld gebe, kommt er auf mich zu. Er hat sich hierher fahren lassen, um bessere Zigarren zu bekommen, als sie ihm bis jetzt geboten worden sind. Mit strahlendem Gesicht ruft er: »Was für eine Erscheinung!« Ich gebe ihm einen Kuß auf die Wange und versuche zu scherzen: »Das schmeckt etwas sauer, ist aber gesund ...« Er begleitet mich zum Wagen.

Bei der Mittagstafel im ovalen Zimmer sitzt er neben mir. Es bemächtigt sich meiner eine unbestimmte Nervosität, auch Verzweiflung über das fortwährende Hin-und-Her-Gerissensein. Louis hat sich erhoben, um einen Dankestoast auf den Gastgeber auszubringen. Als die Gläser erklingen, hält es mich nicht länger. Ich weiß, daß mein Verhalten einem Eklat gleichkommt. Und doch renne ich aus dem Zimmer, öffne im Nebenraum eine Tür, die in den Garten führt, und umarme völlig außer mir den Stamm einer alten Birke, presse meine Stirn gegen die Rinde. Als ich laut weine: »Warum? Warum?«, spüre ich Turgenjew hinter mir.

Ich drehe mich um, umarme ihn und küsse ihn über das ganze Gesicht. Bestürzt wehrt er ab: »Nicht hier . . .« Jetzt erst wird mir klar, daß die anderen alles mit angesehen haben. Zu sehen ist allerdings nur Carl von Banier, der mit starrem Blick in der Terrassentür steht. Turgenjew geht auf ihn zu und herrscht ihn wie einen Untergebenen an: »Was wollen Sie? Verschwinden Sie. Sie haben einen Auftrag.« Ich erschrecke vor dem plötzlichen Wandel in Turgenjews Gesichtsausdruck, der sogleich wieder liebenswürdig wird, als er mich bei der Hand nimmt und zu den um den Tisch Stehenden sagt: »Hier bringe ich Ihnen Madame Viardot zurück.« Noch als später Walzer getanzt wird, laufen mir Tränen die Wangen herunter, während Scheffers Blick unentwegt an mir klebt.

*

Anderntags strahlt die Sonne, und für die Herren ist die lang ersehnte Stunde des Aufbruchs zur Jagd da, mit Hunden, Pferden und Jagdgerät. Zwei Burschen aus dem Dorf stoßen als Helfer dazu. Ich reite zwar mit, aber ich habe das Jagen nie mehr als an diesem Morgen gehaßt. Mein Tier lasse ich in der hübschen Gegend umherstreifen, zunächst eine Weile an der Seine entlang, wo mir bewundernde Blicke von Passanten folgen. Mein weißes Bolero-Jäckchen über dem schwarzen Reitkleid steht mir. Weit abseits höre ich Schüsse verhallen. Die Mahlzeit, die für den Mittag angesagt ist, will ich nicht mit den anderen teilen. Zu sehr bin ich aufgerührt.

Als ich während der zweiten Schießpause unfreiwillig in die Nähe der anderen gerate, halte ich mich abseits. Ich lasse mein Pferd lange zwischen Hecken weitertrotten, die den Rain zuseiten des Weges begrenzen. Innig genieße ich das Alleinsein. Die sanfte Bewegung des Pferderückens unter mir erinnert mich an den Rhythmus einer musikalischen Passage, die ich gerade wieder aufzufrischen habe. So tue ich, was ich meistens bei Bewegung im Freien tue: Ich memoriere. Der Boden ist vom nächtlichen Guß noch naß und lädt nicht gerade zum Spaziergang ein. Dennoch ziehe ich es vor, den Hengst an einen Baum zu binden und selber kräftig auszuschreiten.

In eine Gesangsphrase versunken, schrecke ich auf. Ich sehe Scheffer, der wie aus dem Boden gewachsen vor mir steht. Sein Zustand ist jammervoll! Seine Augen gleichen denen eines ausgehungerten Tieres. Dumme Schuldgefühle durchfahren mich, als wäre ich der Grund für all das Unglück gewesen, das ihn in den letzten Jahren getroffen hat. Er gleicht in nichts dem Mann, mit dem ich noch vor Wochen leichtsinnig und freundschaftlich verkehrte. Aus der Stille löst sich seine rauhe Stimme, leicht lallend: »Irgendetwas, irgendetwas gibt mir Hoffnung, Sie werden sich anders zu mir verhalten. Sie sind stärker und tatkräftiger als die Frauen, denen ich bisher begegnete. Sie lassen mich etwas spüren, auf das ich schon nicht mehr gehofft habe. Früher war ich naiv. Jetzt macht mich Eifersucht wahnsinnig. Strafen Sie mich nicht für das, was ich erlitten habe.«

Unversehens geht er auf mich zu und packt mich bei den Schultern. Seine vollen Lippen stehen offen. Seine weichen Züge verändern sich zur Fratze. Das nehme ich gerade noch wahr. Ich will schreien. Er preßt seine linke Hand so gewaltsam auf meinen Mund, daß es schmerzt. Dann fühle ich mich rückwärts gegen den Leib seines Pferdes gedrängt. Aus der Satteltasche glänzt ein Gewehrkolben. Ich kann, während er mit mir ringt, meine Augen nicht davon lassen. Aus dem nach Fusel riechenden Mund über mir kommen nur noch röchelnde, unartikulierte Laute. Plötzlich weicht das Pferd einen Schritt zur Seite. Mein Fuß gleitet auf dem Grund aus. Ich falle nach hinten und nehme noch wahr, daß auch Scheffer schwer zu Boden fällt. Dann ist alles schwarz.

*

»Habe ich das Gewehr aus der Tasche gezogen? Ist nicht im Augenblick vor meiner Ohnmacht Banier zwischen Baumstämmen zu sehen gewesen? Weshalb ist Scheffer gestürzt? Was ist wirklich geschehen?«

Diese Fragen stürmten durch Paulines dumpfes Hirn, als sie bereits eine Weile wach war. Sie lag im Bett. Es war morgens. Ihr zu Füßen saß Turgenjew, anscheinend ratlos. Von unten hörte sie Stimmen heraufklingen. Einige Augenblicke später erst sah sie, daß eine Krankenschwester am Kopfende ihres Bettes saß, die ihr etwas Trinkbares in den Mund zu schütten versuchte, was sie mit merkwürdig schwerer Hand abwehrte. Es war etwas vorgefallen, woran sie sich kaum mehr erinnern konnte. Selbst das Wo und Wann war ihr nicht deutlich.

Sie war froh, noch am Leben zu sein. Den Platz der Krankenschwester nahm jetzt Louis ein. Die Sonne schien noch immer ins Zimmer. »Gott sei Dank hast du den Schock gut überstanden«, sagte Louis etwas pathetisch. Turgenjew fuhr herum und setzte sich auf ihre Bettdecke. »Können Sie sich erinnern? Was ist geschehen?« »Irgendetwas war mit Scheffer . . .«, flüsterte sie. Dann sah sie Turgenjew in Louis' Ohr flüstern. Was verschwiegen sie ihr? Die Männerstimmen aus dem Vestibül waren noch immer zu hören. »Das sind Polizeibeamte«, sagte Louis. »Es ist eine große Befragung im Gange. Wir wollen versuchen, sie dir vom Leibe zu halten.« »Was wollen sie wissen?« »Wir fanden dich gestern.« (So lange war sie schon hier?) Du lagst am Wege wie tot. Wir haben dich auf deinem Pferd hierher transportiert. Die Jagdhelfer hatten kurz zuvor nicht weit davon Ary Scheffer – tot aufgefunden.« »Weiß man, wie er . . .?« »Das Herz«, wollte Louis sie rasch beruhigen, »das Herz, so hat es der Hausarzt konstatiert. In so einem Fall müssen sie eben gründlich nachfragen.« Tausend Gedanken schossen Pauline durch den Kopf. Kaum wußte sie, was mit ihr selbst geschehen war. »Hatte ich ein Gewehr in der Hand?« wagte sie zu fragen. »Nein, wie kommst du darauf?« »Und es ist keine Schußwunde bei Scheffer gefunden worden?« »Aber nein; ich sagte doch, sein Herz hat versagt. Entschuldige mich bitte für einen Augenblick. Ich muß dem Sergeanten unten nur sagen, daß es dir gut geht.«

Sie blieb mit Turgenjew allein. Sollte sie ihn fragen, was der »Auftrag« besagen wollte, den sie ihn Banier gegenüber erwähnen hörte? Sie hatte nicht den Mut dazu.

Er hat ihr auch später nie eine klare Antwort darauf gegeben, sich darauf hinausgeredet, Pauline hätte wohl nicht richtig verstanden. Und bei dieser Unsicherheit wird es nun bleiben müssen. Eine Möglichkeit jedenfalls konnte sie schon bald ausschließen: Ärztlicher Befund, polizeiliche Ermittlung und gesunder Menschenverstand sprachen gegen einen unnatürlichen Tod Scheffers.

*

Turgenjew hatte es leicht, Pauline in den kommenden Gesprächen davon zu überzeugen, daß er mit diesem Vorfall nicht das Geringste zu tun hatte. Er hatte sich vielmehr der Illusion hingegeben, alles könne für Scheffer noch gut enden. Pauline spürte, wie sehr er ihren Schmerz teilte. Scheffer hatte sie geliebt, das war dem Dichter nun deutlich. Viardot, der an des Malers Kunst glaubte, und Louise, die kindlich an ihm gehangen hatte, würden traurig sein. Zu schweigen von Scheffers Töchterchen Cornélie.

Pauline teilte später Julius Rietz ihren Kummer mit und antwortete auf dessen Frage nach ihrem Verhältnis zu dem Maler: »Ich bin jetzt bald achtzehn Jahre verheiratet. Scheffer kannte ich mindestens ebenso lange. Ich traf ihn bei M. Viardot, als er Direktor des italienischen Theaters war. Er wurde mir vorgestellt, und als Louis ihn später fragte: ›Wie finden Sie Mlle. Garcia?‹, antwortete Scheffer: ›Schrecklich häßlich. Aber wenn ich sie wiedersähe, würde ich mich wahnsinnig in sie verlieben . . .‹ Als er dann mein Porträt malte, verliebte er sich wirklich.« Immer hatte er seit der aufgelösten Verlobung den Vater gespielt, bis auf jene letzte Zusammenkunft, die ihn alles vergessen ließ. Das war für Pauline besonders bestürzend, denn immer, wenn sie Momente der Verzweiflung hatte, sich gar einmal das Leben nehmen wollte, weil sie sich künstlerisch hinter der inneren Forderung zurückbleiben fühlte, immer war Scheffer, ob zärtlich oder streng, ihr Mahner gewesen.

Turgenjew konnte sich nicht von dem Eindruck losreißen, den er empfangen hatte, als er Scheffer zuletzt in seinem Pariser Atelier gesehen hatte. Kein Besucher störte die schweigende Einsamkeit. Scheffer malte ruhig konzentriert an einem Christus mit der Samariterin, einem großformatigen, von Rot und Blau beherrschten Gemälde. Turgenjew hatte sich, obwohl ihm das Bild nicht zusagte, hinter ihn gesetzt und lange mit dem Maler gesprochen. Er hatte ihm von seiner italienischen Reise erzählt. Nie war der Maler in besserer Stimmung und aufnahmefähiger gewesen, ohne jede Spur von Trunkenheit.

*

Leider zog es Turgenjew gerade jetzt sehr nach Spaskoje. In Wahrheit wollte er zu Tolstois Schwester Maria, die von ihrem Mann verlassen und mit den drei Kindern allein geblieben war.

Turgenjew hoffte auch, dort mit der Arbeit an einem großen Roman weiterzukommen. Dennoch war der Gedanke tröstlich für ihn, sich nur für drei Wochen um die verlassene Frau kümmern zu müssen. Das Wetter war scheußlich. Schnee und Matsch mit Regen und einem weißen, undurchdringlichen Himmel bei schneidendem Wind – so sah es in diesen Märztagen 1859 in Tula aus. Der Roman nannte sich »Am Abend« und erschien später – französisch übersetzt – unter dem Titel »Der Bulgare«. Diesmal unterließ er es, Pauline wie sonst den Plan zu der Dichtung zu unterbreiten. Wie begierig und ernsthaft hätte er ihre Anregungen aufgenommen! Denn diesmal mußte er besonders lange darüber nachdenken, wie die ungeduldigen und brüsken Lösungen zu vermeiden seien, die Pauline früher mitunter gestört hatten.

*

Die Schilderung des mit dem Gesicht nach unten liegenden Malers, dessen Hände sich in den Boden gekrallt hatten, der Bericht über die Bergung des Leichnams und die dumpfe Ratlosigkeit des Aufwachens nach langer, verheimlichender Ohnmacht verfolgen Pauline. Welchen Anteil hat sie selber an dieser Tragödie? Ist Turgenjews Meinung von dem Maler nicht übermäßig schlecht und kritisch gewesen? Hat er ihr nicht vorgeworfen, sie behandele ihn mit allzu großer Nachsicht, einer vom Herzen diktierten Güte, die diesem mediokren Maler nicht zukam, dessen Tafeln den billigen Heiligenbildchen gleichen, die man an Kirchenportalen kauft?

Ein großer Teil ihres Kummers hängt damit zusammen, daß sich Scheffer so gut mit ihren Kindern verstanden, sie gern in seinem Atelier geduldet und ihnen häufig Spielsachen oder Süßigkeiten geschenkt hat. Auf diese Tatsache ist Turgenjew vor allem eifersüchtig gewesen. Mme. Viardots Kinder sah er als die seinen an, so wie seine Tochter Mme. Viardots Kind geworden war. Und dem »Stolz« ähnlich, den Turgenjew auf die Geburt von Paul empfunden hat, begeisterte er sich an der Nachricht, daß die jung verheiratete Louise einem Sohn, Louis Héritte, das Leben geschenkt hatte. Turgenjew verhätschelte seine »Kinder und Enkel« nicht anders, als es ein leiblicher Vater getan hätte. Er wird eine Mitgift für Claudie aussetzen, übrigens mit Wissen und Zustimmung der Eltern; er wird Paul, dem jungen, hoffnungsvollen Geiger, eine Stradivari zum Geschenk machen, ihm auch häufig finanziell aushelfen, wenn sich der junge Mann in schwieriger Lage befinden wird, die er manchmal den Eltern verschweigt.

Solcherlei Großzügigkeit und Zuneigung ließen Paul später hartnäckig daran glauben, er sei Turgenjews Sohn. Dieser hatte sich jedoch zu dem fraglichen Zeitpunkt in Rußland aufgehalten, so daß sich dieser Gedanke auch für den phantasievollsten Träumer verbietet. Zu seiner eingebildeten Halbschwester Paulinette hatte Paul ein besonders herzliches Verhältnis; die Mutter hätte sich eigentlich darüber freuen müssen. Aber natürlich ließen die Vornamen der beiden viele nachdenklich werden. Die Sympathie Pauls für Paulinette hatte andere, komplexere Gründe, die sich Pauline nur ungern analysierte.

277

Paulinette besuchte Turgenjew hin und wieder. Daß er berühmt war, berührte sie kaum. Vater und Tochter hatten sich nicht viel zu sagen, ihre Begegnungen verliefen etwas mühsam. Das Mädchen bat ihn um nichts und wollte nichts von ihm annehmen. Auch quälte es ihn, daß just in jener Phase von Paulinettes Heirat mit einem jungen Franzosen kein Geld für ihn angewiesen worden war und ihm vorübergehend keine Mittel zur Verfügung standen, um das Nötige zur Durchführung der Hochzeit zu beschaffen.

*

1858 hatte Turgenjew den Roman »Das Adelsnest« beendet. Vor dem Hintergrund eines patriarchalisch erstarrten Rußland schildert der Dichter ein zauberhaftes, junges Mädchen, das alle Eigenschaften der verklärten Puschkinschen Tatjana zeigt, aber in einer vergeistigteren Sphäre. Sie erlebt eine kurze, unschuldige Romanze mit einem nicht mehr jungen Mann, der offensichtlich Züge Turgenjews trägt. Nach dem Scheitern der Liebe kehrt sie sich einem nonnenhaft kontemplativen Leben zu. Den Hintergrund bildet die russische Natur und die Stille, die Spaskoje umgab. Das Leben in der Provinz wird mit Akribie beschrieben.

Der Roman nimmt Abschied von einer überalterten Zeit, die es ohne jede Wehmut zu überwinden gilt: die Zeit der Leibeigenschaft. Eine gewichtige Rolle spielt dabei, daß damals Geschworenengerichte eingeführt wurden, die eine humane und gerechte Urteilsfindung wenigstens versprachen. Mit diesen Reformen setzte sich gleichzeitig die lokale Selbstverwaltung in Gestalt der sogenannten »Sjemstwos« durch. Die militärische Dienstzeit wurde auf ein erträgliches Maß verkürzt.

*

Während der drei Wochen »Sorgezeit« um Maria Tolstoi besucht Turgenjew natürlich auch wieder Leo auf seinem Gut Jasnaja Poljana. Er fragt sich, wie die Untergebenen die Vorhaltungen eines Gutsbesitzers ernst nehmen sollen, der aus sich einen Clown macht. Maria Tolstoi schickt, als Turgenjew kommt, gerade ein Dienstmädchen zu Leo. Die aber mault: »Da gehe ich nicht hin. Er ist unten splitternackt und schlägt Purzelbäume.«

Wenn Tolstoi mit dem Turnen fertig ist, pflügt er das Feld. Es ist ihm darum zu tun, die körperliche Arbeit der Muschiks besser kennenzulernen, um die Menschen zu verstehen. Am liebsten mäht er mit den Bauern in einer Reihe. Turgenjew sieht ihn Heubündel schleppen und schließt daraus, er sei endgültig für die Literatur verloren. Und als er Leo begrüßt,

278

sagt Tolstoi den Kernsatz: »Ich lese nicht mehr, ich schreibe nicht mehr, ich denke nicht mehr.«

Im Februar 1859 treffen sich beide wieder in Moskau. Sie werden gleichzeitig zu Mitgliedern der »Gesellschaft der Liebhaber russischer Literatur« an der Universität Moskau gewählt. Tolstoi beschließt, ganz gegen seine bisherigen Maximen, die Idee des »L'art pour l'árt« zu verteidigen. Am 4. Februar ergreift er mit funkelnden Augen das Wort und fordert die Generalversammlung heraus: Er klagt, das Publikum neige immer mehr dazu, in der Literatur ein Mittel zu sehen, mit dem der Geist des Staatsbürgers zu wecken sei. In eisiger Ablehnung erstarren die Zuhörer. Tolstoi schließt: »Es gibt noch eine andere Literatur, die ewige Notwendigkeiten der ganzen Menschheit widerspiegelt . . ., eine Literatur, die jedem Alter zugänglich ist und ohne die sich kein mächtiges Volk entwickeln kann.« Turgenjew, der im Auditorium sitzt, muß lächeln.

Solcherlei Einsicht hindert Tolstoi nicht, sich in Seltsamkeiten zu gefallen. So versuchte er sich als unzureichender Lehrer für die Bauernkinder seines Gutes, was Turgenjew als psychische Kehrtwendungen, Schrullen, in den Wind gesprochene Worte ansieht . . . Er ist sich mit dem Schriftstellerkollegen Afanasij Fet einig: Das liegt in seiner Natur. Wann wird er seinen vorläufig letzten Purzelbaum schlagen und endlich auf den Füßen stehen?

Turgenjew stellt bei dieser Gelegenheit und im Vergleich voller Genugtuung fest, daß er die Angelegenheiten der ihm anvertrauten Landarbeiter richtig geregelt hat. Ihre Versorgungslage wird sich durch die Freilassung nicht ändern oder gar in Frage gestellt sein. Das Frühjahr 1859 wird eine neue Ordnung der Dinge entstehen lassen und er selbst sich befreit sehen vom Stigma des Sklavenhalters.

*

Die diesmal kurze Zeit in Rußland war angefüllt mit zu vielen Verpflichtungen. Während der ersten Tage in Petersburg ließen ihn die Diners und Bekanntschaften, aber auch die Korrekturen zur Drucklegung des Romans »Adelsnest« kaum zur Besinnung kommen. Gleichwohl fand er immer wieder zu seinem »Gravitationszentrum« zurück: brieflich mit Pauline zu plaudern.

Dem kam zu Hilfe, daß ihre Korrespondenz mit Julius Rietz sich verlangsamte und an Herzlichkeit verlor. Freilich umgehen auch Turgenjews Briefe noch immer weitgehend das Persönliche. Am 30. Dezember 1858 schrieb er an Pauline: »Das wichtigste Neue in der Politik hier (ich fange damit an, um es rasch hinter mich zu bringen) ist, daß die Regierung die Notwendigkeit des Loskaufens von Land, das den Bauern gehört, zugesteht. Es wurde ein Komitee zur Linderung der Zensur gegründet, dem der – Chef der Geheimpolizei angehört. Das ist für den Moment alles. – Und hier das Feuilleton: Der ›schwarze Tragöde‹ Oldridge hatte hier in den Rollen des Othello und des Lear Riesenerfolge. Ich habe wieder unter meiner Laryngitis zu leiden, die mich zum Stummbleiben zwingt. Und ich werde Oldridge auch nicht sehen, da Herr Sabourow, der Theaterdirektor, den Schauspieler beleidigt hat und er abgereist ist. In der Oper läuft Rossinis ›Conte Ory‹ in ausgezeichneter Besetzung. Gott wolle, daß mit dieser Partitur Verdi ein wenig aus der Mode kommt, denn sonst gibt es keine Chance, ihn zu entthronen ... Die Person, die ich am häufigsten sehe, ist die Comtesse Lambert, die Tochter des ehemaligen Finanzministers Cancrin ...«

Ich weiß, ich weiß, dachte Pauline beim Lesen. Fast hatte er eine amouröse Affäre mit ihr; sie war seine neue literarische Vertraute. Und als Turgenjew hinzufügte: »Sie ist eine schon ältere Dame ... mit einer Schranze des Kaisers verheiratet«, da protestierte Pauline innerlich: »Genauso alt wie ich!«

In dem Brief hieß es weiter: »Wir sind hier etwa vierzehn gute Freunde, die zueinanderhalten. Wenn man alt wird, bleibt der Geschmack an alten Dingen. Die jungen Leute drechseln sich Überzeugungen, wechseln ihre Zuneigungen ... Was macht Gounods ›Faust‹? Da ich schon beim Fragen bin: Wo verbringen Sie den Winter? Und den Frühling und den Sommer? In welcher Zeit gehen Sie nach London? Wenn ich nachdenke, kann ich leider nur das folgende sagen: Wir werden uns im nächsten Jahr sehen.«

*

Pauline hatte zunächst ein Gastspiel in Polen absolviert, mit »Norma«, »Barbier«, »Prophet«, »Hugenotten« und der »Jüdin« auf dem Programm. Soeben war sie aus Wien zurückgekehrt, wo ein Operngastspiel mit allem Drum und Dran sie die Misere des Jagdherbstes fast hatte vergessen lassen. Auch sah sie dort Clara Schumann wieder, die ein außerordentlich erfolgreiches Konzert gab und sich in alter Herzlichkeit ihr zuwandte.

»Die Hugenotten« fanden beim Wiener Publikum wenig Gefallen, übrigens auch nicht bei Clara, die das Werk seit dreizehn Jahren nicht gehört hatte. Sie konstatierte energisch, daß die vernichtende Kritik ihres inzwischen verstorbenen Mannes, des Komponisten Robert Schumann, damals noch viel zu mild gewesen sei. »Das ist wahrhaft unmoralische Musik!« wiederholte sie immer wieder. Aber Pauline war objektiv genug, in Clara dennoch »ganz die Alte, Liebe« wiederzuerkennen.

In Pest erregte Pauline besonders mit dem Orpheus und der Norma Aufsehen und freute sich an der sprühenden Zustimmung der Ungarn. Wieder einmal waren sie und der Moskowiter aneinander vorbeigefahren. Turgenjew gedachte, mit einer Wasserkur in Vichy sein Bronchialleiden und die Laryngitis loszuwerden. Aber schon zehn Tage in Paris spielten ihm übel mit, und er fühlte sich ständig so behindert vom Kehlkopfkatarrh, daß er es vermied, Pauline zu begegnen. Von Vichy fuhr er dann nach Ostende, um im Meer zu baden, eine damals noch ganz ungewöhnliche Prozedur. Ziemlich lustlos dachte er an die Reise nach Spaskoje, die sich leider mindestens einmal im Jahr als notwendig erwies.

Da sein Geld in Courtavenel deponiert war, lieh er sich von einem jungen russischen Verehrer 200 Francs, um seine Hotelrechnung zu bezahlen. Der Brunnen in Vichy hatte ihm schon ein wenig Erleichterung verschafft. Da erkältete er sich bei fünfunddreißig Grad Wärme im Schatten erneut und verzögerte die Heilung seines Kehlkopfs durch schlimmen Husten. Zum Arbeiten war er überhaupt nicht gekommen. Die Temperatur im Zimmer war derart glühend, daß er »in zwanzig Minuten rohe Eier darin hätte kochen können. Jemand hatte ein Ei in der Badekammer vergessen ... plötzlich höre ich nach ein paar Tagen ein Kücklein piepen.« Der Doktor versprach ihm Zeichen und Wunder. Es freute ihn, daß er viel Alkohol konsumieren mußte, um seine »Brust in Ordnung zu bringen«.

Die Lektüre dieser französischen Tage waren die »Pensées« von Pascal – »das schrecklichste, niederschmetterndste Buch, das je geschrieben wurde«, schrieb er an Pauline. »Dieser Mann trampelt auf allem herum, was der Mensch am liebsten hat; er wirft einen in den Dreck, um einem dann zum Trost mit einer bitteren, gewalttätigen Religion zu kommen, die verdummt (Pascals Wort), einer Religion, gegen die sich die Intelligenz (auch die von Pascal) nicht wehren kann, die vom Herzen akzeptiert werden muß, indem es sich ganz klein macht. Der heilige Paulus ... da haben wir den christlichen, unmenschlichen Charakter. Der menschliche Charakter ist das Gegenteil davon. Das Gegenteil eines Christen, wage ich zu sagen – von dem Augenblick an nämlich, in dem das Christentum auf Enge reduziert wird. Aber so einen Tonfall wie den von Pascal hat wohl vorher nie jemand angestimmt: Sein Zorn und seine Verwünschungen sind schrecklich. Neben ihm ist Byron wie Wasser. Und dabei ist er tief, klar – groß. Hören Sie sich das an: ›Wir sind unfähig, etwas sicher zu wissen oder absolut zu ignorieren. Wir schwanken durch eine riesige Unterwelt, immer unsicher von einem Ende zum andern gestoßen. Jegliche Handhabe, an der wir uns halten und festmachen wollen, schwankt und entschlüpft uns. Folgen wir ihr, so entgleitet sie unserem Griff, in ewiger Flucht. Nichts hält für uns an. Das ist der Zustand, der uns natürlich und zugleich unserer Neigung entgegengesetzt ist. Wir haben den brennenden Wunsch, eine sichere Plattform zu gewinnen, eine letzte, dauerhafte Basis, um von da einen Weg ins Unendliche zu finden. Aber unser Grund zerbricht, und die Erde öffnet sich bis in ihre Tiefe.‹« (An Pauline, Juni 1859)

*

Im Herbst war Turgenjew wieder in Paris. Und diesmal ging er mit Noël in die Oper, um sich Gounods »Faust« anzuhören. Die ganze Vorstellung hindurch kritzelte Noël im Halbdunkel Notizen vor sich hin. Er wollte Pauline in einem langen Brief seine Beobachtungen mitteilen. Besonders gefiel ihm Mme. Carvalho, die eigentlich Caroline Félixe Miolan hieß und den Theaterdirektor Carvalho geehelicht hatte. Sie garantierte ihrem Mann den besten Ruf für sein Theater. Sie kreierte Gounods »Margarethe« und (etwas weniger erfolgreich) »Mireille«. Unsere beiden Kritikaster im Dunkel des Zuschauerraums schätzten sie, zu Paulines Kummer, als eine der besten Sängerinnen des Jahrhunderts.

*

Bevor er im Dezember wieder nach Petersburg reist, sorgt Turgenjew dafür, daß sich eine Verwandte, Klara Turgenjewa, um Paulinettes Russisch kümmert, damit sie es nicht verlerne. Auch beauftragt er einen Priester, sie im orthodoxen Katechismus zu unterrichten. Er will damit dem Einfluß entgegenwirken, dem sie in seinen Augen durch ihre Ehe ausgesetzt wird. Das Wichtigste aber, bevor er abreist: Er hinterläßt Pauline in der Rue de Douai das Szenarium für eine Operette, die sie dann unter dem Titel »Der letzte Zauberer« komponieren wird. Einige Jahre später wird das Stück zum Stolz des Privattheaters in Baden-Baden, zum Anziehungspunkt für die Hautevolée und zur Bewährungsprobe für Kinder und Gesangsschüler.

*

Über die neuerliche Fahrt nach Petersburg schrieb Turgenjew am 28. September 1859 an Pauline: »... Gestern bin ich nach einer der ermüdendsten Reisen hier angekommen. Man hatte mir vom Seeweg abgeraten, da Stürme angesagt waren. Aber nun wurde ich viel mehr herumgeschüttelt und durchwalkt als im wütendsten Sturm, während wir von Kowno nach Pskow fuhren, wo ich die Eisenbahn wieder erreichte. Mit einer aus Verdruß und Lust gemischten Befriedigung sah ich, daß energisch an den Gleisen gearbeitet wurde, die uns mit Europa verbinden sollen; ab nächsten Frühling wird nur noch eine ganz kleine Wagenfahrt übrigbleiben. Ich werde einer der letzten Leidtragenden gewesen sein. Was mich das gekostet hat! – Noch heute fahre ich nach Moskau ab, wo ich mich nur ein paar Stunden aufhalten werde, und von da nach Spaskoje. Das Wetter ist regnerisch und mild, was uns viele Schnepfen verspricht. Nach dem 13. Oktober werde ich mein Gewehr an den Nagel hängen, nehme meine Feder und tue sechs Wochen lang das teuflisch Notwendige.«

Es galt, in Spaskoje den Roman »Am Vorabend« zu beenden, der in Vichy begonnen worden war. Aber erst im Januar 1868 brachte ihn der »Messager« heraus. Ein warmes und ruhiges Häuschen war vorbereitet, in dem Turgenjew die beiden Monate der konzentriertesten Arbeit zubringen konnte. Muße würde ihm nicht fehlen. Aber er hätte auch, wenn er wollte, vierundzwanzig Stunden am Tage arbeiten können.

Und überkam ihn einmal die Lust, dann konnte ihn niemand aufhalten. Allerdings quälte es ihn, wieder unter der mysteriösen Laryngitis zu leiden. Sie hinderte ihn sogar daran zu flüstern und drohte ständig, die Brust mit konvulsivischem Husten zu erschüttern. Es ist wahr, er hatte niemanden, mit dem er hätte sprechen müssen oder können. Dennoch war ihm das erzwungene Stummsein unangenehm. Er nahm sich vor, Zugpflaster aufzulegen.

Auch alltägliche Sorgen drangen bis zu ihm vor. »Es soll ein Buch über die Impfung des Hornviehs erschienen sein. Wenn es ein solches Buch gibt, schicken Sie es mir zu. Bei uns herrscht ringsherum eine fürchterliche Viehseuche, und auch auf meinem Gut krepiert das Vieh.« (An Osnowski, Oktober 1859)

*

Wie Turgenjew saß Pauline, als sie wieder von einer Tournée heimgekehrt war, lange an ihrem Schreibtisch, oft zusammen mit Berlioz, dem sie half, seine Orchesterpartituren in Klavierauszüge umzuwandeln. Es war nicht zu übersehen, daß sich der Gefürchtete in der Nähe dieser Frau und als ihr Schuldner leidenschaftlich in sie verliebte. Freilich erwiderte sie dies nicht. Pauline äußerte sich zu Turgenjew ganz offen darüber.

Aber die Arbeit am Klavierauszug der »Trojaner«, der enormen, auf fünf Stunden angelegten Oper von Berlioz, offenbarte Pauline, um welch grandiosen Entwurf es sich hier handelte. Sie erhoffte für sich gleich zwei Partien darin. Vergeblich!

Berlioz bildete keine Ausnahme unter den der Aktualität verpflichteten Dirigenten, denen es um frische, neue Stimmen geht. An Humbert schrieb er: »Ich habe mir meine Freundin Frau Viardot zur Feindin gemacht, die auf den Thron von Karthago Anspruch erhob. Fuit Troja . . . Daß die Zeit ihre Stimmen mitnimmt, wollen die Sänger nie zugeben.« (27. Juli 1863)

Auch Turgenjew hatte ihr sofort von solcher Hybris abgeraten: »Eine großartige Rolle, sicher, aber ich füge hinzu, daß zwei verschiedene Rollen im selben Werk und am gleichen Abend mir immer ein zwiespälti-ges Gefühl einflößten. Es entsteht der Anschein einer Tour de force – und selbst wenn es keine sein sollte, sieht man den Darsteller nicht gerne seine Haut so rasch wechseln; man möchte annehmen, eine Aufgabe müsse ihm genügen und ihn befriedigen. Selbst Gott schuf immer nur eine Welt auf einmal. Ich denke mir ein fragmentarisches Tagebuch eines jungen Mädchens aus (für die Heldin Elena in meinem Roman) (alle jungen Mädchen führen ein Tagebuch, haben Sie das auch getan?). Aber es ist schwierig. Diese Mischung von Verstand und Instinkt, die alle Vernunft aufwiegt, ist schwer vorzutäuschen. Und dann . . . heißt es naiv sein. Ich fühle zwar viel Kindliches in mir, alter Knickefuß, der ich bin, aber das sind zwei verschiedene Dinge. Nun, der Wein ist eingeschenkt, er muß getrunken werden.« (23. Oktober 1859)

Pauline nahm sich nun erst recht vor, die Lady Macbeth in Verdis »Macbetto« zu singen. Es würde sich um die erste Darstellung dieser Rolle in Großbritannien handeln, nämlich in Dublin. Sie wagte es nicht, Verdi selbst zu schreiben, vielleicht, weil sie ihn nur sehr selten gesehen, kaum kennengelernt hatte. Einmal sollte sie später Proben zum Requiem unter seiner Leitung in Paris anhören. Bei dieser Gelegenheit fand sie, sein energisches Gesicht flöße großen Respekt ein. Aber in den Proben, die er selbst leitete, zeigte er solche Brutalität und überschüttete das Orchester mit so leidenschaftlichen Invektiven, daß sich jeder vor einem Wutanfall des »Wildschweins« hütete (um den Spitznamen zu verraten, den die Orchestermusiker dem Maestro gegeben hatten).

Pauline war von der Laufbahn dieses Patrioten fasziniert, der alles für die Einheit seines Italien zu opfern bereit war: Von italienischer Mittel-mäßigkeit und Effektsuche ausgehend, steckte er seine Ziele von Werk zu

Werk höher. Sie sah, daß er immer ernsthafter und handwerklich solider wurde, mit dem Ergebnis außerordentlicher Integrität.

Als Pauline die Wiener Aufführung des »Macbeth« von 1851 gehört hatte, ruhte sie nicht, bis nicht wenigstens ein Versuch unternommen war, sich die Rolle der Lady zu eigen zu machen. Noch existierte die erweiterte Pariser Fassung von 1865 nicht, in der Lady Macbeth eine weitere Arie, »La luce langue«, zu singen hatte, die es vielleicht von vornherein für Pauline unmöglich gemacht hätte, die Partie zu übernehmen. Auch in der alten Form bot sie aber noch Schwierigkeiten genug, als eine Mischung von Koloratur und durchschlagend dramatischem Gesang. Pauline rang denn auch mit ihrem Dirigenten, dem Komponisten Luigi Arditi (der berühmte »Kußwalzer« ist von ihm). Er reiste mit der Tournée-Truppe von Willard Beale und hatte als Paulines Partner für die Dubliner Produktion den Bariton Francesco Graziani mitgebracht.

Zunächst ging es um einige Transpositionen, die Änderungen in der Instrumentation nach sich zogen. Auch ergaben sich bei den Übergängen von den original gespielten Stücken zu den meist um eine kleine Terz nach unten versetzten Teilen nicht geringe Anpassungsschwierigkeiten. Schließlich konnten kurze Streichungen über die schlimmsten Hürden helfen, wie etwa nach dem Trinklied der Lady in der Bankett-Szene. Die berühmte »Schlafwandel«-Szene wünschte sich Pauline um einen Ton tiefer, wiewohl sie selbst befürchtete, das Orchester würde beim Anblick der sechs Bs und fünf Kreuze anfangen, Gesichter zu schneiden.

Turgenjew hatte an ihrem Studium der Partie Anteil genommen und im April 1859 geschrieben: »Ich bin neugierig, wie Ihnen Lady Macbeth behagt. Eine schöne Rolle, groß, einfach (trotz der Hinterlist dieser Dame), tief, dabei schwierig, beinahe gefährlich. Aber wie sagt Lear in der Tragödie von Shakespeare (Sie erinnern sich an die Lektüre des Stücks unter einer blühenden Akazie in Courtavenel?): die Gefahr und ich, wir sind am selben Tag und in derselben Streu geborene Löwen; aber ich bin der ältere und stärkere von beiden. Wie wär's, wenn wir Macbeth in Courtavenel aufführen? Ich möchte Banquos Geist sein, er spricht nicht. «

Der »Irish Daily Express« brachte eine lange, interessante Kritik, in der es hieß: »Über Mme. Viardot kann gar nicht genug gesagt werden. Nicht einmal die Ristori kam an sie heran.« Leider gab es in der Premiere des Theatre Royal zu Dublin einen kleinen Zwischenfall, von dem der Tournéedirektor Beale in seinen Erinnerungen von 1890 zu erzählen weiß: »Die Schlafwandel-Szene ruinierte den Eindruck der ersten Aufführung. Sie wird von einem einzigartig charakteristischen Vorspiel eingeleitet, in dem die Violoncelli und Kontrabässe viel schöne, wenngleich düstere Musik hervorbringen. Das Haus wird dunkel. Die Bühne stellt die Türe zu Lady Macbeths Schlafgemach dar. Eine Kammerfrau und ein Arzt sitzen neben der Tür, ein kleiner Tisch steht zwischen ihnen, und auf dem Tisch ist eine Arzneiflasche, an die das früher übliche lange Namensschild geheftet ist. Das vielköpfige Publikum hat drei Akte mit neuer Musik durchgestanden und ist natürlich ziemlich müde. Die Celli und Kontrabässe grummeln noch immer, wir warten gespannt auf den Eintritt der Lady Macbeth. Da ruft eine Stimme von der Galerie dem wohlbekannten Konzertmeister zu: »Na, was ist, Mr. Lévey? Sagen Sie schon, ist es ein Junge oder Mädchen?« – Die Viardot verzögert ihren Auftritt um einige Minuten, damit sich die von dieser einzigartigen Nachfrage hervorgerufene Erschütterung beruhigen kann.«

Pauline berichtet Rietz am 1. April: »Mit meiner Lady Macbeth habe ich einen der schönsten Erfolge meiner Bühnenlaufbahn erreicht. Ich habe gewaltig daran gearbeitet, und das Resultat scheint recht gut. Der ganze Abend war ein langer Schrei des Enthusiasmus – man sagt, so etwas gliche sehr einem Triumph.« – Die Aufführung wird 1860 in Manchester wiederholt. Dann freilich streicht Pauline diese Partie als zu gefährlich aus ihrem Repertoire.

In Dublin erlebt sie, gemeinsam mit Louise, die sie diesmal begleitet, einen Klaviernachmittag des berühmten Pianisten Anton Rubinstein. Zunächst beeindruckt seine von ferne an Beethoven erinnernde Erscheinung. Und man muß sich nicht an Liszts begeisterte Worte über Rubinstein erinnern, mit denen er ihn als seinen Nachfolger inthronisiert hat. Sein Klavierspiel ist einfach phänomenal. Auch wenn Clara Schumann immer wieder moniert, daß es bei ihm zwischen Donnern und Flüstern nichts gebe.

Das Konzert soll von zwei bis etwa fünf Uhr dauern. Aber um neun Uhr abends sitzt der Pianist noch immer am Instrument. Nach vierzig oder fünfzig Hervorrufen, die den Saal hätten zum Einsturz bringen können, werfen die Menschen in sinnloser Begeisterung alles auf das Podium, was ihren Enthusiasmus unterstreichen kann: Armbänder, Ringe, Taschenuhren, Taschentücher, Hüte, Schirme – was gerade zur Hand ist. Pauline muß lachen. – Aber was dann folgt, spottet erst recht jeder Beschreibung, und heimlich preist sie sich glücklich, daß ihr so etwas nie widerfährt: Die Menschen stürmen das Podium, Frauen werfen sich dem Meister um den Hals oder umschlingen seine Beine, weinen und flehen, Männer stoßen Schreie aus oder versperren den Eingang. Daß eine Dame während dieser Szenen niedergekommen sei, ist wohl ein Gerücht. Die Exaltation nimmt jedenfalls Formen an, die ein Aufgebot von Polizisten notwendig macht, um den Künstler dem Leben zu erhalten.

Einige Jahre später sicherte sich Pauline Rubinsteins Talente für einige der Vorstellungen eigener Operetten in der Thiergartenstraße Baden-Badens als Begleiter. Sie war der Überzeugung, es gäbe außer Hermann Levi keinen besseren, phantasievolleren Akkompagneur. Sie erwartete von einem guten Begleiter, daß er sich nicht unterordne, sondern selbstschöpferisch Impulse beisteuerte. Die größte Schwäche des älter werdenden Rubinstein waren die Frauen. Ausgerechnet Louise vertraute er eines Tages an: »Müßte ich alle Kinder aufziehen, die ich gezeugt habe, würde das Vermögen von zwei Rothschilds nicht ausreichen.« Sein Bruder Nikolai Rubinstein war ein nicht weniger begabter Musiker. Wenn die beiden im Duo eine Orchesterpartitur vom Blatt spielten, so grenzte das für Pauline an ein Wunder. Dennoch war Nikolai bei weitem nicht so berühmt wie sein Bruder, da ihn einerseits seine Position als Gründer und Leiter des Moskauer Konservatoriums, des ersten dieser Art in Rußland, festband, er andererseits ein Glas Wein nach dem anderen trank, nachdem ihn seine Frau verlassen hatte. Obwohl er gut verdiente, hatte er doch nie eine Kopeke. Gutherzig wie er war, schenkte er armen Schülern alles, was er besaß: Geld, Kleider, Uhren . . . Nichts konnte den Alkoholiker auf der abschüssigen Bahn mehr halten. Er endete im Delirium tremens.

*

Der »verrückte Sachse« Richard Wagner hält sich in Paris auf, um die Möglichkeiten einer Aufführung seines Musikdramas »Tristan und Isolde« zu prüfen und eine erste Pariser Aufführung des »Tannhäuser« vorzubereiten. Als Hector Berlioz ihn zu sich einlädt, beschwert sich Wagner über dies und jenes. Bei den Sängern seien hier dieselben Schwierigkeiten anzutreffen wie in Deutschland oder der Schweiz: daß sie nämlich kaum in der Lage sind, die Noten seiner Werke zu lesen. Pauline ist in diesem Augenblick ins Zimmer getreten; sie hat nicht stören wollen. Wagners Ankunft hat eine ihrer Arbeitsstunden mit Berlioz unterbrochen. Jetzt äußert sie ihre Verwunderung über des Deutschen Urteil. Ihre Erfahrungen seien eigentlich anders. Sie lebt in dem Glauben, in Deutschland hätte sich jeder Musiker gründlich auszubilden. Wagner lächelt und stellt mit vielsagendem Blick das Partizell des zweiten »Tristan«-Aufzugs auf das Klavierpult. Die Singstimme ist über drei Systemen der andeutenden Klavierbegleitung notiert. »Nun singen Sie mal!« forderte er Pauline vehement auf und setzt sich vor die Tastatur.

Pauline singt das Liebesduett vom Blatt. Sogleich stimmt der leicht tremolierende Tenor Wagners ein. »Fabelhaft im Ausdruck!« ruft er dazwischen und hört nicht auf, seine Finger zu bewegen, allerdings nicht immer auf den richtigen Tasten. Pauline denkt sich: Die Begleitung hätte er ruhig mir auch überlassen sollen. Einige Male streckt sie mutig ihre Hände über seine Schultern und fährt zwischen seine Finger, um richtig zu greifen. Aller Geräuschentfaltung zum Trotz hat Wagners Hündchen, das Mathilde Wesendonk ihm vor kurzem schenkte, währenddessen ganz still unter dem Flügel gesessen. Seiner Freundin berichtete Wagner: »Auch aus den Nibelungen wurde musiziert. Es war dies überhaupt das erste Mal, seit ich von Ihnen fort bin.« (12. Februar 1861)

Über das Debakel der »Tannhäuser«-Premiere äußerte sich Pauline nie, sie hatte vielleicht auch noch kein Gespür für die Musik des Deutschen. Daß sie keinen weiteren Kontakt zu Wagner während dessen Pariser Aufenthalt suchte, läßt darauf schließen.

*

Berlioz bricht in immer neue Entzückensrufe aus, wenn er das Viardotsche Haus in der Rue de Douai betritt. Es bildet in der Tat eine glänzende Kulisse für das gesellschaftliche Leben der Viardots. Die Kutschen rollen in einen runden Eingangshof; geschwungene Stufen führen aufwärts in die hell erleuchtete Halle unter einem Glasdach; von da schreiten die Gäste in den großen Salon mit hohem Plafond. Das Glanzlicht hier: die Orgel. In den Konzertpausen kann man eine große russische Vase mit der Reproduktion der »Heiligen Familie« von Rembrandt bewundern. Verspürt jemand Lust, echte Rembrandts zu sehen, so gelangt er über ein paar Stufen zu Viardots Studio, wobei er die Galerie durchqueren muß. Dort sind Gemälde von Velázquez und zwölf anderen alten Meistern zu sehen. Pauline hat sich inzwischen im neuen zweiten Stock ein Arbeits- und Unterrichtszimmer eingerichtet, von wo der Blick auf den Platz vor dem Hause geht. Dort steht ein Tafelklavier von Pleyel und ein Schrank, aus dem kostbare Buchrücken schauen, die sich gold-, ocker- und rotfarben vorteilhaft von der blaßgrünen Tapete abheben.

*

Turgenjew, jetzt in der Rue de Rivoli zuhause, hat einen Artikel über »Hamlet und Don Quichote« zu schreiben, den er vor einem zahlenden

Publikum von fünfhundert Hörern lesen soll. Träge geht er außerdem daran, die große Arbeit an »Väter und Söhne« wiederaufzunehmen. Der sehr viel jüngere Schriftsteller Kolbassin bekommt resignierten Rat: »Heiraten Sie! Das ist in jeder Hinsicht nützlich und gut. Bleiben Sie beide gesund und heiraten Sie auf jeden Fall! Dies rät Ihnen ein alter Junggeselle, der es weiß, wie bitter es ist, allein zu bleiben. Zwar führe ich jetzt meinen eigenen Hausstand, mit meiner Tochter und ihrer Gouvernante, einer Engländerin und ausgezeichneten Frau – aber welch ein Unterschied! Wenn ich mit Gottes Hilfe meine Tochter verheiraten werde, kehre ich für immer nach der Heimat zurück.« (13. Dez. 1860)

Der trotzige Vorsatz, seinem Schicksal eine selbstbestimmte Wende zu geben, löst sich in nichts auf. Ist er doch von Herzen froh darüber, daß Pauline die Erzählung »Erste Liebe« gefällt. Er hat sie ihr, bevor sie abreiste, vorgelesen. Sie wird noch im selben Jahr erscheinen. Pauline, die schlechte Besprechungen gelesen hat, weiß, was die Diskrepanz zwischen der eigenen Meinung und der der Kritiker anrichtet, wie sie das Herz beschwert.

»Erste Liebe« blieb bis zu Turgenjews Lebensende die einzige Erzählung, die er mit Vergnügen als sein Lieblingswerk betrachtete. In allem Bisherigen gab es für ihn zu viel Erfundenes, wenn auch oft nur angedeutet. Aber in »Erste Liebe« wird eine wahre Geschichte erzählt, »ohne die geringste Schönfärberei«; immer, wenn er sie durchlas, standen die handelnden Personen lebendig vor ihm.

So empfand es auch Pauline. Nichts war darin erdichtet, alles aus dem Leben gegriffen. Das war um so bewundernswerter, als er sich zu jener Zeit mit ganz anderen Stoffen trug: Damals entstand eine Erzählung »Wahnbilder«, mit einer phantastischen, von aller Realität scheinbar gelösten Welt. Oder die Novelle »Der Hund«, in der der Leser zu rätseln angehalten ist, wie die Halluzinationen des Helden mit der Wirklichkeit korrespondieren sollen. Es geht eine seltsame Faszination von dieser Innenwelt aus, und niemand ahnt, daß für Turgenjew schon die Niederschrift den Versuch bedeutete, sich vom Sog der Einbildungskraft zu befreien.

Seine Gefühlswelt hält Pauline zu Recht für verworren. Wenn er sie in Courtavenel aufsucht, behauptet er, er könne so nicht leben, um im selben Augenblick zu beteuern, er erwarte keinen Brief mehr von ihr. Dann hofft er wieder, Post von ihr zu bekommen. Tolstoi äußert den Eindruck, die Viardots lebten mit Turgenjew in einem Klima, das ihm schadet.

Pauline hat Turgenjew einige Zeit lang ferngehalten, aber sie kann nicht konsequent bleiben. So ruft sie ihn, als ihr Sohn ernstlich an Scharlach erkrankt, im Juli 1860 zu sich. Wenn Turgenjew sie tröstet, so spielt Viardot den höflichen, duldsamen Ehemann, arbeitet mit Turgenjew an Übersetzungen und arrangiert gemeinsame Jagdpartien. Sobald eine Besserung im Befinden Pauls eingetreten ist, studiert Pauline konzentriert ihre Partien.

*

Turgenjew, der zu seinem alljährlichen notwendigen Besuch in Spaskoje aufbricht, muß nun interessieren, was seine Bauern verwirrt. Das in pompösem Stil gehaltene Manifest über die Leibeigenschaft ist vom Volk nicht verstanden worden. Für die Dauer von zwei Jahren sollen die Leibeigenen ihrem Eigentümer gegenüber zu gleichem Gehorsam wie bisher verpflichtet bleiben. Dieser hat weder das Recht sie zu verkaufen noch sie auf ein anderes Gut zu bringen. Er kann auch nicht über das Schicksal ihrer Kinder bestimmen. Für eine Übergangszeit müssen die Menschen ein Zehntel ihrer Erträge an die Herren abgeben. Erst von 1863 an werden sie von jeder Verpflichtung frei sein. Leibeigene, die keine Bauern sind, können arbeiten, wo es ihnen beliebt, erhalten aber kein Land. Dagegen sollen sie ihren Garten nutzen und einen Acker, dessen Größe genau vorgeschrieben ist. Dieses Land wird den Muschiks gegen zwei Arten Entgelt vom Grundbesitzer überlassen: »Obrok« nennt sich eine Vergütung in Geld, die sich auf acht bis zwölf Rubel pro Jahr und Person beläuft, »Barschina« bedeutet eine Arbeitsleistung von sechsundvierzig Tagen jährlich für die Männer und dreißig für die Frauen. Über die Durchführung sollen unter den Adligen ausgewählte Schiedsrichter wachen. Will ein Muschik Eigentümer seines Landes werden, so leiht ihm der Staat die notwendige Summe, damit er sich von Verpflichtungen freikaufen kann. Der Vorschuß ist in einer Frist von 49 Jahren in jährlichen Beträgen zurückzuzahlen, die mit Amortisierung und Zinsen sechs Prozent des Obrok ausmachen.

Großzügig, aber unübersichtlich ist diese Reform. Immer wieder muß Turgenjew sie den unzufriedenen Bauern erklären. Aber sie verstehen im Grunde nur die drei Dinge: Der Boden wird ihnen nicht sofort gehören, man wird sie erst nach zwei Jahren freilassen, und wenn es zu Streitigkeiten zwischen ihnen und dem Baron kommen sollte, werden Adlige als Schiedsrichter fungieren.

Mit Diskussionen dieser Art geht ein großer Teil der Zeit des neuerlichen Aufenthalts in Spaskoje hin. Turgenjew schreibt an Tolstoi, von dem er weiß, daß es ihn ebenso leidenschaftlich nach literarischen Gesprächen dürstet. »Die Nachtigallen singen noch, und der Frühling lächelt weiter.« Von Spaskoje könnten sie zusammen nach Stepanowka reiten, denn das dortige Nachbargut gehört Freund Afanassij Fet. Tolstoi findet den Plan großartig, und am 24. Mai 1861 ist er bereits in Spaskoje. Nach dem Empfangsessen führt ihn Turgenjew zu seinem Diwan im Salon, dem sogenannten »Samo-son« (auf dem man von selbst einschläft), stellt ihm Zigaretten und kühle Getränke hin und drückt ihm das Manuskript des Romans »Väter und Söhne« in die Hand.

Hat Tolstoi zu üppig gegessen oder langweilt ihn die gepflegte Prosa Turgenjews? Nach einigen Seiten bereits fallen ihm die Augen zu. Turgenjew läßt von seinem Ärger nichts merken. Leo dagegen leidet darunter, daß Turgenjew ihn schlafend angetroffen hat und er sich nicht damit rechtfertigen kann, zu sagen, das Buch gefalle ihm nicht. Beide erwähnen den Zwischenfall mit keinem Wort. Am nächsten Tag fahren sie, als sei nichts geschehen, nach Stepanowka, das siebzig Werst entfernt liegt.

Fet und seine Frau Maria Petrowna empfangen die Gäste mit solcher Herzlichkeit, daß sich deren Stimmung bessert. Am nächsten Tag sitzen sie mit den Gastgebern um den Samowar im Eßzimmer. Da Maria Petrowna weiß, wie wichtig für Turgenjew die Erziehung seiner Tochter Paulinette ist, fragt sie ihn, ob er mit der englischen Gouvernante, Miss Innis, zufrieden sei. Turgenjew gerät in Wallung, denn er argwöhnt, daß ihn seine Freunde untereinander kritisieren. Paulinette ist bei Viardots aufgewachsen, spricht kaum mehr russisch und hat sozusagen weder Eltern noch Vaterland. Mit Nachdruck versichert Turgenjew also, diese Gouvernante sei eine Perle und sie erziehe seine Tochter auf englische Art. Als Beispiel erzählt er, daß er auf Bitten von Miss Innis eine Summe hat festsetzen müssen, über die Paulinette jeden Monat »für ihre Armen« verfügen kann.

»Jetzt«, fügt er an, »verlangt die Engländerin, daß meine Tochter die zerrissenen Kleidungsstücke dieser Armen flickt und sie ihnen dann wiederbringt.« »Und das finden Sie richtig?« fragt Tolstoi mit gerunzelten Brauen. »Natürlich. Auf diese Weise kommt die Wohltäterin in Berührung mit dem wahren Elend!« »Nun, ich finde«, brummt Tolstoi, »ein gutgekleidetes junges Mädchen, das schmutzige Lumpen flickt, spielt eine unwahre, und theatralische Szene.« Turgenjew wird blaß und fängt an zu zittern. »Ich bitte Sie, nicht in diesem Ton zu sprechen.« »Warum sollte ich nicht offen sagen, was ich denke?« »Sie finden also, ich erziehe meine Tochter schlecht?«»So persönlich meine ich das nicht.« Fet will vermitteln, kommt aber nicht mehr dazu. Turgenjew steht vor Tolstoi und schreit: »Wenn Sie noch ein Wort sagen, schlage ich Ihnen mit der Faust ins Gesicht!« Betretenes Schweigen. Tolstoi steht vor Zorn wie versteinert. Turgenjew rennt ins Nebenzimmer. Eine Minute später hat er sich gefangen und geht ins Eßzimmer. Zu Maria Petrowna sagt er: »Verzeihen Sie mir bitte mein Benehmen, ich bereue es tief.« Nach ein paar zu Tolstoi gemurmelten, bedauernden Worten fährt er nach Spaskoje zurück.

Eine Viertelstunde später verabschiedet sich auch Tolstoi, um sich nach Nikolskoje zu begeben, einem Gut, das er von seinem Bruder Nikolai geerbt hat. Aber unterwegs gerät er von neuem in Wut. Von Nowossielski, dem Besitz seines Freundes Worissow, schickt er einen reitenden Boten mit einem Schreiben an Turgenjew und verlangt von ihm einen Entschuldigungsbrief, den er Fet und dessen Frau zeigen kann. Oder er soll sich zu einem Duell in Bogoslowo einfinden, wo er auf Turgenjew warten will.

Dieser hat sich inzwischen beruhigt und antwortet: »Ich kann Ihnen nur wiederholen, was ich schon bei Fet gesagt habe: Ich ließ mich von einem Gefühl unbeabsichtigter Animosität hinreißen, dessen Gründe ich im Augenblick nicht erklären kann. Ich habe Sie beleidigt, ohne daß Sie mich provoziert hätten. Ich bin bereit, mich hiermit noch einmal bei Ihnen zu entschuldigen. Was heute vormittag geschah, beweist deutlich, daß die Annäherungsversuche zwischen zwei so entgegengesetzten Naturen wie der Ihren und der meinen zu nichts Gutem führen können. Ich erfülle um so lieber meine Pflicht Ihnen gegenüber, als dieser Brief wahrscheinlich einen Schlußstrich unter unsere Beziehungen setzt.«

Dies hätte den beschwichtigen können, an den es gerichtet ist. Aber aus Versehen läßt Turgenjew seinen Brief bei Borissow abgeben, da er glaubt, Leo befinde sich noch dort. Aber dieser erwartet die Antwort in Bogoslowo. Als nach Stunden immer noch kein Bote erscheint, steigert sich Tolstois Empörung von neuem. Er schreibt einen zweiten Brief, in dem er ein sofortiges Duell fordert, »aber keine dieser Parodien eines Ehrenhandels, bei dem zwei Schriftsteller in Begleitung eines dritten erscheinen, aufeinander schießen, darauf bedacht, sich gegenseitig nicht zu treffen, sich an Ort und Stelle versöhnen und den Abend mit Champagner beschließen«! Er will einen Kampf auf Leben und Tod, er will Blut. Turgenjews Blut! Dann setzt er die Stelle fest, an der das Duell ausgetragen werden soll, am Rande des Waldes von Bogoslowo, und bittet seinen Beleidiger, sich am nächsten Morgen mit Pistolen dort einzufinden. Er selber ließ seine aus Nikolskoje holen.

Die ganze Nacht kann er nicht schlafen. Im Morgengrauen bringt ihm ein Diener Turgenjews Antwort auf seinen ersten Brief. Dann erscheint ein anderer Bote, ganz außer Atem, mit einer Antwort auf den zweiten. Turgenjew nimmt die Forderung an, aber nur unter der Bedingung, daß Sekundanten anwesend sind.

Tolstoi triumphiert und schreibt: »Sie haben Angst vor mir. Ich verachte Sie. Ich will nichts mehr mit Ihnen zu tun haben.« Schon nach wenigen Wochen bereut er, daß er sich derart hat gehenlassen, und schreibt an Turgenjew: »Ich habe Sie beleidigt. Verzeihen Sie mir. Es betrübt mich tief, in Ihnen einen Feind zu haben.«

Turgenjew ist inzwischen nach Paris zurückgekehrt. Leo, der seine neue Adresse nicht weiß, bittet den Petersburger Buchhändler Dawidow, den Brief an Turgenjew weiterzuschicken. Aber Dawidow läßt ihn monatelang in einer Schublade liegen. Unterdessen hat Turgenjew durch den gemeinsamen Freund Kolbassin, der gern klatscht, erfahren, daß Tolstoi schlecht über ihn spreche und den Zwist falsch darstelle. Ohne einen Augenblick an diesen Äußerungen zu zweifeln, schreibt Turgenjew an den, den er nun als seinen größten Feind ansieht: »Ich habe erfahren, daß Sie in Moskau eine Kopie Ihres letzten Briefes herumzeigen, in dem Sie mich einen Feigling nennen. Nach allem, was ich getan habe, um zu versuchen, die mir entschlüpfte Bemerkung ungeschehen zu machen, finde ich Ihre Handlungsweise beleidigend und illoyal und möchte Ihnen sagen, daß ich das nicht auf mir sitzen lasse. Wenn ich im nächsten Frühling wieder in Rußland bin, werde ich von Ihnen Genugtuung fordern.«

Obwohl Tolstoi daraus ersieht, daß sein Entschuldigungsbrief Turgenjew nicht erreicht hat, spürt er einen Stich im Herzen. Ihn überkommt eine Anwandlung christlicher Nächstenliebe, er setzt sich hin und schreibt: »Mein Herr, Sie bezeichnen meinen Brief und meine Handlungsweise als illoyal. Und obwohl Sie mir gesagt haben, Sie würden mir mit der Faust ins Gesicht schlagen, gebe ich meine Schuld zu, entschuldige mich und werde mich nicht mit Ihnen duellieren.«

Jetzt kommt sich Turgenjew mit seiner grundlosen Wut dumm vor. Er bittet Fet in einem Brief, Leo mitzuteilen, daß auch er jeden Gedanken an ein Duell aufgebe, aber daß er immer noch nicht den an ihn übergebenen Brief zur Weiterleitung von Dawidow erhalten hat. Fet glaubt nun, diplomatisch zu handeln, als er Tolstoi von diesem versöhnlichen Brief in

Kenntnis setzt. Aber er täuscht sich. Leos christliche Demut ist ebenso schnell verflogen, wie sie gekommen ist. Er duldet es nicht, daß dieser Mandarin mit dem ergrauenden Bart und den zarten Nerven einer Frau Urteile über ihn in Briefen aus dem Ausland an ihre gemeinsamen Freunde fällt.

Und alle jene, die mit Tolstoi korrespondieren, taugen nun ebensowenig wie Turgenjew. Verräter und Phrasendrescher! Wieder zornig schreibt er an Fet: »Turgenjew ist ein Schuft, der eine Tracht Prügel verdiente. Ich bitte Sie, ihm das so wörtlich zu übermitteln, wie Sie mir seine reizenden Worte übermittelt haben, obwohl ich Sie gebeten hatte, nie mehr mit mir über ihn zu sprechen ... Ich bitte Sie ebenfalls, mir nicht mehr zu schreiben, denn ich werde Ihre Briefe, ebenso wie die von Turgenjew, nicht öffnen.«

Endlich, erst am 7. Januar 1862, findet Turgenjew in seiner Post den bewußten Entschuldigungsbrief, den der Buchhändler vergessen hat weiterzuleiten. Ihre Sterne bewegen sich wohl doch auf verschiedenen Bahnen, und Turgenjew findet es besser, ihn nicht mehr zu sehen. Er bittet Fet, Tolstoi zu schreiben, daß er ihn sehr liebe und achte, daß er sein Schicksal aus der Ferne mit Interesse verfolge. Aber sie müßten sich verhalten, als lebten sie in verschiedenen Jahrhunderten. Siebzehn Jahre lang werden sie sich nicht wieder sehen.

*

Die Jagd und der Aufenthalt in freier Natur entschädigten. Dabei erwies sich Affanasij, der frühere Leibeigene und das Vorbild für »Ermolaj« aus den »Aufzeichnungen eines Jägers«, für Turgenjew als große Hilfe. Schon bei der Ankunft auf dem Gut wußte Turgenjew jedes Mal im voraus, daß Affanasij am anderen Morgen bei ihm erscheinen würde. Der als Hofjäger bekannte, knorrige Kerl hatte schon zu Zeiten der alten Herrschaften das Amt inne, Wild zu liefern. Der große, schlanke Bauer in enger Jacke, die ihm bis an die Knie reichte, mit einem Strick um den Leib, hielt seinen ernsthaften Vortrag über die hauptsächlichen Nester der Wachteln, Schnepfen und anderer Tiere. Aufmerksam, ohne ihn zu unterbrechen, hörte ihm Turgenjew zu. Dann nahm er Gold aus der Tasche und sagte nur: »Jetzt verfüge über mich, Affanasij, du weißt ja!«

*

Pauline Viardot als »Orphée«

Die glückliche Wiederbelebung von Glucks Hauptwerken ist auf die Initiative von Hector Berlioz zurückzuführen. Im Grunde hat Paulines Stimme ihn dazu beflügelt. Denn Glucks Musik ist ihr nicht fremd. Oft hat sie Arien und Bruchstücke aus seinen Opern in Konzerten gesungen. Darüber hatte »France musical« geschrieben: »Die Sängerin war vollständig von ihrem Genie der Inspiration besessen. Und als man die Wiederholung des Stückes von ihr verlangte, so hat sie es uns berichtet, hörte sie das Schreien kaum.« Auf Paulines Stimmklang hin ergänzt Berlioz Gluck mit Zusätzen, die er als »Höhepunkte« empfindet.

Allerdings rufen die Vorstellungen bei dem Bearbeiter Hector Berlioz nicht immer Begeisterung hervor. Bedrückt ihn doch auch das Los seiner, Glucks wegen immer wieder verschobenen, Oper »Die Trojaner«. Er kann nicht einsehen, weshalb der starke Andrang zu »Alceste« und »Orphée« einer Aufführung seines eigenen Werks im Wege stehen soll. Immerhin hat Pauline Anteil daran, daß seine Oper jetzt schon in Auszügen bekannt wird. 1859 singt sie in Baden-Baden das große Duett aus dem 4. Akt der »Trojaner«. Dankbar bewundernd toleriert Berlioz, seiner sonstigen Akribie entgegen, Abänderungen im »Orphée«, die Pauline sich etwa in der großen Arie am Ende des 1. Akts wünscht. Vielleicht ist er auch deshalb so milde, weil er annimmt, diese Nummer stamme gar nicht von Gluck, sondern sei einer Oper von Bertoni entnommen.

Mehr als einhundertdreißigmal lief der »Orphée« nach 1859 im Théâtre Lyrique, der mittlerweile vierten Opernbühne von Paris. Er brachte Pauline, obwohl sie sich stimmlich häufig nicht wohl fühlte, den größten Erfolg ihrer französischen Laufbahn.

Im Februar 1861 brachte Pauline im Saal des Conservatoire Auszüge aus Berlioz' »Alceste«-Version. Aber diesmal empfand der Komponist Paulines Änderungswünsche als Zumutung. Er leitete zwar die Proben zu einer Wiederaufnahme der »Alceste«, schrieb dann aber reserviert über die Aufführung: »Es ist einzig zu bedauern, daß man sie nicht unter strengeren Bedingungen der Werktreue durchführen konnte. Die Notwendigkeit, an dieser oder jener Stelle zu transponieren, und die daraus resultierenden Änderungen von Details haben die Physiognomie des Werks gewandelt.«

*

Was hatte es mit den Änderungswünschen auf sich? Pauline kämpfte verzweifelt mit den immer spürbarer werdenden Grenzen ihrer Stimme, die sich nur dank ihrer »übermäßigen Neugier« auf Musik so deutlich zeigten, wie Saint-Saëns meinte. Berlioz bemerkte diese Kalamität. Obwohl bereits 1863 der große Wechsel im Leben Paulines, der allmähliche Abschied vom Singen, begonnen hatte, erlebte er es noch mit Genugtuung, daß die Sängerin im Conservatoire Teile seiner letzten Oper »Béatrice et Benedict« für ihn sang. Aber in der ersten Aufführung der »Trojaner in Karthago« wirkte sie nicht mehr mit, sondern mußte die Partie der Dido-Darstellerin Mme. Charton-Demeure überlassen.

Die Gluck-Renaissance, seit der »Alceste« auch in der Opéra, hatte durch Pauline Viardot-Garcia einen ähnlichen Auftrieb bekommen, wie früher Beethovens »Fidelio« durch die Schröder-Devrient. Im Jahr der »Alceste« erlebte Wagners »Tannhäuser« das berüchtigte Fiasko, dessen Hauptursache war, daß der Jockey-Club ein organisiertes Trillerpfeifkonzert veranstaltete, denn seine Mitglieder fühlten sich im 2. Akt um das obligate Ballett betrogen. In dieser Epoche, die das »dramma per musica« 1862 in Paris zum Dekorations-Prachtschinken erniedrigte, setzte die Viardot Exempel großen, tragischen Stils.

Ihre Freundin Clara Schumann besuchte eine der »Alceste«-Vorstellungen und kam in die Garderobe. Vornehmlich schien sie von der Szenerie beeindruckt. »Das ist alles ganz zauberhaft«, meinte sie, »aber daß es bis Mitternacht, immer vier bis fünf Stunden lang dauert, stört mich doch sehr. Das gehört zu der Lebensweise hier, die fürchterlich ist: Um 9.30 gehe ich in Gesellschaft, gegen 11 fängt man zu musizieren an, und selten bin ich vor ein Uhr zuhause. Das hielte ich nicht lange durch, wären nicht die Menschen so herzlich und zuvorkommend und zeigten sie nicht so viel Teilnahme an Roberts Sachen ...«

Schätzen die Musiker auch im Grunde das Publikum gering ein, weil es nur selten einen wirklich stimulierenden Einfluß ausübt, so hat doch in Paris das lebendige Interesse für den Menschen auf dem Podium etwas herrlich Animierendes. Damals sang Julius Stockhausen Schumann-Lieder mit Clara. Pauline sah ihn nicht nur bei dieser Gelegenheit wieder, sondern überzeugte sich auch davon, daß sie diese Musik unbedingt selbst singen sollte.

Über den jungen Brahms sprach man damals in Paris eher geringschätzig. Clara spielte zum Abschluß seine f-Moll-Sonate und flößte allen Interesse und Respekt für diesen Künstler ein. Als Pauline neugierig fragte, wer denn dieser Könner sei, lud Clara ihre Freundin und einige andere Musiker zu sich ein und spielte einen Abend lang alles Erreichbare von dem Norddeutschen. Die Hörer erwärmten sich zusehends.

*

Claudie, Paulines zweites Kind, wurde zehn, und Turgenjew erbat sich eine Photographie von ihr. Er bezeichnete die Faszination, die von dieser kleinen Person ausging, nur als eine »unbekannte Macht«. Und das blieb ihr nicht verborgen. Natürlich sagte er ihr nicht nur wie der Mama: »Ich küsse Ihre Hände«, sondern tat es. Aber Pauline empfand es fast als ein Zeichen größerer Ferne, wenn er ihr die Hand küßte und dies nicht mit einem Wort vorbereitete.

In diesem Jahr, 1862, schrieb er Claudie den ersten Brief, dem zahllose andere folgen sollten. Er stellt sich mit einigen geschickt karikierenden Strichen vor, und dann brechen die Worte nur so aus ihm heraus: »Sieh, wenn Du willst, einen solchen Don Quichote als Deinen zukünftigen Mann an! Aber wie es auch sei, dieser Don Quichote liebt Dich bis zum Wahnsinn, umarmt Dich ganz fest und sagt zu Dir: Auf bald!« Im gleichen Brief heißt es an Pauline, man müsse sagen, es gäbe nicht viele Kinder wie die ihren auf der Welt – und nur *eine* Didie. Diese Zeilen zeigte Pauline der Kleinen nicht. Sie brauchte solche Worte auch gar nicht zu hören, um zu wissen, wie sehr Turgenjew ihr angehörte. Aus seinen Briefen las Pauline drei wesentliche Züge seiner Liebe zu Claudie heraus: Faszination, Verehrung und der Wunsch, ihr anzugehören ...

Turgenjew war nicht der alleinige Bewunderer von Paulines Kindern. Als Clara Schumann bei Viardots zu Tische geladen war, sagte sie: »Es ist ein Wunder, wie begabt alle ihre Kinder sind!« Und dann folgte eine Feststellung, die Turgenjew sicher gutgeheißen hätte: »Es fällt mir aber bei all Ihrer Liebenswürdigkeit immer schwer, mich völlig behaglich zu fühlen ... Es herrscht eine dauernde Unruhe! Alle Augenblicke kommt Besuch, oder es fällt der Hausherrin plötzlich ein, daß sie ein Billett zu schreiben hat. Da bringt man Stunden in Ihrer Nähe zu, und hat doch nichts von Ihnen oder den anderen gehabt. Ich könnte ein solches Leben nicht führen ...« Clara fügte allerdings gleich hinzu: »Aber neulich bei Rossini war es nicht viel anders. Ich besuchte ihn mit Marie und war enttäuscht, eine Menge Besucher dort vorzufinden. Alles saß um einen enorm großen runden Tisch, auf viel zu hohen Stühlen, die mir schrecklich unbequem waren. Rossini zog abwechselnd eine Schnupfdose und eine Pastillenschachtel aus der Tasche und versorgte dabei verstohlen immer auch meine Hand mit Lutschbarem. Er zog sich übrigens ganz in sich zurück, war nur ganz gelegentlich heiter und machte sonst den Eindruck eines feinen Weltmannes auf mich. Seine Frau ist wohl eine böse Sieben! »Pauline glaubte, Turgenjew reden zu hören.

*

Der Roman »Väter und Söhne« erschien in Rußland, und es kam ein Brief von Fjodor Michailowitsch Dostojewski. Daß sich der sonst so Zurückhaltende derart positiv äußerte, freute Turgenjew unbändig. Zuerst fragte er sich, ob es bloß seine Eigenliebe sei, die sich gestreichelt fühlte. Dann erkannte er aber, daß es sich um die notwendige Vergewisserung handelte, seine Mühe sei nicht vergebens gewesen, er habe sich nicht geirrt und nicht fehlgeschossen. Das war ihm um so wichtiger, als besonders Menschen, deren Rat er sehr vertraute, ihm allen Ernstes angeraten hatten, die Arbeit ins Feuer zu werfen. Unter dem Einfluß so ungünstiger Urteile hatte Turgenjew schon vieles gestrichen oder geändert. Daß Dostojewski gerade diese Stellen sicher herausspürte und beanstandete, machte ihn staunen.

Nun offenbart »Väter und Söhne« einen gewaltigen Umschwung im Werk des Dichters. Nicht länger ist die Hauptperson ein Mädchen. Es ist nicht mehr in erster Linie von der Liebe die Rede, obgleich sie natürlich auch weiterhin eine Rolle spielt. Das Leben in der russischen Gesellschaft des Zarenreiches gebar damals eine neue Klasse, die sich neben dem Adel behauptete: die der Intelligenz. Söhne von Geistlichen ließen die religiöse Erziehung links liegen, um sich an den Universitäten einzuschreiben. Aber auch Ärzte, Kaufleute, Kleinbürgersöhne, selbst Aristokraten, die aus ihrer Sphäre hinausstrebten, betrachteten die neue Klasse als einen Teil der Gesellschaft, dem große Zukunft beschieden war. Zur revolutionären Stimmung dieser Jugend stimmte es, daß sie positivistisch, wissenschaftsgläubig dachte und sich daraus ihre Philosophie zimmerte. In »Väter und Söhne« gibt es die Figur des Basarow, der ausspricht, wie sehr seine Altersgenossen die Kunst verachten: Puschkin ist nicht notwendig; Raffael »keinen Kupfergroschen wert«; Religion wird schlichtweg verworfen, idealistische Philosophie mit beißender Verachtung behandelt. Die Parole heißt: »Verneinen ist nützlich – wir verneinen.« Und um alles gehörig verneinen zu können, muß Platz gemacht werden. Turgenjew läßt seinen Helden, den Repräsentanten des jungen Rußland in den sechziger Jahren, einen Nihilisten sein, der zunächst einmal alles beseitigt sehen will, was sich mit der Vergangenheit verbindet.

Pauline ist den Verdacht nie losgeworden, daß Turgenjew den Vätern und Söhnen seines Romans nicht den gleichen Herzensanteil geben konnte wie seinen früheren Figuren, so sehr ihn auch Basarow interessierte. Aber was er und die Nihilisten sagen, war ihm im Grunde fremd. Vergötterte er nicht Puschkin? War Italien und seine Kunst nicht Gegenstand seiner fortwährenden Anbetung?

Turgenjew beobachtete in seinem Buch, beschrieb die Veränderungen im Staatsgefüge mit sicherer Hand und stellte die neuen Menschen wirkungsvoll den »alten« gegenüber. »Väter und Söhne« beschwor den größten Sturm der bisherigen russischen Literaturgeschichte herauf. Der Autor, der eigentlich Stille suchte, staunte, daß um dieses Buch ein solcher Lärm entstand. Er sah sich Beschimpfungen und Schmähungen ausgesetzt. Vor allem die Jugend zeigte sich entrüstet, fühlte sich in Basarow verspottet. Immer wieder rechtfertigte sich Turgenjew, verteidigte seinen Versuch einer Analyse. Aber die russischen Studenten in Heidelberg rügten ihn öffentlich; die linke Presse Rußlands verfolgte ihn mit Spott. Keines seiner Werke hatte ihm bisher so viel Bitterkeit und Kränkung eingebracht.

Wenn er auch die notwendige liberale Erneuerung Rußlands entschieden bejahte, so hielt sich Turgenjew doch stets von radikalen Ansichten fern, was ihm von Tolstoi das Beiwort »glatt« eintrug. Er blieb gemäßigt, erstrebte eine Versöhnung zwischen Alt und Jung, zwischen der zaristischen Selbstherrlichkeit und dem Fortschrittswillen der freiheitlich gesinnten Intelligenz. Turgenjew wußte sehr wohl, daß das alte Rußland neben einem gerüttelten Maß von Verdammenswertem auch menschliche Kultur und vieles besaß, das der neuen Zeit und der jungen Generation überliefert werden mußte. Aus der intimen Kenntnis eines Europa, das zivilisatorisch hastig, zur Oberflächlichkeit tendierend, voller Prunksucht in den herrschenden Schichten und vor allem in übergroßer Gier nach Besitz menschliche Werte leugnete und der eigenen Ideale spottete, aus solchem Überblick gewann Turgenjew das Empfinden für unverbildete Natur, für die vielfältige, oft vorbildliche, aber auch absonderliche und erschreckende, wenngleich immer ursprüngliche Wesensart der Russen zurück.

Drei literarische Zeitschriften Rußlands wurden verboten: »Das russische Wort« und »Der Tag« verschwanden, schließlich auch jenes Blatt, dem Turgenjew dreizehn Jahre lang als Mitarbeiter angehört hatte, »Der Zeitgenosse«. Noch zur Entstehungszeit von »Väter und Söhne« vertrat unser Dichter die Meinung, »glücklicherweise sei die Reaktion bis zu einem gewissen Punkt berechtigt«. Dies gesagt zu haben, bereute er nun. In der von Belinski, Nekrassow und Panajew begründeten Zeitschrift hatte er die meisten seiner Schriften vorveröffentlicht.

Seit 1858 hatte das Blatt eine sehr linke Position eingenommen, und Turgenjew, als ein gemäßigterer Mitarbeiter, hatte sich bereits ein wenig davon zurückgezogen. Aber obwohl er gerade in diesen Spalten hart angegriffen worden war, bedauerte er das Verbot des »Zeitgenossen« sehr. Auch fand er, die Regierung hätte zumindest eine Ankündigung ihrer Maßnahmen vorausschicken müssen. Doch hatten die fortwährenden Aufrufe, Attentate und Drohungen alle Köpfe in der Administration beunruhigt und verwirrt.

*

Wenn Pauline – selten genug – mit ihrem Mann und den Kindern ein paar Wochen allein in Courtavenel zubrachte, billigte sie den Rigorismus nicht, mit dem Viardot die Kinder erzog. Fast nur noch während der Mahlzeiten trafen sie sich alle. Schon Louise, die inzwischen verheiratet und Mutter war, hatte sich dagegen aufgelehnt, daß, wenn der Vater dabei war, nicht gesprochen werden durfte, ohne daß man gefragt wurde.

Jeden Abend, wenn es in den Salon ging, brachen acht Jagdhunde, die »Meute«, durch einen Seitengang, der in den Garten führte, herein, um gute Nacht zu sagen. Gut gedrillt, holten sie sich immer in der gleichen Ordnung von jedem der Anwesenden einen Streichler und trotteten gesittet wieder hinaus. Punkt acht Uhr war Klavierspielen oder Singen an der Reihe.

Viardot war nicht etwa grausam. Aber er wirkte kalt und meist ernst. Wenn er auch einmal über einen guten Scherz Tränen lachte, so flößte er seiner Umgebung vor allem Respekt ein. Da er es nicht sehr liebte auszugehen, es sei denn alleine auf die Jagd, führte die Familie ein recht häusliches Leben.

Baden-Baden

Der Name Baden-Baden spielte immer öfter eine Rolle in den Briefen Turgenjews. Er hatte sich in die schön gelegene, von vielen Russen aufgesuchte Kurstadt verliebt. Als Pauline, die sich auch von Baden angezogen fühlte, schließlich meldete, Viardot habe sich zu einem Umzug nach Deutschland entschlossen, freute sich Turgenjew über die Aussicht auf ein gemeinsames Leben in dem herrlichen Schwarzwaldort. »Es ist so verlockend, daß ich manchmal fürchte, es kann nicht wahr werden!« (Juni 1862)

Claudie, nach den Zeichnungen ihrer Mutter ein entzückendes, dunkelhaariges Mädchen, schlank und vom spanischen Typ, schickte dem Onkel »Turefi« ein Bild, das seinen pompösen Einzug in Baden-Baden darstellte. Das Kind zeichnete und malte bewundernswürdig. Schon früh offenbarte es einen erstaunlichen Sinn für Farbe.

Um die Existenz in Baden-Baden zu ermöglichen, heißt es für Viardot nun bereits zum dritten Mal (nach den Anschaffungen für Courtavenel), Bilder aus seinen wertvollen Beständen zu verkaufen. Der leidenschaftliche Sammler trennt sich im Wege öffentlicher Verkäufe von ihnen. Die beiden ersten von 1856 und 1857 waren durch die finanzielle Situation notwendig geworden, die nach der Geburt des dritten Kindes Marianne und in Erwartung des vierten, Paul, entstanden war. Andererseits war Pauline leichtsinnig genug, 1855 viel Geld für den Ankauf des Originalmanuskripts von Wolfgang Amadeus Mozarts »Don Giovanni« auszugeben, das sie in London für 5000 Francs erstand. Nach dem zuletzt erfolgenden Gemäldeverkauf blieben noch genügend Schätze übrig, um die Wände des geplanten Konzertsaals damit auszustaffieren. Veräußert wurde diesmal ein Bild von Velázquez, zwei Gemälde von Ribera, ein Rembrandt, einige Teniers und Ruysdael, ein Van der Neer, ein Jordaens, mehrere Gemälde von Ostade und ein Wouwerman.

Viardot überredet auch Turgenjew dazu, sich als Sammler zu betätigen, und wenn Rat notwendig wird, steht er zur Verfügung. Alphonse Daudet notiert später: Turgenjew verdankte seinen Kunstverstand eigentlich dem Hause Viardot. Pauline stand stellvertretend für die Musik und Louis für die Malerei. Und der russische Maler Ilja Repin bemerkt ironisch: »M. und Mme. Viardot haben einen gewaltigen Einfluß auf Turgenjew geübt.«

*

Pauline regt nun auch Clara Schumann dazu an, in Lichtental, etwas außerhalb von Baden-Baden, ein Häuschen zu kaufen, das nach einiger Zeit des Ausbaus im Juni 1863 bezugsfertig ist, klein, aber gemütlich, der Hausstand so recht nach Claras Sinn geordnet. Jedes der großen Kinder hat ein Zimmer, und Clara findet sich wieder darein, die Augen überall in der Wirtschaft zu haben, obwohl jene Freudigkeit fehlt, die sie einst erfüllte, als es darum ging, für Robert alles recht behaglich zu machen. Jetzt geschieht es hauptsächlich für die Kinder, die alles mit mehr Lust anpacken sollen. Daß sich die freundschaftlichen Beziehungen zum Hause Viardot nicht so intensiv wie erhofft entwickeln, schmerzt Pauline. Die kleinen Musikzentren machen sich eben den Rang streitig.

In der Tiergartenstraße, am Fuße des Fremersberges, wächst die Villa im damals so beliebten Stil eines Schweizerhauses. Am anderen Ende des Gartens, dem Wohnhaus gegenüber, entsteht die sogenannte »Kunsthalle«. Im Frühling 1863 übersiedelt die Familie für fast zehn Jahre in das fertige Haus.

*

Pauline hat zugleich von ihrem wichtigsten Lebenselement Abschied zu nehmen. Anders als so manche Künstler, die es nicht verstehen, sich im rechten Moment aus ihrer Berühmtheit zurückzuziehen, verläßt Pauline die Opernbühne mit einundvierzig Jahren, eine Entscheidung, die sie späterhin nur selten durchbrechen wird. Sie widmet sich dem Unterricht, und aus allen Teilen der Welt eilen Schüler und gereifte Künstler zu ihr, um Rat zu holen. Ihr Ruf als Lehrerin gleicht dem der Sängerin. Dank ihrer kosmopolitischen Ausstrahlung und ihrer Vielseitigkeit wird sie in Baden-Baden bald zum Mittelpunkt der künstlerischen und intellektuellen Elite.

Zugleich regt sich in ihr ein Widerwille gegen jene satte, glattpolierte Gesellschaft, die es sich in den kapitalistisch reorganisierten Verhältnissen Frankreichs wohl sein läßt. Sie wünscht, dem schicken Leben zu entfliehen und besser als in Frankreich private Musikpflege gegen oberflächliche Vergnüglichkeit zu setzen. Von dem repräsentativen Leben, das ihr Mann liebt, trachtet sie durch die innere Bindung an Turgenjew unabhängig zu werden.

Sie pflanzt in die Seele dieses egoistischen und gefeierten Junggesellen

303

eine Fülle kleiner Bedürfnisse, besonders, nachdem sie sich in Baden-Baden eingerichtet haben. Sie sorgt sich, als er plötzlich von seinem eigenen, eben im Bau befindlichen Heim nichts mehr wissen will, ein Zimmer in Baden bei Frau Minna Anstett mietet und unaufhörlich über sein einsames Leben jammert. Alt zu werden erscheint ihr manchmal wünschenswert, damit die Ängste endlich ein Ende haben. Denn Claudie wirkt an der Seite ihrer Mutter frisch und unglaublich schön.

*

Viardot, der in seinem Leben viel mit Macht Umgang hatte, braucht die Frau zur Vervollständigung seiner Ansprüche. Turgenjew freilich findet Pauline zu sehr in seine Sammlung preziöser Gegenstände eingereiht. Aber Pauline denkt in Wahrheit nicht daran, sich einplanen zu lassen. Sie handelt weiterhin spontan. Daran gemessen ist die Hinwendung zu den Schülern ein gewissermaßen unentschiedener Beginn.

1863 war eine junge Dame aus Österreich in die Residenzstadt München zu Besuch gekommen, Aglaja von Görger, mit dem Künstlernamen Orgeni. Sie hatte eine reizende Erscheinung, sah distinguiert aus und kannte gesellschaftliche Formen. Ihre Stimme vor allem gewann die Sympathien der Menschen, auch die von Banier, der sich, zum Vergnügen und in der Hoffnung auf irgendein Neuengagement, in München befand. Er hatte Fräulein von Görger Lieder vortragen gehört und war von ihrer Erscheinung, dem Gesang und ihrem Wesen angetan. Er suchte ihre Bekanntschaft während einer der prächtigen Münchner Soiréen und ließ sie – unvorsichtig genug – seine Zuneigung spüren. Sie begann, von sich zu sprechen, und Banier sah das als ein sicheres Zeichen an, daß sie ihn des beträchtlichen Altersunterschiedes wegen unter die platonischen Freunde einzuordnen gedachte.

Allgemein galt Aglaja als Dilettantin. Denn wer nicht in der Oper glänzte, konnte eigentlich unter den professionellen Sängern nicht mitreden. Schon lange hatte sie daran gedacht, sich bei Pauline Viardot-Garcia die höheren Weihen des Gesangs zu holen. Als Carl sie mit zwei Freunden in ihrem Logis bei Frau Elise von Pacher, einer mit ihren Eltern befreundeten Kunstgönnerin, aufsuchte, kam gerade ein Brief: aus der Nähe von Graz, wo Aglajas Eltern das Erbgut verwalteten. Die lang ersehnte Nachricht wurde freudig aufgenommen, daß Vater von Görger eine Studienzeit bei Frau Viardot gewährte.

Auch Clara Schumann, dem Elternhaus Aglajas seit langem bekannt, wurde gefragt und hatte geantwortet: Ohnehin wolle sie selbst Ende Mai

in ihrem neuen Häuschen in Lichtental mit ihrer Familie zusammentreffen. Kurz zuvor sei mit der Ankunft von Frau Viardot zu rechnen. Aglaja
berichtete nach Hause: »Clara Schumann soll als Lehrerin die Gewissen-
haftigkeit selbst sein. Dasselbe rühmt sie an Madame Viardot und
schreibt dazu, es müsse schon ein vollkommen talentloses Wesen sein,
das bei dem Unterricht nicht auch etwas vom Geist der Garcia mitbe-
käme.«

*

Aber noch probte Aglaja eifrig im Münchner Oratorienverein unter
Leitung des ehrenwerten Komponisten und Dirigenten Rheinberger. Sie
war nüchtern genug, sich nicht von den kleinen Erfolgen in der Münchner Gesellschaft blenden zu lassen. Die Briefe der Eltern sprachen viel von
großen Hoffnungen auf ihr Talent. Aber Aglaja wehrte ab: »Madame
Viardot wird natürlich anfangs ein strenges Urteil fällen.«

Ganz sachlich wies sie die Eltern darauf hin, daß ihr besonders die
musikalische Festigkeit noch mangelte. Harmonielehre, Blattlesen und
Ensemblestudien hatte man ihr daheim vorenthalten. Es war ein leiser
Vorwurf zu spüren, den sie ihren Eltern nicht ersparen konnte, wenn sie
schrieb: »Mangel an Festigkeit wird mich vielleicht hindern, von dem
Unterricht der Garcia so schnell zu profitieren, als es sonst der Fall sein
könnte.«

Längst hatte natürlich die Hofoper in Gestalt des allgewaltigen Gene-
ralmusikdirektors Franz Lachner ihre Fühler nach Aglaja ausgestreckt.
Aber die Vielversprechende war dem etwas lüsternen, ältlichen Mentor
rasch wieder entschlüpft. Sie dankte den Eltern, daß sie das Angebot der
Hofoper nicht anzunehmen brauchte, sondern noch ernstlich studieren
konnte. Lachner hatte nicht nur mit ihr über ein Engagement gesprochen, sondern ihr auch gleich seine neueste Opernpartitur in Abschrift
hoffnungsvoll überreicht. Seitdem hatte sie ihn manchmal auf der Straße
oder im Konzert gesehen und artig gegrüßt. Aber innerlich jubilierte sie,
sich nicht auf Lachners Verlockung eingelassen zu haben. Sie wußte:
Stimme, Zartheit und Feinheit der Auffassung hätten in der Oper zu so
frühem Zeitpunkt verlorengehen müssen. Lachner hatte nämlich eine
deutliche Aversion gegen das Singen mit zurückgehaltener Kraft. Immer
sollte die volle Stimme eingesetzt werden, und Lachner zählte ein schönes
»mezza voce« nicht zu den geeigneten Mitteln, künstlerische Wirkung zu
erzielen. Er hielt so etwas für »Schwäche« oder nannte es »zum Ausruhen
gut«.

Schneller als vermutet rückte der Tag der Abreise nach Baden-Baden heran. Elise von Pacher, die mütterlich sorgende Freundin, entschloß sich, gemeinsam mit der Schwester des Vaters, Aglaja selbst nach Baden zu bringen.

Bevor die Damen auf die Reise gingen, holte sich Banier die Erlaubnis, sie in Baden-Baden recht oft besuchen und sprechen zu dürfen. Er hatte es so eingerichtet, eine Stellung als Tuttigeiger im Baden-Badener Orchester zu erhaschen. Denn Hermann Levi, der Chef des nahebei beheimateten Karlsruher Opernorchesters, brauchte für seine neuen Pläne, nun auch in Baden Oper zu geben, dringend Instrumentalisten. So fuhr zwei Tage nach Aglaja und Frau von Pacher auch Banier durch die Maienpracht in das Tal der Oos, nach Baden-Baden.

*

Bereits in den sechziger Jahren glich dieser internationale Badeort einem Vorort von Paris. Weltläufig tummelten sich hier Persönlichkeiten aus aller Herren Länder. Was am meisten und vorrangig anzog, waren die Spielbanken. Russen und Franzosen, die eigentlichen Liebhaber dieser Casinos, bildeten die größte Kolonie innerhalb der vornehmen Société.

Schon bald findet Banier die Villa seiner einstmals angebeteten Pauline. Das Anwesen liegt abseits der großen Straße, aus der Ferne bereits kann man die mächtige, geschwungene Treppe sehen, die zum Rondell des Eingangs führt.

Pauline hat sich vorgenommen, an diesem Ort und mehr als bisher der Musik zu leben. Baden-Baden verspricht Ruhe, Besinnlichkeit und Sammlung und läßt doch den Pulsschlag der Welt auf Wunsch jederzeit vernehmen.

Paris ist den Viardots verleidet. Nur allzu deutlich empfinden sie die Diskrepanzen und Fragwürdigkeiten, die im Kaiserreich Napoleons III. entstanden sind. Louis, dem Franzosen alten Stils, imponieren dieser Kaiser der Prachtbauten und seine ganz auf den Schein gegründete Macht nicht. Ein Blick in den Bois de Boulogne genügt, um die vollständig veränderten Geschmackstendenzen zu erkennen. Alles hat sich vergrößert, gewiß, ist schöner geworden, üppiger jedenfalls. Unter der glänzenden Oberfläche aber verbirgt sich das unverschämte Gehabe der Emporkömmlinge, das den guten Geschmack verletzt. Die Zurschaustellung kosmopolitischer Laster droht die originale Physiognomie einer Nation zu verwischen.

Wirkt es nicht wie ein Sinnbild, daß die Kaiserin Eugénie ihre jugendliche Schönheit allmählich verliert? Der Glanz des Zweiten Empire hat etwas Zwielichtiges. Die Damen stehen noch im Zeichen des zierlichen Jäckchens zur weiten Krinoline, der seidenen Quasten, der gepolsterten Stühle und Schachteln, der wattierten Bonbonnieren. Das Leben scheint nicht weniger wattiert. Aber die Operette spiegelt bereits den geräuschvollen Auftritt der Halbweltdame: statt Helena »La Belle Hélène«, statt Orphée »Orphée aux Envers«, statt der Spekulation des Geistes jetzt die Spekulation des Geldes.

*

Pauline setzt in Baden-Baden fort, was sie in der Rue de Douai begonnen hat. Aus dem Salon wird nun eine »Kunsthalle«. Was dort die Soiréen bescherten, bieten hier die Matinéen. Bald kann man während der Saison beobachten, wie an Sonntagvormittagen – manchmal auch am Nachmittag zwischen drei und fünf Uhr – eine endlose Kette von Equipagen das Tiergartental hinaufzieht und vor der »Villa Viardot« haltmacht. Fürsten und Diplomaten, Dichter, Musiker und bildende Künstler gehen ein und aus.

Sie suchen Madame Viardot, die bei den Matinéen nicht nur eigene und fremde Kompositionen singt, sondern auch bedeutende Künstler und ihre besten Schülerinnen mitwirken läßt. Nicht selten tritt Iwan Turgenjew den Blasebalg für die Orgel oder spielt kostümiert bei den Aufführungen unterhaltsamer Operetten mit.

Pauline genießt die ungewohnte Weite des Hauses. In kindlichem Übermut will sie die geschwungene Treppe abwärts stürmen. Sie gleitet aus und fällt. Der Kopf stößt auf eine Treppenkante. Acht Tage lang verordnet der Hausarzt Bettruhe. Ihr Gesicht ist geschwollen, und über den Backenknochen gibt es blaugrüne Flecken. Aber Paulines katzenhaft geschmeidiger Körper, von der Bühne geübt, hat sich nichts Schlimmes getan.

*

Die Umgebung einer musikalisch aufstrebenden Stadt begünstigt Paulines wachsende Hinneigung zur deutschen Musik. Keine zweite Primadonna ihrer Zeit, Jenny Lind ausgenommen, schlägt so tiefe Wurzeln im deutschen Musikleben. Das übliche Primadonnenrepertoire, die dankbaren Rossini- und Bellini-Partien genügen ihr um so weniger, je reifer sie wird. Für reine Kehlkopfakrobaten hat sie ohnehin nur ironische Verachtung übrig. Wagner ist ihr zwar noch fremd, aber die deutsche Klassik und Frühromantik, die durchgeistigte Welt musikalischer Poesie werden ihre künstlerische Heimat.

Es liegt sicher Bedeutung darin, daß der russische Dichter, der es sich in den Kopf gesetzt hat, eine Brücke zwischen der deutschen und der russischen Literatur zu schlagen, auch Paulines Künstlerschaft wie kaum ein zweiter erfaßt. Turgenjew sieht in ihr, die rein romanischer Herkunft ist, ein Zusammentreffen des Sinnes für Form, spielerische Beweglichkeit und Durchdringung des Stoffes. Es ist eine der deutschen sehr ähnliche, nur eben unsentimentale Innerlichkeit, die sich mit jener dem östlichen Wesen verwandten Fähigkeit vereint, sich hinzugeben.

Schlank und zart gebaut, weiß Pauline bis ins hohe Alter eine Eleganz der Gestalt zu bewahren, die sich anmutig zwischen der Haltung einer Dame von Adel und der einer bürgerlichen Frau bewegt. Die braune oder graue Farbe ihrer Gewänder gibt ihrer Gegenwart Ruhe und Würde. Um so mehr fallen die seltenen hispanischen Andeutungen in ihrer Erscheinung auf. Sie spricht intelligent und weiß das, was sie sagt, durch Empfindung zu beglaubigen, ganz wie in ihrem Gesang. Wie aber soll ihr besonderes Wesen beschrieben werden? Sie nimmt an allem Anteil. Sie kann vieles erdulden, ohne zu leiden, ob ihr Mann scherzt, ihre Kinder toben, ihre Freunde zärtlich oder anregend mit ihr umgehen – alles erwidert sie in angemessener Weise und bleibt doch immer sie selbst. Dem verdankt sie ihre Selbständigkeit bis ins Alter. Ihre von innen strahlende Schönheit hat nichts mehr mit dem zu tun, was die Badener, unfreundlich den Namen verdrehend, als »Viardot-Garstika« bewitzeln.

*

Ihrer neuen Aufgabe als Gesangspädagogin widmet sich Pauline mit aller Energie. Aufnehmende und Genießende strömen herzu, und es kann nicht ausbleiben, daß alle bedeutenden Operninstitute in Deutschland vorbildlichen, vor allem weiblichen Nachwuchs aus ihrer Schule suchen. All dies öffnet sich nun für Aglaja. Sie weiß es gleich, daß sich hier die Quelle findet, nach der sie so manches Jahr gesucht hat.

Kaum in Baden angekommen, besucht sie die Schumanns. Aufgeregt erzählt sie dem neugierig fragenden Banier:

»Frau Schumann hat mir in dem netten, kleinen Häuschen einen angenehmen Eindruck gemacht. Die Frau ist wie ein Fels, so fest und unerschütterlich. Zu allem Kummer diese Sorgen, eine so große Familie, und dabei diese Tätigkeit in der Kunst und im Hause! Sie empfing mich mit der ihr eigenen, gedrängten Freundlichkeit, wenigen Worten und einem kräftigen Händedruck. Natürlich freute ich mich, daß sie Elisen sagte, sie hätte einen guten Eindruck von mir. Allerdings fügte sie hinzu: ›Die ist in ihrem Wesen zu fein für die Bühne. Wie soll sie es mit all den

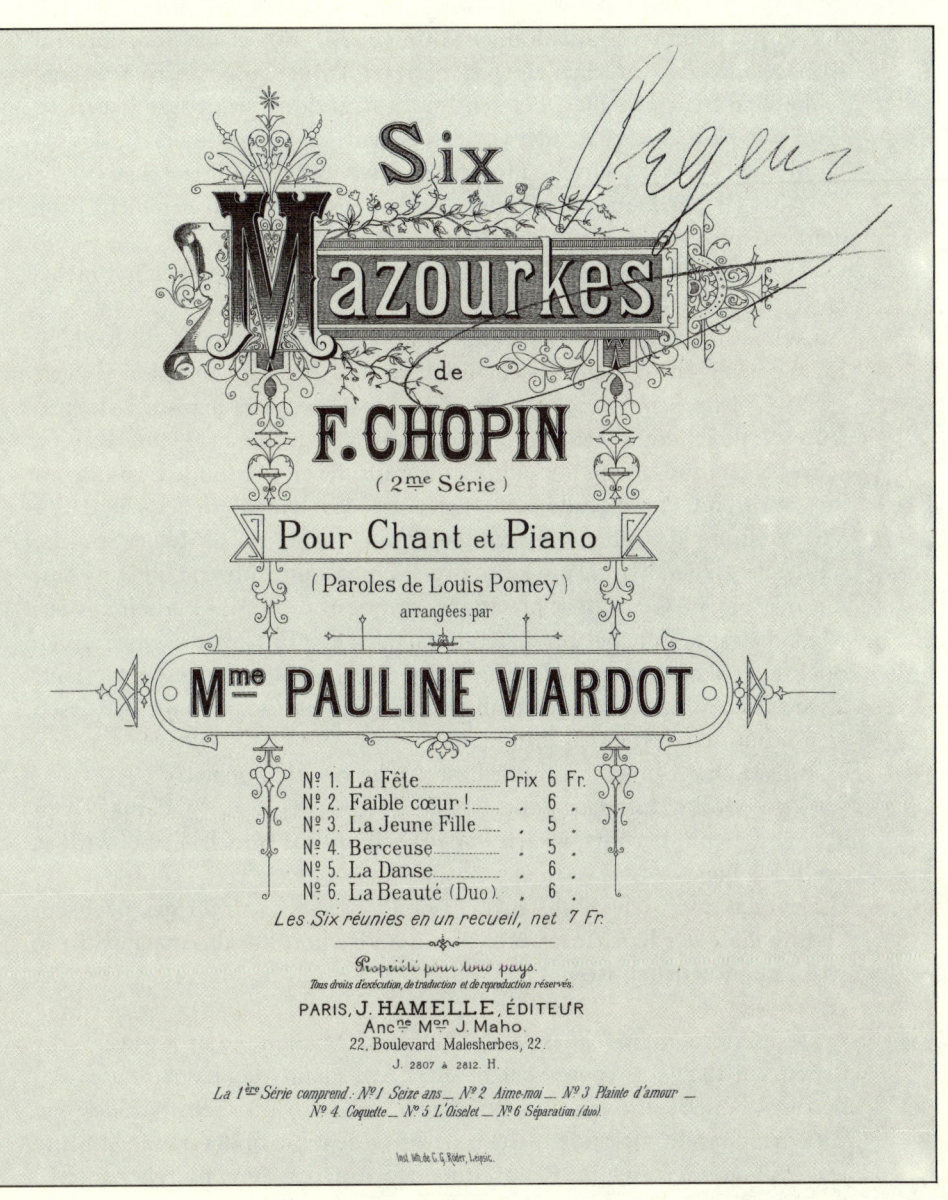

Six
Mazourkes
de
F. CHOPIN
(2ᵐᵉ Série)

Pour Chant et Piano

(Paroles de Louis Pomey)

arrangées par

Mᵐᵉ PAULINE VIARDOT

Nº 1.	La Fête	Prix 6	Fr.
Nº 2.	Faible cœur !	6	
Nº 3.	La Jeune Fille	5	
Nº 4.	Berceuse	5	
Nº 5.	La Danse	6	
Nº 6.	La Beauté (Duo)	6	

Les Six réunies en un recueil, net 7 Fr.

Propriété pour tous pays.
Tous droits d'exécution, de traduction et de reproduction réservés.

PARIS, J. HAMELLE, ÉDITEUR
Anc.ⁿᵉ Mⁿ J. Maho.
22, Boulevard Malesherbes, 22.

J. 2807 à 2812. H.

La 1ᵉʳᵉ Série comprend : Nº 1 Seize ans — Nº 2 Aime-moi — Nº 3 Plainte d'amour —
Nº 4. Coquette — Nº 5 L'Oiselet — Nº 6 Séparation (duo).

Impl. Lith. de C. G. Röder, Leipzig.

Pauline Viardot:
Chopin-Mazurken bearbeitet für Stimme und Klavier.
Aus dem Besitz von Aglaja Orgeni

derben, wütenden Primadonnen aufnehmen? Besser beginnt sie mit Konzerten.‹« In väterlichem Ton versetzt Banier: »›Sie werden sehen, schließlich lernt sich alles. Letzten Endes siegt doch immer die Leistung. Und wer einmal vorhat, sich vor den Menschen zu produzieren, der hat wohl auch so viel seelische Hornhaut, Rivalitäten zu überstehen.«

»Aber, lieber Herr von Banier, Sie haben mich noch gar nicht nach dem eigentlichen Ziel meiner Reise gefragt ...«

»Ja, waren Sie denn schon bei ihr? So schnell kann sich doch gar nichts entscheiden?«

»Wir waren sogar *mit* Frau Schumann bei ihr. Sie ist gar nicht häßlich. Eher eine eigentümliche Erscheinung, in der Haltung und der Toilette etwas Theaterprinzessin, den Manieren nach eine Französin. Morgen früh werde ich hingehen, um erstmals mit ihr zu singen. Heute war ich schrecklich müde, sang nur eine Skala am Ende einer Stunde Diskurs mit ihr, während der sie alle Schattenseiten des Künstlerlebens und der Vorbereitung darauf absichtsvoll vor mir ausbreitete. Meine Stimme schien ihr zu gefallen. Dann kam ihre Tochter, eine hübsche, kleine Frau, die mit einem Gesandtschaftsattaché in weiß Gott wo verheiratet ist. Madame sagte mir, bei der ersten musikalischen Entrevue könne sie sich noch kein abschließendes Urteil bilden. Sie machte ein ernstes Gesicht, als sie mich nach meiner musikalischen Fertigkeit vor allem im Blattlesen fragte und ich verneinen mußte.«

»In welcher Sprache soll der Unterricht vor sich gehen?«

»Elise wollte durchaus deutsch mit ihr konversieren. Madame schien aber angenehm berührt, als ich französisch mit ihr sprach. Dabei wird es wohl bleiben.«

Bevor Banier sich verabschiedet, verabreden sie sich für den nächsten Tag im Café des Kurhauses, mit Frau von Pacher, die als Anstandsdame wohl unentbehrlich ist.

*

»Also gestern meine quasi erste Lektion. Madame Viardot war sehr liebenswürdig. Ich sang Skalen aller Art, dann die Konzertarie ›Ah perfido‹ von Beethoven und eine Szene aus Rossinis ›Semiramide‹. Sie sprach nicht sehr viel, doch schien sie zufrieden. Sie findet meine Stimme ›excessivement forte‹, die Koloratur ›encore un peu dure, mais la voix très flexible pour sa force‹, – sie ließ mich lange trillern, Figuren singen – und sagte gar nichts – scheint also nicht unzufrieden. Sie setzte vornehmlich aus, was sonst eher bewundernd erwähnt wird – mein Atemholen und das Gesichterschneiden, sonderlich die gefurchte Stirn bei lauten Tönen.

Dann sagte sie, ich fasse die Töne zu heftig an – ›vous chantez comme un petit soldat.‹«

Meisterin und Schülerin kamen sich allmählich und eher vorsichtig näher. Klaren Blicks, begierig auffassend erwartete Aglaja jede Äußerung der Meisterin. Auf diese Weise drang sie immer tiefer ein in die Geheimnisse dieser großen Künstlerpersönlichkeit. Sie schrieb ihren Eltern: »Madame ist eigentümlich, in einer Weise, die mir gefällt. Sie hat etwas von einem Husaren, ihrer Grazie zum Trotz, etwas Schneidiges, tête forte, caractère franc et un bon cœur.«

Die Lehrerin enthielt sich aller Sentimentalität und faßte ihre Elevin rauh an. Aglaja hatte das Gefühl, daß sie entweder einander nahekommen oder weit voneinander entfernt sein würden. »Bisher hat sie mir nur gesagt, daß ich so ziemlich gar nichts kann. Dabei zeigt sie ein eigenartiges Gemisch von Interesse und Vorurteil gegen mich. Ich fürchte, sie glaubt, ich sei eitel und eingebildet. Außerdem fühle ich mich, seit ich in Baden bin, indisponiert. Madame Viardot sagte mir, daß auch sie selbst und ihre begabteste Schülerin, Désirée Artôt, sich erst hier akklimatisieren mußten. Sie prophezeit mir, daß der Übelstand in einigen Wochen überwunden sein wird. Von allem, was ich sang, hat die ›Nachtigall‹ von Alabiew am meisten Gnade vor ihren Ohren gefunden – und zwar bei indisponierter Stimme.« Die Vermutung liegt nahe, Pauline habe ein wenig an Fräulein von Görger herumexperimentiert, um ihre Eitelkeit auf eine Probe zu stellen.

Es stellt sich heraus, daß Pauline die typisch deutsche Singart meint, wenn sie etwas an Aglaja aussetzt. Und selbst dem alten Hasen Banier, der am Königstädter Theater und in Paris so viele Sänger gehört hat, geht erst allmählich ein Licht auf, wie schlank im Ton und wie eher kammermusikalisch diese romanische Sängerin ihr Metier ausübt. Es ist auch nicht weiter verwunderlich, als für Aglaja besondere Ermutigung in den ersten Wochen ausbleibt. Zwar sagt ihre Stimme Pauline offensichtlich zu, aber sie findet, ein gut eingesetztes Stimmorgan müsse als Instrument wie von einem Musiker eingesetzt werden.

Als Aglaja erfährt, daß Pauline schon bald ein Konzert geben und den »Orpheus« singen will, stößt sie einen Freudenschrei aus.

*

Turgenjew, pronončierter Westler unter den großen russischen Dichtern, hat in seinem Roman »Rauch« die Atmosphäre jener Zeit anschaulich beschrieben: »Vor dem Konversationshause in Baden-Baden wogte um vier Uhr nachmittags die übliche Menschenmenge. Das Wetter war prachtvoll, die grünen Bäume, die hellen Häuser der gemütlichen Stadt und die wellenförmigen Berge der Umgebung – alles bekam durch die Strahlen der gütigen Sonne einen feiertäglichen Anstrich; alles war ein Lächeln, ein blindes, zutrauliches und sanftes Lächeln, und auch auf den Gesichtern der Menschen, den alten und jungen, den häßlichen und schönen, lag dieses gleiche und ein wenig unbestimmte, doch gute Lächeln … Das Orchester im Pavillon spielte ein Potpourri aus ›Traviata‹, einen Walzer von Strauß und ›O saget ihr‹, das russische Lied, das der gefällige Kapellmeister selbst instrumentiert hatte. Und um die grünen Tische in den Spielsälen drängten sich wieder die wohlbekannten Figuren … Zum russischen Baum kamen sie wie immer um diese Zeit, unsere liebenswürdigen Landsmänner und Landsmänninnen; sie schritten heran, so prächtig, so sorglos, so modisch, sie begrüßten einander großartig und mit zierlicher Ungezwungenheit, ganz so, wie sich das für Personen schickt, die die höchste Bildung ihrer Zeit erklommen haben; doch sie wußten, nachdem sie so zusammen gekommen waren und sich gesetzt hatten, in der Tat nicht mehr, worüber sie miteinander sprechen sollten, und so unterhielten sie sich, indem sie Gespräche führten, lächerliche Gespräche, die wie ein Faß ohne Boden waren … Dort waren aber auch Staatsmänner, Diplomaten, jene Männer von Rat und Verstand, die annahmen, daß die goldene Bulle ein Erlaß des Papstes sei, und daß die englische poor-tax eine Steuer auf die Armen wäre; endlich waren da die hitzigen, aber leicht verlegenen Verehrer der Cameliendamen vertreten, die jungen Löwen der großen Welt mit den wunderbarsten Scheiteln bis zum Nacken, mit den prächtigsten Backenbärten, mit echten Anzügen aus London …«

*

Noch vermied es Banier, Pauline vor die Augen zu treten. Aber er machte feste Pläne. Beim Abschiedsessen mit Elise von Pacher, die am 30. Mai heimreiste, kamen Carl und Aglaja dahin überein, er solle sie zur Meisterin begleiten und darum bitten, gelegentlich den Klavierpart übernehmen zu dürfen. Er wußte, daß Pauline selten spielte, weil sie sich ungeteilt dem Schüler zuwenden wollte.

Es heißt also für Banier, sich dem einstigen Objekt seiner Begeisterung noch einmal zu nähern. Es ist ihm seltsam dabei zumute. Pauline hebt die Brauen, als sie Baniers ansichtig wird und ihn von Kopf bis Fuß mißt. Schon bald siegt freilich ihre leicht abrufbare gute Laune, und sie zieht lächelnd die Mundwinkel ein wenig nach oben, so daß sie nicht mehr ganz so hübsch nah beieinander liegen wie sonst. Banier beugt sich über ihre Hand zum angedeuteten Kuß.

Sie hat den Kerl, so oft er sie mit seiner Nähe überraschte, nie gemocht. Das galt sogar für die Zeit, als er seine mäßige Begabung in ihre Dienste stellte. Obgleich sie ihn im nun folgenden Jahr für Stunden unter ihrem Dach als Klavierbegleiter duldet, ist ihr nicht wohl bei der Sache. Ihr ist zumute wie einem unbescholtenen Menschen, der zum ersten Mal etwas Verbotenes tut.

Dabei gehört Banier nun wirklich nicht zu denen, die ihr künstlerisch ins Gehege hätten kommen können; er war ein bescheidenes Rädchen im Kunstgetriebe. Er trägt seine unterwürfige Mittelmäßigkeit mit stiller Miene zur Schau.

Nach einem Abend bei den Schumanns hat Banier mit Aglaja verabredet, daß er sie in der Lichtentaler Allee vor Frau Schumanns Tür abholen soll, um sie heimzugeleiten. Das Mädchen sieht betrübt aus, kann er im Licht der Laterne feststellen.

»Die Familie Schumann«, kommt es zögernd aus ihrem Mund, »ist mir noch fremd. Von der Exklusivität, die unter diesen Künstlern herrscht, kann sich niemand einen Begriff machen, der es nicht selbst erlebt hat. Das sind sehr von sich überzeugte Aristokraten, die auf das übrige Menschengewürm in stolzer Selbstgenügsamkeit hinunterblikken. Jetzt begreife ich, wie ein Künstler den anderen zur Dilettantenverachtung drillt – nein, mehr noch: zur Menschenverachtung.«

Mit dem Blick auf das über treppenartige Stufen sprudelnde Wasser des Flüßchens, auf dem Entenpärchen sich davonheben lassen, wagt Carl von Banier einen Ausflug ins Pädagogische: »Sind Sie da nicht ein wenig vorschnell, liebste Aglaja? Wer als noch nicht angehörter, folglich auch nicht diagnostizierter Anfänger einem Künstler von langer Podiums- und Lebenserfahrung, einer Meisterin von so hohem Rang gegenübertritt, erregt notwendig mit seinen Aspirationen und unausgegorenen Vorstellungen zunächst einmal Ungeduld, ja Abwehr. Das kann sich mit der Zeit ändern.«

»Frau Schumann«, gibt Aglaja zu, »– sauf le profond respect, den man vor allem der Künstlerin zollen soll – ist eine einfach wirkende Frau. In allem wirkt sie solid und tüchtig, gerade und offen. Sie ist auch mit mir recht freundlich; aber für mein Talent wird sie sich wohl schwerlich je erwärmen, denn Talent allein gilt ihr nichts.« »Sie wären Frau Schumann wahrscheinlich viel lieber, besäßen Sie kein ehrgeiziges Talent.« »Nun«, sagt Aglaja, »für sie gelten im Bereich des Gesangs offenbar nur Jenny Lind oder Julius Stockhausen. Ich sehe ja ein, daß es sicher für mich sehr gut ist, streng beurteilt zu werden; da lernt man jeden seiner Fehler genau kennen. Die Töchter sind übrigens ganz eigenartige Wesen. Marie, die Älteste, erschien mir heute grau in grau gearbeitet, ganz Puritanerin, verschlossen, still, ernst, aber – wie ich glaube – von feinem Gemüt und klug. Elise ist duldsam gegen andere, sie ist groß, blond, mit offener, gutmütiger Physiognomie. Körper und Gemüt sind bei ihr von stabiler Gesundheit. Sie ist auch zugänglich, heiter und lebhaft. Aber Julchen, die mich anfangs mit ihrer reizenden Erscheinung so einnahm, bleibt mir fremd. Ich kann mir kein Bild von ihrem Wesen machen. «

Schon sind die beiden von der Lichtentaler Allee abgebogen. Bald steht Banier allein im Dunkeln und denkt daran, daß Aglaja aus adligem Hause ist wie er, daß ihn ihre Jugend bezaubert, er aber keine wirkliche Hinwendung spürt.

Er läßt es sich jedoch nicht nehmen, seiner Schutzbefohlenen bald Promenade und Spielsäle zu zeigen. Das zentral gelegene Konversationshaus, wie das Kurhaus damals bezeichnet wird, erscheint den beiden unverhältnismäßig prachtvoll mit seinem großen Konzert- und Ballsaal. Sie schauen am grünen Tisch dem Roulette zu. Die Saison des wirklich tollen Treibens ist noch gar nicht gekommen. Vor dem Kurhaus erschallt badische Militärmusik. Spöttisch bemerkt Banier, die Darbietung zeige sich auf gutem Niveau. Aglaja findet: »Wie unsere Österreicher spielen sie nicht!« Da dreht sich jemand neben ihnen um und nickt: »Da würden die Badener zustimmen. Früher hatten wir oft die österreichische Kapelle aus Rastatt hier. «

*

Seltsam: Seit Banier, wenn es der Orchesterdienst zuläßt, gelegentlich Aglaja während ihres Unterrichts am Klavier begleitet und niemand sonst zuhört, verhält sich Pauline freundlicher, sozusagen tête-à-tête. Viermal in der Woche nimmt die Schülerin eine Stunde, und Banier sieht den Sinn dieser häufigen »Anstöße« für die Arbeit. Die Agathen-Arie aus Webers »Freischütz« wird vorgenommen, die großzügige Bögen spannende Szene der Norma von Bellini, zwei Arien der enttäuschten Gräfin aus Mozarts »Figaro« und schließlich die leidenschaftlich verweinte, große Szene der Donna Anna aus dem »Don Giovanni«, ganz Noëls Auffassung entsprechend. Manchmal schiebt Pauline den nicht sehr fingerflinken Banier burschikos beiseite und nimmt selbst am Klavier Platz. Dann wirkt sie auf Banier wie ein Monstrum an Sicherheit des

Blattlesens und der Übersicht. Ihren Quasi-Assistenten setzt sie in den entferntesten Winkel des sparsam eingerichteten Raumes. Indem sie nun akkompagniert, was gerade verlangt wird, auswendig und gelegentlich in andere Tonarten transponierend, nimmt sie gewisse Lagenprobleme der Schülerin in Angriff, deren Ausgleich ihr wichtig ist.

Einmal lädt Pauline die beiden zu einer Soirée im Hause von Frau Schumann ein, in der die Sängerin ein Klaviertrio spielen soll. Daß sie bei dieser Gelegenheit auch singen wird, steht zu hoffen. Aglaja freut sich wie ein Kind auf den Abend.

An diesem Junitag gibt ihr Pauline einen wichtigen Rat: Sie soll, wie die bisherige Meisterschülerin Demoiselle Artôt, die Solostimme der jeweiligen Arie in sehr weitem Zeilenabstand herausschreiben und sich über jedem Ton notieren, was die Meisterin dazu gemeint hat, um nichts zu vergessen. Banier hilft ihr beim Kopieren.

Immer ist zu beobachten, wie penibel Pauline daran denkt, die Stimme des Schülers zu schonen. Mit Verve betont sie: »Il vaut toujours encore mieux ne pas assez chanter que de trop chanter.« Und Madame schlägt auch vor, Banier solle mit Aglaja üben, vom Blatt zu lesen. Für Harmonielehre, in der sich Banier (unnötigerweise) nicht kompetent genug fühlt, kann Pauline einstweilen noch keinen Lehrer benennen. Solange sich die badische Großherzogin im Schloß aufhält, in der prächtigen, von hohen Bäumen umstandenen Renaissance-Residenz, weit über den Dächern der Stadt, kommt gewöhnlich einmal in der Woche der Komponist Kalliwoda aus Karlsruhe herüber, um die Fürstin in die harmonischen Künste einzuführen. Diese Gelegenheit wollen nun auch die Fräulein Schumann nutzen. Aglaja will sich anschließen.

*

Die Soirée bei Clara Schumann bietet zunächst nur zwei große Stücke. Pauline beginnt mit dem männlich knappen c-Moll-Trio von Beethoven, das nicht zu den technisch schwersten zählt, doch immerhin eine tüchtige Aufgabe für jemanden darstellt, der nicht täglich übt. Die beiden soliden Streicher stellt das Theaterorchester. Dann exekutiert die Hausherrin mit denselben Instrumentalisten das d-Moll-Trio von Felix Mendelssohn Bartholdy. Jeder empfindet: Welch eine Künstlerin! Voll Elan und Kraft, sieghaft meistert sie die technischen Schwierigkeiten, ihr Spiel wirkt geistreich und von mächtigem Lebenshauch durchweht.

Es kommt der große Augenblick: Aglajas Herz schlägt gewaltig, als Madame Viardot ans Klavier tritt und Schumanns »Ich grolle nicht« mit erstaunlich machtvoller Tongebung singt. Es folgen »Frühlingsnacht« und einige spanische Lieder eigener Komposition, zu denen sie sich selbst begleitet. Anmut und Feuer der Sängerin scheinen die Zuhörer davonzutragen. Ohne ein Wort des Spanischen zu verstehen, ist das Publikum mit ihr traurig oder froh. Bei einem heiteren Studentenstückchen lacht die ganze Gesellschaft, ohne eigentlich zu wissen warum. Daß sie der alternden Stimme auf diese mühelose Weise trotzt, gleicht einem Wunder.

Die Art, in der Pauline die »Frühlingsnacht« von Schumann und Eichendorff vorträgt, entspricht freilich nicht dem, was Banier erwartet hat: Anstelle von Sehnsucht und Frühlingswehmut, wie sie dem Dichter mehr als dem Komponisten vorgeschwebt haben mögen, vernimmt man ein Jauchzen, das dem erwachenden Lenz gilt. Dieses »Sie ist dein!« war des spanischen Temperaments würdig und begeisterte alle Zuhörer.

Während der Vorträge sitzt Banier still in einer Ecke. Aglaja dagegen kann den gesangstechnischen Vorgängen nicht nahe genug sein. Sie starrt mit glühenden Wangen unentwegt auf Madame, die sich nicht im geringsten gestört zu fühlen scheint.

Während des »Ich grolle nicht« denkt Carl: Das gehört wohl doch ganz uns Deutschen an; wie sollte man einem Franzosen dieses »ewig verloren« begreiflich machen? Würde man sagen »éternellement perdu« oder »à jamais« oder höchstens »perdu à toujours« – dann dächte der sich vielleicht »tant mieux«. Da zupft ihn sein französischer Nachbar bescheiden am Ärmel: »Oh, Monsieur, veuillez me dire, quelle est donc la situation comprise dans cette chanson? Quelle veut-elle dire?« Da sitzt Banier nun in der Klemme. Ihn erfaßt in diesem Augenblick eine ungewohnte, kühne Begeisterung, und er übersetzt frei, ja er erfindet sogar rasch einen Reim, der ihm selbst imponiert, und flüstert in der kurzen Pause, die dem Stück folgt: »Sans te maudir ni t'aimer, j'ai pardonné.« Das ist doch immerhin leidlicher als »Je te pardonne«.

*

Musikalische Sicherheit erweist sich als immer wichtiger für Aglaja. Ganze Tage verbringt sie am Klavier. In den Stunden kommt sie selten oder nie dazu, Übungen zu singen, denn Madame Viardot hat sie bedeutungsvoll gefragt: »N'est-ce pas, vous les faites tous les jours chez vous?« Und damit muß es nun sein Bewenden haben. Hin und wieder schreibt die Lehrerin mit winziger, leichter Notenschrift neue Rouladen und Einsingübungen in Aglajas Studienheft.

So sehr Banier es Pauline verdenkt, daß sie ihn seit damals nie wieder als Dirigenten verpflichtete und ihn auch mitunter unbeachtet ließ, er gesteht sich ein, daß sie ihm zutiefst sympathisch ist.

*

Aglaja verstand jetzt die allgemeine Enttäuschung darüber, daß Pauline vor einem Jahr ihre Mitwirkung bei der Einweihung des neuen Theaters der Stadt im August 1862 abgesagt hatte. Damals wollte man die letzte Oper von Hector Berlioz aufführen: »Béatrice et Bénédict« nach Shakespeares »Viel Lärm um Nichts«. Dieses Werk war ein hochdotierter Kompositionsauftrag, den sich der Badener Spielbankenpräsident hatte einfallen lassen, jener joviale Édouard Benazet, dem Banier vor nicht langem im Wandelgang des Kurhauses vorgestellt worden war. Der Spielbankenfürst hatte auch den kompletten Theaterbau finanziert; an nichts war gespart worden: Das Haus entsprach einem Entwurf des Pariser Architekten Derchy. Alles sah nobel aus und kostspielig, aber auch freundlich und heiter. Ähnlich aufwendig plante man die Premiere. Berlioz hatte völlig freie Hand für die Gestaltung. Er griff eine alte Idee auf, die ihn bereits 1833 beschäftigt hatte. Wieder schrieb er das Libretto selbst. Geschickt konzentrierte er sich hierbei auf die Nebenhandlung des Shakespeareschen Lustspiels: die Liebesintrige der beiden Titelhelden. Eine Beschränkung ergab sich für ihn freilich durch die kleine Spielfläche des neuen Hauses. Auch behaupteten viele, die Schaffenskraft des erst Neunundfünfzigjährigen habe zu jener Zeit bereits nachgelassen.

Da Berlioz das Werk selbst leitete und alle Details seinem Willen entsprachen, war jeder eines großen Erfolges sicher. Aber wie so oft, wenn sonst vergeblich ersehnte Voraussetzungen erfüllt sind, gelang es nicht, alle Erwartungen zu befriedigen. Das Fernbleiben Paulines tat ein übriges. Baniers Orchesterkollegen behaupteten sogar, »Béatrice et Bénédict« sei ein ausgesprochener Mißerfolg gewesen. Aber man weiß ja, wie Orchestermusiker über neue Werke und Komponisten reden, die selbst dirigieren.

Dieses nachträgliche Verdikt scheint kaum gerechtfertigt. Die Besetzung konnte nicht erstklassiger sein. 25 Kritiker französischer Blätter waren gekommen; Komponisten wie Bizet und Gounod gaben der Premiere die Ehre. Nur Pauline Viardot fehlte. Die Enttäuschung war groß.

*

Bevor Turgenjews Haus in Baden-Baden fertig wurde, führte er viele russische Freunde im Haus Viardot ein. Auch Anton Rubinstein gehörte zu den Dauergästen und pendelte gemütlich zwischen Spielsaal und Paulines Salon. Manchmal lag er einen ganzen Tag lang in Viardots Schreibzimmer auf einem Kanapee und störte ihn bei der Arbeit. Dann wieder vertrieb er sich die Zeit mit Schachspiel, immer mit Turgenjew als Partner.

Eines Tages wagt es Pauline, ihn um etwas Musik zu bitten. Er dreht sich lässig auf seinem Stuhl um und läßt seine Hände über die Tastatur des direkt hinter ihm stehenden Flügels gleiten. In dieser verdreht verkrampften Haltung verharrt er für Stunden, ohne an eine Änderung zu denken. Er spielt die schönsten Stücke seines Repertoires. Die Hausherrin spürt, daß sich Rubinstein in privatem Kreise wohler fühlt als vor dem Publikum, das ihn immer nervös macht, dem unbeschreiblichen Enthusiasmus der Masse zum Trotz.

*

Ludwig Pietsch besuchte damals seinen Freund Turgenjew in Baden-Baden und wohnte bei ihm. Vor sechs Jahren, 1858, hatte er sich in Berlin von Pauline verabschiedet, und sie hatte ihm zugerufen: »Auf Wiedersehen in Paris!«

Er hatte die Stadt gesehen, ohne Pauline dort anzutreffen, den Louvre besucht, moderne Malerei angeschaut. Pietsch war inzwischen fünfundvierzig Jahre alt, und obwohl er den Zeichenstift nie ganz vernachlässigte, war er nun in erster Linie Journalist geworden. Die »Vossische Zeitung« in Berlin fand an seinen Arbeiten Gefallen und machte ihn zum Mitarbeiter der damals berühmten »Tante Voß«.

1864 hatte Turgenjew auf einer Durchreise aus Berlin an Pauline geschrieben: »Ich habe Pietsch gesehen ... Er vergöttert Sie mehr denn je; leider ist er sehr traurig und niedergeschlagen. Das ganz besonders: Der *arme!* – nicht wahr?« Allmählich aber verlieh das Bewußtsein eigenen Könnens Pietsch die Sicherheit, sich als freundschaftlicher Partner Turgenjews zu fühlen.

Er hatte viel nachzuholen: Die inzwischen erschienenen kleinen und größeren Romane, Novellen, Studien oder Skizzen Turgenjews kannte er noch nicht. Was er im Hause Turgenjews jetzt fand, las er, auch die französischen Übersetzungen Viardots von »Helene oder der Vorabend« oder »Väter und Söhne«. Die Dichtungen zogen Pietsch so unwiderstehlich in ihren Bann, daß er halbe Tage und ganze Nächte darin versunken blieb und vergaß, daß ihm die Zeit knapp zugemessen war.

Das Glück, Pauline wiederzusehen, war für Pietsch ein »Schwindel der Freude«. Kaum hatte er das Zimmer betreten, hockte er schon neben ihr, den Kopf in ihrem Schoß. Ihre Hand lag auf seinen Augen, und er mochte kein Wort mehr sagen. Alles schien gut. Pauline war dieselbe geblieben. Ihre liebe Gestalt, ihr lebendiges, bejahendes Naturell, ihre Heiterkeit, die Fülle ihres Lebensglücks, alles das empfand Pietsch in diesem Augenblick. Und wie vor Jahren blickte ihn aus ihren Augen eine Treue an, die »nie vergißt«.

Ein deutscher Dichter, dessen Name damals bereits einen guten Klang hatte, der Husumer Theodor Storm, weilte 1864 in Baden-Baden. Pietsch hatte eine Ausgabe von Storms »Immensee« illustriert und bestand darauf, ihn mit Turgenjew zusammenzubringen. Früher noch als Pietsch hatte Storm das Manuskript der Übersetzung von »Aufzeichnungen eines Jägers« gelesen und geholfen, einen deutschen Verleger zu finden. So war denn das »Jägerbuch« ein immer wiederkehrendes Gesprächsthema zwischen den dreien.

Im darauffolgenden Jahr war Theodor Storms Besuch in Baden überschattet von dem Tod seiner Frau Constanze. Storms Tochter Gertrud berichtet: »In diese Nacht brach wie ein Lichtstrahl ein Brief des Kunstkritikers und Schriftstellers Ludwig Pietsch, der meinem Vater seit Jahren befreundet war.« Als Turgenjew von Pietsch über das Unglück erfuhr, rief er spontan: »Er muß zu uns kommen und natürlich bei uns wohnen!« Storm willigte ein und begab sich am 1. September auf die Reise.

Nach flüchtigen Besuchen in Minden und Frankfurt erreichte er Baden an einem nebelgrauen Tag im September. Nur wenig länger als eine Woche blieb er dort. Auf dem »klassischen« Bild, das Pietsch von einer Matinée im Hause Viardot gezeichnet hat, ist auch der Dichter aus Husum auszumachen.

Storm berichtet der Familie über seine Reise: »... Und nun lebe ich schon acht Tage in dieser paradiesischen Gegend, die ich leider wegen der unerträglichen Sonnenglut nicht recht ertragen kann. Nur selten bin ich mit Pietsch, der seit sieben Wochen bei Turgenjew ist, auf den Bergen und in den alten Schloßruinen gewesen. In diese sind die behaglichsten Wirtschaften eingerichtet, so daß man bei einem Glas Wein auf die köstlichen Schwarzwaldberge und die wunderbar mit Gärten, Villen, Schlössern über- und durcheinander gebaute Stadt herabsehen kann. Was soll ich von Turgenjew sagen? Das muß erzählt werden. Turgenjew ist einer der schönsten Männer, die ich je sah, eigentlich etwas fremdartig, aber höchst liebenswürdig. Schon am ersten Abend waren wir in der Villa Viardot, die zehn Minuten vor der Stadt liegt. In einem besonderen Gebäude neben der Villa liegt der Musiksaal. Nie habe ich bei einer Frau höchste Genialität und reinstes Menschentum in solcher Herrlichkeit ausgeprägt gefunden wie bei der Viardot. Man möchte gleich vertraut mit ihr sein, wenn die imponierende Größe der Person nicht davon zurückhielte. Wie alle übrigen, so sprechen auch sie und Turgenjew geläufig deutsch. Viardot selbst, ein als Schriftsteller und französischer Literaturforscher bedeutender Mann, spricht leider nicht deutsch und ich bekanntlich nicht französisch. Turgenjew sagte: ›Können Sie nicht wenigstens einige französische Worte murmeln?‹ Das versprach ich dann zu versuchen und brachte es auch wirklich fertig, daß die anderen ausriefen: ›Da kommt es ja heraus!‹ Aber mehr kam dann auch nicht.

Als wir am ersten Abend in der Villa Viardot ankamen, waren Viardots im Theater und nur eine Schülerin da, ein Fräulein von Görger. Sie ist als Primadonna für die Berliner Oper engagiert, will aber durchaus nicht fort, weil sie sich in leidenschaftlicher Liebe nicht von der Viardot trennen will. Pietsch wird sie aber per ordre de mufti mitnehmen, wenn er zurückkehrt. Wir gingen noch lange bei dem wundervollen Mondschein, der die Berge umher mit wahrem Zauberlichte umschloß, im Garten umher, besahen im Mondschein Turgenjews Schlößchen, das er sich an die Villa Viardot erbauen läßt, und schöpften mit der hohlen Hand Wasser aus einer Quelle, auf die er so kindlich stolz ist. Endlich kamen Viardots, und es wurde köstlicher Tee getrunken, der mir aber eine schlechte Nacht bereitete. Um Mitternacht gingen wir nach Hause.

Ich bin in dem Kur- und Trinksaale und in den Spielsälen gewesen – ich habe doch eigentlich keine Vorstellung von solcher Wirtschaft gehabt. Diese jeunesse dorée, die man überall durch die offenen Fenster mit schönen Frauen der Pariser Demimonde, bei kleinen Soupers usw. Geld vertun sieht, dieses schwindelnde Genußleben der Geld- und Adelsaristokratie, wie weit liegt das ab von unserem Tagewerke und glücklicherweise von den schönen und bedeutenden Menschen, unter denen ich hier lebe.«

Storm muß in Turgenjews Werken Verwandtes entdeckt haben, später nannte er ihn einen »verkappten Lyriker, trotz seiner Plastik«. Er war betrübt, daß Turgenjew noch nichts von seinen Arbeiten gelesen hatte.

Der Deutsche zeigte ihm sein soeben entstandenes Gedicht »Beginn des Endes«, Ausdruck seines Todesgefühls. Turgenjew, der ohnehin zur

Melancholie neigte, fiel das Poem wie ein Stein aufs Herz. Er zeigte sich ergriffen von diesem Klang geheimen Schmerzes und sagte es auch Pietsch. Auf diese Weise erfuhr Storm davon. Er fühlte sich dem Russen menschlich und künstlerisch verwandt; nun erst recht schrieb er sich ein Anrecht auf Freundschaft zu.

Eine volle Woche war Storm Turgenjews Gast. Er genoß die Schönheit der Natur, Ruhe, pünktliche Bedienung, köstliche Frühstücksstunden bei Tee, Roastbeef, Eiern und Rotwein – dazu die Abende bei Viardots. Turgenjew war Storm an Weitblick und Schärfe des Urteils sicherlich überlegen, auch an Erfahrung, Weltkenntnis und künstlerischer Bildung. Aber er hatte die Fähigkeit, Wesen und Dichtung des deutschen Freundes zu würdigen. Er ahnte die Schönheiten dieser Dichtung und begeisterte sich für ihren eigenartigen Klang.

Storms Erzählungen bejahte er nicht ohne Vorbehalt. Etwas »literarisch« angehaucht, zu betont aus Dichtermund stammend fand er die Natur- und Lebensschilderungen. Solche Bedenken konnten der Beziehung zwischen den Dichtern nichts von ihrer Herzlichkeit und Wärme nehmen.

Storm war nicht weniger als jeder andere, der mit Turgenjew in Berührung kam, davon entzückt, wie leidenschaftlich human der Russe dachte, wie sehr er Ungerechtigkeit und Willkür haßte. Und natürlich liebte er Turgenjew, wenn er fabulierte, beschrieb, charakterisierte oder Stimmungen malte, Fähigkeiten, die sich im persönlichen Umgang noch eindrucksvoller zeigten als beim Lesen. Aber Turgenjew hat ihn danach nicht wiedergesehen, den schlichten, wortkargen Mann aus Husum.

Man hat von Turgenjews Einfluß auf Storms Erzählwerk gesprochen. Das betrifft, von wenigen Anregungen abgesehen, die Storm aufnahm, wohl nicht zu. Was Turgenjew in der deutschen Literatur meist vermißte: einfaches, natürliches Auffassen der Wahrheit, realistische Darstellungsweise und wirklich tiefen Respekt vor der Natur, das hätte er sich auch bei Storm gelegentlich deutlicher gewünscht. An Pietsch schrieb Turgenjew: »Was einer schaut, sollte er ohne die vermaledeite Idealisierung der Wahrheit wiedergeben, so wie es der große Menzel in seinen Gemälden getan hat.« Diesen Satz, den ein Deutscher nicht so leicht zu unterschreiben bereit wäre, formulierte Turgenjew während einer Übersetzungsarbeit: Er übertrug Puschkins »Eugen Onegin« ins Französische.

*

Ein zierlicher, mit Geschmack eingerichteter und akustisch guter Saal ist am anderen Ende des Gartens der Villa Viardot entstanden, durch gläserne Deckenfenster von oben beleuchtet, mit Büsten und Bildern bestückt. An den dunkelgrün tapezierten Langwänden glänzt eine Galerie alter Meisterwerke. Darunter ein Frauenbildnis von van der Helst, das Brustbild eines Greises von Rembrandt, ein Mondaufgang von van der Meer, der Heilige Hieronymus von Netscher, ein Schenkenbild von Adrian von Ostade, ein Kornfeld von Ruysdael und vor allem die Mittelgruppe der beiden Bauern aus dem Bild mit Trinkern von Velazquez, ein Geschenk noch von dem alten »Friedensfürsten« Godoy an Garcia-père. An der Türe wachen Büsten von Beethoven und Rossini. In der Mitte – ein Meisterwerk Millets – die Marmorbüste Paulines. An der Wand gegenüber die prächtige Orgel, davor ein Flügel von Pleyel. Den Raum überwölbend zierlich geschnitzte Bögen aus hellem Holz; die Wandfelder nächst der Decke füllen Malereien mit den Attributen aller Künste.

Kein Zweifel: Der Sommer 1863 stellt Pauline vor eine nicht geringe Aufgabe; die eigene Stimme mußte aufs neue bezwungen und eingesetzt werden. In Frankfurt findet der Fürstentag unter Österreichs Führung statt. Das diplomatische Treiben dort schlägt Wellen bis ins Tal der Oos, wo um diese Zeit und auf höchsten Wunsch Pauline ihre berühmteste Bühnenleistung, den »Orpheus«, im Baden-Badener Theater singen soll. Darüber schreibt Aglaja nach Hause: »Am Abend der Vorstellung sandte ihr der König von Holland ein wunderschönes Bracelet, tags darauf wurde sie von der Königin von Preußen gerufen. Gestern abend sang sie beim König von Holland, der sie mit der Medaille ›pour les Beaux Arts‹ dekorierte. Enfin – sie erntet verdiente Ehren.«

Aber was ist vorhergegangen? Schon zu Beginn der Vorstellung war für Turgenjew deutlich geworden, daß Pauline stimmlich nicht in Höchstform war. Er wurde hinter der Szene Zeuge ihres Kampfes mit den eigenen Gefühlen; es war auch ein Kampf mit jedem Ton dieser ihr so vertrauten und verantwortungheischenden Partie. Wem es auf das ankam, was »die Viardot-Garcia« repräsentierte, war es unwichtig, daß sie mit den höheren Tönen Schwierigkeiten hatte. Ihr Spiel, ihre Interpretation, die Ausdruckskraft ihrer Stimme, all das war vollkommen. Dieser Orpheus war einer der glanzvollsten Augenblicke des Musiktheaters, den Turgenjew erlebt hatte, gerade auch und wegen der Schwierigkeiten.

Mit höchster Spannung verfolgte Turgenjew den ersten Akt. Wird sie es schaffen? Wird ihre Stimme durchhalten? Wird sie über die kleinen

Unregelmäßigkeiten siegen? – Letzten Endes siegte sie nicht. Ihre Stimme versagte gleich in der ersten Arie mehrere Male. Wenn es auch keine Claque im Publikum gab, so doch Cliquen; einiges Murren war zu hören. Die Pro-Partei verteidigte sie; sie nahm allen Mut zusammen und sang weiter.

Turgenjew raste innerlich vor Zorn. Konnten denn diese Idioten nicht einsehen, daß trotz der kleinen Mißgeschicke ihre Interpretation mit Sicherheit die beste ihrer Zeit war? In der Pause guckte er durch das Loch im großen Vorhang und versuchte, die Reaktion des Publikums abzuschätzen. Er hatte den Eindruck, als sei jeder ausschließlich mit sich beschäftigt. Die meisten schienen nicht zu wissen, daß Große Oper mehr ist als eine Frage der Stimmakrobatik. Für ihn und alle, die die Oper liebten, hatte Pauline triumphiert. Und tatsächlich meisterte sie die Schwierigkeiten der zweiten Hälfte bravourös.

*

Zitternd stand Banier nach der Vorstellung noch eine Weile auf der Straße. Er war wider sein Naturell verzaubert von den funkelnden Lichtern über dem Park und mußte doch gleichzeitig daran denken, wie seltsam die Menschen sind, die sich im Theater und auf dem Podium der öffentlichen Neugierde preisgeben. Vermutlich sind sie überempfindlich, vielleicht sogar verrückt im Sinne des Verständnisses der Normalmenschen. Sie müssen Nerven aus Stahl haben, wenn es gilt, vor das Publikum zu treten, zweifellos auch das Selbstvertrauen besitzen, um die Zuschauer davon zu überzeugen, daß ihre Vision richtig ist. Oft sind sie so übersensibel und von Selbstzweifeln geplagt, daß es verwunderlich bleibt, wie sie es überhaupt zustande bringen, das Publikum zu fesseln. Das Leben hinter der Bühne gleicht mitunter einer Höllenfahrt.

*

Im Alter von 73 Jahren war Giacomo Meyerbeer 1864 in Paris gestorben. Die Trauer in Frankreich und Deutschland war allgemein und, bei verstummtem Streit der Parteien, ehrlich. Natürlich auch im Hause Viardot. Turgenjew hörte in Paris die Menschen von der Weisung sprechen, die man nach Meyerbeers Tod in einem versiegelten Papier gefunden hatte. Er verfügte, daß er wohlbewacht vier Tage lang auf dem Bett liegengelassen werden sollte; der Meister fürchtete sich offenbar sehr vor dem Scheintod! An der Seite seiner geliebten Mutter wollte er in Berlin bestattet werden.

Turgenjew sieht den Sarg in der Rue Montaigne 2, aufgestellt in einem Saal des ersten Stocks, verhangen mit einer schwarzen, von weißen Sternen übersäten Decke, auf ihr Blumen und Immortellenkränze. Etwas nach ein Uhr setzt sich der Zug in Bewegung. Deputationen der Akademien, Theater, Gesangvereine und vieler anderer Institutionen reihen sich ein. Der Weg führt über die Champs-Élysées, über die Place de la Concorde, durch die Rue Lafayette, in deren Nähe das Ziel, der Nordbahnhof, liegt. An der Spitze marschieren die Sappeurs der Nationalgarde, es folgen drei Musikkorps. Den Trauerwagen ziehen sechs, mit schwarzen Tüchern bedeckte und mit Lorbeerkronen geschmückte Pferde. Zwei Rabbiner gehen voran. Ein Zeremonienmeister trägt auf einem Kissen die zahlreichen Dekorierungen des Verstorbenen; ihm folgen die Synagogendiener, von denen einer das Alte Testament in der Hand hält. Dicht hinter dem Wagen zahllose Trauergäste, Mitglieder des Konservatoriums, dann die Gesellschaft der dramatischen Schriftsteller, der sich Turgenjew anschließt; schließlich das Personal der großen Oper, der Opéra comique und des Théâtre lyrique, Deputationen der deutschen Gesangsvereinigungen Teutonia und Liedertafel. Ihnen schließen sich zwanzig Trauerwagen an, manche Equipagen und eine weitere Abteilung der Nationalgarde. Verschiedene Kapellen spielen Trauermärsche aus Meyerbeers Werken; dazwischen wirbeln dumpf die Trommeln; von Zeit zu Zeit dröhnt ein Tamtam, das dem Ganzen einen eigentümlichen Charakter gibt. Als der Zug in den Boulevard de la Madeleine einbiegt, löst sich eine große Gruppe von Damen aus der Menge und bedeckt den Sarg des Meisters mit Sträußen und Kränzen.

Trauerfeiern sind auch für die Außenstehenden da, denkt Turgenjew, als er Tränen in seinen Augen spürt. Habe ich den Verstorbenen nicht oft genug in Gedanken mit einem Lorgnettenverkäufer verglichen?

Einfahrt und Halle des Nordbahnhofs sind zu einem schwarz ausgeschlagenen, rechts und links mit Tribünen versehenen Saal verwandelt worden. In der Mitte der Halle erhebt sich ein Katafalk mit Opferfeuern von ungewöhnlicher Größe. Hundert Schritt davon wartet der Reisewagen, von innen und außen schwarz und silbern ausgeschlagen. Sieben Ansprachen werden gehalten, Musikstücke aus Meyerbeers Opern folgen einander. Turgenjew tun vom Stehen die Beine weh, und er kommt zu dem Schluß, daß er nicht so prächtig zu Grabe getragen werden will. Er ahnt nicht, welche Menschenmengen sich einst um seinen Leichenwagen versammeln werden.

Am 6. Mai gegen Abend geht der Extrazug ab, um zwei Tage später in

Berlin einzutreffen. Ein Chor singt zur Begrüßung auf dem Potsdamer Bahnhof, bevor der Sarg zum Haus des Verewigten, Pariser Platz 6, gebracht wird. Am 11. Mai mittags um 12 Uhr geleitet ihn die Trauergemeinde, der sich die beiden Viardots und Banier angeschlossen haben (Turgenjew ist in Paris geblieben), zur letzten Ruhestätte: zum Erbbegräbnis der Beerschen Familie auf dem jüdischen Friedhof vor dem Schönhauser Tor. Der Religionsphilosoph Joel hält die Trauerrede und erhebt die Stimme bedeutsam, als er sagt: »Freuen wir uns, wenn ein solches Wort hier erlaubt ist, daß dieses Kind des harmoniereichen Deutschland doch mit seinen Tönen lange das französische Volk beglückt hat. Ein Grund mehr, den sympathetischen Akkord zwischen beiden Nationen klingend zu erhalten. Möchte der Name Meyerbeer ein Unterpfand sein für die Einigung der schwesterlichen Nationen, die nichts trennen sollte.«

Unter den Repräsentanten des Berliner Musiklebens befindet sich auch der Kapellmeister Heinrich Dorn. Nach der Feier bittet er Pauline, die in Tränen kaum zuhört, um die Erlaubnis, sie in Baden-Baden besuchen zu dürfen: Er plant eine Reise, die ihn von München, wo er die Premiere »Tristan und Isolde« unter Hans von Bülow miterleben will, nach Paris führen soll, zur posthumen Uraufführung von Meyerbeers Schwanengesang »Die Afrikanerin«.

*

Inzwischen hat Frau Schumann Aglaja eingeladen, mit ihr Robert Schumanns Lieder zu studieren, bevor die junge Dame endgültig in ein Engagement entschwindet. Frau Clara empfängt zwar noch Besuch für die nächsten Tage, so läßt sie verlauten, aber in der nächsten Woche soll es dann soweit sein. Wer dieser Besuch ist, das kann Banier bald in Erfahrung bringen: Herr Johannes Brahms logiert bei Anton Rubinstein. Der Pianist besucht mit seinen Landsleuten häufig das Spielcasino, was dem Norddeutschen Brahms wenig behagt.

Er sieht Banier im Orchester sitzen, als er eine der Mittwochsvorstellungen in der ersten Reihe besucht. Der dreißigjährige Hamburger winkt ein Zeichen, sie möchten sich in der Pause treffen. Sie verabreden sich für den kommenden Tag im Café am Leopoldsplatz.

Erstaunlich genug: Den Komponisten scheint das geschäftige Treiben dort wenig zu stören; er erstattet gutgelaunt Bericht. »Ich bin erster Chormeister der Wiener Singakademie. Wien wird doch den meisten deutschen Musikern zum Schicksal. Aber ebenso fern von Hamburg wie vom Musikzentrum Wien fühle ich mich am wohlsten.«

325

In der Lichtentaler Allee Nr. 14 ist Brahms wie zu Hause. Er betrachtet sich als Teil der Familie. Empfindet er doch für Schumanns Witwe, seit er ihr nach Roberts Tod helfend zur Seite gestanden hat, schwärmerische Verehrung und Liebe. Hier in Baden will er jetzt sein Winterpensum für Wien erarbeiten.

Es kümmert ihn wenig, daß sein Äußeres mitunter Anstoß erregt. Er sticht sehr ab von der Eleganz, in der sich die mondäne Gesellschaft gefällt. Und dennoch folgen ihm manche weiblichen Blicke mit Wohlgefallen, als er aufsteht und federnd davongeht. Wie ein Junge sieht er aus, gedrungen und stämmig, mit vollem, rundem Gesicht und gelbblondem Haar. Den schmutzig-grauen Bart, den er sich später wachsen ließ und der jedem zuerst in den Sinn kommt, der sich an ihn erinnert, trägt er noch nicht. Er benutzt übrigens noch immer kein Rasiermesser; mit einer morgendlichen Brummgymnastik versucht er, seine dünne Knabenstimme etwas männlicher werden zu lassen. Es muß ein besonders böser Tag für ihn gewesen sein, als er in Baden-Baden Rubinstein in der Spielbank abholen wollte und ihm der Türsteher dort den Eingang verwehrte mit den Worten: »Minderjährige sind hier nicht zugelassen.«

Alles, was gesellschaftliche Formen angeht, straft Brahms mit Mißachtung, ja er liebt es, unangenehm aufzufallen. Vielleicht entspringt dieser Hang einer Verlegenheit, die er auf diese Weise zu verstecken sucht. Es bedrückt ihn, daß er in der Jugend fast ausschließlich mit Menschen aus einfachsten und sehr zweifelhaften Hamburger Verhältnissen umgegangen ist.

Aber bei Frau Clara, der »Domina«, wie ihre Umgebung sie tituliert, kann er kommen und gehen, wie er möchte; es verschlägt wenig, ob er böser oder friedlicher Stimmung ist. »Wenn Ihr Herr Chef, der Levi da ist«, berichtet er Banier im Gehen, »dann spiele ich mit ihm einmal Schubertsche Ländler oder – meine Walzer.«

*

Der energische junge Mann, dem seit seiner Detmolder Zeit der Umgang mit einem weiblichen Chor lieb und vertraut war, kam auch bald mit Pauline und dem Kreis ihrer Schülerinnen in Kontakt. Zu ihrem Geburtstag am 11. Juli schrieb er ein kurzes Chorstück für Frauenstimmen, wie er es in vergangenen Jahren zu diversen Gelegenheiten mit seinen Chordamen gehalten hatte. Er kam auch selbst, die Proben in den Zimmern der Pension zu leiten, die eine der besseren Schülerinnen, Antoinette von

Sterling, bewohnte. Um sieben Uhr morgens wandelte Brahms mit seinen Sängerinnen durch die Wiesen und postierte sie unter Paulines Schlafzimmerfenster. Als diese sich zeigte, warf ihr jede der Damen ein Sträußchen hinauf.

Die Herrlichkeit der Wiener Anstellung sollte für Brahms nur einen Winter dauern, dann legte er seinen Posten bereits enttäuscht nieder. Er hatte sich inzwischen im »Hotel Bären« in Lichtental eingemietet, ganz in der Nähe von Clara Schumanns Haus. Hier traf er sich mit Julius Allgeyer, dem Freund und späteren Biographen Anselm Feuerbachs, und dem Karlsruher Hofkapellmeister Hermann Levi. Bei der erwähnten Mittwochsvorstellung, zu der jede Woche das Karlsruher Orchester nach Baden kam, aber auch bei manchen folgenden Aufführungen kam Brahms mit der Oper in Berührung, und der Plan tauchte auf, selbst einmal für die Bühne zu komponieren.

Kein Textvorschlag wollte dem Komponisten zusagen. In Anselm Feuerbachs Nachlaß fand sich ein Operntext, der für Brahms ausgewählt worden war. Darüber hinaus gab es den Versuch Turgenjews, eine neue Opernfassung des Romans »Consuelo« von George Sand zu schaffen. Pauline hatte schon am 23. März 1863 an George geschrieben: »Glauben Sie, daß aus ›Consuelo‹ ein oder zwei große Aufzüge zu machen wären?« Sehr wahrscheinlich las Brahms auch diesen Entwurf, verzichtete dann aber, da sich Pauline selbst an der Komposition interessiert zeigte. Sie kam jedoch über Ansätze nicht hinaus. »Ich möchte nicht zu ehrgeizig sein«, heißt es weiter in ihrem Brief, »und doch lächelt mich diese venezianische Farbe, gemischt mit der ein wenig klassischen Nuance, an.«

Turgenjews Entwurf zum Libretto ist solide gezimmert und umfaßt zwei Akte in vier Bildern, mit genauer Angabe, welche Teile gesungen und welche gesprochen werden sollten. Die Gedanken sind nicht ausformuliert, man erfährt lediglich, daß Consuelo »die beste Sängerin des Südens« ist. Hinter dem Plan steht der Wunsch Paulines, wieder mit Turgenjew an einem Bühnenprojekt zu arbeiten, und die Bitte von George, neue Musik von ihrer Freundin zu hören, inspiriert durch einen eigenen Roman. Louis Viardot meinte, Pauline habe sich nicht zugetraut, musikalisch auf die Höhe des Textes einer großen Dichterin zu kommen. Und Turgenjew hatte es sich zum Gesetz gemacht, Pauline in keinem Werk darzustellen, aus Furcht, ihr Wesen nicht zu treffen.

Es ist charakteristisch für Brahms, daß alle diese Pläne zu keinem Ergebnis führten. Pauline versuchte, Brahms auch mit dem Dichter Paul

Anselm Feuerbach: Aglaja Orgeni (1865)

Heyse in Verbindung zu bringen. Deswegen war dieser sogar von München angereist – vergebens! Es fehlte die schauspielerische Komponente in Brahms' Wesen.

*

Anfang 1865 traf Brahms eine Trauerbotschaft inmitten fleißiger Arbeit: Am 1. Februar war seine Mutter gestorben. Er flüchtete in die tröstende Atmosphäre Lichtentals, »wo man jeden Augenblick mühelos alle Genüsse einer verfeinerten Natur erlangen und sich ebenso jederzeit und augenblicklich in die tiefste und reizendste Gebirgseinsamkeit vergraben konnte«.

Nicht mehr im »Bären« wohnte er nun, sondern im Gartenhaus der Witwe Becker aus Erfurt. Er hatte dort ein privates Logis gefunden. »Es ist sicher das Beste, daß Du Deine Freude daran haben wirst«, schreibt er an Levi. »Das Haus Lichtental 136 liegt auf einer Anhöhe, und von meinem Zimmer aus sehe ich nach drei Seiten auf die dunkel bewaldeten Berge, die schlängelnden Wege hinauf und hinab und die freundlichen Häuser.«

1865 begegnete er auch Anselm Feuerbach, dem Maler, wieder. Am 16. Mai schrieb die Mutter Feuerbachs an Allgeyer in Karlsruhe: »Anselm ist da – nach einem männlichen plötzlichen Entschluß . . . Wir bleiben acht bis zehn Tage hier, damit er sich erholen und in der Stille ausheilen kann.« Sie wohnten hinter der protestantischen Kirche unter einem Dach mit Aglaja Orgeni, bei Fräulein Heinsen im Haus Montebello. Feuerbach kam eines Tages mit zum Unterricht bei Madame Viardot und zeichnete die junge Sängerin Aglaja.

Lange hat Brahms Freundschaft zu Feuerbach nicht gehalten, der schon damals Zeichen von Verfolgungswahn zeigte. Daran konnte auch die innere Verwandtschaft der beiden Künstler, die zur gleichen Zeit aus der Quelle des Dichters Hafis Anregung empfingen, nichts ändern: Brahms schrieb damals seine Hafis-Lieder, Feuerbach arbeitete an seinem Bild »Hafis am Brunnen«.

An einem verträumten Sommerabend stößt Hermann Levi zu Feuerbach und Brahms, die bei einem Glas Punsch im Freien sitzen. Der Komponist des »Deutschen Requiems«, das in Baden mit dem Satz »Ihr habt nun Traurigkeit« zum Gedenken an die Mutter vollendet wird, ist überraschend liebenswürdig. Feuerbach, bildschön und jung, in seinem schwarzen Samtrock nach Allgeyers Meinung wie ein »Kunstreiter« wirkend, bestreitet einen großen Teil der Unterhaltung mit Berichten aus Italien. Vom Kurgarten klingt Musik herüber, in den Büschen schmettern Nachtigallen – und aus dem offenen Fenster einer nahen Villa tönt die Stimme einer jungen Sängerin, die noch zu später Stunde das Trinklied aus Donizettis »Lucrezia Borgia« übt. »Das Tempo ist falsch«, ruft Brahms übermütig. Augenblicke später ist er durch das offene Fenster in den Salon der überraschten jungen Dame gesprungen und sitzt neben Aglaja am Flügel, um das richtige Tempo anzugeben. Auf dem gleichen Weg kehrt er in den Kreis der Freunde zurück und verlangt ein neues Glas Punsch.

Bei Pauline hört Aglaja die Bestätigung: Sein Tempogefühl hat Brahms nicht getäuscht. »Es liegt nur an Ihrer Vorsicht bei dem ›Koloraturen-Schwindel!‹« ruft die Lehrerin, »sie machen die Läufe zu schwer und zu langsam. Glissez, toujours glissez! Pensez seulement aux dernières notes, arrivez en temps!«

*

Kapellmeister Dorn sucht neue Talente für die Hofoper. Madame Viardot hat Banier beauftragt, Dorn in Baden zu betreuen und zu begleiten. Nach der Ankunft nehmen die beiden ein zweites Frühstück im Konversationshaus; sie schlendern dann durch die Lichtentaler Allee,gehen den Weg, der am Garten des Turgenjewschen Hauses entlangführt, und stehen schließlich nach ein paar hundert Schritten vor der Villa Viardot.

Pauline erwartet die beiden bereits auf den Stufen des Konzertsaals. Zuerst singt Fräulein Deconnay. Als sie die Fides-Arie aus dem »Prophet« beendet hat, meint der selbstsichere Dirigent: »Eine schöne, mächtige Stimme, ohne viel musikalische Bildung, zu viel Nuancen und teilweise fragwürdige Intonation!« Banier, der einige der Schülerinnen auf dem Klavier begleitet, hört Pauline sagen, sie mache gar keinen Hehl aus den Fehlern der jungen Dame. Die Beschämte zieht sich in die äußerste Ecke des Saales zurück, um einer Glücklicheren Platz zu machen: Fräulein Schröder aus Schlesien singt die Cavatine der Bellinischen Julia geschmackvoll und mit viel Gefühl. Dorn bemängelt jedoch ihr Timbre, und Banier wundert sich später nicht, sie in Paris beifällig aufgenommen zu sehen. Denn sie hat ein typisch französisches Organ mit etwas nasalem Beiklang.

Klug hat Pauline ihre beste Schülerin Aglaja, nachdem viele andere gesungen haben, für das Finale aufgespart. Bei ihr läßt sich sofort die bedeutende Begabung erkennen. Das Organ, so scheint es Banier wieder, ist zwar nicht übermäßig kräftig, aber von rührender Weichheit. Dabei gehorcht die Stimme dem resolutesten Wechsel im Ausdruck. Ihre Erscheinung und ihr Vortrag erinnern Dorn lebhaft an Désirée Artôt, jene Diva, in die sich Peter Iljitsch Tschaikowsky bei ihrem ersten Rußland-Gastspiel so verliebte, daß er ihr einen, freilich nicht erhörten, Heiratsantrag machte.

Dorn fühlt sich bemüßigt, seiner Berufsehre zu genügen und hinzuzufügen, in der Arie der Violetta aus Verdis »La Traviata« habe es freilich noch an Kehlfertigkeit und Geschmeidigkeit gefehlt. Aber er fühlt sich durch den elegischen Klang ihrer Stimme »doch recht angesprochen«. Banier ist von Aglajas Leistung überrascht, und die »Brava« und »Bravissima«-Rufe von ihm und den Zuhörenden ermutigen das hübsche Mädchen, immer frischer und freier zu klingen. Dorn gesteht schließlich auch, er habe – nach der überstandenen Ohrenpein bei der Wagner-Premiere in München – Aglajas Vortrag als musikalischen Genuß empfunden. Er ist so gründlich beeindruckt, daß er, kaum in Paris angekommen, seinem Chef in Berlin Aglaja mit wärmsten Worten empfehlen wird.

Der Intendant Baron von Hülsen war längst auf die Orgeni hingewiesen worden, hatte aber schon zu oft schlechte Erfahrungen mit Empfehlungen Dritter gemacht und zunächst lediglich Aglajas Namen in sein Notizbüchlein eingetragen. Als Turgenjew sie von Paris aus ebenfalls rühmte, wurde Aglaja schon im Herbst desselben Jahres dem Berliner Musentempel eingereiht, wo sie gleich mit ihren ersten Auftritten entschieden einschlug.

Bevor sie endgültig nach Berlin übersiedelte, verbrachte Aglaja noch einen Spätsommer in Baden-Baden, um sich ihr Programm für den Winter zu erarbeiten.

*

Eines Tages kam Banier mit der Aufforderung: »Ich möchte gegen Ihren strengen Geist revoltieren, indem ich Sie bitte, Ihre stolze Einsamkeit in Montebello zu unterbrechen und mit mir zu einer Soirée im Kurhaus zu gehen.« Aglaja nahm die Einladung an. Der mit rotem Damast ausgeschlagene Konzertsaal wirkte imposant, aber trotz der vielen hundert Kerzen düster. Die Herren saßen am grünen Tisch, nur wenige Paare bewegten sich auf dem Parkett. Das kam einem Großstädter lächerlich provinziell vor. Es fiel auf, daß alle Damen mit Hut tanzten und in hochgeschlossenem Kleid.

Auf dem Heimweg schärft ihr Banier ein, daß sie zu den wenigen gehören müsse, die den Zielpflock immer weiter nach vorn stecken. Als sie durch den regenfeuchten Abend in einer Kutsche zum Montebello fahren, ruft sie unversehens: »Bitte, lassen Sie halten!« Sie ist blaß. Er greift nach dem Schirm, der nun wie ein Palmwedel über ihr schwankt. Dann weist er den Kutscher an, ein Stück vorauszufahren, springt ab und reicht ihr den Arm. »Haben Sie Mut!« sagt er.

Zwanzig ist sie alt und fühlt sich aufgewühlt wie eine reife Frau. Zum ersten Mal empfindet Banier so etwas wie Verantwortung. »Sie können jetzt nicht mehr umkehren«, bringt er stockend hervor. »Sie haben Sicherheit, Rang und Einfluß aufgegeben, die Ihnen eine normale Ehe gewonnen hätte. Jetzt gehen Sie einen anderen Weg, den Weg der Kunst!« Banier weiß, daß nicht er gemeint ist, als sie sich plötzlich weinend losreißt und auf ihre Vorgartentüre zurennt.

*

Die Stunde der Abreise kam für Aglaja. In Berlin hatte sie gleich mit ihren ersten Auftritten Erfolg.

Mit der Kollegialität unter den Theaterleuten war es freilich nicht allzu weit her. Mißgunst und Eifersucht warteten auch in Berlin. Pauline warnte in ihren Briefen vor ungerechtfertigtem Stolz auf fragwürdige stimmliche Vorzüge. Banier, der beim Abschied so wortkarg gewesen war, daß es der Scheidenden wehgetan hatte, wußte, daß man Aglaja unrecht tat und ihre besondere Natur zu wenig berücksichtigte. Dorn, der trocken Sachliche, konnte nichts von ihrem Wesen ahnen, das sich nach Baniers Meinung zwischen Tag und Traum vollzug.

Als Dorn 1869 wieder einmal auf Stimmensuche in Baden war und Pauline besuchte, erkundigte sich Turgenjew nach Aglajas Ergehen. »Nun«, antwortete Dorn, »sie kann das Schwierigste in kürzester Zeit erreichen. Aber sie zeigt eine unüberwindliche Abneigung gegen den regelmäßigen Gang der Dinge. Vor drei Jahren, 1866, nach dem sieben-tägigen Feldzug in Böhmen, fand sie es unvereinbar mit der Würde einer Österreicherin, sich noch länger an eine preußische Bühne zu binden. Die Hofoper willigte wohl oder übel in ihren Wunsch nach Entlassung ein. Seit jener Zeit irrt die ungarische Nachtigall auf allen möglichen Theatern umher.«

Pauline erschrak, denn sie war schon geraume Zeit ohne Nachricht und hatte sich Sorgen gemacht. »Der Wandervogel kam 1868 aber wieder nach Berlin und feierte dort Triumphe«, fuhr Dorn fort, »am 20. Dezember hatte sie jedoch im fünften Akt der ›Margarethe‹ laut Libretto vor meinen Augen in der Unterbühne zu versinken. So war sie zufällig die letzte Sängerin, die meiner Battuta gehorchte, denn seit jenem Abend habe ich den Taktstock nicht wieder in die Hand genommen.« Ein komisch entrüsteter Unterton schwang in diesen Worten mit: Es mußte just eine Schülerin der Viardot sein, die ihm den Abschied schwer machte!

Mit Turgenjew auf dem Weg zum Bahnhof, fing Dorn an, auf Pauline zu schimpfen. »Eine dämonische Natur besitzt diese vorzügliche Frau. Noch größer stünde sie da, wäre ihr auch gegeben, sich künstlerisch zu bescheiden. Schon in ihren Gesangsleistungen, so vieles darin anzuerken-nen war, übertrat sie nicht selten die ›Grenzlinie‹ der Schönheit und verletzte durch gewisse Tonfärbungen, die wir im Deutschen mit keinem anständigen Ausdruck bezeichnen können.« Etwas gepreßten Tones erwiderte Turgenjew: »Ein solches Zuviel gab es höchstens in ihren Fermaten und Fio/ rituren. Die sonst so geschmackvolle Sängerin mag hierin – gelegentlich – gesündigt haben. Aber doch nicht aus Caprice oder um Außergewöhnliches zu bieten! Ich habe etwas gegen die puritanische Ansicht, der Sänger dürfe in den sogenannten Klassikern, namentlich bei Mozart, keine Note verändern.« Aber Turgenjew sah, daß sich eine Antwort erübrigte, und schwieg. Bald darauf trennten sich die Herren.

*

Nicht einmal Clara Schumann hatte bemerkt, wie ernsthaft das Verhältnis von Brahms zu ihrer Tochter Julie geworden war. Die »Domina« hatte auch keinen Verdacht geschöpft, als Brahms Julie – vor Jahren – die Variationen über Schumanns »Geisterthema« aus den »Bunten Blättern« widmete. Ein solches Musikstück mochte sie ohnehin als ein »Sakrileg« ansehen, da ihr zu jener Zeit Roberts Musik als unantastbar galt. Als sie Brahms nun arglos die Verlobung ihrer Tochter mit dem italienischen Grafen Marmorito mitteilte, reagierte Brahms überraschend. Sie konnte nicht fassen, daß ihr Herzensfreund ungläubig erschrak und wie umgewandelt war.

Er sprach nicht mehr mit Julie, während er sie vorher stets mit Wort und Blick gesucht hatte. Freund Levi hatte Banier eines Tages verraten, wie schwärmerisch Brahms sich in Julie verliebt hatte. Wer allerdings mit Brahms Scheu, sich zu binden, einigermaßen vertraut war, der wußte, daß er nicht an Heiraten dachte. Turgenjew kannte durch Augenschein das Verhältnis der jungen Leute, denn er hatte die beiden einmal auf abgelegenem Wege umschlungen gesehen. So lächelte er nur ungläubig, als die »Domina« auch weiterhin behauptete, Brahms hätte keine wirkliche Neigung zu Julie.

In der Stimmung des Verzichts komponierte Brahms die »Alt-Rhapsodie«, verkürzte dazu Goethes »Harzreise im Winter« nach seinem Sinn und bezeichnete das Werk Freunden gegenüber bitter als »Brautgesang für Julie«. Bei der Probeaufführung spielte Banier im Orchester. Pauline war die Solistin, Levi dirigierte und Brahms saß allein im Saal. Er wollte hören, wie die Besetzung von Alt-Solo, Männerchor und Orchester wirkte. Anschließend gestand er Banier, er habe das Werk mit Ingrimm geschrieben, in wirklichem Zorn. Er wolle sich dem Verleger gegenüber klar ausdrücken: Es handele sich um ein »Brautlied für die Schumannsche Gräfin«.

In der Tat stockte sein Komponieren nun für eine Weile. Nach dem »Deutschen Requiem« schrieb er bis zu seinem vierzigsten Geburtstag außer einigen Liedern nichts mehr. »Ich habe mich ausgeschrieben«, meinte er. Turgenjew erinnerte die siebenjährige Pause in Brahms Schaffen an die Zeit des Verstummens in Beethovens Leben. Eine Zeit, in der Brahms sich wandelte: Aus dem übermütigen Jüngling wurde der sackgrobe Hagestolz Brahms, vor dem alle Gastgeberinnen zitterten.

*

Banier empfand Paulines Unterricht als Oase der Konzentration. Er versuchte daher mit immer neuen Ausflüchten, dem Orchesterdienst fernzubleiben. Der Vorstand lächelte, wenn »unser Senior« wieder einmal Magenverstimmung oder starke Erkältung vorgab, um sich von einer Probe oder Vorstellung zu befreien.

Er hörte Pauline die Schüler geduldig ermahnen, sich den glücklich treffenden Ausdruck, die schöne Regung zu verdienen und sich für sie offenzuhalten. Manchmal fand sich das Rechte im Gesang ohne Worte, manchmal im Rezitieren ohne Gesang. Immer wieder forderte Pauline den Singenden auf, sich ganz an das Kunstwerk zu verschwenden: mit dem Körper, mit allen Gedanken. »Über das Natürliche verfügen wir nicht ohne weiteres. Man muß es suchen und erobern, es sich auch durch unermüdliche Arbeit verdienen.« Gelang es einem Schüler nicht, sich von der allzu verständlichen Verliebtheit in die eigene Stimme zu befreien, so riet sie ihm, sich zu verändern: »Ist erst der Gedanke lebendig, daß etwas zu verbessern wäre, so stachelt er uns zum Tun an, anstatt uns zu streicheln. Ja, derart unbequem muß die Probe auf das Ich ausfallen. Ein Handwerk, das sich nicht widerborstig gibt, ist noch gar keines; wie muß es sich da erst mit der Kunst verhalten! Im Handwerk betätigen sich ›Liebhaber‹, die zu keinem ganz kleinen Teil dem Künstler ominös sein müssen. Denn der Liebhaber vertreibt sich nur die Zeit und überwindet selten den Punkt, wo der Zeitvertreib aufhört. Folglich heißt es in der Professionalität mehr als sonst, über sich hinauszugehen, um den anderen etwas geben zu können. Berufensein ist, anders gesagt, so unangenehm, daß nichts übrigbleibt, als vor ihm zu bestehen. Wenn es eines Tages durchzuhalten gilt, läßt sich ein früh Begünstigter wohl manchmal fallen und sucht nach einer künstlerischen Tätigkeit, die sich gleichsam von selbst erledigt und ohne viel Mühe funktioniert. Die aber gibt es nicht. Man kann sehr gut singen und doch nichts sagen. Man kann etwas sehr gut sagen, dabei aber besser nicht singen.« Banier bewunderte Pauline, wie sie behende während des Unterrichts agierte, allgegenwärtig war und dabei doch von schier unendlicher Geduld.

*

Turgenjew begriff Paulines Genie weitaus besser als ihr gütiger Mann. Viardot hatte einen zu ruhigen und zu sehr allein auf das Praktische gerichteten Geist, um an den nachschöpferischen Begeisterungen seiner Frau teilnehmen zu können. Stellte sich aber der »große Moskowiter« ein gemeinsames Leben, eine Ehe mit Pauline vor, ein süßes und erfülltes Dasein gegenseitiger Liebe – stellte er sich vor, daß sie ein Kind zusammen hätten, daß er nach Paulines Tod zärtlich für das mutterlose Kind sorgen sollte, so hielt der exotische Reiz solcher Phantasie nicht an. Ein paar Monate hätten sie eine glückliche Ehe geführt. Danach hätten sie einander vielleicht gehaßt.

Pauline und Claudie hielten Turgenjew vor, er mache der Schauspielerin Savina zu offensichtlich den Hof. Bereitwillig erzählte er von einer anderen Weibsperson, die er bei Mme. Delessert während des letzten Paris-Besuchs wieder getroffen hatte. Das etwas zweifelhafte Mädchen war inzwischen Mätresse Louis-Napoléons geworden. Turgenjew beneidete ihn darum nicht.

Pauline war versucht, in einen Wettstreit ihrer früheren Affären mit den seinen einzutreten: da erinnerte sie sich eines Edelmanns, der sie immer wieder auf ihre »Jugendfrische« angesprochen hatte. Dem konnte Turgenjew nur hinzufügen, wie oft er auf die Männer eifersüchtig gewesen war, die ihr den Hof machten . . . Adolph Menzel zum Beispiel war sichtlich davon betroffen, als er auf Paulines herzliche Beziehung zu Pietsch kam. War doch Pietsch ein mediokrer Maler, der Pauline sicher nicht mehr liebte als er, Menzel!

Es ist oft gesagt worden, Turgenjew hätte an keinem anderen Nestrand glücklicher werden können als bei den Viardots. Seine Seelenlage erlaubte es ihm nur, ein »Glück« in einer Familie zu suchen, die nicht die seine war. Pauline schrieb er 1871: »Ich versichere Ihnen, daß das Gefühl, das ich Ihnen entgegenbringe, etwas in der Welt völlig Neues darstellt, das niemals war und sich nie wiederholen wird!« Und Pauline beschwor ihn: »O ja, schreiben Sie jeden Tag und kommen Sie, lieber Freund, zu den Menschen zurück, die ohne Sie nicht glücklich sein können!«

*

Turgenjews Zimmerwirtin, Frau Minna Anstett, entrüstete sich damals über den Lebenswandel einer Nachbarin, der Pariser Halbweltdame Cora Pearl. Die stark aufgeputzte Käufliche empfing ungeniert ihre Gäste. So sehr sie ihre sonstigen Nachbarn entsetzte, so lustig und exotisch fanden es die Freunde, etwas »Weltstadt« in der Nähe zu haben.

Der Umgang mit Prostituierten war für Turgenjew nichts Neues. Um das fünfzehnte Lebensjahr herum war er oft in die Nähe des öffentlichen Hauses unweit Spaskoje geschlichen. Es stand einzeln, und nachts schlichen dort Bauerngestalten umher, mit schweren, schwankenden Schritten. Eines Abends stieß er damals die hintere von den beiden Eingangstüren auf. Die Besitzerin, eine Madame Natascha, zögerte, ihn einzulassen. In seiner Aufregung fürchtete Iwan schon, sie würde ihn als zu jung fortschicken. Aber sie lächelte nur und rief eines ihrer Mädchen. Mit ihr ist Iwan dann »hinaufgegangen«.

Die Angst, er könne geschlechtskrank werden, ließ ihn schreckliche Wochen durchleben. Aber er ist wieder hingegangen. Überhaupt kannte er während seiner Jugendzeit keine anderen Frauen als diese. Denn er war bequem, auch schüchtern, und er hatte vor allem Furcht, sich lächerlich zu machen, der »Situation nicht gewachsen zu sein«.

Heimlich ist Turgenjew auch bei Madame Pearl eingekehrt. Im Grunde kam es ihm nur darauf an zu sehen, wie die Frau ihm begegnen würde. Daß er nie besonders männlich war, wußte er schon als junger Mensch, wenn er aus dem einsamen Hause kam. Cora Pearl hatte ein noch hübsches, schmales Gesicht und einen anziehenden Körper. »Du mußt nicht so viel denken« war ihre stete Redewendung.

Turgenjew vermutete, daß die Freunde, auch Pietsch, wenn sie von ihren Heldentaten mit Frauen erzählten, fürchterlich aufschnitten. Er bildete sich ein, daß seine Kräfte eher unter dem Durchschnitt lägen. Wenn ihn die Frauen ansahen, hatte er mitunter das Gefühl, als dächten sie darüber nach, was ihn von anderen Männern unterschied. Warum nahmen sie, lernten sie ihn näher kennen, so gern eine mütterliche, beschützende Attitüde ein? Schließlich war er ein in Paris angesehener Mann und fällte allmonatlich wichtige Entscheidungen in seinem riesigen russischen Gut.

Peinlich, daß Pietsch zu Turgenjews Geburtstag eine als Petschaft zu verwendende kleine Bronzestatuette von Reinhold Begas, darstellend eine nackte Badende, mit so offenkundigem Feixen überreichte, daß dem nächtlichen Wanderer klar wurde, der Freund habe ihn beim Weggehen oder Wiederkommen beobachtet. Natürlich wurde darüber kein Wort gewechselt, denn Pauline, in deren Salon diese Übergabe stattfand, hätte fast etwas gemerkt.

*

Pauline hat später die Veröffentlichung der an sie gerichteten Briefe Turgenjews lange hinausgezögert. Zu unsanft verfuhr Turgenjew mit den literarischen Kollegen in Frankreich, Rußland und Deutschland, auch mit Komponisten oder Sängern. Besonders streng ging er mit dem »Jünger« Charles Gounod ins Gericht: Im März 1864 erschien die erste Fassung von dessen Oper »Mireille«, und Turgenjew richtete sie im Brief an Pauline förmlich hin: »Nur der erste Akt war annehmbar, der zweite höchstens stellenweise charmant, der Rest absolut verfehlt, unmöglich, kalt und langweilig und rechtfertigte das Fiasko. Der ›Chant d'extase‹ der sterbenden Mireille stammt von einem Halévy vierter Klasse . . .«

*

Auf der alljährlichen Durchreise nach Petersburg hielt sich Turgenjew im Juni 1864 kurz in Berlin auf. Dort traf er Ludwig Pietsch, der seine jüngste, fünfjährige Tochter an Diphtherie verloren hatte. »Das Schwerste am Tod«, schrieb Turgenjew dann aus Rußland an Pietsch, »ist wohl diese indifferente Notwendigkeit, diese ›Natürlichkeit‹ des Schmerzes und der Verluste. Er knickt die reizendste, schönste Gestalt und weiß nicht einmal etwas davon, so wenig wie das Rad, das die Blume zerquetscht.« Er riet Pietsch, zu arbeiten und noch einmal zu arbeiten, sich gewaltsam in etwas hineinzuzwängen, »wie ein gebrochenes Glied in harte Binden, ein altes, probates Mittel« (30. April 1864). In einem Brief an Pauline heißt es: »Es ist Viertel acht Uhr abends, liebe Madame Viardot; in diesem Augenblick sind Sie alle im Salon versammelt. Sie machen Musik. Viardot schlummert in der Kaminecke, die Kinder zeichnen, und ich, dessen Herz ebenfalls in diesem geliebten Salon weilt, ich bereite mich darauf vor, wenn möglich, noch ein wenig zu schlafen, bevor ich mich auf die Reise nach Königsberg begebe . . . Mir ist das Herz recht schwer.« (14. Jan. 1864)

Damals sollte sich Turgenjew in Petersburg vor einer Kommission verantworten. Es ging um seine Verbindung zu dem Revolutionär Alexander Herzen und um Geld, das er Bakunin für die Flucht aus sibirischer Haft hatte zukommen lassen. Er hoffte trotz einiger Aufregung, die Angelegenheit werde sich in spätestens sechs Wochen erledigt haben.

Nach Baden berichtete Turgenjew über die Petersburger Aufführung der Oper »Judith« von Alexander Serow: »Ich muß sagen, ein bemerkenswertes Stück, trotz der Längen und Ungeschicklichkeiten, trotz einer beklagenswerten Ausführung und ebensolchen Dekorationen. Die Musik bewegt sich auf der direkten Linie von Wagner her. Aber es gibt einen unwägbaren Anhauch von Leidenschaft und Größe, hinter dem sich eine musikalisch sehr originelle Physiognomie enthüllt. Die große Szene, die der Ermordung des Holofernes vorausgeht, hat mich wirklich beeindruckt. Aber stellen Sie sich vor (und ich sehe Sie lachen), daß Judith im fünften Akt mit dem Kopf ihres Monsieur in der Hand auftritt, ihn dem Volk zeigt, dann eine von Harfenarpeggien begleitete Arie singt, eine himmelblaue Arie sozusagen, und daß es da einen jungen Mann im Turban gibt, der sie im nächsten Moment heiratet! Wenn diese Judith schwanger sein wird, werde ich es melden. Ich wäre begierig, Ihre Meinung zu hören. Mr. Serow ist den Eingeweiden Wagners entsprungen, das ist wohl wahr, aber er ist kein allzu schlechter Sohn. Morgen abend werde ich bei ihm eingeführt.« (Januar 1864)

*

Am nächsten Tag zwischen 12 und 1 Uhr wurde Turgenjew nicht ohne Pomp in das große Zimmer des Senats geleitet. Sechs Herren in Uniform mit Ordenssternen saßen vor ihm. Eine Stunde mußte er stehend aushalten. Seine Antworten wurden ihm zuletzt mit der Frage vorgelesen, ob er noch etwas hinzuzufügen hätte. Dann schickte man ihn mit der erneuten Ankündigung fort, er müsse sich in einigen Tagen einer Gegenüberstellung unterziehen. Alles ging leise und höflich vor sich, was Turgenjew als gutes Zeichen nahm.

Er war angeklagt, mit geflohenen Revolutionären paktiert zu haben und sollte sich rechtfertigen. Alexander Herzen hatte in London 1853 die erste russische Druckerei betrieben und hier eigene Schriften herausgegeben. Zu Herzens Zeitschrift »Kolokol« hatte Turgenjew einige Artikel beigesteuert, wie sich erwies: zum Glück nichts Verfängliches.

Was seine Verbindung zu dem Revolutionär und Anarchisten Michail Bakunin betraf, war nichts zu befürchten. Dieser hatte nach dem Dresdener Maiaufstand 1849 zunächst auf dem Königstein in Sachsen, dann in Österreich und schließlich in der Petersburger Festung Kerkerstrafen verbüßt. 1861 war es ihm, auch weil Turgenjew seine Helfer finanziell unterstützte, gelungen, über London nach Amerika zu fliehen. Turgenjew tat sich viel darauf zugute, seine Hilfsaktion so geschickt eingefädelt zu haben, daß er nun – nicht später als zum vorgesehenen Rückreisetermin – wieder ins »Ausland« fahren durfte. Über die genauen Begründungen seiner Haftverschonung erfuhr er nichts.

Als er nach Deutschland zurückgekehrt war, begann er den Roman »Rauch«, der im Baden-Baden der frühen sechziger Jahre spielt.

*

Im Hochsommer besuchte ihn Pietsch, und Turgenjew las ihm mit der ihm eigenen russischen Gastfreundlichkeit jeden Wunsch von den Augen ab. Das stete, behagliche Beisammensein mit dem Freund setzte ihn einen Monat lang in den Genuß des Selbstvergessens. Pietsch hatte eine »wohltuende« Arbeit unter den Händen. Auf der Reise nach Baden hatte er, der Illustrator, den Dichter Fritz Reuter aufgesucht und machte nun seine Freunde mit dem Werk des Mecklenburgers bekannt, erfüllt von dessen neuester Schöpfung »Ut mine Stromtid«. Pietsch las begeistert ganze Kapitel aus dem Werk vor, fing auf plattdeutsch an und mußte, als seine Hörer ihm nicht folgen konnten, die Worte ins Hochdeutsche übersetzen. Da waren alle ergriffen von dieser menschenbildnerischen, naiven Dichterkraft. Zum dritten Teil von Reuters »Ollen Kamellen« zeichnete Pietsch Illustrationen, die dann in der Erstausgabe erschienen.

*

Pauline hörte viele Jahre später von einem Stuttgarter Liebhaber-Tenor, der eine ganze Reihe von Liedern eines wilden Wiener Neutöners namens Hugo Wolf auf Texte von Eduard Mörike vorgetragen und damit ein gewisses Aufsehen erregt hatte. Mit Wehmut denkt sie an eigene Mörike-Vertonungen, die schon fast vergessen waren. Sie kam damals durch Turgenjews Verehrung des schwäbischen Dichters auf die Idee, sich mit ihm zu beschäftigen. Der Russe hielt sich immer etwas darauf zugute, daß er den »Alten Turmhahn« des Schwaben auswendig deklamieren konnte.

Durch die Vermittlung des österreichischen Lyrikers Moritz Hartmann, eines Freundes von Turgenjew (er übersetzte »Rauch«, »Mumu«, »Der Kreisarzt« und »Drei Begegnungen« aus dem Französischen ins Deutsche), kam eine Zusammenkunft zustande, und Pauline wollte Mörike ihre Vertonungen selber vorspielen und singen. Sie trafen sich in des Dichters Stuttgarter Wohnung, wo sich allerdings kein Klavier befand. Auch Turgenjew war dabei.

Mörike, der Dichter mit dem seltsam unkonturierten, weichen Gesicht, das besonders in Phasen des Staunens oder der Geistesabwesenheit aussah wie das eines Kindes, hatte nichts von seinem russischen Gast gelesen und sprach seinen Namen wie »Tugineff« aus. Hartmann und Turgenjew priesen Paulines Musik in derart begeisterten Worten, daß Mörike mißtrauisch wurde, vor allem, als er hörte, diese Lieder seien nur mit denen Schuberts zu vergleichen.

Beim zweiten Versuch begleiteten sie Mörike und dessen Schwester Gretchen zu Moritz Hartmann. Nach dem Kaffee sollte Pauline singen und spielen. Mörike verschwand zunächst, um bald mit einer riesigen spanischen Wand wiederzukehren, hinter der er während der Vorträge für die Mitgäste verborgen blieb. »Damit ihr mich nicht weinen sehet, wenn es mir zu Herzen gehet . . .«, erklärte er murmelnd. Turgenjew beobachtete, wie Mörike immer ergriffener dem Vortrag folgte. Bei einer harmonisch besonders scharf gewürzten oder kräftig kolorierten Stelle sah ihn Turgenjew zusammenzucken und dann verbindlich lächelnd vor sich hin sagen: »Das ist aber starker, spanischer Pfeffer!« Zuletzt war er ganz außer sich und lief wie trunken auf und ab.

Es ist heute kompliziert, die Titel von Paulines Mörike-Gesängen noch zu überblicken, da sich deutsche und russische Verlage in die Drucklegung teilten. »Nixe Binsenfuß« war dabei und »Das verlassene Mägdlein«, auch »In der Frühe«, »Der Gärtner«, »Die Soldatenbraut« und »Agnes«. In Rußland erschienen die von Turgenjew frei bearbeiteten Gedichte »Frage und Antwort« und »Heimweh«. Einzeln hatte sie einmal »Jung Volkers Lied« vertont. Turgenjew, das weiß Pauline noch gut, war immer erstaunt über ihre Nähe zu Wagner in diesen kleinen Gebilden. Sie bedauert, ihre und Hugo Wolfs Versionen nie nebeneinander gehört zu haben. Turgenjew übersetzte einige der Lieder Paulines ins Russische und ließ sie drucken.

*

Im April 1865 kam es zu einer besonderen, fast waghalsigen Unternehmung Paulines, da sie als Interpretin zu Rossini zurückkehrte. Die Viardots hatten mit vielen Freunden silberne Hochzeit gefeiert. Dabei war der allgemeine Wunsch lautgeworden, Pauline möchte, um das Ereignis zu krönen, einige ihrer Paraderollen noch einmal auf südwestdeutschen Bühnen singen.

Die Aufgabe ging Pauline als fast wahnwitzig mit vielen Stoßseufzern an. Denn sie hatte keine Übung mehr darin, die Hitze des Rampenlichts zu ertragen, sich über große Entfernungen mit dem Kapellmeister zu verständigen, was ihr im besonders weitläufigen Haus der Stuttgarter Hofoper nicht leicht fiel. Auch war ihr das prekäre Zusammenwirken von Gesang und Darstellung, dieses ständige Anpassen der stimmlichen Möglichkeiten an die eigentlich gesangsfeindlichen Bühnenbewegungen, inzwischen fremd geworden. Nun war die Forderung plötzlich wieder da. Steif herumzustehen, wie es die Rampensänger praktizieren, kam für Pauline nicht in Frage. So gestaltete sich jeder dieser Auftritte zu einem Balanceakt.

Warum sie auf den Wunsch eingegangen war? Sie wollte noch einmal vor einem während mehrerer Auftritte an ihren Anblick und ihren Stimmklang gewöhnten Publikum, das genügend unprovinziell und verständnisvoll reagierte, ihre wichtigsten Partien in zyklischer Form darbieten. Als erleichternd wurde berücksichtigt, daß einige der renommiertesten Bühnen Deutschlands nicht weit von Baden-Baden gelegen waren, so daß sich das Reisen nicht als kräftezehrende Anstrengung erwies. Natürlich war auch die Einnahme willkommen, denn der Hauskauf in der Tiergartenstraße hatte Unsummen verschluckt, nicht minder die Ausstattung des Hauses nach den Bedürfnissen der Familie und der Bau des kleinen Odeons im Garten, auf dem Louis – entgegen Paulines Bedenken – bestanden hatte.

In Karlsruhe, nur eine halbe Stunde per Eisenbahn entfernt, wurde der Anfang gemacht. Hermann Levi, den dortigen musikalischen Chef, hatte Pauline während seiner Badener Konzerte als einen zuverlässigen Musiker schätzen gelernt. Auch war ihr der ehrwürdige, wenn auch mitunter schwerfällig reagierende Intendant Eduard Devrient vorgestellt worden, der soeben als Autor einer umfassenden »Geschichte des Deutschen Theaters« hervorgetreten war und sich nicht nur als Angehöriger der berühmten Berliner Theaterfamilie Devrient, sondern durch eigene Leistungen als Sänger und Schauspieler einen Namen erworben hatte. Er traute aber keiner Sängerin mehr, nachdem er mit seiner berühmten Schwägerin Wilhelmine Schröder-Devrient und deren Eigenwilligkeiten unangenehme Erfahrungen gemacht hatte.

Auf einen triumphalen »Orphée« im Baden-Badener Theater konnte bald die »Norma« im Karlsruher Hoftheater folgen. Ein halbes Jahr später grub man dort für Pauline eine alte Inszenierung des »Propheten« wieder aus, der mangels der dazu notwendigen außergewöhnlichen Stimmen lange geruht hatte. Devrient war »bekehrt« und schrieb in sein Tagebuch unter dem 20. Januar 1865: »Die Viardot spielte die Kirchenszene schön, gewaltig, eindringlich. «

Als dann aber, zur 68. Wiederkehr von Franz Schuberts Geburtstag, Pauline in Stuttgart mit einer Folge von Liedern in der Künstlergesellschaft »Bergwerk« Begeisterung weckte, entschloß sie sich, mehr in dieser Stadt zu singen: Die Rosine im »Barbier« und die Desdemona im »Otello« Rossinis. Turgenjew hat dieses Erlebnis als einzigartig bezeichnet. Pauline war mit vierundvierzig Jahren jung geblieben, wirkte nahezu jugendlich. Diese erstaunliche Physis sollte ihr bis ins späte Alter treu bleiben.

Sie wurde gleichwohl vor jedem Auftritt von schrecklichen Ängsten heimgesucht. Schon vor der Vorstellung fühlte sie sich »wie aus dem Wasser gezogen«, was sie doch früher immer als ein böses Omen angesehen hatte. Aber sie überwand die Hindernisse. Turgenjew schrieb an Pietsch: »Ich muß sagen, daß – wenigstens für mich – sich der Satz als gültig erwiesen hat: Was man ahnt, geschieht nie. Das Leben ist eine Reihe plötzlich herabfallender Blumen ... oder Kieselsteine.«

Was Pauline darstellerisch leistete? Sie überzeugte durch eine ganz von innen gestaltete Dramatik, die sich sparsamer Mittel bediente. Alle Bühnenkünstler waren damals mit einem »Handbuch der Bühnenposen« von 1854 vertraut, das als Bibel für Schauspieler und Sänger galt. Der Italiener Ermanno Morelli hatte es herausgegeben, und es war in viele Sprachen übersetzt worden. Da liest man unter dem Stichwort »Rasen«: »den Hut abnehmen, ihn wieder aufsetzen, auf den Kopf drücken, auf den Boden werfen, wieder aufnehmen, ihn zerreißen; mit großen, unruhigen Schritten gehen, einmal gerade, einmal schräg. Bald die Hände in den Haaren, bald die Weste herunterziehen, sie aufknöpfen, sie aufschnüren, für einen Augenblick hier, dann dort stehenbleiben. Laut mit der Faust auf die Versatzstücke klopfen. Stühle umwerfen, Vasen und Geschirr zerschmettern, sich mit der Faust auf den Kopf schlagen, Türen öffnen und schließen, sich auf einen Stuhl hinwerfen, auf den Boden stampfen, wieder hochschnellen, etc.«

Pauline überraschte das damalige Publikum – durch die Sparsamkeit und das »diminuendo« ihrer Bewegungen. Sie beschränkte ihre Gestik auf ein ausdrucksvolles Spiel der Hände. Sie vermied theatralische Mittel und zeigte im Mienenspiel, im Blick Wandlungen und innere Vorgänge, die gewöhnlich mit ungleich größerem Aufwand ausgedrückt wurden.

Nur langsam hatte sich ihre Bühnenkunst durchgesetzt. Ihr Ruf als Darstellerin übertraf schließlich sogar ihre sängerische Reputation. Wurde sie gebeten, ihre Interpretation zu erläutern, so lehnte sie das ab. Ihrer Meinung nach könne über Kunst nicht räsonniert werden. Kunst sei etwas Elementares, nicht Erlernbares. Über Kunst zu sprechen käme einer Analyse der Liebe gleich. Alle haben darüber gesprochen, pflegte Pauline zu sagen, aber niemand konnte ihren Kern deuten. Künstler sei man, weil man fähig sei, zu fühlen und die Gefühle zu äußern.

Doch an jedem neuerlichen Bühnenabend verausgabte sie sich so sehr, daß gelegentlich Vorstellungen abgesagt werden mußten. Depressionen über etwa Mißlungenes ließ sie aber nicht zu. Labile Gesundheit und Zeichen des Alterns nahm sie als selbstverständlich hin. Selbstzweifel oder Klagen wurden nicht laut. Und eben das bezeichnete Clara Schu-

Pauline Viardot:
Aus einem ihrer Notenbüchlein

mann etwas neidvoll als »die große Lebenssicherheit«, die sie aus der
Ferne nur anstaunen konnte. Auch entwickelte Pauline in diesen letzten
Jahren des Singens eine Fähigkeit, Lob wie Kritik nicht zu beachten, um
die sie selbst Turgenjew beneidete.

Paulines Tatkraft in jenen Jahren 1865 überstieg alle Begriffe: Es
entstand auch ein ganzes Heft mit Liedern auf Texte von Puschkin, Fet
und Turgenjew, von Friedrich Bodenstedt ins Deutsche übertragen.
Pauline wählte Turgenjews Gedicht »Die Meise« aus und vertonte es –
nach seiner Meinung – »allerliebst«. Eine nicht gerade freundliche Besprechung des Berliner Kritikers Ernst Kossak enthielt er ihr allerdings
vor.

*

Für Augenblicke sind wir wieder beim Bankett von 1905. Es läßt sich die
Stimme Dr. Speyers vernehmen, der zu Pauline sagt: »Etwa Mitte der
sechziger Jahre wurde doch posthum Meyerbeers Opus ultimum ›Die
Afrikanerin‹ in Paris uraufgeführt. Wirkten Sie darin auch mit?« »Aber
nein, man hätte nicht mehr im Traum daran gedacht, mich für etwas

343

derart Repräsentatives zu verpflichten. Aber bei der folgenden Erstaufführung in Berlin war ich Zuhörerin und bin bei dieser Gelegenheit mit
einigen meiner liebsten Schülerinnen wieder zusammengetroffen.«

Turgenjew muß in jenem November 1865 die Reisende der Obhut
Pietschs empfehlen, den er inständig bittet, jedes Vorkommnis unvor-
hergesehener Art sofort in die Schillerstraße zu telegraphieren. Aber
Pauline fühlt sich gefordert und tatenfroh in Berlin. So wohlgemut,
frisch und lebensfroh wie damals hat Turgenjew sie selten von einer Reise
zurückkommen gesehen.

»Ich wohnte auf Einladung der Witwe Meyerbeers in deren Berliner
Haus«, erzählt sie gerade Herrn Dr. Speyer. »Nach der pompösen Premiere bekam ich die Gelegenheit« – und hier lächelt sie über sich selbst –,
»meinen Hang mich zu produzieren, wie er wohl allen Bühnenkindern
eigen ist, durch mehrere Hauskonzerte zu befriedigen. In seiner bescheidenen Wohnung, die zum Hof hinausging, drei Treppen hoch in der
Bendlerstraße im sogenannten ›gotischen Haus‹, gab Pietsch drei Abend-
gesellschaften und lud alle künstlerischen Größen des damaligen Berlin
dazu ein. Er stellte mir Adolph Menzel vor, Reinhold und Adalbert
Begas, Friedrich Drake, Eduard Magnus, Gustav Richter, Eduard Mey-
erheim und viele andere Maler, Schriftsteller, Musiker.

Er kündigte mich als ›die Einzige‹ an, und ich versuchte, diesem
Anspruch gerecht zu werden. Andachtsvoll, entzückt bis hingerissen
hörte die Gästeschar alles, was Pietsch sich von mir wünschte: Altitalieni-
sche Arien, Glucksche und Mozartsche Melodien, Schuberts und Schumanns Lieder, eigene Gesänge, auch spanische Volkslieder in meiner
Bearbeitung.«

Sie begleitet sich selbst am Klavier. Der kleine Herr Menzel, der sonst
für Frauen, insbesondere für Künstlerinnen, wenig übrig hat, ist völlig
hingerissen. Einige Tage später lädt er Pauline zu einer Gesellschaft im
Hause seines Schwagers Krigar ein, wo er sie immer wieder und von allen
Seiten zeichnet. Später setzt er ihr Porträt in die prachtvolle Titelkompo-
sition, die den »Spanischen Liedern« Krigars voransteht.

*

Als Pauline nach Baden zurückkehrt, ist es ihr interessant, daß der
berühmte französische Illustrator Gustave Doré bei Turgenjew wohnt.
In der Beurteilung Gustave Dorés stimmt Turgenjew mit Pietsch überein: Das, was die Gabe Menzels auszeichnet, nämlich die unersättliche,
spontane Naturwiedergabe, fehlt bei Doré. Doch in diesem »seltsam

glänzenden Meteor« sei der Drang, zu komponieren und die Phantasie fessellos walten zu lassen, imponierend. Alles Groteske, Unwirkliche, phantastisch Wilde, Ungeheuerliche und Märchenhafte treffe er unnachahmlich. Um so auffallender wirke Dorés Schwäche überall da, wo es sich um das innere Leben des Dargestellten, um nicht übertriebenes, naiv Heiteres oder Kindliches, um unbefangene Lieblichkeit handele.

*

Turgenjew ist gedrückter Stimmung, denn er leidet unter einer Muskelentzündung im linken Arm. Die Beschwerden nehmen bösartigen Charakter an, und er sitzt wochenlang zuhause und wechselt alle zehn Minuten kalte Umschläge. Seine Hand kann er kaum regen, jede Bewegung schmerzt. Von Arbeit, wie er sie sich vorgenommen hat, ist natürlich keine Rede. Besserung tritt erst ein, als Pietsch endlich auf die Idee kommt, eine Salbe zu besorgen. Sein Zustand bessert sich, wobei es hilft, daß Rubinstein die fünfzehn Nummern des musikalischen Albums von Pauline spielt, das 1864 bei Johansen in Petersburg gedruckt worden ist. Pauline singt ihre Lieder mit halber Stimme, und dem Pianisten gefallen besonders »Das Murmeln«, »Friedliche Nacht«, »Schatten der Mitternacht« und »Zwei Rosen« nach Fet sowie Puschkins »Georgienne« und »Der Sturm«. Er kennt die Stücke übrigens längst, denn Turgenjew und Rubinstein betrieben die Drucklegung in Rußland; Rubinstein hatte sich angeboten, die Druckfahnen zu korrigieren und Änderungen in der ursprünglichen Reihenfolge zu veranlassen.

Gegenüber Pauline hatte Turgenjew damals von seiner Ungeduld gesprochen, endlich von Petersburg nach Baden abreisen zu können; er erzählte auch brieflich von einem großen Bal paré des Adels in Petersburg, den er besucht hatte: »Viele schöne Toiletten, wenig schöne Personen, gepuderte oder wehende Haare, nur durch ein Band gehalten. Das ist jetzt große Mode. Ich sah den Kaiser und fand ihn in ausgelassener Stimmung. Als sich die große Mazurka in der ganzen Breite und Länge des Saales entrollte, machte das viel Effekt. Dennoch erschienen mir die Kapriolen einiger Herren etwas wild. Sie sahen ein wenig aus wie eine Menge entlaufener Pferde, ohne doch so natürlich zu sein. Der Walzer aus Gounods Faust, zu dem getanzt wurde, machte Furore, wie sich auch der Erfolg der Oper fortsetzt. Fast nie bekommt man eine Karte. Ich sah einige alte Bekannte auf dem Ball wieder. Man findet mich sehr weiß geworden, um nicht zu sagen gealtert.« (Februar 1864)

*

Pauline befand sich im März 1865 auf Konzertreise in Mitteldeutschland, und wie immer, wenn keine briefliche Nachricht über ihr Ergehen zu Turgenjew gelangte, machte er sich die finstersten Sorgen, was ihr wohl zugestoßen sein mochte. Im Brief aus Baden konnte sie dann erzählen, sie plane, die erste deutsche Übersetzung des »Orpheus« von Gluck abzuändern und zu verbessern, damit sie das Werk in Deutschland singen könne. Auch die pietistischen Sprachwendungen in Bachs Matthäus-Passion, die sie zu Ostern 1864 singen sollte, störten sie. Im Leipziger Gewandhaus sang sie dann Lieder und spielte am gleichen Abend eine eigene Klavierkomposition, sicherlich eine ungewöhnliche Darbietung von einer Sängerin.

*

Turgenjew hatte in Petersburg den Komponisten Serow gebeten, die wichtigsten Nummern aus dessen Oper »Judith« für Pauline abzuschreiben. Auch übermittelte er eine Einladung Nikolai Rubinsteins, der Pauline vorschlug, zehn Vorstellungen von »Orphée« und »Alceste« in Petersburg zu singen; aber Pauline gedachte eine solche Strapaze nicht mehr auf sich zu nehmen und lehnte ab. Übrigens sah sie Turgenjew nur noch wenig: er hatte in Rußland, unter der Kälte leidend, so viele Freunde in sein warmes Zimmer in Baden eingeladen, daß sich, solange er in Baden war, die russischen Besucher dort die Klinke in die Hand gaben.

Vor längerem schon hatte sich ein großes Grundstück für ihn gefunden, das fast unmittelbar an den Garten der Villa Viardot angrenzte, im wiesenreichen, von Waldbergen umgebenen Tiergartental gelegen. Er kaufte das noch wüste Terrain, auf dem Obstbäume standen und eine Quelle sprudelte, ein Schatz, der den neuen Bewohner mit Stolz erfüllte, so sehr er dies auch durch Selbstironie abzuschwächen suchte.

Ein Pariser Architekt entwarf ihm eine Villa im Stil Ludwigs XIII., mit hohen, schiefergedeckten Mansardendächern und schlanken Schornsteinen. Die Hauptfassade kehrte das Haus dem Garten und der »Molkenanstalt« jenseits des Wiesenhanges am Fuß des Sauerbergs zu. Turgenjew konnte das Gebäude erst 1867 beziehen, wenngleich die Arbeiten noch längst nicht beendet waren. Eine Ewigkeit hätte man hier verweilen wollen. Und wie kurz war doch die Dauer des Bleibens! Schon vor der Fertigstellung des Baus versammelte er viele Freunde im noch kahlen Erdgeschoß, und sie vernahmen seine kleinen Geschichten, die er in leichtestem Tonfall erzählte, Resultate der Menschenbeobachtung, des originellen Nachdenkens über Menschen, Dinge und Natur, Himmel und Erde, ohne tönende Phrase, ohne leere Redensarten, das Richtige treffend. Auch sah man sich beim Morgentee im kleinen offenen Pavillon, am Ufer des an der Gartengrenze entlanggeleiteten Baches, oder mittags um 12 Uhr im getäfelten Speisezimmer, vor dessen Fenstern sich die Wiesen bis zum Rand des Bergwaldes dehnten.

*

Pauline macht sich damals Sorge um ihre Tochter. Louises Ehe mit Héritte scheitert an ihrem schwierigen Charakter und an Hérittes Liaison mit einer Miss Stephens. Turgenjew nimmt regen Anteil an dieser Familientragödie und ist mit Pauline erleichtert, als der Freund und Hausarzt Dr. Frisson in Baden-Baden die hochschwangere Louise in seine Obhut nimmt und bei der Geburt ihres Sohnes Jean-Paul betreut.

Das Vertrauen, das der Arzt in der Familie genoß, ging so weit, daß ihm bereits 1861 Pauline den Auftrag gegeben hatte, Schloß Courtavenel für sie zu verkaufen. Dies geschah, als die Hausherrin sich zu längerem Aufenthalt in Deutschland entschloß. Es hatten sich nämlich größere Schäden im Mauerwerk gezeigt, und Unbekannte veräußerten bereits einzelne Steine des ehrwürdigen Gebäudes.

*

Es waren schriftstellerisch fruchtbare Jahre für Turgenjew, trotz der alljährlichen Unterbrechung durch die russischen Inspektionsreisen. Louis machte sich manchmal bei Pauline über seine Art zu planen lustig, es amüsierte ihn vornehmlich, daß er die andauernde Überwindung der Trägheit einkalkulierte. Er hatte ja auch das Glück, nie für den eigenen Lebensunterhalt arbeiten zu müssen. Und theoretisch schwärmte er ja – für die Faulheit. Die nationale »Oblomowerei«, die Gontscharow so plastisch karikiert hatte, steckte ihm im Blut.

*

War er in Paris, so sah Turgenjew verzweifelt, wie schwierig es war, seine Tochter Paulinette zu verheiraten. Da gab es einen Bewerber namens Pinet, einen Konkurssyndikus; aber der Plan zerschlug sich an der Unentschlossenheit Paulinettes. Die beiden waren seit 1862 verlobt, und alles schien schon glücklich auszugehen. Da stellte sich heraus, daß Verwandte Turgenjews in Paris ihr eingeredet hatten, sie dürfe nur adlig heiraten.

Er holte sich Rat bei der Pariser Vertrauten von Prosper Mérimée, Mme. Delessert. Sie nahm, wie er es insgeheim gehofft hatte, reges

Interesse an Paulinettes Ergehen und sicherte Turgenjew zu, eine passende Verbindung zu finden. Paulinette solle ein billiges Quartier in Passy beziehen, ganz in ihrer Nähe. Das war Turgenjew recht, er mochte nicht länger an Brautausstattung und Kuppelversuche denken.

Noch ein drittes Mal mußte Turgenjew sich dazu überwinden, die »Mireille« anzuhören. Mme. Delessert und Paulinette führten ihn hin und baten, die Unterhaltung mit einem jungen Mann zu führen, der sich für Paulinette interessierte. Turgenjew berichtete im April 1864 über das fragwürdige Ergebnis seines Vermittlungsversuchs: »Da meine Tochter gestern abend wie heute hartnäckig schwieg, weiß ich nichts über den Eindruck, den er möglicherweise gemacht hat. Übrigens befasse ich mich damit wirklich nur oberflächlich, denn es ist ja ihre Sache. Und jetzt, da diese Damen ein dauerndes Appartement in Passy genommen haben, werden sie tun, was ihnen gut scheint. Meinerseits habe ich erklärt, keinen Sou mehr zahlen zu wollen, als für die Miete festgesetzt worden war.«

Im Winter 1866/67 wartete Ernüchterung auf ihn in Paris. Paulinette hatte Gaston Bruère geheiratet und war nach einem Kind, das sie verloren hatte, nun zum zweiten Mal schwanger. Turgenjew lernte Gastons Eltern kennen. Bruères Vater war Notar und beklagte sich, als er einen Augenblick mit Turgenjew allein war, darüber, sein Sohn mache unnütze Reisen. Das sei ja auch der Grund für die Fehlgeburt gewesen. Daß Paulinette in der Familie eines Glasfabrikanten glücklich zu werden hoffte, wollte Turgenjew nicht einleuchten. Er langweilte sich schrecklich in der nüchternen Gegenwart dieser Menschen und konnte sich nur wundern, daß es seine Tochter war, die da so geschäftstüchtig über Firmenvorgänge und Rechnungen, über Produktion und Versäumnisse der Angestellten in der Glasfabrik redete. Nicht lange darauf starb der Direktor des Werks, und Bruère kaufte die Fabrik. Aber er führte sie – in den Konkurs. Paulinette, die ihren Vater und ihre Ehe lange überlebte, sagte gesprächsweise: »Ich heiratete einen Industriellen aus guter Familie und in ausgezeichneter Position. Aber allen Kunstdingen gegenüber war er völlig fremd.«

*

Wieder in Baden, fragte sich Turgenjew, wie es hatte geschehen können, daß er so rasch völlig verändert war. Gestern noch in Paris angewidert und verärgert, heute ruhig und zufrieden – man hätte meinen sollen, ein Gott habe seine Seele verändert. Als der Hund seinen seidenweichen Kopf unter Turgenjews Hand schmiegte, setzte sich der Dichter ins Gras, um ihn besser streicheln zu können, legte ihn auf seine Oberschenkel und liebkoste ihn.

Im April entstand die kleine Erzählung »Der Hund«, in einem Anfall von Arbeitswut niedergeschrieben. Turgenjew erkannte sich selbst nicht wieder und hatte den begründeten Verdacht, der Eifer entspringe nur der Freude, bald wieder der Familie Viardot vorlesen zu dürfen. Mehr als zwölf Stunden verharrte er am Schreibtisch.

In einer Pariser Tageszeitung hatte Turgenjew einen Artikel von Alphonse Lamartine über sich gelesen. Darüber schrieb er nun, mit einiger Verspätung, an Pauline: »Welche Ehre! Nicht? Ich werde wohl zu ihm gehen müssen und ihm das sagen. Wie ich mich kenne, werde ich stumm dasitzen oder Unverständliches murmeln.« (März 1864)

Sein Besuch bei Lamartine brachte Turgenjew in Verlegenheit: Lamartine überschüttete ihn mit Komplimenten von der Art, auf die man nicht antworten kann. Der Gastgeber bestand zum Entsetzen des Dichters darauf, ihn gründlich zu bewundern. »Ich sagte ihm, ich sei nur der Lichtputzer auf dem Rauchamber und sei froh, mich in seinem Ruhm auf diese Weise zu bewahren etc. Daß ich mich auf diese Phrase gründlich vorbereitet hatte, konnte ich ihm nicht mit der wünschenswerten Naivität mitteilen. Ich fürchte sogar, mich beim Sprechen verheddert zu haben. Immerhin ist es ja sehr liebenswürdig von ihm. Er machte mehr denn je den Eindruck eines armen, alten, entthronisierten Königs, mehr noch: eines legendären wie Chilpéric oder Dagobert.« (14. April 1864)

*

Als Turgenjew in Baden eintraf, im Mai 1864, befand sich Pauline in Brüssel, da ihre Mutter Joaquina Sitchez-Garcia dort gestorben war. Turgenjew, der von der Nachricht erschüttert war, übertönte seine Trauer durch Vorlesen bei russischen Freunden. Er trug »Sobaka« (Der Hund) bei einem Schriftstellerkollegen vor.

Bei seinem nächsten Paris-Aufenthalt wurde Turgenjew an die traurigste Tatsache des Vorjahres erinnert: Eugène Delacroix war gestorben. An Pauline schrieb er: »Etwas, was mich lebhaft interessiert und erstaunt hat, ist die Ausstellung von Werken Delacroix' am Boulevard des Italiens.« Im Hotel Drouot fand 1864 ein umfassender Verkauf von Gemälden des Meisters statt, und der Maler Fantin-Latour veranstaltete während des Mai-Salons eine Gedächtnisausstellung für den wichtigsten Romantiker unter den bildenden Künstlern Frankreichs. »Ich zog meinen Hut tief vor diesem großen Maler und Poeten, oder wie man das nennen soll. Es handelt sich bei ihm sicherlich um das größte malerische Temperament, das in modernen Zeiten zu sehen war. Es handelt vielleicht unvollständig, ungenau, was immer Sie wollen: aber welche Glut, welche Vorstellungskraft, welches Zusammenstimmen von äußerer und innerer Bewegung! Ich glaube, Sie hätten den gleichen Eindruck. Ich erinnere mich an das fade, glatte und eher literarische Gefühl, das ich nach einer Ausstellung der Werke Scheffers hatte. Welcher Unterschied, guter Gott! Hier ist ein Sturzbach von Phantasie, manchmal schlammig, aber er reißt mit.« (November 1864)

*

Im Sommer 1865 war Turgenjew wieder auf seinem Gut in Spaskoje: »Der Wind heult, stürmischer, mit Hagel untermischter Regen peitscht gegen die Fensterscheiben, der Himmel ist schmutzig grau und düster, die Bäume bewegen sich wie besessen, das Thermometer zeigt vier Grad über Null am Mittag, in den Zimmern ist es kalt und feucht, vom Sturm verschreckte Raben krächzen klagend und dunkel. Fet hat mich eben verlassen, in einen dicken Winterpelz gehüllt stieg er in den Wagen, die Pferde, die ihn zogen, waren ganz struppig und verfroren, Bauern waren zu sehen, völlig in Schafspelzen vermummt, mit großen Pelzmützen, die bis zum Bart heruntergezogen waren, deren Spitzen der Wind wie Hühnerschwänze wackeln ließ, Fliegen, was sage ich, nur zwei Fliegen, die einzigen, die man in diesem Jahr bisher zu sehen bekam, setzen sich auf die Hände – ein fader Geruch von Zimmerluft und alten Champignons dringt bis ins Gehirn, ich fühle Unruhe in den Beinen und Grimmen im Magen: Dies ist die genaue Photographie des Augenblicks aus einer Reise in mein ›Cara patria‹. Können Sie sich vorstellen, wie mich das an mein liebes, wunderbares Baden denken läßt? Ich fühle mich entschieden wie in Quarantäne (sie dauert etwa sechs Wochen) und tröste mich mit der vagen Idee, daß die Hälfte der Zeit verstrichen ist. Geduld! Geduld!« (Juni 1865 an Pauline)

Fet hatte Turgenjew zwei Tage lang in Spaskoje besucht, und sie hatten sich, genau wie früher in Courtavenel, gezankt und angeschrieen. Als Fet nämlich 1856 in Courtavenel zu Gast gewesen war, gefiel er Pauline überhaupt nicht, während der russische Dichterphilosoph von der Liebenswürdigkeit und Kultur Paulines bezaubert war! Allerdings verließ er das Schloß bald fluchtartig, da dem Vielesser die Ernährung vollkommen unzulänglich vorkam.

Dieser Mann, den Turgenjew von Herzen liebte, hatte die Gabe, ihn immer wieder zornig zu machen. Am Ende mußten sie beide schallend lachen und erinnerten sich dabei an eine Szene, an deren Schluß damals Mme. Sitchez-Garcia trocken bemerkt hatte: »Sie haben sich gegenseitig umgebracht.« Fet trug Turgenjew auf, Pauline seine Verehrung zu Füßen zu legen. Er hatte sogar versucht, Verse zu schmieden, in der Hoffnung, Pauline werde sie recht bald in Musik setzen.

*

Turgenjews Briefe mit der Schilderung dieses russischen Sommers erreichen Pauline mit großer Verspätung. »Wirklich«, antwortet sie ihm, »wenn man bedenkt was alles seit dem Augenblick geschehen sein könnte, als der Brief die Hand des Schreibenden verließ, so drückt es einem das Herz ab, und man hat fast gar kein Vergnügen mehr daran, einen Brief zu lesen, der doch so ungeduldig erwartet wurde.«

Im Gegensatz zur winterlichen Stimmung in Turgenjews Brief herrscht in Baden drückende Hitze – Pauline schildert sie dem Freund: »Alle Fenster, alle Jalousien bleiben geschlossen. Man tut nichts als trinken, trinken, trinken, und hat doch immer Durst . . . Aber die Nächte sind herrlich. Gern gäbe ich zwanzig Feuerwerke für eine Nachtigall, auf daß sie mit ihrer schönen Stimme das wundervolle Bild belebe, das man in unserem schönen Land vor Augen hat. Gestern in der Nacht (es war fast Mitternacht, als die Mädchen verschwunden waren) machte ich einen Gang durch den Garten; die Enten saßen unbeweglich auf dem Wasser, aber mit weit geöffneten Augen. Mein Nahekommen brachte sie nicht aus der Ruhe. Ein dicker Frosch sprang ins Wasser. Etwas bewegte sich am Blumenrand, ich bückte mich und glaubte schon, einen Vogel in der Hand zu halten, als ich entdeckte, daß es eine Kröte war. Ich erhebe mich und sehe Pegasus (Turgenjews Hund) vor mir, unbeweglich, als sei er festgebannt. Der Mond schien voll in seine Augen und ließ sie grün erscheinen. Wir haben uns lange schweigend angeschaut.

> *›Ich starrte und stand unbeweglich,*
>   *den Blick zu Pegasen gewandt . . .‹*

Ich rief ihn, er knurrte und ich verzog mich. Ein komisches Tier! Er schaut uns alle mit bösartiger Miene an, als ob er uns verdächtigte, wir hätten Sie mit Gewalt verschwinden lassen. Wie froh wird er sein, Sie wiederzusehen! Ich werde mich in Gedanken an seine Stelle setzen und gönne dem treuen Tier diese Freude.

Mein geschnitzter Schreibtisch steht jetzt im Salon, ist wohlgelungen und macht charmanten Effekt. Ich werde endgültig das viereckige Klavier ins Kinderzimmer stellen lassen und dafür mein kleines Pianino an seine alte Stelle. Denn ich kann an dem dicken Instrument, das mir alle seine Eingeweide zeigt, nicht komponieren. Nein, nein, ich liebe meinen kleinen Klimperkasten sehr, der nur ganz wenig Platz wegnimmt und der, weil er nur leisen Ton hat, mich nicht dazu anregt, Klavier zu spielen. Außerdem bin ich jedesmal, wenn ich in den Salon komme, schockiert, wieviel Raum das Tafelklavier einnimmt ... Übrigens: Die Tristan-Partitur [die ihr Wagner nach der Drucklegung zur Erinnerung an das Vom-Blatt-Singen geschenkt hatte] wurde endlich in der Bibliothek gefunden. Ist das nicht seltsam? (8. Juli 1865)

*

Im August 1865 gab es das alljährliche, international beachtete Musikfest Baden-Baden. Benazet hatte Berlioz eingeladen, wie gewohnt die Leitung zu übernehmen. Dieser mußte jedoch diesmal seinen Gönner enttäuschen, denn um seine Gesundheit stand es so schlecht, daß er nicht reisen konnte.

Man hatte sich zu einer Neuerung im Programm entschlossen: Berlioz' Freund, der von Wagner begeisterte Komponist Ernest Reyer, sollte vor allem Werke zeitgenössischer Meister aus Deutschland, Frankreich, England, Italien, Rußland und Ungarn dirigieren. Klassiker im Programm waren ebenso ausgeschlossen wie Gastspiele von Virtuosen. Man wollte das musikalische Schaffen der Gegenwart möglichst umfassend vorstellen.

Von Berlioz kamen zwei Nummern aus »Die Flucht nach Ägypten« zur Aufführung und ein Fragment aus dem vierten Akt der »Trojaner«. Von Glinka sang Mme. Viardot eine Arie aus »Ruslan und Ludmilla«. Gounod steuerte den 137. Psalm bei. Von Meyerbeer erklang der Marsch aus der »Afrikanerin«, von Reyer ein Fragment aus dem »Salam« und die »Hymne du Rhin«, von Henry Litolff eine »Belgische Fest-Ouvertüre« und von Robert Schumann das Chorstück »Zigeunerleben«. Reyer wollte auch der »Zukunftsmusik« Gehör verschaffen (und fand damit nicht die Zustimmung Berlioz). Er brachte Liszts »Les Préludes« sowie Wagners Vorspiel und Liebestod aus »Tristan und Isolde«. Was Reyer nicht beabsichtigt hatte, trat ein: Berlioz' Werke fielen ab, die »Zukunftsmusik« übertönte seine beiden Beiträge. Er fühlte sich, als er davon hörte, zu Vergangenheit geworden, geistig gestorben.

*

Das russische Sprichwort! »Was ist Glück? Nichts arbeiten!«, sprach Turgenjew aus dem Herzen. Gerne wäre er ihm gefolgt, doch die Gestalten der Phantasie bedrängten ihn und forderten, daß er sie aufzeichne. Oft hörte ihn Pietsch in seinem Baden-Badener Zimmer wie ein Raubtier auf und ab gehen, nachdem bereits beim Morgentee der tragikomische Ruf erschollen war: »Heute muß ich arbeiten!« War er dann einmal am Werk, so durchlitt Turgenjew fast physisch, was er schilderte. Als er den kurzen Roman »Eine Unglückliche« schrieb, der sich aus einem Erlebnis der Studienjahre, aus der Figur eines von ihrem Liebsten verlassenen Mädchens entwickelte, sah Pietsch ihn wie krank dasitzen. »Was haben Sie? Was fehlt Ihnen?« – »Ach, sie mußte sich vergiften. Ihre Leiche ist im offenen Sarg in der Kirche aufgebahrt, und wie es bei uns in Rußland manchmal geschieht, muß jeder Verwandte dem Toten einen Abschiedskuß geben. Das habe ich einmal bei einem Vergifteten gesehen. Nun, heute mußte ich es beschreiben. Und da ist mir den ganzen Tag über schlecht.«

*

Den »größten Kunsteindruck« des Jahres 1866 nennt Turgenjew eine glänzende Matinée in Paulines Odeon, »vor Prinzessinnen, Fürstinnen und ähnlichem Gewürm«. Besonders ein Schubertsches Lied »Der Doppelgänger«, das Pauline singt, beeindruckt ihn. »Dabei bekommt man so ein leises Todesgeriesel im Rückenmark, das sich in kalten Entzückungstränen auflöst. Da kann etwas erreicht werden, was sonst undenkbar wäre: den Tod auf halber Strecke verharren zu lassen.« (An Pietsch)

*

Kurz vor der Vollendung von Turgenjews Hausbau verrieten Gerüchte politische Unsicherheit. Bismarck gebrauchte das von seinen derzeitigen Gegnern, den Liberalen, erzwungene allgemeine, direkte Wahlrecht dazu, im April 1866 einen Antrag im Frankfurter Parlament einzureichen, nämlich den »Deutschen Bund« zu reformieren. Dies sollte von einer aus direkten Wahlen und allgemeinem Stimmrecht hervorgegangenen Versammlung aller deutschen Länder in Einzelheiten festgelegt werden. Ein Schachzug, mit dem Bismarck es fertigzubringen suchte, weniger versierte Beobachter der deutschen Politik als Turgenjew zu täuschen: Es sollte der Eindruck entstehen, eine gewählte Volksvertretung habe die sogenannte »deutsche Sache« in Gang gebracht, nämlich den Ausschluß Österreichs aus dem Deutschen Bund und die Übernahme des Führungsanspruchs durch Preußen. »So etwas ist noch nie

dagewesen ... Das mußte dem allgemeinen Wahlrecht einen Backen-
streich geben. Aber die Menschen sehnen sich nach Backenstreichen. Es
gibt ihnen ein Gefühl von Realität.«

Überall in Europa wetterleuchtete es. Auf den Zaren Alexander II.
wurde ein Attentat verübt. Die russische Kolonie in Baden-Baden glich
einem aufgeschreckten Hühnervolk. Eine Reihe von Schriftstellern ging
in Rußland in Haft, viele davon mit Turgenjew bekannt. Alexander
Herzen erwähnte sie alle in seiner Zeitschrift »Kolokol«. Turgenjew
verstand jeden, dem es verleidet war, nach Rußland zurückzukehren. Er
fühlte sich dem Herrscher zwar freundschaftlich verbunden, aber ein
derartiges »Stühlezerbrechen« mochte er nicht. – Am 3. Juli 1866 ereignete sich die Schlacht bei Königgrätz. Die öffentliche Meinung ergriff für
Österreich Partei, und es fiel Turgenjew schwer, nicht ständig unliebsam
aufzufallen, weil er mit den Regierenden in Berlin sympathisierte. Pauline warnte Pietsch sogar davor, sich im Sommer nach Baden zu wagen.
Aber der Berliner Freund ließ sich nicht abhalten.

Um all ihre Bedrängnisse zu vergessen, setzte sich Pauline oft hinter
ihren Schreibtisch oder an ihr Pianino und komponierte wie besessen. Für
das Frühjahr 1867 plante sie einen Aufenthalt mit den Töchtern Claudie
und Marianne in Berlin, da mehrere der ehemaligen Schülerinnen sie um
einen Besuch gebeten hatten.

Als der Bildhauer Reinhold Begas davon erfuhr, trug er an, Paulines
Kopf zu modellieren – ebenso den von Aglaja (mit dem er sicherlich mehr
anfangen konnte, sagte Pauline jedem, der es hören wollte). Sie besuchte
auch Adolph Menzel in seinem Atelier und fand bestätigt, was ihr Turgenjew vor einem Jahr aus Berlin geschrieben hatte: »Ich sah drei große
Tableaus, die mir einfach als Meisterwerke erschienen. Eine Krönung des
regierenden Königs im Dom von Königsberg (aus dem Jahre 1861) und
zwei Szenen aus dem Leben Friedrichs des Großen, alles in mächtigen
Dimensionen. Ich werde dazu passend mich im Superlativ bewegen, aber
ich muß sagen, daß die Kraft des Kolorits bei diesem Mann ans Wunderbare grenzt, ebenso die Echtheit und Finesse der Gesichter. Er erinnert
mich an Rembrandt – und das sagt viel! Er machte mir eine eigene
Lithographie nach einem seiner Bilder zum Geschenk: ›Der Jesusknabe
lehrt im Tempel‹ – es ist von einem unbarmherzigen Realismus, aber ich
finde es erstaunlich – und um alles das besser zu sagen, worüber ich lieber
schweige, werde ich Pietsch bitten, es Ihnen zu schicken. Schauen Sie es
aufmerksam an, Sie und Viardot, und sagen Sie mir Ihre Meinung.«
(2. Juni 1865)

Turgenjew faszinierten damals die von Begas geschaffenen zu Füßen Schillers ruhenden Frauengestalten, die Musen Lyrik, Drama, Geschichte und Philosophie. Er mochte auch die »Pfauenfamilie«. Im übrigen machte er Begas die Freude, aus seinen Erzählungen vorzulesen. Wie immer fand es Turgenjew erstaunlich, wenn er in anderen angenehme Empfindungen zu wecken vermochte. Begas Frauengestalten ließen ihn an Paulines Töchter denken und ihre gegenwärtige Vorliebe für Pantomimen.

Wenn er die Mädchen in Baden-Baden von Pauline improvisierend angeleitet sah, so rührte ihn das zu Tränen. Einmal hatte sich Claudie eine Art Turban aus einem Antimacassar-Tuch umgeschlungen; sie sah aus wie eine junge, noch etwas wilde Göttin aus einer Mythologie der Zukunft.

Er konnte sein Entzücken kaum verbergen. Die frische Jugendlichkeit der Mädchen erschien ihm allerdings wie der Firnis reifender Schönheit. Er suchte Pauline verzweifelt davon zu überzeugen, daß Männer von Welt nicht in einem Irrtum befangen seien, wenn sie jungen Frauen in der ersten Blüte nur wenig Aufmerksamkeit schenkten. Sie hätten recht, sie erst in der letzten Phase ihrer Entfaltung als »schön« zu preisen. Pauline ließ sich aber davon nicht irreführen, auch wenn eine Gräfin aus der Bekanntschaft, die zugehört hatte, meinte: »Er kommt der Wahrheit nahe. Er urteilt als Künstler. Ein junges Gesicht ist sehr hübsch, aber immer ein wenig banal.«

*

Bisher war Paulines Leben vom Leid weitgehend verschont geblieben. Von ihren Erfolgen, von Louis Viardots Fürsorge und von Turgenjews Liebe verwöhnt, verschanzte sie sich hinter ihrem Glück oder dem, was sie dafür hielt. Sie wünschte, es gegen alle Wechselfälle des Tages zu verteidigen. War sie mit der Gegenwart zufrieden, so galt ihr Mißtrauen dem nächsten Tag.

Sie verstand es aber, die ihr Geschick bestimmenden Elemente mit Klugheit zu genießen. Dennoch hatten sich nach und nach, sowenig sie sich davon anmerken ließ, in ihr Gemüt Sorgen vor den dahinschwindenden Tagen und dem nahenden Alter geschlichen. Doch da sie wußte, daß solcherlei abwärts gerichtetes Denken ins Bodenlose mündete, schloß sie einfach die Augen davor. Wenn Claudie in der Frische ihrer achtzehn Jahre neben ihr erschien, war sie, statt unter dieser Nachbarschaft zu leiden, stolz darauf, diesem im Glanz erster Jugend stehenden Mädchen immer noch vorgezogen zu werden.

Als der Tod ihrer Mutter sie traf, glaubte sie zunächst, es beginne nun eine inhaltleere Zeit. In den ersten Tagen nach der Begräbnisreise versuchte sie, sich an Züge der Toten zu erinnern, an Joaquinas Worte, an das Gesicht, an Kleider, die sie getragen. Dann aber versank Pauline in Verzweiflung und Nervenkrisen, bis die aufgestaute Qual sich tags und nachts in Tränen ergoß. Louis und Turgenjew kamen sich in Sorgen um sie viel näher.

Sie wollte aus Joaquinas Sterbeort Brüssel nicht gleich nach Baden zurückkehren und nicht mit Turgenjew zusammentreffen, ehe sie wieder sie selbst war. Aber in Baden wurde sie ruhiger. Der liebende, mit ihr fühlende Freund wartete auf sie. War Turgenjew mit ihr allein, atmete er manchmal tief und sagte: »Das ist das Glück!« Sie erwiderte: »Es ist nie von Dauer.«

In der Tat: Er litt manchmal unter der Liebe wie unter einer kränklichen Schwäche, empfand sie als Pflaster auf der Seele, die anfällig geworden war und sich zu selten in idealen Vorstellungen bewegte. »Alles deutet auf mein Alter: mein Haar, mein verändertes Wesen und die Traurigkeit, die immer wiederkehrt«, dachte er. »Zum Teufel, das ist etwas, das ich bisher nicht kannte. Hätte man mir um die dreißig gesagt, ich würde eines Tages grundlos unruhig und mit allem unzufrieden sein, ich hätte es nicht geglaubt. Aber das beweist eben, wie alt das Herz schon ist.« Sie meinte: »Mein Herz hat sich nicht verändert. Es hat sich eher verjüngt.«

Manchmal gingen sie zu dritt, er zwischen Pauline und Claudie. Er war durchdrungen vom Fluidum ihrer körperlichen Nähe. Er schloß im Halbdunkel die Augen und ließ sich führen, setzte einfach die Füße voreinander, verliebt in beide, die zur Linken und die zur Rechten. Schien die Tochter nicht einzig auf die Welt gekommen zu sein, um seine Liebe zur Mutter zu verjüngen?

*

Es machte ihm Freude, seinen Roman »Rauch« den Viardots vorzulesen, mit all den anzüglichen, auf Pauline und ihn bezogenen Stellen darin, die selbst dem geduldigen Viardot verräterisch klingen mußten.

»Sie sind verheiratet«, las Turgenjew, »sind glücklich, wenigstens dem Anschein nach. Sie nehmen in der Gesellschaft eine beneidenswerte Stellung ein. Was bin ich Ihnen? Was sind Sie mir? Sie rührte sich nicht, und nur von Zeit zu Zeit versuchte sie, die Hände nach ihm auszustrecken, als flehte sie ihn an, nicht weiter zu reden. Bei seinen letzten Worten biß sie sich auf die Lippen, als wollte sie eine unerwartete Verletzung verbergen. ›Wenn ich mich nun doch entschlossen habe‹, sagte sie schließlich, ›so geschah das nur, weil ... weil ...‹ ›Weil?‹ fragte er fast grob. ›Weil es mir‹, sagte sie plötzlich kraftvoll, ›weil es mir in der Welt, in dieser beneidenswerten Stellung, wie Sie sagen, zum Ersticken unerträglich geworden ist; weil ich mich wie über einen Quell in der Wüste über Sie gefreut habe, als ich Ihnen, einem lebendigen Menschen, begegnete ...‹«

So und ähnlich vernahmen es die Zuhörer aus Turgenjews Mund. In einem deutsch geschriebenen Nachsatz zu seinem Brief vom 6. Februar 1867 steht: »O meine Freundin, ich bin so glücklich bei dem Gedanken, daß alles, alles in mir mit Ihrem Wesen auf das Innigste verknüpft ist und von Ihnen abhängt. Bin ich ein Baum, so sind Sie zugleich meine Wurzel und meine Krone.«

*

Die Vermutung liegt nahe, daß die zärtlichen Formulierungen, die Turgenjews Briefe an Pauline einleiteten und abschlossen, deshalb in deutscher Sprache geschrieben wurden, um Louis Viardot nicht zu betrüben. Sprach er auch nur wenig deutsch, so wäre es aber naiv anzunehmen, der Gelehrte hätte sich nicht eines Wörterbuchs bedienen können.

Das Problem stellte sich jedoch gar nicht. Die Korrespondenz zwischen den Liebenden war nie eindeutig intim. Und Louis war freundlich genug, Turgenjews Briefe an ihn seiner Frau vorzulesen, und Pauline machte ihn ebenso häufig mit denen von Turgenjew bekannt. Denn entweder gab es schöne, kostbare Kennzeichnungen darin, die ihr Wesen und ihr Talent betrafen, oder es handelte sich um Neuigkeiten, die ihr Mann noch nicht kannte.

Wenn auch eifersüchtig, empfand der alte Mann die Vertrautheit zwischen seiner Frau und dem Dichter nun einmal als gegeben. Turgenjew sorgte sich um die Gesundheit des um achtzehn Jahre Älteren. Manchmal fragte er sich, wie die Liebe dieses Mannes zu seiner Frau wohl beschaffen sei. Konnte er denn glücklich sein mit einer Gefährtin, die so beherrschend in ihrer Umgebung wirkte? In dem großen Bekanntenkreis Turgenjews war Louis einer der wenigen, von dem keinerlei Seitensprünge bekannt waren.

Daß Paulines Mann bei den Premieren in Paris stets dabei war, verstand sich von selbst. Jetzt besuchte Louis häufig die Theater der Umgegend von Baden. Er kannte seine Klassiker so gut wie ein Schauspieler, seinem schlechten Deutsch zum Trotz.

Er hatte sich auch für andere Interessen Zeit genommen, die bis zur Manie gegangen waren. Lange Zeit arbeitete er an einem umfassenden Opus über die gotischen Kirchenbauten in Frankreich. Dazu war er früher oft mühevoll umhergereist und wertete nun die Vorarbeiten aus.

Und ihre vier Kinder? Wie bei vielen wohlhabenden Eltern schienen sie eine Welt außerhalb der Welt zu bilden ...

*

Waren Pauline und Turgenjew allein in einem Zimmer, hinderte sie vieles daran, Behagen zu verspüren. War es eine Zeitlang nicht zum Alleinsein gekommen, so schwiegen sie oder wechselten banale Sätze. Worte, die mit dem, was sie wirklich beschäftigte, wenig zu tun hatten und peinlicher wirkten als die Stille. Ihre Blicke wichen sich aus, und wenn sie sich trafen, so mühten sich beide um ein Lächeln. Das war nur solange möglich, bis ihr Wünschen unerträglich wurde. Als Turgenjew Pauline mehrmals besuchte, um den Text ihrer gemeinsamen Operette »Der letzte Zauberer« durchzusprechen, vergaßen sie plötzlich die Welt um sich.

Es war in Pauline eine leidenschaftliche Anhänglichkeit gewachsen, mit der sie ihm ganz und gar und für immer zugetan war. Nichts mehr konnte sie von dieser Liebe abbringen. Aber sie wurde von Ängsten über Turgenjews mögliche Unbeständigkeit heimgesucht. Sie hielt ihn, der ohne Verpflichtung, ohne Gewissensbisse lebte, für unabhängig und deshalb leicht verführbar. Sie wollte, daß, wo von ihr gesprochen wurde, ihr Zauber, ihr Geschmack, ihr Geist und ihre Art sich zu kleiden bewundert werde.

Dazu ließ sie ihn manchmal ein wenig leiden; dann gönnte sie ihm wieder, wenn sie ihn eifersüchtig glaubte, einen Triumph, der seine Liebe anfachte. Sie machte aus ihrem Haus, aus ihren Salons, die er so oft betrat, Orte, zu denen sich sein Stolz genau so hingezogen fühlte wie sein Herz. Orte, an denen seine Begehrlichkeiten gestillt wurden.

*

In Rußland hat Turgenjew niemanden, dem er sich anvertrauen kann, als seinen Onkel Nikolas, der ihm als Verwalter dient. 1867 gilt es nun, einen Ersatz für den Onkel zu finden und ihn mit einer auskömmlichen Pension zu versehen, denn allem Anschein nach geht es auf dem Gut drunter und drüber. Ein energischer Mann in den Fünfzigern namens Kichinsky stellt sich vor und macht einen annehmbaren Eindruck. Auch beweist er

Turgenjew niederschmetternd, daß »ein einziges Chaos« auf dem Besitz herrscht.

Bei zwanzig Grad unter Null im Wagen auf unpassierbaren Landstraßen nach Spaskoje zu fahren, bedeutet jedesmal eine schreckliche Strapaze. Die Eisenbahn endet in dem Städtchen Serpuchow, 90 Werst von Moskau entfernt. Daheim angekommen, stürzt sich alles auf Turgenjew, mit Fragen und Wünschen. Die Bauern sind zwar befreit, haben sich aber nicht verändert. »Die Flut von Menschen, die mich als eine Milchkuh betrachten, wächst mit jedem Tag. Es handelt sich zum größten Teil um arme Teufel, die hungern, um alte Diener etc. Sie abzuweisen ist unmöglich, aber natürlich hat alles seine Grenze. Ich wehre mich mit Hilfe meines braven Kichinsky, aber ich lasse Federn.« (Juni/Juli 1868)

Die Reisen nach Paris gestalten sich viel weniger mühsam, sie folgen einander zwar in kürzeren Abständen, dauern aber immer nur kurze Zeit. Boshaft schreibt Prosper Mérimée an Mme. Delessert: »Ich denke, daß Sie Turgenjew gesehen haben, der einige Tage in Paris zubrachte. Eigentlich hatte ich gehofft, er würde mich besuchen, aber ich fürchte, man hat ihm zu kurz schulfrei gegeben.«

Der »große Moskowiter« muß neben anderen Verpflichtungen bei den Pariser Turgenjews speisen, die stolz darauf sind, einen so berühmt gewordenen Schriftsteller in der Verwandtschaft zu haben. Aber auch mit Literaten trifft er wieder zusammen, sieht Littré und den »dicken Flaubert«, ganz rot gekleidet. (1868 an Pauline) »Er wird in diesem Sommer nach Baden kommen; er hat Sainte-Beuve gesehen, der an Blasenkrebs leidet und ihm – wie allen Besuchern – den Sitz seines Übels mit Bleistift auf Papier gezeichnet hat.«

Was Turgenjew von all diesen Erlebnissen den Badener Freunden mit großem Charme erzählt, macht ihn zum Anziehungspunkt für die dortigen »Kosmopoliten«. Pauline will nicht wahrhaben, daß Louis sich bei solchen Gelegenheiten zurückgesetzt fühlt. Aber was hätte Pauline wohl dazu gesagt, wenn beispielsweise eine George Sand sie im Umgang mit den Ihren in Rechten und Pflichten hätte ersetzen und sie als ein unnützes Wesen beiseite schieben wollen? Pauline geht darüber leichtsinnig hinweg und nennt seine Bedenken »Hirngespinste«. Am liebsten hätte Louis die Teufel aller Schattierungen davongejagt, um Frieden zu gewinnen, um das Glück voll zu genießen, Pauline wieder zu besitzen.

Gleichwohl leidet die Herzlichkeit des geistigen Austauschs, den Louis mit Turgenjew pflegt, unter solchen gelegentlichen, mehr geheimen Verdüsterungen kaum. Turgenjew, der in allen Lebensepochen auf melancholisch pessimistischem Grund zu scherzen und zu dalbern liebt, gibt sich als »Maître de plaisir« und wird in dieser Rolle gern akzeptiert. Dabei geht es durchaus ohne Pracht und Kostspieligkeit zu. Im Gegenteil: Jene Epoche braucht wenig, um sich zu amüsieren. So nimmt man wohl in kleinerem Kreise ein langes Papierband, beginnt phantastische oder erinnerte Porträts zu zeichnen, faltet bei halb vollendetem Gesicht das Papier und reicht es zur Weiterführung dem Nächsten. Am Ende werden die karikierten Mienen unter viel Gelächter gedeutet und identifiziert.

Daneben herrscht konzentrierteste Arbeit. Pauline begleitet ihre Gesangsstunden mit der Herausgabe von dreihundert Gesangswerken, die sie ausführlich mit Anmerkungen über Stil, Akzentuierung, Phrasierung und Nuancen versieht. Im Herbst 1861 ist das erste Heft erschienen. Neben einigen ihrer eigenen Erfolgsnummern gibt es Meisterwerke, die für andere Stimmlagen gedacht sind. Im April 1863 erhält das zweite Heft offizielle Anerkennung durch das Studienkomitée des Pariser Conservatoire.

*

Der erste April war alljährlich – so auch 1867 – der von allen respektierte Familientag. Turgenjew tanzte oft mit Pauline, trieb mit den Freunden die beliebten Spiele, Scharaden aufzulösen und Porträtumrisse zu zeichnen. Hatte Turgenjew früher Farcen für die Kinder zu diesem Tag verfaßt, so schrieb er jetzt Übermütiges, Absurdes, Kabarettistisches für Pauline. Alles erwartete von ihm, daß er geistreich sei, und was an Texten von solchen Vergnügen geblieben ist, läßt erraten, daß er Pauline zu gefallen verstand.

Dabei eilte das Leben nicht etwa nur in Spiel und Unterhaltung dahin. Turgenjew und Pauline planten gemeinsam die berühmt gewordenen Operetten-Aufführungen, sie ließen Text und Musik oft gleichzeitig entstehen.

Natürlich überfielen Turgenjew Einfälle für neue, eigene Erzählungen und bereiteten ihm schlaflose Nächte mit bizarren Bildern und unbestimmten Schrecken. Dann verfolgte ihn die »Absurdität des Halbschlafs«, irgendein Satz, der pausenlos wieder und wieder im Gehirn hämmerte. Manchmal ließ ihn auch nicht schlafen, daß Pauline sich darüber aufregte, Turgenjew schriebe, wenn es um Claudie ging, in ähnlichem Tonfall wie vor Jahren ihr.

Nach Turgenjews nächster Rußlandfahrt, war sein vornehmes Nest in Baden-Baden fertig. Sollten die Franzosen doch kommen! – er war der Meinung, sie könnten ihn nicht vertreiben. Die Gefahr eines Krieges lag

1867 in den Streitigkeiten um Luxemburg: Frankreich lauerte ebenso darauf, das Elsaß zu annektieren wie Preußen. Die öffentliche Meinung in Baden richtete sich – wie denn anders! – gegen die Franzosen und gegen Napoléon III. Wirkliche Angst vor einem Krieg, wie noch vor einem Jahr, hatte aber niemand. Nach dem Sieg Preußens über Österreich, auf dessen Seite das Großherzogtum Baden im Krieg gestanden hatte, wurde jetzt unerwartet ein neues badisches Ministerium gebildet, das die Verbindung zu Preußen und dem Norddeutschen Bund stärken sollte.

*

Ein Blick auf das Bankett von 1905 zeigt uns, daß Paulines Blick, nachdem ein wohltuender, ganz unverhoffter Zwischenkaffee gereicht worden ist, eine geöffnete Seite des vor ihr liegenden Poesiealbums streift. Sie erkennt die zierliche Handschrift des Komponistenfreundes Camille Saint-Saëns, des so lange, unverdient lange in Frankreich umstrittenen Tonsetzers und Pianisten. Was hat er da geschrieben? Sie entziffert den Spruch, den der gute Freund auf die leicht angegilbte Seite geschrieben hat: »Mein lieber Stockhausen, die Starken fürchtet man;

Claudie Viardot:
Karikatur von Turgenjew und Louis Viardot

361

wer die Chimäre zähmt, wird stets gehaßt; Haß ist die höchste Ehrung, die es gibt. Seid stolz, sie euch verdient zu haben. C. S.-S.« Das schrieb er sich aus der Seele, denkt Pauline, als es ihm nämlich um keinen Preis gelingen wollte, in Frankreich zu reüssieren.

*

Saint-Saëns kam damals nach Baden-Baden, wie es die meisten prominenten Franzosen taten, denn auch er war von dem Flair des mondänen Ortes angezogen. Turgenjew hatte ihn gern, fand ihn kurios und nannte ihn eine »Enzyklopädie, von Jules Verne zusammengestellt und in Eselshaut gebunden«! Als Saint-Saëns seine Gastgeber umarmt und ihnen die Hände geschüttelt hatte, fing der agile, kleine Herr sogleich an, von den Kriegsgerüchten, von der politischen Lage zu sprechen. Saint-Saëns hielt sie für beängstigend, da Deutschland aus naheliegenden Gründen, die er beredt auseinandersetzte, größtes Interesse daran habe, Frankreich zu vernichten.

Turgenjew bemühte sich vergebens, ihm zu widersprechen. Diese Vermutungen seien doch Hirngespinste; Deutschland werde nicht so irrsinnig sein, seine Errungenschaften in einem zweifelhaften Abenteuer aufs Spiel zu setzen, und der Kanzler werde nicht so unklug sein, in seinen späten Jahren mit einem Schlag sein Lebenswerk zu gefährden.

Louis gesellte sich hinzu: Als ehemaliges Mitglied der Kammer wisse er davon einiges. Er glaube nicht an die Wahrscheinlichkeit eines unmittelbar bevorstehenden Konfliktes. Es sei denn, er würde durch französischen Leichtsinn und die Prahlerei sogenannter Patrioten herausgefordert. Er schloß mit den Worten: »Bismarck ist ein großer, sehr großer Mann, der die Ruhe wünscht, sich jedoch an Drohungen und Gewaltmaßnahmen hält, um sie zu bewahren. Alles in allem, meine Herren, also ein rechter Barbar!« Nach anfänglich beifälligem Nicken runzelte Turgenjew hier die Stirn, um schließlich doch im Prinzipiellen zuzustimmen.

*

Dostojewski besucht Turgenjew, und es kommt des soeben erschienenen Romans »Rauch« wegen zum Streit. Turgenjew muß sich anhören, daß ihn der andere der Germanophilie und der Russophobie beschuldigt und ihm rät, sich ein Fernrohr kommen zu lassen, um damit etwas angemessener die russische Realität betrachten und darstellen zu können.

Als Turgenjew nun mit der Arbeit an der Erzählung »Eine Unglückliche« beginnt, wirkt das wie ein Versuch, Dostojewskis Vorwürfe Lügen zu strafen. Der Dichter verläßt seine lyrisch-romantische Erzählweise, er stellt seine Figuren plastischer einander gegenüber und erfindet Situationen, die das Geschehen stark profilieren. Typisch russische Elemente der Schreibweise Dostojewskis werden erkennbar: Ein früh verwaistes Mädchen aus einer Künstlerfamilie, die entwürdigende gesellschaftliche Lage eines unehelichen Kindes mit Reminiszenzen an Paulinettes früheres Schicksal, die demütig leidende Mutter, Nachstellungen eines grausamen Onkels, der betagte Lüstling in minuziöser Beschreibung, Verrat und Intrige, Skandal während eines Totenmahls und düstere Stadtatmosphäre in Rußland. In der ursprünglichen Fassung hat der Dichter die Analogie zu Dostojewski in einem entscheidenden Punkt noch weiter getrieben. Damals fehlte der letzte Abschnitt, in dem der Erzähler klar zum Ausdruck bringt, Susanne habe Selbstmord begangen. Ohne diese Passage wäre ihr Tod im Dunkel geblieben, und eine objektive Deutung hätte sich, wie oft bei Dostojewski, verboten.

Als Turgenjew »Eine Unglückliche« im Kreis der Viardots vorliest, macht ihm Pauline das Herz schwer, als sie sagt, sie finde die Erzählung zu dunkelsinnig und sein »häßlichstes Buch bisher«. Leider nimmt der Dichter solche Kritik ernst und ändert das Werk. Er schwächt mit der hinzugefügten Schlußpassage den düsteren Eindruck ab, der in seinem Plan lag. In einem Brief an Paul Heyse distanziert er sich gar von seinem Werk »wegen der unmäßigen Pathologie«. Dennoch schreibt Prosper Mérimée 1869, als er das russische Original gelesen hat: »Ich finde die Erzählung hervorragend, aber nachts sollte man sie nicht lesen.« (Er hatte gerade »Rauch« ins Französische übersetzt.) Maupassant wie Flaubert loben »Eine Unglückliche« als eine der besten Arbeiten Turgenjews.

*

In Paulines Privatkonzerten trifft sich die Prominenz. Königin Augusta von Preußen findet sich häufig unter den Gästen. Auch Bismarck und Moltke mischen sich gelegentlich darunter. Ludwig Pietsch hat einmal alle je im Odeon zusammengekommenen Berühmtheiten auf einer einzigen Zeichnung festgehalten. Sie sind in dekorativen, aber unwahrscheinlichen Zusammenstellungen um Paulines Orgel gruppiert. Dieses sehr zeittypische »Kunstwerk« erschien in der Revue »Der Bazar«.

Neben eigenen Liedern läßt Pauline auch ihre Klavierkompositionen hören – und natürlich die Operetten, die für die Bühne in Turgenjews Haus oder für das Gartentheater in der Tiergartenstraße gedacht sind. So mancher lobt die Musik wohl nur aus Freundschaft und Hochachtung

Ludwig Pietsch:
Eine Matinée in der Villa Viardot

Chorley
Aglaja Orgeni
Della Sedia

Heermann
Anton Rubinstein

Desirée Artôt

Pauline Viardot

Iwan Turgenjew

von Wassillschkow

Manuel Garcia
Theodor Storm
Louis Viardot
Prinzessin Anna von Hessen
Madame Revirard

Augusta, Königin von Preußen
Herzogin von Hamilton

Wilhelm I., König von Preußen
Großherzogin Luise
Gustave Doré
Graf Bismarck

vor der produktiven Künstlerin. Heute sind so gut wie alle ihre Erzeugnisse vergessen.

Es ist Wettbewerb im Spiele, wenn Turgenjew sich ein eigenes Theaterchen einrichtet. Ihm schwebt vor, Paulines Tochter, seine »einzigartige« Claudie, auf der Bühne glänzen zu sehen.

Drei der kleinen Opern Paulines für ihre Schüler und Freunde entstehen in Baden. Früher einmal, schon fünfzehn Jahre zuvor, ist gemeinsam mit George Sand eine ähnliche Produktion begonnen, aber auf Louis Viardots Bedenken hin nicht zu Ende geführt worden: »Der Teufelspfuhl«. Auf den damaligen Erfahrungen will sie nun aufbauen, doch mehr als ein »pastiche« nach anderen Komponisten ist dabei nicht herausgekommen.

Die Kunst der Imitation beherrschte Pauline brillant. So überlieferte Saint-Saëns, daß sie einmal einen spanischen Volksgesang wilden Charakters zum besten gab, in den Rubinstein ganz vernarrt war. Die Urheberschaft Paulines wurde erst Jahre später verraten. Ein andermal kündigte sie eine bedeutende Komposition von Mozart an und trug die Arie mit Rezitativ, Arioso, Allegro und Finale vor. Ihr konservativer Mann, dem schon Beethoven »zu fortschrittlich« war, begeisterte sich. Saint-Saëns las das Stück später, entdeckte Paulines Handschrift und mußte gestehen, daß selbst Mozart-Kenner sich hätten täuschen lassen.

*

Turgenjew hat während der Vorstellungen oft das Gefühl, er lege dabei seine Liebe zu Pauline vor den neugierigen Blicken der Öffentlichkeit bloß. Aber sein Glaube an die schöpferischen Fähigkeiten Paulines überwindet alle Hemmungen. Hat er doch selbst diese Veranstaltungen lebhaft gefördert und Pauline auch in Rußland als Komponistin bekannt gemacht, sie mit den Musikern der berühmten Gruppe der »Fünf« zusammengeführt. Mussorgski hat ihr in Petersburg aus seiner Oper »Khowanschtschina« selbst etwas vorgesungen. Saint-Saëns wird später (1876) die Noten von »Boris Godunow«, eben erst in Petersburg erschienen, von seiner Rußlandreise nach Paris mitbringen.

Der Librettist von Paulines Operetten, Turgenjew, tritt auch gelegentlich selbst als männlicher Hauptdarsteller auf. »Trop de femmes«, in dem zunächst Turgenjew, dann Freund Louis Pomey (Textautor von Paulines Mazurka-Bearbeitungen nach Chopin und vieler ihrer Lieder) die Rolle eines Pascha verkörpern, wird französisch gesungen. Marianne, Claudie und Paul sind unter den Darstellern, während sich Louise entzieht.

Schülerinnen bestreiten den »Elfenchor«, in einer Skizze von Pietsch festgehalten.

Wirkt Turgenjew mit, bewegt er, da er nicht singen kann, nur den Mund, während hinter der Szene Herr von Milde, vom Lisztschen Hoftheater aus Weimar herübergekommen, die Arien singt. Turgenjew spricht jede Silbe mit, agiert, mimt und holt Atem, als sei er der Sänger. Der Effekt ist neu und reizt die Lachmuskeln. Liegt Turgenjew als Pascha am Boden, zuckt um die sonst unbeweglichen Lippen der Kronprinzessin Victoria Adelheid so etwas wie Verachtung. Turgenjew leidet darunter. Gleichwohl sind sich alle einig: Die Vorstellungen gefallen.

Bei den beiden bisher aufgeführten Werkchen beschränkt sich Paulines Mitwirkung auf die musikalische Leitung vom Klavier aus. Clara Schumann, die mehrmals im Publikum sitzt, ist hingerissen von der Selbstverständlichkeit, mit der Pauline die musikalischen Fäden in der Hand hält. Allen Bekannten erzählt sie, daß sie selten etwas so gründlich genossen habe. Den elfjährigen Paul nennt sie ein »Komiker-Genie«.

Beim nächsten Werk Paulines, »L'Ogre«, singt sie selber – den Liebhaber, den Prinzen Saphir. Turgenjew mimt den Menschenfresser, Claudie tanzt, Marianne singt den Soubretten-Part und der elfjährige Paul macht den Buffo. Schülerinnen stellen den Chor, Karl Eckert dirigiert am Flügel, »als Orchester und Dirigent in einer Person«, wie es Richard Pohl ausdrückt. Der Wagner-Apostel fährt in seiner Rezension fort: »Etwa dreißig Personen hörten zu. Die Operette war ebenso sangbar wie dankbar, da sie virtuos den Kräften sämtlicher Mitwirkender angepaßt war.« Königin Augusta von Preußen erklärt nach der Vorstellung: »Man muß nach Baden kommen, um solche Vollendung mitzuerleben.«

In seinem letzten Lebensjahr erinnert Turgenjew Pauline dran: »Weißt Du noch: die bekannten drei Schläge auf den Boden ertönten hinter dem Vorhang, das Gespräch verstummte. Eckert spielte Deine Introduktion von phantastisch geheimnisvollem, märchenhaftem Charakter. Die grüne Gardine teilte sich in der Mitte. Die Einfachheit der Bühneneinrichtung hätte Ludwig Tiecks Seele entzückt. Wer könnte schon die feine Ironie in Deiner Musik wiedergeben, den Hauch der Poesie, den Charakter, die Tiefe und geistreiche Pikanterie, die Grazie Deiner Töne?«

*

In jenem Winter 1867/68 komponierte Pauline – übrigens nicht zum ersten Mal – ein Gedicht von Goethe, »Vor Gericht«, in dem das Schicksal einer Vergewaltigten eine Rolle spielt. Turgenjew, zu jener

Zeit mit der Übersetzung von Goethe-Gedichten beschäftigt, begriff nicht – konnte nicht begreifen –, weshalb Pauline just diesen Text wählte, der sie ein weiteres Mal dem Gerede aussetzen mußte. Sie wußte es selbst kaum. Besonders die Zeilen: »Von wem ich es habe / das sag ich euch nicht/ das Kind in meinem Leib. Pfui, speit ihr aus: die Hure da! Bin doch ein ehrlich Weib ...« rührten sie so an, daß sie zur Feder greifen mußte.

*

Sie sang das Lied in – Nohant. Denn im Frühling kam eine Einladung von George Sand, die versprach, auch der gemeinsame Freund Flaubert werde sich einfinden. Pauline und Turgenjew ließen sich die lange Reise nicht verdrießen. Dort in der Blütenpracht stellten sie fest, George sei wirklich nur in Nohant sie selbst. Die Gastgeberin lachte: »Alles, was mich von hier fernhält, ist reines Vagabundentum.«

Andere Gäste waren Dumas-Sohn, der eine grünäugige Prinzessin geheiratet hatte, Theophile Gautier, der zunächst wieder glaubte, George Sand sei ihm feindlich gesinnt, weil sie ihn eine Zeitlang wortlos betrachtete. Flaubert hatte sich den Entschluß zu dieser Reise mit großer Mühe abringen lassen. Aus Rache zog er jeden, der an die künftige Republik glaubte, damit auf, daß er prophezeite, diese werde den Sieg des Neides und der Dummheit bedeuten.

Turgenjew wollte nicht glauben, als George ihm sagte, er sei ein großer Künstler und großer Dichter. Schließlich kam noch die Schauspielertruppe des Pariser »Odéon« vollzählig dazu. Gesang und Lachen klangen bei Champagner bis zum Morgen.

Am nächsten Tag, dem »Muttertag«, schoß Maurice Salut aus der Kanone auf dem Vorplatz. Jeder brachte einen Strauß Blumen, den er auf den Feldern gepflückt hatte. Um zwei Uhr gab es ein Festessen. Nach einem Spaziergang kehrte man zum blauen Salon zurück, wo Pauline klassische Stücke und spanische Weisen vortrug.

Man versammelte sich um den Tisch. Die Sand legte Patiencen oder nähte an Kleidern für ihre Enkelinnen. Maurice zeichnete Karikaturen; andere spielten Karten oder Domino. Dann wurde vorgelesen. Flaubert, Turgenjew oder die Sand selbst erprobten die Wirkung neuer Arbeiten. Man scherzte und vergnügte sich auf kindliche Art. »Heiterkeit ist die beste Medizin für Körper und Geist.« Auch das siebente Lebensjahrzehnt hatte George nicht von der Vorliebe für Possen geheilt. Flaubert knurrte, war unausstehlich während des Marionettenspiels, kritisierte alles und wollte nicht zugeben, daß er sich damit blamierte.

Sehr spät am Abend hatten die Marionetten eine Vorstellung gegeben, von Maurice geführt, mit allerlei Schabernack über die Liebeleien unter den Gästen. Ein junges Paar fühlte sich getroffen und beleidigt, worauf George entzückt ausrief, dies sei einer von Maurices größten Erfolgen. Beim Abschied meinte sie, niemand solle sich wünschen, noch einmal wiederzukommen. »Man kehrt nicht mehr in dieses Leben zurück ...« Über ihre Worte hatten Turgenjew und Pauline während der langen Rückreise Zeit nachzudenken.

*

Auch in praktischen Dingen erwies sich Turgenjew mitunter als hilfreich. So zeigte er sich endlich einmal brauchbar bei der Einrichtung einer drehbaren Bühne im Theater der Tiergartenstraße.

Allerdings widerfuhr ihm dabei ein Malheur, das sich in der Folge zur Belästigung entwickeln sollte, ja im Grunde bis zu seinem Tod fortwirkte. Er verstauchte sich das Knie, und es schwoll an, so daß er mit unbeweglich ausgestrecktem Bein sitzen mußte. An Spiel oder Jagd war nicht mehr zu denken. Denn seit jener Zeit bescherte ihm jeder Winter neues Malheur mit dem Bein. An Pietsch schrieb Turgenjew: »Es ist wirklich zu miserabel! wie der Prinz von Hessen einst sagte, als sich während einer Treibjagd, zu der er uns eingeladen hatte, den ganzen Morgen über nur ein Hase von fern sehen ließ.«

*

In jener Zeit entsteht Turgenjews Novelle »Die Geschichte von Leutnant Jergunow«, und sein Kummer über die gescheiterte Ehe Louises geht in das Werk ein. Imagination und Realität verschränken sich in dieser Schilderung eines Trancezustands. Die Verflechtung von Traum und Wirklichkeit, wie sie sich in den Erkenntnissen der Psychologie um die Mitte des 19. Jahrhunderts finden, spielen eine wichtige Rolle. Der Beginn moderner Psychologie steht im Zeichen des Positivismus. Darwins Evolutionstheorie hat neue Einsichten in die Möglichkeiten menschlichen Verhaltens eröffnet. Die Methoden der Naturwissenschaft finden Eingang in die Psychologie.

In recht vager Form spielt hier die Hypnose hinein. Nach Charcots Versuchen in Paris lenken in der westeuropäischen und russischen Öffentlichkeit hypnotische Versuche das Interesse des Publikums auf die Beziehungen zwischen Realität und Trance, zwischen Wachen und Träumen. In diesen Bereich gehören auch Turgenjews sogenannte »Unheimliche Geschichten«.

Schon 1849, zu einer Zeit, als Arthur Schopenhauers Werk in zweiter, erweiterter Auflage bekannt zu werden begann, hatte Turgenjew in einem Brief an Pauline einen Traum geschildert, in dem er sich, zu einem Vogel verwandelt, in die Lüfte schwingt. Er kommentierte sein Traumerlebnis nach Schopenhauers Art: »In jenem Augenblick war ich ein Vogel . . . und jetzt, in dem Moment, in dem ich Ihnen schreibe, habe ich keine weniger deutliche Erinnerung an mein gestriges Mittagessen als an meine Empfindungen als Vogel; sie ist vollkommen deutlich und klar, nicht nur in den Aufrufen meines Hirns . . . sondern in meinem ganzen Körper.« Und, Calderon zitierend, fügte er hinzu: »Dies beweist, das Leben ist ein Traum, der Traum ist ein Leben.«

Dem Thema Traum ist auch die nach achtjähriger Arbeit fertiggestellte Erzählung »Gespenster« verpflichtet. Durch Rekonstruktion zurückliegender Geschehnisse und des nachfolgenden Polizeiberichts lassen sich die Visionen der Hauptperson ohne Rest entschlüsseln und in reale Bestandteile zerlegen. Manche Züge dieser Erzählung muten an wie eine Illustration zu dem erst später von Sigmund Freud gefundenen Terminus »Traumarbeit«.

Als Turgenjew Tolstois »Krieg und Frieden« liest, vermißt er derartige Ausflüge ins Unbewußte. Er ist ohnehin zu Kritik aufgelegt durch die zurückliegenden Erlebnisse mit dem Sonderling. Was sich dann aber bei fortschreitender Lektüre offenbarte, enthielt »Dutzende von Überraschungen ersten Ranges« . . . Dagegen empfand Turgenjew den historischen Teil, der so viele Leser auf Anhieb begeisterte, als eine Art Marionettenspiel: »Tolstoi setzt den Leser in Erstaunen, indem er von den Stiefelspitzen Alexanders oder dem Lachen Speranskis erzählt und ihn glauben macht, daß er alles über diese Persönlichkeiten weiß, während ihm in Wahrheit *nur* diese Einzelheiten bewußt waren . . . Aber in diesem Roman waren Dinge zu finden, die außer Tolstoi niemand in Europa so hätte schreiben können und die mich aufs Höchste begeisterten. Es sind Passagen darin, die nicht vergehen werden, solange die russische Sprache leben wird.« (1868)

*

Turgenjew wurde am 9. November 1868 fünfzig Jahre alt. Euphemistisch schrieb Ludwig Pietsch in seinem Glückwunschbrief: »Sie haben die erste Hälfte Ihres Jahrhunderts zurückgelegt.« Turgenjew aber erwartete nicht einmal, das Ende des nächsten Viertels zu erleben, und er behielt recht. Seine Mutter hatte ihm – einen Traum erzählend – vorausgesagt: »Dieselben Ziffern wie im Jahre der Geburt werden dein Todes-jahr bezeichnen, nur anders gestellt: 1881 statt 1818.« Zum Geburtstag schenkte Didie dem sehr geliebten »Onkel« eine von ihr gemalte »Kreuz-abnahme«. Für Turgenjews Augen ein wahres Wunder! »Das Kind hat mehr Imagination im Kopfe als 10 Berliner Maler.« Er ertappte sich dabei, daß er Paulines Tochter den Hof machte. Indem er dies mit erklügelten Argumenten vor sich zu widerlegen suchte, entrüstete er sich, daß Pauline auch nur für einen Augenblick dieser lauteren, väterli-chen Zuneigung den Anschein einer Galanterie geben konnte. Nach und nach steigerte er sich in Verärgerung hinein, gab nichts zu, wenn sie ihn spöttisch zurechtwies, und nahm sich vor, kein Wort der Empörung zu unterdrücken, sollte sich Gelegenheit dazu finden.

Dazu kam es in Weimar, wo er sich lebhaft wie ein Jüngling gegen die Unterstellung verwahrte, in Didie verliebt zu sein. Mit fahrigen Bewe-gungen behauptete er, Pauline verdächtige ihn grundlos. Sie, deren Aufmerksamkeit sich immer im Alarmzustand befand, hatte die Gefahr von weitem gewittert und sie kundgetan, noch ehe sie wirklich existierte. Aber konnte sie nicht morgen schon zur Tatsache werden?

*

Am 8. März 1869 starb Hector Berlioz. Pauline war tief getroffen. In dem Nachruf gab es Behauptungen, die Turgenjew bestritt. Es wurde be-klagt, der Verstorbene sei zu Lebzeiten in Paris ungenügend gewürdigt worden. Hatte Frankreich ihn nicht mit den höchsten Auszeichnungen bedacht, ihm das Kreuz der Ehrenlegion und einen Sitz in der Akademie zuerkannt? Pauline hielt ihm entgegen, daß Berlioz ja nicht Kapellmeister an der Opéra, nicht einmal Direktor des Konservatoriums geworden war. Man müsse zugeben, daß ihm sein eigenes Land oft Steine in den Weg gelegt und seine Arbeit erschwert habe. Die einzige feste Anstellung für ihn war das Amt eines Bibliothekars am Conservatoire.

*

Um die Jahreswende 1869/70 quartierten sich Turgenjew »und die Seinen« in einem Karlsruher Hotel ein. Dank der Freundlichkeit des musikalischen Direktors Hermann Levi hatten sich die Pforten des großherzoglichen Landestheaters für Paulines Operette »Der letzte Zau-berer« geöffnet.

Der Erfolg blieb jedoch aus. Es fehlte hier die improvisiert wirkende Atmosphäre des kleinen Privattheaters. Die Bühnenbilder aus dem Fundus des Karlsruher Theaters erdrückten die zarte Darbietung. Professionelle Darsteller und Sänger paßten nicht in den Rahmen des Stückes, und die konventionelle Regie des Intendanten Eduard Devrient tat das Ihre, um die Wirkung zu verfälschen. Es galt, sich gegen feindselig neidische Stimmung im Theaterpersonal zu behaupten. Was maßten sich diese »Fremden« an?

*

Als im Februar 1870 die Familie Viardot und Turgenjew nach Weimar fuhren, um einer Einladung des dortigen Hoftheaters zu folgen und den »Letzten Zauberer« aufzuführen, richtete sich der Pressetadel hauptsächlich gegen Turgenjews Libretto. In dem Magazin »Schaubühne« schrieb ein F. B.: »Ehrenbezeigungen erhielt am Wiederholungsabend ... die Komponistin der dreiaktigen Operette ›Der letzte Zauberer‹. Das Werk gibt sich als eine poetisch inspirierte, mitunter sogar schwungvolle Dilettantenarbeit, die um so wohltuenderen Eindruck macht, je anspruchsloser und bescheidener sie in ihrer äußeren Form – als Operette – auftritt. Desto mehr zu wünschen läßt freilich das Libretto aus der Feder des sonst so schätzbaren russischen Novellisten Iwan Turgenjew, der in rascher und flüchtiger Kompilation sich augenscheinlich damit begnügte, der Komponistin für einige bereits musikalisch konzipierte Arien, Duette und Terzette, phantastische Elfen- und Nixenchöre nebst Tänzen passende Unterlagen zu liefern, ohne sich viel mit deren harmonischer Verbindung zu einer das allgemeine Interesse fesselnden Dichtung abzumühen. So entstand denn eine geschmacklos genug zusammengewürfelte, gelegentlich mit satirisch-politischen Anspielungen illustrierte Feerie, deren Figuren und Situationen sich sehr bald als vernüchterte Abklatsche der phantastischen Gestalten und Situationen aus dem Shakespearischen Märchendrama ›Der Sturm‹ verraten.«

»Setzen Sie noch dazu die Cancans einer kleinen, auf Geld erpichten Stadt – man hatte das Gerücht verbreitet, Frau Viardot bekäme für jeden Abend 400 Gulden, ich 200 und Richard Pohl – Ihr Freund – 100! Denken Sie sich die Entrüstung!!! Ein kunstliebender Offizier rief auf offener Straße – ›für solches schwere Geld hätte man den besten Tenor haben können – und man brauche wahrlich nicht einem aus seinem eigenen Lande und Literatur mit Fußtritten in den Hintern herausgeworfenen Skribenten – solche großen Summen, die gewiß sein jährliches Honorar bei weitem übertreffen, in die hungrigen Zähne zu schieben ...‹. ... Ich brauche Ihnen nicht zu sagen, daß wir natürlich keinen Kreuzer beansprucht und bekommen hatten. – Aber ich wiederhole es: glücklicher-

371

weise fiel der Hauptschlag auf mich: und ich kann schon vieles ertragen. «
(An Pietsch, Februar 1870)

Für das Weimarer Ungemach sah es Turgenjew als Ausgleich an, daß
dort (ähnlich wie in Karlsruhe) eine ausgezeichnete Malschule zu finden
war, die den Studien von Claudie und Marianne zugute kamen.

*

Die Kälte im Winter 1870 in Weimar erschwerte die Arbeit. Aus dem
»Hotel de Russie« schrieb Turgenjew an Pietsch: »Die ganze Familie ist
seit einigen Tagen hier – und friert! Friert ganz erbärmlich! Die Kälte ist
schneidend – die Häuser in Weimar sind aus alten Kartonbogen gebaut
und mit altem Speichel karg zusammengekittet. – In meinem Zimmer
kann ich trotz rasender, anhaltender Heizung nicht über sieben Grad
bekommen! Nachts friert das Wasser in den Gläsern, und ich erwache mit
Eiszapfen am Bart. Der einzige Gedanke ist – Feuer, Feuer, Wärme! Alles
läuft mit Holz und Kohlen herum, die Hände sind schmutzig und
geborsten, die Nasen rot und feucht. – Alle haben den Schnupfen, husten,
sprechen mit tiefen, rauhen Stimmen. – Alle haben ihre Sachen auf einmal
auf dem Leib, sehen sich mit stieren, verglasten Blicken an – und die Idee,
in derselben Stadt zu wohnen, wo das edle Dichterpaar wirkte – hat
absolut keinen Wert und übt nicht den mindesten Einfluß auf das Gemüt!
Ja, man fühlt sich zur Vermutung geneigt, die beiden dicken, bronzenen
Herren da vor dem Theater können wohl durch ihre Metallität die Kälte
noch vergrößern – und ein echter Ingrimm überschleicht das Herz! Eine
Ursache mehr – dem Goethe sein Übersiedeln nach Weimar nicht zu
verzeihen. – An keine Arbeit ist natürlich nicht zu denken! – Meine pia
mater ist zugefroren, und das bißchen Imagination, das noch schwach
glimmte, ist mit einem heiser-leisen Knistern – pschtt! auf ewig erlo-
schen. Auf meinem Olymp herrschen nur Jupiter-Husten, Juno-Hals-
bräune, Apollo-Schnupfen und Venus-Bronchitis! Amor war ein kleiner
Eisbär – und machte Purzelbäume im Schnee ... In diesem Moment
hustete sogar das kleine Hündchen Mimi. « (13. Februar 1870 deutsch an
Pietsch)

Als sich die Temperatur milderte, wurde es in den Zimmern noch
kälter. Pauline und Turgenjew waren viel alleine. Vielleicht bedrückte es
sie vor allem, daß beide es nötig hatten, daß sich jemand mit ihnen
befaßte. Sie fühlte immer deutlicher: Er war kein Sklave, der auf ihren
Befehl harrte. Er aber wollte nichts unterlassen, sie glücklich zu machen.
Deshalb litt er darunter, wenn er sich mitunter als Hemmschuh fühlte.

372

Und hielt er sie schluchzend im Arm, dann machte er sich deswegen Vorwürfe.

Damals kam die Erzählung »Ein König Lear in der Steppe« zum Abschluß. Eine Gestalt, die kein Maß kennt und sich selbst zerstört. Turgenjew beschrieb sich damit selbst. Auf die Shakespeare-Fährte hatte ihn ein Buch von Lesskow gelockt, »Lady Macbeth von Mzensk«, das fünf Jahre zuvor erschienen war. »Der Letzte Zauberer« gehört sicher in den Sog dieses Erlebnisses.

Turgenjew dankte denen, die das Gastspiel ermöglichten. Liebenswürdig und bereitwillig hatten der Großherzog Karl Alexander, Liszt, Eduard Lassen und der Theaterdirektor von Ziegesar geholfen. Lassen und Liszt instrumentierten sogar gemeinsam die Musik zum »Zauberer« für kleines Orchester und verhalfen der Aufführung damit zum Erfolg.

Nach dem Besuch in Weimar sollte in Berlin Station gemacht werden, um mit Hilfe von Kapellmeister Eckert den »Letzten Zauberer« auch dort einzustudieren. Nachträglich empfand es Pauline als ein Glück, daß dieser Plan sich zerschlug. Zum Beschluß des Gastspiels sang sie Glucks »Orpheus«, in ihrer neuen, deutschen Fassung. Die Kritik hatte über diesen 6. März 1870 zu bemerken: »Nach jahrelanger Unterbrechung ihrer Bühnenlaufbahn wußte Pauline V.-G., obwohl ihr Organ an Wohlklang und Frische verloren hat, die zahlreichen Zuhörer zu enthusiasmieren.« (»Musikalisches Wochenblatt«)

Auch in Jena sang sie, bei dem alljährlichen Konzert des Akademischen Gesangvereins, und hatte mit ihren eigenen Kompositionen Erfolg. Turgenjew saß im Publikum. Er hatte aus Anlaß des Weimarer Erscheinens von »Le dernier Sorcier« in den »Nouvelles de St. Petersbourg« unter der Überschrift »Die erste Aufführung der Oper von Mme. Viardot in Weimar« einen Artikel veröffentlicht. Damit gab er bösen Zungen die Möglichkeit zu lästern, er mache zusätzlich Reklame für Paulines Kompositionen, von denen bereits drei Alben in Rußland erschienen waren. Und das ging ja auch an der Wahrheit nicht sehr weit vorbei.

In seinem Artikel begegnet er derartigen Reaktionen im vorhinein: »Wir wußten alle, daß Mme. Viardot, neben anderen Schwierigkeiten, gegen das Vorurteil anzukämpfen hatte, welches ein und derselben Person nicht gestattet, nacheinander ausgezeichnete Ergebnisse in zwei verschiedenen Genres zu erzielen. Die unglücklichen Ansätze des berühmten Sängers Duprez und anderer Interpreten auf dem Gebiet der Komposition haben solcherlei Vorurteil noch zu untermauern vermocht.

Ist es übrigens nicht dieses Vorurteil, das bei uns die Verbreitung und den Erfolg der russischen Romanzen von Mme. Viardot verhindert? Eine Anzahl von ihnen sind bewundernswert und jedenfalls unendlich höher einzustufen als die gängigen Werke dieses Genres. Aber natürlich: Wie kann eine Ausländerin, eine Spanierin, noch dazu eine Sängerin, sich unterstehen, russische Romanzen zu schreiben? Als sei die Musik nicht eine universelle Sprache und als seien diese schlechten Reitereihauptleute auf der Flucht und diese Damen von farbloser Art, die unseren musikalischen Markt versorgen und die ihre kleinen Romanzen mit einem Finger auf dem Pianino tippen, als seien sie fähig, den wahrhaften musikalischen Ausdruck des poetischen Gedankens besser zu erfassen als die geniale Tochter von Garcia, über die Meyerbeer, Auber, Rossini und Wagner übereinstimmend erklärt haben, sie sei die Musik selbst!«

Pauline schien es beinahe übertrieben, daß der Freund sorgfältig ihre deutschen und französischen Liedvertonungen mit russischem Text versah. Aber Turgenjew legte großen Wert darauf, Theorie und Praxis der vokalen Umsetzung von poetischen Texten genau durchzuarbeiten.

Wieder in Paris

Am 19. Juli 1870 erklärte Frankreich Preußen den Krieg. Die Wogen der patriotischen Begeisterung schlugen hoch, aber das Unterfangen war von Anfang an zum Scheitern verurteilt. Schon am 2. September war es nach der Kapitulation von Sedan mit dem französischen Kaiserreich vorbei. Die voraufgegangenen Jahre hatten die Mißwirtschaft Napoléons III. offengelegt. Der Unmut der Bevölkerung erforderte Zugeständnisse, die vergeblich gewährt wurden. Der Kaiser geriet in Gefangenschaft, die Republik wurde ausgerufen. Für wie lange diesmal?

Deutschlands Krieg mit Frankreich setzte den kultivierten Zusammenkünften, den glänzenden Abenden in Paulines Baden-Badener Haus ein Ende. Die Bekannten in Baden-Baden erzählten von den deutschen Erfolgen, von ihrem Haß auf die Franzosen mit quälend triumphierender Selbstgefälligkeit. Die Viardots vermieden Gespräche über dieses Thema. Louis versagte es sich, seinen Lieblingsgang in den Lesesaal zu tun, um nicht lächelndem Mitleid in den Weg zu laufen.

Auch aus Nohant kam Enttäuschung über die Geschehnisse. George Sand schrieb im Oktober 1870: »Man hat uns rauh und grausam gemacht. Man will, daß wir diese Deutschen, die wir einst liebten, hassen sollen. Was auch immer vor sich geht, wir verlassen unser Zuhause nicht. Ich möchte mein Haus niederbrennen sehen, sollte das für die Deutschen wirklich ein Vergnügen sein.«

Während des Krieges wird Flauberts Haus in Croisset vom Feind besetzt. Aus Scham, ein Franzose zu sein, trägt er seine Légion d'honneur nicht mehr und fragt bei Turgenjew an, was er tun müsse, um die russische Staatsbürgerschaft zu erlangen.

Baden-Baden wird ungastlich. Die Viardots weichen nach London aus. Sie sind zu sehr Franzosen und überzeugte Republikaner, als daß sie nicht Abscheu empfänden gegen eine Fortdauer des Krieges über den Tag von Sedan hinaus, Abscheu gegen die Belagerung von Paris und das Bombardement des benachbarten Straßburg. Als Pietsch aus dem Elsaß, wo er sich als Kriegsberichterstatter aufhält, im Oktober 1870 zu den geliebten Stätten in Baden-Baden zurückkehrt, zu dem Schauplatz herrlicher Tage, empfindet er deutlich, daß es damit für immer zu Ende ist.

Zwiespältige Gefühle bleiben natürlich auch für Turgenjew nicht aus. Die ihm früher so lieben Deutschen machen ihm zu schaffen. Pietschs »sieg- und lorbeergekrönte Stirn« als Kriegsberichterstatter im Hauptquartier des Kronprinzen, die Liebenswürdigkeit, mit der sich Kaiserin Augusta bei jeder Gelegenheit gewogen zeigt, all das belächelt er nur traurig. Pietsch trägt jedoch sein Teil zur Verherrlichung des deutschen Sieges bei, er beschreibt die Feste des kaiserlichen Hauses, die Ballroben der Hofdamen und begleitet gelegentlich – wie bei der Eröffnung des Suezkanals – den Kronprinzen auf seinen Reisen, um darüber in der »Vossischen« zu berichten.

*

Natürlich irrten sich diejenigen, die das Deutsche Reich als eine Schöpfung des Jahres 1870 ansahen. Sein Zustandekommen reichte mehr als zwanzig Jahre zurück. Pauline nicht weniger als Turgenjew hatten sein Entstehen mit wechselnden Empfindungen verfolgt. Als sich, ausgerechnet in Baden-Baden, das Unwetter des Krieges ankündigte, als Bismarck und der dritte Napoléon sich dort insgeheim trafen, ahnte niemand, daß der nun folgende Krieg den Ruhm Bismarcks und seine Popularität in Deutschland begründen würde. 1866 war der Kanzler allen als unbeirrbar, das Äußerste nicht scheuend, erschienen. 1870 wirkte er auf Pauline eher abwartend, zugleich beschwichtigend und vertröstend. Deutliche Vorbehalte waren zu spüren. Es war offensichtlich, daß Bismarck den Krieg nicht suchte, obwohl er solch irrige Auffassung nachträglich selbst nährte. Er wurde selber von der Julikrise, die 1870 zum Kriegsausbruch führte, überrascht. Zunächst hatten die Franzosen übertrieben reagiert, als eine Nebenlinie der Hohenzollern auf den spanischen Thron Anspruch erhob. Darin konnte Pauline nur zustimmen. Bismarck hatte dies zwar eingeleitet, er sprach in ihrer Gegenwart davon. Aber was war geschehen, um den Krieg gegen Frankreich herbeizuführen?

Der preußisch-französische Krieg stellte den ersten wirklichen Nationalkonflikt des Jahrhunderts dar, und er zwang die Viardots, die deutschen Grenzen – vorläufig – hinter sich zu lassen. Bismarck, der häufige Gast des Hauses Viardot, hatte, vor allem mit der Annexion Elsaß-Lothringens, eine Erbfeindschaft zu Frankreich besiegelt. Und der deutsche Kanzler schuf – sehr zu Paulines Kummer – dem Deutschen Reich einen nicht mehr zu versöhnenden Dauergegner.

Am 21. Januar 1871 kam es zwischen Frankreich und dem siegreichen Preußen zur Konvention von Versailles: Außer dem Verlust Elsaß-Lothringens mußte Frankreich fünf Milliarden Francs zahlen. Kaum aber herrschte Waffenstillstand, als Unruhe anderer Art mitten in Paris losbrach: Arbeiterschaft und Nationalgarde verbündeten sich und riefen im März die »Kommune« aus, von der für ganz Frankreich eine Signalwirkung ausgehen sollte.

*

Frankreichs »gräßliche Krise« berührte auch die in London weilenden Viardots. Es gab Pläne, sich mit der ganzen Familie in Rußland zu installieren, in Turgenjews Domäne. Durch den Krieg war ein Teil des Viardotschen Vermögens verloren, die Lage Paulines in London nicht rosig. Am 5. Februar 1871 schrieb Clara Schumann an Brahms: »Einen recht traurigen Eindruck macht mir hier Mme. Viardot, die ich neulich in einem höchst ungemütlichen, schmutzigen Lodging fand und die mir erzählte von den furchtbaren Schülern, die sie hier hat. Wie unwürdig einer solchen Künstlerin, und wie traurig, daß sie dazu gezwungen ist! . . . Ich glaube nicht, daß sie wieder nach Baden geht. Mir scheint, sie und Turgenjew, der auch hier ist, verkaufen ihre Häuser. Ich habe neulich, als ich bei ihr war, immer mit meinen Tränen gekämpft, sie dauerte mich zu schrecklich. «

*

Manchmal, vor allem nachts, überkam Turgenjew der Wunsch, mit der Verwirrung, der Ratlosigkeit – mit seinem Leben ein Ende zu machen. Was hatte er in Rußland von Tolstoi gehört? Wenn sich jener auskleidete, betrachtete er den Querbalken zwischen den beiden mit Büchern vollgestopften Schränken. Eine Schlinge, ein Stuhl, den man wegstößt – so hätte es Tolstoi am liebsten getan. Denn die beiden Tropfen Honig, die Turgenjew einst geholfen hatten, die Wirklichkeit zu ertragen, die Liebe zu Pauline und die zur Literatur, hatten mit der Zeit viel von ihrer Bedeutung für ihn eingebüßt.

Nun war er nicht der einzige, der in Rußland unter Verzweiflung litt. In seinem Buch »Väter und Söhne« hat Turgenjew diesem Übel des Jahrhunderts einen Namen gegeben: Nihilismus; ein Thema, das auch seinen Roman »Neuland« von 1871 bestimmte. Der Nihilist als ein Mann, der sich vor keiner Autorität beugt und kein Prinzip als Glaubensartikel anerkennt, mit wieviel Respekt ein solcher auch von den anderen befolgt werden mag.

Mehr und mehr junge Menschen leugneten Familie, Kunst, Religion und soziale Bindungen. Sie fühlten sich wie in einem riesigen Vakuum. Einige zogen sich wie die Muschiks an und gaben vor, sich »dem Volk« anzuschließen. Unverstanden und nicht verstehend kehrten sie zurück.

Unter Studenten und Wohlhabenden brach eine Selbstmordepidemie aus. Man nahm sich das Leben – aus Müdigkeit, aus Ekel, aus dem Verlangen, es wie die anderen zu machen, auch aus Neugier oder aus Wichtigtuerei.

Halfen christliche Grundsätze? Für Turgenjews schweigsamen »Feind« Tolstoi bedeutete Christentum im Augenblick Nachsicht. Um sich selbst zu beweisen, welcher Milde er fähig war, schrieb er Turgenjew 1878: »Iwan Sergejewitsch, wenn ich mir in der letzten Zeit unsere gegenseitigen Beziehungen ins Gedächtnis rief, spürte ich voll Überraschung und Freude, daß ich Ihnen gegenüber keine Animosität mehr fühle. Gebe Gott, daß Sie die gleichen Gefühle hegen! Um die Wahrheit zu sagen: da ich weiß, wie gut Sie sind, bin ich fast sicher, daß Ihre feindseligen Gefühle noch vor den meinen verschwunden waren. Wenn Sie mir verzeihen können, biete ich Ihnen von ganzem Herzen alle Freundschaft . . .«

Nach so langem, gehässigem Schweigen berührten diese Worte Turgenjew seltsam. Sie entsprachen dem russischen Temperament, das schnell zu Zorn, Beichte, Demütigung und Umarmung bereit ist. Keiner der Franzosen, die er kannte, wäre eines solchen Gefühlsumschwungs fähig gewesen. Er schrieb Tolstoi, daß er ihn in Orel wiedersehen wolle.

*

Auf die »Kommune« im Mai 1871 reagierte Turgenjew am 13. Juni in einem Brief an Pauline: »Wenn ich Ihnen nicht eher geantwortet habe, so nur deswegen, weil ich nicht den Mut dazu hatte. Diese Ereignisse in Paris haben mich betäubt. Ich schwieg, wie man in der Eisenbahn schweigt, wenn der Zug in einen Tunnel einfährt; der infernalische Lärm schmettert einen nieder und macht den Kopf wirbeln.«

Just zu diesem Zeitpunkt kam Turgenjews Komödie »Ein Monat auf dem Lande« in London heraus, als er wieder einmal nur wenige Häuser von den Viardots entfernt Wohnung genommen hatte. Er lächelte verschmitzt, als er die Behauptung hörte, seine Komödie (von 1850) setze seinen eigenen Wunsch, wie Rakitin der geliebten, verheirateten Frau immer nahe zu sein, in dichterische Realität um. Er hat sich nicht dazu geäußert, ob er in dem Gutsbesitzer Islajew Louis Viardot porträtiert habe. Dieser ist als ein reicher, aber phantasieloser und der Liebe wenig werter Mann dargestellt – ein Bild, das mit der Wirklichkeit nicht gut übereinstimmte.

Um seinen Freunden zu helfen, hatte Turgenjew eines seiner Güter veräußert, und er machte sich darüber hinaus zum Zwischenhändler für den Verkauf eines der Rembrandt-Bilder, die Viardot gehörten. Es ging in den Besitz der Großherzogin Elena Pawlowna über.

Die Einnahmen aus der großen Zeit Paulines waren versiegt. Auch hatte das Ehepaar seinem künstlerischen Geschmack und den Zeitsitten bemerkenswerte Opfer gebracht. Louis, von Gemälden begeistert, hatte sich eine veritable Meistergalerie zugelegt. Pauline war leichtsinnig nicht vor dem Erwerb eines Manuskripts zurückgeschreckt, das von mehreren großen öffentlichen europäischen Sammlungen als zu kostspielig nicht angekauft worden war: die Handschrift des »Don Giovanni« von Mozart. Leider hatte sie das Manuskript vor Jahren großzügig der Bibliothek des Conservatoire zum Geschenk gemacht. Aller Schmuck, den sie aus den Glanzzeiten besessen hatte, war für den Bau und Ankauf jener Orgel verkauft worden, die ihr nach Baden und später nach Bougival folgte.

Turgenjew quälte es, daß er das »Stipendium« in Höhe von 28 Pfund Sterling für Didie auf Anraten Louis Viardots wieder zurückgenommen hatte, um seine Reise zu finanzieren. »Es wäre viel sinnvoller gewesen, damit die Stunden von Didie und vor allem von Marianne zu bestreiten ... Es quält mich, daß Marianne keinen Klavierlehrer hat und deshalb aus ihren bemerkenswerten Talenten nicht den notwendigen Nutzen ziehen kann. Ein guter Lehrer, der ihre Eigenliebe anstachelt, würde sie zwingen, 1) viel zu üben, 2) auswendig zu spielen, 3) ihrem Spiel Schliff zu geben.« (22. Februar 1871)

Louise Héritte berichtet in ihren Erinnerungen über den Verlust des Schlosses Courtavenel und läßt dabei viele Fragen offen: Die Viardots seien Opfer der Machenschaften des Hausarztes Doktor Frisson geworden. Er habe Pauline erpreßt, indem er sie für Schulden verantwortlich machte, die er in ihrem Auftrag eingegangen sei. Sie mußte sich bei der Kaiserin persönlich für ihn verwenden, denn man hatte ihn verhaftet, eingesperrt und – zum Tode verurteilt. Zwar hatte sie damit Erfolg, aber ihr Geld bekam sie nicht wieder. Kurz: Courtavenel und alles, was es enthielt, war verkauft worden. Und das auf Grund einer unvorsichtig gegebenen Vollmacht, die Louis Viardot dem Herrn Frisson ausgestellt hatte, kurz bevor sich dieser, in die Schweiz flüchtend, den Nachstellungen entzog.

*

Es gab viel zu regeln, dem sich Pauline unter den gegebenen Umständen nicht gewachsen fühlte. So hatte sich Turgenjew auf die Reise nach Baden-Baden begeben, um zu helfen. Auf der Zwischenstation in Köln

(Februar 1871) sah er aus dem Fenster des Dom-Hotels Menschenmassen auf dem Platz. Überall drängten sich Soldaten, die, wie ihm der Hotelpage verriet, aus Berlin, aus der »Tiefe Deutschlands« kamen, zwanzigtausend Menschen allein in Köln, und hunderttausend in Mainz. Drüben im Gürzenich, wo Pauline noch vor nicht langem gesungen hatte, erschollen jetzt vaterländische Lieder. Ein Deutscher, der mit Turgenjew im Zug reiste, bemerkte: »Vor lauter Sieg gehen wir zu Grunde – aber wenn die Franzosen den Krieg fortsetzen wollen . . . Gnade ihnen Gott! Frankreich wird ausgerottet!«

Derweil trat Pauline in der Londoner St. James Hall auf, um zugunsten der französischen Kriegsopfer eine Arie aus Gounods »Königin von Saba« von 1862 zu singen; später gab sie in der britischen Provinz Konzerte (Brighton, Liverpool), um das Geld zum Leben herbeizuschaffen. Sie empfing eine Anzahl Schüler ihres Bruders. Sie ging mit Claudie durch die Straßen Londons, die ihr »wie ins Unendliche verlaufend« vorkamen.

Nachdem Turgenjew in Baden-Baden sich noch einmal bei Frau Anstett einquartiert hatte, wollte er tausend Dinge in der Stadt erledigen. Als er gerade davonstürzte, wollte ihm der Zeichner Wilhelm Busch höchst ungelegen seine Aufwartung machen. Er wurde auf Karlsbad vertröstet, wo es zu freundschaftlichem Treffen mit anschließendem Briefwechsel kam.

Am Abend des 22. Februar machte sich Turgenjew auf die Reise, umarmte zuvor mit größter Überwindung Viardots Schwester Fräulein Berthe in ihrem Bett, wies den Diener Jean in die demnächst anfallenden Pflichten ein, bezahlte die kleinen Schulden, hinterließ fällige Gehälter und vertröstete jedermann auf den Sommer.

*

In Berlin, der üblichen Zwischenstation, taten Karl Eckert und seine Frau einen Freudenschrei, Turgenjew nach diesem unseligen Krieg wiederzusehen. Er mußte tausend Einzelheiten erzählen und konnte Pauline schreiben, daß »man Sie in diesem Hause sehr liebt. Man weiß hier, daß Sie sehr anti-preußisch geworden sind, so wird es von drei Leuten in die Welt trompetet . . . Dann hat mich Frau Eckert kraftvoll dazu bewogen, zu Mme. von Hülsen in ein Café nach deutscher Art zu gehen. Ich fand in Mme. von Hülsen [Gattin des Berliner Hofopern-Intendanten und Schriftstellerin] eine Enthusiastin für meine literarischen Verdienste und wußte nicht, wo ich mein Gesicht verstecken sollte. Viele Menschen waren da: Marianne Brandt [Schülerin von Pauline und als Altistin an der Hofoper], weniger häßlich als früher und wie immer ganz Flamme für Sie. Mlle. Brandt sang Lieder, gut, aber indem sie Pfauenschreie aus- stieß ... Ganz kurz ging ich ins Theater, wo man die ewige ›Mignon‹ [Oper von Ambroise Thomas] gab. Mme. Lucca hatte ihre Romanze schon gesungen. Ich fand sie nicht gut, und sehr kalt, und commonplace im Spiel.« (23. Febr. 1871)

In Petersburg sah Turgenjew Louise Héritte wieder, die seit 1868 dort Gesangstunden gab. Sie wirkte in Konzerten mit und produzierte sich zweimal als Sängerin auf der Bühne des Théâtre Marie – erfolglos. Sie hatten eine lange Unterhaltung. Louise behauptete, sie brauche kein Geld. Er nahm ihr das Versprechen ab, sich im Notfall an ihn zu wenden.

Die Menschen in Rußland waren gegen Deutschland aufgebracht und sympathisierten mit Frankreich. Allerdings war Enttäuschung darüber nicht zu überhören, daß die »Grande Nation« sich wenig geschickt gezeigt hatte und ihre Zukunft ungewiß blieb. Man wünschte sich das Zustandekommen einer gemäßigten Republik und war es zufrieden, Thiers, einen alten Bekannten Turgenjews, an der Spitze der Regierung zu sehen. Turgenjews lakonischer Kommentar, als Thiers einen Staatsbe- such in Rußland machte, lautete: »Während seines Aufenthaltes hier regnete es.«

Am 26. Februar berichtete Turgenjew Pauline: »Ich komme von einer Soirée bei Mme. Serow, wo Louise Sachen von Schubert gesungen hat – den ›Doppelgänger‹, das ›Gretchen‹ (natürlich kopierte sie Sie – besser kann sie es nicht) und Ausschnitte aus Opern von Serow ... Heute morgen habe ich sie besucht, fand sie dünner geworden, die Haare kurz geschnitten wie bei einem Jungen, aber sehr vorteilhaft. Die Augen sind schöner als je, der Gesichtsausdruck ein wenig ruhiger geworden ...«

In ganz kurzem Abstand schickten Nikolai und Anton Rubinstein Einladungen an Pauline, in Petersburg oder in Moskau am Konservato- rium zu unterrichten. Turgenjew hatte natürlich seine Hand im Spiel und »intrigiert«. Sie antwortete jedoch ablehnend.

Er traf auch einige Adepten der »neuen russischen Schule«. »Unglück- licherweise nicht den [intellektuellen César] Cui, aber den großen Balaki- rew, den sie als ihr Haupt betrachten. Der große Balakirew hat sehr schlecht einige Fragmente aus einer Orchesterphantasie von Rimsky- Korssakow gespielt (Sie erinnern sich, man hat Ihnen einige hübsche Romanzen von ihm geschickt). Diese Phantasie über ein Sujet aus der russischen Geschichte ist mir sehr bizarr und in der Tat als eine Phantasie vorgekommen. Dann hat der große Balakirew sehr schlecht Reminiszenzen an Liszt und Berlioz gespielt, welch Letzterer vor allem das Absolute, das Ideal für diese Herren darstellt.« (8. März 1871)

*

Als Turgenjew im Herbst 1871 von Rußland durch London kam, um nach Schottland weiterzureisen, wohin er zur Jagd und zur Einweihung eines Denkmals für Sir Walter Scott an dessen 100. Geburtstag eingeladen war, da fand er die Fensterläden von 30, Devonshire Place, geschlossen.

Ganz plötzlich hatte sich Pauline mit der Familie wieder in Paris etabliert; aus Schottland gab Turgenjew zu verstehen, daß er sich – wieder einmal – ihrem Willen beugte: »Paris hat sie bezaubert. Nun, ich bin es zufrieden und glaube, es ist eine Lösung, wieder in die Rue de Douai zurückzukehren.«

Von London kommend traf er sich mit den Viardots zur Haushaltsauflösung in Baden. Aber eine neuerliche, von ihm seufzend als zwölfte gezählte Gichterkrankung nagelte ihn dort noch fest, während Pauline im Juli in der Ferne ihren fünfzigsten Geburtstag feierte. Als er traurig und krank, am Stock umherhumpelnd, seinen dreiundfünfzigsten beging, in halbleeren Zimmern, wo er erst vor drei Monaten fröhlich mit Pauline umhergetanzt war, verfluchte er sein Schicksal. Wie anders hatte er sich da gefühlt, physisch und moralisch, so als träte er in eine neue, jugendliche Phase seines immer aktiven Lebens ein! Auch war es ihm damals eine Freude, daß seine Tochter Paulinette ein gesundes Mädchen, Jeanne, zur Welt gebracht hatte.

Als er endlich »die Seinen« in Paris wiedersah, stand Amüsieren nicht auf dem Programm. Die Rückkehr in die Rue de Douai erfolgte in Etappen, denn das Haus hatte unter den Mietern gelitten, die nach den Viardots eingezogen waren. Auch Aufstand und Kommune hatten ihre Spuren hinterlassen.

*

Wieder nimmt Turgenjew im Hause der Freunde seine Wohnung. Paris und seine Schriftstellerkollegen haben den Wiedergekehrten freudig und auszeichnend empfangen. Man vergaß, was er sich an rücksichtslosen Bemerkungen gegen Paris und die Pariser erlaubt hatte. Da er vollendet französisch korrespondiert, gewöhnen sich die Freunde daran, in ihm einen »Français de cœur« zu sehen und ihn für sich zu annektieren, und das, obwohl er sich des Französischen in seiner Dichtung nie bediente. Er findet es nämlich unbegreiflich, wie man das dem innersten Wesen und

Leben Entsprungene in einer anderen als der Muttersprache konzipieren und niederschreiben kann. Allerdings arbeitet er nebenher an den hauptsächlich durch Louis Viardot (der des Russischen mächtig ist) angefangenen Übersetzungen seiner Novellen und Romane und verhilft ihnen so zu einer Authentizität, die den deutschen Übersetzungen fehlt.

Turgenjews Freund und Gesinnungsgenosse Prosper Mérimée lebt nicht mehr. Er ist 1870 gestorben. Dafür findet der Russe den über alles verehrten Gustave Flaubert gesund wieder. Schon 1864 hat er über dessen »Madame Bovary« geurteilt: »Der einzige gute Roman der französischen Literatur.« Was ihn in der Malerei für Adolph Menzel einnimmt, das achtet er auch an Flaubert: Unbestechlichkeit, Strenge des Gewissens, sie sind ihm neben der Begabung Vorbedingung für wirkliches Künstlertum. Die bald einsetzende internationale Anerkennung Flauberts geht auch auf Turgenjews propagierende Hinweise zurück.

Ausgleichende Freude in den frühen siebziger Jahren bereitet Turgenjew das Sammeln von Bildern und »bibelots«, so daß er zu einem der meistgesehenen Habitués des Auktionshauses Hotel Drouot und ähnlicher Institutionen wird. Seine kleine Wohnung füllt sich mit Erlesenem, besonders alten Niederländern und modernen Gemälden.

*

Paulines Studio im ersten Stock hat einen großen Flügel, einen breiten, grünbezogenen Armsessel, Kashmire-Vorhänge und kaffeefarbene Tapeten. Hier liegt das Zentrum für die neue Glanzepoche der Rue de Douai: mit Konzerten, Empfängen und Bällen, mit Besuchen von Jules Massenet, Gabriel Fauré, Henry James, Gambetta und vielen anderen Berühmtheiten. Auch Turgenjew wird zum Ziel eines nicht endenden Stroms von Besuchern und Pilgern aus ganz Europa. Pauline muß oft Zudringliche oder Unbefugte fernhalten.

Böswillig sprechen Neider von einem goldenen Käfig, in dem Turgenjew eingesperrt sei. Daß seine Wohnung manchem Besucher vergleichsweise klein erscheint, ist nicht so sehr Schuld der neunzig Quadratmeter, die er bewohnt. Es sind eher die vielen Gegenstände, die er im Lauf der Zeit zwischen seine Wände gestopft hat: Pelze, Vasen, hölzerne Vögel, Jagdtrophäen aller Art. Es tut Pauline immer weh, daß sich in seiner Etage kein Bad befindet und er deshalb zum Waschen hinuntergehen muß. Man klettert zu seinem Appartement über eine Wendeltreppe aus Mahagoni, an deren Ende eine abschließbare Tür wartet. Da die Wohnung im Nordwestflügel des Hauses gelegen ist, finden manche Besucher sie dunkel. Gegenüber der Treppe liegt sein überfülltes Bettzimmerchen, wo Turgenjew auch Gäste empfängt, wenn er krank ist. Und das ist er immer häufiger. Überschüssiges Papier, das nicht mehr im Schreibzimmer oder der Bibliothek Platz findet, quillt ins Schlafzimmer hinüber. Pauline hat keinen Einfluß darauf, er läßt sich nicht hineinreden. Dort stehen auch sein breites Bett, ein Spiegeltisch, drei Sessel, verschiedene Gemälde und ein Schrank, der neben Pelzmänteln und Anzügen unter anderem drei Hüte und fünfundzwanzig Hemden birgt. Vom Eingangsraum geht es nach links zum Schreibzimmer, das durch ein schmales Fenster auf die Galerie, durch ein anderes auf die Straße schaut. Fast allen Raum nehmen schwere Eichenmöbel ein, dazu ein enormer Schreibtisch und der aus Rußland hergereiste, breite Einschlaf-Diwan, aber auch Buchregale, auf denen sich die dicken Journale aus aller Welt stapeln und die »Revue des Deux Mondes«. Vom Schreibzimmer geht es in die Bibliothek, wo nach Meinung Paulines unnötiger Plunder den Blick auf eindrucksvolle Bücher versperrt. Sie hätten wie die Atlanten, Magazine und Zeichnungen von Turgenjews weitreichenden Interessen und Sprachkenntnissen erzählen können.

*

In Deutschland reagieren manche Kritiker verärgert, weil der Dichter wieder in Frankreich lebt. Angeblich sollen 1871 in französischen Zeitungen »confessions« von ihm erschienen sein, die den Satz enthalten, er »kenne keinen anständigen Deutschen«, eine Verleumdung, die ihn aufbringt. Denn: was Glanz und Lust der Badener Jahre beendete, war der Krieg von 1870 und nicht plötzlich erwachter Haß gegen das »zweite Vaterland« Deutschland.

Turgenjew bekümmern auch die Reaktionen auf seine Novelle »Frühlingsfluten«, die im Januarheft von »Westnik Jewropy« 1872 erschienen ist. Zwar ist sie im russischen Freundeskreis begeistert aufgenommen worden, aber die konservative wie die liberale und radikal-demokratische russische Presse hat sie angegriffen. Vornehmlich wurde beanstandet, in dieser Novelle sei, anders als in »Väter und Söhne«, nicht die Zeit zu spüren; es handele sich vielmehr um eine viel zu »unschuldige« Geschichte. Auch wurde ihm die Darstellung negativer russischer Typen verübelt (wie in Preußen seine vertrottelten deutschen Figuren) und behauptet, das Werk sei nur auf westeuropäische Leser zugeschnitten.

In einem Brief an Pietsch wettert Turgenjew: »Gott! wie seid Ihr alle Deutsche zarthäutig geworden, wie altjüngferlich suszeptibel nach den großen Erfolgen! ... Habe ich doch meinem eigenen Volke – das ich gewiß liebe – ganz andere Hiebe versetzt – Da schreit ein Kritiker in der ›St. Petersburger (deutschen) Zeitung‹ Zeter und Mordio über mich – und fordert alle Offiziere der deutschen Armeen auf – den Verleumder und frechen Lügner – nämlich mich – von der Oberfläche der Erde zu vertilgen!«

*

Ende Oktober 1871 las man in der Presse, Pauline sei zum Professor am Pariser Conservatoire ernannt worden; und diese Ernennung habe sie zum endgültigen Wiedereinzug in Paris bewogen. Das entsprach nur teilweise den Tatsachen, aber ihr während der Badener Zeit international gewachsenes Ansehen als Lehrerin rechtfertigte die Berufung, und der Wechsel in der französischen Regierung machte ihn nun auch akzeptabel. Die einstige Komponistin der Kantate »La Jeune République« und Gattin des Altrepublikaners Louis Viardot war nun für eine offizielle Anstellung bereit. Aber lange sollte sie die Lehrerstelle nicht wahrnehmen.

Bereits 1875 verabschiedete sie sich wieder, zugunsten eines Monsieur Garbot. In einem offenen Schreiben aus Bougival an Ambroise Thomas, den damaligen Direktor des Konservatoriums, das alle Zeitungen brachten, enthüllte sie ihre Gründe. Nach kurzer Erwähnung einer Ungerechtigkeit, die einer ihrer Schülerinnen bei der alljährlichen Studiengeldverteilung widerfahren war, stellte sie fest, daß der Geschmack in Frankreich, der die komische Oper der seriösen vorzog, also etwa die Musik Aubers der von Gluck oder Berlioz, die Studenten zu einseitiger Erfolgssuche in Richtung leichter Muse verleite. Folglich habe sie sich getäuscht, als sie glaubte, »das Conservatoire hätte den Grand Style behaupten und pflegen können«. Auch sähen die Regeln des Instituts vor, daß jeder Student durch die Hände mehrerer Professoren im Hauptfach zu gehen habe. Sie dagegen forderte: »Der gleiche Lehrer muß unterweisen, von den ersten Gesangsübungen bis zur musikalischen Deklamation, bis zur Darstellung wichtigster Partien, zu denen Stimmtimbre und persönliche Anlagen den Schüler befähigen.« – Pauline nahm sich ihre Freiheit wieder, um ohne Einmischung fremder Autorität den Schülern ihrer Wahl die großen Traditionen, für die sie einstand, weitergeben zu können. In einer solchen Haltung hätte Garcia-père ohne Zweifel sein eigenes Wesen wiedergefunden.

*

Camille Saint-Saëns war es, der, als er Pauline wieder hörte, bestätigte, ihre Stimme habe seit der Rückkehr eine Wiedergeburt erlebt. So erlaubte Pauline es sich zwischen 1872 und 1874, immer wieder einmal öffentlich zu singen, in der Société du Conservatoire, in den Konzerten des Cirque d'hiver, die Pasdeloup dirigierte, in Wohltätigkeitskonzerten oder auch in privaten Zirkeln (etwa bei dem Fürsten Orlow). Das Programm war weder neu noch mutig, aber einige ihrer bekannten Glanzstücke tauchten aus der Vergessenheit wieder auf, wie beispielsweise Pergolesis »Sicilienne«. Publikum und Presse behandelten die Sängerin mit respektvoller Zurückhaltung.

*

Die alte Freundschaft zu George Sand erfuhr neuen Auftrieb, als Turgenjew die Dichterin gemeinsam mit Flaubert einige Tage lang in Nohant besuchte und sie aufforderte, sich doch wieder einmal zu einem Hauskonzert bei Pauline einzufinden.

Bald darauf konnte man einen von alter Liebe getragenen Artikel von George in »Le Temps« lesen, in dem es hieß: »Ich war in Paris während der letzten Tage, in dem einfachen, fast leeren Salon einer großen, großen Künstlerin. Als ich zuhörte, habe ich alles vergessen, den finsteren Eindruck des besiegten Frankreich, seine dezimierte Bevölkerung, seine entwürdigte Hauptstadt. Vor der Sonne Glucks und Pauline Viardots hatte sich der schlimme Traum verflüchtigt.«

Pauline schloß Turgenjew immer inniger ins Herz, gerade weil das beginnende Alter auf ihm zu lasten schien und ihn schwerfällig machte. So groß und breitschultrig er war, er hatte einen Bauch bekommen »wie ein alter Ringer«. Sein Kopf war ebenso schön wie früher, wenn auch verändert. Das dichte, weiße Haar belebte seine dunklen Augen unter den grauen, dicken Wimpern. Der starke Bart, an einen alten Soldaten erinnernd, war stellenweise braun geblieben und gab seinem Gesicht einen Ausdruck von Energie und Stolz.

Pauline selbst ließ sich noch immer bewundern und lebte in dem Gefühl, ihm zu gefallen. Nicht mehr ganz jung, ein wenig füllig geworden, aber auffallend frisch, mit wunderbarer Haut, bewahrte sie unter dem noch dunklen Haar den lebhaften Ausdruck der Spanierin, deren unerschöpfliche Widerstandskraft sie nicht altern zu lassen schien.

*

Iwan Turgenjew

In Baden-Baden hatte Clara Schumann Julie mit Mann und Söhnchen
wiedergesehen. Die Tochter kam als Todkranke nach Lichtental, sie litt
unheilbar an Lungentuberkulose. »Wir sahen ihre Leiden sich steigern
von Tag zu Tag und konnten nichts tun, kein Arzt konnte ihr helfen . . .
Julie drängte fort nach Paris – zu Frau Schlumberger . . . mit ihr nach dem
Süden zu gehen.« Sie erreichte den Süden nicht mehr. Am 10. November
1872 starb Julie in Paris, erst 27 Jahre alt. Weder Pauline noch Clara
konnten von ihr Abschied nehmen. Die Mutter bekam die Todesnachricht kurz vor einem Konzert mit der Sängerin Amalie Joachim in
Heidelberg.

In ihrem deutsch geschriebenen Brief vom 22. November versicherte
Pauline: »Ich weine mit Dir – ich verstehe, empfinde so ganz Dein Leid,
Deinen Schmerz . . . Wann sehen wir uns wieder! Empfange die zärtlich-
sten Küßen Deiner mit Dir mitfühlenden alten Freundin Pauline.
Schreibe mir bald, bitte, bitte!«

*

Bei einem Diner, das Pauline im Winter 1872/73 gibt, ist ein junger Musiker zu Gast, der den »Prix de Rome« erhalten hat. Er kann auf eine beträchtliche Werkliste verweisen; aber gegen die Gleichgültigkeit der meisten Theaterdirektoren und Generalmusikdirektoren ist er machtlos geblieben.

Nach dem Essen wird der junge Mann gebeten, etwas Musik zu machen, was er gerne tut. Er ist nicht darauf vorbereitet und muß einen Augenblick lang nachdenken. Ohne jede Stimme, aber mit viel Elan singt er Ausschnitte aus einem geistlichen Oratorium, dessen Hauptpartie einem Mezzo-Sopran gehört.

Pauline lehnt sich an den Flügel und verfolgt seine Finger mit den Augen. Mit ganz besonderem Ausdruck, einer Mischung aus Verblüffung und Neugier, fragt sie: »Was ist denn das?« Etwas verlegen gibt der Musikus Auskunft: »Es heißt ›Maria Magdalena‹, ein frühes Werk, das, wie es scheint, gar keine Hoffnung mehr darauf haben kann, aufgeführt zu werden.« »Wie? Das soll sich ändern. Ich werde Ihre Maria Magdalena sein!«

Wir haben Jules Massenet vor uns, und der Eindruck, den er auf Pauline gemacht hat, wird Georges Hartmann hinterbracht, dem Freund und Verleger vieler junger Musiker des damaligen Frankreich. Dieser gibt das Werk dem Dirigenten Édouard Colonne, der es sehr gut für ein neu zu gründendes Orchester brauchen kann. Er führt »Maria Magdalena« am 2. März 1873 mit Pauline Viardot-Garcia in der Titelrolle auf. Die Kritik schreibt in schöner Einigkeit, daß Paulines dramatischer Ausdruck größer ist als je zuvor.

*

Anders als Jules Massenet ergeht es Camille Saint-Saëns. Alles, was er mit ungeheurem Fleiß dem Pariser Publikum bietet, verreißt die Presse schonungslos und verurteilt es als »wagnerianisch«. Eine nicht minder aus der Luft gegriffene Behauptung wie das rügende »algebraisch«, das sich auf des Komponisten Liebe zur alten und zur klassischen Musik bezieht, ihn aber in Wahrheit diskreditieren soll.

All dies hält Saint-Saëns nicht davon ab, seine vielbesuchten »Lundis« zu veranstalten. Diesem Beispiel schließt sich Pauline mit den »Jeudis« an, die ein gleiches Renommée genießen. Beide nutzen diese Einrichtungen, um junge Komponisten zu fördern. Einige Male schon hat Saint-Saëns Fragmente aus dem 2. Akt seiner Oper »Samson et Dalila« bei sich hören lassen. Augusta Halmès war seine Dalila, und der Maler Henri Regnault, von Turgenjew über alle Koloristen der Zeit gestellt, sang den

Samson. Aber der Widerhall beim Publikum war ausgeblieben. Pauline sucht und findet eine bessere Gelegenheit, den zweiten Akt des Werks zu präsentieren. In einem Gartentheater des Vororts Croissy studiert sie die Oper ein. Wieder sitzt Saint-Saëns am Klavier, die Darsteller agieren in Kostüm und Maske. Die Spitzen des Pariser Musiklebens sind gekommen, und Pauline singt selber die Dalila, angeregt und verjüngt, neben Charles-Auguste Nicot als Samson und Numa Auguez als Oberpriester. Alle Hoffnung, die etwa aufkommt, als der Opéra-Direktor freundlich Beifall klatscht, schwindet sogleich wieder, da er eine Aufführung unumwunden ablehnt. »Dieses ›biblische Oratorium‹ ist für die Bühne des Théatre National völlig ungeeignet«, sagt er streng. Und wieder kommen stereotyp nachgeredete Behauptungen: »Ich kann und will eine derart ›algebraische‹ Musik, in der sich Saint-Saëns als unverbesserlicher Wagnerianer zu erkennen gibt, meinem Publikum nicht zumuten.« Alles erregte Diskutieren danach hilft nichts, der Herr bleibt bei seinen Vorurteilen.

Als im Jahr darauf die konzertante Aufführung des 1. Aktes folgt, prasseln wieder Verrisse auf Saint-Saëns ein. »Völliges Fehlen der Melodie, eine oft äußerst grelle Harmonik und eine Instrumentation, die sich nirgends über das Mittelmaß erhebt.«

Ganze fünfzehn Jahre brauchte das Werk, bis es endlich die Bühne der Opéra erreichte, während es in Weimar 1877 bei seiner Uraufführung durch Franz Liszt gerade wegen seiner Verschmelzung von geistlichen und weltlichen Elementen gefiel.

Saint-Saëns war Pauline vorgestellt worden, als er dreizehn war; in einem Wohltätigkeitskonzert wirkten beide zusammen. Die gegenseitige Sympathie war groß, so daß sie einander unterstützten. Häufig begleitete er sie in ihrem weitgespannten Liedrepertoire, das sich ebenso auf Spanier, Italiener und Franzosen stützte wie auf Schubert oder Schumann, häufig aber auch auf für sie geschriebene Lieder von Camille. Er versäumte nicht, seiner Gönnerin die Oper »Samson et Dalila« zu widmen. Und Pauline veröffentlichte noch 1907 einen Artikel, in dem sie sich die Kindheitsjahre des Komponisten zum Gegenstand nahm.

Nach dieser Opernaufführung in Croissy hat Pauline Viardot nicht mehr öffentlich gesungen. Aber sie erschien als Pianistin oder Komponistin auf Pariser Konzert-Programmen, häufig mit den Kindern, deren Namen inzwischen in der Presse genannt wurden. So spielte sie 1877 den Klavierpart in einem Trio von ihrer Tochter Louise.

*

Es war eine Heimtücke des Geschicks, daß Turgenjew nicht unter den Hörern in Croissy sein konnte. Er hatte in Karlsbad gekurt und erlitt, gerade als er abreisen wollte, einen erneuten Anfall von Gicht. Fünf Tage vor dem großen Abend hielt Claudie einen Brief von ihm in der Hand, in dem es heißt: »Ach, wenn ich doch Dienstag zum großen Tag der Dalila kommen könnte! Das hieße freilich, den Mond mit den Zähnen herunterholen zu wollen.« Es folgt eine Zeichnung, auf der Turgenjew zwischen Erde und Mond schwebt. »Und doch, hie und da hat man es ja gesehen, selten, das ist wahr! Wer weiß, mein liebes Didelchen, wenn solche kleinen Dummheiten Dich lächeln machen, dann ist das schon alles, was ich möchte.«

Der Schrecken all seiner Lebensphasen hatte Turgenjew 1872 beim Rußlandbesuch wieder heimgesucht, als ihn eine heftige Indisposition befiel, die er für Cholera hielt. Mit zitternder Hand hatte er den Viardots eine Karte geschrieben: »Ich erlebe eine schlimme Attacke von Cholera, wirklich, und fürchte, daß ich mich davon nicht mehr erhole. Solange es noch Zeit ist, möchte ich Ihnen sagen, daß meine letzten Gedanken bei Ihnen sind und die Bitterkeit des Todes durch den Gedanken verstärkt wird, daß er mich fern von allem überrascht, was ich in dieser Welt liebte. Adieu! Adieu!« (30. Mai 1872)

Auch der Kuraufenthalt Turgenjews war überschattet von ständiger Angst vor der Cholera. »Sie kommt von allen Seiten wie eine gewitterdrohende Wolke – nun aber versichern die Herren Ärzte, daß sie bis jetzt Karlsbad verschont hat. Ich glaub es – und glaub es nicht; – bleibe aber hier und denke nur an den Moment – den glücklichen Moment meiner Abreise.« (An Pietsch, 11. Juli 1873)

Die Zustände des Übelbefindens rückten immer näher zusammen. Im September 1872 heißt es an Polonski: »Es ist beinahe ein Monat, daß ich an dem Podagra in den Füßen leide, und ich sehe kein Ende! Wohl zehnmal wiederholten sich die grausamsten Anfälle, bald in der Fußsohle, bald im Knie, und ganze Wochen mußte ich still im Bett liegen und wenn ich aufstand, war ich gezwungen, mich der Krücke zu bedienen. Es scheint, daß ich den Platz des verstorbenen Botkin einnehmen soll. So spielt uns das Leben mit!«

Eine bewegungslose Statue mit einem geschwollenen Knie, so sah er sich und litt in diesem Zustand doppelt unter feindseligen Äußerungen Dostojewskis, die ihm seine Freunde in Moskau verschreckt mitteilten. »Das Verfahren Dostojewskis wundert mich nicht im geringsten; er haßte mich bereits, als wir beide noch ganz jung waren, obschon ich durch nichts diesen Haß verdient habe. Aber die grundlosen Leidenschaften sollen die stärksten und dauerhaftesten sein ... Dostojewski erlaubte sich Schlimmeres als eine Parodie: er stellte mich unter dem Namen K. als heimlichen Anhänger der Netschajewschen Partei dar [es handelt sich um die Neu-Jakobiner und Nihilisten]; sonderbar ist nur, daß er zur Parodie gerade die Novelle ausgewählt hat, die ich für sein ehemaliges Journal schrieb, eine Novelle, derentwegen er mich mit Dankesworten und Lob überhäuft hat. Diese Briefe habe ich aufbewahrt. Es wäre amüsant, sie zu veröffentlichen. Aber er weiß, daß ich so etwas nicht tun werde. Bedauerlich, daß er sein unzweifelhaftes Talent zur Befriedigung unedler Triebe mißbraucht.« (An Marie Miljutin, 3. Dezember 1872)

Auf den Rat der Ärzte ging Turgenjew nicht nach Marienbad, sondern zurück nach Karlsbad. Auf dem Wege kehrte er in Wien ein und hatte das Unglück, sich dort den Fuß zu verstauchen. »Ich lag eine Woche in einem teuren Hotel und schleppte mich mit Mühe bis Karlsbad, welches mich jedoch schnell hergestellt hat und dessen Brunnen mir großen Nutzen brachte. Von dort kehrte ich über Baden-Baden nicht nach Paris zurück, sondern nach einem Städtchen in der Umgebung, Bougival mit Namen, wo ich mit meinen Freunden eine Villa gemietet habe.« (An Polonski, 26. September 1873)

*

Da Courtavenel nicht mehr zur Verfügung stand, übersommerte die Familie Viardot 1871 in Boulogne-sur-Mer, 1872 in Saint-Valéry-sur-Somme, 1873 waren sie Gäste von George Sand in Nohant. Aber sie wünschten sich einen eigenen Platz auf dem Lande. Dies sollte sich erst 1875 verwirklichen lassen, als sie sich in ihrer Villa »Les Frênes« einrichten konnten, die Turgenjew als »sehr hübsch« bezeichnete. Sie wurde von den Viardots und Turgenjew gemeinsam gekauft. Zwei Drittel der erforderlichen Summe steuerte Turgenjew bei. Der Besitz sollte Pauline zugute kommen, Turgenjew aber der Nutznießer sein.

Für 180 000 Francs wurde der Kauf getätigt, wofür Turgenjew ein weiteres seiner Güter veräußerte. Und wie in Baden, nur viel bescheidener, ließ sich Turgenjew in etwa dreißig Schritten Entfernung ein Landhaus im russischen Stil erbauen, das er im Frühling 1876 bezog. Meist erstreckte sich der Aufenthalt in »Les Frênes« bis November. Und hier verbrachte Turgenjew, inmitten geliebter Menschen, noch einige Zeit des Glücks.

Aus Nohant verriet George in einem Brief, wie die russischen Landsleute Turgenjews Rolle im Hause Viardot beurteilten. Schon in Baden

Die Villa »Les Frênes« in Bougival,
gesehen vom Balkon des Landhauses Iwan Turgenjew
(Photo Caroline Bouju)

hatten Gerüchte kursiert, nicht immer sei der Gast durch die Viardots nach seinem Verdienst behandelt worden, Madame habe ihn zu oft als Boten durch die Stadt geschickt, Louis habe zu bereitwillig erlaubt, daß ihm Turgenjew seine Jagdtasche trage, und dergleichen mehr. Auch George hatte, offenkundig eifersüchtig, in diesen Chorus eingestimmt. An Gustave Flaubert schrieb sie am 23. März 1873: »Nein, dieser Hüne tut nicht, was er will. Er gehört vielmehr zu jenen, die ihr Glück darin finden, beherrscht zu werden, und ich verstehe ihn auch. Vorausgesetzt, daß er in guten Händen ist – und er ist es.«

*

Daß Turgenjew George Sand schätzte, war nicht nur dem Einfluß Paulines zuzuschreiben. Gustave Flaubert hatte ihm eine Briefstelle gezeigt, die der Russe lächelnd, aber voller Bewunderung las und die ihr sein Herz endgültig öffnete: »Traurigkeit ist nicht ungesund, sie hindert uns abzustumpfen.«

Flaubert litt unter dem ständigen Zwang, sich zu wehren, mit der bösartigsten Kritik fertig zu werden, sich gegen Unverstand zu verteidigen. Während in Paris besonders heftiger Sturm zu bestehen war, näherte sich ihm George als wirkliche Freundin. Sie hatte einen Artikel über »Salammbo« geschrieben, in dem sie das Buch als eines der schönsten der gesamten Literatur pries. George schien dazu prädestiniert, Flaubert etwas von der Wärme zukommen zu lassen, die er in der Kindheit vermissen mußte.

Entgegen George Sands Auffassung dachte sich Turgenjew von Abstumpfung bedroht. Gleichgültigkeit und Alterskühle fühlte er »tiefer in seine Seele dringen«. Auch in der Korrespondenz ließ er nach. Längst war er krank, wußte nicht recht, was ihm fehlte. Es wurde ihm bewußt, daß er viele Tage des Jahres im Bett zubrachte. Wenn er beim Arzt vom Wartezimmer zum Sprechzimmer vordrang, brach ihm der Schweiß aus in Erwartung einer bösen Diagnose. Wenn er sein Hemd auszog, fragte er sich, ob nun die Stunde des dauernden Krankseins geschlagen habe. Vielleicht war er chronisch krank, ohne es zu wissen, trug sein Leiden mit sich herum und war dabei doch ein Mensch wie die anderen auch. Und er sagte sich: Hätte ich Claudie geliebt, dann hätte ich doch die Verjüngung des Wesens empfunden, die einen neuen Menschen aus uns macht, sobald sich die unbekannte Flamme in uns entzündet. Nein, das Kind hatte nur ins alte Feuer geblasen! Nach wie vor liebte er Pauline, vielleicht um der Tochter willen noch mehr.

Turgenjew und Pauline waren durch viele gleiche Neigungen aneinander gebunden. Freilich erscheinen die Briefe an Claudie völlig ähnlich denen an Pauline: Numerierung, deutsche Sätze gesteigerter Innigkeit am Anfang und am Ende und die gleichbleibende Formel: Dein alter, treuer . . . – So 1869 an Claudie: »Wenn ich Dich am Morgen sehe, so hinterlassen Deine Augen einen Strahl, der den ganzen Tag andauert. Also bring mir schnell mein Licht, auf Dienstag, mein liebes Licht . . .« (August 1869)

Eines Tages war es soweit, daß Turgenjew an Pietsch schreiben mußte: »Der künftige Mann von Didie heißt Georges Chamerot, – eine prachtvolle, junge, edle, tüchtige Natur – sonst hätte ich nie mein Jawort dazu gegeben – er ist der Besitzer einer der ersten hiesigen Typographien – Vater und Mutter treffliche Leute . . . Das Verhältnis dauert schon lange.« (5. Januar 1874)

Pauline meldet Clara Schumann am 13. 1. 1874: »Claudie ist Braut! Der Glückliche liebt sie seit zwei Jahren schon – und endlich liebt sie ihn! Er ist ein junger Mann, 28 Jahre alt, groß, mit einem schönen Gesicht, sehr gebildet, ernst, liebenswürdig und gut wie ein Engel. Er hat eine sehr gute Stellung und ist allgemein beliebt. Du kannst Dir denken, daß ich jetzt unterbeschäftigt bin! Wenn ich noch Zeit zum Athmen habe, wundert es mich! Es ist gewiß nur aus alter Gewohnheit!«

Turgenjew wünschte der jungen Frau von Herzen Glück. Es gelang ihm sogar, auch ihren Mann Georges zu lieben, und schließlich wurde er der Patenonkel ihrer Kinder. Die Zeiten von Claudies Schwangerschaft versetzten ihn in nicht geringere Unruhe als die ihrer Mutter. Seine väterliche Fürsorge hat manchen Turgenjew-Liebhaber glauben gemacht, er sei in Wahrheit Claudies Vater gewesen. Augenscheinlich ließ Turgenjew diese in ihrem Glauben. Aber es gibt einen Brief von 1870, der den Unterschied ganz deutlich macht. Er spricht da von seinem Freund Borissow und dessen Sohn: »Es amüsiert mich zu sehen, bis zu welchem Punkt ihn sein Vater anbetet. Das schafft zwischen uns eine Art Gleichheit oder Kameraderie. Denn ich bin von derselben Art und kann wie er anbeten, nicht wahr? Du weißt etwas darüber (ohne mein Geburtsjahr zu vergessen).« (Juni 1870)

Im Juni desselben Jahres übernimmt Turgenjew zärtliche Worte Georges Chamerots: »Welches Vergnügen, einen Kuß auf Deiner schönen Stirn zu deponieren (das ist ein Ausdruck von Georges), denn sie ist wirklich schön, Deine Stirn, obwohl Du darauf bestehst, sie unter Deinen Haaren zu verstecken.« Übrigens gab Turgenjew Georges Chamerot den Beinamen Loulou, welches auch der Kosename Paulines für ihren Mann war.

An Freund Masslow ergeht Turgenjews Aufforderung: »Da einige meiner Aktien der Rjasaner Eisenbahn bei Dir liegen, ersuche ich Dich, falls fällige Coupons darunter sind, dieselben zu versilbern und mir das Geld zuzuschicken. Denn der Kurs ist jetzt gut, und ich muß wegen der Hochzeit meines Lieblings Didie große Ausgaben machen.« (30. Januar 1874)

An denselben: »Vorgestern verheiratete sich meine unvergleichliche Didie ... Du kannst Dir vorstellen, in welchen Sorgen und in welch fröhlicher Aufregung ich mich die ganze Zeit hindurch befand. Jetzt ist das junge Ehepaar so glücklich, daß es lächerlich und rührend zugleich ist ...« (25. Februar 1874)

*

Nie war das gesellschaftliche Leben bei den Viardots lebhafter als in jenen Jahren. Saint-Saëns avancierte zum Animator der beliebten Scharaden, assistiert von seinen Freunden Bussine und Joanne, aber auch von Gabriel Fauré und Paul Viardot. Pauline hat erzählt, daß die jungen Männer sich sonntags hinter der Orgel der Kirche »Madeleine« trafen, deren Organist Saint-Saëns zu jener Zeit war, um flüsternd neue Ideen für die Abendvergnügungen auszubrüten.

Einzig der würdige und zugleich schüchterne César Franck nahm nicht oder nur von ferne lächelnd an solchen Späßen teil. Gewöhnlich folgte am Mittwoch die musikalische Unterhaltung, bei der sich Pauline immer wieder einmal hören ließ. Julien Tiersot berichtet: »Sie war nahe an den Sechzig, als ich sie zum ersten Mal hörte, und ihre Stimme hatte dem Altern große Opfer bringen müssen. Einzigartige Besonderheit: Während die Töne in der Mittellage dünn geworden, ehrlich gesagt: so gut wie verloren waren, hatten die hohen und tiefen ihre ganze Kraft und Macht behalten. Kein Wunder, daß sie zum Einsingen immer wieder ›Ich grolle nicht‹ von Schumann wählte, wo gerade die Randnoten am meisten gefordert sind.«

*

Bevor Turgenjew 1874 zu längerem Rußlandaufenthalt abreiste, rührte er kräftig die Werbetrommel für Flauberts Buch »Die Versuchung des Heiligen Antonius«. Er erreichte, daß er bereits bei der Durchreise aus Berlin an Flaubert schreiben konnte: »Mein lieber Freund, ich schicke Ihnen einen Artikel über »Antoine«, der eben in der ›Nationalzeitung‹

erschienen ist.« Allerdings fiel das Lob, das Pietsch später in der »Schlesischen Zeitung« veröffentlichte, nicht uneingeschränkt aus.

Turgenjew muß jedoch Pauline am 25. Mai aus Petersburg melden: »Die Tentation des armen Flaubert hat hier ein schreckliches Fiasko erlitten. Man nahm an, der Verkauf könne nicht darunter leiden: Nichts da, man sieht den Band in den Schaufenstern der Büchereien, aber er verkauft sich nicht. Consummatum est!« An Zola geht die Nachricht: »Das russische Publikum hat auf seinen Antoine nicht anbeißen wollen, der nicht einmal verteidigt worden ist! Er muß diese Einzelheit aber nicht unbedingt wissen!« (17. Juni 1874)

Turgenjew hatte sich außer an Ludwig Pietsch und den Berliner Kunsthistoriker Julian Schmidt auch an Paul Heyse, Heinrich Laube, Ludwig Friedlaender und Paul Lindau mit der Bitte gewandt, Flauberts Buch zu besprechen. Lindau kam Turgenjews Wunsch nach in einer ganzen Aufsatzserie über Flaubert und sein Schaffen. Von diesen Artikeln schrieb Flaubert am 8. Oktober 1874 an Turgenjew: »Mein lieber Alter, Dank für Ihre Sendung. Das nenne ich freundschaftliche Gefälligkeit. ›Darin erkenne ich Dich, Marguerite.‹ Danken Sie bitte Herrn Lindau in meinem Namen, er ist sehr liebenswürdig.«

Als sich Turgenjew während seines Kuraufenthaltes in Karlsbad fast zu Tode langweilte, erhielt er einen Bericht des ebenfalls zur Kur nach dem Kaltbad Rigi in der Schweiz gereisten Flaubert und glaubte, seine eigenen Worte zu lesen: »Die Herren Ausländer, die im Hotel wohnen! alles Deutsche oder Engländer, ausgerüstet mit Stöcken und Ferngläsern. Gestern war ich versucht, drei Kälber zu umarmen, die ich auf einer Alm sah, aus Menschlichkeit und aus dem Bedürfnis meinen Gefühlen freien Lauf zu lassen ... Ich kenne mich, ich werde hier absolut nichts schreiben.« (2. Juli 1874)

*

Nach zwei Tagen in der Eisenbahn erreichte Turgenjew sein Haus in Petersburg. »Herrliche Nacht! Zweimal durch gehöriges Schnarchen aufgewacht. Die Überzeugung gewonnen, daß man mich nicht verleumdet, wenn man mich dessen beschuldigt. Langes Bett, etwas hart, wie ich es liebe, frischeste Wäsche. Am Morgen – o Staunen: Sonne! In den Straßen die Gesichter der Muschiks, kleine Droschken, Staub, Tauben, Soldaten, lächerlich mit langen Glockenmänteln ausstaffiert usw. usw. Es kommt mir vor, als hätte ich nie aufgehört, das zu sehen. Ich nehme Tee, ziehe mich an, gehe aus. Es ist stechend kalt. Pracht der Blätter an den Bäumen. Phrasenhaft pompöses Denkmal Katharinas II., aber nicht ohne Effekt. Telegramm geschickt. Große Geldsumme abgehoben, die mein Verleger schickte. Besuch gemacht: M. Arapetow, M. Polonski, M. Nikolai Tutschew. Im Grunde werden Ihnen diese Namen nichts sagen. Alte Freunde – Polonski liest mir Verse, die nicht gut und nicht schlecht sind. Er hat ein steifes Knie, eine gute kleine Frau, ein hübsches, wennschon etwas schmutziges Kind, eine frei im Zimmer herumfliegende Taube, die überallhin ... macht.« (19. Mai 1874 an Pauline) So der Telegramm-Stil, den die beiden Briefschreiber »nègre« nannten ...

Auf der Fahrt hatte Turgenjew Lieder aus dem Deutschen übersetzt, die zu einem neuen Romanzen-Heft Paulines in Rußland zusammengestellt werden sollten. In Petersburg suchte er Mme. Abaza, die ehemalige, für Wagner schwärmende Sängerin auf (»Sie kann nicht aufhören, von diesem wildgewordenen Eunuchen zu reden«), um seinen russischen Text endgültig auf Paulines Musik abzustimmen und die Romanzen dann zum Verleger Johansen zu bringen (nach Dichtungen von Goethe, Puschkin, Mörike, Geibel, Pohl).

Er ging ins Theater, sah die Savina debütieren, »nicht ohne Talent, hübsches und intelligentes Gesicht, aber sehr böse; schreckliche Stimme, die das russische Zimmermädchen verrät«. An einem anderen Abend ging er ins russische Theater, um Ostrowskis »Der Wald« anzuschauen, ein Stück, das er liebte. Er schrieb dem Dichter am 18. Juni 1874 aus Spaskoje: »Ich habe ›Der Wald‹ gesehen. Das Stück wurde sehr schlecht gespielt, aber welch ein Wunder! Der Charakter des ›Tragischen‹ ist Ihnen wohl am besten gelungen!«

Und dann das Erlebnis der Eremitage für den eifrigen Bildersammler! »Neben den berühmten, erhabenen Sachen sind da Bilder, deren Erscheinen in der Galerie Drouot alle Amateur-Hirne begeistert hätte ... Immer und vor allem Papa Rembrandt und das kleine rothaarige, auf einen Besen gestützte Mädchen, das mich bedauern läßt, daß nicht ich den Zaren gerettet habe (er meint das Attentat auf Alexander II. von 1866); denn ich hätte dieses Bild als Belohnung erbeten.« (23. Mai 1874)

Schließlich aß Turgenjew mit dem alten Ossip Petrow, dem eigentlichen Vater der russischen Gesangsschule. Er überbrachte ihm eine Petrow gewidmete Romanze Paulines, und der Beschenkte war begeistert. »Er bewundert Sie immer noch, wie in der Vergangenheit. Ihre Büste steht bei ihm, mit Lorbeer bekränzt, die Ihnen immer noch sehr ähnlich sieht. Seine Frau, die Altistin, ist sechzig und hat nur noch einen Zahn der oberen Reihe. Nun, nach dem Essen sang sie zwei sehr bizarre, aber anrührende Romanzen von Herrn Mussorgski (dem Schöpfer von Boris Godounow, der auch da war) mit immer noch junger Stimme, expressiv, charmant und bewundernswert. Ich blieb offenen Mundes und bis zu Tränen gerührt, das kann ich Ihnen versichern. Dieser Mussorgski hat für uns gespielt und einige Fragmente aus seiner Oper und aus der, die gerade im Entstehen ist (Khowanschtschina) – man kann nicht sagen gesungen –, eher gegrunzt; und das erschien mir charakteristisch, interessant, mein Ehrenwort! Der alte Petrow sang seine Partie des greisen, betrunkenen und spöttischen Mönchs (er nennt sich Warlaam, siehe Viardots Übersetzung des Puschkin) ganz ausgezeichnet. Ich fange an zu glauben, daß in dem allen Zukunft liegt. Mussorgski sieht wie ein anderer Glinka aus; er hat nur eine völlig rote Nase (unglücklicherweise ist er Trinker), blasse Augen, aber schöne, kleine Lippen in einem dicken Gesicht mit hängenden Wangen. Er hat mir gefallen; er ist sehr natürlich und ohne Phrasen. Seine Musik ist etwas wagnerianisch, aber schön und eindringlich. Auf, auf, ihr Herren Russen!« (An Pauline, 2. Juni 1874)

Drei Tage nach dem ohnehin verspäteten Abreisetermin am 4. Juni gab es eine Einladung zu Wladimir Wassiljewitsch Stassow, dem bedeutenden Kunst- und Musikkritiker, mit dem Turgenjew seit Jahren befreundet war. Der Prophet und Anreger der neurussischen Komponistenschule lud ihn ein, den Abend mit den größten lebenden Komponisten Rußlands in seinem Haus zu verbringen. Auch Anton Rubinstein würde speziell aus Peterhof, wo er ein Haus gekauft hatte, herüberkommen. Turgenjew erzählte Pauline: »Die neue Schule erkennt ihn als Komponisten nicht an, aber sie ›läßt ihn als Ausführenden zu‹. . . . Neugierde stach mich, und dann der Gedanke, Ihnen das alles erzählen zu können! Um 7½ komme ich an. Die ganze Schule war da: M. Cui, Borodin, Rimsky-Korssakow und seine Frau, Mussorgski und Rubinstein. [Balakirew scheint verhindert gewesen zu sein.] Rubinstein, den wir herzlich umarmten, fragt mich nach Neuigkeiten (er ist vergleichsweise häßlich geworden; sein Gesicht hat sich in jeder Hinsicht vergrößert) und setzt sich dann ans Klavier und spielt bewundernswert, wiewohl etwas geräuschvoll, Mendelssohns Variations sérieuses, eine der letzten Beethoven-Sonaten, zwei Stücke von Chopin.

Während er spielt, fühle ich, wie Spasmen mich ergreifen, Koliken. Nun gut, ich hatte nichts gegessen. Ich verschlinge ein oder zwei Menthol-Pastillen, aber – die Koliken verstärken sich, wandern vom Magen zu den Lenden mit solcher Heftigkeit, daß ich mich nicht zu lassen weiß, nicht sitzend, nicht liegend; ich will nach Hause – unmöglich! Ich bin gezwungen, mich zu winden, die Schmerzen werden unaushaltbar, absurd, ein kalter Schauer geht über den ganzen Körper. Das ist der Tod! Nein, das ist noch nicht der Tod, und es ist nicht die Cholera, wie Sie vielleicht vermuten, es ist eine Nierenkolik. Bis jetzt kannte ich das Wort, nun kenne ich die Sache: Als Tortur sehr raffiniert! Ich verbreite Schrekken unter den anwesenden Musikern, man läuft einen Arzt zu holen, man führt einen von der benachbarten Polizeistation her, er läßt mich Opium schlucken, man wickelt mich in warme Servietten, man bedeckt mich mit Senfpflastern; zwei Stunden vergehen, und ich bin schließlich imstande, zum Hotel zu gelangen. Einer der jungen Leute, die mich begleiten, bietet sich an, die Nacht mit mir zu verbringen, und tut gut daran: denn die Krise kommt wieder. Von neuem holt man einen Arzt. Schließlich, gegen Morgen, beruhigen sich die Schmerzen, aber ich bleibe dort zusammengerollt, wo mir einer der zahllosen Ärzte, die um mich zu weinen anfangen, rät, ein warmes Bad zu nehmen. Ich werde wieder zu einem möglichen Wesen, wenn auch sehr schwach, auf einem Kanapee ausgestreckt, umgeben von Menschen, die reden, rauchen und – man muß es sagen – mir freundschaftlichste Sympathie bekunden. Jetzt erinnere ich mich, daß auch Sie einmal in Ihrem Leben eine Kolik dieses Ausmaßes hatten, ich weiß nicht wo, ich glaube in Boulogne.«

Der Anfall geht vorüber, und Turgenjew kann in Spaskoje wieder seinen Pflichten nachgehen. So besucht er eine Schule, in der nur noch siebzehn Schüler lernen, nachdem es im Winter noch sechzig gewesen sind. Der Lehrer ist Dorf-Diakon, ein unbedarfter Mensch, wenn auch nicht boshaft. Der intelligenteste Junge, ein Waisenkind, scheint es Turgenjew wert, unter seinen Schutz zu kommen. Pauline gibt der Dichter ein Beispiel des vorgeschriebenen Unterrichts in Religion:

»Nennen Sie die Eltern Johannes des Täufers? – Zacharias und Elisabeth. – Was gibt es Bemerkenswertes an der Geburt des heiligen Johannes? – Daß Elisabeth schon sehr alt war – und ihr Mann ebenfalls –. Elisabeth sagte: Ich bin so alt, wie kann ich noch empfangen? – Aber bei Gott ist nichts unmöglich usw. Und all das im Munde eines achtjährigen Kindes. Was für eine schöne Sache ist doch die christliche Legende! Was tun? Andere Lehrer als Kirchenleute kann man hier nicht haben.«

Dann führt Turgenjew eine lange Unterredung mit dem Verwalter, der eine Invasion von Bauern für den nächsten Tag ankündigt. Er empfängt sie auf dem Balkon und auf der Terrasse des Hauses, macht ihnen 1,092 Hektar Wald zum Geschenk und gibt jedem von ihnen 1,2 Dekaliter Milch frei. »Alle hatten neue Kaftans, und doch hätte man sie nicht, wie sie waren, auf den Boulevard des Italiens befördern dürfen.« (18. Juni 1874)

Einige Tage später geht ein Billett an Polonski: »Mir ist zweifelsohne etwas sehr Garstiges passiert – urplötzlich überrumpelte mich das Podagra, und zwar so wie noch nie zuvor – ich habe es in beiden Füßen und in beiden Knien. Kurz und gut, alle Achtung! Ich habe viel gelitten, und jetzt fange ich gerade an, auf Krücken im Zimmer herumzurutschen. Aber der Arzt versichert, ich könne am Sonnabend abreisen. Meine Liebe zum Vaterland ist durch diese Geschichte ganz gewiß abgekühlt. Dreimal hintereinander komme ich hierher, und dreimal reise ich mit dem Podagra ab, jedesmal in Progression. Die Folge wird sein, daß ich weder zum Winter noch im nächsten Jahr nach Rußland zurückkehre. Aber im Jahr 1876 muß ich mich wohl hier zeigen; dann werden wir uns sehen.« Und an Pauline hatte er geschrieben: »Nicht umsonst ist bei uns das Podagra weiblichen Geschlechts – eine ganz kapriziöse Krankheit!« (Mai 1874)

*

Anfang 1874 war Turgenjews sehr seltsame Geschichte »Die lebende Mumie« russisch erschienen. Die Berliner Freunde Pietsch und Schmidt lernten das Werk in französischer Übersetzung kennen. (am 8. April in »Le Temps« gedruckt). Auf Bedenken, die Pietsch zu Turgenjew geäußert hatte, antwortete der Dichter: »Ich habe folgendes zu berichten: derselbe patriarchalische Dorfälteste, der mir den Namen nannte – (das Ganze ist nämlich eine wahre Geschichte) – erklärte mir – nicht ohne einen gewissen ironischen Humor –, daß die Klawdia (das war ihr eigentlicher Name) – nur an Sonntagen p..ßt – und an großen Feiertagen (also 6- oder 8mal im Jahr) sch..ßt. (Ich hatte nämlich dasselbe Befremden wie Sie empfunden.) – Wie das möglich ist – darüber können Sie einen Arzt befragen. – Derselbe Arzt wird Ihnen sagen können, wie es möglich war, daß das Fleisch des armen Wesens absolut so hart wie Bronze wurde – und also von einem Durchgelegtsein keine Rede sein konnte! – Es ist wahr, ich habe sie im Sommer besucht – und der Raum war luftig . . . es gab gar keine Tür – aber ma parole! Gestank habe ich nicht gespürt! Ihre Krankheit soll eine Rückenmarkserschütterung gewesen sein.«

*

Die Schmähungen der russischen Presse erreichten traurige Höhepunkte. Turgenjews Roman »Neuland« war erschienen. Er ging darin mit seinen Landsleuten nicht zimperlich um. Die Schimpfkanonaden bedrückten

Turgenjew so sehr, daß er nie wieder etwas schreiben oder publizieren wollte. Mehrere Jahre lang blieb er diesem Gelöbnis treu – und fühlte sich nach eigener Aussage dabei ganz wundervoll (wenn das die vergeblich bekämpften Schmerzanfälle zuließen).

Turgenjew war bis 1876 auch als Literaturkritiker hervorgetreten. Jules Verne hatte einen Roman veröffentlicht, der später unter dem Namen »Der Kurier des Zaren« weltberühmt wurde. Sein Verleger, mit dem auch Turgenjew in Verbindung stand, zeigte sich des Titels wegen um die Absatzmöglichkeit des Produkts im Ausland besorgt, zumal im Rußland der zaristischen Zensur. Er setzte es – ungeachtet gehässiger Bemerkungen Turgenjews über den Schriftsteller – durch, daß dieser und der Fürst Orlow das Manuskript beurteilten.

*

»Mein Herz wird zur Nekropole«, hatte Flaubert geschrieben und es immer wiederholt. Denn George Sand war im März 1876 gestorben kurz nachdem seine »Muse« Louise Colet dahingegangen war.

Nicht lang hatte George leiden müssen, aber die kurze Krankheit ließ sie den Tod ersehnen. Pauline stand während der Beisetzung neben dem hemmungslos schluchzenden Flaubert. Und als sie danach beisammen saßen, beschlossen sie einen gemeinsamen Brief nach Rußland an Turgenjew zu schreiben. Flaubert drückte seinen Schmerz so aus: »Dieser Tod hat mir unendlichen Kummer bereitet. Arme, liebe, große Frau! Man muß sie kennen, wie ich sie gekannt habe, um zu wissen, welch ungeheure Gefühlskraft in diesem bedeutenden Menschen steckte, welche Zärtlichkeit. Stets wird sie eine der Zierden Frankreichs sein.«

George hatte keinen Priester empfangen und starb »unbußfertig«. Aber ihre Tochter Solange telegraphierte der Schicklichkeit wegen an den Bischof von Bourges und bat um eine katholische Beisetzung.

Georges Sohn Maurice, noch immer der Bürgermeister des Ortes, hatte einen Skandal befürchtet, wenn der Konvention nicht gehorcht werde. Flaubert hingegen verdächtigte den Doktor Favre und Alexandre Dumas, sie hätten zu solcher Rücksichtnahme auf die Konvenienzen des katholischen Ortes beigetragen. Die Schwiegertochter, Maurices Frau, hielt sich aus allem heraus, »ehrerbietiger gegenüber der armen Frau als alle anderen«, wie Flaubert bemerkte.

Die Freunde blieben außerhalb des Friedhofs, um sich durch falsche Töne ihre Trauer nicht stören zu lassen. Nur Prinz Napoléon, in dessen Begleitung Flaubert und Pauline gereist waren, und Alexandre Dumas gingen in die Kirche. Sehr viele Menschen wohnten der Beerdigung bei. Es regnete in Strömen. Landbewohner murmelten Gebete, den Rosenkranz in der Hand: Es war wie ein Kapitel aus einem von Georges Romanen.

*

Sterben und Lebenswille gaben sich in Paulines Gemüt ein Stelldichein. Sie teilte am 27. Februar 1877 stolz ihrer Freundin Clara Schumann mit: »Marianne ist die glückliche Braut eines guten, talentvollen, geistvollen jungen Menschen, der die Ehre gehabt hat, Dir vorgestellt zu werden, Alphonse Duvernoy. Seine Kantate ›La tempête‹ hat den 10 000 Francs-Preis gewonnen und ist im vorigen Frühjahr mit ungeheurem Jubel aufgeführt worden. Marianne ist überglücklich. Du wirst gewiß meine Freude theilen. Die Heirat findet im April statt.«

Im März unterrichtete Pauline die Freundin über den Besuch ihres Sohnes Paul in London, der als Geiger dort auftrat: »Er wird das Glück haben, Dich in wenigen Tagen zu umarmen (wenn Du es ihm erlaubst). Er ist von der Philharmonic Society engagiert und spielt dort am

Pauline Viardot (?):
Claudie Viardot (Sammlung Le Cesne)

16. April. Ich hoffe, daß der Erfolg so gut in London sein wird als in Paris, und ich rechne fest auf Dich und Deine alte Freundschaft, um ihm beizustehen und ihn zu protegieren – Du wirst in ihm einen enthusiastischen Verehrer von Schumann finden, und einen wahren Künstler. Sei streng mit ihm, da wo Du nicht zufrieden bist, ich werde Dir 1000mal dafür danken. – Erlaube, daß er manchmal mit Dir spielt – ja, nicht wahr, Du thust es?« (30. März 1877)

Sehr erstaunt wird Clara gewesen sein, als sie im Juli 1877 aus Bougival das folgende las: »Mein Herzensclärchen, mit welcher Freude habe ich die Nachricht von Elises Verlobung gelesen … Deiner Freude will ich gleich mit der meinigen antworten: Marianne ist Braut seit vier Tagen, ihr Bräutigam, Gabriel Fauré, ist ein junger Musiker von großem Talent als Componist. Sie werden dicht neben uns wohnen und – im Sommer zu uns kommen, so wie Claudie und George es thun … Paul ist zurück von London und sehr zufrieden mit seinem Aufenthalt. Seine nächste Saison ist sehr gut vorbereitet. Was macht Deine hübsche Eugenie? … Was macht Brahms, hat er etwas Neues geschrieben in der letzten Zeit? So viele Fragezeichen!

Deine alte treue P. V.« (26. Juli 1877)

Die wetterwendische junge Dame hat ihrer Mutter gewiß das Leben nicht leicht gemacht, denn auch diese Verlobung wurde bald wieder gelöst. Erst im April 1881 war dann doch Duvernoy Mariannes Erwählter.

*

In halbem Übermut, aber eigentlich völlig ernst gemeint, ermahnte Turgenjew 1877 in einem Brief seinen Schützling Claudie: »Wenn Du wieder in Deinen Heimatstall kommst, mußt Du hübsch wie eine Prinzessin sein und mich den Kopf Dir zudrehen lassen, um Georges richtig eifersüchtig zu machen.« Aber eine solche Ermunterung hinderte die beiden Herren nicht, sich gut zu verstehen. Denn Turgenjew war mit seinem »Schwiegersohn« zufrieden und hatte sich ziemlich ungehinderten Zutritt zum Haushalt der Chamerots verschafft.

In diesem Jahr, 1877, kokettiert er in seiner Dichtung plötzlich ungeniert mit der Erotik. Zumindest spielt sie in einer ganzen Reihe von Erzählungen eine prominente Rolle. Hierbei wird Maupassants Einfluß deutlich. Der Romancier hatte eine Farce geschrieben, die sich »Zum Rosenblatt, türkisches Haus, Sittenkomödie« nannte, ein Einakter in Prosa, der 1875 zum ersten Mal in Paris privat dargeboten wurde. Gedruckt wurde das Stück, seines pornographischen Charakters wegen, zu Lebzeiten Maupassants nicht. Er hatte es mit Robert Pinchon als Co-autor geschrieben und seiner Mutter im März 1875 mitgeteilt: »Einige Freunde und ich werden im Atelier von Leloir ein absolut unzüchtiges Stück spielen, bei dem Flaubert und Turgenjew helfen. Zu den Proben und Aufführungen wurden nur Männer über fünfundzwanzig und vor-zugsweise nicht mehr ganz neue Damen zugelassen.«

Das »grandiose« Werk erlebte mehrere Aufführungen, die Vorstellung Nummer zwei folgte allerdings erst zwei Jahre später. Die Proben bei dem Bühnenbildner Leloir am Quai Voltaire leitete – Turgenjew, vor-sichtig unterstützt von Flaubert. Acht elegante, maskierte Damen assi-stierten. Susanne Lasser, eine nähere Bekannte, stürzte ziemlich bald, zutiefst in ihrem Zartgefühl verletzt, aus dem Saal. Turgenjew ließ sich dazu hinreißen, den großartigen darstellerischen Leistungen heftig zu applaudieren. Zola blieb stumm, hin und her gerissen zwischen Sitten-strenge und der Peinlichkeit, allzu puritanisch zu erscheinen. Flaubert gestand begeistert, ihm sei das dargestellte leidenschaftliche Liebesaben-teuer ein Labsal.

Pauline hatte Wind von der Sache bekommen und stellte Turgenjew zur Rede: Wie sich so etwas mit seiner Position in der Gesellschaft vereinen lasse! Turgenjew gestand, er habe derbe Witze immer ganz gern gehabt, überhaupt das betont Französische gelegentlich zu schätzen gewußt. Und er hätte auch wahnsinnig lachen müssen, wenn ihm Viardot schlüpfrige Dinge von Louis-Napoléon hinterbrachte. So 1853, als der Monarch zum Staunen der Nation Eugénie de Montijo ehelichte. Damals war Mlle. Brohan die Maitresse des Libertin. Beim Verlassen des Theaters drehte er sich plötzlich um und wollte mit der Soubrette »Falken jagen«. Als sich diese tapfer verteidigte: »Nicht, Prinz, nicht hier, das ist der Bühneneingang!«, entschlossen die beiden sich für den anderen Eingang, der für jedermann da war. Gab der gelehrte Viardot so etwas mit der ernstesten Miene von der Welt zum Besten, konnte sich Turgen-jew vor Lachen ausschütten.

Aus dem groben Machwerk Maupassants übernimmt Turgenjew für seine Erzählungen wortspielerische Passagen. Des Russen Figuren sind eher Menschen aus der Umgebung der Viardots, vor allem natürlich das Personal von »Les Frênes«: an erster Stelle die Gouvernante Mme. Arnholt, ein altes deutsches Mädchen, die gleich in drei der Erzählungen zur Heroine werden darf. In der von 1882 ist es dann der alte Diener Bertillon, der ständigen Zugang zum Waschbecken in der Toilette verlangt, besonders aber dann, wenn sich Fräulein Arnholt eben dort plaziert hat. Genußvoll kommen immer wieder Worte wie »pipi« oder »caca« vor. In einem Brief von 1876 wurde Claudie mitgeteilt: »Mme. Arnholt – pfui, die hat Diarrhoe!« Als den Dichter 1877 ähnliche Nöte plagten, zögerte er nicht, dies seiner jungen Briefpartnerin anzuzeigen.

Manchmal brachte Turgenjew Pauline mit seinem Hang zur Albernheit in Harnisch. Und seine Vorliebe, in ernsteste Gefühle und kummervolle Erlebnisse Ironie einzuführen, ließ sie mitunter verzweifeln. Er verstand »die feinen weiblichen Unterscheidungen« manchmal absichtlich nicht und verkannte, was er sarkastisch die »geheiligten Bezirke« nannte. Vor allem verdroß es Pauline, wenn er mit einem Anflug vertraulicher Prahlerei über ihrer beider, schon so lang dauernde Beziehung sprach, von der er doch einmal behauptet hatte, sie sei das schönste Beispiel einer Liebe im neunzehnten Jahrhundert.

Für Turgenjew bleibt die Möglichkeit erfüllter Liebe an die Institution der Ehe gebunden. In Tolstois Roman »Anna Karenina«, der 1877 herauskam, steht dagegen der individuelle Anspruch emotionaler und erotischer Bedürfnisse den mit der Ehe fixierten kulturellen Normen und Werten unversöhnlich gegenüber. Und das gefiel Turgenjew gar nicht. Bei ihm verhalten sich diese beiden Bereiche gleichsam hierarchisch zueinander. So ironisch distanziert Sinnlichkeit, Erotik und Sexualität bei ihm gelegentlich erscheinen, sie offenbaren sich stets als dunkle Naturmächte. Nicht Glück bedeuten sie, sondern Gewalt, Leiden oder Sklaverei. In Gestalt einer schönen, starken Frau sucht die Katastrophe den Liebenden heim und läßt ihn sein Versprechen vergessen, das er einer wahrhaft Liebenden gegeben hat. Alexej Petrowitsch sagt in der Erzählung »Ein Briefwechsel« von 1855, nachdem ihn eine italienische Tänzerin in ihren verhängnisvollen Bann gezogen hat: »Liebe ist überhaupt kein Gefühl, sie ist eine Krankheit, ein eigentümlicher Zustand des Körpers und der Seele ... Sie ergreift den Menschen ungefragt, plötzlich, gegen seinen Willen ... wie der Geier das Kücken, und trägt es fort, wohin er will, mag es noch so sehr um sich schlagen. In der Liebe gibt es keine Gleichheit ... immer ist eine Person Sklave, die andere Herrscher ...; ich habe diese Überzeugung mit dem Preis meines Lebens erkauft.«

*

In der ersten Variante seines »Gedichts in Prosa« von 1878 mit dem Titel »Ein Egoist«, das als Viardots Porträt bezeichnet worden ist, formulierte Turgenjew: »Er betrachtete sich als großen Philosoph und hatte doch Angst vor dem Tod.« Nun, Louis hatte Grund, sich zu grämen. Bei all den Vergnügungen, die Pauline mit den jungen Freunden teilte, hielt er sich im Hintergrund. Als Neunzehnjährige hatte Pauline den damals schönen, geistreichen Mann geheiratet. Turgenjew, in den sie mit vierzig mehr als mit zweiundzwanzig verliebt war, schrieb sie: »Mein Mann und Scheffer sind immer meine liebsten Freunde gewesen. Der lebhaften und tiefen Liebe von Louis habe ich nie ein anderes Gefühl entgegensetzen können, trotz allen besten Willens!«

Nicht daß sich der Hausherr von gesundheitlicher Schwäche belastet gefühlt hätte. Alle, die ihn kannten, betonten vielmehr seine robuste Frische, die den Greis nicht weniger jugendlich erscheinen ließ als seinen Sohn Paul, wenn sie gemeinsam durch die Straßen gingen. 1873 ließ er sogar einen Rehbock an George Sand schicken, den er selbst geschossen hatte. (Paul erbte die Vitalität der Garcias und starb 1941, nota bene: als Maria Callas ihre Karriere begann.) Auch bewahrte sich Louis Viardot immer eine Sphäre der Aktivität, die ihm notwendig war. Als alter, militanter Republikaner ereiferte er sich für die Politik des Tages, die sich gelegentlich sogar Zugang in den Salon Viardot verschaffte. So ging es einmal darum, im Beisein Léon Gambettas den in Paris durch die Deputation gewählten Jules Grévy dazu zu bewegen, als Bürgermeister für Paris zu optieren.

In der Familie spielte Louis eher die Rolle eines Außenseiters. Ohne Turgenjew mit Namen zu nennen, drückte er seinen Kummer darüber aus, daß er seinen Platz von einem anderen besetzt sah, wenn es um Musik, um Konversation, ja selbst um Probleme der Kinder ging. Pauline war sich der Schwierigkeit natürlich bewußt. Aber sie nahm sie nicht ernst genug, vermutete aus momentaner Bequemlichkeit eine eher ärgerliche Grille. Und Louis hoffte, er irre sich, da doch sein Herz nur nicht ausdrücken konnte, wie sehr es noch immer für Pauline schlug, wie er sie liebte, ihre Nähe erträumte. Er wollte die Fröhlichkeit wiedergewinnen, das Glück und den Stolz schätzen, Pauline zur Frau und Freundin zu haben.

*

Am 9. August 1878 steigt Turgenjew in Tula aus dem Eisenbahnzug. Leo Tolstoi erwartet ihn mit seinem Schwager Bers. Sie fahren im Wagen nach Jasnaja Poljana, wo sich Sonja Tolstoi, vor nicht langem des Dichters Frau geworden, entzückt, schüchtern und beunruhigt zugleich darauf vorbereitet, den ungewöhnlichen Gast zu empfangen, von dem Leo ebensoviel Gutes wie Böses berichtet hat. Sie ist bezaubert von dem hochgewachsenen Herrn mit dem regelmäßigen Gesicht, der Fülle silbrigen Haars, den sanften Augen. Sein grauer Bart ist rings um den Mund gelblich. Er hat elegante Bewegungen, einen nachlässigen Gang, eine dünne Stimme, die zu seiner großen Gestalt seltsam kontrastiert. Neben ihm wirkt Tolstoi klein, bäurisch – und erstaunlich jung. Die Kinder auf dem Hof bewundern die Koffer des Reisenden, seine Weste und Samtjacke, seine Kaschmirkrawatte, seine Schuhe aus weichem Leder, seine goldene Uhr, seine kostbare Tabatiere und schnuppern die großstädtische Luft, die seine Person zu umgeben scheint.

Während des Essens blendet er mit seiner Redegewandtheit. Dem Hausherrn, der sich redlich bemüht, liebenswürdig zu sein, berichtet er von seinem Lieblingshund Jack, von dem turbulenten, wenn auch ein wenig seichten Leben in Paris, wo die Franzosen alles »vieux jeu« finden; er erzählt von dem Haus und der Orangerie, die er soeben mit den Viardots in Bougival gekauft, und der Cholera, vor der er große Angst gehabt habe.

Als er sieht, daß dreizehn Personen am Tisch sitzen, flüstert er: »Wer den Tod fürchtet, der hebe die Hand«, und hebt die seine lachend. Keiner der anderen tut es ihm nach, um die christlichen Gefühle des Hausherrn ja nicht zu verletzen. »Wie es scheint, bin ich der einzige.« Tolstoi kennt diese fundamentale Angst nur zu gut, gesteht sie aber nicht ein. Schließlich hebt er – offen oder höflich – die Hand und murmelt: »Nun ja, auch ich möchte nicht sterben.« Dann fragt er liebenswürdig: »Warum rauchen Sie nicht? Sie haben es doch früher immer getan?« »Ja«, erwidert Turgenjew, »aber in Paris haben zwei charmante junge Damen (er meint natürlich Claudie und Marianne) erklärt, sie würden mir nicht erlauben, sie zu küssen, wenn ich nach Tabak rieche; und da habe ich aufgehört zu rauchen.«

Bestürzt läßt Tolstoi seine Augen über die Familie gleiten. Niemand wagt zu lächeln. Nach dem Essen ziehen sich die beiden Männer ins Arbeitszimmer zurück. Sie sprechen lange von Literatur, Dichtung und Philosophie. Tolstoi wundert sich aber, wieviel Interesse Turgenjew für schriftstellerische Probleme zeigt.

Nach Bougival schreibt Turgenjew: »Ich war damit beschäftigt, meine Gedichte in Prosa zu schreiben. Und ich stellte die Kunst über alles; Gott, das Heil der Seele und das Jenseits waren für mich leere Worte. Der Kult der Schönheit war alles, was von meinem Leben übrig war.« (Ende August 1878)

Das nun scheint Tolstoi ein Gipfel der Leichtfertigkeit. Er sieht in dem Sessel gegenüber seinen vollkommenen Antagonisten in Gestalt eines gepflegten, galanten, geschwätzigen Greises. Turgenjew hat sich auch leichtsinnig selbst als solchen bezeichnet.

Was Tolstoi am meisten verabscheut, Wort-Musik, geistiges Genießen, nicht völlig aufrichtige Höflichkeit, westliche Kultur, alles ist in diesem Manne vereint. Er verspürt nicht übel Lust, ihn einfach davonzujagen.

Am 2. November 1878 kommt Turgenjew noch einmal für drei Tage nach Jasnaja Poljana und nimmt auch diesmal das gezwungene Entgegenkommen des Gastgebers für bare Münze. Tolstoi ist scharfsichtiger, ermißt den Abgrund, der ihn von seinem Kollegen trennt, sieht voraus, daß ihre Auffassungen mit den Jahren immer gegensätzlicher werden müssen. An Stachow schreibt er: »Er ist immer noch liebenswürdig und gescheit. Aber, unter uns, er erinnert mich ein wenig an einen künstlichen Brunnen, den man immer wieder mit Wasser füllen muß. Sonst fürchtet man ständig, daß nichts bleibt.«

Von solcher Beurteilung ahnt Turgenjew nichts. In Frankreich setzt er sich großmütig für das Werk seines Landsmannes ein. Aus Bougival schreibt er ihm, die englische Übersetzung der »Kosaken« sei ein großer Erfolg geworden, auch die französische durch die Baronin Mengden. Dabei hat ihn die letztgenannte Arbeit eher verstimmt. Gleichwohl ist er entschlossen, mit Pauline die »Kosaken« ins Französische zu übertragen. In Turgenjews Zeilen an Tolstoi steht: »Ich wäre sehr glücklich, wenn das französische Publikum die beste Erzählung, die in unserer Sprache geschrieben wurde, nach Verdienst einschätzt.«

Dieser Brief erreicht Tolstoi in einem Augenblick, als er an seiner literarischen Berufung zweifelt und auf alles gereizt reagiert. Was antwortet er Turgenjew? »Skyler hat mir seine Übersetzung der ›Kosaken‹ geschickt. Ich glaube, sie ist sehr gut. Die französische Übersetzung der Baronin Mengden – sie haben die Dame ja bei uns kennengelernt – ist entschieden schlecht. Bitte glauben Sie nicht, daß ich scherze. Lese ich etwas von mir Geschriebenes oder wird es auch nur erwähnt, so stellt sich bei mir ein unangenehmes, kompliziertes Gefühl, vor allem aber Scham und die Angst ein, daß man sich über mich lustig mache . . . Trotz aller Zuneigung, die ich Ihnen entgegenbringe, und der Gewißheit, daß Sie mir gewogen sind, scheint es mir doch, als machten auch Sie sich über mich lustig. Darum: sprechen wir nicht mehr von meinen Werken. Sie wissen sehr wohl, daß sich jeder Mensch auf seine Weise schneuzt, und glauben Sie, daß ich es tue, wie es mir paßt.«

Und mit einer gewissen christlichen Barmherzigkeit fügt Tolstoi an:

»Ich bewundere Ihre Jugendlichkeit. In den sechzehn Jahren, in denen wir uns nicht gesehen, haben Sie sich in jeder Hinsicht zu Ihrem Vorteil verändert, auch was das Physische betrifft.«

Überrascht antwortet Turgenjew sofort: »Obwohl Sie mich bitten, mit Ihnen nicht mehr über das zu sprechen, was Sie geschrieben haben, kann ich nicht umhin, Ihnen zu sagen, daß ich mich nie auch nur im geringsten über Sie lustig gemacht habe. Einige Ihrer Werke haben mir sehr gefallen; andere haben mir mißfallen; und einige schließlich, wie die ›Kosaken‹, haben mir großes Vergnügen bereitet und mich buchstäblich erschüttert. Aber weshalb hätte ich über Sie lachen sollen? Ich glaubte, Sie hätten solche zentripetalen Gefühle längst überwunden. Warum sind sie nur den Literaten vertraut und nicht den Malern, Musikern und den übrigen Künstlern? Wahrscheinlich, weil in ein literarisches Kunstwerk doch mehr von dem Teil der Seele eingeht, den man sich zu zeigen scheut. Aber in so fortgeschrittenem Stadium eines Schriftstellerlebens, wie wir es erreicht haben, wäre es an der Zeit, sich daran zu gewöhnen.«

Dies fand Tolstoi impertinent. Er schrieb an Fet: »Ich habe gestern eine Epistel von Tu erhalten. Wissen Sie, ich habe beschlossen, mich von ihm und der Sünde fernzuhalten. Er ist wirklich ein unangenehmer Streithammel.«

1879 erscheint die von der Fürstin Paskewitsch übersetzte französische Ausgabe von »Krieg und Frieden« in den Pariser Buchhandlungen. Sogleich geht Turgenjew ans Werk, schickt Exemplare an die bedeutendsten Kritiker, so an Hippolyte Taine, und veranlaßt seine Freunde, sich gleichfalls für den Roman einzusetzen. An Tolstoi schickt er einen Auszug aus einem Brief Flauberts, den dieser nach der Lektüre des Buches geschrieben hat: »Vielen Dank, daß Sie mir das Buch geschickt haben! Der Roman ist großartig! Was für ein Maler und Psychologe! Die beiden ersten Bände sind sublim, der dritte fällt erschreckend ab. Er wiederholt sich, und er philosophiert! Schließlich sieht man den Herrn, den Autor und Russen, während bis dahin die Natur und die Menschheit zu sehen war. Es will mir scheinen, daß er manches von Shakespeare hat. Während der Lektüre habe ich immer wieder Bewunderungsrufe ausgestoßen ... Ja, das ist stark, sehr stark!« (21. Jan. 1880)

Turgenjew fügt an: »Ich glaube, im ganzen werden Sie zufrieden sein! ... Es sind sonst noch keine Kritiken erschienen, aber von 500 bereits 300 verkauft.«

*

Im heimatlichen Gouvernement Orel hat die Tochter eines Fabrikdirektors als Dienerin eines sogenannten »Gottesnarren« ihr Elternhaus verlassen, um zu sühnen, daß ihr Vater ein unredliches Interesse an Staatsgeldern faßte. Die wichtigsten Elemente dieser authentischen Begebenheit kehren in Turgenjews Erzählung »Eine seltsame Geschichte« wieder. Sofijas Handeln wird hier zu einem exemplarischen Fall. Auf »viele andere Mädchen« hinweisend, die sich »ebenfalls geopfert« haben für das, was sie für Wahrheit erkannten, »worin sie selbst ihren Beruf gefunden zu haben glauben«, vergleicht Turgenjew seine Heldin mit der revolutionären Jugend, vor allem mit den vielen Frauen, die ihre (bürgerlichen oder adligen) Familien verließen, um sich, oft im Untergrund, dem Kampf für ihre »Wahrheit«, dem Sturz des Zarenregimes, anheimzugeben. In der »Seltsamen Geschichte« wirkt der Versuch polemisch, zwischen der revolutionären Jugend und Sofija eine Verbindung herzustellen, die in einem »Blödsinnigen« einen Lehrer sucht. Zwei wesentliche Anschauungen des Dichters wirken hier mit: Da ist seine seit 1868 immer deutlicher artikulierte skeptische Bewertung russischer Geschichte und Kultur. In einem Brief an Alexander Herzen hatte er sich auf Deutschlands größten Dichter berufen: »Der alte Goethe hat recht: der Mensch (der europäische Mensch) ist nicht geboren, frei zu sein – Warum? Das ist eine physiologische Frage – eine Gesellschaft von Sklaven mit einer Untergliederung in Klassen trifft man in der Natur auf jeden Schritt (Bienen . . .) – und von allen europäischen Völkern schert sich namentlich der russische Mensch wenig um die Freiheit. Sich selbst überlassen, tendiert der russische Mensch zum Altgläubigen.«

Anders dagegen lautet Turgenjews Geschichtskonzeption. 1865 hatte Gustave Flaubert die Bekanntschaft mit dem französischen Kulturhistoriker und Positivisten Hippolyte Taine vermittelt. An dessen Vorstellungen anknüpfend, sah Turgenjew psychologische und besonders psychopathologische Erscheinungen als markanteste Punkte der kulturhistorischen Entwicklung.

Im Zusammenhang mit solchen Überlegungen stehen auch die beiden Erzählungen »Es klopft« von 1870 und »Vater Alexejs Geschichte« von 1877. Das krankhafte Verhalten der Protagonisten wird symptomatisch. Turgenjew versteht es zwar, immer wieder im Leser den Eindruck des Rätselhaften und Unerklärlichen hervorzurufen. Seine »Unheimlichen Geschichten« sind jedoch in Wahrheit weniger »unheimlich« als ungewöhnlich.

*

Das Jahr 1879, in dem er sechzig wird, ist erneut ein Jahr äußerer Ehrungen für Turgenjew: Die »Gesellschaft der Freunde der russischen Literatur« und die »St. Petersburger Künstlervereinigung« verleihen ihm während des Rußlandaufenthalts im Februar/März die Ehrenmitgliedschaft, und Oxford dekoriert ihn mit dem Ehrendoktorhut.

1880 erscheint eine zehnbändige russische Werkausgabe. Die meisten der Übersetzungen gefallen ihm. Er fährt guten Mutes nach Rußland, um diesmal sechs Monate dort zu bleiben, denn er hat sich vorgenommen, an der Vorbereitung und Durchführung der Feierlichkeiten zu Alexander Puschkins hundertstem Geburtstag teilzunehmen. Auch an der Einweihung des lang geplanten Puschkin-Denkmals beteiligt er sich, hält die Festansprache und umarmt danach seinen »Erzgegner« Dostojewski. Sogar zu Tolstoi fährt er aufs Land und versöhnt sich mit ihm, der westlich angehauchte Liberale mit dem bäuerlich Starrsinnigen. Sie verbringen eine erstaunlich unbeschwerte Zeit miteinander. Die Trennung von Pauline bedrückt ihn weniger als sonst.

Bei der Durchreise in Berlin steht wieder Pietsch auf dem Perron. Diesmal soll Turgenjews Aufenthalt in des Deutschen Kaiserreichs Hauptstadt mehrere Monate andauern, wenn möglich bis September. Er scheint frisch und heiterer Laune. Eine neue Fröhlichkeit durchdringt ihn, nach dem ausnahmsweise unbeschwerten Umgang mit dem so verehrten Tolstoi in dessen Familienkreis auf dem Lande trägt er sich mit zahlreichen Beobachtungen und Motiven zu neuen Projekten und will auf jeden Fall – seinem Vorsatz ungetreu – wieder arbeiten. Seit den Novellen und dem Roman »Neuland« von 1877 ist nichts Neues mehr entstanden. Er hat Flauberts »Hérodias« und »Die Legende von Sankt Julianus dem Gastfreien« ins Russische übersetzt. »Neuland« ist französisch erschienen. Daß er wortbrüchig und wieder schreiblustig wird, macht ihm einen Mordsspaß.

*

Als Pietsch ihn ein halbes Jahr danach in der Rue de Douai besucht, spricht Turgenjew von vielen Zuschriften, von Manuskripten, Kritiken, Anträgen. »Ein Pole schreibt mir, er höre, daß ich schwer krank sei. Deshalb möchte ich ihm doch bitte, ehe ich es nicht mehr könnte, also ehe ich stürbe, ein langes Autograph, aber was recht Hübsches, schicken. – Ein Arzt aus Bukarest will gelesen haben, ich litte an einem Stein. Er habe die Erfindung gemacht, auch den schlimmsten Stein mit einer Mine zu sprengen. Ich solle ihm das Reisegeld schicken, und er wolle herkommen und mir die Mine legen. Kennen Sie einen Dr. Lemmermayer? [Der

Pauline Viardot:
Iwan Turgenjew um 1875

spätere Hebbel-Biograph Fritz Lemmermayer, damals am Beginn seiner Laufbahn.] Er hat in einem deutschen Blatt über mich geschrieben und mich so gelobt, daß ich rot geworden bin und sehr habe lachen müssen. – Lieber Freund, wer nicht die eigentliche Göttersprache der Poesie reden kann – und Sie wissen, ich habe sie nie gesprochen – den soll man nicht zu den Dichtern zählen. Für ein kleines Gedicht von Goethe, hätte ich's gemacht, gäbe ich alles, alles, was ich geschrieben habe. «

*

Pjotr Iljitsch Tschaikowsky hatte es, menschenscheu wie er war, bei seinem ersten längeren Paris-Besuch vermieden, den Viardots und besonders dem bei ihnen vermuteten Camille Saint-Saëns zu begegnen. Er wollte die Stadt inkognito kennenlernen und der Lehrerin Viardot, der

Erzieherin »seiner« Désirée Artôt-de Padilla nicht unter die Augen kommen, um keinem ungeliebten Komponisten Rede und Antwort stehen zu müssen.

Aber am 4. März 1879 kam er, ohne es zu wollen, mit der Familie Viardot in Berührung. In einem der Pasdeloup-Konzerte hörte er als Solisten Paul und Louise musizieren, den Geiger und die Sängerin. »Sie sind beide überhaupt nicht schlecht«, teilt er angenehm überrascht einem Verwandten mit.

Die Gönnerin und Mäzenin Nadjeschda von Meck versetzte ihn mit einem Brief in Wut, denn sie ermahnte ihn: »Warum besuchen Sie Turgenjew und Viardot nicht?« Seinem Bruder Anatol schrieb Tschaikowsky: »Die Rede, eine Frau habe langes Haar und kurzes Hirn, ist völlig wahr; stell Dir vor, diese Frau, die klug und fein ist . . . Das macht mich wütend, denn jetzt muß ich ihr wieder in aller Umständlichkeit erklären, daß ich Einsamkeit liebe, keine neuen Bekanntschaften mag.«

*

Es ist kein Gerücht, daß Turgenjew krank sei. Besucher, die noch vor einem halben Jahr heiter zuversichtlich in die Rue de Douai gekommen waren, tun es nun meist mit Sorge. Die Nachricht hat sich schnell herumgesprochen, er sei nicht nur vorübergehend, wie im letzten Jahrzehnt oft, durch Anfälle von Podagra ans Bett gefesselt, sondern kaum noch fähig, seinen Körper zu bewegen.

In Briefen hat er seinen Zustand als »Angina pectoralis« bezeichnet und beschrieben, wie unerträglich schmerzhaft das sei. Alle Versuche, das Übel zu bekämpfen, auch mit gewaltsamen Methoden wie dem (nach seinem Wort) »Braten« der rechten Schulter und Brusthälfte mit »pointes de feu«, haben nichts genützt. Wer zu ihm kommt, findet ihn im Schlafzimmer der kleinen, mit Erinnerungsstücken vollgestopften Wohnung, im Bett liegend. Der schöne Kopf ist hager und knochig geworden. Nichts mehr von dem blühenden Aussehen, das Pietsch noch in Berlin bewundert hat. Die braungrauen Augen, tief in den Höhlen, zeigen, so mild sie glänzen können, einen unsäglich schwermütigen Ausdruck. Aus den Worten des Kranken sind Hoffnungslosigkeit und Resignation herauszuhören, besonders wenn er schildert, wie sich die Not durch Anfälle von Koliken vervielfältigt. Dabei ist sein Geist klar und frei. Unbefangen scherzt er über so manche Konsequenz seines Leidens, über hoffnungslos vergebliche ärztliche Anstrengung, über manchen weisen Rat, der aus der Ferne von Unbekannten erteilt wird.

413

Sein Geist arbeitet an einem größeren Roman, dessen Figuren ihm in der gegenwärtigen, schicksalhaften Epoche der russischen Heimat begegnet sind und die zu gestalten er angefangen hatte. Aber zu schreiben ist ihm im Liegen, der einzig erträglichen Körperstellung, fast unmöglich.

Allen Besuchern führt Turgenjew ein dünnes, elastisches Rohr vor, das aus der Wand auf sein Kopfkissen gerichtet ist. Die Schallöffnung transportiert jeden Klang aus dem Erdgeschoß deutlich an das darangehaltene Ohr. »So kann ich alle Musik, die unten gemacht wird, hören, auch die von den Donnerstag-Soiréen.«

Zu den Schmerzen gesellen sich Mangel an Bewegung und frischer Luft. Immer denkt er an den weiten, schattigen Park der Viardots am Berghang in Bougival, will aber nur dorthin aufbrechen, wenn die Familie auch dort ist. Lieber bleibt er im heißen, lärmenden, staubigen Paris.

Mit Pietsch spricht er über eine Erzählung, mit der er im letzten Winter auch die Vertrautesten überrascht hat: »Triumphgesang der Liebe.« Sie ist – endlich einmal gut übersetzt – fast gleichzeitig mit der französischen Ausgabe im Feuilleton der Berliner »Nationalzeitung« erschienen. Fehlt auch zuvor das Phantastische in Turgenjews Werk nicht, wie etwa in »Erscheinungen«, »Eine seltsame Geschichte« oder »Der Hund«, so liegt in Haltung und Form des »Triumphgesangs« etwas so Fremdes, daß mancher meint, er sei gar nicht der Verfasser. Sich selbst verleugnend, schlägt er hier altitalienischen Erzählton an, um ihn konsequent durchzuhalten. Er versichert einleitend dem Leser, er habe das folgende in einem italienischen Novellenbuch aus dem 16. Jahrhundert gefunden, und versteht es meisterlich, diesen Stil zu wahren. Einzig in der einfachen, ja kühlen Art, wie er Grauenvolles und Wunderliches erzählt, verrät sich sein Persönlichstes.

Pietsch versucht, ihm diesen Eindruck zu schildern, und er antwortet: »Ja, natürlich! In Spaskoje gibt es – noch vom Großvater – eine alte Bibliothek. Da fand ich im vorigen Sommer ein abgegriffenes Exemplar des ›Boccaccio‹ und sagte mir, das sei doch die einzig wahre Art zu erzählen. Ich mußte mich in dieser Form versuchen. Wie schön, wenn Sie finden, daß es mir gelang! Je älter ich werde, desto unerträglicher wird mir der blumige Aufputz, die Reflexion, das Geistreiche, die schön klingenden Sentenzen. Ich verabscheue ausführliche Detailschilderungen, auf die sich die neuen Naturalisten so viel zugute halten. Um groß im Detail zu sein, muß nur Auge, Gedächtnis und fleißiges Notieren mithelfen.«

Sehr amüsiert ihn der Aufsatz eines Herrn Robert Byr in einem deutschen Magazin. Da wollte jemand sein Wesen zum ersten Mal ganz in der Tiefe erfaßt haben. Den Kern des Erkennens sah der Schreiber in den angefügten Schlußbetrachtungen zur alten Erzählung »Erste Liebe«. Das sei bisher nicht genügend beachtet worden. »Nun wissen Sie, was Herr Byr nicht ahnen konnte: Ich habe davon keine Zeile geschrieben. Mein Freund Viardot hat jenes Anhängsel, das gegen meine Art ist, seiner französischen Übertragung hinzugefügt, denn er fand es ›aus moralischen Erwägungen‹ für französische Leser unumgänglich, und ich habe mich damals gefügt. Ausdrücklich verlangte ich, daß es in der deutschen Übersetzung fortbleibe. Natürlich enthält das russische Original kein Wort davon. Aber Herr Byr entdeckt darin ›den Schlüssel zu meinem Wesen‹!«

*

»Triumphgesang der Liebe« spricht von einer sinnlichen Intimität, von einer Vertrautheit, zu der es mit Claudie nur in Gedanken kommen durfte, auch wenn sich seine Briefe an sie nicht wie die an Pauline jeglicher Intimität enthalten. Immer wieder kommt ihm das Bild vor Augen, wo sie auf der Bande des Billard vor ihm sitzt und mit ihren Füßen auf seinem Bauch spielt, bis er sie fassen kann und einen nach dem andern küßt; dann die Hände, dann das Gesicht; und sie läßt ihn gewähren. Als er krank wird, sagt er zu Claudie: »Mein Diener Nikolai kann nicht weiter in meinen Diensten bleiben. Er soll durch Mme. Henry ersetzt werden, was mir keine Unannehmlichkeiten bringen wird, der ich kein Geschlecht mehr habe.« In sein Beobachtungsbuch trägt er zittrig ein: »Beobachte schon lange die Abwesenheit von Regungen in meinen Weichteilen ...«

*

Dies ist die Zeit, als er die »Gedichte in Prosa« schreibt und den »Triumphgesang der Liebe« entwirft. »Als ich dies niederschrieb, habe ich mir mehr als einmal gesagt: Du bist verrückt, und wird das je gedruckt, wird man sich über dich lustig machen. Aber was soll's? Ich mache weiter! Immer wieder tröstete mich ein Vers von Schiller: Wage es zu irren und zu träumen. Schließlich ist in allem, was Kunst angeht, etwas Verrücktheit. Nur gibt es Verrücktes, das sich gestaltet, und das nennt man dann inspiriert. Anderes fällt auf die Nase und ist beklagenswert. Lassen Sie uns sehen, zu welcher Art die meine gehört. Ich bin an so etwas gewöhnt und bin auch oft auf die Nase gefallen.« (Juli 1881 an Pietsch)
Der Einfluß von Cervantes' »Don Quichotte« wird immer deutlicher.

In seiner Abhandlung »Über Hamlet und Don Quichotte« entwickelt Turgenjew den Gedanken, man müsse verrückt sein, um die Wahrheit sagen zu können. Zwei Meister des Phantastischen, die den Humor darüber nicht vergaßen, Gogol und Maupassant, stehen ihm dabei vor Augen. Wie diese beiden wird er am Ende seines Lebens von Visionen heimgesucht, die nicht der Phantasie entsprungen sind, sie sind von der Art, wie er sie in einer Fiebernacht, von Rückenschmerzen gefoltert, in Zeilen an Claudie festhält: »Du hast mir von Deinem Traum erzählt, und jetzt stell Dir vor, daß ich, der ich diese Nacht weder geschlafen noch geträumt habe, sondern an abwesende Personen dachte, grüne Zungen auf undefinierbare Art zwischen ihnen herumlaufen sah und sie lispeln hörte. Das ist wie ein Beginn des Wahnsinns, und ich versuchte das zu studieren.«

*

»Triumphgesang der Liebe« ist dem Andenken Gustave Flauberts gewidmet, der 1880 verarmt, vereinsamt und erschöpft gestorben war. Zola bemerkte in seinem Nachruf, vier Fünftel der Einwohner von Rouën hätten ihn nicht gekannt und das übrige Fünftel habe ihn verabscheut. Unvollendet hinterließ er »Bouvard et Pécuchet«, einen Roman, von dem einige behaupteten, die Mühe damit habe ihn umgebracht. Noch bevor er das Werk begann, hatte Turgenjew gemeint, das Thema eigne sich besser für eine Kurzgeschichte.

Auch Flaubert hatte geirrt und geträumt. Aber bezeichnend weicht Turgenjew im »Triumphgesang« von dem so häufig angewandten Grundmuster ab: Nicht der schwache Held, sondern die Frau gerät in das Netz sinnlicher Leidenschaft – ein Hinweis auch auf die Veränderung der Gefühle Paulines ihm gegenüber. Valeria findet in ihrem Ehebruch jene glückliche Erfüllung, die ihr in der Ehe versagt geblieben ist. Hatte der Dichter früher das natürliche Bedürfnis nach Erfüllung immer in die Schranken von Werten und Normen verwiesen, so hebt er hier diese Einschränkungen auf, ohne allerdings Kultur und Natur kollidieren zu lassen. In Hypnose begeht Valeria Ehebruch, ohne Chance, sich ihres Handelns bewußt zu werden. Sicher ist es kein Zufall, daß Turgenjew mit einer Flaubert ähnlichen Strenge den Abstand zum Sujet so vergrößert wie nirgendwo sonst. Dennoch bewahrheitet sich Turgenjews Befürchtung nicht, die Kritik würde ihn zermalmen.

Der Rationalist, der sich dem Umfaßbaren gegenüber nicht verschließt, wird auch in der 1882 erschienenen Geschichte »Nach dem Tode« porträtiert. Wieder liegt eine wahre Begebenheit zugrunde. Eine

416

Schülerin von Nikolai Rubinstein, die Turgenjew gut befreundete Sängerin Kadmina, macht ihrem Leben ein Ende, indem sie während der Aufführung eines Stückes von Ostrowsky auf der Bühne in Charkow Gift nimmt. Ein Turgenjew ebenfalls bekannter Zoologe verliebt sich in die – Tote, und seine Liebe nimmt die Form einer Psychose an. Der Vorfall reizte auch andere Schriftsteller zur Darstellung. Aber Turgenjew hat wohl das Unglaubliche wie das Mögliche an dieser Abstrusität psychologisch am deutlichsten gefaßt.

*

»Wie glücklich wäre ich, wenn seit 10 Tagen mein lieber und leider sehr alter Mann nicht im Bett läge! Wir haben geglaubt, daß er verloren war! Aber seine Lebenskraft ist so groß, daß er das Schlimmste überstanden hat – denke Dir, eine Lungenentzündung!« Unbeholfen teilt es Pauline ihrer Freundin Clara im März 1882 mit. Aber der Verfall des alten Mannes läßt nicht auf sich warten. Tod und Leben verschränken sich damals im Hause Viardot: Marianne bringt eine Tochter zur Welt. Und Claudie verliebt sich, wie sie Turgenjew anvertraut, in einen M. Paléologue, der es allerdings bald vorzieht, sich nicht zu binden, und nach Marokko entflieht.

Claudie führt recht seltsame Unterhaltungen über dieses Thema mit Turgenjew. Er gibt ihr, wie es sich für einen »Halbtoten« gehört, gute und verschämte Ratschläge, nichts Tiefgründiges, denn er machte der Jungverheirateten lediglich deutlich, daß kein Frauenleben ohne derartige Erfahrung verstreicht. Verwirrt gibt sich Turgenjew zugleich darüber Rechenschaft, daß sich Pauline ihm vielleicht nur zugewendet hat, weil sie nicht frei war und ihre Natur sich schon früh gegen den gesellschaftlichen Zwang der Ehe auflehnte.

*

Der Arzt Paul Segond führt im Januar 1883 eine Operation bei Turgenjew durch, die die ganze Familie im Hause miterlebt und natürlich in Schrecken versetzt. Ein kleiner Tumor wird aus dem Bauch des Patienten entfernt, dazu eine Öffnung von sechzehn Zentimetern gemacht. Drei weitere Ärzte assistieren bei dem ohne Chloroform durchgeführten Eingriff. Turgenjew hält sich – nach dem Zeugnis Paulines – heldenhaft, gibt keinen Laut von sich. Vielleicht hilft es, daß in den Stunden der Agonie Claudie bei seinem Kopfkissen kniet und russisch vor sich hin spricht. Auf der anderen Seite steht ihr Mann Chamerot, den der Kranke, kaum daß er zu sich kommt, heranwinkt: »Ja, du hast ein russisches

Gesicht, also küsse mich nach russischer Art und glaube an mich. Alle sollen an mich glauben, denn meine Liebe ist immer aufrichtig gewesen, und ich habe in Ehrenhaftigkeit gelebt. Die Zeit ist da, sich zu trennen, wie es in alten Zeiten die Zaren taten.«

Tolstoi, den jede Erkrankung eines Freundes an das eigene Ende denken läßt, schreibt seinem unglücklichen Kollegen einen Brief: »Die Nachricht von Ihrer Erkrankung hat mich sehr bekümmert ... vor allem, als ich erfuhr, daß es sich um eine ernste Sache handelt. Mir ist klargeworden, wie sehr ich Sie liebe. Ich habe gespürt, daß, wenn Sie vor mir stürben, mir das viel Kummer bereiten würde ...«

Gerührt diktiert Turgenjew umgehend eine Antwort. Noch immer ist er gespannt darauf, was Tolstoi wohl Neues geschrieben hat. Er bittet ihn, doch ein Exemplar der Erzählung »Beichte« an ihn abzuschicken. Aber nachdem er das Werk gelesen hat, das seinen eigenen Überzeugungen fernsteht, findet er nicht mehr den Mut, den Autor zu beglückwünschen. Statt dessen läßt er Grigorowitsch wissen: »Die ›Beichte‹ ist durch ihre Ehrlichkeit, Wahrheit, Überzeugungskraft ein erstaunliches Buch. Dennoch gründet es sich auf falsche Voraussetzungen und endet schließlich in der dunkelsten Negation eines jeden menschlichen Lebens ... Es ist eine eigene Art des Nihilismus ... Trotzdem halte ich Tolstoi für den bemerkenswertesten Mann Rußlands.« (12. November 1882)

Trotz Pflaster, Chloroform und Morphium schreit Turgenjew immer häufiger vor Schmerzen. Er ist zum Skelett abgemagert und fleht Pauline an, ihn aus dem Fenster zu werfen.

– Ob er sich vorgestellt hat, fragt sich Pauline später immer wieder, was es für mich hieß, daß sich auch Louis in schlimmem Verfall befand, während Turgenjews Zustand ihn vor Schmerzen schreien ließ? Er mußte regungslos auf seinem Diwan verharren, und jedes Geräusch quälte ihn unerträglich. Die elektrischen Wellen, die man für gut gehalten hatte, fielen bald fort, und auch die Versuche mit der Homöopathie blieben vergeblich. –

Pauline versorgt Louis in allem, zieht ihn an und aus, placiert ihn am Fenster, das auf das Dach der Galerie schaut und von dem sein Blick über die Place Vintimille schweifen kann. Dort nimmt er auch seine kleine Mahlzeit ein und liest in den Journalen. Geht es ihm besser, erlaubt sich Pauline, im Stockwerk darunter ein paar Stunden zu geben. Claudie und Marianne kommen, um die beiden niedergedrückten Kranken zu trösten.

Turgenjew erwartet kein Wunder mehr. Ab und zu hebt Claudie seinen Arm um Zentimeter und läßt ihn vorsichtig wieder aufs Bett sinken. Dann den Unterarm, dann die Hand. Bevor sie damit anfängt, verraten seine Augen wohl unwillkürlich Furcht vor all dem noch Unbekannten »danach«. Und Claudie beruhigt ihn: »Keine Angst, ich verspreche, daß es nicht weh tut.« Sie setzt sich auf den Bettrand und beschäftigt sich mit seiner Wäsche.

Segond kommt immer wieder. »Außer den Sedativa, die Ihnen ruhige Nächte verschaffen sollen . . .« Aber es interessiert den Patienten überhaupt nicht, was sonst der Arzt zu verordnen richtig findet. Er nimmt es gar nicht auf. Es mutet wie ein Gespräch unter Tauben an, wenn man es überhaupt ein Gespräch nennen kann. Die einzige Frage, die Turgenjew hätte stellen wollen, läßt er unausgesprochen: »Sind Sie mit sich zufrieden?« – Fühlt sich der berühmte Mann auf sicherem, festem Boden? Glaubt er an die Wichtigkeit, die er sich zuschreibt? Oder daß seine Vorlesungen, seine Wohnung voller erlesener Möbel und Kunstwerke etwas mit der Wirklichkeit zu tun haben? Sind nicht auch Turgenjews – vergleichsweise miserabel wenige – Tätigkeiten eine Flucht?

Er verabscheut alle Männer, die so sind wie er selbst. Die eine verheiratete Frau wie Claudie lieben. Er nennt sie bei sich Männchen. Auf die Intelligenz der anderen oder auf ihre Geschicklichkeit ist er nie neidisch gewesen. Wirklich eifersüchtig ist er auf ihre Männlichkeit, auf ihre Muskeln. Einmal, als sich Claudie über ihn beugt, ihn ihr Atem streifte, befindet sich seine linke Hand zufällig nah an ihrer Brust. Obwohl es ihm sehr weh tut, berührt er sie. Sie gibt keinen Laut von sich. Eine Weile wagt er nicht, sie anzusehen. Auch als sie wieder allein miteinander sind, macht sie keinerlei Anspielung auf seine Geste. Und er wagt es nicht, sie um Verzeihung zu bitten, sondern kommt sich lächerlich und hassenswert vor.

*

Ende April oder Anfang Mai brachten sie ihn nach Bougival, denn Viardot beanspruchte die volle Aufmerksamkeit des ganzen Hauses. Als Turgenjew die Treppe hinuntergetragen wurde, wankte Viardot nach draußen, um ihm Lebewohl zu sagen. Sie wußten, daß sie sich nicht mehr wiedersehen würden. Und keiner von ihnen glaubte an ein nächstes Leben. Louis weinte und murmelte: »Ave Turgenjew, morituri se salutant!« Am 5. Mai starb er, wie nach einem planvoll sanft vollzogenen Abschied, umgeben von seinen ihm nicht immer sehr nah gewesenen Lieben.

*

Turgenjew hatte seine hoffnungslose Existenz noch bis zum 3. September weiterzuschleppen. Viardots Tod schien ihm ein Menetekel kurz vor dem Eintreten des Schlimmsten. Als er wahrnahm, wie die Familie seiner geliebten Freundin nicht müde wurde, sich dem Dahingegangenen wie dem noch Atmenden zu widmen, nahm ihn solche Unermüdlichkeit wunder.

Am 27. Juni nimmt er alle Kraft zusammen und kritzelt auf einen Fetzen Papier an Tolstoi: »Mein guter und teurer Leo Nikolajewitsch, ich habe Ihnen lange nicht geschrieben, weil ich, um offen zu sein, auf meinem Totenbett liege. Ich werde nicht wieder gesund; es hat keinen Sinn, an so etwas zu denken. Ich schreibe Ihnen vor allem, um Ihnen zu sagen, wie glücklich ich bin, Ihr Zeitgenosse gewesen zu sein. Und um Ihnen meine letzte und aufrichtige Bitte zu unterbreiten: Mein Freund, kehren Sie zu Ihrer literarischen Arbeit zurück! Diese Gabe kommt aus der gleichen Quelle wie alles andere. Ach, wie glücklich wäre ich, wenn ich dächte, dieser Brief könnte einen Einfluß auf Sie üben! Ich bin am Ende. Die Ärzte wissen nicht einmal, welchen Namen sie meiner Krankheit geben sollen. Ich kann weder gehen, noch essen, noch schlafen ... Mein Freund, großer Schriftsteller der russischen Erde, hören Sie auf meine Bitte! Lassen Sie mich wissen, ob dieser Fetzen Papier Sie erreicht, und gestatten Sie mir, Sie noch einmal fest, fest zu umarmen. Sie, Ihre Frau, alle die Ihren. Ich kann Ihnen nicht mehr schreiben. Ich bin müde. « – Tolstoi erhält diesen Brief erst zu spät, nämlich als er sich zur Kur in Samara befindet.

*

»Siehst du uns?« fragt Pauline. Er antwortet nur: »Noch seid ihr nicht alle da. Näher, damit ich euch alle sehe. Wärmt mich mit euren Körpern. « Claudie legt sich fast über ihn. In die Kissen zurückgesunken, fängt er an, sich in die Rolle eines russischen Bauern zu versetzen, der sich von seinen Angehörigen verabschiedet. Besonders hält er sich bei dem Rat an Claudie und ihr Kind auf: »Ja, das ist deine Lieblingssünde – aber das bedeutet nichts. Wenn er nur ein guter und ehrlicher Mann ist. « Und hier kommt sein Mund nahe an Claudies Ohr: »Erzieh ihn dir, damit er auch liebt. «

Seine Gedanken gehen übrigens auf ungerechten Wegen. Immer wieder sagt er sich vor: »Pauline hat mir nie viel Aufmerksamkeit geschenkt, obwohl ich ihr ganz gehörte, wie ein Hund seinem Herrn gehört. « Das bedeutet natürlich ein Zurückversetzen in die ersten Jahre ihrer Beziehung. Wäre sein Werk in der ganzen Fülle ohne Pauline denkbar? Noch auf dem Sterbebett diktiert er ihr in Französisch seine letzte Erzählung »Brand auf dem Meer«; sie soll den Text ausfeilen. In wieviele Dichtungen ging nicht verschlüsselt ein, was er mit Pauline erlebt, diskutiert und erfahren hat! Ihr Urteil über seine Arbeiten versetzte ihn, den mißtrauischen Skeptiker, entweder in Entzückung oder stürzte ihn in Verzagtheit.

Er vertraut ihr auch eine geheimste Regung an: Er, der nicht an die Unsterblichkeit der Seele glauben will und kann, muß sich sagen, daß der Gedanke, für immer an der Seite derer zu ruhen, denen sein Leben gehört hat und die er liebte, tröstend und süß ist.

Dazu sollte es nicht kommen. Der heimlich geflüsterte Wunsch wurde zu spät geäußert, denn schriftlich hatte Turgenjew bereits zu früherem Zeitpunkt seine Überführung nach Rußland angeordnet, um dort neben seinem ersten Gönner und späteren Freund, dem Kritiker und Kunsthistoriker Wissarion Belinski beerdigt zu werden.

Das Leiden trat in immer neuen Varianten auf, rückte gleichsam allmählich von Punkt zu Punkt dem Zentrum näher, unter unerträglichen Martern, die sich stetig steigerten. Die Heilungsanstrengungen quälten Turgenjew mehr als alles andere. Nach Louis Viardots Tod hatte er sich dringend gewünscht, zu dem Haus im Park von »Les Frênes« transportiert zu werden. Dr. Segond sprach von der »Laune eines Sterbenden«, aber es könne ihm wohl nicht verweigert werden. Jedoch nahmen die Torturen dort furchtbare Dimensionen an. Pauline, die aufopfernde Krankenschwester, mußte mit ansehen, wie ihn die rasenden Schmerzen besinnungslos machten, eines Leidens, das später als Rückenmarkskrebs diagnostiziert wurde. Er schrie sie, die ihm die lindernde Morphiumspritze zu verabreichen pflegte, wie irre an und nannte sie seine Lady Macbeth, die es auf sein Leben abgesehen habe. Schließlich verfiel er in ein Koma. Er erwachte nur noch, um flüsternd Abschied zu nehmen. »Dies ist die Königin der Königinnen. Was hat sie an Gutem getan!« Das war unter dem letzten, was er hauchte.

Als der Kranke am 3. September 1883 erlöst zu atmen aufhörte, schrieb Pauline nach drei Tagen an Ludwig Pietsch: »Zwei Tage vor seinem Sterben verlor er das Bewußtsein völlig – er hat dann nicht mehr viel gelitten. Das Leben erlosch langsam, nach zweimaligem Aufschluchzen – wir waren alle bei ihm ... Er ist wieder so schön geworden in der majestätischen Ruhe des Todes. Am ersten Tage hatte der Krampf der Schmerzen ein Runzeln der Augenbrauen in seinem Gesicht zurückgelassen, das im Verein mit der Unbeweglichkeit der Züge ihm ein strenges, starres Aussehen gab. Am zweiten Tage hatte er sein sanftes und gütiges Aussehen wiedergewonnen – für Momente hätte man glauben können, er werde lächeln ... Oh, mein Gott!«

*

Claudie zeichnete ihn auf dem Totenbett. Die religiöse Zeremonie fand in der Pariser russischen Kirche statt. Nur wenige Freunde hielten sich gerade in der Stadt auf, aber viele Neugierige drängten herzu.

Auf dem Bahnsteig hielten Edmond About und Ernest Renan Trauerreden. Claudie und ihr Mann Georges begleiteten die Überführung nach Petersburg. Tausende nahmen dort am Trauerzug teil und ehrten den Mann, der durch sein Wirken dazu beigetragen hatte, die Leibeigenschaft in Rußland zu beseitigen. Claudie schrieb nach Hause: »Man hat uns eine Gruppe von Bauern aus Spaskoje gezeigt, die gekommen waren, um ihrem Befreier ein letztes Lebewohl zu sagen.« Das Volk ehrte nicht weniger seinen großen Dichter und würdigte jenen Willen zur Freiheit und menschlichen Würde, den Turgenjew mit seinem ganzen Dasein verkörpert hatte.

*

Als Leo Tolstoi erfährt, daß Turgenjew gestorben ist, schmerzt es ihn, den letzten melancholischen, aber auch zärtlichen Brief seines Freundes nicht beantwortet zu haben. Zwar scheint ihm die Aufforderung, er, Tolstoi, solle zu literarischer Arbeit zurückkehren, unberechtigt, aber sie war wohl gut gemeint. Nun, da der Autor des »Rauch« nicht mehr lebt, erkennt Tolstoi erst, wie sehr er ihm zugetan war. Seufzend und weinend liest er in seinen Büchern und schreibt an Sonja: »Ich habe soeben sein Buch ›Genug‹ beendet. Lies es. Es ist einfach herrlich.« Er hat wohl ganz vergessen, daß er vor achtzehn Jahren dieses Buch voll »falscher Leiden« haßte.

In Moskau beschloß das Komitee der »Freunde russischer Literatur«, am 23. Oktober 1883 eine Trauerfeier für den Verstorbenen zu veranstalten. Tolstoi wurde aufgefordert, als der prominenteste lebende russische Schriftsteller das Wort zu ergreifen. Gewissenhaft bereitete er sich darauf vor, den im Leben so oft mit Sarkasmus Überschütteten nun über den Tod hinaus zu preisen. Er dachte an ihre ersten Begegnungen, ihre Dispute; und in seiner Erinnerung wurde alles edel, schön und friedlich.

Ganz Moskau fieberte der Veranstaltung entgegen; die Aula der Universität war überfüllt. Die staatlichen Hüter der Ordnung waren davon überzeugt, daß ihnen solche Erregung nichts Gutes verheiße. Sie erinner-

422

ten sich, daß Tolstoi seit einem Jahr polizeilich überwacht wurde und daß Geheimpolizisten berichtet hatten, er habe die Molokanen in Samara aufgesucht und den Muschiks in Jasnaja Poljana falsche, gefährliche Ideen über die Gleichheit aller Menschen eingeimpft; er habe darüber hinaus jedem, der es hören wollte, erklärt, die orthodoxe Kirche habe die Lehre Christi verfälscht.

Am 18. Oktober hatte ein Namensvetter, der Innenminister Graf Dimitri Andrejewitsch Tolstoi, der einst schon bei Turgenjews Verbannung tätig geworden war, dem Zaren einen Entwurf der Maßnahmen unterbreitet, die man nach seiner Vorstellung einem Schriftsteller gegenüber ergreifen mußte, dessen Tätigkeit Gefahr lief, das Vertrauen des Volks an die Gerechtigkeit zu untergraben und alle wahren Gläubigen zu empören. Noch hatte der Zar keine Stellung dazu genommen, als der Chef der Presseabteilung den Innenminister davon in Kenntnis setzte, daß Tolstoi auf der Feier zum Gedächtnis des Dichters Turgenjew eine Rede halten werde. »Aber«, so schrieb der gut informierte Beamte, »Tolstoi ist verrückt; man muß bei ihm auf alles gefaßt sein; er bringt es fertig und redet unsinniges Zeug. Der Skandal wäre perfekt.«

Umgehend befahl der Innenminister in einem chiffrierten Telegramm dem Generalgouverneur von Moskau, Fürst Dolgorukow, die Texte aller Reden, die bei dieser Gelegenheit gehalten werden sollten, zur Genehmigung einzureichen. Er beschied eilig den Präsidenten des Komitees der »Freunde der russischen Literatur« zu sich und riet ihm dringend, die Zeremonie im letzten Augenblick auf unbestimmte Zeit zu verschieben. So wurde Turgenjew, Tolstois wegen, der Ehrungen beraubt, die ihm seine Mitbürger zuteil werden lassen wollten. Die Freundschaft der beiden Männer war noch immer unglücklich.

Nachleben

»Jetzt kann ich keine Freude mehr haben, außer durch meine Kinder – und alte Freunde. Es bleiben mir sehr wenige ... Wie öd kommt mir mein Leben vor!« So gestand es Pauline ihrer Freundin Clara Schumann. Louise Héritte hat berichtet, wie verzweifelt das Leid Paulines sie verzehrte. Alles im Haus schien tot, außer der großen flämischen Uhr auf der Treppe, die regelmäßig die Stunden schlug und vom Gang der Zeit in die Nacht sang. Sie wollte ein Ende machen.

Pauline lernte, auf den vierten Tod im Leben zuzugehen. Nach dem Versiegen der Stimme und dem Abschied von den beiden liebsten Menschen wollte sie resignieren. Aber im Lauf der kommenden Jahre suchte sie innere Räume zu finden, in denen Langsamkeit möglich war, in denen das Aus-dem-Rahmen-Fallen nichts Lächerliches hatte, das Schwerfällige sich von selbst ergab, das allzu Entschiedene wie das Festgelegte sich verabschiedete.

Das Gedankenlose, das vielfältig Selbstverständliche der sorgenloseren Zeit, das sie schon immer als etwas Unverdientes empfunden hatte, war nun abzutun. Als er in Paulines Schatten lebte, hatte Turgenjew Überlebensmuster gesucht und gefunden. Nun lernte sie selbst, zurückgezogen im Schatten zu leben, und knüpfte damit an ihre lebenslange Auffassung an, daß private Existenz nicht in die Öffentlichkeit gehöre. Die Jahre des ihr noch verbleibenden Vierteljahrhunderts flogen dahin, hinterließen wenig Erinnerung in jener alten Dame, die jetzt den hundertsten Geburtstag ihres Bruders Manuel Garcia erlebt.

Er hat alle Welt bis in die letzten Jahre hinein durch seine Lebendigkeit staunen gemacht. Und sie selbst? Wenn sie dem Spitznamen glauben darf, den die Familie ihr gab, so hatte sie wie eine »Ameise« gelebt und tat es noch.

*

Mehrmals haben ihre verheirateten Töchter sie zur Großmutter gemacht. Und in der großen Familie findet sie neue Aktivität. Louise strebte aus Paris fort. Schon während der letzten Leidenszeit Turgenjews hatte Pauline Clara Schumann mitgeteilt, ihre Älteste wolle sich in Frankfurt am Main niederlassen. Clara gab die Nachricht an den Leiter des Hoch-

Pauline Viardot

schen Konservatoriums weiter, und Frau Héritte nahm dort den Platz von Julius Stockhausen ein. Damit zerschlug sich allerdings der Plan des Direktors Bernhard Scholz, eine Sologesangsklasse einzurichten, die von zwei Garcia-Schülern betreut werden würde. Aber Julius Stockhausen zerstritt sich mit dem ehemaligen Sekretär Liszts, Joachim Raff, der in Frankfurt Dirigieren und Komposition lehrte, und gab seine Stellung zugunsten einer privaten Tätigkeit auf.

*

Pauline zieht 1884 aus dem großen Haus in der Rue de Douai um in den Boulevard Saint-Germain 243. Schon lange suchte sie nach einem Käufer. Als die russische Botschaft das Grundstück erwerben will, um ein Museum daraus zu machen, verlangt sie viel zu viel: 300 000 Francs. »Das für den alten Schuppen?« rufen die Herren. Louis hatte ihr noch ausgerechnet, daß sie durchaus eine solche Summe verlangen dürfe. Als 1886 ein Käufer gefunden ist, der sogar 400 000 Francs zahlt, muß das Haus, umgehend dem Erdboden gleichgemacht, gesichtslosen Immeubles weichen.

Mit Pauline lebt noch immer Mlle. Arnholt, die schon in Baden die Erziehung von Claudie und Marianne betreut hatte und fast zu einem Bestandteil der Familie geworden ist. Als sie stirbt, nimmt eine ältere Schülerin ihren Platz ein. Kein Tag vergeht ohne den Besuch einer Tochter oder eines Enkelkindes. Ihrem Schwiegersohn Duvernoy schreibt Pauline: »Eines beobachte ich seit langem: wie schnell die Nacht vergeht, wenn ich unter Insomnia leide. Es scheint mir, als schlüge die Uhr vom Palais Bourbon alle fünf Minuten!«

Die Eglise collégiale de Notre Dame in Melun erwirbt Paulines Orgel. Es ist dies der Hauptort des Departements Seine-et-Marne, in dem Courtavenel liegt und wohin sie das Instrument aus sentimentalen Rücksichten verkauft. Als sie zum letzten Mal das Medaillon in der Orgel mit dem Bild der Malibran betrachtet, erinnert sie sich daran, daß dort zuvor ein Bild der Heiligen Cäcilie gewesen ist, ihr auffällig ähnlich und von Ary Scheffer gemalt.

*

Noch immer nimmt die Musik einen großen Raum in Paulines Leben ein. Das Alter berührt jene Inspirationsquelle kaum, die ihr zu verschiedenen Lebenszeiten erlaubt hat, als Komponistin zu wirken. Im letzten Lebensabschnitt schreibt sie Bühnenmusiken zu »Athalie«, »Phèdre« und »Andromaque«; 1896 entsteht eine Pantomime, die sich »Au Japon« nennt, und die komische Oper »Cendrillon«, zu der sie selbst den Text verfaßt.

1886 hatte Saint-Saëns in Berlin ein miserables Presseecho gefunden. Er tröstet sich bei Pauline, als er den in Wien erfolgreichen »Karneval der Tiere« nun mit dem Cellisten Lebouc bei ihr aufführt. Liszt ist im Frühling darauf nach Paris gekommen und äußert den Wunsch, das Werk zu hören, was ihm am 2. April 1886 bei Pauline erfüllt wird.

*

Amüsiert erinnern sich alte Freunde, wie Pauline einst in den Streit um Wagner und die »Zukunftsmusik« eingreifen mußte.

Heftig hatte sie Partei gegen »ihren Liszt« genommen, den sie wohl liebte, aber als schaffenden Musiker eher ablehnte. Nicht zufällig spielte sie mit Frau Clara Variationen für zwei Klaviere von Robert Schumann, nicht zufällig sang sie in Mendelssohns Oratorien Solopartien. Galt doch ihre heimliche Liebe Bach, zu dem man sich in Paris damals besser noch nicht öffentlich bekennen wollte.

Aber über Prinzipientreue war sie inzwischen längst hinaus. So eklektisch ihr Geschmack auch geworden sein mochte, sie kannte keinen Altersstarrsinn, keine Feindseligkeit für die neue Musik, besonders nicht gegenüber Wagner. An Mme. Uhlmann, eine intime Freundin der letzten Zeit, schrieb sie: »Die ›Meistersinger von Nürnberg‹ habe ich jetzt viermal gehört und hungere danach, es weiter zu tun. Ein bewundernswertes Werk! Ich habe es in Deutschland gesehen, aber die Wiedergabe hier ist viel besser. Das ist vollkommen schön!«

*

Gelegentlich gab es noch immer kleine sängerische Auftritte. Die Liszt-Jüngerin und -Biographin Lina Ramann notierte in ihr Tagebuch am 24. Mai 1884: »Vormittags in der Probe: Pauline Viardot. – Noch immer eine höchst interessante, vornehme Erscheinung, trotz ihrer 63 Jahre kaum Silber im Haar, die Haltung elegant, ihre Musik lebendig ... Ich stellte mich ihr als Liszt-Biographin vor, sie nannte sich Liszt-Schülerin.«

Einige Reisen brachten bewegende Wiedersehen mit alten Freunden. Die Verbindung war zu niemandem abgerissen, denn jeden Morgen verbrachte Pauline lange Zeit mit Korrespondenz in alle europäischen Länder, die sie in fünf verschiedenen Sprachen abfaßte.

1884 sah sie Clara Schumann in Frankfurt wieder, die zu ihr ins Hotel kam. Beide waren sehr bewegt, besonders als Clara Briefe vorlas, die zurückreichten bis in die Zeit vor ihrer beider Hochzeit 1840. Schlechten Gewissens mußte Pauline sich eingestehen, daß sie nicht so sorgfältig mit den Lebenszeichen von Clara umgegangen war.

Da war zu lesen, wie neugierig sich Pauline immer wieder nach den Kompositionen Claras erkundigte. Als Schumanns Werke anfingen, Aufmerksamkeit zu erregen, wunderte sie sich darüber, daß Liszt ihn ohne Eifersucht den »ersten Komponisten« Deutschlands nannte. – Da gibt es die Seufzer der jungen Anfängerin: »Ein berühmter Name ist schwer zu tragen! Man muß starke Schultern haben.« Vom Debüt ist die

Rede, von dem Triumph in London an der Seite Rubinis: »Da grüßte uns das Publikum mit Geschrei und Getöse.« Pauline wurde sich darüber klar, daß sie schon damals anfing, all das Bühnenvolk zu hassen, das seine Noten einlernt, sonst aber nichts, keine Phantasie, keine Kenntnis, keinen Geist hat und nur noch »ein bißchen« an Liebe denkt.

1839 verschaffte sie Clara Karten für ihr eigenes Debüt-Konzert, konnte aber nur zwei statt der gewünschten drei ergattern. Dafür gab sie Clara »drei Küßen auf die Wangen und einen auf die Nase«. Vor jedem erhofften Wiedersehen mit der Freundin (und Clara vergoß nun Tränen darüber) jubelte sie, wie 1839: »Heute sehen wir uns ... und was am wichtigsten ist, die theure Freundin wieder zu umarmen! Das ist doch ein großes Glück!« Und wenn Clara auf Briefantwort warten ließ, kam die Klage: »Hast Du mich ganz vergeßen? ... ach nein, dieser Gedanke ist nicht erträglich ... und Du bist zu gut und zu empfindsam, um Deine treue Pauline vergeßen zu haben – nein, nein, es ist nicht möglich, es kann nicht sein.«

Von Dritten hatte sie manches über Claras kritische Zeit vor der Hochzeit erfahren: »Hoffentlich werde ich Dich bald Clara Schumann nennen können ... könnte es gleich geschehen! Wenn Du Herrn Schumann schreiben wirst, sage ihm, daß es mein heißester Wunsch ist, Dich und ihn vereint zu sehen. Ich hoffe, ein klein Plätzchen in seinem Herzen zu füllen, nicht wahr, Du erlaubst es?« Als ihr Schumann nach der Hochzeit schrieb, quälte sie sich mit dem Lesen: »Sage Deinem Robert, wie sehr sein liebenswürdiges Briefchen mich erfreute. Aber es kostete mir viel Mühe zu lesen. Denn seine Handschrift ist diabolisch. Chopin läßt ihn grüßen.« Nach längerer Pause trafen sie sich dann in Leipzig, und Louis lernte Robert kennen. Pauline sang für ein Drittel der Einnahmen, während sie in Berlin zuvor die Hälfte bekam. Aber das Wiedersehen mit der Freundin war ihr wichtiger. Zwar gab es eine verspätete Ankunft in Leipzig, derentwegen Clara sich verstimmt zeigte, aber die Versöhnung folgte auf dem Fuß. Beim zweiten Besuch wurde Mendelssohn mit der »Würde bevollmächtigten Ministers« betraut, um weitere Konzerte zu arrangieren. Mit gewisser Überwindung bat Pauline Robert, sich um eine Jagdbüchse für Louis zu bemühen, da Paulines Mann wie immer seiner Leidenschaft nachgehen wollte. Clara verfehlte nicht, Pauline viele Jahrzehnte später die ganze Peinlichkeit eines solchen Ansinnens zu gestehen. Für das Dresdener Gastspiel 1847 bat Pauline, »eine kleine Wohnung für uns zu miethen – auf einen Monat – mit einer Köchin dazu. Mein Mann und meine kleine Louise begleiten mich, mit der bonne und dem russischen Bedienten (Turgenjew hatte den seinen ausgeliehen). Ich brauche also: ein Salon, 2 Schlafstuben und eine Ecke für den Rußen.« Clara erfüllte den Wunsch, vergaß aber, die Adresse mitzuteilen. Dann saßen sie zusammen in der Dresdener Oper, als »Lucrezia Borgia« gegeben wurde und Pauline nicht zu singen hatte. Im Revolutionsjahr entschuldigte sich Pauline dafür, daß sie kaum zum Schreiben kam, denn »Du weißt nicht, welche Arbeit jede einzelne Rolle in sich trägt: der dramatische Künstler muß fortwährend schleifen, er muß menschliche, lebendige, fühlende, leidenschaftliche, vollendete, bis in die kleinsten Details naturwahre Gestalten sich erdenken ... Vor allem verehre ich den schaffenden Meister, und unmittelbar neben ihm den schaffenden Künstler. Beide sind untrennbar, denn jeder allein bleibt stumm, und zusammen schaffen sie den höchsten und edelsten Genuß der Menschen, die Kunst ... Was Dein Robert nicht genug weiß, ist, daß eine Frau dans ta position muß sich viel mehr schonen wie Du es thust. Es geht um Deine künftige Gesundheit [Clara war schwanger], und wenn Du mir auch böse drum bist, so ist es als Freundin meine Pflicht, Dich daran zu erinnern.«

Die Briefe werden seltener, denn beide Frauen sind durch Nöte und Aufgaben absorbiert. Roberts Leiden versetzen Pauline in die »höchste Unruhe«. Schließlich besorgt Pauline für Clara den Badener Hauskauf und fordert vergeblich eine Unterschrift von der Hausbesitzerin. »Ich bin eine ehrliche Frau«, sagte diese, »und habe das größte Vertrauen in Frau Schumann, warum sollte Frau Schumann nicht dasselbe Vertrauen in mich haben? Sagen Sie der Frau Schumann, daß das Haus ihr gehört, die Sache ist abgemacht.« Bevor sich Pauline und Clara in Frankfurt verabschieden, liegen sie sich schluchzend in den Armen.

*

Will jemand etwas von den großen Erfolgen der Vergangenheit wissen, so liebt es Pauline, von eher unguten Erinnerungen zu berichten. Einem neugierigen Journalisten antwortet sie auf die Frage nach der Fides im »Prophet«: »Ich machte große, dramatische Gesten; ich sang und deklamierte, so gut ich konnte; das Publikum aplaudierte bei jeder Gelegenheit, aber – ich weiß nicht warum: all das, die Musik, das Drama und meine eigene Interpretation erscheinen mir heute übertrieben.«

Wird in ihrer Gegenwart nach einem berühmten Mann wie Chopin gefragt, so sammelt sie sich einen Augenblick, wie mit Anstrengung sich erinnernd, und sagt dann im natürlichsten Tonfall: »Chopin? Ob ich ihn gekannt habe? Ah! Großer Gott, ich glaube ganz gut! Er war charmant, voller Verve und Geist!« Oder auch: »Ich sang ihm ein kleines polnisches Lied vor, das er mir beigebracht hatte.«

*

Paulines Jugend hatte sich als ein großartig anhaltender, stürmischer Anfangserfolg erwiesen. Ihr Alter ist dagegen friedvoll, von Freunden wird sie bewundert und von den Kindern geliebt. Wiewohl ihr Versuchung freilich auch nicht erspart geblieben war in der ersten Zeit des Alleingelassenseins. Da hatte sie zum Alkohol greifen wollen. Sie hoffte wohl auch, man werde einen Arzt rufen, ihr eine Spritze geben und sie in einen langen Schlaf versenken. Aber das Gesetz ihrer starken Familie ließ sie erkennen, daß es jetzt hieß, sich den Kindeskindern und den Schülern mitzuteilen.

Sie fragt sich sogar, ob sie als Witwe nicht ausgeglichener und glücklicher lebt. Hat sie denn jemals wirklich gewünscht, mit einem anderen Menschen für immer zusammen zu leben?

Auch jetzt noch gibt es Gelegenheit, neue, interessante Bekanntschaften zu schließen. Der junge Peter Iljitsch Tschaikowsky bedauert es 1886, nicht schon längst Paulines Nähe gesucht zu haben. Im Juni diniert der Sechsundzwanzigjährige mit der alten Dame in einem Pariser Restaurant. »Sie stellte sich als so charmant, süß und mütterlich heraus, daß ich ihr während der Stunde, die ich mit ihr zusammen war, mindestens zehnmal die Hände küßte und morgen mit dem größten Vergnügen wieder mit ihr speisen werde.« (An Modest Tschaikowsky, 13. Juni 1886) »Ich bin absolut bezaubert von dieser reizenden und interessanten Frau. Ihren siebzig Jahren zum Trotz wirkt sie wie vierzig, ist amüsant, gefällig und aktiv – und sie versteht es, mich aufzulockern.« (An Praskowja Vladimirowna Tschaikowskaja, 13. Juni 1886)

Nach zwei Jahren sehen sich die beiden wieder, und der Russe schreibt in sein Tagebuch: »Gesang. Wunderbare Romanze der Viardot.« Im Jahr darauf gibt es für Tschaikowsky Gelegenheit, in Paulines Wohnung den »Letzten Zauberer« zu hören und zu sehen, »eine Oper, die sie auf ein Libretto von Turgenjew komponiert hat. Ihre beiden Töchter (Marianne und Claudie) sangen, und zum größten Entzücken des Publikums tanzte eine von ihnen einen russischen Tanz.« (An Wladimir Dawidow, 10. April 1889)

*

Als in jenem Jahr der Roman »Stark wie der Tod« von Guy de Maupassant in den Handel gelangt, erkennt Pauline erschrocken, daß sie und Turgenjew offenkundig Modell für die Figuren des Dichters standen. Dabei verschlägt es wenig, daß die Dauer ihrer Beziehung und der Wechsel der Empfindungen füreinander in dem Buch gar nicht anklingen.

Als sie 1890 London besucht, tut es ihr wohl, einmal wieder mit Noël über Turgenjew zu sprechen. Es beeindruckt sie, wie herzensgut, humorvoll und bescheiden ihr Bruder ist. Sie war nach England gereist, um einen Vortrag über Interpretation in der Royal Institution of Singing zu halten. Als Noël sich über ihre Ansichten begeistert zeigt, muß sie vor Freude fast weinen.

*

In einem Brief an Clara Schumann schildert Pauline 1892 ausführlich ihre Lebensumstände und schreibt in ihrem eigentümlichen Deutsch: »Meine liebe, liebe Clara, ist es nicht schändlich, daß die zwei ältesten Freundinnen dieses Jahrhunderts so selten voneinander hören? Ich meinerseits schäme mich schrecklich, Du mußt auch Dich schämen (etwas weniger als ich jedoch, denn Du hast einen Brief weniger aufs Gewissen), Du schämst Dich, ich schäme mich, wir schämen uns – ein Kuß und wir sind quitt!

Was soll ich Dir von meinen Kindern erzählen? . . . laß sehen . . . Luise zuerst: sie ist in London seit 10 Monaten . . . sie componiert sehr viel und ihre songs fangen an gesungen zu werden – sie hat einen Verleger – das ist schon was. Sie hat eine Classe von lyrischer Deklamation bei der Royal Academy, glaube ich. – Ihre Gesundheit hat sich sehr verbessert . . . Kurzum Luise ist im ganzen sehr zufrieden in London. Claudie: Diese ist immer reizend in jeder Hinsicht. Ihr Mann Georges ist das liebste Wesen, das man denken kann. Claudie beschäftigt sich mit Pastellmalerei. Sie hat mehrere Porträts in beiden Ausstellungen und sie will sich gänzlich dazu widmen. – Meine Enkelinnen, ihre Töchter, sind sehr hübsch und gut. Jeanne wird bald 18, Maria – 12 Jahre alt werden. Beide spielen Clavier, nett, ohne große Anlagen. Der Junge, Raymond, ist ein merkwürdiges Kind, besonnen, klug und dabei lebhaft. Es ist die schönste Familie, die man denken kann. Marianne: auch eine hübsche Frau, gescheut und amüsant . . . Ihre Stimme ist reizend und sie singt, wie man jetzt nicht mehr singt, d. h. perfect. Ihre kleine Susanne ist ein schönes, jetzt bald neunjähriges Mädel, begabt, gescheut und lebhaft wie ein Mäuschen . . .

Meine beiden Schwiegersöhne sind ›des amours‹, und wir lieben uns grenzenlos, ja ganz gewiß. Pauline: die ist immer rüstig und fast immer munter, hier und da ›au, au!‹ die Knieen, aber das ist alles – sie gibt immer Stunden, drei oder vier täglich, nicht mehr – sie hat sehr viel componiert – eine Pantomime mit unter, die mehrmals aufgeführt worden ist (mit Marianne und Claudie als Hauptmimen, grandissima succes) – im nächsten Winter soll sie in Brüssel gegeben werden, au théâtre du Parc . . . Ist Dir die Hitze nicht günstig? gewiß ist nervös, was Du leidest. Am Gehör aber wie schrecklich unangenehm! gibt es gute Ärzte in Frankfurt? Solltest Du nicht nach Heidelberg reisen, um eine Größe zu konsultieren?

Meine liebe, gute Clara, was hast Du nicht in Deinem Leben gelitten! und jetzt noch immer Sorge und Trübsal! wie bedaure ich Dich, Liebe, die alles Gute und Schöne verdient! . . . Ja, jetzt, mein Clärchen, schließe ich mit tausend Küßen von Herzensgrund

Deiner alten treuen Pauline.«

*

1896 liest Pauline in der Zeitung die Anzeige einer Erstaufführung. Angekündigt wird das Schauspiel »Lorenzaccio« von Alfred de Musset. Pauline freut sich, daß unbestimmbare Erinnerungen beim Lesen dieses Titels in ihr aufsteigen.

Sie läßt sich von einem Schüler zur Vorstellung begleiten. Kurz vor dem Théâtre de la Renaissance läßt sie den Wagen halten und überläßt sich für einen Augenblick den Erinnerungen an ihre weit zurückliegende Debüt-Veranstaltung in eben diesem Theater. Mehr als fünfzig Jahre sind vergangen.

Es bleibt jedoch nicht bei wehmütigem Erinnern an Mussets verehrungsvolle Werbung von einst. Mit ihrem Schüler ist Pauline in der ersten Reihe placiert. Die hell, ja in ihren schwachen Augen grell ausgeleuchtete Bühne, auf der jede mimische und gestische Kleinigkeit minuziös ausgemacht werden kann, erschreckt sie zunächst. Zum ersten Mal nämlich erlebt sie ein Theater mit elektrischer Beleuchtung: »Wie leicht haben es doch die Darsteller von heute! Und wieviel besser hätte ich bei solchem Licht mein Bemühen um überzeugende Einfachheit verwirklichen können!«

Das Schauspiel, das an diesem Abend seine um Jahrzehnte verspätete Premiere erlebt, sollte bereits über die Bühne gehen, als Musset noch ein junger Mann war. Pauline erinnert sich an die Entstehungsgeschichte; während der Vorstellung erkennt sie überrascht Fragmente aus einem Dramen-Entwurf wieder, den ihr George Sand vor Jahrzehnten gezeigt hat. Sie weiß sogar den Titel noch genau: »Une Conspiration en 1537«. Pauline konnte damals allerdings nicht ahnen, daß die Dichterin diese Entwürfe Alfred de Musset zur Auswertung überlassen würde.

Es gibt in dem Stück eine Konfliktsituation, die den Helden Lorenzo, den Herrscher der Republik Florenz und Lebensmittelpunkt Italiens, zwingt, von seinen bisherigen Idealen Abschied zu nehmen. »So haben wir Napoleon leidenschaftlich verehrt«, flüsterte Pauline ihrem um vieles jüngeren Nachbarn zu, »so glaubten wir an den Aufbruch eines heroischen Zeitalters, nur um uns dann verbittert abzuwenden.«

Pauline hat ganz vergessen, daß sie einen Gesangsschüler neben sich hat, dessen Interessen nicht weit über den Horizont seiner Übungsstunden hinausgehen. Sie fährt fort: »Ein utilitaristischer, dem Tage zugewandter Geist der Restauration beherrscht diese Darstellung.« Während sie dies sagt, verbeugen sich vor einem Zwischenvorhang die Schauspieler und machen sich, Pauline erkennend, gegenseitig auf die prominente Hörerin aufmerksam. »Armes Florenz, aber auch armes Paris! Nichts als Worte! Aber wer hätte damals den Wunsch nach Befreiung von der royalistischen Herrschaft aus den unschlüssigen Dialogen heraushören können?«

Wenn sie es recht bedenkt, spricht aus der Figur des Lorenzaccio viel von Mussets eigenem Wesen. So ruft der Titelheld mitten in einem Lachanfall: »Mein Gott, diese Stille!« Jawohl, das französische Lachen hatte entschiedenen Taten schon oft im Wege gestanden. Musset war sich selbst als Liebediener erschienen, sofern ihm einmal nach Aufrichtigkeit zumute war. Dann, so erinnert sich Pauline, erwachte der vom Leben müde gemachte, noch junge Mann und seufzte: »Ich interessiere mich für die Geschichte – ich war nur nicht dabei.«

Galt dies nicht auch für sie selbst? Sie, die entscheidungslos ganz in den Fängen ihres Berufs hängengeblieben war? Oder auch für Iwan Turgenjew, der sich lieber in die Obhut einer fremden Familie begab, als sein Verhältnis zu Pauline Viardot zu klären? Und weshalb, so mußte sich Pauline jetzt beschämt fragen, hatte sie die Tragik von George Sands Freundinnen-Dasein nicht stärker empfunden?

*

Bald darauf besucht Pauline die Grande Opéra, den Prachtbau von Garnier, der dem französischen Repertoire einen glanzvollen, vielleicht zu bombastischen Rahmen gibt. Berlioz' »Trojaner« werden aufgeführt, und Pauline will die Wirkung des Werkes, dessen Klavierauszug sie einst herzustellen half und in dem sie vergeblich zu singen hoffte, noch einmal prüfen.

Das Ergebnis ist deprimierend: Die Musik erscheint ihr schwach, altmodisch die Ideen, und es stört sie, daß Glucks Stil so ungeschminkt nachgeahmt wird, ohne erhaben zu wirken. Eines freilich fällt ihr angenehm auf: Auch für ihre schwach gewordenen Ohren ist jeder Ton von der Bühne zu vernehmen, nie ist das Orchester zu dick instrumentiert, jede Silbe ist zu verstehen. Als ihr das bewußt wird, wendet sie sich plötzlich einem ihr gänzlich unbekannten Herren an ihrer Seite zu und sagt strahlend: »Das ist doch etwas!« Der verdutzte Mensch kann sich nicht erklären, was damit gemeint sein soll, und schweigt peinlich berührt.

*

Am 20. Mai 1896 in der Frühe war Clara Schumann gestorben. Pauline erreichte die Nachricht, als sie eben durch den kleinen Vorgarten gegangen war. Sie hatte dankbar empfunden, daß sie noch gut auf den Füßen stehen konnte, während Clara in ihren letzten Lebensjahren ganz auf den Rollstuhl angewiesen war.

Pauline ließ es sich nicht nehmen, zur Beerdigung nach Frankfurt zu reisen. Am 23. Mai versammelte sich dort zu früher Morgenstunde die Lehrerschaft des Konservatoriums mit den nächsten Angehörigen, den aus Berlin angereisten Freunden Joachim, Herzogenberg und Robert Mendelssohn zu einem letzten Abschied in der Myliusstraße 32. Julius Stockhausens Chor sang »Wenn ich einmal soll scheiden«, ein Pfarrer sprach, und mit dem Grabchor aus Robert Schumanns »Das Paradies und die Peri« klang die Gedenkstunde aus. Nach Johannes Brahms schaute sich Pauline vergebens um. Sie hätte sich gerne auf seinen Arm gestützt, als der Gram um die Freundin sie überwältigte.

Der Sarg wurde nach Bonn überführt, und die Gruft Robert Schumanns öffnete sich tags darauf noch einmal, um die lange Getrennten für immer zu vereinen. Nachtigallen schlugen so laut, daß sie die Worte des Geistlichen übertönten.

*

Mister Ben Davies, der beim Bankett von 1905 eben Beethovens Lied »Adelaide« höchst unidiomatisch vorträgt, könnte eine Unterweisung recht gut vertragen, denkt Pauline. Die Art, in der er die Töne ineinander »schmiert«, sie ungenau gegeneinander absetzt, ruft sie unbarmherzig in die Gegenwart zurück. Auch der Klavierbegleiter Frank Watkins ist seiner Aufgabe nicht gewachsen.

434

Es bedrückt Pauline, daß ihre »École du Chant Classique« mit Beispielen und Erläuterungen, an der sie gelegentlich immer noch feilt, unvollendet geblieben ist. Ihr Plan war es, eine Gesangsmethode speziell für die Frauenstimme zu entwickeln. Das Conservatoire und das Petersburger Konservatorium interessierten sich bereits lebhaft dafür. Sie nimmt sich vor, die Arbeit noch einmal aufzunehmen, sobald sie aus London heimgekehrt sein wird.

*

War sie eigentlich ihrer Aufgabe gewachsen, als eines Tages, kurz nach der Jahrhundertwende, ein eleganter Herr mit affektiert wirkendem Spitzbart bei ihr vorsprach und sich als Reynaldo Hahn vorstellte? Der Besuch hatte sie überrascht, und sie war sich nicht darüber klar geworden, daß der junge Mann, Komponist, Sänger und Intimus des Dichters Marcel Proust, ihre Antworten in einer Zeitschrift zu veröffentlichen beabsichtigte.

Zu ihrem Schrecken las sie eine Woche später: »Ich war in ihren dunklen, etwas aus der Mode gekommenen Salon getreten, der reich ausgestattet wirkte, ohne zu protzen. Ein gutes Feuer brannte im Kamin. Auf einem Stuhl vor dem Klavier lag eine Pelerine, die die Künstlerin dort liegen gelassen hatte. – Sie trat ein, in etwas gekrümmter Haltung, sehr liebenswürdig. Schön und voll ihre weißen Haare. Ihre berühmte Häßlichkeit schien durch das Alter gemildert. Ihre Augen musterten mich zunächst scheinbar ablehnend, dann bemerkte ich, daß sie nicht mehr viel sah. Ihre früher manchmal geschmähten Zähne hat sie alle. Jetzt sind sie gelblich, aber immer noch glänzend. Der große Mund lacht gerne; die Stimme ist die einer robusten Frau, volltönend, laut. Ich denke mir: Sie ist über achtzig, aber alles an ihr ist voller Leben. Sie hustet viel, scheint vergrippt. Ich frage sie, ob sie ihre Gesundheit auch genügend pflegt, und sie antwortet ernst und wichtig: ›Oh, es stehen viele Sachen auf meinem Nachttisch . . .‹

Wir unterhalten uns. Aber plötzlich unterbricht sie sich: ›Man hat mir gesagt, Sie seien Spanier!‹ Und schon fügt sie schnell und rein andalusisch an: ›He, bin ich nicht Spanierin? Habe ich nicht mein ganzes Leben spanisch gesprochen? Mit meinem Vater, meinen Geschwistern, meinen Töchtern?‹ Sie erzählt mir, daß sie in Granada, als sie ›Norma‹ sang, vom enthusiasmierten Publikum nach der Vorstellung aufgefordert wurde, spanische Lieder zuzugeben, daß ein Klavier auf die Bühne gebracht werden mußte und sie dann im druidischen Kostüm ›vitos‹ und ›peteneras‹ sang.

Ich bemühe mich, das Gespräch auf Punkte hinzulenken, die mich interessieren. Ich frage sie nach ihren Augen – sie hat grauen Star. Ich spreche von einer möglichen Operation. ›Aber diese fürchterlichen Brillen, diese Kuhaugen, die man da bekommt!‹ klagt sie temperamentvoll. Dies berührt mich als unerwartete Koketterie bei einer so alten Dame, die noch dazu immer häßlich gewesen sein soll.

Ganz plötzlich kommt ihre Frage: ›Haben Sie die gekünstelte Art etwa gerne, in der jetzt gesungen wird? Muß denn diese überpointierte Art der Diktion unbedingt sein?‹ ›Ich versuche, von der Situation zu profitieren und sie dazu zu bringen, etwas über die Aussprache beim Singen zu sagen. Aber nein – sie fordert mich mit liebenswürdiger Direktheit auf: ›Singen Sie mir etwas, ja?‹

Ich setze mich an das Klavier, ein altes, müdes, mit dem ich mich gar nicht wohl fühle. Vielleicht ist es der zu hoch eingestellte Klavierstuhl. Sie scheint mit Wohlgefallen zu registrieren, daß ich es so halte wie sie früher gelegentlich, wenn sie sich selbst begleitete. Ich sage mir, daß meine Zuhörerin sich zu gut in vokalen Dingen auskennt, als daß sie sich über vokale Unebenheiten entrüsten könnte. Ich singe ihr mein Lied »Néère«, das ihr zu gefallen scheint. Dann ›Le cimetière‹, das sie sich wünscht. Ihre nachdenklichen Augen senken sich mit Zustimmung. ›Ich habe es gerne, wie Sie singen‹, sagt sie schließlich, ›das ist einfach, das ist gut.‹

›Madame, haben Sie Don Juan gerne gesungen?‹ fange ich wieder an zu fragen. ›Das kann ich wohl sagen‹, antwortet sie, ›ich habe Anna und Zerline gesungen und die Anna sehr geliebt.‹ Während sie spricht, schüttelt sie ständig den Kopf, sucht nach Worten und findet sie dann treffend knapp. ›Haben Sie Hoffmann gelesen?‹ prüft sie mich. ›Gewiß, und ich nehme mit ihm an, Donna Anna habe den Don vielleicht geliebt.‹ ›Sehen Sie, in diesem Geist habe ich die Partie gesungen.‹

Nach ihrer Schwester, der Malibran, gefragt, erinnert sie sich recht fragmentarisch. Dann sagt sie mit einem Seufzer: ›Man hat mir gesagt, daß meine Stimme der ihren ähnelte.‹ Ich erwidere, daß mich das verwundert.‹ ›Es wurde doch gerühmt, die Stimme der Malibran hätte eine wunderbare Qualität besessen, während die Ihre nie als nur schön galt.‹ Zu meiner Überraschung belehrt sie mich, ohne im mindesten gekränkt zu sein: ›Ihre Stimme lag etwas tiefer als die meine, die das hohe d leicht erreichte, während meine Schwester sich in solchen Höhen sehr mühte.‹

Was ich zunächst als Bosheit verstand, meint sie ernst und bedauernd.

Auch sagt sie mir, die Malibran habe Schwierigkeiten mit der Mittellage gehabt, diese Noten immer geübt und oft gerufen: Malditas notas!

Sie erhebt sich. Mit sehr liebenswürdigen Worten lädt sie mich ein, oft wiederzukommen. Irgendwie komme ich noch auf den ›Orphée‹ zu sprechen und daß sie ihn ›wiedererweckt‹, auch ›revidiert‹ habe. Sie wendet ein: ›Ich habe nichts getan, was nicht von Berlioz oder Saint-Saëns gebilligt worden wäre.‹ Zum Abschied spielt sie mir lachend im Stehen eine rokokohaft überladene Ornamentfassung der Orpheus-Arie ›Ach, ich habe sie verloren!‹ vor und erzählt: ›Das hat mein Bruder in einer handschriftlichen Kopie aus der Gluck-Zeit gefunden. Sie stammte aus der Bibliothek eines der berühmtesten Sänger der Sixtinischen Kapelle‹. (»Une visiti à Pauline Viardot en 1901«)

*

Als Paulines Blick gedankenverloren in Richtung des Honoratiorensitzes schweift, nimmt sie überrascht wahr: Der Jubilar erhebt sich, um für die Reden, Elogen und Erinnerungen zu danken. Jetzt erst merkt sie, daß während der längeren Pause nach dem letzten musikalischen Beitrag Kellner »Charlotte de Fraises« und »Ananas glacée« serviert haben. Aber sie verspürt keine Lust, davon zu essen.

Es ist ihr lieb, daß sich die Festlichkeit endlich ihrem Ende zuneigt. Sie rafft sich zusammen und versucht, so viel wie möglich von dem zu erlauschen, was Noël zu sagen hat. Manuels Stimme scheint zunächst etwas belegt, vor Rührung sicherlich und nach so langem Ausharren. Aber bald hat er seine gewohnte Präsenz wiedergewonnen.

»Worte, so wird gesagt, sind uns gegeben, uns mitzuteilen. Die meinen werden diesen Zweck kaum erfüllen. Die sie hören, können sie unmöglich als vollständigen Ausdruck dessen werten, was ich bei dieser außerordentlichen Gelegenheit empfinde ...« Einiges für Pauline Unhörbare folgt. Dann geht es weiter: »Sie alle sind von ozeantiefer Geduld erfüllt, daß Sie meine armseligen und trivialen Taten mir auf diese Weise widerspiegelten und sie in etwas Bemerkenswertes zu verwandeln suchten ... Viele sollte ich in diesem Saal grüßen, alte Freunde, Schüler, Weggenossen, Kinder! Ah, die Kinder! Sechzehn laryngologische Gesellschaften, meist schon recht bejahrt, nennen mich ihren ›Vater‹. Sie wollen es so, und ich bin auf diesen Titel stolz. Meine Herren (die Damen möchte ich hier ausschließen): Denken Sie sich einmal hundertjährig und von solchen ›Armeen‹ von Freunden umgeben. Was würden Sie sagen? Die Worte würden Ihnen fehlen! ... Statt dessen werde ich – nur für einen

Augenblick – in die Vergangenheit hinabsteigen und Ihnen zu schildern versuchen, was ich eines Tages im Palais Royal erlebte. Es beschäftigte mich damals nur ein Wunsch, als unerfüllbar unterdrückt und doch immer wieder sich aufdrängend: Ich wollte den Kehlkopf und was ihn umgibt während des Singvorgangs sehen. Plötzlich – in einem gesegneten Augenblick – sah ich zwei Spiegel mit ihren jeweiligen Reflektionen so deutlich vor mir, als erblickten sie meine Augen wirklich. Das war 1854. Nicht schnell genug konnte ich . . .«

Pauline kennt die Geschichte sehr gut und fällt wieder in leichten Schlummer . . . »Nun konzentrierte ich«, hört sie wieder, »mit dem Handspiegel einen Sonnenstrahl auf die Oberfläche meines Appendix und hatte zu meiner größten Freude die Glottis, den Kehlkopf vor mir, weit geöffnet und so deutlich, daß noch ein Teil der Luftröhre zu sehen war. Als sich die Aufregung darüber gelegt hatte, begriff ich erst, was sich da vor meinen Augen abspielte. Wie sich . . .«

Wie immer bei Erörterungen dieser Art überkommt Pauline unbezwingbare Schläfrigkeit, und sie sinkt endgültig in Schlummer. Sie erwacht erst wieder, als sich donnernder Beifall hören läßt. Geduldig stellt sie sich dann in die lange Reihe derer, die – noch immer klatschend – auf einen Händedruck des Gefeierten warten. Sie spürt eine leichte Unruhe hinter sich. Emanuel Stockhausen drängt mit seiner Schwester nach vorn, um ihr – wie wohltuend! – den Arm zu reichen, damit sie es mit dem Stehen nicht gar so schwer habe.

Emanuel flüstert ihr die Frage zu: »Warum hast Du eigentlich Deine Erinnerungen nicht aufgeschrieben?« Nach kurzem Überlegen antwortet Pauline, müde lächelnd: »Ich habe zu viele davon.«

*

Manuel Patricio Garcia starb am 1. Juli 1906 in London.

*

Seine Schwester Pauline Viardot-Garcia folgte ihm im Alter von 89 Jahren am 18. Mai 1910.

Einige Tage vor ihrem Tod hatte Pauline noch eine Stunde gegeben. Abrupt, ohne definierbare Krankheit, verlosch ihr Leben. Wie es Turgenjew getan hatte, so sagte auch sie ihr Sterbedatum voraus: »Noch zwei Tage habe ich zu leben.« Das Vorgefühl täuschte sie nicht. Sie sprach mit niemandem mehr, außer unhörbar mit unsichtbaren Gestalten. Sie lächelte, hob den Kopf, bewegte schwach die Hände. Vernehmbar erklang nur ein Wort, klar und laut: »Norma ...«

Bibliographisches in Auswahl

Adam, Adolphe: Souvenirs d'un musicien. Paris o. J.

Baser, Friedrich: Musikheimat Baden-Württemberg. Freiburg i. Br. 1963

Beale, Willert (Pseudonym für Walter Maynard): The Light of Other Days, London 1890 (Übers. v. Autor)

Becker, Heinz: Meyerbeer. Hamburg 1980

Bellini, Vincenzo: Memorie e lettere, a cura di Francesco Florimo. Florenz 1882

Berl, Heinrich: Baden-Baden im Zeitalter der Romantik. Baden-B. 1981

Berlin, Isaiah: Russian Thinkers. London 1978

Berlioz, Hector: Mémoires. Paris 1926

Berlioz, Hector: Vertraute Briefe. Deutsch v. Gertrud Savic. Leipzig 1904

Bernstein, D.: Anton Rubinstein. Leipzig o. J.

Brahms, Johannes im Briefwechsel mit Hermann Levi, Nachdruck v. 1910. Tutzing 1974

Brand-Seltei, Erna: Aglaja Orgeni. München 1931

Chopin, Frédéric: Lettres. Paris 1933

Da Ponte, Lorenzo: Memorie. A cura di Gambarin e Nicolini. Bari 1918

Div. Autoren. *Delacroix:* Paris 1963

Delacroix, Eugène: Journal. 1822–1863. Einf. u. Anm. v. André Joubin, Paris 1980

Devrient, Eduard: Aus seinen Tagebüchern. Weimar 1964

Dylong, Gustave: Pauline Viardot, Tragédienne Lyrique. Paris 1956

Ehrmann, Alfred von: Johannes Brahms, Weg, Werk und Welt. Leipzig 1933

Fischer-Dieskau, Dietrich: Töne sprechen, Worte klingen. Zur Geschichte der Gesangs-musik. Stuttgart und München 1985

Fitzlyon, April: Maria Malibran. Diva of the Romantic Age. London 1987

Fitzlyon, April: The Price of Genius. A life of P. Viardot. London 1964

Flaubert, Gustave: Briefe an George Sand. Deutsch v. Else v. Hollander. Potsdam 1919

Flaubert, Gustave: Briefe. Hg. v. Helmut Scheffel. Zürich 1977

Flaubert Gustave: Briefwechsel mit Iwan Turgenjew. München 1989

Garcia, Manuel: École de Garcia. Traité complet de l'Art du Chant. 2 Bde. Brüssel o. J.

Gounod, Charles: Mémoires d'un artiste. Paris 1896

Hahn, Reynaldo: »Journal d'ún musicien«, Paris 1933

Hartmann, Moritz: Gesammelte Werke. Prag 1907

Heine, Heinrich: Sämtliche Schriften. München 1968–76

Héritte-Viardot, Louise: Une famille de grands musiciens. Mémoires. Paris 1923

Honolka, Kurt: Die großen Primadonnen. Stuttgart 1960

Kapp, Julius: Giacomo Meyerbeer. Berlin 1920

Kohuth, Adolph: Die Gesangsköniginnen. Berlin o. J.

Kohuth, Adolph: Meyerbeer. Leipzig o. J.

Krzywon, Ernst Josef: Heinrich Heine und Polen. München 1972

Legouvé, Ernest: Max. Paris 1833

Legouvé, Ernest: Soixante ans de souvenirs. Paris 1886–87

Liszt, Franz: Briefe an Marie Gräfin d'Agoult. Deutsch v. Käthe Illch. Berlin 1933

Liszt, Franz: Dramaturgische Blätter, I. Abtheilung. Deutsch v. Lina Ramann. Leipzig 1881

Litzmann, Berthold: Clara Schumann und ihre Freunde. Leipzig 1908

Mackinley, M. Sterling: Garcia. The Centenarian and his Times. Edinburgh 1908

Marix-Spire, Thérèse: Les Romantiques et la Musique. Le cas George Sand. Paris 1954

Marix-Spire, Thérèse: Lettres inédites de George Sand et de Pauline Viardot. Paris 1959.

Martin, Peter: Salon Europas. Baden-B. im 19. Jahrhundert. Konstanz 1983

Guy de Maupassant: Fort comme la Mort. Paris 1889

Maurois, André: Lélia ou la vie de George Sand. Paris 1952

Mendelssohn Bartholdy, Felix: Briefe aus Italien und der Schweiz. Leipzig 1861

Mendelssohn Bartholdy, Felix: Briefe an Ignaz und Charlotte Moscheles. Leipzig 1888

Merlin, Maria de Los Mercedes de Jaruco, Comtesse: Memoirs of Madame Malibran. London 1840, 1844

Meyerbeer, Giacomo: Briefwechsel und Tagebücher. Hg. u. komm. von Heinz und Gudrun Becker. Berlin 1975

Moscheles, Charlotte: Life of Moscheles. Aus d. Deutschen von Coleridge. London 1873

Musset, Alfred de: Poésies nouvelles. Paris 1867

Musset, Alfred de: Débuts de Mademoiselle Pauline Garcia. In Œuvres completes. Paris 1866

Nicolai, Otto: Tagebücher nebst Biographischen Ergänzungen. Leipzig 1892

Pietsch, Ludwig: Vom Schreibtisch und aus dem Atelier, Meine Erinnerungen an Fritz Reuter, in Velhagen & Klasings Monatsheft. 1906/07

Pietsch, Ludwig: Persönliche Erinnerungen an Pauline Viardot. In Vossische Zeitungen Mai 1910

Pietsch, Ludwig: Erinnerungen an Iwan Turgenjew. Berlin 1883

Pietsch, Ludwig: Aus Welt und Kunst. 2 Bde. Jena 1867

Pougin, Arthur: Marie Malibran, Histoire d'une cantatrice. Paris 1911

Rehberg, Walter und Paula: Chopin. Zürich 1949

Saint-Saëns, Camille: Portraits et souvenirs. Paris 1900

Sand, George: Consuelo. Paris 1864

Sand, Maurice: Masques et bouffons. Vorw. v. G. Sand. Paris 1860

Schumann, Robert: Tagebücher Bd. II, 1836–1854. Leipzig 1987

Séché, Léon: Etudes d'histoire romantique. Paris 1905

Tschaikowsky, Pjotr Iljitsch: Letters to His Family. New York 1982

Turgenjew, Iwan: Unheimliche Geschichten. München 1966

Turgenjew, Iwan: Liebesgeschichten. München 1967

Turgenjew, Iwan: Rauch. Deutsch v. Fr. Cziesch, Mitau, 1868

Iwan Turgenjew Erzählungen. Deutsch v. Friedrich Bodenstedt. München 1865

Turgenjew, Iwan: Aufzeichnungen eines Jägers. Deutsch v. Dora Berndl-Friedmann. Zürich 1947

Turgenjew, Iwan: Meistererzählungen. Deutsch v. Erich Müller-Kamp, Zürich 1973

Turgenjew, Iwan: Väter und Söhne. Deutsch v. Fega Frisch. Zürich 1949

Turgenjew, Iwan Sergejewitsch: Briefe an russische Freunde. Deutsch v. Heinrich Ruhe. Leipzig 1886

Turgenjew, Iwan S.: Lettres à Madame Viardot. Hg. v. E. Halpérine-Kaminsky. Paris 1907 (Übers. v. Autor)

Turgenjew, Iwan S.: Lettres inédites de Tourgeniev à Pauline Viardot et sa famille. Eingeleitet u. hg. v. Henri Granjard und Alexandre Zviguilsky. Lausanne 1972 (hierin 12 Briefe von Pauline an Turgenjew. Übers. v. Autor)

Turgenjew, Iwan S.: Nouvelle Correspondance inédite. 2 Bde., eingel. u. erläut. von Alexandre Zviguilsky. Lille 1971–72 (Übers. v. Autor)

Turgenjew, Iwan S.: Briefe an Ludwig Pietsch. Eingel. v. Christa Schultze. Berlin und Weimar 1968 (Original deutsch)

Turgenjew, Iwan: Briefe. Hg. v. Christa Schultze, Deutsch v. Irene Zimdahl u. Friedrich Baadke. Berlin u. Weimar 1976

Viardot, Louis: Essai sur l'histoire des Arabes et des Mores d'Espagne. Paris 1833. Erweiterte Fassung: Paris 1851

Viardot, Paul: Histoire de la Musique. Paris 1905

Viardot, Paul: Souvenirs d'un artiste. Paris 1910

Viardot-Garcia, Pauline: Briefe an Clara Schumann. Unveröffentlicht. (Nachlaß Clara Schumann, Stiftung Preußischer Kulturbesitz, Staatsbibliothek Berlin, Musik-abteilung) (Original deutsch)

Viardot-Garcia, Pauline: Letters to Julius Rietz (Letters of Friendship). Musical Quarterly 1915

Wagner, Richard: An Mathilde und Otto Wesendonck. Leipzig o. J.

Weinstock, Herbert: Donizetti und die Welt der Oper in Italien, Paris und Wien in der ersten Hälfte des Neunzehnten Jahrhunderts. London 1963

Weismann, Adolf: Die Primadonna. Berlin 1920

Wirth, Julia: Julius Stockhausen, der Sänger des deutschen Liedes. Frankfurt 1927

Ausgewählte Werke von Pauline Viardot

Album 1843
(jede Melodie von Ary Scheffer illustriert)
L'enfant et la montagne (Uhland).
   Widm.: G. Sand
La chapelle (Uhland). Widm.: A. Scheffer
L'abrucatier
Adieu les beaux Jours. Widm.: Fr. Auber
L'exilé polonais
L'enfant malade
L'ombre et le jour
Le chêne et le roseau (Lafontaine).
   Widm.: L. Viardot

Album 1850
'Solitude
Le petit chevrière
L'absence. Widm.: G. Meyerbeer
Un jour de printemps
Villanelle
En mer. Widm.: H. Berlioz
La chanson de l'oie
Marie et Julie
La luciole
Tarantelle

Zwölf Melodien auf russische Gedichte,
(übers. von L. Pomey) 1866
Fleur dériché (Puschkin)
La mésange (Turgenjew)
Les ombres de minuit (Fet).
   Widm.: C. Saint-Saëns
Berceuse cosaque (Lermontow)
Evocation (Puschkin)
Chant du soir (Fet)
Les deux roses (Fet)
Aurore (Fet)
Giorgienne (Puschkin)
Le rameau de Palestine (Lermontow)
Chanson de la Famille (Kolstow)
Orage (Puschkin)

Zwei Lieder auf russische Texte
(übers. von L. Pomey)
Chanson de la pluie (Turgenjew)
Les étoiles (Fet) m. obligatem Cello

Einzelne Lieder auf französische Gedichte:
Madrid (Musset)
Les filles de Cadix (Musset)
Sara la baigneuse (Hugo)
Le toréador (Hugo)
Lamento (Gautier)
Dernier aveu (Gautier)
Sérénade (Gautier)
Ici bas tous les lilas meurent (Prudhomme)
Parme (Prudhomme)
Chanson de mer (Prudhomme)
Le vase brisé (Prudhomme)
Ressemblance (Prudhomme)
Trois jours de vendange (Daudet)
Bonjour mon cœur (Ronsard)
Scène d'Hermione aus »Andromaque«
   (Racine)
Le savetier et le financier (Lafontaine)

Gedichte von Eduard Mörike:
In der Frühe
Die Soldatenbraut
Agnes
Nixe Binsenfuß
Das verlassene Mägdlein
Der Gärtner
Jung Volkers Lied
Heimweh

Arrangements
Trois valses de Schubert für 2 Stimmen (Worte von L. Pomey)
6 Mazurken von Chopin für eine und zwei Stimmen (Worte von L. Pomey)
Ungarische Tänze von Joh. Brahms, arr. für eine Stimme oder Vokalquartett
  (Worte: Victor Wilder)
Spanische Lieder von Manuel Garcia f. eine Stimme m. Klavier (Worte: L. Pomey)

Operetten
Le dernier sorcier (Text von Turgenjew)
L'Ogre
Trop de femmes
Cinderella

Theoretische Werke
»Une heure d'étude«, 2 Hefte, Ed. Kalmus
50 Schubert-Lieder, ausgewählt und eingerichtet (Ed. Hamelle)
Klassische Gesangstücke (ersch. nur Händel, Mozart und Marcello) Ed. Hamelle

Für ihre Hilfe bei der Materialsuche und Redaktion danke ich ganz besonders

Axel Bauni	Dagmar von Gersdorff	André Tubeuf
Caroline Bouju	Elisabeth Koehler	Kurt Widmer
Will Crutchfield	Ulla Küster	Renate Wirth
Rudolf Elvers	Aribert Reimann